冯时行

评传

宋代重庆璧山之舍状元

邓启云 著

云南出版集团

云南人民出版社

图书在版编目(CIP)数据

宋代重庆璧山上舍状元冯时行评传/邓启云著. --
昆明:云南人民出版社,2022.1
ISBN 978-7-222-20993-0

I.①宋... II.①邓... II.①冯时行(1101-1163)
一评传IV.①K825.6

中国版本图书馆CIP数据核字(2022)第008496号

责任编辑：张晓岚
装帧设计：成都现当代文化传播有限公司
责任校对：钟　静
责任印制：窦雪松

宋代重庆璧山上舍状元冯时行评传

邓启云　著

出版　云南出版集团 云南人民出版社
发行　云南人民出版社
社址　昆明市环城西路609号
邮编　650034
网址　www.ynpph.com.cn
E-mail ynrms@sina.com
开本　880mm×1230mm　1/32
印张　21
字数　603千
版次　2022年1月第1版第1次印刷
印刷　成都市天金浩印务有限公司
书号　ISBN 978-7-222-20993-0
定价　72.00元

宋代重庆璧山上舍状元冯时行评传自序

  重庆大地广阔，物产丰富，物华天宝，人杰地灵。位于重庆主城西郊的璧山"田肥美，民饶裕，洵巴渝名邑"，"洵称乐土"。（清嘉庆、乾隆《璧山县志》）

  璧山历史悠久，古今为重庆腹心之区，境内有多处旧石器、新石器时代人类遗址。以晋代人著《华阳国志·巴志》记和出土文物考，东汉末刘璋、刘备、刘禅治蜀时在璧山设置"乐城县"54年。明成化《新建璧山县记》碑文记"县治建自秦汉时，隳于陈、复于唐。"《大明一统志》、嘉靖《四川总志》记汉代设璧山县。万历《郡县释名》说璧山县，汉名。正德《四川总志》、万历《重庆府志·沿革》载，唐代初期贞观元年（627）璧山是渝州所辖五县之一。唐《元和郡县图志》载肃宗至德二年（757）设璧山县，是此前璧山县曾有变革后复设。此后之璧山县历五代、前后蜀、北宋、南宋至元朝至元二十二年（1285）以战乱后"地广人稀"被撤并入巴县，仅设置"璧山巡检司"署，直到明代成化十九年（1483）重置璧山县。清初，一度以人少并入永川县，雍正年间复立璧山县后到2014年5月2日经国务院批准撤璧山县设璧山区，当年7月15日璧山区正式挂牌成立。

  璧山，是镶嵌在重庆近郊的一块绿色璧玉，青山绿水沃土为居民提供了丰厚的物质条件。史载"形如柳叶，环境皆山，外高中平，两江（南长江、北嘉陵）夹送"的地理环境，孕育了璧山人刚毅坚韧、团结协作、奋斗自强的精神；悠久的农耕文明，使璧山人具有勤奋务实、敦厚诚实作风和经世济用的实干精神；多次移民复合的多元文化造就了璧山人具有鲜明的兼容、开放和创新精神。自古璧山官民重教育，"璧山学校创汉代，历唐宋建"。（明万历初《新建

1

《璧山县学宫记》）官学、私塾、义学三学并举，培育出璧山人立足本土、胸怀天下、忠勇奉献、爱国爱乡的人文精神。

风水灵地，必产俊才。璧山水月起高台，自然蕴藏之风物与人文交互作用，使人才辈出，既有职掌权要的刚直文臣，也有驰骋疆场的威猛武将；既有才思飞扬的文人墨客，也有巧夺天工的巧手神匠。如蜀汉帮助诸葛亮造木牛流马的兵技神匠蒲元，晋代舍身救成汉帝的义烈女柏姑，唐代以后被楚人尊为土主神的璧城人张七相公，诗圣杜甫盛赞的大唐御史诗人苏涣，五代著名18家花间词家中的3名家魏承班、顾夐、毛熙震，北宋诗名震天下誉为"山中宰相"的魏野，名相司马光赞"桂枝若许佳人折，应作甘棠女状元"的诗人、指书名家温琬，被关汉卿宣扬的南宋才女陈妙常，大诗人陆游爱恋的蒲驿姑，元末明初助明玉珍重庆立大夏国后三辞任万户侯的陈德荣，明初期在池州、衮州、曲靖三府知府任中多德政的从二品云南布政使晏毅，明"国之奇英乡之达尊"的史学家、大学士江朝宗，明吏部尚书晏从善，明何正典、何杞、何朝德、何献一门4总兵，清代乾隆御赐溢"节瞖"入祀国家忠义祠的明末忠烈总兵李文萌，征新疆平张格尔叛乱与守山东海防御英夷入侵的虎将陶升，民国司法总长江庸，热爱家乡资建乡校的少将何克修，1932年最早参加国际奥运会的两名中国人之一的刘雪松，民国重庆四大诗人之一柯尧放，国际反法西斯战将谢唯进，血战平型关的老红军罗明、张炳良，抗战间璧山36万人中2.5万人从军卫国牺牲在抗日战场1千多英烈，驾战机击落与轰炸毁日军机8架的高祥松，随毛泽东赴重庆参加国共和谈的八路军"花木兰"邓群芳，志愿军一级爆破英雄黄家富，率队救治志愿军战士1万余人的谢锡瑔，为人尊敬的为抗美援朝保家卫国血洒朝鲜的数百璧山儿女及上甘岭英雄八连、九连中的多名璧山烈士，老八路、中央委员、江苏省人大主任胡宏，剧作享誉莫斯科的军队著名作家杨履方，30多年对中共中央、国务院、中央军委领导专职保健的"御医"曾诚富，被齐白石、胡锦涛赞扬的"艺林人中凤"江友樵，一生拍摄影视片100多部的谢二祥，改革开放后中国美术界的旗帜罗中立，中国两院院士张仁和、荣廷昭……"

璧山俊杰灿若繁星。在古代1300年的科举中曾出了6名文武状元，有唐女皇武则天御试"天下第一策"的作者吴师道，唐德宗取"三元"状元陈讽，北宋末期"太极通经"上舍状元蒲国宝，宣和六年进士、宣和三年上舍状元冯时行，宣和元年武状元王大节，明代初重庆大夏国首科状元董重璧。还出有唐代任畹，五代毛熙震、董淳，南宋杨辛起，明初大夏国骆凤鸣，明代江朝宗、甘颐，清代邓树标、何增元、刘宇昌、陈宗典、王倬、林含英、鄢九如、胡安铨等近20名翰林及上百进士。

众多重庆璧山英豪中，笔者为之撰传记评论的冯时行无疑是光芒四射多亮点的人杰。南宋官吏们评价他胸怀天下，忧国为民，"以文章取科第"，具有宰辅才能，"道德伏一世"，为"百代师"，"声名赫奕，推西南人物之英"，"诚足为蜀士之光华也。"直到当代，冯时行誉满川渝，名扬中华，"他是重庆市最有影响的历史文化名人。"

冯时行，字当可，号缙云，重庆璧山人。他于北宋哲宗元符三年（1100），生在渝州（两年后更名恭州）璧山县城内五峰山麓即县文庙侧的冯家院内。他是南宋前期著名的政治思想家、文学家、易学家，也是教育家和书画家。他中状元、进士高第后先后出任川渝云安县尉、奉节县尉、南浦县令、江原县丞、丹棱知县，历任万州、蓬州、黎州、彭州知州，升成都府路提点刑狱公事。隆兴元年（1163）底，经宰相张浚荐为孝宗侍从学士，因病未任而逝于京城临安，次年归葬故里璧山城东郊状元山腰祖茔。他被赠为从三品银青光禄大夫，赐封正三品"古城侯"，立庙祭祀。

冯时行生于官宦家庭。他写《三家兄报荐起楼屋喜而有诗》说五世祖任官"司马"，置业居住璧山县城已历五世。父亲曾知县州，以才能被荐候选京官。他兄弟6人中有两个兄长官任大夫、知州，大弟冯丹进士及第后任金堂县主簿。他自幼聪明，日诵千言，人称"七岁神童"。在父母、祖父教育下勤奋读书，少年入璧山县学，青年进恭州郡学，而后赴汴京太学。他的青年时代正处于北宋末年衰败时期，先是宋辽战争、农民战乱，紧接着是崛起于北方白山黑水间的金国统治者率大军入侵中原，铁蹄踏处使大宋山河破碎。时行耳闻目睹宋廷腐败软弱和历年战乱给广大百姓带来的深重苦难，在19岁入汴京时写作了境界高远，格调悲壮，充满爱国情感和豪情壮志的《关山月》诗，歌颂卫国征战边塞的大宋将士。

北宋末期宣和三年（1121），21岁的冯时行在太学考中上舍试状元，摘取了该年最耀眼的明珠，收获了人生最大的幸事。上舍试是北宋后期与进士科并行的取士方法，上舍状元"其名望重于科举状元。"（南宋《朝野类要》卷2）冯时行在《祭家井二神》中说："宣和辛丑（1121）春月，仆试上舍，愧列群贤之首。尚待释褐（分任官职），以丁祖忧而归里。"他在璧山为祖父守孝27个月后，于宣和五年又赴京参加宣和六年（1124）进士科考试，金榜题名高中进士第三名，出任云安县尉。此时正是金族入侵宋朝危亡关头，他对朝廷左相李邦彦、右相张邦昌等权臣压制李纲等抗战，对敌屈膝求和割地纳款的丑行忧愤万分，作诗痛斥"方今宰相真儒生，议割三关（太原、中山、河间）厌夷狄……天畿要险壮中华，一日捐之良足惜。"他希望朝廷能礼待抗金战将抗敌卫国，但不久金国大军灭了北宋，徽宗、钦宗二帝被掳往北国。冯时行悲伤作诗感叹"今朝愁奈何，两宫黄屋远"，"乾坤为回首，慷慨一悲歌。"

南宋建立后，辗转蜀中任官的冯时行深怀家国之痛，作诗"望云还卜中兴日"希望国家强盛起来打败侵略之敌，收复江山失地。他在南浦县令任中写信对在前线抗金的将领说，想望自己从小鸠变雄鹰而大展宏图。在成都四川安抚司任幕时，宋金战事正激烈，他欲弃文从武上前线杀敌，撰诗云"年来戎马暗河朔，宵旰十载烦吾皇。……浩歌慷慨拟投笔，……愿学北地傅介子，一节出斩楼兰王！"（《缙云文集》卷1《安清洞夜坐有怀》）他关注时局，"忧国忧家如梦寐，端知不复有他肠"，（《缙云文集》卷2《和王祖文》）感叹自己"功名未立羞重到，抚剑长歌夜不眠。"（康熙《四川总志》卷3金堂县蟠龙山）冯时行努力推行抗战卫国主张，推崇抗金战将刘汲、杨政、郭浩、范综，写诗文颂扬他们血战边关，扫狂敌，缚"单于"。他敬重岳飞，盛赞"伏惟相公忠勇壮烈，柱石本朝，德望威名夷夏充满。"（《永乐大典》卷8414《上岳相公书》）并向岳飞献策北伐时出奇兵败敌，当岳飞大胜敌军后诗贺"新报王师复洛阳"。他屡上奏札，呈《请分重兵以镇荆襄疏》给高宗赵构，指出金敌言和不可信，朝廷应加强备战，重用岳飞、吴玠、张浚等名将相抗敌。但仅满足于偏安一隅的南宋朝廷被投降主和奸相秦桧一伙把持，使忠正之士难以施展才华。当"精忠报国"的岳飞被"莫须有"罪名陷害的同时，知万州的冯时行也遭桧党诬陷被捕押入开州狱中 8 个月，到绍兴十二年（1142）六月脱狱罢官为民。

冯时行被罢 15 年后复出知蓬州，到任仅 20 日又被主和权臣诬罢。他先后两次罢官回璧山乡居缙云山麓，时间计达 18 年，仍念念不忘国家兴亡，时刻忧虑民族的命运。他写诗道"白发心犹壮"，"故国愁牵几曲肠？篱菊何曾忧战伐"。绍兴三十一年（1161），他抱病第二次应诏入京城临安，沿长江行调研各地宋军军备，撰写了数千字的《上皇帝论北虏败盟书》，指出金国统治者贼心不死，将撕毁和议书再次南下侵宋。针对宋军边防溃疏等问题，提出应速增军备防御，长江一带用对朝廷忠勇的李显中、李宏替换老病畏战的田师中，慷慨陈词据理力荐启用闲居的昔日抗金将相，"用张浚、刘锜总统诸军"。当孝宗隆兴元年（1163）春末宋军北伐先胜后挫，朝廷上下多忌言主战时，冯时行一如既往无所畏惧地坚持抗敌。他写《见张魏公二首》劝慰张浚，上疏请孝宗肃整内政，要不动摇地"任贤勿贰"，继续用张浚主持抗金，复兴大宋。从他的公心，可见其高尚的品德。

冯时行反对与敌议和，力主抗金驱虏收复失地，敢为民族大义而死谏，多次与权臣抗争，举荐抗金众将，自己也研究军事战略战术，向朝廷提出多方面益国利民的建设性意见。他的言行闪烁着爱国主义光辉，展现出作为文臣的他又兼具有政治军事才能。他的诗文，浸透着浓烈的爱国激情，是爱国思想、爱国精神的最高升华，与同时期爱国诗人陆游的思想相比毫不逊色。2019 年，"在纪念五四运动 100 周年大会上，习近平总书记勉励广大青年热爱伟大祖国，胸怀忧国忧民之心、爱国爱民之情，不断奉献祖国、奉献人民，让爱国主义的伟大旗帜始终在心中高高飘扬。"（2019 年 5 月 2 日新华通讯社评论员文）笔者为冯时行撰传评，宣扬他的爱国主义精神，符合当今时代的要求，可激励今天和未来广大青少年及其他群众的爱国之情，增强人们为祖国的统一和建设伟大中国的坚强意志，做有益于人民的爱国者。

冯时行出仕5县知4州任1路提刑，为官21年余皆清正廉明，刚方不阿，敢言不避，心中只念国与民。他痛恨邪恶小人，痛愤鱼肉百姓、中饱私囊、误国祸国的贪官奸臣。任丹棱拒豪绅送礼；知万州斥恶痞，毁哄骗州民供祀的假舞阳侯庙，使百姓六畜兴旺。他归里村居了解"三农有重赋"，苛政恶吏猛于虎，作"干戈时有人相食，吏猛於虎角而翼。虎叩门，不敢入"诗予以揭露和刺讽。复出任黎州守，上奏乞禁官吏凭权压商倒卖方物象牙、犀角、真珠、虎豹皮、水银、麝香、红桑木等，使汉、夷民众得以公平贸易。他升充天子耳目官任成都府路提刑，监察3府11州2军61县官员时，不惧软硬威胁，按律弹劾残害百姓，巧取豪夺，削国利饱自己的皇族宗室，罢免了仙井监等州的贪黜州官，受到官民普遍赞扬。雅州一带饱受"经界之祸"，他上奏朝廷革除压在百姓身上的重赋，"民欢迎曰：'吾今更生矣!'"（《古城冯侯庙碑》）冯时行品行若松柏凛凛，寒暑如常。南宋著名史学家李心传评"时行为人廉政，而用法颇严。"（《系年要录》卷187）同事员兴宗说"其气浩以洁，世愈相浊而公愈相违"。（《九华集》卷12）

冯时行为官勤政，兴利革弊，赈民救灾。在南浦任中，致力打击百姓深恶痛绝的杀人祭鬼和毒蛊害人，禁止溺女婴、行骗赌博、冥婚等弊习陋俗。任江原县丞时，他训导基层吏员坚守操守，不欺害百姓。为了发展农业生产，大兴水利建设，引种璧山名特产黄花传承至今。知丹棱县时正逢大旱与流疾，见百姓悲苦满道、哀鸿遍野，就上报府路拨给粮物，同时开仓赈灾，争取社会富绅捐助，对老弱病残和幼儿定量定点发放口粮。他又组织劳力生产自救，将深山老林中的水引至田间浇稼禾，秋收使4镇7乡降低了干旱等带来的不利影响。知万州帮助贫民嫁娶，奖励生育增丁进口，提倡领养遗孤；倡导发展制盐、酿酒、制茶、制砚等手工业与商贸，使州税增加多积钱，公事支出不累及百姓；训练民兵"刺虎军"保境安民，该法流传以后为抗金爱国名臣辛弃疾效仿发扬光大。在黎州，他发现州人为了烧制印纸币"交子"需用之墨，乱伐松木致城墙外的森林被毁，水土流失环境被破坏，并影响军事防御，就上书要求减少了制墨数量。又在州设常平粮仓，奏请朝廷增给僧道度牒，用售得之款采购粮食储满官仓以备急用。他常为民请命，向四川大吏请予清除各地渔民之污吏，革弊"惠以千里之民，使如治安之日，庶几上无负於明天子，下无负於贤方伯，幽无负於鬼神，明无负於民庶。"体现了800多年前封建社会中冯时行难能的见解与他内心中的民本思想。

在出仕县、州所到之处，冯时行都高度重视当地的教育，如在南浦提倡厚风俗，办学育子弟，以道德劝化民众。他尊崇孔子，诚服肯定儒学，在丹棱维修孔庙，修建书院皆用公费不取民钱，还带头捐出一月官俸新建了后来成为四川最著名书院之一的栅头书院。从万州罢回璧山后，他致力教育，在缙云山麓村居处开办"缙云书院"，聚徒授学，培养了来自蜀内外的数百名对国家和地方有益的人才，包括一批科举进士。

冯时行博览群书，通晓经史和诸子百家，著《缙云集》43卷今存《缙云文集》4卷，撰《易论》3卷、《缙云易解》6卷、《周易别说》1卷，均散佚。考查他的诗现存308首（含残句2、残题目5首），其中写璧山和在璧山作的诗140多首；存词13首；存散文111篇（含残文5篇），内有写璧山和在璧山作文40余篇；合计现知存世诗词文432首（篇），约为明代嘉靖十二年（1533）以前编的《缙云文集》收载1300余首（篇）诗词文的三分之一。这些诗总体以平淡自然风格为主，也不乏充满慷慨激昂，奋发向上的爱国激情，与南宋时期炽热的爱国主义诗歌主旋律一致。词自领风骚，感时伤怀，悲愤苍凉，"在巴渝词坛上，冯时行是创作数量较多，且质量较高的领头词人。"（《巴渝诗词歌赋》）散文充满哲学、教育、政治、军事思想，他希望以古为法，以礼乐治国，以民为本，达时胸怀天下，直谏卫国抗敌，穷时退归故里村居，寄情山水，研究佛道，不怨少嗟，志向可观。他的易学言论散载于宋元明清有关文献中，今仍存有180多条，内容有不少独特之处。南宋朱熹盛赞其"议论伟然"，是内涵丰富的文化遗产，具有较高的研究价值。冯时行诗、词、文在巴蜀文学史上占有重要的地位，在中国文学史上也应有一席地位。

笔者1954年3月21日出生在璧山县城五峰山右后祠坡进士屋基，距位于五峰山前璧山县文庙边的冯时行故居状元府仅几百米。儿时游玩多次渴饮冯状元家所遗井中甘泉，常听邻里耄耋者讲后周董探花淳、五代翰林毛熙震、宋代翰林李攸、杨明夫、大夏国状元董重璧、老红军张静波、张炳良等或生或居进士屋基学习、工作的轶事。最让人记忆犹新的是听精忠岳飞与支持岳飞抗战的乡贤状元冯时行的故事。"文革"时期，学校停课，就拾捡近邻璧山中学图书馆外被"红卫兵"抄弃遍地的各种国内外书籍来阅读。常到状元坊街、大牌坊街（原璧山县文化馆前）、相墨街（靠南街）的几家私人书屋看说岳全传、杨家将、抗日抗美和历史演义等方面的图书，当时练习绘画也是以这些内容为主。1969年珍宝岛战事发生，全国掀起爱国备战抗外敌学英雄活动，璧山小城自不例外，自己与小伙伴们也参与"深挖洞"，对爱国备战充满激情，对中华御敌英杰崇敬不已。1970年5月至1972年8月"知青"下乡间，喜欢白描岳飞抗金、杨六郎守三关、狄青抗辽、傅介子刺楼兰、班超定西域，他们爱国卫国思想和行为使自己热血沸腾。1972年9月被招工回城，当年11月就参军赴黑龙江嫩江县89101部队，从事放映宣传工作6年。1979年2月回到璧山，在县科学技术协会工作时阅读清代同治、乾隆《璧山县志》，对家乡一生爱国为民，上疏反对议和力主抗敌的状元冯时行有了新了解，心要生为他写纪念、介绍文章的想法，从此时开始业余搜集资料。1983年，撰写了《四川爱国状元冯时行》刊《璧山文艺》报一整版，发送全省文化馆站，是建国后全国第2篇宣扬冯时行的文章，1992年收入《璧山县文化艺术志》，1996年编进《璧山县志》。1987年写《冯时行简介》编入《天府书画名人录》书稿。1992年写《爱国状元冯时行》编入四川大学出版社出

《锦绣璧山》，而后又写《宋代爱国惠民上舍状元冯时行》，收入2016年重庆出版社出笔者著《秀美璧山》书中。

为了研究冯时行，1982年抄录了明正德《夔州府志》、乾隆和民国《巴县志》、清道光《江北厅志》、清《丹棱县志》、《彭县志》、《合川县志》、《万县志》、民国《缙云山志》、《宋史》等书中的冯时行史料。1984年前后，下重庆上成都到市、省图书馆手抄了四库本《缙云文集》4卷，搜辑了明《永乐大典》等书中载的几十首（篇）冯时行诗词文，不少未见《缙云文集》载录。当时为抄录史料，常顾不上就餐，仅啃点干粮喝几口白开水，其中的辛苦常爬格子勤撰文章的学人方能理解。1992年3月到1994年11月，在县委宣传部从事外宣工作，萌发了要为冯时行写一本小书的念头。随着时间的推移，到2000年时已搜集记录冯时行的资料如南宋《系年要录》、明《蜀中名胜记》等100多种，家中藏书超过1万卷，又产生了要为冯时行写一本较厚重传评的愿望，意欲如璧山书魁车光度赠给笔者的"万卷书无价，千言笔有情"联，要激情满怀地书写爱国为民先贤，发挥万卷藏书的作用。以后，又搜购了一批线装书和复印本，如冯时行好友郭印《云溪集》、状元王十朋《梅溪集》、冯椅《厚斋易学》、《方舆胜览》、《大元混一方舆胜览》、明《四川总志》、万历《重庆府志》、光绪《诸暨县志》和今人编巨著《宋登科记考》，经研读后对冯时行生平事迹、思想道德及历代学者的评价又有了进一步的认识。通过日积月累，有关冯时行的资料已有了数百万字。为了让人们更好地了解冯时行及其璀璨的文化。2014年4月在璧山县政协退休出版《秀美璧山》、《璧山来凤鱼文化》两本著作后，2017年上半年用了半年时间查读了1米厚的几百种宋元人文集和杂著，增加了一些宝贵的史料，然后于年底开始撰写《宋代重庆璧山上舍状元冯时行评传》。

作为历史人物传记，力求做到传、论、考相结合。本书对以往学者们写冯时行被忽略的，如他的政治思想、军事才干、文学成就、易学成就、教育成果和书画等，都进行了论述与补充。对文献资料记载不一致有出入的问题，如冯时行籍贯是璧山而非巴县或江北

（今渝北）乐碛；祖籍实是重庆璧山而不是浙江诸暨；冯的名、字、号与科举中状元与进士问题；其出仕任职地与时间；逝世于京城临安而非雅州；柩归璧山葬在状元峰（双山）祖茔地而不是葬巴县铜锣峡或江北鱼嘴及水葬；诗词文的写作时间与地点；传世作品究竟有多少等，均进行了考证。还考补增了冯时行第三次应诏入京，父母兄弟与妻、子、孙简况。凡此，力求言之有据，力求做到史论考结合，并反映出最新的研究成果。

　　本书是想通过叙述和考证、评论冯时行的一生活动，把一个兼政治家、文学家、易学家、书画家的爱国为民英杰的形象，摆到读者眼前。如果能对发扬我国爱国主义的光辉传统，激发人们爱国爱乡的热情，增强民族自尊心和自豪感，努力去创造美好的未来有所裨益，那将是笔者的希望。

　　2020 年是冯时行诞生 920 周年，整整写了 3 年的书稿即将出版，总算了却了几十年的一桩心愿。同时，该书也是献给重庆璧山先贤的纪念礼物吧！

邓启云

2020 年金秋 10 月于璧山璧城邓氏万卷书屋

C目 录
ONTENTS

3

第一章　古璧山秀美诞人杰

第一节　南宋以前的璧山

璧山，昔为县，现为区。形状似宝岛台湾，幅员面积914.55平方公里。位于重庆主城西郊，东邻沙坪坝区、九龙坡区，南界江津区，西连铜梁区、永川区，北接合川区、北碚区。辖9个镇、6个街道，户籍人口63万，常住人口70多万。

几亿年前，多次造山运动使原处于四川内海湖底的璧山区域隆生，形成如今的山脉河湖。

自古以来，璧山环境非常好，社会民风敦厚，"俗尚节俭，民勤本业"，（明代嘉靖《四川总志》卷9）文风兴盛，尚武任侠，超过邻县。璧山是四川东部、重庆西部风景优美之区。明代《璧山县志》记叙"璧山县西北绝险，东南稍平。山分左右，秀拔垣拱。山川高深，风气完密。涪江（即嘉陵江）环其后，岷江（即长江）绕其前。跨巴（县）、铜（梁县）之胜概，为东南之佳境。"（明代万历《重庆府志·形胜》引璧山县《旧志》）

清代乾隆《璧山县志》据古县志云："璧山形如柳叶，环境皆山，外高中平。"东南缙云山脉拔地而起，气势磅礴，蜿蜒60余公里，有72座奇峰，最高海拔810米。西面云雾山脉雄伟挺拔，逶迤70公里，有36座名峰，最高海拔885米。

在璧山区东西两山脉之间，有金带水（璧南河）、梅江河、高滩河（璧北河）三条河水往南和往北流，支流有76条。在涧谷、平坝、山腰，现散布着90座湖库，4000多口塘池。

自古至今，璧山区域就是一块神奇、美丽、富饶的风水吉壤。距今3至10万年左右，已经栖息有古人类。东面的金剑山，西面的梅井山，南面的华盖山，北面的大霖山，都有旧石器时代古人类活

1

动留存下来的遗址和遗物。

当人类进入距今 1.2 万年至 4000 年的新石器时代，璧山境内散布着较多原始村落。考古发现，土著巴族与濮族、賨族人曾在此建立部落小邦国。文献典籍也不乏记载。清代同治《璧山县志·序》亦说："璧山虽渝之小邑，古文献名邦也。"由于璧山几条河流两岸土质疏松肥沃，十分适宜人类居住和进行生产活动。各部落邦国的先民们先过着鱼猎兼农耕的生活，而后逐步走向锄耕农业，氏族部落日益繁荣。

秦惠文王后元九年（公元前 316）秋十月，秦惠文王派大夫张仪、司马错等举兵灭了成都地区的蜀国，然后东下吞掉川东以重庆为中心的巴国。秦灭巴蜀后，推行郡县制，在原巴国地设立巴郡，郡治今重庆城。同期，秦在巴郡城区设江州县，原为巴国腹心区域的璧山地区归属于江州县辖管。

秦灭亡后，西汉刘邦在建置行政区划方面继承秦制，仍用郡县制。刘邦为"汉王，王巴蜀、汉中四十一县"。（《汉书·高帝记》）在这四十一县中当已有璧山县。关于汉代已设璧山县的史料有如下记叙：

明代初期由李贤等纂修，于天顺五年（1461）内府刻本《大明一统志》卷 69 重庆府下记："璧山县，在府西南一百八十里，汉置。"

明成化十九年（1483），待读学士江朝宗撰《新建璧山县记》碑载："璧山设县……县治建于秦汉时，堕于陈，复于唐"。县名因"四山如壁，又云山出白石，明润如璧，故名。"（清乾隆《璧山县志》卷下）。

曾任明代四川布政使的刘大谟和大学者、状元杨慎等编修的嘉靖《四川总志》卷 9 记重庆府辖区建置沿革说："璧山县秦为巴地。汉立璧山县，属江州。陈隋时县废，唐置属渝州。"

明万历《四川总志》卷 9 记载与嘉靖《四川总志》卷 9 所记相同。

万历四年（1576）立在璧山县文庙内的《新建璧山县学宫记》

碑载:"璧山学校创汉代,历唐宋建。"(清乾隆《璧山县志》卷下、嘉庆《璧山县志》卷4)。

郭子章万历年间撰印《郡县释名》说:璧山乃"汉名,本县之璧山而名地。山在治之西南,一名茅莱山。"

东汉末期建安六年(201),益州(治成都)牧刘璋调整巴郡属县疆域,将地域辽阔的江州县西部地分出建置乐城县。晋代陈寿《华阳国志·巴志》记"乐城县在江州西三百里。"乐城县治设在璧山县城,以"该地区百姓好歌舞,为安乐之所而得县名。"(《璧山文史资料》总第23辑《璧山县历史沿革研究》)乐城建县54年,到蜀汉后主刘禅"延熙十九年(214)省。"(《华阳国志·巴志》)。

据近现代在璧山县区发现的众多汉代文物考证,两汉时期璧山的经济、文化已比较进步,超过周边的江津、永川、铜梁、荣昌等地的发展。以今学者撰《古代重庆经济研究·西汉人口》、《重庆通史》等书记叙推算,西汉时璧山地区约有人口1万人,东汉约有2万人,东汉末蜀汉时约有6至7万人。

东汉时期,璧山地域的农业经济发展已进入辉煌时期,主要表现在牛耕和铁制工具普遍使用;水利蓬勃发展;农业以种植业为主,农、林、牧、渔全面发展;地主庄园经济高度发展。汉末乐城县时已有铁制农具生产,出现了蒲元等善铸先进工具的工匠。

在璧山多种型制的东汉、蜀汉墓中,有大量汉代陶制陂池、陶稻田、农夫劳动俑。一些红色、灰黄色土陶"池塘"模型和水塘与稻田相连的"陶塘田"模型还安有闸门,池塘与稻田之间有渠道连接。陶塘田中植有秧苗,种有莲藕、菱角,饲养有鲤鱼、鸭鹅、蛙螺等,说明广大农村已广泛开凿陂塘涵蓄水源,用以灌溉周围农田,水稻生产有较丰富的水资源及水利设施作保障,农业生产已经进行综合利用。

璧山许多画像石上镌刻有楼阁、庄院、粮仓、桑木及马、牛、狗、猪、鸡、鸭、鱼、兔、酒、果等图。随葬器物中有六畜和陶仓罐,一些陶罐中遗留有小麦、大麦和豆类,充分反映了汉代璧山地区六畜兴旺,庄园经济发展颇盛。当世璧山铸造、纺织和手工业也较进步，神工巧匠蒲元曾为刘备、诸葛亮等铸刀剑，所制箭镞、弩机、木牛流马著名一时。璧山汉画像石上众多贵族衣着蜀锦、巴缎，劳动者则穿葛麻服装，足见当时县中纺织兴盛。县人还用余粮酿酒，挑酒市贾；建砖窑手工制烧各式画像砖与无纹饰公母扣砖，售与富家建房、修墓等用。

经济的进步促进了社会文化发展。璧山遗留至今的汉代文物以属于国家一、二、三级文物的汉代画像石棺最为著名。璧山汉代石棺已知63具，数量甲天下为中国第一。还有至今存传在璧山丁家街道历山寺一带的"璧山大傩舞"，为重庆市非物质文化遗产。

唐代初期又复置璧山县。当时实行道、州、县三级行政体制，县属全国十道之一的剑南道隶渝州。明正德《四川总志·历史年表》记：唐太宗"贞观元年（627）丁亥，渝州五县，巴、江津、万寿、南平、璧山"。

璧山复县后历110年到天宝元年（742）时仍存。明万历《重庆府志》卷2《沿革》载："天宝元年，改为渝州南平郡，县曰巴、江津、南平、万寿、璧山、凡五。"不久璧山县被撤，唐肃宗至德年间又置。元和宰相李吉甫《元和郡县图志》记剑南道渝州说："璧山县……至德二年（757）置县，因山（重璧山）而名。"

唐代璧山县域北至嘉陵江，东南抵长江，东北至歌乐山，东界中梁山，西接铜梁县地，西北交铜梁、合州（今合川区）界，含今永川、江津、昔巴县部分地。乾隆《璧山县志·形势》引明代县志云："璧山形如柳叶，又云周回弯曲六百里"。就是指唐代复置璧山县后的疆域。

唐代璧山县下设乡、里与镇，百户为里，五里为乡。据唐《韦君靖碑》和有关史料记，唐代璧山可考的有来凤镇（今来凤街道一带）、历山镇（今丁家街道历山寺一带）、函谷镇（今九龙坡区含谷）、陶市镇（今丁家街道陶市村）和凤凰乡双赦里（今丁家街道历山寺、莲花坝一带）、枫香里（今青杠街道一带）。

五代十国期间，川渝地区先后隶属前蜀、后蜀，璧山县属渝州辖地，乡、里、镇沿袭唐制。

公元 960 年，赵匡胤发动陈桥兵变，取代北周建立了宋朝。宋在 965 年平蜀，而后在行政建置上进行了比较大的改革，在州之上设"路"一级行政机构，形成了路、州、县三级行政建制，并在路之下还建置有府、州、军、监，加强了中央对地方的掌控。

北宋一度又将路仿唐代分为道，几次分划行政区域后到真宗咸平四年（1001）又将四川地区划分为益州路、梓州路、利州路、夔州路四路，总称四川路，"四川"名称因此而名。"总计北宋四川设四路、四府、三十五州、八军、三监、一百八十县。"璧山县属渝州，是州辖三县（另有巴县、江津）之一。"宋徽宗崇宁元年（1102）六月改渝州为恭州"，（南宋李埴《皇宋十朝纲要》卷 15）璧山县属恭州，系夔州路辖 3 府 9 州 3 军 1 监 49 县中的下县。恭州名称用至南宋光宗淳熙十六年（1189）更名重庆府，辖县有璧山。

宋代璧山县域北至嘉陵江，东南抵长江，东北至歌乐山，东面为中梁山脉以西地域。县境复为周回弯曲六百里，形如柳叶。县下设乡镇，以乡统里社。北宋元丰三年（1080）王存编著《元丰九域志》记璧山县辖"三乡。（有）双溪、多昆、含谷、王来、依来五镇。"含谷即唐代函谷镇，王来即唐代来凤镇，依来镇即璧山北部今大路、八塘和沙坪坝区青木关一带至北碚区澄江一带，双溪镇在今江津区境，多昆即璧山南与西南部。

唐宋时期，璧山县的发展很快，县内设置有较巴渝首邑巴县还要密集的场镇市集。集镇设置的多与少，是衡量县域经济、文化发展快与慢的标志之一。

璧山在唐宋时开垦了许多平田与梯田，县民修建了较多水塘、池堰用于灌溉与养殖。宋时盛行牛耕种植，县南县北已有双季稻，品种多样，还出现了优质香稻。

唐宋时璧山出井盐，手工业有酿酒、纺织、造纸、编织、鞋革、制陶、印刷，经济作物有茶叶、黄花、新桔、谷梨、丹荔、蟠桃、火枣、李、杏、梅、兰，桑麻种植遍及乡村。农业和手工业的发展，促进了县域商业的发展。宋代璧山县商税总收入数量比周邻一些县都多。如北宋熙宁十年（1077）璧山各务税额收入 1552.22 贯，相

邻的永川县仅收入 154.83 贯。(《重庆通史》第 135 页)

唐、宋时璧山县经济发达，文化进步，促进了教育发展，官办县学、私人办义学与私塾不断，至使人才辈出，状元、翰林、进士不断。北宋末期，县人"一时登科者几三十人，名进士十余"，(清乾隆《重修邓氏族谱》载南宋璧山进士高若霖撰《邓坤异言》) 其中考中上舍状元的冯时行、蒲国宝和武状元王大节就是众多杰出人才中的佼佼者。

第二节　风水吉地璧山城

璧山建县历史悠久，筑县城的历史十分久远。

璧山城是县内聚居人口最多的城镇，在挑选该地修建县城时，除了考虑政治、军事、经济等方面条件因素外，还严格应用了古代关于规划建设城池的理论，遵照有关的礼制来进行建筑。

历史上璧山城曾进行过多次营建与培筑。首次建筑时对城四周的自然环境作了周密的审视，对山脉、河流、地质等进行了细致的勘察测量，同时将"天人感应"的自然观以及天文星象、日月四季等结合，有机地融合于城市布局之中。如此，整体符合山抱水环聚集风气的要求。

史载"人之居处，宜以大地山河为主，其来脉气势最大"。"居处须用宽平势，明堂当容万马……或从山居或平原，前后有水环抱贵……更须水口收拾紧，不宜太迫成小器。星辰近案明堂宽，案近明堂非窄势。"(《阳宅十书》载"论宅外形")。

建城特别注重环境形势，选择风水宝地，讲究左青龙右白虎，前朱雀后玄武。而评择上乘风水宝地的标准是：位于城址周围的青龙山连绵起伏，白虎山须俯伏，玄武山呈垂头样，朱雀山作起舞状。凡是符合前述标准的山势环境，就是最佳的风水宝地。

璧山城的自然环境与地形为背山面水，四方山护三面水环，脉远气旺，明堂阔平，环境容量较大。城北有龙梭山，昔日古柏苍松满山，虎豹出没。其山山势高远，峻险耸立如同腾龙。山有八条支山，分向东西南北四方或伸展或盘曲。古谣云："龙梭山生八只脚，四只伸来四只缩，曲展山长松柏树，屏蔽邑城人快乐。"龙梭山是一座吉山，予人壮美舒扬。它由北往南再转向东，左盘右旋纵横于璧山城西北面，挡住了来自北面和西北方向吹向县城的刚烈之风。山的屏护使县城环境风气美好，有益百姓们安居乐业。

城南有"虎卧山，拱秀门外，山形如伏顺之虎。堪舆云系邑城右护砂，为白虎……邻山挂榜为象，亦护山。"（清代吴煊《自好斋稿·南门二山》条）。

环抱璧山城的山多，清代乾隆、嘉庆、同治三套《璧山县志》载：龙当山，"县南十里，倚障县南"；马鞍山，城南十五里，"其山突起，形如马鞍"；城西南十五里有重璧山，一名茅莱山；城西"太仙山，县西八里"；城东十五里有牛心山和"金剑（山）辅（县城）左"；城东南二十里有虎峰山，"其山逶迤东向，巍峨峭立"。

距璧城稍远的名山有县南百里外的华盖山，县北百里处的缙云山，县西四十里处的梅井山。

璧城东面位于金剑山前一天门北有玉案岭，是县城风水环境中的案山。岭高仅200余米，呈条状形美如润玉，极似横琴。

玉案岭之东是文笔山。该山海拔高600米，是璧山城的风水向山。山足润头尖，端正不斜，秀俊直入云霄，以"卓立如笔，故曰文笔"。（清乾隆《璧山县志》卷上）文笔山耸秀标灵，峰含月魂，有情朝拱，最贵秀丽，特异于附近众山。可谓璧邑山势雄，地瑞生秀峰；科甲多俊杰，钟灵文笔耸。按风水环境美学规则，属贵吉之山，系吉瑞山的最上格。堪舆家们称此山钟灵秀文星，主璧山科甲鼎盛，代产才子英豪。

与文笔山北邻是笔架山，三峰排列，清秀光彩，人云主科甲，合邑多富贵。北宋人说："三峰，三公星也……曰三台，故主公辅之佐。"（宋张子微《地理玉髓经》曜星论）

文笔山南接高715米的"状元峰，泽宫（县文庙）对山之右二峰，秀峻特出。"（清同治《璧山县志》山川）人赞"双峰天外插。"

璧山县城四周的山势环境可谓是至善完美。秀丽山峰形势固然重要，而水在璧城优美自然的环境中也占有极为重要的地位。

古代建城注意临水，讲究江河弯曲环城为佳，忌讳城池四周水流直来直去。璧山城西面一线为山，东、南、北三方有三条河流如金带、玉带般环绕。城南门外有小河，北门外是堰水河，东面为璧南河。璧南河在汉唐代名"乐城溪"，（刘琳《华阳国志·校注70页注1》）北宋时名"油溪"，（北宋《元丰九域志》卷8渝州璧山）以后又称璧江、璧水、金带水、龙溪等名。史载璧南河"源出（县西北）汤峡口，自城北流入县前，四面旋伏如带"，（清嘉庆《璧山县志》山川）"金带水……又名璧江……自县城北流入县治前，四面环绕如带，下与梅江合流入岷江。"（清同治《璧山县志》山川）岷江即长江。

古人赞评一面靠山三面水缠之璧城是"山青水秀，左右随龙之水三分三合……山交水会"。（清同治《璧山县志》载《新修文风桥碑记》）"璧山翠峤，锦江环波，云岚含辉，彩秀映月。"（明万历《重庆府志》卷3形胜引《巡道忠益亭记》）"环璧皆山也……回绕溪流，五峰为座，缙云浮其北，华盖障其南，金剑翼其左，梅井襄其右，洎渝属之名胜也。"（清同治《璧山县志》载《新修乾峰塔记》）璧山城"诸溪映带，长蛟之伏"。（清乾隆《璧山县志》卷下载明代《新建璧山县记》）"玉带清流，昭示其美"。（清同治《璧山县志》载明代《新修璧山县学宫记》）系"四达之冲，三巴之胜"地。（清同治《璧山县志·舆地》）。

璧城是比较标准的山环水抱城市，是充满无限生机的宜居之城。

考古证明秦汉时璧城是一处小城镇，当时用竹木围栅兼以土筑垣。蜀汉乐城县治城当比秦汉时大，以县城五峰山后祠坡顶发现的"樂城""樂邑"城基石等为据，当时板筑城垣位于东南北三面三条河流回环和西面县城座山山脊内，为椭圆形状。（《璧山文史资料》24辑载《璧山县城建筑与风水缺陷补》）唐代李世民"贞观中，邑人张某出任大理寺卿归，仿秦张仪环江依山筑璧城。土城形如龟，名曰"神龟城"。（元陈德荣《金山名胜记》文）"唐初，建璧邑。邑人张公某受唐令之托，尝水、察气、称土、建龟城。"（清吴煊《自好斋稿》载《璧邑堪舆建城》条）宋代，因土筑城垣易坏，而且防御能力差，璧山城改修石墙。南宋淳熙元年（1174）残碑记云："邑城复砌石垣，拱卷四门，东名璧玉，今称状元；西曰白鹿，为昔名。"（民国八年璧城张席儒《闲居录》）五代璧城曾出现白鹿、熊猫等动物，民间视为瑞兆。到宋代又将神龟城称为"白鹿城"。"昔人传，宋始因白鹿建石垣。"（清吴煊《自好斋稿》载《璧邑堪舆建城》条）。

璧山设治后，比较规范地进行了规划筑城。璧山县城的大地形呈"神龟戏水，背负星图"形状。神龟头在"龙王祠"处，伸向文笔嘴下"凤凰池"、"犀牛潭。"神龟左前脚伸展在杨家沱（今彩虹桥）大黄桷树西面沙滩，右前脚位于城隍庙后山，左后脚伸往安川桥西北街农贸市场，右后脚藏在临高门（西门）北得胜坡望乡台下，微曲之龟尾朝至北门外演武桥。城墙环围内的城区状如龟壳。各街巷道路既神似龟背甲壳密布之纹，布局又如北斗七星形。大面貌同于"洛书"、后天八卦"九宫图"。县城文庙后山和背面得胜坡南面后祠坡及文庙座山后伏之山，状似"河图"圆图。

神龟城自蜀汉乐城和唐宋以来多次进行建筑，均按照北斗七星形状营建街道公署、里坊居宅、寺庙宫观、仓祠医馆。将璧城构架成为象征宇宙天空，宛若星辰缩影的吉城。璧山文庙、县衙、一人巷、刘公祠、南华宫、四川会馆、工人俱乐部等七处小平坡地块，堪舆称为是"七星地"，大形状似北斗七星。建城划分东西向中轴线后，就在各星形小坡间的洼处构建了城市骨架即东西南北街巷，并按礼制在城中心设官署，在吉坡建文武庙、学校书院等，然后沿街划分功用区建设民宅、市场等，逐渐形成了完整的"北斗七星街"。

唐宋时还在璧山城东面秀峰上修建了"文风楼"，在城东门处修了"镇江楼"，在南门外第一水口出处筑了文峰塔，在第二三水口出处建阁堰，起倡文风、览美景、镇煞、补风水缺陷等作用。

神龟璧城，把中国民俗文化中充满丰富内涵的神龟意象化为城体，使其成为一个奇妙的符号。县民依神龟戏水，背负星图而建城池，对这座城池寄予了无限的美好意愿。神龟负八卦七星，使人亲近而邪魔难侵。龟城给城邑不断带来了泼泼生气，给百姓生活增添了许多情趣，掩隐着无尽的吉祥安乐。在近 2000 年历史长河中，璧山百姓依赖神龟城避过了多次大劫难，璧城虽饱经沧桑，但至今长治久安，真如神龟长寿。

第三节　凤凰山前时行生

自古以来，璧山人非常注重居住之宅，讲究选择良好的环境，相信"地善即苗茂，宅吉即人荣。"讲求佳宅，得山川之灵气，受日月之光华，以利于陶冶人的精神情操，颐养浩然之气，使人能够延年长寿。

璧山城是充满无限生机的宜居之城，城内有多块上乘的风水宝地，位于县文庙左右侧的地块是人们信奉的最佳居住地之一。

璧山古民谣云：璧城"西北角民住穷，东方南方栖商贾，西南靠山居官府。"至今民谣仍传：城"西北居贫，南东住富，西南方住多干部。"古往今来，璧山人认为璧城风气总体美好，但城西北乾方有缺陷，主贫疾；而位处城西南的璧山文庙区域却系璧城内外的十大宝地吉壤，名排第一。

璧山文庙地处璧山县城的风水座山五峰山前。文庙后面是凤凰山，该山与左右二山及后伏的二山合聚为五，故名五峰山。该山脉绵长，"来龙万里"。山之源头始于中国西部昆仑山，碾转经大巴山、华蓥山，过嘉陵江后接连璧山西山云雾山脉，再分脉到璧城西面来龙场聚结，而后由 20 多个圆润秀美，如宝珠滚动的山峦组成的支系山脉由西往东，蜿蜒龙行 10 余里至璧城后面安稳蹲踞。

五峰山气脉贯通，旧时山脉多松柏为盖，绿树掩映，气象万千，是古风水环境中最吉美的山脉。是选城址、建衙署、修民宅等最看重的来龙山，亦称镇山、主山、座山。所以从汉代以来，不管是璧山的土著居民或是不同时代从外省区迁徙入璧山的移民，凡有条件的多要选择在五峰山附近建宅，以利于安居乐业。

在宋代，璧城五峰山前也成为冯时行及其祖辈的居住地。冯时行的先祖在唐代末期因黄巢战乱，于唐僖宗逃居成都期间由秦地迁入蜀地的。其入蜀先祖"兄弟三人，散居遂、普、绵三州间，皆为著姓。"（南宋王之望《汉宾集》卷 15《遂宁冯君墓志铭》）稍后，住居遂宁的一支冯氏后嗣迁徙到璧山县，这支冯氏就是冯时行的远祖。

北宋前期宋太宗时，冯时行的五世祖曾官任司马，在璧山城内五峰山麓县文庙右边临街建宅居住。清代嘉庆《璧山县志》古迹载："宋状元冯时行故址，在学宫（即县文庙）右侧五十步。"同治《璧山县志》古迹记："宋缙云冯时行故宅，在县治后学宫右五十步。"冯时行曾在给三兄冯正臣的《三家兄报荐起楼屋喜而有诗》中说：先祖择居于此已历五世，创业的先祖"司马辛勤五世传"。（北宋冯山《安岳冯公太师文集》卷 11）冯时行与其大夫兄、三家兄、弟冯丹和二弟均出生于此，青少年时期居住在此。

冯时行之父，据南宋《国朝二百家名贤文粹》卷 92《代上冯宪书》文考，他曾被推荐作为"中大"即京官候选人。他应是官至五品任过县州并有政绩的官吏，以才能被推荐为京官备选人。

冯时行的母亲史载不详，仅知其是璧山官绅女。

北宋元符三年（1100）正月，宋哲宗赵煦当了 15 年皇帝后在年仅 25 岁时就去世了。他的同父异母弟弟，18 岁的端王赵佶在皇太后尚氏的力推下，如愿以偿登上了帝位，成为赵匡胤黄袍加身建立北宋后的第八代皇帝，史称宋徽宗。

宋徽宗登上帝位的当年阴历十二月十六日，阳历是次年即徽宗建中靖国元年（1101）一月中旬，在北宋 36 个路（类似今省）之一的夔州路渝州下辖的璧山县城五峰山麓的冯氏宅院内，一声清脆的啼哭震碎了人们的焦灼与担心，一个新的生命顺利地诞生了，璧山官吏"冯中大"的妻子生下了第 4 个宝贝儿子。他就是后来热爱大宋锦绣河山，憎恨金国侵略者肆意蹂躏国土，以力主抗战，长期惠民益农，名闻朝野誉满川渝的爱国为民状元、诗人、学者、政治家冯时行。后来璧山人就将璧山县文庙侧的冯时行出生及其住宅称为"冯状元府"、"冯时行故宅"。

关于冯时行的出生年月，据冯时行撰《龙多山鹫台院记》说："绍兴己卯，行年五十九"。此"己卯"年是绍兴二十九年即公元

1159 年。按古人以阴历计岁数前推冯时行的生年就是公元 1100 年（北宋元符三年）。又冯时行在《梅林分韵诗序》文中记："绍兴庚辰十二月既望"与众友唱酬咏梅。"庚辰"年是绍兴三十年（1160），"十二月既望"是阴历腊月，阳历则是绍兴三十一年（1161）元月中旬。冯时行诗友成都人杜谨言在《梅林分韵得旧字》诗中说："明年用和羹，请为使君寿。"（明代《全蜀艺文志》卷 19）以前叙，冯时行的确是生于宋徽宗元符三年（1100）阴历十二月无误，阳历为宋徽宗建中靖国元年（1101）一月。史载冯时行是隆兴元年（1163）底病卒的，年 63 岁，以阴历前推到 1100 年即冯时行诞生之年。

中国文化中，凡是大人物、名人的出生多会伴有各种各样的传说。例如真命天子出生，无论是野史还是正史，大多要讲述一番神异现象。太史公司马迁是"良史"，他为汉高祖刘邦作"本纪"时就曾写道："其先刘媪尝息大泽之陂，梦与神遇。是时雷电晦冥，太公（刘邦之父）往视，则见蛟龙于其上。已而有身（娠），遂产高祖。"

北宋"太祖生洛阳夹马营。生之夕，光照一室，胞衣如菡萏，营前三日香。"（北宋杨亿《杨文公谈苑》）《宋史·太祖纪》："太祖……生于洛阳夹马营，赤光绕室，异香经宿不散，体有金色，三日不变。"

南宋朝廷建立者宋高宗赵构于北宋末期"大观元年（1107）五月乙巳生于东京之大内，赤光照室。"（《宋史·高宗纪》）

对于宋代状元出生的传闻也多。状元是科举道路上最荣耀的顶点，其数量不多，后人就要给这些幸运人戴上神秘的光环，被视为"文曲星"下凡，不同凡响。如南宋祝穆《方舆胜览》卷 54 绵州记北宋太平兴国五年（980）科状元生时："皇朝苏易简（四川中江人），母薛氏菁而弗谈，有虹入室，少选散去，井池釜盎水皆涸，俄而易简生……太平兴国中进士第一"。

北宋徽宗政和五年（1112），四川仙井监（今四川仁寿）人何栗中状元。《古隆州志》记其生时天空出现祥异。清代嘉庆《井研县志》亦载："何栗初度之辰，夜半红，雾旦天。"众云何家将出贵人焉！后果中状元官至宰相。

冯时行的出生，也充满了带有神秘色彩的故事，出现了不少预兆。璧山城乡从古至今有如下之说：

一是在冯时行降生之前数月，在冯氏宅院后面茂密的凤凰山上出现了一群吉祥鸟，相传这群鸟是汉唐代该地出现百鸟呈祥后又一次再现。群鸟中有一只大丹凤在璧山城上空鸣叫环舞，在县城前面古油溪（今璧南河）大沙坝（今彩虹桥处）上漫步饮水。

二是璧山城东北金剑山天池北面高耸起扼镇城北水口风水的文风楼，多次出现成圆形红云缠绕楼腰。有谶语云："红云圆，出状元。"

三是璧山城南门（拱秀门）外镇锁县城出水口，关拦风水灵气，增壮水口形势的文峰庙香火特别兴旺。进香县民看见庙侧文峰塔顶上午升起彩云，下午出现红霞。云霞在冯时行降生前连续三日呈现。庙中老僧对称奇不解的百姓说："这是吉祥的预兆啊，璧山又要降贵人了。"

四是冯家宅院书阁边，以后被人们称名"状元井"的泉井有紫气雾霭冒出，不断发出声响。

五是城东乡民雨后见双山（后名状元峰）冯氏祖墓有"金蛇下山"，墓侧古树有"喜鹊做窝"，吉兆连现。

待冯时行降生之后，之前的种种异象就全部消失了。

以上几条有的是自然现象，有的是事情巧合，也有后人为了证明冯时行的来历不凡、成名有因，特意为他编排的。冯时行成人后的功业与其行为，主要取决于他后天的努力与当时的社会环境，与一时出现的自然现象和巧合奇事是没有绝对必然的联系。然而，由于他成为了状元、抗金名士、政治家、文学家，所以在其出生前有若干异兆故事也就不足为奇了。

冯时行出生时，璧山县属渝州（今重庆）管辖。渝州曾名楚州，隋文帝开皇元年（581）改楚州名渝州。冯时行出生后两年即宋徽宗崇宁元年（1102），已有510多年历史的渝州以州人赵谂图谋反对封建王朝被杀，（1981年《重庆简史和沿革》载邓子琴撰《重庆简史》文）崇宁元年六月，改渝州为恭州。（南宋李埴《皇宋十朝纲要》卷15）以后冯时行年老，曾自称"古渝冯时行"，不忘自己是古渝州人。（南宋《国朝二百家名贤文粹》卷121载冯时行撰《丹棱县夫子庙记》）

冯时行出生后，其父亲与母亲商议，要给新生儿取一个有深厚文化内涵的名字。古人取名多有含义，如比冯时行小2岁以后成为抗金英雄的岳飞，他出生时正巧有一只大鹰展翅从茅屋顶飞过，父亲岳和十分惊异，就为孩子取名岳飞，字鹏举。

出自书香门第和数代官宦家庭的冯时行之父喜爱《易经》熟读《周易》。《周易》是中国最重要的典籍之一，是中华文化的源头活水。历代学者对《周易》不断阐发、解读，使其具有非常大的实用价值和丰富的哲理因素，进而广泛地被应用到社会中，给人与社会发展以指导。宋代的读书人和官宦最热衷于学习易学。冯时行的父亲尤喜《周易》中的"时止则止，时行则行，动静不失其时，其道光明"等论说。该论说强调对"时"要有所知，而"明时"之目的则在于认人依时而动，做到"时行"。时行非常重要，因为"时"是事物发展所不可缺少的背景要素。时势该静止就静止，该行动就行动，不要错过时机，前途才会一片光明。"时行"哲学，是中华民族的基本思想之一。《周易》对时止时行的中和原则是，要遵从自然，顺势而为，当可有为。

冯时行之父期望自己的儿子以后能以《周易》论说中的哲理治国理民，"经世致用"，并将其作为立身处世的法则和兴国安邦的准则。就择《周易》中的"时行"作为第4个儿子之名。又为冯时行取字"当可"，喻意其成人后为国家当可以有大的作为。简言之，"时行"即择时而行，"当可"即择时而行当可也。

按照宋代璧山地区习俗，自新生儿诞生开始至周岁，要为孩子举行一系列的"诞生礼"过渡期礼仪，主要有打三朝、满月、满百天、庆周岁等。

打三朝名"洗三"。南宋孟元老《东京梦华录·育子》、吴自牧

《梦梁录·育子》记，两宋士庶人家多为新生儿洗三，富家仪式隆重，贫家则节俭。

璧山洗三之俗兼有保健、祝吉、祷神、占验等多种涵义。是时，亲戚朋友要送礼祝贺。外婆家通常送食品和给新生儿准备的衣帽鞋袜，其意为"送饭"、"送衣禄"，具有实用和象征意义。送饭食品中有远大于市售几倍的大糍粑以及本地产红公鸡、壮年鸭、鸡蛋、黄豆、糯米、大米、醪糟、核桃、板栗等。新生儿穿戴物多半为外婆、姨妈、舅妈等手工制作。

给冯时行进行"洗三"活动从祭神开始，祭神完毕后端出一个大木盆，盆中装着用艾蒿、槐枝、柏枝、花椒等草药煎成的温热香汤。亲朋们依长幼尊卑之序向汤水中扔金银、钱币，放桂圆、红枣、花生、栗子等喜果。一位儿女双全的"全福"健壮妇女抱着冯时行洗澡。主持人用一根桃木和黄荆木棍在水中"搅盆"，口含吉祥祝语："先洗婴儿头，长大做王侯；再洗婴儿腰，一辈更比一辈高；后洗婴儿雀蛋与股沟，进士及第任县州。"

宋代官宦家庭"洗三"时，文人亲戚多要作诗歌祝贺。北宋苏轼贺弟得孙贺诗云："况闻万里孙，已报三日浴。"（《说郛·传》17）又作《洗儿诗》说："人皆养子望聪明……无灾无难到公卿。"（《东坡续集》卷 2）

冯时行洗三时，数代与冯家交往的璧山乡绅妻，以后成为冯时行的岳母遵照县俗，当场咏了一首赞词俚语："百姓养子喜聪明，冯家洗儿做公卿；神佑七郎平安长，摘取功名孝众亲。"因冯时行在璧山族人中大排行为七，俗称"七郎"。（民国八年璧城张席儒《闲居录》）到场的璧山县令也赞道："丹凤翔鸣油溪旁，聪慧儿降五峰堂。喜见朝霞三日红，他年史载耀邦乡。"（张席儒《闲居录》）

很快冯时行就满月过了一百天，家中举行了"满月剃头"与"带长命锁"仪式。

时间一晃就是一年，宋徽宗建中靖国元年（1101）冬阴历十二月，阳历是徽宗崇宁元年即 1102 年一月，冯时行满周岁了。这天在璧山县城五峰山麓冯宅中，为婴儿满岁开筵庆贺，举行"试晬"礼。

活动又名"周晬"，后世称"抓周"、"试岁"。试晬，宋人云"此小儿之盛礼也。"（《东京梦华录》卷5 育子）

冯家人在堂屋祖宗牌位香案前摆好大八仙桌，铺上璧山著名纺织品"巴缎"。冯中大不慌不忙地在桌子正中摆了试晬、抓周用的三堆物品，一堆是父祖的任官诰敕、玉印、诗书、笔砚；另两堆是金银、铜币、小算盘、小秤与糖果、弓箭、玩具等。

冯时行的祖父母、父母持香祭祖宗后，几位长辈将小时行抱上八仙桌，让他随意在桌上爬去抓各堆物品，用此来预测小儿未来的志向。

冯时行咿咿呀呀地爬在桌上，好奇地摸摸这堆物品，又看看那一堆东西，他突然翻坐起来，将其祖辈的官敕、玉印、笔砚、诗书一件一件地抓放在怀里。在场的冯家人和亲友发出一阵欢笑，这个说："这孩子未来肯定有出息，要做大官！"那个道："孩子真是与众不同，不去摸抓金钱玩物商具，看来他今后是要继承其父祖志向了！"更有县西南重璧山（茅莱山）恭天观老道长赞云："此儿面相不凡，将来除了会光耀冯氏门庭，还会有益于大宋朝，会给巴蜀和家乡璧山带来光彩呢！"（民国八年璧城张席儒《闲居录》）

第四节　幼家教长读县学

冯时行周岁后就开口说话与行走，两岁时就喜欢听祖父教后来出仕官任大夫的二哥和三家兄冯正臣读书。3岁时，父亲和祖父开始启蒙教他诗文，让他与兄长一起背诵唐诗。冯时行颖悟强记，一年后便能口诵不少杜甫诗和唐人绝句。

冯中大见冯时行聪明伶俐，4岁时就教他习四书和五经。四书是《论语》、《孟子》、《大学》和《中庸》，五经是《诗经》、《尚书》、《易经》、《礼记》和《春秋》。由于冯时行天资聪明记忆力强，仅仅用了两年时间，就将这些儒家经典代表作背诵得滚瓜烂熟。他常常是日诵千言，璧山城中人皆以为奇，赞称他是"神童"。这些书为他打下了熟知中国古代文化的基础。

冯时行的祖父经常鼓励孙辈努力学习，要有锲而不舍的精神。

为了激励孙辈积极向上的进取精神，他向冯时行弟兄宣教宋真宗赵恒写的《劝学诗》："富家不用买良田，书中自有千钟粟。安居不用架高堂，书中自有黄金屋。娶妻莫恨无良媒，书中有女颜如玉。出门莫恨无随人，书中车马多如簇。男儿欲遂平生志，六经勤向窗前读。"（《绘图解人颐》卷1）

冯时行的母亲出身璧山书香之家。她在闲空时也教冯时行兄弟读蒙学读物，选教勤勉劝学，用功名利禄引导儿童发愤读书以收获锦绣前程的诗文。其中有北宋神童后中进士历官大学士的汪洙撰写的"天子重英豪，文章教尔曹，万般皆下品，惟有读书高。少小须勤学，文章可立身。满朝朱紫贵，尽是读书人。学问勤中得，萤窗万卷书，三冬今足用，谁笑腹空虚？自小多才学，平生志气高。别人怀宝剑，我有笔如刀。朝为田舍郎，暮登天子堂。将相本无种，男儿当自强。学乃身之宝，儒为席上珍。君看为宰相，必用读书人。莫道儒冠误，诗书不负人。"

长辈们还教冯时行读好书后参加科举考入仕途，修身、齐家、治国、平天下，要做为国家尽忠、慷慨报国，得到世人尊重之人；不要做只图个人荣华富贵，追逐名利，最终会被世人所不耻之徒。

在冯时行所习诗书中虽然有不少充满了强烈的功利思想，但对他来说却是起到明显的激励和启迪作用。他从父母、祖父母的言传身教中受到的良好教育，影响了他后来一生的为人、为官、为文。宋代仕大夫们特别重视气节，冯时行成人后正直有骨气，与他从小受到家庭的教育与影响是紧密关联的。

冬去春来，转眼就是徽宗大观元年（1107），冯时行7岁了。他后来在《见雪》诗中说："忆昨大观初，我始垂髫儿。"（《缙云文集》卷1）古代垂髫最大时为7岁，8岁为成童，故冯时行有此说。垂髫期间，冯时行学业不断长进，已能出口成章吟诗了。

相传冯时行一天在家中读书，家住南门的曾家老伯来到冯家找冯时行的祖父帮忙写家书，因为儿媳凤鸣昨天夜里生了一子，她要向去荆湖经商的丈夫曾高兴报喜，并叫他快点寄钱回家需用。但这时冯时行祖父外出不在家，曾老伯很着急，眼见给儿子带信的客商马上要出发了。冯时行就说："老伯，请让我来给你写吧！"曾老伯早就听人说过冯家儿郎聪明，毫不犹豫地答道："要得，甚好。"仅一小会，信就写好了，是一首"打油诗"：

鲤寄良人高兴知，凤鸣三更诞麟儿。翁姑老小皆平安，速寄百钱勿延迟。

（民国八年璧城张席儒《闲居录》）

信以曾老伯儿媳的名义写，"鲤"即信，"良人"是妻对夫的称呼，高兴即曾老伯的儿子，翁姑是儿媳的公婆。冯时行将诗念给老伯听，曾老伯连声称好。此事以后经曾家人传扬出去后，璧山县城的人就誇赞冯时行是"神童"。

又一天，冯时行随母亲到亲戚家吃结婚酒，坐上席者闻冯家髫儿有才，愿听他当众吟咏。冯时行并不推辞，行礼后吟道："喜宴桌子四角方，四根板凳摆鸳鸯；上首坐的汉高祖，下方坐的楚霸王；左面坐的是韩信，右边坐的是张良……"还未吟完，上席耄者问他："冯郎你呢？"答云："四面八方都坐了，我斟酒做状元郎。"冯时行一边说一边给大家倒酒。在座的长辈乡亲纷纷伸出大拇指，誇赞冯家聪明好儿郎，都说这个娃娃将来会有大出息，必定是国家的栋梁。一乡老口吟道："七岁神童古稀罕，世间经书诵舌端。冯家门户有衣冠，他年入京考状元。"

这年秋季，冯家要来贵客，家人去宅南井中担鲜水煮茶。由于暴雨后井水中冲入了小虫，家人不知如何处理，十分着急。冯时行就对父亲说："不难，不难！做一个滤水缸过滤一下即是好水。"家人尊嘱找来一口大缸，在缸底钻个小洞插入竹管，将网眼如螺纹状的棕树皮铺在缸底，压上小卵石，再放一层干净粗河沙，上面又逐层放棕皮、卵石、沙，连放三层。使用时，将挑来的井泉倒入缸中，经过滤后流出的水就变成了清凉甘甜无杂质的煮茶好水了。冯中大问儿子是怎么想到做沙缸的，冯时行答道："读唐人集而知，白行简有《滤水罗赋》，白居易有《送文中丞》诗，皆云滤水可去杂物使水变洁之语。"听了回答，冯中大为儿子的聪明感到高兴，他吩咐家人："以后就用沙缸过滤的水来做饭烧菜煮茶。"

　　闲空时，冯时行跟着母亲，沿着凿修于汉唐代从璧山县赴恭州（今重庆）城的凉亭关石板大路上行，到金剑山前的金剑庙、天池玉池观、观竹寺拜佛礼道。金剑山宋代时期风景极佳，"金山晴雪"是南宋璧山八景之一，排名第五，（南宋理宗嘉熙元年即1237年璧邑梅井山本元寺铁钟铸《璧邑八景》名录）到明、清代名"金剑晴雪"。天池玉池观址原为蜀汉神刀王蒲元的墓地，北宋徽宗大观三年（1109）由女道士白素师倡建，主供道教"三清四御"。南宋孝宗时，由璧山才女陈妙常率10余女冠主持，香火极旺。元明时，又改建称玉池寺。清乾隆间起至今名龙桂寺。附近胜迹多，有三美禅院遗址，巴国公主吹笛乘红鲤飞升之仙台，晋朝代病兄从戎功成还乡养嫂育侄成才的冯姑"奇女坟"，宋璧山八才女之一唐陈氏故宅遗地，诗人陆游小妾蒲驿姑葬地斑竹坡，咏竹明志守节丽妇黄淑葬所翠竹湾。玉池观处的天池景致秀美，"天池皓月"是明代璧山八景之一，名排第二。

　　由凉亭关向天池行约一华里今公路西面大竹林中有"桃花井"。乡老言唐代女诗人薛涛从铜梁县经此下渝州时曾歇此饮泉水。后"冯时行少年时到此喜欢吸饮"而亦称"才子泉"。（邓启云著《秀美璧山》书8页）

　　冯时行还多次随祖母、母亲到城西东林寺和千层岩老君山看庙会。"东林晓钟"自南宋以来就是璧山八景之一，名排前面。千层岩处的老君山在宋、明代时有精美的老君造像，俗信人祈诸神仙道特别灵异。"老君朝霞"景观是明代璧山八景的第七景。冯时行与家人游道观佛寺，幼小的他对道教飘逸高雅的艺术，奇特的建筑，道长们的奇异法术和佛教各种菩萨像姿等都充满了好奇，使他日后利用道家思想注重自身修养及闲时曾有心注视佛教。但他一生中对佛道始终保持着审慎客观若即若离的态度，并不迷信于道、佛两教。

　　宋代徽宗大观二年（1108），冯时行8岁成童时父亲将他送入与家相邻的璧山县"乡校"即县学宫学习。他的几个哥哥都先后在此读书。

　　宋代教育设中央官学国子学、太学、武学等，地方官学分路、州（府、军、监）县三级。县级学校又名学宫。为方便管理，学宫一般与祭孔子的文庙设在一起，左庙右学庙学合一。晋代《华阳国志·蜀志》载：西汉景帝末年，文翁治蜀始修学宫于成都，巴亦立文学。《汉书·文翁传》："翁，景帝末始为蜀守，武帝（刘彻）时，乃诏令天下郡国皆立学宫。"

璧山县学宫是重庆地区现知最早建立的。明代万历初碑记："璧山学校创汉代，历唐宋建。"（万历《新修璧山县学宫记》）宋代璧山学宫是官办县学，俗称县乡校，设在璧山文庙右边，即今文庙西南边原璧山县委办公楼一部分。

县学，北宋庆历四年（1044）规定学者200人以上，允许更置县学。（《宋会要》崇儒2之4）崇宁三年（1104），诏令增加县学弟子员，规定大县50人，中县40人，小县30人。（《宋会要》学儒2之10）据北宋《元丰九域志》卷8夔州路渝州下记载璧山时为"下县"，即小县。故崇宁间增加县学学额30名后，璧山县学员额在北宋末期已是230人以上。另外，还设有不少听读学生员额。县学学生来源大致分为官吏子弟、乡村地主及豪民子弟、平民子弟三类，均经考试后择优录取。庆历四年（1044）时又规定了7种人不准入学："曰隐忧匿服；曰尝犯刑责；曰行污孝弟；有状可指；曰明触法宪，两经赎罚，或不经赎罚，而为害乡党；曰籍非本土，假冒户名；曰父祖干十恶四等以上罪；曰工商杂类，或尝为僧道。皆不得预。"（《续资治通鉴长编》卷147仁宗庆历四年三月乙亥条）

县学学习内容为经术、诗赋、伦策与诸子、历史、法律等。经学主要内容为《诗》、《周礼》、《礼记》、《左传》、《易》、《书》、《仪礼》、《公羊传》、《谷梁传》、《论语》、《孟子》；孔颖达《五经正义》、徐彦《公羊传疏》、杨士勋《谷梁传疏》；贾公彦《周礼注疏》、《仪礼注疏》；王安石《三经新义》等经学教材。

冯中大择吉日带冯时行到文庙大成殿中拜谒了至圣先师孔夫子，再到学宫恭恭敬敬的磕头拜了老师。他对老师说："小子今日拜师，一定用心努力学习，将来做个于国于民有用之人，决不辜负老师教导！"而后将母亲蒸制的"状元糕"分给在场的学童吃。这是宋代璧山县的一种土产食物，选用纯糯米炒熟磨粉，加入白糖、饴糖、桂花和香料，拌匀后用木模具压制成带有"状元及第"图案的糕点，寓意学童食后学业上进，长大"高中状元"。

冯时行在县学结识了不少好友，有同为县城人的白昭度，居宅在南门外今秀湖公园天子岗的黄大舆（政和八年即1118年中进士），梅江人张仁甫（政和八年中进士），宣和三年（1121）考中进士的王子善，宣和六年（1124）进士张守约等。（元初期璧山进士杨鹤鸣撰立《璧邑唐宋进士题名牌》）还有能文习武后中武魁的王大节，已到恭州郡庠学习的蒲国宝。

王大节年龄略大于冯时行，蒲国宝比冯时行长七八岁。三人是在璧山县城拱秀门外文笔觜处相识的。

旧俗璧山城每逢三、六、九日赶场。乡里耄者言一个赶场日，冯时行出南门来到卖杂物的文笔嘴石埂沙坝上，看见不少人围成一个大圆圈正在看一个武童和一名着书生装的大男孩抓扯。两个人手抓手，头顶头互不相让。围观的人不断吆吼"加油，使劲干"，但没有人出面去劝架。冯时行用力钻进圈内仔细一看，这两个人都曾随自家长辈去过冯家，自己也听父母讲过这两家的情况。他立即上前去对面红耳赤的二人拱手施礼劝道："我知道你们都去过我家，是我家的朋友。"蒲国宝、王大节未见过冯时行，就问道："你是何人，怎知我们？"冯时行就口吟打油诗答："常云凤凰翔五峰，今见油溪嬉双龙；二马居家圣庙左，蒲、王兄居城北、东。"蒲国宝与王大节听咏诗中说："二马"，知道面前少年是他们都去过的住在五峰山下县文庙边的冯家儿郎，立即停止了撕扯，并在冯时行劝说下相互施礼道欠言欢。此时，从县西南重璧山（今茅莱山）古恭天观下来的金仙老道正好过此，他最善观相察人占卜未来，见到蒲、王、冯三人集聚之情景，暗暗称奇，当着众人赞诱："此系璧邑不凡三小子也！"并口占诗云："群凤旋落五峰下，濮坎坝凤戏莲花；金盘山前栖黄龙，未来三魁辅赵家。"仙道所说濮坎坝是蒲国宝故里居宅地，金盘山前是王大节住宅，蒲、王、冯三人长大后都科举中魁，考中了文、武状元。（20世纪80年代璧山建筑公司孙辉有、黄学林，璧城居民江兴伯、杨林修，小学校长邓文麟，县师范校书法教师钟岳灵，民国间任县图书馆馆长的刘冰若，河边乡新塘医疗店医生吴光全，河边乡小学教师龚正良，丁家文化站长瞿学良，丁家历山寺莲花坝前国军中校魏泽方，来凤镇龙天一以及笔者父亲邓良山等花甲古稀耄者口述。）

进入县学的冯时行常与同学游乐璧山县城，与年龄相同的白昭度"徜徉里闾，无十日不同者。"（《缙云文集》卷4《白昭度墓志铭》）他到城内关圣庙、城隍庙、南门外文昌庙、挂榜山麻神祠看庙会，春季观鞭打土牛，夏季端午览驱邪净街，秋季看社火庆丰年，冬季参加傩戏土主巡街活动。闲时还喜欢在三、六、九赶场天到县学前面的"扯谎坝"（位于今县文庙广场表演台一线）玩耍。有时还出文庙对面以出白石明润如璧取名的"璧玉门"（南宋更名状元门，1950年后称东风门、小东门），去"荒货市"大沙坝（今彩虹桥西沿河地带）游嬉。

扯谎坝自古就是璧山城内最热闹的地方。每逢赶场或节庆，江湖游医、算命测字、看相取痣、卖画猜谜、观花问神、演木偶皮影、唱合曲、唱要令、弹古琴者多聚于此。不少江湖艺人在坝中表演，有两个曲调循环重复演唱，歌舞相兼的"转踏"舞；有扮唐代书家张旭和舞蹈家公孙大娘的"剑舞"；更多的是杂耍弄碗、转碟、踢瓶、槌鼓、耍钱、弄棍、抛鞭、吞剑、飞叉、戏索、爬竿、顶桌、跳火圈、耍猴。表演者大人小儿丽女皆有。他们以健美的形体和灵巧的动作，尽情地表演各种高难度大的技艺。许多惊心动魄的动作使观者不断吆喝称好，赞叹民间艺人们的智慧与勇敢。还有当时名"路歧人"俗称为"打野呵"的说话人与讲经者，他们以小说、谈经、讲史等为主。小说讲灵怪、传奇、公案、武侠等故事；谈经演说佛经故事；讲史说史实演绎、传说、王朝兴衰、战争风云等。各种江湖奇艺和说话对少年冯时行都具有吸引力，也使他从小就了解到社会底层百姓的辛酸生活。

扯谎坝和邻近的街巷一年四季有卖饮食的店铺与小摊，儿童糖食有麻糖、芝麻杆、寸金糖、盐豆、五香豆；水果有樱桃、梅子、杏、李、桃、蟠桃、火枣、葡萄、谷梨、板栗、荔枝、桂圆、甘蔗、红桔、橙子、柑；面食有鸡丝面、兔肉鲜面、炝锅汤面、肉馒头、包子、笼饼、油炸馓子、响锣果子、麻花、环饼、芝麻圆饼；米制品有醪糟汤圆、黄白双色糕、凉粉、凉糕、糍粑、三角粽、竹筒饭、七宝粥；烧腊有炙鸡、白切鸡、璧山卤兔、璧山拌料兔、烤兔、烤鸭、卤鸭、卤鹅、卤猪杂、炸鱼条等。鸡丝面、兔肉鲜面、响锣果子、色糕、璧山卤兔、璧山拌料兔、炸鱼条等味特鲜美，是冯时行喜爱的食品，他的母亲经常在家中烹做或到摊、店上去买。

宋代璧玉门外的荒货市场又称荒货草市。该市贸易有谷、米、麦、豆、鸡、鸭、鱼、鹅、兔、猪、牛、羊、狗、马、蔬菜等和璧山巴缎、蜀布、棉帛、皮货、药材、糖酒、茶烟、灯油、染料、纸张、窑货、木材薪炭、竹器、草编等。还交易各种生产工具。冯时行通过观察家乡的集市货物，从小就了解了不少地方习俗，为他日后在巴蜀任县州官和路司法官时熟知民情，关爱地方百姓奠定了亲民基础。

冯时行还经常一个人到后花园被黄梅、花树环围，相传是女娲补天遗落的一排或方或圆的大"麻疙瘩石"前读书，这是他少年时钟爱的学习地点。他学习起来有时竟忘记了吃饭，三家兄冯正臣就去喊他，见他正襟危坐，或高声诵读，或静悄悄地思考。该地后来成为璧山城中胜迹之一，至今人说："凤山东面山脚曾有北宋末期上舍状元冯时行的'状元府'，山东南脚系府属园地，植有梅树。冯状元少时在府侧文庙县学读书，常到庙学后山梅林台状巨石处诵习功课。该处人称'冯状元读书台'，即今（璧山烈士）陵园游览示意图中所表明的'状元石'。"（2009年《璧山文史资料》22辑、2016年《秀美璧山》书载《凤山埋忠骨、黄梅浮暗香》文）"状元石，今陵园东北角有方平石一尊，传为时行少年时游玩、读书之地。"（2011年璧山状元冯时行研究会编《状元冯时行》22页）现代合川著名书画家周伯溪和璧山名书法家车光度曾题写"状元石"。

聪明的冯时行是璧山县学中最优秀的学生，老师对他十分青睐，喜欢他勤学钻研不倦。冯时行10岁左右读记录孔夫子及孔门弟子思想言行的著作《孔子家语》，其中有"孔子之周，观于太庙，右阶之前，有金人焉。三缄其口，而铭其背曰：'古之慎言人也，戒之哉！无多言，多言多败。'"该文谈孔子在太庙见到这个对于说话极其慎重的铜（金）人，给他很大震动和启发，所以孔子后来就谆谆教诲弟子说话办事要三思，慎言慎行。

冯时行对此有些不解，他问老师："夫子所言历为圣言。但若遇国事、民事、大事哪能'三缄其口'而不说或少说话呢？再者，昔周朝太庙与金人相对而立还有侃侃而谈的石人呢。该石人背铭文'无少言，无少事'，寓意人要仗义执言，敢于伸张正义，立场坚定。对异端邪说不屈从，不阿谀，心如磐石。"

老师未直接回答冯时行的提问，反问道："你愿学金人所为还是石人行为呢？"冯时行毫不犹豫地说："若是私事可当金人；若为国家和天下百姓，则学石人。"老师非常高兴，肯定他的说法，对他说："夫子朝太庙还有一尊玉人，表示人要修身养性，洁身自好，方能守身如玉，洁白无瑕。"他希望自己的学生还要像玉人一样，冰清玉洁。

冯时行不辜负老师的期望，他成人后为国为民的所作所为完全是按玉人、石人准则去做的。到年老时他曾撰《题三缄金人图》文说：

余少读家语，已知有周庙金人之戒。浮沈人间世，老矣而卒蹈其祸，盖诵其文而违其实者，书生之常患，困而始学，败而后悔者，中人之常性。今观赵持正此图，不觉凛然如近冰雪，吾其免乎哉！

（《缙云文集》卷4）

为了让冯时行学到更多的知识，老师与冯时行父母商量，开始带他进行游学，让他对社会加深了解。

宋代时期，四川以成都为中心的地区俗称"西州"，川东地区则被称为"东州"。史载冯时行随师游学主要是在东州一带。游学间，老师对他讲："人生天资聪明但不可娇恃，知识是从努力学习中获得的，长期读书、考察方能使学业长进，修养不断提高。"

北宋徽宗政和四年（1114），14岁的冯时行跟随老师到时属梓州路管辖近邻璧山县的合州合阳城一带游学。他在南宋绍兴年间撰文中谈到："自余少时，从事先生游学东州，见合阳李时用。时用年已四十余矣，一见相爱重，解衣衣我，出入其家如子弟。"（《缙云文集》卷4载《李时用墓志铭》）冯时行在合州随师游名山胜迹，了解地方风物。老师要他读古人写合州的好碑文，许多年后他对此记忆尤新，云："余少读唐孙职方《龙多山录》，思至其处，登降岩巘，为徜徉浩荡之游。"（清代乾隆《合州志》卷12冯时行《龙多山鹫台院记》）又云"儿童便读山中记，老大才登记里山。"（南宋王象之《舆地纪胜》卷159《潼川府路·合川》）

通过游学，冯时行受益匪浅，学识倍增。

第二章　汴京科举两考高第

第一节　从郡校考入太学

北宋徽宗政和五年（1115），15 岁的冯时行束发步入青年，次年即以良好的成绩考进了恭州（今重庆）郡学。他此时虽然已能文善诗，但却很谦虚，直到老年回忆时仍谦虚说："爰自束发以来，粗亲纸笔。"（南宋《五百家播芳大全文粹》卷 56 载冯时行撰《谢秦丞相小简》五）与他同时期考入恭州郡学的还有璧山县学同学白昭度等人。冯时行曾说他与白昭度在恭州读书时"游郡痒……无十日不同者。"（《缙云文集》卷 4《白昭度墓志铭》）

恭州郡学即冯时行笔下的"郡痒"，是恭州唯一的一所州立官学。学校设在恭州州衙北面近邻临江门内州文庙旁，具体位置在今重庆城解放碑邹容路夫子池 29 中学处。

冯时行在州学读书时期，正是北宋后期科举制度实行改革的鼎盛时期。

科举制度是中国的一项伟大创造，产生于隋朝。隋文帝时实行分科取士以充实官员队伍，取代了以前选拔任用官员使用的九品中正制。此前主要由州郡官吏荐人仕进，这种选人制度长期被世家大族垄断，致使中下层知识分子能试才献艺的机会很少，而分科考试选人才比九品中正制扩大了选拔范围，考试评定选人相对客观公正，重要的是使中下层读书人有了入仕的机会。

唐代大兴科举，不断从中下层知识分子和平民百姓中考试选了不少人才并委以重任，把众多读书人都吸引到科举这条入仕道路上，使他们一心一意地寒窗苦读，博取功名，死而后已。唐初期李世民看见科考进士鱼贯而出时，大喜道："天下英雄尽入吾彀中矣。"（五代王定保《唐摭言》卷 1）唐代诗人赵嘏感慨朝廷科举笼罗天下

士子，作诗评云："太宗皇帝真长策，赚得英雄尽白头。"（清代张廷玉等编《佩文韵府》）

到了宋代，科举考试制度进一步完善。宋神宗时王安石变法，认为昔以诗赋取士把大量的读书人引向了闭门专学诗赋，许多人尽管考试及格却不会处理国家和地方政事。他主张兴建学校，通过各级学校培育选拔人才。他强调"通经致用"，以经义取士，反对死记硬背帖经、墨义。神宗皇帝批准了王安石提出改革科举的主张。

变法中，对天下各级学校进行了改革，三次兴起办学高潮。学校教育内容以经术为主，科举考试则开创增用学校"三舍法取士"，与以前科举考试进士的制度并行。

三舍是从县学、州学逐级考选学生送入中央太学学习，学生的食用由官府供给。太学诸生从低到高分为外舍生、内舍生、上舍生三个等级。外舍生考试合格升为内舍生，再考合格升为上舍生。上舍生考试为下等者"免解试"，可直接参加礼部试及省试；上舍生考为中等者"免礼部试"，可直接参加殿试；上舍生上等者，经"引见释褐"，可直接授官。简言之，"三舍"学生经层层考升，与县州读书人经乡试、省试（即礼部试）、殿试成为进士其目标都一样，是异途同归，是北宋后期书生进入官场的两条主要科举道路之一。

王安石变法后，元符二年（1099）"诏诸州置教授者，学生依太学三舍法考选升补。内上舍生每岁贡一人，内舍生每岁贡二人。上舍生限当年十二月到京，随太学补试，合格者与充内舍生，不合格许再试，三经试不中者遣还。内舍生不俟试，与充外舍。"（《宋史·选举三》）

北宋徽宗政和八年（1118），18 岁的冯时行因成绩优秀，已由州学外舍生经内舍生后升为恭州的上舍生，成绩考在州学诸生第一。州学的几名教授对他都有好感，主管州学的恭州通判对他十分器重，时任知州林宋卿更是赞赏不已。

林宋卿，字朝彦，福建仙游县人。北宋"崇宁五年（1106）宋卿以舍选入京，"（2013 年 4 月莆田侨报《宋朝请大夫林宋卿》）该年中进士，召试秘书省正字，任恭州守。（明《八闽通志》卷 53 选举、清陆心源《宋史翼》卷 27 林宋卿条）当时川蜀边臣多以开拓扰夷民，"夷怒之"。林宋卿多次劝阻泸州帅臣不要攻占边地以确保社会稳定，向朝廷上疏团结夷人勿使其生事，以免贻害一方。宋徽宗采纳了他的意见。在恭州任中，遇有因仇诬告思州少数民族官员田祐恭等造反事，御史台要处田氏极刑。田氏叫屈，徽宗钦命林宋卿复查此案。他仔细地调查后据实给予从宽处理，使田祐恭免死以后在保卫川蜀消灭叛敌中立下大功。

《仙游县古代人物传》记，林宋卿连任恭州知州五年，多政绩，如为百姓奏免税赋，"从不取法令规定以外的薪俸。恭州百姓建生祠崇奉他。"

青年时林宋卿师从著名思想家、教育家杨时学习。杨时是程颢、程颐创立的北宋理学南传第一人，又是闽学鼻祖，其"程门立雪"传为佳话。林宋卿受杨时影响习理学，与冯时行畅谈知其也喜理学，与自己有相同的爱好，对他更加青睐。林宋卿对冯时行说："本州上舍生每年进入太学的名额只有一名，能由此考入京城读书实为一条好路。按照你现在的学习成绩，定能早日及第入仕。如若参加三年一试的进士科考试，时间或许还要晚一些。"

冯时行认为林知州所言颇有道理，就与家人商量，大家都认为走由太学上舍入仕之路是可行的。此前同县蒲国宝就是走的入太学科考这条路，并在徽宗政和三年（1113）考中上舍第一名，成为声名传扬天下的上舍状元。冯时行信心十足，他知晓太学是最接近权利核心的地方，更是天下文人荟萃之地，自己努力进入太学学习，就会像同乡蒲国宝那样考出好名次。他相信通过"金榜题名"而进入仕途，才能报国为民，实现扬名显亲，为家乡争荣耀，名垂青史。

在恭州州学读书后期，年 18 岁的冯时行与同乡璧城人陈琦姑喜结连理。

陈琦姑，字爱兰，嫁入冯家后时人亦称"冯琦姑"。冯时行则呼她为"七妇"。（明《永乐大典》卷 14051 载《祭三家兄正臣文》）她约生于北宋崇宁二年（1103），系璧山县城士绅女。姿色倾国，天性聪慧，自幼才思敏捷，好读书，喜作文。明代翰林侍读学士江朝宗说："两宋璧邑名女多能文，冯琦姑为首。"（清代吴煊《自好斋稿》载《江学士论宋代璧邑八名女》条）冯琦姑尤善做诗，待字闺中时写有一首《油溪芙蓉》：

芙蓉花发满江红，尽道芙蓉胜姜容；昨日姜从隄上过，如何人不看芙蓉？

（清代吴煊《自好斋稿》载《冯琦姑油溪芙蓉诗》条）

油溪，即今流经璧山城区的璧南河。北宋《元丰九域志》卷8渝州璧山县下记："有重璧山、油溪。"

诗作展现出800年前油溪河畔充满勃勃生机。夏初绿荷出水，有折卷成筒的翠叶，有形如钱状的嫩叶，有挺拔的立叶，还有漂浮在水面的浮叶。绿叶丛中，众多荷花在朝霞、落霞辉映下将油溪映得别样红。不少赏荷的人为出淤泥而不染，濯青莲而不妖，其香远益清、亭亭玉立的红莲而折腰，认为其美丽甚至超过丽女娇容。

冯琦姑与同伴也去赏莲，当她轻盈窈窕的身姿从河堤过时，竟吸引了众多赏荷人的目光。她有感而发，丽莲虽好，终不及身发烂漫浓香具有迷人风韵的鲜活美女。她以娇艳的红莲来比喻璧山女儿美超芙蓉。刻划了如荷莲般清纯，比红莲花更美的璧山妙龄女的形象。冯琦姑优美的诗句令人击节叹赞，从此诗作不难想象她超群的灵气才华与娇丽的容颜。

北宋徽宗宣和元年（1119），冯时行参加由恭州官府为其举行的"鹿鸣宴"后，于初秋时告别祖父母、父母、新婚不久的妻子琦姑及众亲友，出璧山城东门取道县属五大镇之一的函谷镇（今重庆九龙坡区含谷），然后到长江巴县猫儿峡处乘船，从三峡出蜀到荆州上岸，再陆行过襄阳、泌阳、许昌至京城汴梁（开封）入太学。璧山民间相传，其父将冯时行送出县城时给了儿子一张纸条，上书《赠儿赴太学》："璧邑冯氏世习儒，七郎赴考莫踌躇。汴京万里路平安，早传喜报及第书。"（民国八年张席儒《闲居录》）

冯时行暗卜决心，他要早日"折桂"，以金榜题名衣锦还乡来回报对他寄予厚望的家人。

第二节　宣和上舍中状元

冯时行入京之时，天下已不太平。宋徽宗自登上帝位后，十分昏庸。他常置国事于不顾，沉湎於酒色、书画、音乐中，尤喜奇花异石，大肆搜刮民脂民膏，供其过享乐腐化生活。他很少过问政事，重用奸臣宦官跟他一起倒行逆施，致使朝政腐败致极。时人将徽宗最信任的 6 个人即蔡京、王黼、朱勔、童贯、梁师成、李彦称为"六贼"。

六贼先后投徽宗之所好，在全国搜罗奇花异草、怪石巨木、珍禽异兽，运到京城盖宫殿、造花园、建豪宅。太湖、灵璧（安徽灵璧县）等地的石头，两浙地区的花竹、奇木，福建的异花、荔枝、龙眼、橄榄，海南的椰子，湖湘两地的珍奇竹树，四川的异花奇果怪兽，山东登（蓬莱）莱（掖县）的文石等，皆搜集装船，每 10 船编为一纲，此即历史上著名的"花石纲"。

朝廷大搞花石纲，凡民间好的石木、异物被看中，都要被抢走，用做新建豪华的延福宫和在平原地上人工堆造周围 10 余里，最高峰达 150 米的"艮岳"。六贼与属下借机中饱私囊。被掠夺的百姓，下等人要卖儿女来供贪官需索，不少中等人户也被搞得倾家荡产。巧取豪夺给广大百姓带来了极大的灾难，四处民不聊生，怨声载道。就在冯时行赴京时，北方京东地区爆发了宋江领导的造反，东南地区也产生了骚乱。到宣和二年（1120），南方则发生了震惊朝廷由方腊领导的大造反，攻陷了北宋富裕的以杭州为中心的 6 个州 52 个县。

宣和元年（1119）前后，北宋朝廷还谋议与几年后就成宋朝长期劲敌的金国订立同盟，要联兵攻击长期辱宋的辽国，收回北方的幽、蓟、瀛、莫、涿、檀、顺、新、妫、儒、武、云、应、寰、朔、蔚等"燕云十六州"失土（相当今河北、山西两省北部地区）。这些失土是后晋时石敬瑭叛变后唐，遭到后唐攻打时向契丹国（辽）求援时割让给辽国的。

北宋在宣和元年（1119）三月，派出大军攻辽欲取朔方郡（今内蒙乌拉特旗东近包头），结果被辽打得大败。史载"是役也，丧师十万，（童）贯隐其败而以捷闻。"（清毕沅《续资治通鉴》卷93宣和元年条）

冯时行赴汴京的确切时间，他在绍兴九年（1139）撰《白子安墓志铭》中说："宣和初，仆应进士举，道过（函谷）白子安家。於时天下将乱，衣冠竟为短狭者，自京师达四方……既别去，心窃敬慕，殆今二十年。子安之死，已十四年矣！其子某前所见初束发者，三十余，今为名进士，登绍兴九年（应为八年之误，因九年无科考）进士第。将葬，状子安之行，泣清铭。"（《缙云文集》卷4）北宋宣和年号使用了7年。冯时行文云"宣和初"，按古人行文纪年用"初"一般是指元年。"於时天下将乱"当指宋江、方腊以及宋、金谋议以宋攻辽国等，与"宣和初"相合。又冯时行文中说他"宣和初"与白子安别后"殆今二十年"，以撰文至绍兴九年（1139）前推20年正是"宣和初"年。

今人著书《冯时行及其〈缙云文集〉研究》第346页引《白子安墓志铭》逆推说："於时天下将乱"是宣和五年（1123）。此说当误。因为宣和五年虽然也是在两年后天下大乱北宋不久即灭亡之前，但按古人行文对总计为7年的宣和年号中的五年是不会称"宣和初"而应称宣和末。

冯时行在入京途中看到不少衣衫褴褛，面容憔悴，四处乞讨的老叟与童妇，经了解这些人的家中青壮年大多是随军征辽或被征夫到北方去了。面对众多流离失所的百姓，冯时行的心情十分沉痛，又了解到本年三月中宋军征辽失败，暗暗地为国家民族的命运担忧，撰写了《关山月》诗：

胡笳吹断朔风起，霜结层冰断辽水。杀气横空月上迟，草色萧瑟边风悲。万里征夫齐怅望，操兵初入沙场广。将军樊哙勇敢儿，肉食万里班超相。天兵乘障驱貔貅，宝剑欲断单于头。轻生百战百胜罢，塞原积骨谁能收？至今唯有关山月，乐府声中愁不绝。

（《缙云文集》卷1）

该诗是冯时行的早期作品。诗写边塞无限肃杀悲凉，北方边陲胡笳声声，烽烟四起，战云密布，原野充满杀气。对战争氛围进行了渲染描绘，风格悲壮沉郁。接着描写北宋将士离家不惧万里出征，直奔战场。以慷慨激昂之情，借西汉助刘邦立功封"舞阳侯"，曾言"臣愿得十万众，横行匈奴中"的猛将樊哙和多次出使匈奴，以军功封"定远侯"的班超，歌颂万千征辽将士为国复失土，杀敌不畏死，抛骨"塞原"的英雄气概。

《关山月》可谓是一首悲壮的战歌，笔力雄健、奔放，境界高远，格调悲壮，是青年冯时行发自心灵之作。诗言志，抒发、表达了他的爱国情感和豪情壮志。

将入汴京城时，冯时行还写了《阳春曲》诗：

柳带抽春寒气浅，风光晓引春楼怨。关山行人久不归，鸾瘦舞腰双绶缓。锦书难寄北征鸿，归飞海燕翻晴空。芳菲韶景伴愁老，兰苑桃花落照红。

（《缙云文集》卷1）

宣和二年春，经历了旅途辛苦的冯时行到了京城。

汴梁在宋代时是有史以来世界上最大的城市，是第一都城。北宋时城市人口已超过了100万。整座城市形呈长方，有3道城墙（外墙、内城、皇城）40座城门。其中外城长达25公里，水、陆城门21座，东城设上善、通津、朝阳、含辉陆门和善利水门；南城设南薰、宣化、安上陆门和普济、广利水门；西城设顺天、大通、宣泽、开远、金耀陆门和咸丰水门；北城设永泰、长景、通天、安肃陆门和永顺水门。（《宋史》卷85）

首次到汴京的冯时行选择从城正南方向的南薰门进城。他这样做一是按习俗，读书人与官员讲究认为第一次进京城由南门入最为吉利。二是从此门入城向北行，可一直走到皇城南门宣德门的御街大道。该街长近4公里，宽约200步，地处城中央，气势最为壮观。三是从御街东行就是紧邻国子监、武学院、三学院和辟雍的太学，这一片是规模很大的文化教育区。

太学校地原为锡庆院，曾是皇家举办宴席的场所和辽国使节招待所，以后经过扩建将邻近的朝集院并入，到北宋后期已成为能容纳三舍外舍生3000人、内舍生600人、上舍生200人的国家最大官学。冯时行是恭州地区的最优秀学子，进入太学经学校学正（类似今教务主任）、学录（类似今政教主任）、博士（讲学老师）按照规定对他进行入校"补试"测试，他以优异的成绩被分到高于外舍生的内舍学习。

冯时行入舍后被同学选为斋长（类似今班长）。当时的斋长要协助学校工作，有权按斋规分五等处罚违纪的学生。每月还要记录本斋同学品行学艺，送到学谕（老师）处考核，然后逐次交给学录、学正、教授（类似今校长）审核。他在太学结识了不少同学与朋友，如巴蜀同乡成都府路眉州眉山县人杨椿，潼川府王利用，遂州遂宁县任钺、冯南考，永康军青城县何抡，夔州路达州杨晨，华州蒲城陈九龄，河南府洛阳席益。

除了勤奋努力搞好学业外，冯时行与同学还参加投壶等娱乐活动。太学食堂中常供给内包肉馅形如现代包子的"馒头"，因味道极好曾得到宋仁宗称赞而远近闻名。这种馒头被冯时行等称名"太学馒头"，大家食后就热热闹闹地到舍边空场地上"投壶"，用以帮助消化。相传后来冯时行将该种肉馅馒头技艺做法带回璧山，民国年间璧山仍有该食品。

汴京城中多青楼妓院，邻近太学处也开有，不少太学生常进出于这些秦楼楚馆，把青春感情献给了数以万计的娇娥。冯时行从不去这些"香楼"，他的心中思念的是远在恭州璧山县的恩爱妻子冯琦姑。当时太学各斋学生常聚会，习俗"学舍宴集必点一妓"以使活动有趣，（南宋周密《癸辛杂识后集》学舍燕集条）但冯时行从不去争充任主角，常是站在不引人关注的屋角。

汴京夜市非常繁荣，"夜市千灯照碧云，高楼红袖客纷纷。"冯时行的同学陈九龄字寿翁，在太学已读书六七年，"游益广"；（明《永乐大典》卷3148载《和州通判陈公墓志铭》）杨椿字元老，年20与其父同入太学，在舍读书已五、六年；（《名臣碑传琬琰集》中集载《杨文安公椿墓志铭》）他们带冯时行、王利用等人几次游夜市。通宵营业的京城夜市主要集中在御街一带，有以朱雀门、州桥为主的两处中心区。朱雀门一带地近太学，街长5华里，民居店铺鳞次栉比，人烟稠密，以果子交易和纸画买卖最兴隆。州桥街区仅长1华里，却是京城最热闹的商业区之一，上百种美食集聚于此，吸引了众多食客前往品尝。几次年节时，冯时行到御街、州桥为祖父买了药材补品，为父亲买了福建茶，为母亲和爱妻琦姑购了湖州丝绸，委托来京的蜀商捎回璧山。

转眼间一年过去了，宣和二年（1120）底冯时行已通过考试成为了上舍生，是太学学生中的娇娇者。他在这段时间见知了宣和二年正月的太学上舍科考。该次上舍状元为祖秀实"字去华，建州浦城县人。……宣和二年上舍及第第一人。"（《宋登科记考》卷8徽宗宣和二年）

"宣和三年（1121），诏罢天下三舍法。开封府及诸路并以科举取士。惟太学仍存三舍，以甄序课试，遇科举，仍自发解。"（元马端临《文献通考·选举考》4、《宋史·徽宗·四》、《宋史·选举》1卷155）"三年二月二十日，诏：太学以三舍考选，开封府及诸路以科举取士。"（《宋会要·选举》4之12《考试条例》）三年正月，科举试礼部进士第一名是宋齐愈。"宋齐愈字文渊，一字退翁。邛州临邛县人。宣和三年省元，进士及第。"（《宋登科记考》卷8徽宗宣和三年宋齐愈条）殿试进士第一名即状元是成都府路永康军人何焕（字仲浩）。该年三月二十五日，进士科"殿试唱名，赐正奏名进士何焕以下及第、出身、同出身六百三十人。"（《宋史全文续资治通鉴》卷14《徽宗辛丑宣和三年条》）

当宣和三年（1121）各路以科举取士时，二月中太学按诏令仍然举行"上舍试"。冯时行步入考场，临场不惊，成竹在胸，挥洒自如地答题。结果是他在有数百名上舍生参加的考试中一举夺魁，考中上舍试第一名，成为宣和三年"上舍状元"。

冯时行在所撰《祭家井二神文》中说："宣和辛丑春月，仆试上舍，愧列群贤之首。"（明代成化璧山知县万祖福重立《冯时行〈祭家井二神文〉碑》）文中"宣和辛丑"即宣和三年，"首"即第一。可知他是该年上舍状元。又南宋宝祐四年（1256）与文天祥同科的璧山王来镇（今来凤）高家冲进士高若霖撰文说："癸巳（政和三年、1113），蒲仕第国宝释褐擢魁。……宣和己亥（宣和元年1119）王大节羽武试中魁。辛丑岁（宣和三年、1121）冯当可时行继登上舍状元。"（清代乾隆璧山《重修邓氏族谱》载《邓坤异言吉地科第》）明代翰林院待读学士江朝宗说璧山"宋之时人文崛起，其间若冯当可、蒲国宝联登状元……谚云：'状元双及第，进士屡登科。'"（清代乾隆《璧山县志》载成化《新建璧山县记》）

　　北宋后期与南宋前期的上舍状元比进士科状元还要荣耀。南宋人记说：上舍优中优者"则谓之两优状元……释褐恩数成，而优者谓之状元。择日於崇化堂鸣鼓击众诸生……（官府备轿马）迎至祥符寺状元局。凡学夫、斋仆以次平日趋走之人，皆以大小黄旗多至数百面呵喝……"（周密《癸辛杂识后集》成均旧规条）"上舍试中优等者释褐，以分数多者为状元，其名望重于科举状元。"（南宋赵升《朝野类要》卷2）一段时间中，上舍状元授任官职也比进士科状元要高。"旧制，太学上舍生积校已优而舍试又入优等者就化原堂释褐，状元例补录事郎（正八品）太学正录……不数年便可作监司郡守。"（南宋李心传《建炎杂记甲集》卷30《释褐状元恩例》）

　　今学者研究说，宋代状元夺魁时平均年龄为31·42岁。（周腊生著《宋代状元奇谈·宋代状元谱》第184页）冯时行考取上舍试状元时年仅21岁，可谓是北宋少见的青年状元，人们更是另眼相看，对他赞赏不已。宋人作有"鹧鸪天"少状元词云："五百名中第一仙，等闲平步上青天。绿袍乍着君恩重，黄榜初开御墨鲜。龙作马，玉为鞭，花如罗绮柳如绵。时人莫讶登科早，自是嫦娥爱少年。"（清代褚人获《坚瓠集·甲集》卷4）该词用在冯时行身上十分恰当。

　　就在王利用、任钺、冯南考、何抢等也考中上舍第的同学和稍后考中宣和三年科举状元何焕榜的进士杨晨、席益等友人纷纷祝贺冯时行上舍高及第时，他却一点也高兴不起来，因为突然接到家书，他的祖父去世了。

　　按照儒家传统孝道观念，朝廷命官、公职人员、读书诸生凡父母、祖父母等直系尊长者逝世，从得知丧事起必须辞职回家丁忧，为逝者守孝27个月，非国家大事等急需要外一般都要遵行。冯时行是至孝之人，他遵循"孝"的做人原则，"百事孝为先。"他不能参加上舍考试之后将举行的重要"释褐"和一系列庆祝活动，匆忙地告了假，连夜乘快马搭快船返蜀赶回璧山为祖父服丧丁忧。他在《祭家井二神文》中说："宣和辛丑春月，仆试上舍，愧列群贤之首。尚待释褐，以丁祖忧而归里……"

第三节　六年进士高及第

大约在宣和三年（1121）六月，冯时行从京城汴梁赶回了璧山县城。一到家，他顾不上与亲人们谈论在太学高中上舍状元之事，立即协助父母、兄长全身心地投入为祖父办理丧事。他将在京城御街买的祖父生前喜欢吃的食品逐一摆放在灵前，思念祖父昔日对他的疼爱和教育，悲痛欲绝，哭泣不止。

冯家是宋代璧山旺族，深受中国传统丧葬礼强劲规范和璧山县地方习俗的影响，十分重视尊长者的丧礼，其程序从初终、复、易服、讣告、沐浴、置灵座、吊唁，到小殓、大殓、成服、朝夕奠、入葬等，均遵礼制而行。当年夏，在璧山县城东面金剑山南祖师观侧冯氏祖茔择吉地营墓进行了安葬。风水名师以该处山抱水环地灵，葬者后代将大富大贵人贤寿长。

祖父下葬后，冯时行兄弟按古礼守孝。他住进紧邻祖师观茶地搭的小茅屋内，"晓苦枕砖"，睡草席，枕砖块，粗茶淡饭不饮酒食肉，不洗澡剃头更衣，不居家与妻同房，不行娱乐活动等。至今璧山传：一天，祖师观老道长下山赶场，在璧城购买了知名的白切拌料兔肉、香料兔块、炸鱼、炸红虾和"璧山醪酒"，请冯时行到观中美食。这些酒菜都是冯时行最喜欢的食物，但他却推辞未尝一丁点。道长问他原因？冯时行回答："须遵礼制而行，丧期未完。"道长感叹："状元郎真非凡人也！"紧接着口吟道："壶中暖醪酒，桌摆鱼兔虾；避食遵古礼，再举中探花。"（民国八年张席儒《闲居录》与1985年璧山县状元峰80岁居民杨裁缝等口叙）

冯时行按古礼丁忧就是报尊祖的的恩德，这是孝道的要点，是对人性本善的维护。他尊重礼制讲孝道的文化思想和具体行为多数至今仍具有学习教育意义。现代社会不少人思想道德下滑，受教育不力、错位、认识糊涂、金钱至上等影响，"不孝子女"增多，现状堪忧。如果人不讲孝道，连尊长的恩情都忘记，他怎么能爱别人、爱社会、爱国家呢？将冯时行的孝道思想与行为予以发掘颂扬、传承、发展，可增进与逐渐改变、扭转社会"逆子"们不讲孝道和一部人不爱家、不爱国的不良思想与行为。

守孝期间，冯时行在祖师观侧以后被命名"状元峰"的山中终日读书，至今留存有"状元岩"、"晒书石"等遗迹。祖师观南北两边涧沟茂盛的竹丛，栖息着一种脚掌底部长有圆形小吸盘，背上有多条花纹，全身褐绿或浅绿的竹蛙。山中村民称该蛙名"竹溜"。该蛙多不鸣，相传是原蛙鸣影响冯时行读书，他就抓住一只大蛙，用毛笔沾朱砂点其头，从此这里的竹蛙就不鸣叫了。

冯时行在山中除了复习太学需精通的经术，以《诗》、《书》、《易》、《周礼》、《礼记》等为主的内容外，择重攻读钻研了罢三舍法复科举进士科后各场考试需用的试诗、赋、论、策等方面的知识。

《宋史·选举三》、《癸辛杂识后集》成均旧规条记：三舍法取士名列上等的，可不再经过科举考试，经参加"释褐"等礼后换袍服直接授给官职。上舍状元常授任学官。冯时行悉知当朝典章规制，知晓他虽然取得了宣和三年（1121）上舍状元的名号，但因恰逢丁祖父忧未能参加上舍进士"释褐"易布衣着官服等典礼活动，就不能像他的同年上舍同学那样当年就得到了授官职。加上此段时期正值北宋奸臣"六贼"中的蔡京、王黼等先后任宰相把持朝政，他们与正直的冯时行没有友情交往，自然不会给予照顾。所以冯时行考虑待守孝期满后，他就进京去参加正常情况下每间隔三年举行一次的进士科考试，待考出了好成绩进士及第后即可被朝廷委任为官，就可为国为民做事。

宣和五年春，冯时行丁忧27个月期满，就按规定申报参加次年即宣和六年（1124）的进士科考。在北宋末期，先考中上舍第后再参加进士科考的不仅仅只有冯时行。史载徽宗政和"六年（1116）三月……（试）合格上舍生。癸丑，御崇政殿赐臧瑀以下十一人及第。"（南宋彭百川《太平治迹统类》卷27）臧瑀是饶州人，系政和六年上舍第一人即上舍状元。他也参加了宣和六年进士科考试，于"宣和六年登进士第。"（《宋登科记考》卷8宣和六年程瑀条）

宣和五年（1123）六月夏至，冯时行与全家按璧山习俗聚饮，祭神以祈消灾年丰。他写作了《祭家井二神文》后刻碑立在宅园即今之凤凰山上。文云：

邑宰厅后之山曰"五峰"，余高祖以来世居山前。宣和辛丑春月，仆试上舍，愧列群贤之首。尚待释褐，以丁祖父忧而归里。夏六月，伏以祖宗以来，每五载大祭家神、井神。祭家神，祈神佑；祭神井，惟求泉甘汲愈出。依古礼洁家园，伏惟家、井尊神，降享敬食。

（明代成化璧山知县万祖福重立《冯时行〈祭家井二神文〉碑》，载民国八年张席儒《闲居录》）

夏至节后，冯时行再次踏上了赴京应考之路。

冯时行与瘦弱的仆童在残月照见白霜的秋冬之晨行进，此时多少人家尚在睡梦之中，他听着晨鸟清脆的叫声，心情开朗，写了《早行》诗：

马入寒林惊宿鸦，羸童呵手怯霜华。已经残月路数里，知过安眠人几家？呖呖晓乌天外唱，疏疏烟树岭头斜。前程自谓明时近，不用孜孜苦叹嗟。

（《缙云文集》卷2）

冯时行对未来充满希望，认为此次进京功名事业或可有大的成就，前程似锦用不着独自苦叹息。

到了汴京，冯时行去拜见了原太学老师和在京城的原舍友与亲朋，而后开始准备考试，全身心投入到紧张的应试复习之中。

宣和六年（1124）科考是继宣和三年（1121）进士科考后的又一次考试，也是北宋朝的最后一次进士科举考。该年正月二十三日，朝廷任命了礼部即省试知举官正副主考与参详官、点检试卷官。史载"宣和六年正月二十三日，以翰林学士承旨兼侍讲、修国史宇文粹中知贡举；尚书吏部侍郎、同修国史王时雍、中书舍人沈恩、何栗、王陶，左司谏高伯振，并同知贡举。"（《宋会要·选举》1之15《贡举》、南宋彭百川《太平治迹统类》卷27《祖宗科举取人·徽宗》）该年贡举参详官为16人，点检试卷官6人。

主考官宇文粹中是蜀成都府广都（今成都双流）人，系权臣蔡京的甥婿，北宋崇宁二年（1103）进士第三人。他在宣和六年之前，曾6次参加太学上舍试和进士科考担任副主考同知贡举。其子宇文师献，是冯时行的诗友。

该年正月二十八日丁丑，来自全国各地的15000多名举子参加了礼部考（省试），这是北宋朝参加科举考试人数最多的一科。因为参考人太多，徽宗特下诏增加录取进士名额100名。

冯时行是宣和三年（1121）上舍试第一名，因丁祖忧未参加释褐授官，按规定若再考进士可免去礼部（省试）考试直接参加殿试，所以他未参加省试。他原在太学时的朋友，成都眉山人杨椿在宣和六年省试中考取了进士第一，高中省元；山阳人王洋考取了省试第二名。明代李濂《汴京遗迹志》载："宣和六年，进士八百五人，省元杨椿。"王洋《东牟集》提要记："洋字元渤，山阳人，以省试第二名中宣和六年甲科。"冯时行在京城新结识的朋友信州弋阳县周执羔（字表卿）、平江府昆山县王葆、成都怀安军金堂县樊汝霖及刘禹川等人，也在省试中考出了好成绩，均取得了参加殿试的资格。

宣和六年（1124）闰三月，知举正主考宇文粹中将众考官从15000多考生中挑选出来的省试合格奏名进士805人，上报朝廷参加殿试。杨椿、王洋和未参加省试的冯时行、臧瑀等都名列众士之前列。

闰三月二十三日在集英殿进行殿试，由徽宗皇帝主持。这是考生参加各州发解试、尚书省省试后能否成为进士的最后一次考试，也是科举考试中最高一级考试。由于是皇帝亲试，这次考试就不设知贡举主考，参与考校的官员统称名殿试官，主要设编排、封弥、誊录、初考、复考、祥定、对读等官。这些御试官员各司其职，以初考官、复考官为重要；而决定试卷等第的祥定官最重要，因为向皇帝呈送御览的前 10 本殿试卷的排列次序由其定。考生试卷"如此则高下升黜，尽出于祥定官。"（何忠礼著《南宋科举制度史》138 页引翰林学士、知制诰孙近语）

宣和六年（1124）殿试考题出制策为："在昔圣人，以道御气，以气御化，以化御物，而弥纶天地，经纬阴阳，曲成万物，因其盛衰，奇偶多寡，盈亏之数，左右之纪，上下之位，而范围裁成之道著焉。后世弊于末俗，浅闻单见，不足与明。朕承天休，宪法上古，思所以和同无间，以惠元元。然物生而后有象，象而后有数，数之不可齐也久矣。夫天数五，地数五；而有曰天以六、六为节，地以九、九制会；又曰二而成天，三而成地，三而成人。此天地之数，错综之不同，何也？《易》曰：'当期之日，凡三百有六十。'《书》曰：'期三百有六旬有六日。'《内经》曰：'七百二十气为一纪。'岁纪之数可坐而致，乃不一，何也？夫道生一，一生二，二生三，三生万物。而《传》曰：'万有一千五百二十，当万物之数。数之不可胜穷，不可齐，不可一也。'如此，将何以原始要终，合共同异，一其旨归，通其变、极其数，已尽天下之道。朕将有所施设焉。子大夫详言之，毋忽。"（《宋会要·选举》7 之 36《亲试》）

殿试规定答题文不少于 1000 字。冯时行很早就研习《易》学、《内经》，熟知象数等，洋洋洒洒挥毫疾书，引经据典，思路开阔，行文流畅，说理透辟，字字珠玑，几千字的答文一挥而就。他写有一首《诗呈监试》诗记该次考试云：

笔阵词锋已破坚，深深帘幕度微烟。纷袍幸免催诗雨，堆案何堪造榜天。走马共知难看锦，得鱼自笑已忘筌。芙蓉岂待春风力？偶失知音勿断弦。

（《缙云文集》卷 2）

该诗很有气势，大有状元甲第之风，可看出青年冯时行按捺不住的欣喜得意。他对策应试答题胸有成竹，对自己的文才充分自信，对自己能考出优异的成绩是满怀信心的。

考试完毕，考官按规定进行排名。首先由初考官粗定出 5 个等级即五甲。《宋史》卷155《选举一》记："其考第之制凡五等：学识优长、词理精绝为第一等；才思该通、文理周密为第二；文理俱通为第三；文理中平为第四；文理疏浅为第五……上二等曰及第，三等曰出身，四等、五等曰同出身。"初考官将初步确定的等级名序试卷予以密封，交给复考官重新阅看一遍并定出名次，然后再交给祥定官审核确定，其中详定官要选定出前10名的试卷并排出次序送给皇帝御览。

清代唱词《冯状元》说排名时初考官、复考官均将冯时行的考卷列为第一名，周执羔第二名，王洋第三名，但到详定官处则改列原名次在10名之后的沈晦为第一名，周执羔为第二名，冯时行第三名。排名的10余天中，汴京城内有群儿先谣云："冯元周二王三，八百士子朝天。"后又谣云："晦元羔二行三，八百进士尽欢。"（1982年北碚温泉70余岁园艺师张文华藏清代道光十年无名氏唱词《冯状元》与1983年田野调查璧山状元峰居民杨裁缝等口述）

到了唱第即唱名亦称传胪之日，宋徽宗在最宠信的宦官梁师成和宰臣侍拥下，听读卷大臣拆前10份卷，报新进士姓名于御前。"（梁师成）侍于上前奏请升降，皆出其口。"（南宋彭百川《太平治迹统类》）最终"取进士沈晦等八百五人，"以比冯时行大17岁的沈晦为第一名，周执羔为第二名。宋代史料缺记第三名姓名，但以京师童谣、巴蜀人口碑、清代唱词则说是冯时行。今学者有云："冯时行虽非殿试第一名（沈晦），但进入前三名亦未可知，故我们仍采用'状元'之说。"（傅德眠等著《巴渝英杰名流》第130页）

宣和六年（1124）科考排名次序与殿试进士及第一甲排名变化很大，原省试第一名杨椿、第二名王洋及昔之上舍状元臧瑀（又名程瑀）等成绩优异之士，虽也考中进士却未能排列入805名进士前列。该科因舞弊，使沈晦也由后变前，成为该年第一名状元。

沈晦（1084—1149），钱塘（今浙江杭州）人，字元用，号胥山。出身于官宦之家，喜好交结王孙贵胄，青年时名沈杰，因作弊帮人科考被查。南宋王明清《玉照新志》卷3载："沈元用……坐为人假手，奏案至祐陵榻前。""遂降旨，止令今后不得入科场而已。"

（王明清《投辖录》）稍后，在与达官相好的歌妓杨丽帮助下，沈杰易名沈晦，被官员以门客身份推荐参加专为官员亲戚组织的类似州一级的"漕试"。接着，他通过了礼部省试，却埋身晦迹，名列805人后面，不如冯时行、杨椿等人有声望。但沈晦却因皇帝身边的亲信宦官梁师成在殿试前几天已将试题内容泄漏给他，使其在最后的决定考试殿试中一鸣惊人。

南宋吴曾《能改斋漫录》卷14记叙："沈晦元用，宣和间以代笔获罪，既脱籍……宣和辛丑岁（1121、宣和三年），当廷试，是时已备易数为问。偶方腊为乱，议者谓当求直言，徽宗因封秘问题，以待后举。梁师成得之，以授沈（晦），故沈有素备。"《续宋编年资治通鉴》亦载："夏四月，亲试举人……时内侍梁师成益通宾客，招贿赂士人，纳钱数千缗（一缗为1000文），即令赴廷试，以献颂上书为名而官之多至百余人。"南宋曾敏行《独醒杂志》也记道："宣和甲辰六年（1124），廷试进士，以气数为问……或告之沈元用……"

沈晦虽然高中宣和六年殿试状元，但他"当枪手"和借妓、借宦之力进行舞弊的行为，长时期受到大臣们的指责，"屡次被人弹劾"，在历史上留下了不光彩的一页。

宋廷竭力给予新科一甲状元和进士各种荣耀，待遇比唐朝、五代时隆厚。先赐给及第之人笏袍，将进士题名张挂"金榜"于宫街宣扬，而后诏令宫中卫士为状元、榜眼、探花一行清道开路。沈晦、周执羔、冯时行在卫士仪队前呼后拥下，骑着高头大马沿街向状元局行走。此时公卿以下无不驻足观望，连皇帝也行注目礼。宋人记叙："每殿廷胪传第一……自崇政殿出东华门，传呼甚宠，观者拥塞通衢，人摩肩不可过。锦韂绣毂，角逐争先，至有登屋而下瞰者。士庶倾羡，欢动都邑……'状元登第，虽将兵数十万，恢复幽蓟，逐强虏于穷漠，凯歌劳，献捷太庙，其荣也不可及也。'"（宋代田况《儒林公议》卷上）这时冯时行除了荣耀和激动的感觉外，更多的感想是，及第为官后自己要为国家和老百姓轰轰烈烈的干一番事业！

当年四月十一日，宋徽宗诏赐进士参加期集活动钱。四月二十六日，冯时行与众进士参加了徽宗赐予进士的琼林宴。该宴以设在汴京城新郑门处的琼林苑而得名，又名"闻喜宴"，是国家举办的最隆重的宴会。唐代进士及第后要办曲江宴，费用由进士们集资备办。宋代则由官府出资备办，宴会特别喜庆，依次奏唱多首乐章。冯时行等进门时，高奏《正安》乐章，曲词骈俪绮靡，浑圆清畅，含有对新及第进士的贺勉，也有对"浩荡君恩"的极度崇扬。宴会中，宋徽宗还对冯时行等进士赐诗、赐花。参加琼林宴的进士无不喜上眉梢，深感荣耀。10 余年后，冯时行在送杨椿赴任时写诗回忆说："犹记琼林插赐花"，(《缙云文集》卷 3《宋同年杨元直持宪节湖南二首》) 对这次宴会仍念念不忘。宣和六年琼林宴是北宋最后一次进士宴，到南宋初期因财力不足连续五科都停止未予设宴。

琼林盛宴后，冯时行与众进士到孔庙拜谒儒家鼻祖，而后去国子监竖刻本科进士登科人名录，类似唐代进士在大雁塔的题名。

殿试唱名张挂金榜后，冯时行按照规制与习俗，将报喜的泥金书帖附在家信中寄给父母。家乡璧山的亲友接到喜讯，立即张灯结彩，全城响起了声乐炮竹声庆贺。朝廷亦派出人称"喜虫儿"的专使，腰系响铃，手擎小黄旗，昼夜不停地疾驰到恭州和璧山县衙报喜。州县官员均以礼相迎准备迎贺冯时行衣锦还乡。

不久，冯时行打马回到璧山，由县城璧玉门（后改名状元门今称小东门）进城，在状元桥（今小东门桥）河两岸受到乡亲们夹道欢迎。全城万人空巷，争相观看，热闹场面胜似过春节、元宵。有县民赠词云："御题两试墨尤鲜，君恩深重拜金殿。自古璧邑山水好，连科甲第冯状元。"（民国八年张席儒《闲居录》）

北宋末至南宋，官民常将科举考试进士一甲前三名都称为状元，与明清代状元只指第一名的称谓不同。例如绍兴状元王十朋、宰相周必大、名理学家魏了翁、名诗人杨万里在各自的诗文集中均将进士科考中第一、二、三名称为状元或殿元。所以璧山县民将考中宣和三年（1121）上舍试第一名和又考中宣和六年（1124）进士科第三名的冯时行赞称是连科状元。

稍后，璧山县官府按朝廷规定，在县文庙左前街为冯时行和蒲国宝修建了"二状元坊"。宋代建二状元坊位置在今璧山文庙大成广场北端原璧山城关医院正门口，跨街矗立。石坊上镌刻"状元及第"横额和多幅赞联。该地居民区也改称"状元坊"，街更称"状元街"。从南宋开始至今，璧山使用和遗留了许多与冯时行关联的纪念物和地名，今可考的还有几十处。

宣和六年（1124）夏，朝廷对805名列前茅的进士陆续授官职。第一名沈晦授文散官正九品儒林郎，实职为从八品校书郎；第二名周执羔授文散官正九品登仕郎，实职为正九品下湖州司士曹事；（《宋史》卷388《周执羔传》）冯时行授文散官从九品上文林郎，实职为从九品夔州路云安军云安县县尉。冯时行的好友，省试第一名杨椿也被授文散官从九品上文林郎，实职任成都府路嘉定府严道县从九品县尉。（《全宋文》卷5400载南宋陈良祐撰《杨文安公椿墓志铭》）

第三章　初仕夔州云安县尉

第一节　靖康国难斥奸相

宣和六年（1124）底，冯时行告别家人亲友，从璧山赴云安县出任县尉。

县尉，是古代县级政府中主管治安的官员，位列县令、县丞、主薄之后，其官类似今县公安局长。宋代时除京城和特殊地区的县尉属于中级官吏外，一般中、下县的县尉系从九品最低一级的官员，多数由初入仕途的进士充任以利其历练，是进士的"起家官"。

宋代各级官员按官阶品发给俸禄。北宋县尉、主薄官的月俸钱为12—7千文，禄栗3—2石。从八品县丞、知县月俸钱为30—12千文，禄栗7—3石。正二品副相参知政事月俸钱200千，禄栗100石，并月供薪柴400束，年供炭360秤、盐2石、春冬制衣绫20匹、绢30匹、绵50两，配给随从"傔人"50人的衣粮。正一品宰相、从一品枢密使月俸钱300千，禄栗100石，月供薪柴1200束，年供炭1600秤、盐7石、制衣绫40匹、绢60匹、绵100两，配给护卫、侍从70人的衣粮。各种官员按品级还有不同的增给、赡家钱、马刍（马料）、给卷、茶酒厨料、公用钱等名目甚多的，类似现代公务员发的各种补贴费。各官还给"职田"，京、藩府40顷，上州、中州20顷，下州、军、监15顷，边远小州、上县10顷，中县8顷，下县7顷。南宋时，官员俸禄、补贴等略有增减。（《宋史·职官制》）

在下级官吏中，虽然"尉之为职甚卑，而其责甚重。"（宋代吴儆《竹州集》卷11《休宁县尉厅壁记》）县尉主要担负缉拿盗贼、治安巡逻、抗敌入侵、教阅弓手、缉私、水务、司法检验、押运护送等职责。由于县尉处于基层，对民间疾苦、百姓忧愁等问题比较了解，往往能"义取除奸，尉安良民也。"（宋代黄震《黄氏日抄》卷86《修吴县尉衙纪事》）

宋代县尉选任人的好坏关系到当地社会政治秩序的稳定与否，直接对统治者的统治根基产生着影响。所以宋代对县尉的选任条件比较严格。朝廷一般信任进士及第之人文化素质较好，能胜任县尉职责，但却严格限制杂流如恩科中且年老的人充任县尉以免力不从心而误事。

冯时行及第后的首任地云安县即今重庆市云阳县，位于重庆市区东北部，东与奉节县相连，西与万州区相接，南与湖北利川市相邻，北与开州区、巫溪县邻界。云安县建置历史悠久，秦灭巴国置巴郡，在朐忍夷人之地建县名"朐忍"。东汉献帝时属永宁郡。蜀汉时属巴东郡。到北周天和三年（568）县治迁往汤口（今云阳镇），更县名为"云安"。宋代置云安军，军辖云安县，属四川地区四路之一的夔州路管。

宋代的县按地理位置、面积大小、经济状况、人口多少分为8等，赤县设京城，畿县京城外，京畿外各府州军的县则为望县、紧县、上县、中县、中下县、下县。云安县是蜀东三峡地区望、紧、上、中、中下、小6等县中唯一等级最高的"望"县。云安县下辖13乡，有晁阳、高阳2镇。县内多山，长江穿越县境，地形山高谷深坡陡，资源丰富，以军井盐场、团云盐井产井盐以及盛产橘最有名。如此之地理与物产，也导致了社会治安存在不少问题。

宣和七年（1125）初，冯时行走马上任，来到了云安县。到县后，冯时行与上司、同僚互相礼见之后，立即按职责在云安开展维护社会治安，侦察捕盗，巡捉走私，调查积案。就在他致力于打击罪犯，保一县平安之时，北宋朝的国家安全形势已变得非常严峻了，新兴的金国开始入侵，向北宋发起了进攻。

金国，是北宋徽宗政和五年、辽国天祚帝天庆五年（1115）时由辽国境内的女真族完颜部首领完颜阿骨打（完颜旻）创立的。

女真族是一个古老的民族，长期散居在今东北黑龙江和松花江流域以及长白山麓，原称勿吉，隋唐时叫靺鞨，五代时一部分属辽国统治，称熟女真，另一部分叫生女真。生女真是女真族中比较落后的一支，直到北宋末期时始蓬勃地兴盛起来，进入到奴隶制社会初级阶段。完颜部酋长率部并吞了邻近的其它女真部落。在不断反抗辽国的统治压迫中，完颜阿骨打于公元1115年即皇帝位，建立了与宋、辽对峙的割据政权，定国号为金，将会宁府（今黑龙江省阿城县南）作为国都。

金国强盛后，就发动了对辽战争。在这场战争中，金军长驱直入，势如破竹；辽兵则无斗志，节节败退。北宋宣和二年（1120、辽国天庆十年、金国天辅四年），金大军攻占了辽国首都辽阳府（今辽宁省辽阳市），控制了辽东半岛。这时，宋徽宗信用的六贼时任宰相王黼、统帅军队的童贯、退相蔡京儿子蔡攸等极力主张联金灭辽。宋廷就派员浮海出使金国，商谈联合夹击辽国之事。几经磋商之后，宋金两国订立了"海上盟约"。

海上盟约内容为：金军攻取长城以北的大定府，宋军攻取长城以南的燕云；双方的军队都不得越过长城；攻城得胜后，燕云地区所属十几州之地归属北宋，而北宋则把以前每年交纳给辽国的"岁币"如数交给金朝。

北宋宣和四年（1122），宋金同时发动了对辽的战争。该年五月，刚镇压了方腊农民军后的童贯与蔡攸带领15万宋军分两路北上。此时辽军主力皆在北方与金军鏖战，南部防务极为空虚，但由于北宋朝腐败至极，加之大奸宦童贯等又不知兵事，不会指挥打仗，宋军才抵达与辽相邻的界河，就被即将覆亡驻守燕京（今北京）的辽国残余军队打得大败。同年十月，仍由童贯、蔡攸统帅的宋朝大军再次去攻打辽国燕京，在攻入城与辽军巷战时又被辽打败，致使宋军自烧大营急遁，横尸百余里。童贯等接连大败怕皇上降罪，就暗中派人去求金军帮助进攻燕京，结果金军很快就攻下了燕京城。当宋廷向金索要按"海上盟约"协议所定的将燕云 16 州交还给宋时，金悔约只答应给 6 个州，而且要求宋朝在交给金"岁币"之外另加钱 100 万贯（1000 文钱为 1 贯）。腐败的宋廷竟慌忙不迭地答应了此违约条件，而后仅得到了几座居民被金掳去的空城。不知耻辱的宋徽宗与权臣却借此吹嘘庆祝收复了数城，沉湎于醉歌酣舞之中，直到金军入侵，鼙鼓动地而来，才惊破了昏君奸臣们的美梦。

北宋徽宗宣和七年（1125）二月，金国皇帝太宗完颜晟率军灭辽，俘辽主，辽国灭亡。

辽国灭后，金的气焰更加嚣张。在宋金辽三国的战争过程中，处于奴隶制发展阶段，有强烈掠夺性的金女真奴隶主贵族集团，了解到宋朝中原地区先进的社会生产和丰富的物质文化生活，他们对此垂涎三尺；同时也看出了北宋虚弱的体质，统治集团的昏聩无能和宋朝军队由于腐败而缺乏战斗力，于是更滋长了掠夺和扩张的野心。不久金国就撕毁了与宋朝订立的盟约协议，转而向北宋发动了掠夺性的非正义战争。

宣和七年（1125）冬十月，金太宗发兵两路大举侵宋，西路由粘罕（宗翰）统兵六万，（《会编》卷 99《北记》）由云中府（治大同，今山西大同市）出发攻太原府；东路由斡离不（宗望）也率兵六万进攻燕京。（宋代李纲《梁溪全集》卷 56《上皇帝封事》、卷 172《靖康传信录》）侵宋的金军计划在攻下太原和燕京后，两路金军合围北宋都城汴京。然而，西路金兵攻下朔、武、代等州后却受阻于太原；但东路的金兵相继攻下燕京、相州、濬州后，渡过黄河进逼汴京。

老迈昏庸的宋徽宗赵佶听闻金军将临京师，当着群臣吓晕倒地。他惊慌失措地下了"罪己诏"，承认自己闭塞言路，加重赋税，奢靡成风，使百姓怨恨官府，而今军无斗志致强敌压境，后悔莫及。同时号召天下军民勤王，增援保卫京城。但又派出使臣与金求和。金要宋割地称臣，宋宰相"白时中、李邦彦与蔡攸等，俱失色不敢答。"（《续资治通鉴》卷95宣和七年十二月乙未条）同年十二月二十三日，徽宗忽忙地将皇位传给太子赵桓即宋钦宗，自己带着于宣和六年（1124）底罢相致仕的蔡京与童贯、高俅、朱勔等人南逃躲避去了。

钦宗即位次年，改元靖康，"意思是靖难至康"。（李忠琴著《细说宋高宗》8页）

北宋靖康元年（1126）正月，东路侵宋的金军包围了宋汴京。钦宗与其父亲徽宗一样是个典型的庸君，面对复杂、险恶而多变的局势，毫无措置能力。他十分害怕金军，在时称"浪子宰相"的左丞相李邦彦、右相张邦昌、宰臣白时中等人主张下，多次派人携巨额金银到金营求和，还曾企图弃城南逃。由于大臣李纲等坚持主战，汴京军民同仇敌忾，奋起抗敌，使金军未能攻入京城。金东路统帅斡离不眼见一时难以攻破汴京城，并担心自己屯兵城下师老兵疲，尚若宋朝各地勤王之师赶到，恐遭到围歼，就同意与宋讲和并向宋廷提出了以下要求：

一、宋向金交纳黄金500万两，白银5000万两，牛、马各10000头，缎100万匹。

二、宋尊金帝为伯父。

三、把燕云两地之人一律遣返原籍。

四、把太原、中山（今河北定县）、河间三镇和三镇所辖州县、百姓割归金朝。

金统帅宣称，只要北宋朝廷答应金提出的全部要求并以亲王、宰相作为人质，就可以议和，金军就解汴京之围北归。

对于金提出的苛刻屈辱的投降条件，李纲等主战派坚决反对，但宰相李邦彦、张邦昌等权臣和钦宗皇帝却主张全部接受。"李邦彦力劝钦宗屈膝求和，还无耻地说：'都城破在旦夕，还要三镇干什么。'并唆使钦宗大肆搜刮民间金银财物，以交纳给金兵和遣使交割三镇之地。"（杨剑宇《中国历代宰相录》李邦彦条）此时间有璧山县南历山寺僧人素师从汴京避乱返蜀，他路过云安县去探望冯时行，将所见奸相昏君的丑行告之。冯时行忧愤不已，写作了《谢素师惠二石》诗，对李邦彦、张邦昌一伙误国行为进行了斥责。该诗云：

> 素师为我良古僻，野性乖疏无所适。呼门投我清净友，翻是巴江两好石。一石形作巢莲龟，近人团圆生素迹。皎如孤月流清空，光逐一星斜辟易。一石初似瓜色黄，年来应被天公劈。枯松说与连理心，参差再合如胶漆。两石相逢已投分，何消引我为侪敌？与君倾盖便忘年，未害吾人缚禅寂。方今宰相真儒生，议割三关厌夷狄。祖宗土宇安生灵，幸以艰难念开辟。天畿要险壮中华，一日捐之良足惜。争如推毂老将军，远煽天风驱退鹢。我虽孺子亦有知，不惮下圮传履舄。嗟尔两石如有神，尚父兵书欣所习。不应默默斋阁闲，相对人间夜寥阒。

（《缙云文集》卷1）

冯时行与朝野主战人士一样，非常痛恨残暴贪婪的金人，金对宋廷的勒索可说是漫天要价。当时把汴京城所有的金银凑在一起也只有20万两白银，将北宋朝的国库全加清理也不够金人索要的500万两黄金与5000万两白银。而金人索要的太原、中山、河间三镇是北宋北方10余郡的屏障，是北宋的生命线，如果割让给了金国宋朝如何立国？

由于封建社会传统的忠君思想，冯时行不可能对主和投降派头子宋钦宗进行评击，故在诗中只能痛斥宣和以来误国、卖国的宰相如蔡京、李邦彦、张邦昌之流。他刺讽"方今宰相真儒生，议割三关厌夷狄"，认为割送三处重镇去讨好满足金人的贪欲是不行的。他反对将北方三镇送给金人，"一日捐之良足惜。"将三关重地送给金人，无异于是自毁长城。冯时行希望朝廷能向古代有为帝王那样"推毂"礼待宋朝老战将，任用他们领导抗战，打退入侵金敌。

今人著《冯时行及其〈缙云文集〉研究》书第46页注释说该

首诗是南宋绍兴十二年（1142）作。说是绍兴十一年（1141）秦桧害岳飞，"宋金达成'划淮为界，岁币银绢各二十五万，割唐、邓二州'的议和条件"，十二年"八月，宋因金要求，割商、秦之半，以大散关为界。"笔者考此说误。原因理由是冯时行诗中的"议割三关"据各种史料记载是指北宋末期宋金议和所谈的太原、中山、河间三重镇，而不是指南宋时期宋金议和时谈的"唐、邓二州"以及商秦之地。唐、邓二州和商秦之地历史上没有"三关"之称谓。

北宋靖康元年（1126）二月，宋朝各路勤王援军纷纷向京城开去，金军索取了大批财物和将肃王赵枢等做为人质后就北退了。此期间，在朝野民情愤慨下，钦宗被迫罢免了李邦彦的宰相，将他贬任邓州知府三年后病死。三月中又罢了"社稷之贼"张邦昌的宰相职。在当年一二月中还处死了"六贼"中李彦、王黼、梁师成，将童贯斩首示众，将蔡京流放病亡。四月流放途中处死了朱勔和蔡京之子蔡攸。

金军北退后，宋徽宗率领皇亲国戚们回到了京城，恬然自安，以为从此天下又太平无事了。宋钦宗也不加强战备，一心只是与金敌讲和，李纲向他提出"备边御敌八策"，竟被他当作耳边风不予采纳，还罢免了抗金有功劳的李纲官职。

靖康元年（1126）八月，尝到侵宋甜头的金军在宗翰和宗望（斡离不）率领下第二次大规模攻宋。十一月，两路金军会合包围了汴京城。宋钦宗及其权臣们吓得目瞪口呆，不组织军民抗战却迷信依靠郭京等用"神力"退敌，结果使金军毫不费力地攻进了京城。十二月初，宋钦宗向金上表投降。金国又提出要求宋交纳黄金1000万锭，银2000万锭，帛1000万匹。

据南宋人确庵、耐庵辑录《开封府状》、《南征录汇》、《青宫译语》、《呻吟语》、《宋俘记》等记而成的《靖康稗史》书载：宋已将官民金银搜尽仍不能满足金人的要求。宋徽宗、宋钦宗为了苟延残喘，与金协议竟以10000多名宫廷、宗室和京城民女为抵押品，明码标价将她们抵给金国，使其遭到强暴蹂躏。稍后，金人将这些"战利品"押往金地，她们历尽磨难九死一生。活着的包括皇后、皇妃在内的妇女到达金国都城上京后，被分别送给统治者和赏赐给大小将领，许多人流落民间被卖为奴、娼。

靖康二年（1127）正月，钦宗下诏要两河（河南、河北）军民向金归降，不许反抗。二月，赵宋皇族人除康王赵构一人因去京城外未被俘虏外，其他重要成员则全部做了金国的俘虏。金人将钦宗和徽宗废为庶人押到北国金地囚禁，北宋至此灭亡。同年三月，金人扶立原北宋宰相、主和投降奸臣张邦昌为"大楚"傀儡皇帝，命他统治黄河以南的宋朝旧域。河北、河东等地则被女真贵族们据为己有。

当年四月，宗望、宗翰等分别将徽宗、钦宗及其后妃、诸王、宗室3000余人押解北归。宋朝"凡法驾、卤薄，皇后以下车辂、卤薄、冠服、礼器、法物、大乐、教坊乐器、祭器、八宝、九鼎、圭璧、浑天仪、铜人、刻漏、古器、景灵宫供器、太清楼、秘阁、三馆书、天下州府图及官吏、内人、内侍、技艺工匠、倡优、府库积蓄，为之一空。"（《续资治通鉴》卷97）

在金灭北宋的数月中，中原地区多遭到女真奴隶主军血与火的洗劫。史载金残暴"杀人如割麻，臭闻数百里。"凡金军过地，"井邑萧然"，（《会编》卷96、《靖康遗录》）到处都是惨不忍睹的景象。金国之兴，使百姓受苦；北宋之亡，使百姓受难；战乱使百姓饱受苦难。

冯时行在云安县悉知北宋国亡的消息后十分伤感，长时间不忘亡国悲痛，建炎三年（1129）曾作诗感叹"今朝愁奈何，两宫黄屋远……乾坤为回首，慷慨一悲歌。"（《缙云文集》卷2《至日三首》）

靖康"亡国之变"史称"靖康之难"，它是宋人难以启齿的耻辱，也成为了激励后来南宋爱国军民抵抗金军南侵的动力。例如年龄比冯时行小两岁以后成为民族英雄的岳飞，自靖康之难起就投入到奋勇抗击金军的战斗中了。

靖康二年（1127）二月北宋被金国灭亡后，当年的五月初一抗金军民拥立幸免于难的宋徽宗第九子、宋钦宗的弟弟康王赵构为皇帝，在南京应天府（今河南商丘）即位，建立了南宋，改年号为"建炎"，寓以火克金之意。赵构为南宋第一位皇帝，史称宋高宗。

第二节　筑记杜甫杜鹃亭

宋代云安县有著名的"杜鹃亭"，是冯时行等人为纪念唐代杜甫修建的。

唐代代宗永泰元年（765），杜甫从成都举家东迁，行至途中因旧病复发不能成行，就驻足云安半年多，在此咏写了30余首忧国忧民、悲愤淤积的诗篇。其中最知名，可谓流传千古而不朽的诗之一是《杜鹃》，杜鹃亭因该诗得名。

冯时行在南宋建炎年间任云安尉时，经常览读杜诗。他崇敬杜甫高尚的人品，钦佩杜甫的才华，称道杜甫饱含血泪寄托了家国之思的杜鹃诗，就捐俸银筑建了"杜鹃亭"并为亭作记。南宋史家王象之撰文说："冯时行有《云安县杜鹃亭记》。"（王象之《舆地纪胜》卷182云安军）

杜甫（712—770），字子美，号少陵野老，世称杜工部、杜少陵。河南巩县人。唐代伟大的现实主义诗人。唐玄宗天宝十四年（755）十一月至唐代宗宝应二年（763）元月，爆发了安史之乱。杜甫为了避战乱，于唐肃宗乾元二年（759）十二月，从甘肃秦州出发，取道同谷（今甘肃成县），翻越秦岭大巴山入蜀，寓居成都浣花溪畔。五年后，他离蜀东去，欲与荆楚的亲友团聚。代宗永泰元年（765）五月，杜甫携家乘舟东下，经嘉州（四川乐山）、戎州（四川宜宾）、渝州（重庆）、涪陵（今重庆涪陵区）、忠州（今重庆忠县）、万州（今万州区）而下。当年九月杜甫到了云安县，因旧肺疾和风痹病加重，只好停止东下寄居云安城调养了半年余，到第二年三月才前行寓住夔州奉节县继续养病。

　　杜甫是一位非常勤奋的诗人，在病居云安期间创作了不少诗篇，仅《云阳县志》上就收存有 30 多首。他挥笔描写云阳美景，写该地风物，写百姓、植被、经济……而最为冯时行赞叹，引起他共鸣的是杜甫笔下的几首杜鹃诗，其中的《杜鹃》是写颇有云安风骨，最具云安文化内涵的精神之鸟。杜甫《子规》诗云："峡里云安县，江楼翼瓦齐。两边山木合，终日子规啼。眇眇春风见，萧萧夜色凄。客愁那听此，故作傍人低。"

　　杜鹃一名子规。在《蜀本记》等书中载，它是古蜀帝杜宇精魄所化。杜鹃悲啼声似"不如归去"，使人顿生思乡之情。为避安史和地方割据势力之乱四处漂泊的杜甫闻听杜鹃哀鸣，心中充满忧愁，对大唐山河破碎倍生感慨。

　　杜甫《杜鹃》诗云："西川有杜鹃，东川无杜鹃。涪万无杜鹃，云安有杜鹃。我昔游锦城，结庐锦水边。有竹一顷余，乔木上参天。杜鹃暮春至，哀哀叫其间。我见常再拜，重是古帝魂。生子百鸟巢，百鸟不敢嗔。仍为喂其子，有若奉至尊。鸿雁及羔羊，有礼太古前。行飞与乳跪，识序如知恩。圣贤古法则，付与后世传。君看禽鸟情，犹解事杜鹃。今忽暮春间，值我病经年。身病不能拜，泪下如迸泉。"

　　该诗大有深意。西川地区有很多杜鹃鸟，到了东川却没有听到杜鹃叫声；涪州、万州也未看见杜鹃，来到云安却见到不少杜鹃。到云安之前游寓西川成都，锦江之滨有自建的茅屋。屋侧有百亩竹林，生长有许多大小苍翠树木。每当暮春时，杜鹃不断出现，在林间悲哀地啼叫。每当遇此，便肃然起敬，如此尊重杜鹃是因为它是蜀王的化身。杜鹃安卧在巢中精心孵抱，百鸟对此不会怒目相嗔。不时还帮助杜鹃扶喂其子，好像侍奉至高无上的国君。由此可联想到大雁和羔羊，从古到今它们就懂得礼貌。大雁成行飞，羔羊跪地吸母乳，雁羊皆明确次第皆知有恩要报。这些是古代圣哲人传下的规矩，留给子孙后世代代相传。大家看雀鸟也知报答恩情，尚且知道自动侍俸杜鹃。时序如流转眼已到暮春之际，正值吾病已有一年。虽有杜鹃却因病不能去拜，心中十分悲痛不禁泪涌如泉。

杜甫在云安作杜鹃诗时，历经多年的安史之乱虽然被平定，但天下已经残破，诸多藩镇称雄各自为政。杜甫沉痛地记道："玄甲聚不散，兵久食恐贫"，"前年渝州杀刺史，今年开州杀刺史。"他悲愤交加地揭露蜀中地方势力"如段子璋、徐子道、崔旰之徒皆不修臣节者。"（清代浦起龙《读杜心解》第 1 册）这些乱臣贼子甚为猖獗，目无中央朝廷，大唐一时难以管制。

《杜鹃》诗表达了杜甫对时局的殷忧。宋代人常评论杜甫《杜鹃》诗，苏东坡认为"原子美之意，类有所感，托物以发者……子美盖讥当时之刺史有不禽鸟若也。"即那些原受皇恩而叛政害民的刺史官吏不如禽鸟。真德秀云"此诗讥世乱不能明君臣之义者，禽鸟不若也。"林景熙说："天宝诗人诗有史，杜鹃再拜泪如水。"文天祥《读杜诗》有感道："耳想杜鹃心事苦，眼看胡马泪痕多。"文天祥等可以说是深得杜甫寄托之意。

冯时行是深解杜甫作《杜鹃》诗深意，他对杜甫痛愤藩镇割据，旨在维护祖国统一，反对分裂国土的爱国情怀充满了敬意；对杜鹃诗平实古拙，虚实互用，用典自如，喻意深刻的写法十分敬佩；对杜鹃诗沉郁苍凉，哀婉动人，以及杜甫本人一生不得志的遭遇无限感慨。

杜甫生逢安史乱前的唐代全盛时期，目睹了危机潜藏但仍繁华豪奢的"开元盛世"，在安史之乱中经历了颠沛流离，亲身体验了战乱给民众带来的血泪苦难，中晚年时又目睹了唐朝衰落的开始。他的诗歌充满着对国家前途命运的关注与忧心，具有强烈的爱国热忱。同样，出生于北宋末期，耳闻目睹强敌侵宋，靖康之变致大宋山河破碎，巨盗四起民不安宁的冯时行如杜甫一样，饱含忧患意识与家国情怀。他崇敬杜甫对国家高度的认同感、归属感、责任感和使命感。冯时行在云安县读杜甫的诗篇，常常热血沸腾，感事忧时之意自现。他筹划要为杜甫修建一座纪念性"杜鹃亭"，让人们世代缅怀这位爱国忧民诗人，让宋人不忘驱除敌寇收复宋朝失地，激发人们对国家对民族的热爱，承担起应有的使命与责任。

杜甫当年在云安养病，居住在云安县城"水阁"，是当时云安县令郑十八即郑贲的别墅。水阁面向长江背为高崖，系吊脚楼式房屋，杜甫就是在此写作了杜鹃等诗。

冯时行捐出自己的俸金，挑选在近距原"水阁"处的万丈悬崖巨石上建筑"杜鹃亭"。《云阳县志》记载"杜鹃亭，治南三十步。"亭北枕云安县城，相距数十步，南俯长江，上下可见，以方便过往人士驻足瞻拜凭吊。

冯时行选好亭址后，向好友知县母丘元望以及同僚商议，众人给予支持，纷纷捐资助建。几个月后，一座典雅颇具地方特色的用木柱青瓦盖阁楼式亭子就建好了。亭中竖立有雕刻杜甫画像和《杜鹃》等诗词的石碑。在庆祝该亭落成的酒会上，母丘知县和地方士绅一致推举冯时行为亭作记。冯时行提笔撰写了《云安县杜鹃亭记》，文中说云安"云烟草木皆能荐子美肺肠矣。"（南宋王象之《舆地纪胜》卷182夔州路云安军）

杜鹃亭修建后，成为云安县的一处胜景，众多名人过云安多要前往观览。明代曹学佺作《题杜鹃亭》云："春林血泪染山青，羁客中宵忍泪听。何处蜀山不啼遍，云安偏有杜鹃亭。"清代初王士稹诗："十月云安县，千崖石气清……天涯连岁暮，心折杜鹃亭。"民国傅增湘高歌道："山峡轻舟数往来，杜鹃声里过云安。"历代名士咏诗均是表达对杜甫的崇敬和怀念。

云安县杜鹃亭自建炎二年（1128）建筑后，元明代仍存。明代正德《夔州府志·宫寺》下载："杜鹃亭，在县。"以后几经兴废，到清光绪元年（1875）云安县民将杜鹃亭迁到县城对面长江南岸张飞庙中，背倚飞凤山，前视浩荡长江。此时亭周小溪如弦，古木如盖，四时鸟雀啼啭，野花吐艳。特别是冬日早晨长江雾气升腾，笼罩于茫茫大雾中的杜鹃亭若隐若现，恰似仙山琼阁、海市蜃楼。置身其间，给万千游人增添了不少情趣。2002年10月8日，因三峡工程建设，杜鹃亭随张飞庙一起拆迁，溯江而上30公里，搬到云阳新县城长江对岸盘龙镇龙安村，2003年7月对外开放后，每年吸引着大量游人。

冯时行在云安县尉任中写有《答李悦之榜云安尉厅后小堂曰冯公书》文：

某再拜：奉违之久，如想古贤哲，日不置也。冯某人至，备闻启处之祥，足以开慰。即日春晚，伏审神仙无事之职，履况清裕为喜。中间蒙惠书并刘夷叔记文，某久不奉报，何也？老友以爱忘其非，乃命以冯公，又使夷叔笔其说，刻之石。老友何其自得之浅也。

古之人以友天下之善士为未足，又尚论古之人诵其诗、读其书，谓之论世尚友，此孔子以尧、舜、文王为友，孟子以孔子为友，其下扬子、荀子以孔子为友。射者之志於的，射而志的，犹不能中，况又不志的，则射东中西矣。况士须盖棺五百年后是非乃定，如仆不答老友书几半年矣，老友必思举其榜与记而弃之，作事如此岂理耶？吁！老友之贤世无有，今世士污秽冗杂以为计，而老友忍穷蹈义；今世士诒媚苟且，而老友独耿介不屈，中心之所得与夫所禀者，某赞叹所不能尽。但亦有病，病在不容不同类，不能沉潜刚克。呜呼！人世如此，安得不随波逐流以全直耶？故孔子有危行言孙之说。尧、舜时可谓古矣，彼时已有九德之说，盖不相济，不足以为行；不相杂，不足以为义，况寥寥万世之下邪！

某有病，望老友砭石俱下；老友之病，亦不敢相扶持，与公相友，尽此矣。至於希慕望远，追思古人，勿近取也。碎其石，火其榜，勿取诮於悠悠之人，乃所愿也。匆匆，不宣。

（明代杨慎《全蜀艺文志》卷29）

李悦之是冯时行早年结识的老朋友。冯在文中充满感情地问候他，用语质朴简洁，情感十分朴素动人，读之为二人的真挚友情感动不已。文中谈到的刘夷叔，蜀人，与冯时行、刘仪凤等交游。

该文未收入明嘉靖李玺编的《缙云文集》。最早收录的是由明代四川新都县状元杨慎于嘉靖二十年（1541）编纂成的《全蜀艺文志》，编在卷29。稍后，又由明万历三十五年（1607）进士，崇祯年间官至兵部尚书的河南汝南县人傅振商（字君雨）选编入《蜀藻幽胜录》卷1。到清代，嘉庆《璧山县志》将该文录入卷4，同治《璧山县志》将该文录入卷10《艺文志》中。两套县志均按杨慎、傅振商所编书中全文收录。民国年间，四川江安人傅增湘编《宋代蜀文辑存》，在第46卷中收录冯时行文章33篇，其中也有该文，并注明该文引自"《璧山县志》卷10"，但却将文之题目缩减成《答李悦之书》，自此后，不少著述者也将该文题目缩写，如今人编《全宋文》卷4267和《冯时行及其〈缙云文集〉研究》卷6均用《答李悦之书》。其实，该文题目同治《璧山县志》是写的《答李悦之榜云安尉厅后小堂曰冯公书》。该文题目不应缩写，应按明代《全蜀艺文志》、《蜀藻幽胜录》和清嘉庆、同治《璧山县志》记录的未缩减字题目写才对，才是冯时行的原作。

在云安时，冯时行给任川西某山县县尉主捕盗的朋友写有《寄张昭度》诗：

知君多暇豫，山县少追胥。日晏未鸣鼓，夜分犹诵书。相思千里外，一见二年余。锦水连三峡，时通双鲤鱼。

（《缙云文集》卷2）

第三节　拜题云安张飞庙

冯时行在任云安县尉期间，多次到县内张飞庙拜谒。他第一次是刚到任时值庙正大修，就按地方习俗遥拜了庙神，并向修庙募资会捐了俸银。建炎初期，又两次与县令母丘元望等人陪夔州郡守诸吏谒庙进香。

云安县张飞庙位于县城长江对岸峻秀的飞凤山麓，坐落在长江南岸滨江的巨崖石上面。"飞凤山……与县对峙，山形似凤。"（明代正德《夔州府志》卷3山川）张飞庙依山就势而建，层层迭起，古树苍藤环绕，掩映红绿建筑，飞泉流瀑，四季清幽景美。

史书记载张飞（？—221）字益德，《三国演义》云字翼德。东汉幽州涿郡（今河北保定涿州市）人，三国蜀汉名将。他随刘备起兵，有勇有谋。曾率20骑在当阳长坂坡施计阻挡曹操所率数千豹骑追兵，使刘备脱险。他随诸葛亮入蜀，夺取江州城（今重庆市区）时敬君子义释巴郡太守老将严颜，使其助蜀军一路攻城势如破竹。后来出守川北，出奇兵大破曹魏犯蜀之大将张郃于宕渠（今四川渠县东北），使"巴土获安"。（民国《云阳县志》载《云安桓侯祠碑》）能力敌万夫，中心耿耿于蜀汉事业的张飞被封为新亭侯，拜右将军，迁升为车骑将军、西乡侯，领司隶校尉，任巴西郡太守驻守阆中。

蜀汉章武元年（221），关羽违背蜀相诸葛亮"东联孙权，北拒曹操"的正确主张，败走麦城后被孙吴将领杀害。刘备愤怒要为关羽报仇东下伐吴，张飞日夜督促部下造白盔白甲时不幸被小人谋害。

《三国志·蜀书》卷36张飞传载：章武元年，"先主伐吴，飞当率兵万人，自阆中会江州（今重庆）。临发，其帐下将张达、范强杀飞，持其首，顺流而奔孙权。"张飞在阆中被害后，刘备"追谥飞曰桓侯。"不久朝廷为他建祀庙称名"桓侯祠"。

到唐代建中三年（782），颜真卿向唐德宗建议，追封古代名将64人，为他们建庙宇享奠。唐代列汉末三国名人入庙享的共8人，"蜀车骑将军西乡侯张飞"即其中之一。北宋宣和五年（1123），按照古代惯例，宋朝廷也设庙祀古代名将72人，张飞是其中之一。北宋时成书的《十七史百将传》中，也列有张飞。

据张飞庙中古碑记载，庙建立"始于汉末，唐宋以来均有修补。"明代嘉靖年间编修的《云阳县志》亦记："张桓侯庙，在治江南飞凤山隅，汉末建。"张飞庙初建时不大，经北宋宣和五年（1123）县民集资大修后始变成为华丽壮观之大庙。大修后冯时行拜谒览读时任夔州路提刑司属官，处州松阳（今浙江松阳）人陈拟在宣和七年（1125）任云安军司法参军时撰写的《云安桓侯祠碑》，碑文说：宣和四年二月朔，庙祠"道狭嶔峻，遥望叵往，例拜于江北。五年，（县民募资）……起堂宇……严且丽也。七年春正月，（陈）拟渡江履登新祠……而景物如画。"（民国《云阳县志》卷22）

张飞本生于河北，遇害于阆中。阆中在川北，云安在川东，其间相距千余里，为何要在云安为他修建壮丽之庙呢？冯时行向当地乡老探问，得到的答复是本地相传：

当关羽被东吴杀后，驻守阆中的张飞昼夜悲伤，眼泪侵湿衣襟。他令部将张达、范疆负责在三天内备齐白盔白甲，挂孝征吴，为二兄报仇。张、范二人知道张飞治军很严，苦于不能如期完成任务，加之二人平时对张飞怀有二心，就密议乘张飞喝醉酒睡着之时把他杀了，携带其头沿嘉陵江而下转入长江东下欲投东吴邀功。此间孙权得知刘备准备大举伐吴，他想到"哀兵必胜"的古训，又害怕曹魏大军乘虚袭击，为了保存实力便派大臣赴蜀请和。当张达、范疆抵达云安县境得知这一消息时，惶恐害怕，急忙悄悄将张飞的头丢入长江中，连夜逃往它乡不知所踪。

相传这天晚上，家住飞凤山附近的一位老渔翁正在山前铜锣渡口处捕鱼，连撒了几网都未见到一条鱼。当他又一次下网后竟沉甸甸地捞起了一个怒眼圆睁、胡子拉碴的人头，以为是不祥之兆，赶忙抛回江中。哪知这人头总是围绕渔船回旋，小船左右躲避竟避不开。老渔翁被吓得昏昏沉沉，一时梦幻中看见一个威猛的将军出现在面前，满脸泪痕地说："我是蜀将张益德，立志匡扶汉室江山，与东吴誓不两立，现遭奸人暗算，不能抱着遗恨东漂去见东吴之人！请老人家将我的头颅捞起来，埋在蜀国的土地上。"老渔翁惊醒，就将张飞的头重新捞起，含泪背到铜锣渡口处的飞凤山麓瀑布泉边安埋。

传说老渔翁挖坑时，在三尺深的地下竟有一罐白花花的银子，他就利用这些银子请工匠修盖了一座纪念张飞的小祠堂，从此便有了张飞"身在阆中，头在云安"的说法。后来，张飞也由蜀汉名将演变成为护境佑民的神，成为一位被人们顶礼膜拜的菩萨。张飞庙逐年扩建，宋代已成为"巴蜀一胜境"，后为长江流域著名文化古迹之一。

南宋建炎二年（1128）正月初七，冯时行与夔州属吏、本县知县等陪新任夔州知州张上行拜谒张飞庙。（见《全蜀艺文志》卷64冯时行撰《龙脊滩留题》）

张上行，字道从，四川汉州德阳人，北宋神宗元丰八年（1085）进士。其父张绩、弟安行、中行均为进士，一门四进士。他以知县起，有军事才干，屡治边地夷人犯境事，到夔州之前以提点刑狱守陕西兴元府，与金军和宋朝叛将对垒。他和冯时行一样忠君爱国为民，对尚武卫国重情义的张飞充满了敬仰，故换职刚到夔州就到云安谒庙。

一行人出县城在长江北岸坐船过江到了南岸，沿着飞凤山下的石道向庙中行。途中，夔州通判李造道提问："张桓侯祠历代都用了什么名称？"

冯时行回答："桓侯祠乃古名，张飞庙系俗称，唐代前曾名显忠庙，皇朝亦称雄威庙，徽圣时赐封后又名武烈祠。"

张飞庙的称呼各代不一，冯时行的回答非常正确。据《宋会要辑稿》卷43记："蜀将张飞祠……（北宋）徽宗大观二年（1108）五月赐庙额'雄威'，封肃济候。政和二年（1112）十二月加封武烈公。"明《蜀中名胜记》卷23云阳县载："飞凤山……按张桓侯祠，设在此山之脊，冯当可所称'武烈祠'也。"清光绪二年（1876）云阳知县叶庆寻在长江龙脊石上刻诗序云："今之桓侯庙即古显忠庙，又称武烈公祠。碑碣尽忘，赖宋人题此石考得。"叶知县所说宋人题石是指冯时行撰《龙脊滩留题》石刻文。

爬坡上坎过石拱桥，众人来到庙门前。夔州属吏司户赵执权向冯时行讨教历代杰人对张飞的赞评？

冯时行说：张益德与关公、诸葛先生并称蜀汉三杰。汉世名流周瑜赞："刘备以枭雄之姿，而有关羽、张飞熊虎之将。"程昱、郭嘉称：关羽、张飞皆万人敌也。刘晔道：诸葛亮明于治而为相，关羽、张飞勇冠三军而为将。傅干赞张飞"勇而有义，皆万人之敌，而为之将。"《三国志》撰者晋代蜀人陈寿论关羽、张飞皆"万人之敌，为世虎臣。羽报效曹公，飞义释严颜，并有国士之风。"皇宋苏辙诗颂张飞："严颜平生吾不记，独忆城破节最高；被擒不辱古亦有，吾爱善折张飞豪。"（1982 年走访北碚温泉 70 余岁园艺师张文华藏清人稿）

饱读史书，满腹经纶的前辈知州张上行听了冯时行的一番话，带头夸赞他讲得好，不愧为太学大魁之士，进士高第良才。

入庙进至大殿，只见抬梁式硬山砖木结构的殿宇巍峨壮观。泥塑的张飞像伟然端坐殿中，身着重铠，双目圆睁，气势轩昂，威而不怒，栩栩如生，生动再现了张飞的威武形象。

大家依次序敬香，虔诚地祈拜张飞……

庙中长老认识冯时行，他得知是新任知州前来谒庙，非常有礼地请张上行一行人到茶室，品尝经唐代陆羽《茶经》和李肇《唐国史补》等书载记的云安贡茶和唐代以来云安地方名特土产"糯米糕"。

主客高谈阔论，论及张飞多充满吊古伤怀之情。冯时行也畅论《张武烈公益德》云：

昔刘先主取蜀拒魏抗吴，随其左右者众，以张益德为瑰琦雄才。其刚方正直，忠义勇猛，披坚执锐，视敌若无，欲灭奸雄，兴汉室。惜雄略大志方展，天不佑公，遭小人暗计。其忠贯日月，气如虹霓，以义许国，卒而不朽。由汉桓侯至武烈公，久而益显，后世益彰。

公去迁千载，英灵不泯，蜀人尤予钦戴。庙宇屹立，为水旱祈者，为祸福祷者无不应。皇宋以来，凡国扫寇盗，征讨蛮夷，皆借以神力风云，变草木以为兵，所向无敌，捷闻凯旋。

思武烈公生卫汉室，死庇万民，其不因形而存，不以死而亡。今之世衰，负国者时出，生尤负国残民，何能亡后庇民？与武烈公之风烈差远矣，较公之卫国利民生平，自当羞愧哉！

（民国八年张席儒《闲居录》）

长老见大家高兴，连呼小沙弥取来文房四宝说："新庙成后惜大殿无匾，恳请高士赐墨光彩。"张上行欣赏冯时行的才学，对他颇多好感，就示意他来题写。众吏员也齐声说："冯当可题书足也。"冯时行不推辞说："蜀中多奇士，如公之武烈少也，其英风武烈至今脍炙众口。昔祠称名甚多，以其履历今名武烈祠为宜，亦足以风后世百载。"在一片赞声中，他挥毫题写了殿额"武烈公祠"。数天后，匾额就高挂在主殿正门上方了。

张上行、冯时行一行人拜谒张飞庙，从理性角度是寄予其"旱甘霖溢螟蝗疾疬有请辄应"，是美好的愿望；而从感性的角度看，在心灵深处是对张飞的追念、尊崇，体现了他们对率真、果敢、正义的永恒追求。

第四节　长江龙脊滩留题

云安县境长江中有不少险滩，如"博望滩，《荆州记》云：'张骞奉使西域，于此覆舟。亦曰使君滩。'"（北宋王存《元丰九域志》附录·云安军）又有东阳滩，一名破石滩。还有卜瞿等滩，皆有名，晋人常璩有记叙。而云安最有名的险滩则是冯时行等人称名的"龙脊滩"。

南宋《方舆胜览·夔州路·云安县》记："龙脊滩，在城东三里，状如龙脊，夏没冬见。"明正德《夔州府志·山川·云阳县》："龙脊，在县前大江中，矫如游龙，夏秋水涨则没，春冬水落则露。"

明末《蜀中名胜记·夔州府·云阳县》："江中又有龙脊滩，形如游龙。"

龙脊滩位于张飞庙下侧，是张飞庙所在飞凤山北麓伸入长江后卷起的一段沙岩石梁，上起张飞庙下"铜锣渡"，下至"三旋沱"上口，全长1里余。丰水时期潜没在江水中，每逢冬春枯水季节就会露出水面展显其真容。一般年份时，该石滩的中部都潜没于江心，形成东西两岛，大旱年水位十分低下时，两岛则连接成一片，宛如一条巨龙潜浮在江中，故又名"龙潜石"，俗称"龙脊石"。

龙脊滩石在江中砥柱中流，洪涛奔腾于西侧，浪花飞溅于西首。夹岸青山苍翠，云安城楼古刹常在云雾缭绕之中，景色非常奇特。近观它，只见石龙之头西望高抬，迎着滚滚流来的江水，江水撞在龙头下面岩石上，发出阵阵吼声。长长略呈黑色的石龙身与尾伸展，微向南摆，好似刚从它地漫游到此。

龙脊滩自古以来是夔州的名胜，是云安县的一大游览胜地。《方舆胜览》引"旧志，每岁人日，邑人游于上，以鸡子卜岁丰欠。"《云阳县志》云："古俗以每春上巳日（即正月初七）邦君士女挈舟往游"，万千游人到此赏景，或宴游赋诗，搭台唱戏，设座说书，男女对歌定情，唱竹枝以助兴。如此代代相传，历久不废。唐代后，达官贵人或文人学士喜欢在滩石上题刻。众多题刻内容丰富，从中可窥见当地风土人情和社会风貌。

南宋建炎元年（1127）夏秋，天旱严重，长江水枯厉害，龙脊石从张飞庙下段到三旋沱段全部显露出了水面，石滩上的石刻都可见到，吸引了不少人前去观览。到次年正月年节时期，人来人往游人不断。

冯时行等云安官吏陪夔帅张上行拜谒张飞庙后也乘兴去龙脊滩。一路上冯时行谈唱招呼百姓，与民同乐。夔帅向冯时行提问："龙脊滩有否掌故传闻？"

曾到此游览过的冯时行认识附近的船家，叫来一位老渔翁给一行官吏讲述附丽在石龙身上的神奇动人传说：

相传龙脊滩是龙的化身，在古老传说中它是一条由洞庭湖游入长江的老龙。它来到巴国地后任性地撒野，四处兴风作浪。玉帝就派大禹下到凡间斩龙劈蛟治水。治水中，大禹亲见老龙残害生灵，不禁怒火中烧，手挥金斧砍中龙颈，老龙仍作垂死挣扎，搅动龙尾，浊浪翻飞，天昏地暗。大禹见状，又摸出一根闪发金光的神针，扔向老龙长身。只见狂风刮起，电闪雷鸣，不一会风停雷止，乌云逐渐散开，巨龙的龙脊已经被神针钉住，老龙的残尸渐渐化为巨石潜留于江中。

众人笑说有趣。冯时行道："老伯所谈禹王斩龙的掌故实与巫山城错开峡的传说相似，那里还遗留有'龙斩台'景观。禹王治水力斩孽龙足证其颇有神力，是谓'神禹'。此时，也表明治水并非易事，不难想见当时之坎坷曲折与艰辛奋战。"

在龙脊石中段，有一个洗脸盆口大内装清水的圆洞，一群百姓正围着高声叫嚷轮流往洞中丢铜钱。一名秀才模样的书生认识冯时行，招呼道："冯公县尉，请来龙脐眼扔吉祥钱哟。"母丘知县是第一次游此碛石，就向冯时行请教："当可老弟，秀才所云龙脐眼为何物事？"冯时行答："云安人以此石洞为老龙之肚脐眼，更有此洞是禹王神针订孽龙所留下的针孔之传说。民俗以向洞中投铜铁钱，听声响长短而卜吉瑞，认为声响时长为最吉利。"

母丘知县叫随行衙役拿来六七枚大小钱币，请夔帅等人轮流向石洞中丢投。说来也神奇，每当向洞内扔进一枚铜或铁钱，都会听到叮当响声。当冯时行最后拿起一枚较大的北宋徽宗御写瘦金书"崇宁通宝"钱投进洞后，叮叮当当的声音立刻从洞下传出，较长时间仍响不断。张上行非常高兴，连声称道："不同凡响，不同凡响！"围观百姓喜悦，秀才向冯时行施礼云："冯公不愧为状元，连投钱响声也与众不同，是为大吉兆也！"冯时行还礼后，众人又向前行。

一块大石滩上，三五名艺人正在敲击小鼓，表演杂耍，高歌云安竹枝词，不时传来阵阵欢叫声和鼓掌声。

众人在石上巫人鸡卜祈年处止步，但见上百人正排队环围男女巫人求卜。冯时行见众官员对此充满兴趣却又有疑惑不解，就主动译释：

鸡卜祈年是云安历史悠久的习俗，此古俗源自巴国时期，诸多典籍有载，如北齐博陵曲阳人杜台卿著《玉烛宝典》称"蜀中乡市，士女以人日击小鼓，唱竹枝，作鸡子卜。"南北朝时梁宗懍撰《荆楚岁时记》也有涉及巴地用鸡进行占卜的记叙，说正月鬼畏之，故作鸡卜。云安鸡卜祈年以大巫师鸡卜占云吉，小巫竹枝歌舞行乐。鸡卜种类甚多，若鸡骨卜、鸡蛋卜、鸡眼卜、鸡翅卜等等。俗信尤以在龙脊鸡子一枚卜一兆，可为得喜庆与团圆之卦。

冯时行引大家参观几块刻有相关内容的石刻，其中一石上刻着宣和年间云安官吏陈似撰写的《龙脊》诗："拂石四题鸡子卜，横舟三听竹枝音。时和挝鼓同民乐，快喜春阳逐众阴。"

观看了北宋元祐至南宋初年的10多幅题刻后已是半下午了，夔帅张上行见时候已经不早，提议由冯时行书写本日游龙脊之事记此盛事。

母丘知县叫衙役拿出笔墨纸张，前后打量挑选了一处略呈倾斜的平石，将四川宣纸铺在石上，众人按住四角，由冯时行立即书写刻石。冯时行此时思绪万千，略加考虑，写了《龙脊石题名》：

建炎戊申正月上巳日，判官李造道、司户赵执权、知县母丘元望、县尉冯当可陪郡侯谒武烈公神祠，遂泛江而下，散布此碛。时天宇清明，江国熙然，尝试与诸公拂白石以危坐，嗽清流而长歌，则兴味与簿书间若何！诸公咸一叹。冯当可题。

镌字石作陈寅刻。

（据重庆博物馆藏冯时行手书石刻拓片、《全宋文》卷4268引台湾新文丰出版公司石刻史料新编本载文）

《龙脊石题名》刻于江中石后，稍后冯时行在该文基础上增加一些文字又写了记游龙脊的《龙脊滩留题》文，以后被收录入多种史籍。全文为：

建炎戊申正月上巳日，判官李造道、司户赵执权、知县母丘元望、县尉冯当可陪郡侯谒武烈公祠，遂泛江而下，散布此碛。老杜诗云：'元日至人日，未有不阴时。'议者谓天宝之季，此诗尽之。今日天宇清明，江国熙然，太平之期，指日可俟，又获与诸公游所谓人日也，喜逾倍之。冯当可书。

（明《全蜀艺文志》卷64、《蜀藻幽胜录》卷4、《蜀中名胜记》卷23、清乾隆、嘉庆、同治《璧山县志》等）

文中"上巳日"即人日。人日是农历正月初七日，该日是汉族古老的节日。传说女娲初创世在造出了鸡、狗、猪、羊、牛、马等六种动物后，于第七日造出了人，所以这一天成了人类的生日。汉朝开始有人日节俗，魏晋后尤为重视。其说可溯于晋。《北史·魏收传》载：魏帝宴百僚，问何故名"人日"。魏收对曰："晋议郎董勋《答问礼俗》云：'正月一日为鸡，二日为狗，三日为猪，四日为羊，五日为牛，六日为马，七日为人。'"传统习俗认为这天若天气晴朗则好，主一年人口平安，出入顺利，吉祥安泰；如该天天气寒冷阴沉，则是灾病衰败之征兆。

建炎二年"人日"天清气朗，冯时行见到如此美好的景色，联想到自己所崇敬的爱国诗人杜甫与高适人日唱酬之事。在唐代天宝年间，杜甫、李白和高适、李邕相继结伴交游于宋梁齐（今商丘、开封、济南），自此杜甫与高适结下真挚的友谊。

当安史战乱起，杜甫避难寓成都后，生活上受到时任蜀州（今四川崇州）刺史的高适周济照顾。唐肃宗上元二年（761）人日时，高适思念杜甫写作了《人日寄杜二拾遗》诗赠之，诗前面句说"人日题诗寄草堂，遥怜故人思故乡。"以后杜甫经云安出蜀，孤舟漂泊于湘江，白头老病，于大历五年（770）正月翻检旧籍，见书佚中有昔日高适作人日赠诗，睹物思人，老病怀旧，不禁百感交集。他悲痛高适已逝，老泪滴洒行间，遂抱病写下《追酬故高蜀州人日见寄并序》诗悼亡友，寄托哀思，可谓一字一泪。高适、杜甫人日唱酬时隔十年，而两首诗如出同时，充满了无间的深挚友情，十分感人，长时期被文人雅士们称赏。高杜二人人日唱酬之事成了文坛美谈。

冯时行还想到，在"靖康之变"中唯一脱险的康王赵构即帝位建立南宋后，一度曾欲励精图治。建炎元年（1127）十月还下诏求访"忠信宏博，可使绝域及智谋勇毅能将万众者"用，允许毛遂自荐其才。又重用了抗战派李纲为宰相，宗泽为统兵大将。建炎元年两河民众抗金斗争风起云涌，宗泽等在开封整顿靖康之变被毁废的城防设施，沿黄河立军寨，规划光复失土大计。岳飞此时也在与金兵对垒中出露头角。好的消息不断传到巴蜀，也传到云安小城中，此时与一年前北宋亡国时的景况是鲜明对照。

冯时行为南宋朝廷的新举措感到高兴，将杜甫在天宝末年战乱间的凄凉感慨与建炎中兴的现况对比，认为"今日天宇清明"。他希望朝廷照此发展下去，国家将会太平有望。从此文可见冯时行的忧国忧民之心。

《龙脊滩留题》还是一篇优美的记游文，叙事、议论、描写、抒情融于短文中，简洁凝练。

第四章　转任夔州奉节县尉

第一节　出戍夔关忧家国

南宋建炎二年（1128 金天会六年）四月，金国军南侵受到宗泽等爱国将领率军誓死抵抗而北退。到当年七月，宗泽因受奸臣排挤忧愤而死。金太宗吴乞买闻讯决计再次南下，调集陕西等地金军分数路进攻江淮，欲消灭赵构南迁到扬州刚刚草创建立的南宋，待消灭赵构政权后再扶立一个由自己掌控如张邦昌"大楚"似的傀儡政权。

此时期，宋室南迁，长江以南持续动荡，各地爆发了官军兵变、溃兵作乱。河北真定府马军张遇聚众起事，率兵四处抢掠，攻陷数州，最后才被宋廷招降。参加北宋末期宋江造反的史斌招安后复反，于建炎二年（1128）七月攻占陕西兴州（今略阳），建号称帝，不久入据长安（今西安），寻被宋军袭击俘杀。福建建州（今建瓯）叶浓等发动军卒数千人兵变，攻陷多城，年底受招安被诛杀。

而此时的川蜀地区北接陕西是宋金对峙的前沿地带，是南宋欲兴复中原的上游基地和保护东南地区安全的屏障，是极为敏感举足轻重的战略要地。川蜀未遭金敌涂炭前，各路蜀府、州、军、县多富饶且相对安宁。自北宋末期战乱以后，不少溃将败卒流窜为盗，几欲进入蜀境袭扰虏掠。为了避免蜀地战乱百姓遭涂炭，南宋朝廷在建炎二年（1128）正月曾发《禁诸将引溃兵入蜀诏》，（南宋李心传《建炎以来系年要录》卷12 建炎二年正月乙酉条）令未经朝廷批准，各部将兵不得自行入蜀。

在川蜀东面的荆襄两湖地区，因金兵连年入侵破坏，导致赤地千里，乱兵叛将时起时伏，百姓生活极为困苦，甚"至是以人为食"之事时有发生。

冯时行任职的夔州地邻荆襄，自古以来为军事重镇，宋代时是重要的军事防务地区。夔州位处长江三峡东部边缘，长江穿流州境，是川蜀至荆襄、吴越的必经水道，为"西南四道之咽喉，吴、楚万里之襟带也。"（清初顾炎武《读史方舆纪要》卷69 四川4）夔州山峻水险，"凭高据深，贯水路之津要，"为"山峡雄镇，江关要卫。"（《全唐文》卷544 李贻孙撰《夔州都督府记》）古代凡扼守住夔州便可控制蜀中与荆楚、吴越地区的往来，进可顺江而下攻占长江中下游地；退则可守住"天府之国"富饶的巴蜀之区。

南宋建立后，一如历代王朝一样重视对夔州的管治经营。建炎初，换派蜀中颇有军政才干的张上行知夔州，目的是要他在国难时期南宋初立时承担起防守夔州要地的重任，禁止敌对力量入蜀以确保南宋上游基地川蜀的安定。

张上行自在云安县与县尉冯时行接触后，认为他是有真才实学的干吏，就立即上书蜀中大吏以夔州军事防务需要为由，将其调到近距夔州治署（时州署设在白帝城）的奉节县任县尉，如此可以常见面听其见解。

建炎二年（1128），冯时行从云安县调到奉节，立即参加了巡查本州边地军防事务，他写作有《自云安尉出戍至夔州》诗：

戍鼓黄云外，征夫白帝东。风林行啸虎，雨夜飒哀鸿。路入山光静，村含晚色空。岚烟欺眼力，不见鹿皮翁。

（《缙云文集》卷2）

该诗题中"自"字，《缙云文集》误刻为"白"字，今据2003年云阳县政协、云阳县志办编《历代名人云阳留题诗选》第118页载《自云安尉出戍至夔州》诗更正用"自"。

建炎二年（1128）深秋，冯时行军巡到夔州巫山县东面的得胜寨，听说巫山秋季的糯米甜酒"白醪"很好，软美甘甜如饴，就派人去购买，写了《就得胜寨遣人入巫山买酒》：

闻道巫山县，秋深好白醪。形神须此物，觞咏本吾曹。马杓胜鹦鹉，羊羹当蟹螯。暮寒催渴肺，径欲卖青袍。

（《缙云文集》卷2）

冯时行又写了《苦雨》诗：

噎鸠唤雨恼秋魂，唾手笺天恨少文。卷去行云宜有主，放行飞海恐成群。濛濛遮眼寻山远，点点送愁缘竹闻。神女工夫遽如许，可能匝地洗妖氛。

（《缙云文集》卷2）

巡边回奉节后，冯时行在寒冬梅开时节去了瀼东。该地有稻田百余顷，系白帝公孙述时开垦，唐代杜甫从云安到奉节后曾寓居于此。冯时行作有《出郊题瀼东人家屋壁二绝》：

入座山如屏障，卷帘风满衣襟。正是梅花时候，怡融恰似春深。

风引晴云度去，腊催残叶飞来。短景余寒几日？安排都放花开。

（明代《全蜀艺文志》卷9）

闲空时，冯时行还观览了白帝城、制胜楼、白云楼等胜迹。他喜欢在戍铃司江月亭与同僚饮酒品茶吟诗作画，历10余年后还应朋友要求写了《江月亭》诗。

故乡友人给冯时行寄诗唱酬，他回寄了《和蔡伯世韵二首》说：

钜璞希音未易知，芒鞋竹杖只相宜。还收北伐六奇计，归作东游五胜诗。千里云山通梦想，十年笑语隔心期。拟凭浩荡长江水，日落烟寒寄所思。

中郎风调世间无，敢谓明时德不孤。扫地焚香诗得计，曲肱饮水道如愚。寄书只说游山好，临老都缘学佛癯。白帝一来真浪漫，时人无用便题舆。

（《缙云文集》卷3）

蔡伯世，名不祥。恭州璧山县依来里大霖山（今八塘镇青云村）人。据南宋宝祐四年（1256）与文天祥同科的进士、璧山来凤中兴场人高若霖撰《邓坤异言吉地科第》（载清乾隆《重修邓氏族谱》）叙蔡兴宗与族兄弟蔡云叟、同县李攸于北宋徽宗政和二年（1112）同年中进士。

建炎三年（1129）是冯时行进士及第后出任夔州云安、奉节两县县尉的第五年。该年冬至官府放假，他思绪万千，忧国思家，写了《至日三首》，用以表达自己的家国情感。诗云：

太史书云日，周家纪历年。一樽供笑里，五载客江边。城暗催春雨，山连作雪天。功名惊过隙，节物自推迁。

至日寒无赖，今朝愁奈何。两宫黄屋远，二老白头多。圣主今尝胆，皇天忍荐瘥。乾坤为回首，慷慨一悲歌。

令节仍长至，公家放小休。愁城开六府，醉眼见千忧。梅萼含春小，云容带雨收。曦娥自来往，生理百年浮。

（《缙云文集》卷2）

冬至节假日中，冯时行忧思醉酒，想到"靖康国难"，北宋徽宗赵佶、钦宗赵桓被金人强行掳往金国北地，"两宫黄屋远"不知何时能返中原故京？庆幸的是皇室幸存者康王赵构登基兴立南宋，正受累如春秋越王勾践一样忍辱尝胆。他希望南宋强盛起来打败金敌，扭转江山，如此可堪回首。同时怀念在璧山城居的白头父母，几年来无法在二老身边陪伴，为了国家和百姓，他只能将忧愁放在心里。

建炎四年（1130）中秋节，冯时行在奉节县与同僚赏月作诗。中秋，西汉时已有雏形，时在立秋日。从晋代至隋唐，则有了饮酒对月、泛舟赏月、登台观月等习俗风尚。到北宋太宗时，正式定立八月十五日为中秋节，产生了祭月、拜月、赏月、吃月饼等风俗。"中秋夜，贵家结饰台榭，民间争占酒楼玩月。"（南宋《东京梦华录》卷8 中秋）"男则愿早步蟾宫，高攀仙桂……女则愿貌似嫦娥，圆如皓月。"（南宋《醉翁谈录》卷4《八月中秋拜月》）冯时行分韵写了《建炎庚戌中秋夜与同官相期于月下，既为具，顽云障空，不可人意，作诗以纪之，得赏见二字》诗：

散怀谁与俦？风月兹吾赏。好景会人心，宿约每不爽。蓐收溅明河，玉露洗穹壤。肃肃夜气寂，皎皎素沉漭。飞出未半弓，已照天地广。兹夕岂易得？久矣俟清赏。云师谁尔忤？屏翳蔽虚敞。万事不可必，变化如反掌。太清一滓秽，幽娥动悬想。谁为披层霄？快哉心技痒。闻君洗瓦盏，倒槛有余颡。何当数列炬，酣歌散清响。有月固来游，无月须一往。

玉皇敕诸天，兹夕尽群见。驱云收月光，反照玉京宴。老龙翻海窟，杳霭郁万变。天公有严令，遗隙无一线。萧萧寒桂影，可想不可见。生平谢惠连，与月有深眷。对影无清晖，把盏不下嚥。亦闻顾兔药，天成非九转。可使骑清风，飞入广寒殿。安得一刀圭，扶我超宇县。稽首分帝觞，饱以琼麋荐。回首邻清娥，相将以游衍。人间滴与沥，役役自卑贱。

（《缙云文集》卷1）

建炎年间，冯时行又写了一首忧国希望国家中兴的《南至即事》诗：

爱惜清秋预恐贫，岂堪时序过来频？待梅沽酒无多日，隔腊看春只并邻。俗薄连墙成异县，时难佳节是萧辰。望云还卜中兴日，溅泪乾坤一小臣。

（《缙云文集》卷2）

冯时行把自己的命运与国家的命运重合联在一起，在冬至节序轮替时不堪时序飞过，宋朝国运日颓。他遗憾自己官小位卑，深切地希望国家能早日得以中兴。

第二节　敬诸葛踏八阵碛

冯时行调奉节后，到刘备当年托孤的永安宫进行了祭览。永安宫宫址实在奉节县城内，非明代人修建和《三国演义》书说的白帝城永安宫。昔之永安宫位于原奉节师范学校，三峡工程蓄水后随县城没于水底。永安宫是三国蜀汉章武二年（222）刘备为关羽报仇伐吴，在猇亭兵败后退到奉节在城内设的行宫。北魏郦道元《水经注·江水一》记："（长）江水又东迳南乡峡，东迳永安宫南，刘备终于此，诸葛亮受遗处也。"唐代杜甫《咏怀古迹》之四说："蜀主窥吴幸三峡，崩年亦在永安宫。"清光绪《奉节县志》载："永安宫，先主征吴，为陆逊所败。还白帝，改鱼复县为永安县，宫名永安宫，居之，明年崩。今改为明伦堂。"

奉节城永安宫数经培修，到北宋苏东坡游时宫已圮。东坡曾写《永安宫》诗感叹："千古陵谷变，故宫安得在。徘徊问耆老，惟有永安门。"

冯时行站在永安宫残址古黄桷树下，脑海中浮现出《三国志·

蜀志·诸葛亮传》中记文："章武三年（223）春，先主于永安病笃，召亮于成都，属以后事，谓亮曰：'君才十倍曹丕，必能安国，终定大事。若嗣子可辅，辅之；如其不才，君可自取。'亮涕泣曰：'臣敢竭股肱之力，效忠贞之节，继之以死！'先主又为诏敕后主曰：'汝与丞相从事，事之如父。'"

在古代，帝王多是把国家皇权作为私产，是绝不允许外人享有和继承的。西汉刘邦死前就诏告：如果今后不是刘氏当皇帝，天下共诛之。但刘备从国家和百姓的利益出发，托孤给诸葛丞相，充分信任他。诸葛亮也竭尽全力为国辅佐后主刘禅，鞠躬尽瘁，死而后已。冯时行敬重刘备敬仰诸葛亮他为明君忠臣的高风亮节而动容，为永安宫托孤这段千秋佳话感叹不已！他情不自禁地吟起杜甫崇敬和哀惋武侯诸葛的诗句："出师未捷身先死，长使英雄泪满襟。"

奉节县卧龙山诸葛武侯祠是冯时行平生崇敬的祠堂。在县尉公务稍闲之日，他邀约同僚鲜于晋伯同去拜谒。武侯祠旧在奉节县城东郊卧龙山上，山一名西山，即今之关庙沱所在之山。南宋乾道三年（1167），夔州知州王十朋迁建于奉节城外近八阵碛处。卧龙山以祠而得名，早在"晋永平（291）中，卧龙始以山名。"（光绪《奉节县志》艺文载南宋张震撰《忠武侯祠记》）南宋林栗说"诸葛武侯祠，旧在西山，岁久摧圮，永嘉王澹事（十朋）帅夔日移置阵碛。"（明《蜀中名胜记》卷21夔州府一）南宋《方舆胜览》卷57夔州记："卧龙山，在奉节县，有诸葛武侯祠及寺观。有泉，极清冷。"明正德《夔州府志》卷3山川："卧龙山，在府城东北五里，上有诸葛亮祠，因名。山顶有泉。"

古代诸葛武侯祠所在的卧龙山风景幽美，唐杜甫、宋代丁谓、曾慥、黄廷坚、王十朋、查元章等名士曾游于此。冯时行等人沿曲径攀上卧龙山，但见满山古木参天，松风萧爽，山谷白云流泉，洞岩多幽兰，道旁尽异花，微风透香，所至芬郁。

武侯祠修建在近山顶的幽林中，大殿正中塑诸葛亮坐像，两侧站护卫诸将。面对武侯肃然清正的遗像，冯时行内心充满了崇敬，诸葛亮的思想、品德、意志、作风和智慧，都堪称国人的典范，是自己的榜样。他带头祈拜上香，决心向武侯那样一心为国，忠贞不渝；不求荣利，忠诚坦荡；不为私利，清正廉洁。

谒祠后，应长老忍禅师之请，冯时行为武侯祠题写了楹联，并作了诗给寺刊刻于石。八年后，他仍不忘此行，曾深情回忆说："林泉有夙志""卧龙胜兰若""曩游惬平生""濡毫记前楹"。（《缙云文集》卷1《和鲜于晋伯游卧龙》）

史载诸葛亮在奉节还有不少遗爱，最著名的是八阵图。

奉节八阵图有两处，分为水八阵与旱八阵。

水八阵位于奉节县城东一公里白帝城西五公里处，临长江左岸第一级阶地上，即奉节城下，梅溪河与长江汇合处的鱼复浦沙碛。是一块东西长2500米，南北宽800米的碛石沙滩。该滩夏季淹没于水中，冬季则露出水面，现已沉于江底不可复见。长江从西往东流经奉节城东向南转为弧形大弯，致使碛坝呈现两头尖、中部圆、北高南低形状，远视尤如鱼腹。自古以来，碛上产盐，为煮盐之地，至宋代时乃旧。冯时行览水八阵曾作文记："夔子之东不一里，江之北岸沙石中，有咸泉可以为盐。深冬，大江水落石出，月明霜清，人见此泉如白练，自江南横截大江而北，此耳目之所见者。"（《缙云文集》卷4《济水入于河》）古代煮盐的盐灶呈石堆状，分布碛上形成石阵样，相传是诸葛亮遗留的八阵。

诸葛亮在建安十八年（213）与赵云、张飞率军入蜀，过鱼复时在碛上操演阵法，利用碛上石堆乱石布成天、地、风、云、龙、虎、鸟、蛇八阵。大阵包小阵，八八六十四阵，取八卦之意，为方阵法。在《诸葛亮集》中，载有武侯自叙："八阵既成，自今行师，庶不复败矣。"《三国志·诸葛亮传》提到"亮性长于巧思，损益连弩……推演兵法，作八阵图，咸得其要云"。

《晋书·桓温传》记："诸葛亮造八阵图于鱼复平沙之上，垒石为行，行相去二丈。桓温见之，谓此常山蛇势也。文武皆莫能识之。"稍后的《荆州图副》说："永安宫南一里，渚下平碛上，周回四百一十八丈，中有诸葛孔明八阵图。聚细石为之，各高五尺，广十围，历然棋布，纵横相当。中间相去九尺，正中间南北巷，悉广五尺，凡六十四聚。或为人散乱，及为夏水所没，冬水退，复依然如故。八阵图下东西三里，有一碛，东西一百步，西北广四十步。碛上有盐泉井五口，以木为桶，昔常取盐，即时沙壅，冬出夏没。"

北魏郦道元《水经注》卷33《江水》篇记："江水又东迳诸葛亮图垒南。石碛平旷，望兼川陆，有亮所造八阵图，东跨故垒，皆垒细石为之。自垒西去，聚石八行，行间相去两丈。因曰：'八阵既成，自今行师，庶不覆败。'皆图兵势行藏之权，自后深识之，所不能了。今夏水漂荡，岁月消损，高处可二三尺，下处磨灭殆尽。"

唐人韦绚著《刘宾客嘉话录》记："王武子曾在夔州之西市，俯临江岸沙石，下看诸葛亮八阵图。箕张翼舒，鹅形鹳势，聚石分布，宛然尚存。峡水大时，三蜀雪消之际，滪涌晃漾，可胜道哉。大树十围，枯槎百丈，破砲巨石，随波塞川而下，水与岸齐。雷奔山裂。则聚石为堆者，断可知也。及乎水落川平，万物皆失故态，惟诸葛阵图小石之堆，标聚行列，依然如是者，仅已六七百年，年年淘洒推击，迄今不动。刘禹锡曰：'是诸葛公诚明，一心为先主效死。况此法出《六韬》，是太公上智之材所构，自有此法，惟孔明行之，所以神明保持，一定而不可改也。'"

历代名流咏八阵图者颇多，桓温伐蜀过此作《观八阵图》、杜甫写《八阵图》、刘禹锡守夔州作《观八阵图》。《苏轼诗集》载东坡过奉节撰《八阵碛》云："平沙何茫茫，仿佛见石蕴。纵横满江上，岁岁沙水齧……惟余八阵图，千古壮夔峡。"《栾城集》载苏辙写《八阵碛》："涨江吹八阵，江落阵如故……乘高望遗迹，磊磊六四数。遥指如布棋，就视不知处……茫茫平沙中，积石排队伍。"

奉节县旱八阵即瞿塘八阵，位于今白帝城沿草堂河北行约十五里的支流石马河河谷，东距奉节草堂两公里，地属今八阵村。旱八阵处犬牙交错，沟壑纵横，古代是鄂地入蜀旱路的必经之地，其地形隐秘可伏千军万马，相传是诸葛入川指挥布阵的地方。

诸葛亮卒后被后人视为智慧的化身，被朝廷视为人之楷模。奉节八阵碛也因诸葛而声名远扬。特别是水八阵逐渐成为了奉节人游览和祭祀的圣地，形成了每年在正月初七"人日"这天进行"人日踏碛"的民俗活动。南宋人撰《锦绣万花谷续集》卷 12 载:"踏迹,夔人重诸葛武侯,以人日倾城出游八阵碛上,谓之踏迹。妇人拾小石之可穿者,贯以防索,系于钗头以为一岁之祥。府帅宴于碛上。"唐代以来,每年人日时,百姓扶老携幼,在水八阵上聚会,烧香秉烛,祈求良愿,饮酒赋诗,击鼓舞剑,竹枝唱和,尽情凭吊诸葛武侯。

冯时行在奉节尉任中多次肃立古城头,漫步于古城下,徜徉在石马河下,人日与州守踏碛水八阵。他怀着十分虔诚与崇敬的心情凭吊诸葛武侯。在南北宋之交时,是汉民族充满危机和灾难深重的一个历史时期。诸葛亮"兴复汉室,还于旧都"的口号和他进行北伐而殉身于前线的斗争精神,是冯时行崇尚的时代精神,具有极大的感召力。冯时行希望诸葛北伐精神不灭,功业千秋,所以他常到诸葛遗迹处抚今思昔,为具有远大抱负以天下为己任的诸葛武侯北伐未成而感慨万分。

第三节 助帅平乱安巴蜀

南宋建炎年间,金军铁蹄踏宋,分数路入侵。

金统治者预谋:西北的金军攻宋打过秦岭,夺取陕西汉中后取四川,切断当时驻江淮、扬州的南宋朝廷以四川、云贵为支柱的经济来源,将南宋陷于财政竭蹶的困境,再由长江出夔州顺流而下占江淮与江南,如此比由江淮、中原进兵事半功倍,容易得手。所以金军用重兵攻打关中以畅通入蜀道路,但遭到了南宋川陕宣抚使张浚、将军吴阶等率兵抵御死守。

此段时间,岳飞等将领在中原战场,韩世忠等将军在江淮战场与侵宋金军展开了殊死血战。

建炎三年(1129)正月,入侵江淮的金军疾速南下,铁蹄直奔南宋朝廷驻地扬州。重用奸臣黄潜善、汪伯彦为左右丞相的宋高宗赵构对金军大举入侵并无防备,在大敌面前也无斗志,慌慌张张地与二三名大臣逃跑渡过长江又逃到镇江。扬州城很快陷落被焚,百姓饱受涂炭,全城"存者才数千人而已"。(李钟琴《细说宋高宗》

84 页）紧接着，赵构又往南逃往临安（杭州）。在南逃途中，赵构派臣前往扬州向金人求和，意图讨好金人使金军停止进攻，但未取得成效。

赵构在临安立足未稳，又起了内乱发生了兵变，叛将苗傅、刘正彦在建炎三年三月中逼迫高宗退位，另立三岁儿皇帝。当南宋朝廷到了覆亡边缘之时，最年轻的大臣张浚、老臣吕颐浩约了大将韩世忠、张俊等密议后，起兵一举平定了苗、刘叛乱，挽救了南宋，扶持赵构在当年四月重新登上帝位。

经历了外患内乱两场大劫难的赵构被吓破了胆，他痛定思痛开始两手准备，在着意巩固边防"防秋"（金人畏暑喜寒，喜秋季用兵春天北归避暑）御敌的同时，又派洪皓出使金国送信。高宗赵构在给金军副元帅粘没喝（完颜宗翰、又名粘罕）的信中十分谦卑，不敢称"大宋皇帝"而是自称"康王"。他自去帝号表示愿用金国的年号纪年，甘心做金国的藩臣。《续资治通鉴》卷第 105 记载赵构给金元帅的信说："宋康王构谨致书元帅阁下：愿用正朔，比于藩臣。"这实际上是在向粘没喝乞降。紧接着，赵构又派人给粘没喝送去向金国乞降书，说"愿削去旧号（帝号），是天地之间，皆大金之国而尊无二。"（《建炎以来系年要录》卷 26）

赵构向金人屈膝求降，只欲求苟安南宋半壁江山，故以后冯时行等朝野人士反复要求北伐抗金收复失地时他多不予理睬。赵构被后世评为"反颜事仇，真中华万世之罪人也"！（清洪亮吉、纪昀等著《历朝史案》）清袁枚评价赵构是"赵家天子可怜虫"。

金国太宗不理睬赵构向金乞求，在建炎三年（1129）九月命金太祖第四子完颜兀术为统帅，大起燕、云、河朔等地金军，发动了第三次大规模的侵攻南宋。兀术统 10 余万主力军自采石渡江攻建康、临安（杭州），追袭赵构，又分西、东两路军进攻陕西、江淮，用以牵制宋军。到本年十二月中旬，兀术率军攻陷临安，赵构匆匆地渡海逃避。

建炎四年（1130）二月，天气将暖，兀术军纵火焚烧临安城后北退。

三月初，兀术军到镇江，在焦山遭到韩世忠军的伏击，又在黄天荡被宋军围困。最终兀术在汉奸帮助下才死里逃生。五月中，岳飞在建康一带大败金军，收复了该城，自此受到高宗关注，任命他为独当一面的大将。

九月中，金人见一时难以消灭南宋，决定册立投降金国的原宋济南知府刘豫为皇帝，国号"大齐"，定都大名府。金人立大齐国，一是代金统治北宋故地，二是令傀儡皇帝定时定量向金国输送金帛，免去征收之劳，三是利用大齐作为与南宋对阵的缓冲地带，以宋人打宋人，坐收渔利。

在前述复杂的局势下，不少宋军叛将与盗匪也据地自立山头，或为虎作伥，四处烧杀抢掠残害百姓。七月中，由赵构在靖康之难后开大元帅府时组成的前、后、左、中、右五军中的后军将领王辟组织叛乱，攻占了紧邻夔州的湖北归州等地，接着犯蜀欲蹂躏四川。

王辟叛乱占据南宋川蜀连接江淮地域的重要通道，一时产生了巨大的影响，不少史籍对此事都进行了记载。

《宋史·高宗纪三》记：建炎四年（1130）"秋七月癸卯……后军将王辟叛，陷归州"。《建炎以来系年要录》卷35建炎四年七月条载："后军将王辟复叛去，至是陷兴山县，遂破归州。"《宋史·勾涛传》云："湖湘贼王辟破秭归……将犯夔门。夔兵单弱……"冯时行的好友于观记："王辟寇归州，图入蜀，哨聚者众。"（明嘉靖《思南府志》卷1载《田祐恭墓志》）。

时任夔州知州的张上行悉知王辟叛兵将进入夔门乱蜀，立即召集州属官吏和驻州县武官开会，研究如何阻击叛兵。有州吏建言：叛兵人多势重，本州镇守兵丁不足，应要求四川制置司调派正规军队增援。有武官说：应将护守恭州等地的机动屯驻兵力调至夔门守防。张上行考虑认为不妥，因为此时知枢密院事、宣抚处置使张浚正组织集结川陕宋军与金军大会战，川陕已成为宋金战争的主要战场，根本抽不出正规主力军队来平息叛兵作乱。

张上行问冯时行："县尉老弟，您有什么好主意？"

冯时行献策说：下官认为，目前在驻防禁军、厢军少的情况下可重用三峡乡兵。

禁军、厢军是北宋以来派驻三峡军事重镇的精锐宋军，但到北宋末期时已变成为缺额多、老疾病者居其半的杂役军。

三峡乡军有土丁、壮丁、土豪、义兵、民兵、把截将等名目，州县名数不等，如冯时行前任职的云安县多时有义兵 500 人。（南宋《建炎以来朝野杂记》甲集卷 18《夔路义军》）乡兵由州县官管理，平常三时务农一时练武。乡兵主要职责是配合正规军守地方保一方安宁，是正规军的辅助力量，在当地"分隶边砦，习山川道路，遇蛮入寇，遣使袭讨，官军但据险策应之。"（《宋史·兵制 6》）三峡乡兵因系守土保乡而建，邦里意识浓烈，故而战斗力较强。元代初马端林《文献通考》卷 156《兵考 8》记夔州义军说："夔环万山，民勇过于正军。"

冯时行建议：将夔州附近的乡兵聚集使用，合成一支力量大的队伍，用他们一定能守住"一夫当关，万夫莫开"的夔门天险，叛军乱臣想入蜀是难上加难。

冯时行还谋划在用乡兵守隘的同时，请调用相邻思州由田祐恭统帅的少数民族土军充当先锋，奇袭叛将乱兵。但不少官员对思州土军怀疑，认为"此辈本是化外蛮夷"无军纪，见利动心，"所过畜牧室庐为之一空……又器械烂恶，衣服褴褛，无长矛大戟坚甲利兵……所习特蛮牌偏刀、手弩药箭而已……至御大敌直儿戏耳。"（明代傅振高《蜀藻幽胜录》卷 1 载南宋杜柬之《上夔漕费达可论调田军书》）

针对不同意见，冯时行解释说：思州土兵首领田祐恭乃先帝重用之人，其部器械虽不精良，但特别能征战，徽宗政和二年（1112）奉命征讨黄杨洞首冉万花四族侵犯黔州大获全胜；政和五年（1115）率部解梅岭堡之围；继而又讨伐晏州贼；七年（1117）安定播州，所向皆捷。今使田部作前锋，必胜无疑。对于土兵的军纪，可善加约束。冯时行还向张上行推荐同僚奉节县主薄夏正卿，因夏与田祐恭友善，令他到思州商调田氏土兵出征讨贼必定能成。

张上行自任吏以来，在蜀也几次用兵破敌。他细思冯时行之谋策认为可行，立即采纳安排。他派夏主簿速赴思州调田祐恭部精卒千人出夔门奇袭王辟叛兵，同时抽调了一部分军马作后援，又将各县的精壮乡兵调配后分往各入蜀关隘，协助官军防守。

建炎四年（1130）秋八月，冯时行随张上行巡防夔州边隘。田祐恭则率上千勇猛土兵，在长江水涨时乘坐长方形船出夔门，直奔巴东县油口、石门，而后分水陆两路奇袭叛军大营。之后又经近10天的血战，收复了归州各县，并把残敌追逐到房州、竹山老林方罢，大胜还蜀。

明代嘉靖《思南府志》卷1载南宋绍兴间恭州知州、夔州路提刑提举、黔州别驾于观撰《田祐恭墓志》记叙此次征战经过：张上行问田氏如何图贼？田祐恭说"不旬间，当以捷闻。遂伏兵舳舻，冒涨而下。才抵油口，望见贼势甚众，遂命其子汝端率兵遵陆，截其要冲，诱之以战。公乃移舟石门，迎其来道。贼觉，众自溃乱。反复受击，俘馘不可胜数，其后投崖入水又不知几何。追及归州，贼以隔水难济，略不为备。公结筏夜渡，复捣其营。比及贼平，不逾十日，议者以李靖乘水传垒擒萧铣。"

《建炎以来系年要录》卷35载：时叛将"（王）辟不知地利，帅臣直龙图阁张上行檄本路兵马铃辖、中亮大夫、贵州防御史田祐恭率义兵以木弩射之，辟败去。"

明人凌迪知撰《万姓统谱》卷27四载："剧贼王辟破归州，将防瞿塘。蜀帅命（夏）正卿调田氏兵，大败贼众，保安蜀境，玺书嘉劳。"

记叙平王辟兵乱得以保蜀经过较详细的是冯时行撰写的《夏总干墓志》：

恭南夏子明，为太学名诸生。老不售，自少时识思州田祐恭。政和某年，田氏被召，赴京师，谓子明曰："我边臣，今北阙见天子，惧礼文率略，坐不恭，公屈相吾行如何？"子明度田氏意，不可解。免谓曰："吾老，不任行。有子大均，习诗礼，明识时务，年方二十余。俾从公，宜任辅公入觐事。"田氏大喜，以子明之子大均行。至国门，有旨朝大庆殿，拜伏进退不类远人。太上皇异之，问其故。祐恭对曰："臣生边远，不知礼节。臣之客夏大均，书生也，实教以朝觐之礼。"上大悦，厚赐田氏，赐大均保州文学。

大均，字正卿。拜命还，久之，参夔路，选授奉节簿。

建炎初，蜀人张上行率夔门。剧贼王辟、郭守忠破归州，入巫山，将拔瞿塘关，径入蜀。帅命正卿调田氏兵，曰："正卿厚田氏，比至田氏，宜即就道。事急矣，可日夜兼行以济吾事。"正卿发田氏兵，不一月至巫山。摧贼锋，还走保归州。再战，贼大败，收归州，乘胜逐北，至房州竹山。

当是时，峡外大贼以十数，连百余万，荆楚赤地数千里，至是以人为食，莫不妄意蜀郡富饶，人人垂涎，誓突入瞿塘关，快其所欲。自田氏破王辟、郭守忠，夔路军声大振，自是群贼始不敢有意于蜀矣。

（南宋王象之《舆地碑记目》卷4《思州碑记》）

南宋建炎四年（1130）秋，张上行指挥击败叛将溃兵之后，南宋朝廷对有功官兵给予了赏赐。张上行调任兴元知府直龙图阁。《宋会要·选举》34之3记：宣抚使"张浚言上行知夔州二年，当湖南盗贼充斥，能增修关隘，保全一路，为永久之利。"而奉节县尉冯时行也因献战策之功和任职考满于年底升调到万州任南浦县令。

在建炎四年，冯时行在奉节与自己少年游学间拜的易学老师谯定再次相见了。谯定在建炎元年（1127）八月受高宗皇帝召入临安，到建炎三年（1129）因金兵侵入为避乱而归蜀。冯时行见到老师十分高兴，对他问寒问暖，并就易学问题和国家时事相互探讨，从中受到启迪。

第五章　备员万州南浦县令

第一节　发展生产废陋俗

南宋绍兴元年（1131）春，办完升迁手续的冯时行来到万州任南浦县令。他以后在绍兴二十九年（1159）因成都知府王刚中举荐出任蓬州知州时所写《上太守札子》中回忆说："某往者备员万州南浦县令，台座还自东南，天与厚幸，邂逅获识英表，自此夤缘，雅入眷照，殆三十年矣。"（《五百家播芳大全文粹》卷55）从绍兴二十九年前推至绍兴元年为29年，与文中"殆三十年矣"时间相吻合，证明冯时行是绍兴元年赴任南浦的。

宋代设县，分为8等级，即一赤县（京城内）、二畿县（京城外）、三望县（4000户以上）、四紧县（3000户以上）、五上县（2000户以上）、六中县（1000户以上）、七中下县（不足1000户）、八下县（500户以下）。（据《宋史·职官志》、《续通典·职官》）《元丰九域志》卷8夔州路下记：万州南浦县系8等县中的中下县，属第7等，下辖13个乡两个镇。

宋代制度规定，凡是户口多、地理位置重要，地域广的县，多由朝廷直接下派人到地方领县，称名"知县"，（《宋会要》职官48之25）而边远地区的县一般由选人依靠循资依次递升领县，称"县令"。（赵升《朝野类要》卷2称谓）南宋时，除赤、畿县外，其它州的县令为从八品。冯时行此时的实任官职南浦县令也是从八品，他的文散官阶为23阶正八品承事郎。

当时县令的职责范围广泛，集军政、民政、司法、财政管理于一身，具体职能如下：

1、实户口、征赋税；

2、均平差役；

3、兴修水利、劝课农桑；

4、兼领兵政、维护社会治安；

5、扬善惩恶、兴学化民；

6、赈灾济贫；

7、平决狱讼。

　　万州南浦县历史悠久，夏商时期属梁州地，周属巴国。秦始皇统一六国后，在地方推行郡县制，南浦属巴郡朐忍县。东汉建安二十一年（216），刘备分朐忍县置羊渠县，治城设在长滩。蜀汉后主刘禅建兴八年（230），省羊渠县建南浦县，县城由长滩迁至今万州区南岸。宋代时期，南浦县治与万州州治同城。

　　南浦县山丘起伏，少平坝与台地，河流纵横，长江穿过县境，涧溪切割深谷，落差大，高低悬殊。自古栖息在此区域的百姓，喜操舟楫之利，通盐鱼之货。由于县地上束巴蜀，下扼夔巫，水陆要津的地势使之成为兵家必争之要地，并且是川东北、湘鄂西、陕南、黔东北物资集散地，是万商毕汇之城。

　　冯时行到任后，即按朝廷的法令，抚育一方使户口增加；加强全县的赋税增收，使县财政不出现赤字；致力于劝民垦殖农桑，将沃地种上麦、黍、豆，使野无旷土，并大修池塘堤渠利农，民赖其用；南浦山区历有匪盗出没，在颁布捕贼令的同时，采取了严揖捉拿与赏有功者，使盗匪望风出境，社会秩序一时安定；提倡厚风俗，办学教育县中子弟，以道德劝化民众，兼施惩治；对县境因天灾出现的流亡灾民给予大力救助，减灾赈济防止和减少了百姓流离失所；重视平决狱讼，避免冤案错案，监狱几乎一空。

　　冯时行故乡璧山县产盐，《新唐书》曾记载。今璧山区南丁家街道沙堆坝，璧西大兴镇盐井桥、凉伞桥七口锅，璧西北河边镇盐井河，璧北七塘镇上盐店、中盐店、下盐店，璧山城区一天门东山下，均遗有古代钻井产盐遗迹。冯时行耳闻目睹盐业利润丰厚，他到南浦后了解县内长滩等处产盐颇丰，附近县州也有盐井，如"夔州路则夔州有永安监、忠州五井、达州三井、万州五井、黔州四井、开州一井；云安监一井、大宁监一井，所出盐斤各给本路监，则官掌井，则民于煮，如数输课，听往旁井贩卖"以获利。（清《四川通志》）宋代蜀地采盐凿井，在旧式大口浅井基础上增创了"卓筒井"，在"忠（州）、万（州）、戎（宜宾）、泸（州）间夷界，小井尤多"。（北宋文同《丹渊集》卷34）冯时行为发展南浦县经济，尽力支持官民采用新技术建盐井增产，以获得更多赋税。

为了搞好商贸流通，冯时行加强了南浦草市建设。宋时"而拥有草市镇较多的县一般都是分布在沿江地区，如……万州南浦县等。"（张舜《宋代长江三峡地区经济开发的整体研究》）随着草市的发展，南浦聚集了更多的百姓，八方客人、万商贸易，十分热闹。商人将巴盐、丝绸、锦罗、药材、纸墨、奇石、熏香、茶叶等物品运到草市出售。冯时行写有《偶成》诗反映南浦的商贸物产。

越罗与蜀锦，被体何其华？豹胎与猩唇，适口良自佳。佳美未必得，饱暖不可赊。明通纸胜雪，乐昌墨如鸦。更招南浦石，四友相宠加。谩薰新宁香，时烹固陵茶。萧然文字间，亦足为生涯。

（《缙云文集》卷1）

诗中所说的越罗主要产于越地绍兴一带，是以轻柔精致著称的丝织品。蜀锦，兴于春秋战国盛于汉唐，四川成都地区盛产。史料记冯时行故里璧山县汉唐以来长期生产丝织提花织锦与巴缎，是用染色熟丝织成的贵重工艺品。豹胎是山林野豹的胎盘，为珍贵的肴馔。猩唇是猩猩的嘴唇，为食品"八珍"之一。

冯时行喜爱的雪白明通纸，产于明通县。后蜀时，在蜀达州东部置明通院用以催科赋税。北宋崇宁年间，改明通院为明通县，治所在今四川万源县东南旧院场。（《四川历史辞典》224页）至今万源旧院镇，仍有造纸厂产纸。

乐昌墨产于宋代涪州乐温县（今重庆市长寿区）乐昌溪一带。该墨首创者为蒲大韶。《墨史》记："所制精甚，东南士大夫喜用之。"南宋初曾进贡给宋高宗御用。人们青睐乐昌墨，一是制者早年受黄庭坚制墨技艺影响而后发扬光大，自成一家；二是技术上有创新，品质上有提升。是采用将松烟、油烟混合后加胶制成油松墨，聚合了传统的两种制墨技法的长处，使墨色深浓，胶水不重，极易于书写，墨入纸则愈见神采，久存不变形，克服了其它地区所产油烟墨不耐久的弱点。

南浦石即用于制作砚的一种奇石，主要出产于万州磁洞一带。

宋代夔州路达州有新宁县（治今四川开江县新宁镇），县产名香。该香味芳香可用于防治病与保健，上层社会人士普遍用作焚薰、佩戴和用于医药。香的贸易以官贸为主。《宋史》食货志七香说："宋之经费，茶、盐、矾之外，惟香之利博，故以官为市焉。"

固陵茶是夔州奉节、巫溪一带生产的山茶。东汉时设固陵郡，下辖6个县。郡地相当今奉节、巫溪、云阳、开州、万州。郡治在鱼腹县，即今奉节县白帝城。

宋代时期，南浦县一带由于科学文化与中原、江南地区比相对要落后，"风俗朴野"，（南宋《方舆胜览》卷59万州）存在不少百姓喜欢的乡风民俗，如春节闹元宵、人日竹枝会、游春踏蹟、观八景、端午赛龙船、中秋团聚等。但因长期"尚鬼信巫"，（《方舆胜览》卷59万州）也有一些令官府深恶痛绝的弊习陋俗，如冥婚、溺女婴、赌骗、毒蛊等。而近邻施州（治今湖北恩施县）、黔州（治今重庆彭水县）的一些深山乡村中，还残留有杀人祭鬼的"采牲"鄙陋习俗。

《宋会要辑稿》刑法二记："巴峡之俗，杀人为牺牲以祀鬼，以钱募人求之，谓之'采牲'。"

以人祀鬼之陋俗起于巴人尚巫觋，史书多有记叙。北宋时"夔、峡尚淫祠……不事医而专事神。"（《宋史·曹颖叔传》）"巴俗尚鬼而废医，惟巫言是用。"（《二程文集》卷4《华阳侯先生可墓志铭》）

三峡地区尚鬼淫祭风盛，北宋初和真宗咸平年间屡次诏令"禁峡州民杀人祭鬼。"仁宗康定元年（1040）由于南浦一带以人祭鬼，"知万州马元颖言：'乞下川峡……江淮，禁民畜蛇毒蛊药，杀人祭妖神。其以杀人者，许人陈告，赏钱随处支铜钱及大铁钱一百贯。'从之。"（《宋会要辑稿》刑法2）

南宋初，诸陋习又起。冯时行任南浦时相识的朋友晁公遡记：

"峡中之郡十有三，皆尚鬼而淫祀，若施（州）与黔（州）其尤焉。而涪（州）於二邦而近，故其俗延及於外之属邑。乐温（今长寿区）亦然。有疾则谢医却药，召巫师，卦羊豕，以请於神。甚者用人为牲以祭，不可则云神所谴，弗置也，即卧不食，俟期以死。世相传为常，不之怪，吏亦不能禁。是以一方大蒙其害，民用鲜少，生字不蕃。长吏以下惧焉……"（《嵩山集》卷50《定慧院记》）

冯时行给四川制司上札文，要求按北宋置淫祭的方法，严惩以人为牲祭鬼者，得到批复同意，立即在县内开展清查打击，刹住了邪恶之风。同时，办学兴教，加强宣讲，禁止溺婴、骗赌、冥婚，并引导百姓开展丰富多彩有益于县人身心健康的娱乐活动。他在春节开展的社火活动时与民同乐，还邀请时任万州知州参加，并写了《万州》诗记叙：

银珠络髻绣衣裳，家住江南山后乡。闻道君侯重行乐，相将腰鼓迓年光。

（南宋《舆地纪胜》卷177万州）

第二节 思赞卫国御边将

建炎（1127—1130）到绍兴初年，是南宋初立后形势极为危急的时期，史家评说"当建炎之三年，宋之不亡如缕。"（王夫之《宋论》卷4）其时虽然北宋在"靖康之变"中灭亡已经几年了，但金国侵宋带来的巨大灾难与大乱仍没有结束，黄河流域多已蹂躏在侵略军的铁蹄之下了。高宗赵构等在金敌侵入时不断退却，不间断地派出投降派使者如洪皓、崔纵、杜时亮、张邵等，向敌人卑躬屈膝，愿意去掉"大宋"尊号向金称"藩臣"，（南宋李心传《建炎以来系年要录》卷23）力图在强敌的屠刀下苟求残生。但金侵略军是狼子野心，毫不退让继续南侵欲消灭新建的南宋政权。

此期间，由于各地的民众义军和抗战将领统军坚决抵抗由水路侵入江南的金军，致使金人连续失败，不得已改为先攻陕西尔后得蜀东下，迂回灭宋的战略。

派往川陕地区的抗战首领张浚组织了南宋五路军马对抗西侵之

金军，以解救东南宋廷的危势。其战略欲"前控六路之师，后据两川之粟，左通荆襄之财，右出秦陇之马。"但是由于指挥有误和宋军内部上下不相通诸问题，先大胜的宋军最终却在"富平战役"中被金军击溃大败。

参加富平大战的宋军多数是宋朝苦心训练的精锐西军，是当时南宋战斗力最强的军队，该军被重创对南宋来说是巨大的损失。该战后金军攻占了陕西全境，终南宋一朝再也没能收复这片土地。宋军战败后也加深了朝廷投降主和派们心中认为金军是不可战胜的印象，增长了他们主和的气焰，使朝野抗战派人士的话语权等受到了很大的削弱。

时刻关注南宋战局的冯时行心情沉重，他想到北宋靖康以来国家蒙受的奇耻大辱和沦陷区百姓遭受的无边苦难，更加激起了他驱逐金敌的壮志，并期望出现能人扫清中原收复失地。一天，友人郭时圣拿出曾祖父北宋抗辽名将郭逵的奏文，冯时行读后写作了《书郭秦公事实后》文：

古今谓夷狄狗性，今日投骨与之，明日人虽蔬食亦摇尾抑饲。契丹乘石晋之敝，得其所欲，故狃於前利而有景德之寇。真皇一战却之，胜而不杀，曲从和议。自是南北之民休养生息，盖百有余岁，天地恩大也。然敌自此益娇蹇，时出不逊语，摇撼中国，有不可忍者，亦由景德含容，不究天讨。彼虽败北而去，终谓中国畏之。靖康之变，神州赤县荡为茂草，其祸又大於石晋。何啻投骨与之而已，呜呼！夷狄自此轻侮中国，则又非前日之比，异时不待较而可知之。虽能扫清中原，然非若汉光武、唐太宗馘其君长，空其巢穴，夺彼大阿，持其柄，指锐锋以向之，吾惧中国终不可以为国也。然而天下皆曰：未易言也，不知祸福倚伏之数，理乱消长之机，天时人事，忽有符契，其事易于反掌。书生固不知兵，理势不容不识。常恐溘先朝露，不以其身亲见之，中夜以思，不觉揽衣而立。

河西郭时圣出示其曾大父秦公奏议，其言"蠢尔弄兵，又何畏惮？合八州思汉之民，一举可服。"秦公平生用兵，算无遗策，非侥幸一胜者。是时西有元昊之扰，朝廷方悉力支吾，而秦公敢出此言，必成算已定，敌在目中矣。安得起公於九原，与之商较今日事机哉！

（《缙云文集》卷4）

该文"古今谓夷狗性，今日投骨与之，明日人虽蔬食亦摇尾抑饲"，《缙云文集》四库本缺，据钞本补。"契丹"，钞本作"比虏"。"何啻投骨与之而已，呜呼！夷狄"，四库本缺，据钞本补。"蠢尔弄兵"，钞本作"蠢尔娇敌"。"敌在目中矣"，钞本作"虏在目中矣"。

冯时行在文中谈到北宋真宗时"夷狄"辽国侵宋史事，当时朝中重臣王钦若主张与辽敌议和，陈尧叟则提出迁都入蜀以避战，而宰相寇准却坚决主战并力劝宋真宗亲率大军北上伐敌。景德元年（1004），在抗辽征战中占据上风多获胜的宋朝却因主和惧敌大臣的主张，向辽敌屈膝签订了历史上有名的媾和条约"澶渊之盟"。该盟约以宋朝每年向敌赠纳20万匹丝绸、10万两银，换取了休战。冯时行读史，深知虏敌贪婪，若国家不自强，朝廷无雄才大略之领头人，单靠与敌求和终究是会给国家带来大祸的。靖康年间宋廷对金敌一昧退让，最终被金国灭国就是明证。他深夜难眠，忧虑南宋朝廷中现存的投降主和之议不断弥漫，长久下去国将不国矣！

冯时行仰慕北宋抗辽将军郭逵，洛阳人（1022—1088），因其兄御边被西夏军杀害而被录任至陕西范仲淹麾下。范勉励逵以问学对其十分器重。郭逵多才智有远见，一日将帅议攻西夏取灵武城，他却反对说：灵武地远，运输困难，城小兵少，占其地并无利。但主帅坚持出师，终致率兵将领兵败覆没。众人皆服逵有先见之明。

重臣以大将葛怀敏颇能，郭逵却实说他"喜功徼幸，徒勇无谋"，委以要事"他日必败朝廷事"。不久，葛果然兵败身死。逵被时人誉为知兵者。将军庞籍镇守河东，辽国欲谋得天池庙地，说该地属于辽。庞籍久不能决断，将事委托给忻州知州郭逵处理。郭逵遍查旧档，找出宋初辽国承认天池庙地属于宋朝的文书，以事实为据回绝了辽国的无理要求。

在多次与辽国、西夏国的对垒中，郭逵或猛攻或智取，多次机智地保卫了宋朝国土。他官累至检校太尉。宋苏辙、范祖禹、元脱脱、明黄道周、民国蔡东藩等对其评价颇高。宋人李鹰将其与唐代郭元振、汾阳郭子仪并称为三郭。

在国家危难之时，冯时行阅读郭逵所作卫国守边等《奏议》，怀念抗敌用兵"算无遗策"的良将，并神思"安得起公於九原，与之商较今日事机哉。"他实为是期望朝廷有如郭逵一样智勇双全的卫国将军，朝廷任用之南宋可保也。冯时行的抗敌卫国情怀，尽展露于该文之中。

绍兴元年（1131）初夏，冯时行接到朋友杨政从西北川陕甘前线寄来的信，谈叙宋金在和尚原一带对垒，以及他虚任恭州团练使等情况，信中还附有一首诗。

杨政，字直夫，原州临泾（今甘肃镇原）人，生于北宋哲宗绍圣五年（1098），比冯时行年长两岁。其父杨忠为边将，在崇宁三年（1104）抗击西夏入侵中原时阵亡。南宋胡世将撰《宋故感义郡太夫人程氏墓志铭》记杨忠"修武扞边战死"。《宋史·杨政传》说："崇宁三年，夏人举国大入，父忠战殁"。当年杨政才七岁，哭父丧"哀号如成人。其母奇之，曰：'孝于亲者必忠于君，此儿其大吾门呼？'"杨母守义育四子四女，常教杨政曰："扬名显亲，其在儿矣……政率以功名自奋。"（甘肃徽县存《宋故感义郡太夫人程氏墓志铭》）

杨政深怀国耻家仇，于北宋徽宗宣和七年（1125）应募入伍，最初为弓箭手，靖康初以拒夏兵而逐渐出名。建炎年间，从抗金大将吴玠在秦陇一带抗御金敌，曾九次与敌作战皆取得胜利，有力地遏制了金兵进犯南宋西北地区。征战中，杨政善出谋巧战，指挥若定，冲锋陷阵，屡立战功，累升为武显郎（武阶，第三十七阶，从七品）。

绍兴元年（1131）五月，金军大将没立率军从凤翔，乌鲁、折合从阶州、成县兵分两路夹击宋军守卫的和尚原（今陕西宝鸡市西南），进攻箭笘关。杨政率精兵随吴玠坚守阵地，调兵遣将交替出战。由于该地山谷路狭石头多，不利于骑兵行进，擅长于骑马作战的金军被迫下马步战。早已设伏的杨政乘机出兵掩杀斩首金将千户一员、酋长二员，使金军损兵折将大败而退，金主将乌鲁、折合等丢盔弃甲，狼狈遁逃。杨政因功迁右武大夫（武阶，第十四阶，从六品）、恭州团练使（武阶，从五品）。宋人李弥逊代朝廷撰《杨政换给右武大夫恭州团练使》诏书说：杨政“许国以忠，行师有律，久振鹰扬之旅，力摧蚁聚之锋……履肠涉血，勇屡见于先登，是为出类之勋。”故予升任。

冯时行知道杨政荣升恭州团练使是虚职，该职实系宋朝特设的寄禄官，无实际职掌，并不到自己家乡恭州任实职，仅仅是挂名享受这一级官员职级与俸禄而已。但他从心里为友人有勇有谋，击敌必胜的“常胜将军”行为感到特别的高兴，为友人不怕牺牲，抗金敌保卫大宋国土，不断取得成绩而骄傲。

冯时行提笔给仍在抗金前线的杨政回信，并作《和杨团练元韵》诗：

此生浑褦襶，秋鬓渐鬅鬙。跂德山徒仰，雄谈垒更增。奇谋闲袖手，佳句老传灯。起我栖迟意，寒鸠欲化鹰。

（《缙云文集》卷2）

诗赞杨政脚踏实地努力干出了业绩，欣赏他的行为启迪了自己这个漂泊如“寒鸠”般的小官，表示将耐心地等待时机，等待天时变化，想往自己从平常的小鸠鸟变化为雄鹰，必将鹰击长空大展宏图。

第三节 经彭水回璧探亲

南宋绍兴二年（1132）冬，因万州南浦人李勃于绍兴元年在外假冒宋徽宗第14子徐王（又称祁王）案发，直接责任人夔州韩迪被降三官。李勃生地万州的官员受到牵连，冯时行虽不知情无过错，但也被平调到川西任成都府路崇庆府江原县县丞。

该年底，冯时行离开南浦县，应时任“黔州节度判官”的汝阳（今河南汝阳）人冯忠恕（《全宋文》卷4011）和在涪州（今重庆市涪陵区）为吏的四川汉州绵竹县人李良臣的邀请，经忠州（今重庆忠县）地到黔州彭水县，再到涪州作客后，于春节前夕回到故里璧山县城探望父母妻儿，而后去川西江原县上任。

经过忠州北面始建于东汉永平年间（55—57）的普明寺，该寺宋代更名宝华。冯时行游览后写了一首《缙云文集》及今人研究冯时行诗文者均未收谈的《宝华寺》诗：

雨宿初收草木浓，群鸦飞去法堂空。长廊无事僧归晓，尽日门前只看松。

（明曹学佺《蜀中名胜记》卷19重庆府忠州）

不久，冯时行到了州治设在彭水县城的黔州，与判官冯忠恕游览了所尊崇的黄庭坚昔日的居舍、书堂和其它遗迹，留下了多首诗篇，其中《题黄氏所居》云：

环翠五六里，深藏三四家。风高鸣雁序，春暖苗出芽。门巷分楠直，溪流带竹斜。我来风雪晓，倚仗看梅花。

（《缙云文集》卷2）

黄庭坚（1045—1105），字鲁直，号山谷道人、涪翁，北宋洪州分宁县（今江西九江修水县）人，著名文学家、书法家、江西诗派开山之祖。绍圣元年（1094）宋哲宗亲政，起用新党，斥逐元祐党人。苏轼远逐至海南。黄庭坚则被政敌章惇、蔡卞等弹劾，说其纂修《神宗实录》时"修先帝《实录》类多附会奸言，抵斥熙宁以来政事，"因而获罪贬为涪州别驾，安置黔州彭水。

从绍圣二年（1095）四月到达黔州贬所后，黄庭坚就寓居在黔州治彭水县城中始建于唐代开元年间（713—741）的开元寺"怡思堂"，直到元符元年（1098）三月离开黔州去戎州（今四川宜宾）安置。他在彭水度过了三年谪居生活。

冯时行诗中所言"黄氏所居"即彭水县城开元寺黄庭坚寓居处，位于今彭水县委大院（绿阴轩）、山谷宾馆一带。在县委广场南边乌江东岸大黄桷树根下石壁上，存有黄庭坚摩崖石刻"绿阴轩山谷书"。全诗描写黄庭坚寓居处山林环绕，炊烟寥寥，雁鸣高远，溪水自流，竹枝垂斜，悠然自适。采用白描勾勒审美，未用华丽言辞，使诗素朴典雅，自然似天成，呈现平淡之美。

彭水县城东山下有"万卷堂"，黄庭坚曾在此聚书讲学。《大明一统志》卷 69 宫室记："万卷堂，在彭水县东，宋黄庭坚建，聚书万卷，因名。"冯时行到此瞻仰时题诗万卷堂云：

书契摄古今，篋椟漏粹美。天地入秋毫，参有一字唯。

（《大明一统志》卷 69 宫室）

冯时行赞黄庭坚万卷堂中保藏了众多书籍，还有许多刻在龟甲、兽骨、竹木上的文图。汉代刘向说："天子藏於四海之内，诸侯藏於境内，大夫藏於其家，士庶人藏於篋椟。"万卷堂内用竹编的箱子和用木料做的柜子中，有不少精美之物，还有天下的一些细微物品也被收入。《隋书》经籍志记：汉代蔡邕以隶书写了《周易》、《尚书》、《鲁诗》、《礼仪》、《春秋》、《公羊》、《论语》七部经书刊于石，被称为"一字石经"。黄庭坚的草书特别突出，在宋代是第一流的。他学古出新，笔力遒劲婉美，线条流畅；体势纵横开阔，圆劲灵动，气韵凝练雄浑。其书与他寓彭水参悟有很大关系。他曾叙说"余寓居开元寺夕怡思堂，坐见江山。每于此中作草，拟得江山之助。"冯时行认为，探究黄庭坚的书法，不亚于蔡邕的"一字"书经。

原本在彭水县城开元寺的黄庭坚居处和东山下的讲习所万卷堂，因年久毁圮。明代以后，人们又在彭水县郁山镇新建了开元寺、"万卷书堂"等用作纪念。

黄庭坚在黔州时写作有几十首诗歌，冯时行在彭水用其诗韵写了《雪中用黄太史韵》：

密雪谁人巧拟盐？初飞仍带雨帘纤。夜吹玉笛满浮酒，晓看遥山高卷帘。方积银杯翻过马，欲销冰筋插疏檐。不堪时傍潘安鬓，华发朝来觉骤添。

（《缙云文集》卷 3）

绍兴三年（1133）初，冯时行离开彭水到了涪州城，游览了位于长江北岸北山坪南麓，与涪州城隔江相望的北岩。他写作了《涪州北岩》诗：

晴著春江镜样光，扁舟来炷佛前香。山从幽处亭亭绿，日倚闲边故故长。

（明《永乐大典》卷 9766）

北岩系一片天然大石岩，有古寺普净禅院。该地因北宋著名理学家、教育家程颐（1033—1107）于绍圣四年（1097）因"元祐党争"被免官，流放黔州，由涪州编管，在其涪州弟子谯定帮助下住普净院讲学授徒，点注《周易》，写作《伊川易传》而知名。宋代以来，官宦名流、文人学者路经涪州多要游北岩并题咏，黄庭坚、苏轼、范成大等均到此留有诗词或题词刻石。至现代北岩仍是涪陵区的著名历史人文景观与旅游胜地。

离开涪州，路途中冯时行写了思念璧山故乡，很快就要回家见到亲人的《溪上望居人有感》：

溪上居人三两家，竹篱斜插倚兼葭。清流日暖鱼飞浪，静渚轻烟鸟印沙。鲙落霜刀分彩缕，酒倾玉碗泛琼花。因思故国园林约，默数归期定不赊。

（《缙云文集》卷2）

春节前夕，冯时行回到璧山县城五峰山前"状元府"，与家人亲戚欢聚一堂。他向亲老敬上礼物，给母亲越罗衣料，给父亲、兄弟的是黔州都濡特产饼形"月兔茶"，黄庭坚在《答从圣使君书》中赞此茶特佳"味殊厚"。他又拿出裙布给妻琦姑，将糖果分给亲友们品尝。

过年期间，冯时行与父母家人出璧城东门上山拜祭了祖墓，而后到县文庙、文昌宫、后土祠、城隍庙、普泽庙等处拜谒上香。

来到南门外文昌宫，冯时行见这座始建于唐代，占地比县文庙还多的宫比他在县学读书时所见更加陋烂了，一些殿屋已经残破漏水，若不维修即将毁圮倒塌。

璧山县城文昌宫始建于唐代，远远早于川渝不少府州县文昌宫是宋元代以来的建筑。史载璧山人将县文昌宫选建在南门外是经过慎密考究的，主要原因是认为该处风水环境上乘，在此筑宫祀文昌神可护佑一县文风鼎盛，科举人才代不乏人。

冯时行回忆他10多年前在县学读书时到文昌宫拜神时，所见殿宇已略有破损，当时曾暗暗立誓：它日得志后必当维修神宫，使之一新。转眼一晃过去了这么多年，不能让该宫再破烂下去了。

　　回家后，冯时行向父母家人提出他要出头倡导募资培修文昌宫，大家应答都说支持，认为这是一大善举。亲戚友朋知晓后也纷纷赞好，唯一担心的是培修宫宇需要的巨额银两如何才能筹齐。冯时行说，璧山善士甚多，士人也多，众人有钱出钱，有力出力。我们不求一年急成，可数年完成但应培修精美甲于一方。

　　冯时行请来知县和有关乡绅，经大家商议后组建了培修文昌宫班子，有序地开展工作。该次培修，从绍兴三年（1133）初冯时行倡议开始，至绍兴五年（1135）底竣工，前后用了三年时间。据民国七年（1918）县民在文昌宫地下掘出明代成化年间《培修文昌宫碑记》断碑残文载："……宣和中，璧城冯公时行魁天下……绍兴初，卸任南浦……与诸乡老议……择拱秀门外虎卧山风水吉壤，复培修唐建文昌宫三主殿……"（民国八年张席儒《闲居录》、民国三十五年璧山县城刘冰若手录稿。2009年《璧山文史资料》149页与2012年《璧山文史资料》94页张名源《璧城宫庙祠院概记》有略同记叙。）

　　绍兴三年（1133）元宵节时，家居今璧山区青杠街道东面龙隐山麓金盘坝的王大节来到璧山县城会见冯时行。他此行是要到正在两湖一带征剿土匪的岳飞处任幕职。老朋友多年未见，十分高兴。冯时行与妻琦姑亲自帮厨，做了窝窝回锅肉、椒麻炒兔、盘兔、煎鱼和至今由璧山人龙大江、王长春等名厨承传的璧山水八碗菜肴，盛情招待青少年时的伙伴。

　　次日，冯时行送王大节出城沿金剑山凉亭关赴恭州乘船出三峡。冯时行写了《送邑人武魁王大节羽赴江州谒岳帅》诗，并将该诗寄给早年在京城读书时认识的好友何麒。何麒字子应，成都府路永康军青城县人。他是北宋末期丞相张商英的外孙，因参与李刚在京城抗金随李刚被谪而被贬职。到南宋建炎间复起为宣教郎，绍兴初为文散官17阶从六品右通直郎。何麒常与冯时行唱和，写有《和璧山冯当可送邑人武魁工大节羽赴江州谒岳帅》诗。该诗由璧山人刻在金剑山龙泉岩处。

　　璧山清末举人吴暄在《自好斋稿》中记，他给璧山来凤驿傅进士写的《寄答傅辉山》文说："金剑晴雪，古葛松柏覆道。昔遊一里三桥，有岩名龙泉，侧涧清潭曰"濯锦"。刘厚庵《果善堂集》引陈万三《金山名胜记》云：'濯锦潭，即龙泉。故老云薛校书、状元冯公琦妇濯巾处。'唯陈公所云'潭左岩，里人镌何子应《和璧山冯当可送邑人武魁王大节羽赴江州谒岳帅》诗'，岁久磨灭……"

文中之刘厚庵名臻理，璧山人，清乾隆举人。陈万三名德荣，璧山人，元代末曾帮助明玉珍建大夏国定都重庆。明玉珍三到璧山县城以万户侯礼请陈不赴任，以隐居授学著作为乐。

第六章　任江原县丞多政绩

第一节　以丞代令德政多

南宋绍兴三年（1133）春，冯时行由经济文化相对落后的夔州路万州南浦知县调任经济文化比较发达的成都府路崇庆府江原县任县丞。

崇庆府，唐朝时因唐安公主封于此而取名"唐安郡"。北宋时名崇州，后因仁宗的二女儿和徽宗的荣淑、帝姬女儿均被封为崇庆公主将州升为崇庆府。府辖晋原、江原、新津、永康4个县。

县丞，是知县的辅佐官，是县内的副长官，地位一般仅次于知县高于县主薄、县尉。县丞始置于西汉，历代多相沿设置。北宋时县丞设置废设无常，神宗时推行新法，凡大县增设县丞一名，"以幕职官或县令人充。"（《宋史》卷167）南宋建炎元年（1127），朝廷下诏凡人口达1万户的县设县丞1名，不足1万户的县则不设县丞。从此成为定制。

县丞的职掌范围主要是负责农田水利、坑冶、常平，协助县令处理狱讼、催督赋税等，同时还被委以其它任务被檄差出，以及监督县中群吏的职能。

宋代除京城赤县外，其它地区的县丞与知县一样，官品一般都是从八品，比县主薄、县尉高两品。此时冯时行的实际官职江原县丞虽然是从八品，但他的文散官阶已是21阶从七品宣奉郎。

《元丰九域志》卷8夔州路载：万州为"下州"，有主、客户20555户；南浦县是中下县，是8等县中的第6等中下县。同书卷7成都府路载：蜀州（崇庆府）为"紧"类州，有主、客78927户；江原县是仅次于京畿县后的"望县"，是8等县中的第3等县。冯时行从万州南浦县令调任崇庆府江原县丞，名义上他是知县的辅佐官，实际上他是由小县调大县属平级调任。

江原县始置于西汉，治所在今四川省崇州市东南30里江原场东。班固《汉志》记蜀郡15县，江原名排第7，是成都所依赖的重要地区。县数次废兴，北宋末期江原县辖20个乡与2镇，人口近10万。江原县四境邻本州府晋原县、新津县、成都府双流县、广都县、邛州安仁县，近本府永康县、永康军青城县、成都府温江县、邛州临邛县。

南宋初期由于受北宋末年金人入侵天下大乱的影响，不少县缺县令。因受知县须科举"有出身"，须几次"考任数"，有合符的"阶官"，荐任"举主"要数人等规定致选用人难的影响，作为大县的江原在建炎到绍兴初期也缺知县。建炎时江原缺县令，眉州人程敦书以江原县丞代行县事。张浚宣抚川陕，程氏升任达州通判离去。冯时行任江原县丞时县中也缺县令，他遂受命以丞职主持全县事务达三年，直至绍兴五年（1135）十二月调赴眉州任丹棱县令。

南宋《方舆胜览》卷52崇庆府风俗条引《汉志》叙包括江原在内的地区："民食稻鱼，亡凶年之忧，俗不愁苦。"由于江原一带灌溉比较方便，种植稻谷普遍，耕作技术进步，民勤耕作，很少旷土，一年数收，长期是成都地区农业最发达的县之一，为重要的粮食生产基地。

古代农业对百姓的生活和国家的盛衰起着重要的作用，县一级知县、县丞的最重要职责就是管理好农业生产多产粮食，以供民用国需。冯时行到任后，以农为本，按照朝廷规章制度，在江原县内开展了多种劝课农桑活动。民国初期，崇州江原镇的村老还有人讲述："四川状元冯时行写了《江原劝农文》"，大意为：

千载江邑，二江环流，阡陌连亘，土壤膏腴。自古至今，稻黍常丰。仰遵圣诏，劝尔农耕。父老皆来，务求实绩。天时地利，尤须民力。春耕夏耘，辛劳十分，方保秋成。乡里比邻，相扶勿辞。皆为父母，皆为妻儿，喜获最佳收成。

（民国八年张席儒《闲居录》）

江原村老讲：冯状元在江原勉励农耕，除了传达大宋皇朝对农业的重视外，更多的则是以民生和农民务农是为孝敬父母，为了妻儿的生存进行劝励。他不以一县之长的态度作训诫，使百姓感到他可亲近，是为百姓的切身利益着想的，所以他们乐于听从其劝诫。在冯时行从江原离任后，村民就在他劝农种禾之处建了一座茅亭，名为"劝农亭"，亭中立有"冯公劝农碑"。

为了搞好江原县的农业生产，保障百姓生活和县政税赋收入，冯时行对乡村基层行政组织进行了整顿建设。当时的里正、户长、耆长、保正长等是乡村政权的头目，"里正主督租赋"，"秋夏二税，并是户长催驱"，他们以督催赋税、稽查户口物力和赈贷救济等事务为主要职责。耆长"管干斗打、贼盗、烟火、桥道"、"逐捕盗贼"等治安公事及"承受人户执去判状"、"解押公事"等司法职任，还有解送公文诸杂事。保正长的职责略同于耆长。冯时行组织基层行政人员学习，亲自进行训导，使不少人能坚持清廉操守，能正确地执行操作稽查户口、催驱赋役、察奸弭盗、承受公事等行政管理和治安司法方面的事务。由于这些基层行政人员的管理能力不断提高，江原县的县政面貌焕然一新。

江原县地近成都府城，南宋初该区域人口增加，县境内少有的荒闲土地均已垦殖，耕地不足的矛盾开始出现。冯时行劝导百姓在有限的土地上进行精耕细作，致力于提高面积产量，并多进行两季或三季复种，如此使五谷增收。他每年都巡视全县体察民情，指导农民因地制宜发展农业。到了秋天，全县喜获丰收，城乡喜气扬溢。他还帮助农民发展优良经济作物，将家乡璧山县的名特产黄花引到江原县栽种，至今崇州市江原镇江原村一带大片种植的黄花，相传就是从南宋传承下来的。

在江原城内，原有几座官府粮仓。北宋亡国南宋建立后，宋金双方在川陕地区形成了拉锯战，前线宋军的食粮大量出自蜀中。史载南宋时期东南地区负担军粮为 300 万石，而四川负担川陕驻军的军粮则为 150 万石，占全国军粮总数的三分之一，是全国军粮最主要的供应地之一。成都地区是粮食主产区，许多粮食都要运往前线，其中也有江原的蓄粮。江原县官仓之粮运往前线后，仓廪几空。冯时行认为官府粮仓不能空置，应乘今年江原粮食丰产之时，购买五谷储存以备荒年济民和不断地支援前线抗敌。他与同僚计议，众人均说很有必要，而后就派员对颓坏的粮仓进行了维修，同时又增建了几座粮仓，将购买的新粮全部满仓。

仓库储粮很快收到了效果。《宋史》卷 66 记，绍兴五年（1135）四川甚旱。江原县一带从春夏旱到秋季，接着又遭遇连续不断的大暴雨导致全县水灾。当大旱灾降临时，冯时行将吏员分片组织救灾，自己则沿着县境流往新津县的皂江沿河察看灾情，由主簿、县尉每人负责一处灾情严重的里、镇，同时上报州府，经准许后拿出官仓储粮分处煮粥济民，以疏民困。对偏僻之地，他令人把食粮送到灾民家中去。该年秋季的大暴雨，造成皂江多处河堰和江上"竹桥"被毁。冯时行目睹后十分痛心，待水退之后他立即带头捐俸银用灾民以粮换工，很快修复了受损的水利设施和桥梁，确保了第二年的农业用水与交通需要。

在田野走访调查中，笔者听江原镇、村耄老叙："冯状元任江原时，由于措施得力，没有灾民在那次大旱大水灾中因饥饿而死亡。"

我国古代国民长期都在为食而艰辛劳作。农业社会中由于生产力水平的低下，百姓始终缺乏有效抵御自然大灾的能力。每一次大灾害降临，都会有许多灾民流徙倒毙。在南宋绍兴五年（1135）蜀中大灾年里，冯时行任县丞主持救灾却未有百姓饥亡，不能不说这是冯时行创下的一个奇迹。从此可以看出他的思想与实际行为是一心为民，他是亲民的良吏，所以历经几百年后江原民间仍有他一心为民的传说。

第二节　推崇常杜学赵抃

冯时行在江原任中十分推崇地方史学名家常璩，曾为其撰碑记。

常璩，晋朝蜀郡江原县小亭乡（今四川崇州市三江镇）人，生活于西晋惠帝到东晋穆帝末年（约291—361）。江原常氏是世家大族，自蜀汉到两晋出有不少达官名儒。常璩少即好学，喜览群书。稍长遭遇战乱，多次迁居，导致生活穷困，使其有时间接触到底层老百姓，访求了解到许多上层社会所不知晓的地方风俗掌故和乡党人物事迹。几年后，常璩进入建都成都的成汉国，在成汉帝李势身边任职专管图书。良好条件使他阅览到大量珍贵的史料用其研究，为以后编撰史学名著《华阳国志》奠定了基础。

《华阳国志》主要记叙晋代梁州、益州、宁州即今四川、贵州、云南三省和甘肃、陕西南部、湖北西北部地区从远古时代到东晋穆帝永和三年（347）期间的历史、地理和人物，如实记录了包括自己乡土的文明发展状况，与"五胡十六国"时期社会失衡，战乱连年，民生痛苦的局面，形成了一个鲜明的对比。

由于常璩集累了充分的历史资料，加上虚心请教乡野耄老，获得了大量文献之外的地方乡土材料，从而保证了所撰《华阳国志》的质量。该书比其它同类史书的记载要详细很多，书中内容十分丰富，极大地提高了书的价值。主要有以下内容：

一、较详细地记述了蜀汉和晋代的地理沿革，弥补了陈寿《三国志》无地理志和《晋书·地理志》多疏漏的缺陷，使该书成为后世研究古代西南地区地理必须参考和作为依据的重要著作。

二、书中载记了若干少数民族或部落的名称、历史、风俗、神话传说及其分布情况，为后世研究西南地区民族史提供了较多十分珍贵的史料。

三、书内详细记载有李冰修筑都江堰和各地的农业、物产、矿冶、纺织、盐地、火井（天然气）等，为后世研究西南地区古代科技和农业等提供了较翔实的材料。

除上述外，书中记录有蜀汉时期江州（治今重庆）的部分辖县，其中记叙在江州西设有乐城县。结合其它考古材料可知该乐城县是位于恭州西面冯时行故乡璧山县，可弥补清代以来各种《璧山县志》

失载汉代璧山曾是乐城县治的历史空缺。

常璩在书中还不惜笔墨，通过采录的民谣、民歌等，表现其关心同情劳动百姓的艰难困苦，揭露、抨击腐败黑暗的封建统治。他希望社会安宁，列举了100多种高尚的美德期望人人效法，做到至孝、清白、克让、忠正、明廉、义士、述作等等。当然，书的主旨主要还是为统治者歌功颂德，为政治服务的。

《华阳国志》是中国首部地方通史，是一部史料价值极高的地方通史，在地方史编纂体例方面有首创之功，为中国优秀文化的发展作出了贡献，影响深远。唐朝名史学评论家刘知几高度评价《华阳国志》，认为它是能长期流传后世的几部不朽史著之一。

冯时行崇敬常璩，为江原县出有这样的先哲及其不朽巨著感到欣羡和骄傲。民间传言，他曾在江原署衙立有"常璩碑"，撰了赞颂诗，可惜碑早圮不存在赞诗也佚。可喜的是，1999 年崇州修建了"常璩广场"，为常璩塑立了高 3.08 米的青铜站像。在崇州街子古镇，还建有"华阳国志馆"，馆内也有常璩像，并全面展示其著《华阳国志》的内容及影响。

唐代著名山水田园诗人裴迪在唐肃宗时任蜀州刺史，州衙近邻有东亭，又称东阁，是一座带官方驿站属性的亭阁。裴迪在此写有《登蜀州东亭送客逢早梅》。他将诗寄给居住成都草堂的杜甫，杜甫回写了《和裴迪登蜀州东亭送客逢早梅相忆见寄》，其中诗句"东阁官梅动诗兴，还如何逊在扬州"，赞美裴迪咏早梅你在蜀州东亭看到梅花凌冬盛开，诗兴勃发，写出了如此动人的诗篇，倒像南朝梁代何逊在扬州咏梅那般高雅。

自杜甫和裴迪诗后，蜀州东亭名声传扬，成为文人游览的地方。冯时行在江原任中，一年中秋节后二日，他与州吏韦去非同游东亭饮酒赏月，写作了《十七日夜月色尤佳，与韦去非东亭小酌》诗：

秋来瑶海浴婵娟，天山人间又一年。有酒何妨三夜看，无云尚见九分圆。楼台迥忆仙游眼，村落遥思禁曙烟。斗炳衔山风露冷，归来清绝不成眠。

（《缙云文集》卷2）

冯时行将诗作寄给时任永康军（今属四川都江堰市）通判的友人郭印，郭印唱和回寄了《十七日夜当可同去非观月，而子仪、进道与仆皆不在焉，当可有诗辄次韵》诗，他觉得意犹未尽，又写了《当可观月有归来清绝不成眠之句，因广其意作五十六字》诗寄给冯时行。（郭印《云溪集》卷11）

稍后，陆游调任蜀州通判，也写有与东亭有关的诗。东亭自杜甫、冯时行、陆游等人题咏后，声名更加远扬。南宋《方舆胜览》卷52崇庆府亭阁、明《蜀中名胜记》卷7崇州府下均对东亭作有记叙。东亭位于今崇州市罨画池园内。

继裴迪后任蜀州刺史的高适也是杜甫的好友，常接济流寓成都草堂的杜甫，邀约他游览州辖包括江原地区的风光名胜，杜甫在蜀州留下了不少诗歌。到北宋时，江原县令赵抃修建了纪念杜甫的"杜工部祠"。《方舆胜览》卷52崇庆府祠庙条叙："杜工部祠，在江原县，邑宰赵抃建。昔杜甫依高适，寓於此，颇多题詠，故为立祠。"该祠建后经历60年风雨，到绍兴初期已破损严重，崇敬杜甫的冯时行到任后就主持进行了修缮，使其焕然一新。

赵抃（1008—1084），字阅道，号知非子，北宋衢州西安（今浙江衢州市柯城区）人。仁宗景佑元年（1034）中乙科进士。一生多次入蜀任官，无前呼后拥的随从，多单人独骑，仅携一琴一鹤赴任。他每当看到百姓安居乐业，就高兴地弹琴以乐。用所养鹤之羽毛洁白勉励自己不要贪污，以鹤头红顶自勉自己要赤心为国。他到任常微服查访，了解民间疾苦，严惩害民官吏衙役，决杀罪行累累的不法地痞流氓，教育释放因受骗而参加"妖祀"的普通百姓，被称为"赵青天"、"铁面御史"。史载赵抃与包拯齐名，后人歌颂廉吏将赵包合称"包青天"。官至龙图阁学士、资政殿大学士。卒谥"清献"。

在江原县令任中，赵抃十分重视教育，他亲自到县学中去授课，还写有《劝学示江原诸生》诗告诫学生要苦学成才，将自己为学、为人、为官的体会与主张全写入诗中。

　　冯时行在江原了解到赵抃的许多德政事迹，内心对这位前辈贤臣充满了敬重，并以他为榜样。他在县丞任中也常去县学授课，训导诸生努力读书以求科举仕进为国为民。绍兴四年中，四川又进行科举类省试，冯时行积极鼓励众学子参加应试，并作《邑士将赴类试作诗饯之》诗给予鼓励。他将劝士子赴类省试诗寄给永康军郭印，郭仿效其法，也写了《当可以邑士将赴类省试作诗饯之因效其体》诗，用作劝慰永康军辖导江、青城两县的考生。（郭印《云溪集》卷6）

　　经田野调查，江原镇村老说："冯时行尊崇赵抃，赞称他是大勇、大情、大善、大仁、大智、大才的良吏，其为官之道足以为后辈学也。"绍兴五年（1135），冯时行曾提出要在江原为赵抃建立赵公祠，可惜缺乏建祠资金，加之该年底他被调任离去，故未能如愿。

　　到了明代，崇州百姓怀念赵抃，为他和曾任蜀州通判的陆游共建了"赵陆公祠"，祠门悬挂"琴鹤梅花"匾额，其中"琴鹤"即颂扬赵抃的清正廉洁。该祠的兴建，若冯时行有知，必定是含笑于九泉。后经岁月变化，赵抃祠不存。2000年时，崇州市为纪念赵抃，在宾河公园修建了"琴鹤广场"，塑立了赵抃像。其像面容严谨，神态自若，牵一马，随一鹤，马背仅一琴，充分体现了赵抃的清廉本色。

第三节　问道崇邛访青城

　　冯时行喜爱江原的山水胜迹，他常邀朋约友或独自一人去观览县辖名胜。江原万岁寺藏有唐代李百药碑，净居寺藏有颜师古撰文的樊知迁碑，天庆观藏有唐太平公主出家敕碑，他都曾去观览。江原城东近处有公孙述女儿塚，北宋《太平寰宇记》说"公孙述女塚，在江原县东一十三里，高三丈，周回二十步"。公孙述于西汉末年在成都自立称帝，国号"成家"，历时12年，后来虽被同年称帝的东汉光武帝刘秀派大将灭国，但其在巴蜀为民和死战不降等行为却受到唐杜甫、宋苏轼等名士的称赞。公孙述以女早逝，将其厚葬在江原县。"故老传云，此冢铜作绞络五里，故乱离发掘，莫之陷也。"（明《蜀中名胜记》卷7崇庆州）冯时行先后到各寺赏碑品评，前往古塚处访问凭吊，吟诗寄兴，并将各古寺、古塚予以保护。

江原附近多道教活动场地，著名的如鹤鸣山。

《太平寰宇记》、《方舆胜览》记："鹤鸣山，在晋原县西八十里，绝壁千寻。"李膺《益州记》："张道陵登仙之所，尝有白鹤游其上，北与邛州交界。"该山万石峥嵘，千岩吞吐，枯松倒悬，怪柏葱笼，整个山形如一只大鹤翱翔在兰天之中，凌然若仙境。相传黄帝之师广成子因看中白鹤风水宝地，驻足于山中炼丹修行。秦朝时，马成子不慕荣华也隐于此山石室中修炼20年仙去。张道陵在此撰书明道，托神创教，后世道家将此山视为道教福地。

晋原县也是崇州辖县，州治所在地。

冯时行与友人一起曾游鹤鸣山洞天福地问道。

邻近崇州江原的邛州临邛（今四川邛崃）有仙道出没之白鹤山，在州城西。《方舆胜览》卷56邛州记："白鹤山，在城西八里。（晋）常璩曰：'临邛名山曰四明，亦曰群羊，即今白鹤也。'汉胡安尝於山中乘白鹤仙去，弟子即其处为白鹤台。"晋代陈寿《益部耆旧传》记："胡安临邛人，聚徒白鹤山，（司马）相如从之受经。"陆游到此写《次韵宇文使君行》诗注："仙人胡安学道西岩，跨鹤升仙，山以此得名。"

白鹤山主峰海拔高760米。全山林麓苍翠，江流萦纡，古刹红墙掩映林间。自隋唐代至南宋，有庵院14所。"远有胡安先生授易之洞，近有常公谏议读书之庵；泉有滴珠，树有木莲；白鹤有台，玉兔有踪。中峰信美、平云之观，西岩翠屏万竹之境；皆山中胜处。璧间绘像，率范琼、杜措、丘文播诸人名笔，虽丹青剥落，而笔法具在。"（《方舆胜览》卷56引南宋魏了翁《营造记》）

冯时行登白鹤山仿古问道，游览了相传是胡安始建的翠屏阁，胡安教学生习易学的授易洞，创建于隋代的鹤林寺，唐白居易《长恨歌》中提到的"临邛道士"墓，唐代景福年间在山中西岩之西建的万竹亭，北宋庆历二年修的信美亭以及西塔、常安民读书台等胜景。留下了《游白鹤山》诗：

草树烟云满眼秋，长河横岭共悠悠。觅归未得登临怯，与世相违俯仰愁。万里音书无过雁，百年心事倚危楼。西风早晚催征驭，却向青衣江上游。

（《缙云文集》卷3）

崇州永康县西有妙真观，《方舆胜览》卷52寺观下载说"昔有女子於此上升，有真仙洞、圣水池，有烧药炉。"观中圣水池，有唐人撰书《圣水池碣》碑。前书山川记县西"翠围山，在永康县西八里，上有院。前有绳桥，乃古王仙柯烧丹之处。"相传王柯为陕西华阴樵夫，隐于翠围山翠围院炼丹，后丹成仙去。冯时行与郭印等人曾在重阳节时游访翠围，观仙道遗迹。翠围院又名丰乐院，亦称翠围寺，今名光严寺，位于今崇州市街子镇后山中。

冯时行游山寺写作了《重阳登翠围亭。亭废十年，竹柏蓊然，殊蔽远眼。命寺僧芟除剪伐，屏翳豁开，林峦杳霭，殆丹山之绝胜处也。与同游分韵赋诗，以老杜"开林出远山"为韵，得"远"字》诗：

林樾失洗沐，丛灌老偃蹇。坐令轩豁地，雍穆成奥阃。千年李峨眉，孤调绝攀挽。径欲划君山，笑看湘水远。我来此亭上，造化阅舒卷。何堪浩荡意，郁郁仰若俯。兰蕙生当门，尚尔付锸畚。大材廊庙具，顾此何衮衮。石角砺霜斧，一斩三百本。图事欲大快，不复计小损。天地英气归，川原胜魂返。镜开水潋潋，龙转山蜿蜒。卧虹踏归市，融云护春垦。晴光荡芳酌，中筵舞蹲蹲。黄花压客帽，胡床秋风稳。万象竞参揖，相见一何晚？通塞有时运，明晦理相反。干戈天地闭，抚事切深悯。痛浇魄磊胸，不复效老阮。

（《缙云文集》卷1）

该诗题以散文的形式将作诗原因与内容比较清楚明白地表达出来，也可确切说是散文中的小序。在冯时行所作诗题中，还有不少类似序文。

与冯时行同游的郭印则写了《九日同诸友游丰乐院翠围亭，槛

前竹树蓊蔽。命僧剪除，青山宛然复出。遂以"开林出远山"为题，探韵印得"林"字》诗。(《云溪集》卷2)

冯时行该诗实系写崇州永康县之翠围寺亭。而今人著《冯时行及其〈缙云文集〉研究》第20页注释说"翠围亭：疑在丹山。丹山，疑在今湖北省巴东县西。"此说误。

任永康军判官的郭印邀冯时行到其辖地青城县游，冯时行很高兴，他希望能遇见在永康军辖管的青城山中隐居的易学老师谯定。

青城山位于今四川省都江堰市西南，俯临成都平原，背靠岷邛雪岭，以大面山为主峰。该山亦名赵公山，全山有36峰、72洞、108景。自古以来，青城山被称为是神仙都会之府，宋代以前隐士宁封子、张道陵、李阿、范长生、王仙卿、罗公远、杜光庭等曾隐居山中。据南宋人记叙，谯定不为高宗重用，他在建炎年间因战乱和政治失意而回蜀，爱青城山之幽胜故循隐于山中。

陆游在其诗《寄谯夫子》注中说："青城大面山有二隐士，一曰谯先生定，字天授。建炎初，召至扬州，留之讲筵，不可，拜通直郎（从六品）致仕。今百三十余岁，巢险绝，人不能到，而先生数年辄一出至山前，人有见之者。"(《剑南诗稿》卷19)《舆地纪胜》卷151永康军人物记谯定于"靖康、建炎召到维阳。绍兴间，有雷道人见天授隐於青城山之牡丹坪。"《方舆胜览》卷61涪州下记谯定"或以为得道，隐青城山。"据南宋以来的史料记，谯定所隐青城大面山牡丹坪又称老人村，在宋代青城县北130里处，即大面山水磨沟、兴仁场附近，其地今属汶川县水磨镇，近都江堰市西界，离崇州市街子镇也较近。

冯时行当时并不知晓其师隐居的具体地点，所以在今街子镇、青城山镇一带游访时没有遇见谯定。他曾到今青城山镇石桥村造访始建于西魏大统年间（535—551），系青城山上下最早的佛寺香积寺。该寺宋代前名灵岩寺，又名通灵山寺。《蜀中名胜记》载："香积山寺，即灵岩寺也，有瀑布及鸡骨禅师塔，即《周地图》之通灵山寺。"宋时香积寺规模宏大，有龙门洞、五叠泉、摩云亭、鸡香桥、虎啸亭、鸡骨禅师塔等胜景。冯时行游后作了诗，到绍兴末期他出任彭州知州重游时又写有《题香积寺》诗。以后陆游也曾游该寺，题有赞诗。

第四节　唱和作画思前程

在江原任中，冯时行与友朋们唱和，他写有《寄越州张子文待制二首》：

霜清玉洁紫微人，海水群飞蹭蹬频。首尾七年归剪拂，东西万里隔声尘。酒杯强遣愁中趣，药裹长随健里身。天远征鸿飞不到，登高极目更伤神。

风尘绵邈想怀家，为报平安向海涯。婿旧能诗鸣晓雁，儿初弄笔抹秋鸦。陶张蹇石真心腹四人为干集家事，王蔡韦侯比辅车四人其家邻里。更有梁山何小隐，要乘春涨别金华。何子应，子文内兄；金华，子应山居。

（《缙云文集》卷2）

该诗题中的越州为北宋州名，南宋绍兴初更称绍兴府（今浙江绍兴）。张子文，蜀人，曾知漳州。南宋人评其"业履端良，才应用而有余，器无施而不可，士林归重，朝论推高。"治州郡"民既安堵，功高列城。"（刘才邵《杉溪居士集》卷9《答漳州交代张子文启》）又以参预论政，任宋高宗顾问"待制"（官从四品）出知越州。他的妹夫是冯时行的好友何麒何子应，即山居在梁山（今重庆梁平区）的何小隐。

两首诗写于绍兴四年（1134）。与张子文交好的仙井监（今四川仁寿县）人韩驹《送子文待制归蜀》诗云："家近锦江归未得，见人之蜀便凄然。闻君细说开州好，劝我来依刺史贤……"（韩驹《陵阳集》卷4）诗中所说的开州刺史即张子文妹夫何子应，他知开州（今重庆市开州区）是在绍兴四年至六年（1136）。（何子应撰《开州守廨题名记》碑）《陵阳集》叙韩驹卒于绍兴五年（1135），那么他写送张子文待制还蜀诗应是在绍兴四年即何子应任开州的第一年。冯时行寄诗云张待制，诗句有"儿初弄笔抹秋鸦"，时行之子此时 3 至 4 岁。洪迈在《夷坚丙志》卷 2《舞阳侯庙》条记冯时行知万州时其子"七八岁"，时间是绍兴九年（1139）。由该年前推到绍兴四年（1134），其子正是"抹秋鸦"之龄，所以说二诗作于该年。

冯时行在江原县常提笔作画，尤喜绘画墨梅。他将自己画的墨梅寄送给友人曾几，曾几作有赞《冯县丞墨花》诗云："君持松煤与研滴，惨澹不言生百物。胸中自无俗子韵，落笔乃有此气骨。江梅正尔不施丹，为我拂拭为清寒。一枝早晚到窗儿，定作月影横斜看。"（曾几《茶山集》卷 3）

曾几（1085—1166），字吉甫，号茶山居士，赣州人。南宋著名诗人，曾为陆游师。北宋末赐上舍出身，任校书郎。高宗即位，改提举湖北，徙广西运制江西、浙西提刑。绍兴八年（1138）前后与兄曾开因反对秦桧与金议和而被罢官，直到桧死后始得起复，卒年82 岁，谥号文清。曾几学识渊博，陆游评其"雅正纯粹，而诗尤工。"《宋史》评说"纯正雅健"。方回《瀛奎律髓》卷 19 载说："老杜之后有黄、陈，又有简斋，又其次吕居仁之活泼，曾吉甫之清峭，凡五人焉。"曾几是江西诗派后期代表之一。

通过曾几写的诗，可知善诗词文与书法的冯时行还是一位画家，应将他补入宋代画家名录中。

绍兴四年（1134），冯时行给了解自己，情谊深的友人寄去《上知己》诗：

十年宦海尘埃客，文墨於人有底功？天远宁知心匪石，官卑不许气如虹。唐虽未老行将老，衍不应穷究竟穷。何日得君天上去？收云拾雨借长风。

（《缙云文集》卷 2）

冯时行在诗中感慨自北宋宣和六年（1124）进士及第后，一直在蜀中基层担任非主似客般的小官，时间已长达 10 年。自己有知识能作文与人比有更扎实的功底，但因远离朝廷虽不为帝所识，心里却很坚定。他遗憾官小位卑不能舒壮志，不能气吞山河剑指天下。并引《史记·冯唐传》记汉文帝时冯唐正直无私，敢于进谏，不徇私情，故多遭人排挤，直到头发花白，年事已高，也没得到升迁重用和《后汉书·冯衍传》叙东汉初期，博通群书，正身正行的辞赋家冯衍，不为光武帝刘秀大用，最终因贫困而卒之事喻比。他希望早日得到宋高宗与朝廷的赏识，好"收云拾雨借长风"，充分发挥自己的才干，为国家做出宏伟的业绩。

绍兴四年（1134）春，冯时行在江原还写了感叹自己仕宦，如浮萍断梗般漂泊已经 10 年的《清明》：

宝勒香轮簇柳阴，宦游清味独沈吟。野云未散山头暗，春水初生岸脚深。万里松涛寒食泪，十年萍梗故园心。狂风又卷残红去，飞落谁家无处寻。

（《缙云文集》卷 2）

邛州人费义卒，冯时行为他写了墓志。北宋崇宁三年（1104）三月，费义与州人韦直方在州学考试答策中，因诋讪元丰蔡京等政事，被开除押送到广南僻地编管，（《长编纪事本末》卷 126《州县学》）到北宋末大礼大赦才得以还蜀。费"义更名（费）允济，中进士甲科，"于南宋建炎三年底张浚宣抚汉中时入其幕府。不久以"意峭直难合，出为汉州推官，"卒于任，归葬邛州。家人请"冯当可先生志其墓甚详。"（南宋李心传《旧闻证误》卷 3）

冯时行在江原以县丞代行县令政务，做了很多于国于民有益的政事，受到广大百姓的赞颂。崇州知州、州判将他的德政上报成都，成都府路大吏和蜀帅对冯时行十分青睐，经考核评其绩优。绍兴五年（1135），大家一致向奉诏到四川抚谕军民的特使杨晨举荐他。

杨晨，字当时，夔州路达州人，北宋宣和三年（1121）试礼部第一，殿试进士高第。初授荆南府教授，建炎时继任张浚川陕都督府干办公事。绍兴初经丞相赵鼎推荐入朝任秘书正字。当时宋金在川陕地区进行拉锯战，入蜀要地和尚原在绍兴三年（1133）冬被金军攻占。绍兴四年（1134）初，宋金激战于仙人关，川陕地区形势紧迫。该年冬十月，朝廷升杨晨任尚书工部员外郎，出使抚谕川陕。

抚谕使是南宋朝廷临时设置的差遣使，其职责主要是"慰安存问，采民之利病，条奏而罢之。"（《宋史·职官志》卷167）还职掌"抚谕备受战火、寇盗、突伤、荼毒、颠沛之苦的百姓。""按察骚扰不廉官吏，听民申诉事干州县官衙冤屈，""所至或许决狱，""或临边抚谕前线军马，激励士气。"（龚延明《宋代官制辞典》）杨晨奉诏赴川陕的目的就是承担传达朝廷保蜀图秦军事命令，兼抚官民与察廉，向上反映地方实情。

绍兴五年（1135）春三月，杨晨到达成都。他早年在汴京读书应进士举时就认识冯时行，在蜀中任干办公事时已悉知冯时行清正廉洁和治理地方的才干。杨晨弟弟杨早与冯时行是同年进士，也知晓冯的为人。经过考察，杨晨将冯时行和潼川府通泉县人王利用、崇州晋原县人丁则、成都府眉州眉山县人常明、南京路郑州荥阳县人曹彦时，列为向朝廷推荐召见的人才。

绍兴五年冬十月，杨"晨自川陕使还"京，向朝廷奏报蜀中情况，特别举荐了冯时行等有作为的县级官员。宋高宗十分高兴，在当年12月初，"诏果州团练推官王利用、知阴平县丁则、江原县丞冯时行、知苍溪县常明、左迪功郎曹彦时并召赴都堂审察。如未能远来，令宣抚司与陞擢差遣。"（《建炎以来系年要录》卷96）

绍兴五年举荐冯时行于朝的是蜀人杨晨，但清代光绪三十二年（1906）名学者陆心源著《宋史翼》为冯时行撰传时误将杨晨写成杨愿，说冯时行"绍兴中官江原丞。五年，川陕抚谕杨愿荐其才行，诏赴都堂审察。"此后，民国向楚等编《巴县志》写冯时行，傅增湘编《宋代蜀文辑存·作者考》写冯时行，2004年出版《巴渝英杰名流》书冯时行条等均引用陆心源之误记。

经考查南宋叶适《水心集》卷23载其为杨愿撰《资政殿学士参政枢密杨公墓志铭》说："愿字原仲……中绍兴二年进士第，迁计议官，召试馆职。"又南宋陈骙《南宋馆阁录》卷7记：杨愿绍兴二年进士及第后任低职计议官，历8年后才升任馆职为正八品"秘书丞"。文云"杨愿，字原仲，山阳人……（绍兴）十年四月除"（秘书丞）。前叙可知杨愿在绍兴五年前后官微，他是无权向朝廷推荐多名知县与县丞的。据查《宋史·杨愿传》和杨愿墓志铭也无他曾抚谕川陕举荐人才的履历，所以冯时行等人不是杨愿推荐的。杨愿的愿字与杨晨的晨字字形相似，应是陆心源著书时将杨晨误为了杨愿。今特予辩正。

宋高宗诏冯时行等 5 人入京审查，但由于此期间蜀中县州需要能吏，四川宣抚司已按惯例先差遣冯时行到眉州丹棱县任知县，王利用被任为"阆州通判"。（《全宋文》卷 4195 王利用小传）常明、丁则（字利用）等人则在绍兴六年（1136）奉诏入京任职。

绍兴六年春，冯时行送相识不久一见如故的丁则乘船东下，写作了《和丁利用韵》诗：

末路初倾盖，春风一系舟。英姿森剑戟，余论有《春秋》。时事朝暮别，年华日夜流。徒劳是州县，东去勿迟留。

（《缙云文集》卷 2）

第七章　迁知丹棱县政声显

第一节　访贤交友颂忠义

绍兴五年（1135）十二月，冯时行从成都赴眉州（治今四川眉山）丹棱县任知县。

宋代眉州是上等州，属川中四路之一的成都府路管辖。州东邻隆州（治今四川仁寿）、南界嘉定府（治今四川乐山）、西连雅州（治今四川雅安）、北接邛州（治今四川邛崃）与成都府。

丹棱县，东南西北分别近邻眉山、青神、夹江、洪雅、名山、蒲江等县。

在南朝齐明帝时期，丹棱县称齐乐郡。因县城北面有赤岩山，岩高色赤有棱，隋文帝开皇十三年（593）定名丹棱县。《今县释名》记："县北有赤崖山，高耸赤色有接，如鸟游之状，拱翼县治，丹棱之名，盖取诸此。"唐代武德二年（619）始，丹棱属眉州管辖，宋代为眉州所辖四县之一。

丹棱县在地方普通府州辖县六个等级中属于最高等的"望"县。北宋《元丰九域志》卷7载："望，丹棱。州西六十五里。七乡。东馆、栅头、蟠鼇、青倚四镇。买茶一场。有龙鹤山、思濛水。"

冯时行到了丹棱，即按任职要求展开了工作。知县职能一是实户口、征赋税、均差役；二是兴修水利，劝课农桑；三是兼领具兵政，维持本县社会治安；四是惩恶扬善，以德化民，兴办学校；五是安抚水旱流亡及赈济贫民；六是平决狱讼。

为了搞好内容多，涉及面广的县务，冯时行从抓大事、要事，缓小事、不急之事着手，先后登门拜访了本地有才德、声望的贤达人士与老年尊长，以求得到众乡绅的支持，顺利地施政利民。

丹棱城南6里路处的丹棱茶林村高庙沟杨湾，是大姓杨氏居地。

该支杨氏系出关西郡（弘农郡），是东汉太尉杨震的后裔。唐代末期有任行营招讨使的杨光随僖宗皇帝入蜀，其后代官任别驾的杨光远迁居于丹棱，到北宋时有杨齐考中嘉佑八年（1063）进士。杨齐之子为杨素，其子杨时考取崇宁二年（1103）进士，曾任合州知州。杨素之孙、杨时之子杨炜字隐父（甫），入太学能文词，以父任授职，负责监县级茶场、酒税。杨齐的族弟杨湜，其子杨郁中崇宁五年（1106）进士。杨郁之子杨靖，中绍兴十八年（1148）进士。

杨湾杨氏中的杨素是丹棱富翁，好诗文、收藏，凭礼义享誉一方，以父任官获赠朝散大夫。他与著名诗人黄庭坚友好，曾拿出巨额资金，于哲宗元符三年（1100）在高庙沟修建集杜甫和黄庭坚诗书艺术为一体的"大雅堂"。在中华文明史中，成语"不登大雅之堂"之典即出于丹棱大雅堂。堂原建为红墙碧瓦大殿 6 重，陈列诗碑 300 余块。到明末清初时，堂与碑均毁于战火之中。2015 年，在高庙沟原址重建的大雅堂全面竣工，对外开放。

冯时行到高庙沟杨湾，谒见了比他年长 7 岁，生于北宋哲宗元祐八年（1093），绍兴六年（1136）已 43 岁的杨炜。冯时行在所撰文中说："绍兴己卯、丙辰（绍兴五、六年，1135 与 1136）间，某尝令丹棱。始至，则求乡之贤硕耆艾，敬礼之，与之游，而得杨隐父……仁义君子也。"（《缙云文集》卷 4《杨隐父墓表》）

冯时行在丹棱与杨氏族人尤其是杨隐父相处很好，县中政事得到了他们的鼎力支助。冯时行与杨隐父常唱酬，在残存的《缙云文集》中今仍存有 3 首交游诗。其中之一是《绍兴六年十月六日，同信可、舜弼、进道谒隐甫。值渠晒画与中庭，遂得纵观，中间不无可人意，独范宽〈雪山〉八幅超然绝群，令人意象肃如，真得脱身归岩壑间者。请赋诗以"知君重毫素"为韵得"君"字》：

画山画骨更画魂，范宽此中高出群。君家八幅老笔墨，百年古箧铺香芸。我来日出挂东壁，苍崖落雪飞纷纷。寒鸟不动空无尘，荡荡晴天开四垠。终南太华入霄汉，秀色千里填河汾。想当盘礴未画时，天地开辟云中君。长鲸吸川欲醮醯，疾起信手驱风云。须臾却立万岭下，援笔往往齿没龈。平生爱山在梦寐，行年四十老更文。

摩挲岩壑重感叹，径欲杖屦从麋鹿。画龙傥有真龙至，归即到山非浪云。列仙之儒恐邂逅，烟霞芝术应平分。

（《缙云文集》卷1）

该诗叙谈冯时行在绍兴六年（1136）秋与在隆州、眉州任州县官吏的友人郭印（字信可）、陈舜弼（名正，璧山县南历山人）、姚毅（字进道），同去高庙沟杨湾谒访杨隐父（甫通父），观其家藏正晒之名画，认为诸多画中以范宽的8幅《雪山》画最佳。然后大家分韵作诗。

姚毅，秀州华亭县（今上海松江区）人，喜读书，善诗词文。宋人说其"操笔立成，若借书于手，兴寄高远，句律超妙，"如唐之李贺也。（宋代张守《毗陵集》卷10《姚进道文集序》）

范宽，字中立，华原（今陕西铜川耀州区）人。宋代著名山水画大师，入选世界"第二千年百大人物"，排名第59位。约生于五代后汉乾佑年间（948—950），北宋仁宗天圣年间（1023—1031）仍健在。早年师从李成等工山水，后感悟"与其师人，不若师诸造化"，而能自出机抒，移居终南太华山中，长期观摩写生，山川气势尽收胸臆，最终创造了与李成迥然不同的山水景色，并且善画雪景。

冯时行在诗中主要赞评范宽《雪山》图画出了终南太华山的秀色，展现了北方山川的壮美景色。画中还蕴涵着道家思想与自然观照。他为范宽笔下的山水气骨和灵魂而感奋，认为所画技法灵动高妙，得山之骨法，画出了山之骨，山之魂。由于范宽传世作品不多，冯时行对8幅《雪山》的赏评给后世人认识范宽的画起了积极作用。他评价"画山画骨更画魂"，可谓是评论范宽画论中的名言，至今常被人评画撰论者沿用。（中国论文网载《范宽独辟蹊径，画山画骨更画魂》、中国学术期刊网载《画山画骨更画魂》）

诗题中，冯时行还采用了唐代杜甫《奉先刘少府新画山水障歌》诗中"知君重毫素"诗句，（清代杨伦笺注《杜诗镜铨》卷3第112页）可知他与同游友人郭印、陈舜弼、姚毅等均是尊杜学杜的人，说明他们推崇杜甫的人格，对其诗歌、"诗史"尊崇。

丹棱唐氏也是旺族，是继眉山三苏（苏洵、苏轼、苏辙）之后出现的家族人才群体，以唐淹、唐庚、唐文若父子孙 3 个人最有影响力。

唐淹是北宋著名的经学大师，一生授业数百人，学生们尊称他"鲁国先生"。其学在仁宗嘉祐、英宗治平年间有盛名，闭门谢客著书，主要有《五经彻旨》30 卷、《春秋讲义》30 卷、《辨三传》7 卷。当时学经者争投门下，推为一代宗师。

唐庚，善属文，举进士，任宗子博士。宰相张商英荐其才，为官清正，是北宋末蜀中最重要的作家之一。其文采风流，当时有小东坡之称。

唐文若，字立夫，史载其才华横溢，拥有杰出的政治、军事才能。绍兴五年中进士，授左迪功郎（从九品），任潼州府（治今四川三台）府学教授。他如冯时行一样，一生敢于直言，主张抗金，为百姓多做实事。

在丹棱唐河乡唐氏大宅，冯时行与出任潼州府教授还乡的唐文若相识。冯时行比唐文若年长 6 岁，二人相谈甚欢，成为了终身好友。

冯时行还认识了丹棱张明远、李焘、眉山史尧弼、程敦厚、永康导江王道亨、仁寿员兴宗、李时雨和杨养源、任道夫、孙彦和等士人与官吏。

丹棱有刘氏，乡"以为大姓"。其中有在"靖康国难"前后为国征战的志士和与金军对垒血洒疆场为国捐躯的守吏，如刘尚之随其族叔刘汲守邓州（河南邓县）血战，幸免于难；刘汲则在邓州指挥将士杀敌，阵亡于城下。

冯时行曾撰文记：秀才刘尚之喜读兵书，好谈军事，通阴阳占术，少有大志，以傅介子、班定远为榜样。"宣和末，自言天下将大乱，乱世有用之才非我辈其谁？已而果乱，尚之适从其族叔（刘）汲守邓州。"（《缙云文集》卷 4《刘尚之墓志铭》）

南宋晁公遡《嵩山集》卷 52、赵甡之《中兴遗史》、李心传《建炎以来系年要录》卷 12 建炎二年正月、徐梦莘《三朝北盟会编》卷 24、《宋史》卷 448、《宋史新编》卷 173 有相同记：

刘汲出生官宦家，中绍圣四年（1097）进士，出仕所任清正廉明，敢直言。靖康元年（1126）任京西路转运使。金军侵逼北宋东都（洛阳），为御敌"诏知邓州高公纯以兵行，公纯惧不敢行。""知永兴府范致虚亦按兵不动。"刘汲怒斥并出策应敌，又带高公纯的部兵援东都，而京师已破二帝已被掳北行。高、范两州守相继逃避金敌，刘汲任邓州知州，"修城池器械，募勇士得数千"以对付金人。建炎二年（1128）正月三日，金军20万侵攻，刘汲率"州兵不满万人"与敌战。他对诸将士说："国家养尔曹，不死战无以报。且吾不令尔曹独死也。"众将士"皆感愤曰：'愿为公死。'复谕居民曰：'吾则死矣，若属俱屠，无益。有材勇愿与吾留者听，余尽出。'得敢死士四百余人。"敌大军至，刘汲分兵出东、南、西三门迎战。血战激烈时，他冒雨矢到东门处指挥杀敌，将士请其避，答云："敌知安抚使在此，乐为国致死。吾死，彼将不敢轻视中国。"最终战死城下。

刘汲在建炎元年（1127）十二月知邓州后，就决心决不逃避要为国守土致死难。他将家属老小送回丹棱，并叫族侄刘尚之同回。时为刘汲谋士的刘尚之再三请求陪族叔杀敌，为了守护大宋疆土他不畏死。激战中，刘尚之"出身乘城，冒犯矢石，百计支撑。"（《缙云文集》卷4《刘尚之墓志铭》）当他奋勇杀敌负伤后，刘汲强令人将他送出城隐藏，使之幸免于死，而后回到故里。

冯时行悉知刘氏舍身抗金杀敌的壮烈事迹后，非常感动，内心充满了对刘尚之、刘汲的敬佩。他到刘氏家中拜望，与刘尚之成为朋友，并将刘氏的英勇不屈事迹四处传扬，用以教化县民。数年后，刘尚之因伤仅33岁就亡故。到绍兴末期，冯时行应刘尚之之子刘庭实之请，为刘尚之撰写了墓志铭悼老友。

第二节　济灾民龙鹤祷雨

冯时行任职的丹棱县在绍兴五年（1135）、六年（1136）时遇到了自然灾害，先是五年夏季遭旱灾，接着秋季逢水灾，六年夏季又是大旱，并且发生了流疾病疫。

此次天灾时间较长，影响地域较广，不少史书都有记载。

《宋史》卷 66 记：绍兴五年秋，四川甚旱。

道光《重庆府志》卷 9 祥异附记：绍兴"五年六月，四川郡国旱甚；秋，四川郡县水。六年，四川疫；夏，蜀大饥，米斗二千，道殣枕籍。"

《宋史》卷 66 载：绍兴六年，夔、潼、成都郡县及湖南衢州旱。

同治《重修成都县志》卷《杂类志·祥异》载：绍兴六年六月，成都郡县皆旱。夏，蜀大饥。

《全宋文》卷 4498 宋高宗 60 叙：绍兴六年十二月十五日高宗《令四川郡守县令赈济饥民诏》云："四川去岁旱荒之后，继以疾疫，流亡甚众，深用恻然。"

此次旱灾、水灾、疫灾给川蜀广大百姓带来了很大的苦难。前任丹棱知县在绍兴五年夏旱、水灾后，见县中一片败落荒凉，无力济灾使百姓重生，就托病上奏辞官走了。

冯时行从成都到丹棱，一路上所见到的灾情超过了他的想象，不少乡镇村庄的景况比他前任的江原县还凄凉。在近距丹棱县不远的彭山、眉山一带，田野光秃秃的，全无未受灾之前禾苗葱翠的景象，所见到的多是枯树残叶，一片荒凉。路上随处可见三五成群的难民，他们携儿带女，肩挑背篓，或手推独轮"鸡公车"，夫吆妻叫，叟叹童哭，弃家舍业，离乡流浪，可谓哀鸿遍地，悲苦满道。

目睹天灾给百姓带来的惨状，冯时行双眉紧蹙，心潮翻腾起伏，心中一阵阵忧伤。他担心丹棱县的百姓，就扬鞭驱马急急赶路。他在想用哪些办法，如何去赈灾帮助辖县的百姓，使他们尽快减轻和脱离苦难。

到了丹棱，冯时行参加了县丞、主簿、县尉等为他接风洗尘的晚宴，在应酬中向这些官吏了解了本县的部分灾情。

按官场惯例，新知县上任须到县内各官宦门第进行拜访，同时县内各富商大贾也要携带厚礼前去拜谒知县。上任的最初几日，往往是知县发财的好时机。

饱读诗书悉知世故的冯时行认为，知县上任之初去访问当地官家豪绅之礼难以免除，自己仍应沿袭旧俗，这样就可以争取官绅们帮助，有利于救助县中受灾的百姓，但对于前来给自己送礼的则应拒收。他告知家人，对所有来送礼者，全给予婉言谢绝。

上任仅几天，冯时行就下发公文到县辖四镇七乡一场，要求复查受灾范围与灾民情况。他在拜谒官户乡绅时，则侧重收集了解了应对天灾的办法。短时间内，冯时行就掌握了全县受灾的实际情况，然后立即采取了种种措施，赈灾助民。

一、向成都府路官署、主管财政运营的四川都转司报送要求赈灾的文书，得到上司各官署的支持，批复同意丹棱县开官仓赈灾，转运司也下拨了一部分救灾粮食。

二、在丹棱县内多方筹粮，得到本地杨氏、李氏、唐氏等家族富贾以及几所大庙的支助，捐助了大量存粮。

三、对外公告，丹棱县不禁止市场卖粮，粮价自定。各地粮商闻讯，争先运粮到丹棱县出售，结果使粮食堆积，价格反比其它州县还低了不少。如此就对平抑本地粮价，保障百姓买粮起了重要作用。

四、将官仓一部分粮食借给缺粮的百姓，待灾后新粮丰收后归还。

五、将民间捐助的粮食分类赈济。对老弱病残者定量给粮，幼儿减半。各乡镇场均设发粮点，方便灾民领粮。

六、招集青壮年劳力，分划片区出工，治理主要河渠、水塘以备蓄水，并将深山老林中的水引流到田间浇种稼禾，生产自救。对出工之民，由县衙统一发给钱粮。

七、安置孤老弃婴，设置医所，安葬路亡者。

绍兴六年（1136），冯时行因天旱还去距县城10多里的龙鹤山调查。该山是丹棱名胜风景地，从唐代以来为蜀中著名道教圣地之一。

龙鹤山一名松柏山，南宋孝宗时又称龙鹄山。其山一峰高817米，独峙高耸，满山松柏苍翠，风景秀丽。唐代著名女道成无为、杨正见、李炼师，五代著名道长杜光庭，均在山中养生修道。成无为在山中修炼时，遍植松柏成林。清代乾隆《丹棱县·仙释》载："成无为，开元间女道士。幼而出家，誓死不嫁。卜居龙鹄山下，调形炼气，却粒茹芝；栖隐处有龙洞遗迹，有成炼师植松碑。羽士赵仙丹奏进其衣履，传之。见《松柏山碑记》。"又记云："李炼师，眉山人。天宝中，修道于松柏上，能祷雨以救旱，其应如响。"

冯时行来到山中，进入山中知名的天庆观，向道长安道人了解山中"龙涎洞"等几处龙洞水泉和以前天旱时当地抗旱的方法。他与老道一见如故，相谈甚欢，十分投缘。安道长尽其所知，介绍了附近水源和多种抵御旱魔，减少民畜渴讥的方法。

冯时行感谢安道长的帮助，告诉他将采用多种办法使百姓少受旱魃之害，并要再到山中按旧俗祈天，求神施雨助万民。

临行，安道长向冯时行乞诗，他就撰写了《赠安道人》诗。该诗已佚。时知仁寿县的郭印欣羡冯时行上龙鹄山问道访真人，他用冯时行撰诗韵写了《冯当可游龙鹄山有诗赠安道人用韵二首》："一到仙山眼自明，前身仿佛记曾经。真人眇忽在何许，更随藜杖缘青冥。""君今宴坐澄神谷，万象之中能见独。功成白日上层霄，莫忘飞来两黄鹄。"（郭印《云溪集》卷12）

不久，冯时行带领县中同僚、乡老、衙役和附近村民前往龙鹄山祈雨。

祈雨又称求雨、乞雨、请雨。古代以农为本，"稻粱民性命，丰歉国安危。"当天公不作美，农业不佳时，往往会引发许多社会问题，故祷雨求丰年历来为封建统治者重视。两宋时，从朝廷到地方官府尤为看重祈雨，当世祈雨可对多元化的神灵祈求。官方传统的祈雨之神，主要是上帝、祖先、自然神等，其中到名山大川祈神下雨则占了相当大的比例。龙鹄山很早就是官府祈神消灾的地方，习俗认为很灵。

冯时行写有《龙鹄祷雨》诗，记录了这次祈雨、降雨的情况和他的内心感受。

地灵丘壑邃，危路入紫烟。藤萝阒尺水，中有龙潜渊。青曦弄骄晖，绍兴丙辰年。嗷嗷周余民，生理谅难全。令尹谢不敏，来上天公笺。一念如丝芒，已斡造化权。夜半雷绕山，雨出山之巅。凌晨眺四郊，草木亦欣然。民戴神之休，次谓令尹贤。贤则吾岂敢，庶逭失职愆。甲兵久不洗，风霾涨尘寰。兹事非神助，谁其荡腥羶？物极理必反，否泰如循环。神龙傥有意，速起飞九天。

（《缙云文集》卷1）

该诗叙祈雨天太阳照耀，险峻的龙鹤山山路旁边的深谷中紫气蒸腾，升起片片彩霞。茂密的山林滕萝，掩蔽着股股细细流泉。在那流泉注入的碧潭中，潜藏着施雨之龙。绍兴六年中，天神羲和往往一大早就驾着太阳出来，将人间大地弄得酷热难耐。百姓因大旱而无收，以树皮野菜度日。缺粮使百姓饱受饥苦，"生理谅难全"，四处哀号受尽了苦难。冯时行自谦说自己作为主管一县的"令尹"，虽然能力有限，但是为了一方受苦难的百姓，特来向主宰自然界的神灵"天公"献奏笺，祈请速下雨降甘霖，以解大地生灵之饥渴，使万物去旱生长。

说来也神奇，就在冯时行率众祈雨的当天晚上半夜时，雷鸣闪电绕着龙鹤山不停。一会大雨从天降落，将丹棱县干渴之地浇了个透湿，转眼之间骄阳变霖雨，干枯的草木很快复苏。此事虽然是事出偶然，但全县百姓却兴高采烈地奔走相告，称颂冯时行是贤县令。而他却谦虚地说："贤则吾岂敢，庶逭失职愆。"认为能为百姓排忧解难是自己应尽之责，如果逃避则是罪过失职。

大雨之后，冯时行与同僚们立即组织百姓抢种秋粮菜蔬，不久就得到了收获，四镇七乡一场到处喜气洋洋。百姓家中有了食物，心情变得欢畅。由于冯时行处置赈灾和组织百姓生产自救有方，很快就扭转和减轻了天灾对丹棱的危害。

灾害过后，有文士撰词说：蜀中千里千田丘，原野荒凉人多忧；龙山树木少绿色，万户老幼哭无收；惟尔赈策如房杜，冯公祈得雨解愁。将冯时行比作如唐太宗时善于谋断事物的贤相房玄龄、杜如晦。

龙鹤祈雨、赈济百姓、组织生产自救等，充分表现了冯时行对百姓疾苦的关爱。丹棱县民不忘他的德政恩情，20多年后，冯时行

"被旨造朝，道过眉山，丹棱之人犹识之，"敬请他撰记。（南宋《国朝二百家名贤文粹》卷121《丹棱县夫子庙记》）从南宋历元明清至民国，人们在名宦祠中立牌位纪念他。

冯时行在丹棱任职这段时间，南宋朝充满了外忧内患。自绍兴四年，金国大举进攻陕西。绍兴五年金人又与所扶持的刘豫大齐国联军南下犯宋。此时期中原地区的农民军烽起云涌，陕西金军被大将吴玠击败，金齐联军也被岳飞等将领打退，但金人欲灭南宋之心不死，随时欲卷土重来。

在《龙鹤祷雨》诗中，冯时行除写关心丹棱百姓的生活疾苦外，他对国家的安危存亡十分担忧。在南宋刚建立不久，国势衰颓时，"甲兵久不洗，风霾涨尘寰；兹事非神助，谁其荡腥膻。"他深知，要大败侵略军，不是祷神能行的，而是需要一批如吴玠、岳飞的抗金俊才。

冯时行所作《龙鹤祷雨》诗，忧民忧国是主要内容。

第三节　修孔庙兴建书院

史载丹棱县祭祀孔子时间较早，唐代时是在白鹤寺中进行仪式。到宋代筑建了县文庙祭孔，同时在文庙中办县学。

绍兴初期，丹棱县文庙多处破损，墙体裂缝，县学房梁还出现了朽木，若不进行修理将岌岌可危。冯时行到丹棱后了解到这一情况，在赈灾抗旱救民大事基本告一段落后，就开展了维修县文庙的工作。该次修整使用公费不取于民，用工按修河渠塘堰之法选用青壮灾民给以钱粮，故在比较短的时间内就完成了修缮，使学生们得以安心在庙学读书。

位于丹棱县城南的栅头镇，是丹棱县4个大镇之一。早在后周时，丹棱县属齐乐郡齐乐县，齐乐县城曾设在栅头镇。宋代栅头十分繁华，史载"栅头镇，县南四十里。镇有九龙洞，其中幽胜，上有峰峦。《志》云：镇当嘉（州）、眉（州）、雅（州）往来之冲，人物阜繁，商旅辏集，甲于西南。"（清初顾祖禹《读史方舆纪要》）

冯时行在当地朋友张明远的陪同下，调查旱情时曾到栅头镇九龙山、金流河一带察看，并到九龙山建于东汉的净众寺礼佛。

净众寺在唐代元和年间（806—820）因寺周栽植了300亩竹，万竿修竹成为青青竹林而更名为竹林寺。史记唐代李白游此后，五代名僧、丹棱城东人可朋弃官后披缁居寺长达18年，与当时名流卢延让、欧阳炯、方干、齐己、贯休为唱酬诗友。北宋栅头人，主持荆州玉泉寺，与苏轼斗机锋的高僧王承皓，也多次游寺。

古寺后山名铁桶，有花卿墓。唐代梓州（今四川三台）刺史段子璋叛乱，被官军击败，残部流窜到山势陡峭、峻岩壁立的铁桶山据险顽抗。成都府尹崔光远派部将花卿追剿。因长途奔袭致兵力疲惫，且求胜心切，半夜攻敌时遇伏被敌砍头。人云花卿"忠魂郁结不肯散，虽死犹生自精悍。"他被战马奔驮到山下河边下马欲洗血脸，经浣纱女问才知自己已无头就仆地不起。乡人感其忠烈，将他礼葬于近竹林寺处，奉为土主神。

花卿，《旧唐书》崔光远传和高适传说其名"花惊定"。《明一统志》卷71"花卿庙"条记载说："（花）卿，唐花敬定也。本长安人，至德间从崔光远入蜀，讨平段子璋有功，封嘉祥县公。后又平寇单骑鏖战，已丧其元，犹骑马荷戈至镇，下马沃盥，适浣纱女语曰：'无头何以盥为？'遂僵仆。居民葬之溪上，历代庙祀之。杜甫歌：'成都猛将有花卿，学语小儿知姓名。'"北宋黄庭坚作有《书花卿歌后》："杜子美作《花卿歌》雄壮、激昂，读之想见其人也……至今有英气，血食其乡云。"（黄庭坚《山谷集·外集》卷9）

冯时行与友人凭吊了花卿墓，他赞叹花卿为国尽忠，卒后受到丹棱百姓的尊崇。

在竹林寺中，冯时行听老僧谈可朋轶事，并应请为寺留题。

后蜀时，主持可朋的诗友欧阳炯任丹棱县令，在广政十九年（957）大暑天带同僚纳凉于净众寺"依林亭"中，玩击鼓传花以饮酒作乐。此时寺外田间农夫们正冒着烈日汗流夹背地击鼓耘秧。

可朋不满县吏们的作为，即席咏作了《耘田鼓》诗予讽谏："农夫田头鼓，王孙筵上鼓。击鼓兮皆为鼓，一何乐兮一何苦？上有烈日，下有焦土。愿我天公降之以雨，令桑麻熟，仓箱富，不饥不寒，

上下一般足。"（《全唐诗》卷 849）

可朋诗说农夫们顶着炎日在田间击鼓薅秧，官吏们却在嬉玩饮酒作乐。同样是击鼓啊，为什么农鼓悲苦而官鼓却尽是欢乐？希盼上天普降大雨，使粮食丰收装满仓，使百姓食穿不缺，官民一样生活富足。

史载欧阳炯听可朋咏诗后即改错，令撤席罢乐。

冯时行敬佩可朋不惧得罪权贵朋友，敢于为民讽谏的精神和殷忧民情、关心百姓的行为，联想到丹棱遇到的大灾，更为可朋祈愿百姓生活富足的慈悲胸怀感动不已。他在为寺"依林亭"题额时，就将此亭更名为"善讽亭"。

可朋作讽谏诗之事，北宋宣和三年（1121）进士计有功撰《唐诗纪事》收入卷 74 中；绍兴二十一年（1151）进士尤褒作《全唐诗话》收于卷 6 中；南宋李畋《该闻录》，清人吴任臣《十国春秋》卷 57、王奕清《历代词话》卷 3 均有记叙。但各书却失记改"善讽亭"名之人的姓名，惟清代人抄本和民间口碑说是冯时行更改的亭名。（1982 年北碚温泉寺园艺师张文华述）

冯时行在栅头发现该镇和邻近的东馆镇读书人很多，却因镇无层次较高的书院类学校，多数人只有进私学读书，这样不利于出产优秀人才。他还发现，众多读书人习儒却缺少尊崇孔子之礼，查其原因系镇中无夫子文庙，若礼祭孔子必须跋山涉水到 40 里外的县城文庙才能崇祀，因路远不便士子们往往就不去礼孔而是到近处的寺庙道观中礼佛求神了。

冯时行认为如此是本末倒置，必须帮助乡人在栅头镇建一座孔夫子庙兼书院，供附近众书生上学，培养人才造福百姓，光大儒家文化。他把想法告诉朋友和栅头士绅，得到了大家的支持。

记载冯时行修丹棱夫子庙的史料较多，至现代人尤不忘栅头夫子庙"是由时任丹棱县知县冯时行创办……创办时丹棱知县冯时行还捐出了一月的俸禄，同时得到栅头镇的士大夫、官僚、士绅个人赞助，由朝廷赠匾、赠书，朝廷承认栅头书院为合法学校。首任院长由丹棱知县冯时行兼任，历任院长有知县杨总、袁渊明、冯仲晔、孙客宜、汤客谐、江谦等。担任书院主讲的多是丹棱县及栅头镇的一些不愿入仕的大儒或求官不得的儒生。"（2017 年《丹棱故事》载《丹棱宋代栅头书院》）故尔该书院人才辈出，"成为四川著名书院之一。"

绍兴六年（1136）底，冯时行从丹棱县离任调到成都制置司，20 多年后他出任黎州应诏从成都赴京时道过眉州丹棱，县民请他撰写了《丹棱县夫子庙记》。该庙记文少数史书又称《栅头镇夫子庙记》。该文今见载于清乾隆、光绪、民国《丹棱县志》和嘉庆《四川通志》卷 37、同治《璧山县志》卷 10、民国《眉山县志》卷 2、民国《宋代蜀文辑存》卷 46、今人胡问涛、罗琴著《冯时行及其〈缙云文集〉研究》第 248 页至 249 页，但这些书所载该文均少句缺文。经查唯南宋人所编《国朝二百家名贤文粹》书卷中是今见最早记冯时行作该庙记文的书，而且载文最详。今人编《全宋文》卷 4268 也收录了该全文。《丹棱县夫子庙记》（冯时行原文注"绍兴三十一年"作）全文云：

浮图氏之书，专以祸福恐迷世俗。人闻敬佛得福，毁佛得祸，莫不崇信恭恪。塔庙布满，雄杰焕丽，过于王者。吾夫子所言，皆古今不易之道，非有信证，不出诸口，其肯以怪谲汗漫之说杂乱典训？人亦无所恐惧歆羡，故祠庙凄冷。今独国郊若州县乃仅有之，未尝有以已意私自荐祭者。惟丹棱之东馆、栅头二镇，士类兹多，尝自诵其言、学其道，有以君臣、父子、兄弟、夫妇、朋友，以义、以亲、以和、以别、以信。郡国三岁宾兴，被其惠利，至为公卿大夫以受其禄。而春秋二祀，距州县迁远，不获奔走祠下，盥洗降登，自致其诚敬，报本反始之义不备。乃合乡之人力，作夫子庙于镇之南郊，严实精闳，荐献有位，洒瘗有所。每春秋，父子兄弟涤濯举薰酒醴牺牲，跄跄济济，祗奉祀事。呜呼，可谓知其本矣！

夫圣人之道，发于外所以饬内，修文所以丰实。今也福无所觊，祸无所避，以道德仁义，人伦大法之所自出。后世自天子达于庶人，如病有药，如子有母，如妇有家，盛德大业，天复地载，故中心诚服，如当时七十弟子。於是祠庙翼翼，笾豆楚楚，祼瓒酌献，礼义备具。吾知是二乡自今至於后日，若子若孙，必有不忍弃其诗书之业，孝悌忠信之行，甘心不齿於乡党邻里。何者？耳濡目染，外有以饰其文，内有以丰其实，教之所由兴，俗之所由美，有不得不然者。东馆衣冠，异时不过州县，今秉旌持节入禁使小大法从。栅头自国朝以来，未有登名进士举者，今试礼部往往辄居甲乙。呜呼！吾夫子虽不若浮屠氏明言祸福，而福亦不赀矣。

古渝冯时行绍兴丙辰尝令是邑，后二十有七年，岁在辛巳，时行自假守沈黎被旨造朝，道过眉山，丹棱之人犹曰："斯事未有记载，非吾昔令尹，其谁宜为？"时行曰："敬闻命矣，不敢辞。"东馆作庙以绍兴壬申，首作庙之议者吕相。时绍兴辛巳记。

（南宋《国朝二百家名贤文粹》卷 121）

冯时行作《丹棱县夫子庙记》文主要褒扬了宋代丹棱县人重视文化教育的淳厚民风，同时表达了对丹棱人的良好祝愿。通过该文可知他对孔夫子的尊崇亲近，对儒学所持之诚服与肯定态度。

文末段"绍兴丙辰"是绍兴六年（1136），"岁在辛巳"是绍兴三十一年（1131）。从绍兴六年到绍兴三十一年间为 26 年，"后二十七年"应为二十六年，"七年"当系六年之抄或刻误。

当冯时行出任丹棱知县时，其弟考中了绍兴五年（1135）状元汪应辰榜甲科进士。璧山南宋进士高若霖《邓坤异言吉地科第》文说："绍兴己卯岁（1135），冯丹、白约……中甲第。"（清代乾隆《重修邓氏族谱》）又元代延祐璧山进士杨鹤鸣撰立《璧邑唐宋进士题名》残碑载有"白约、冯丹"名。冯丹在族中大排行为"二十二"，他进士高第后被分往成都府路怀安军金堂县任主簿。冯时行写了《送二十二舍弟赴金堂簿丹》诗：

巴中倦奔走，岁暮增惨戚。瞻望几奋飞，那能季行役。距家才十舍，身苦万里适。临老如别何，相看数归日。

（宋冯山《安岳冯公太师文集》卷 5）

第四节 探幽访胜作题跋

冯时行喜爱游山访古，他曾说"人间好山水，往往尽径行。"

（《缙云文集》卷1和《和鲜于晋伯游卧龙》）在丹棱一年知县任中，冯时行的足迹遍于县中名山、古寺，多有诗词留题。他还应时任仁寿知县的郭印和任职眉山附近的朋友之邀，寄情于周邻郡县山水，留连题咏。凡有佳丘壑丽古寺，虽途远数十里，山陡林深也必往游。

在公余假日，冯时行携尊酒或一杯或畅饮，然后写诗作文不倦。

绍兴六年（1136）正月初七，冯时行写了《游云泉寺》诗：

人日访山寺，春风能借温。柳桥通野水，柏径隐重门。泉窦来何处？梅花别有村。从容寻旧约，假榻卧云根。

（《缙云文集》卷2）

云泉寺，清代改名观音寺，位于丹棱县城东。清光绪《丹棱县志》卷3祠祀载："观音寺，东八里，联溪曲径，崔莘穷崄……邑令冯时行有诗，见《艺文》。"卷9《艺文》载："观音寺，宋邑令冯时行（作）"。清同治《璧山县志》卷10载："观音寺，冯时行（作）"。丹棱、璧山二县志载《观音寺》诗与《缙云文集》载《游云泉寺》诗字句多同，唯第二句"柳深通一径，松暗隐重门"与第4句中"寻旧约"略有不同，应是后世传抄所致。

冯时行的朋友郭印《云溪集》卷9载有《游灵泉寺》诗，句中仅"柳桥通一水"之"一"字与冯时行《游云泉寺》诗不同。考郭印《云溪集》是清代时集录成书，冯时行《缙云文集》明代已复刊印，《游灵泉寺》诗当是清人误将冯时行之诗收入《云溪集》中。

2004年出版的《巴渝诗词歌赋》书第153页载冯时行《游云泉寺》诗说："云泉寺，又名温泉寺、北泉寺，位于今重庆市北碚区北温泉。"此说错误。据民国、清代各种《巴县志》、《璧山县志》和今编《北碚区志》记，北泉寺宋代名崇胜禅院、温泉寺、温汤寺，明代又名崇胜寺、温塘寺，清代曾称温汤峡寺，民国还名北温泉。宋代以来北温泉从未称名"云泉寺"。冯时行写北温泉的诗如其他宋代人一样是称"温汤"，如他写《假守蓬州视事二十日，以台章罢黜，行至温汤，作此以寄同僚二十韵》。他从未称北温泉名云泉寺。

2007年出版《璧山古诗鉴赏》第35页载张志一沿用《巴渝诗词歌赋》书之误，以北温泉为云泉寺，并说该诗是"冯时行遭贬谪后隐居缙云山下"时作。亦误。

今人著《冯时行及其〈缙云文集〉研究》书据《缙云文集》收了《游云泉寺》诗，但在辑冯时行佚诗时又从清同治《璧山县志》中辑录了《观音寺》诗，系重出。两首诗实为一首，应以冯时行《缙云文集》载《游云泉寺》为正确。

冯时行假塌云泉寺，书写佛光禅影，在诗中采用白描手法，展现柳桥、柏径、温泉、梅花等景物。景物极富层次，构成了一幅自然和谐、清新明丽的早春美景。诗用语虽平淡却自然，怡然自得之乐寓于诗中。"从容寻后约，假塌卧云根。"映照出冯时行心灵的清净无垢、妄念不生的心境。

丹棱县有石龙山，早在唐代时已知名。该山多青松翠柏，山峰挺拔，风景秀丽。清晨，朝阳照射，山涧升腾起薄雾，全山若隐若现在迷离的雾露之中。午时，山中树木葱笼不见天日，黛色的群山似被雨水冲洗过一样清翠。傍晚，夕阳西下，朝霞满山，全山显得更是气象万千。

石龙山中有唐代即远近闻名的名刹法宝院，位于今四川省眉山市东坡区万胜镇天乐村12组。寺院依山傍泉，掩映在莽莽苍苍、遮天蔽日的松柏楠竹林内。环境幽雅绝尘，人至该处宛若置身画屏，无不心旷神怡，如入仙境，流连忘返。

史载丹棱石龙山唐朝宋代香火旺盛，法宝院出有著名主僧主持。南宋时，有16岁就到石龙山法宝院出家，数年后出蜀云游，最后成为杭州灵隐寺大禅师的法薰。据明洪武年间居项撰《续传灯录》卷35载："杭州灵隐法薰禅师号石田，眉州彭氏子也。师生面慧敏。三四岁时见佛僧即知礼数。年十六往从丹棱石龙山法宝院智明出家。"

法宝院侧有唐代石刻观音，宋代初刻千佛龛，龛内雕刻千佛均戴宝冠，或坐或倚，或立或卧，或交谈或沉思，姿态各异，刻造精美。一尊坐像下脚印中刻法轮金鱼图案，系佛陀脚印法相，特别奇异，学界考说川蜀众多佛像石刻中仅见此一例。

冯时行来到石龙山寺礼佛，观看了石刻古迹，写了《游石龙偶成，寺僧通首坐饱历丛林，归老此山，故诗多及之》：

飞泉撼琳球，群山高崔嵬。山有古道场，紫烟笼观台。石门不施关，荣辱自不来。霜钟鸣万壑，日出山雾开。老僧挈筥篮，上山拾羹材。归煮南涧水，至味谢盐梅。食饱不下床，法身充九垓。破衲一甲子，云间与徘徊。我欲吐情语，铭之古岩隈。云切戒多事，勿听龙作媒。为雨非不佳，世间多尘埃。预恐为雨罢，归来污苍苔。

（《缙云文集》卷1）

该首纪游诗说石龙山古寺是地位很高的老僧通首坐归老之地。据全诗意冯时行此时对佛教已经有了比较深的认识与了解，故才能理解"至味谢盐梅"，才能体味"荣辱自不来"的境界，以及对尘埃世间的避弃。他欲将己之情语如那些石刻一样，"铭之古岩隈。"

对于该诗，今人著《冯时行及其〈缙云文集〉研究》书第3至4页"注释"说：冯时行"建炎三年（1129）为万州南浦（治今重庆万州区）县令，此诗作于南浦任上。"云"石龙：今重庆市万州区西盘龙镇。郦道元《水经注》卷三三《江水一上》：'江水又东径石龙。'注：'水至于博阳二村之间，有盘石广四百丈，长六里，而复始于岨塞江川，夏没冬出，基亘通渚。'曹学佺《蜀中名胜记》卷二三《夔府三·万县》：'按即县西之盘龙碛也，江岸中有黄金沱、峨眉碛、古练石，皆以形似得名。'"

前书之注释说冯时行建炎三年（1129）为南浦县令和石龙是在万州盘龙镇皆错误。理由如下：

一、冯时行从建炎二年到四年均是在奉节县尉任上，他任南浦县令的时间是在绍兴元年（1131）到绍兴二年（1132）。考察绍兴二十九年（1159）成都太守王刚中举荐冯时行出任黎州知州，该年秋冯时行给王写《上太守扎子》说："某往者备员万州南浦县令，台座还自东南，天与厚幸，邂逅获识莫表，自此夤缘，雅入眷照，殆三十年矣。"据冯之说从绍兴二十九年（1159）前推至建炎三年（1129）为31年，与冯时行叙"殆三十年矣"不合；而从绍兴二十九年前推近30年则是绍兴元年（1131）、二年（1132），与冯时行自叙"殆三十年矣"相符合；可证冯时行建炎三年不是任南浦县令明矣。

二、查万州地方史志书，万州南浦没有"石龙山"。郦道元《水经注》和曹学佺《蜀中名胜记》所记的南浦"盘龙碛"是长江"夏没冬出之石碛"，不是山与寺。冯时行所写诗中的"石龙"是"飞泉撼林球，群山高崔嵬。中有古道场"的石龙山与寺庙，非盘龙石碛。此石龙山宋代时地属丹棱县，清代初年划给眉山县，今为眉山市东坡区辖地。现山中仍有法宝禅林亦名法宝寺，寺侧遗存唐宋摩崖造像，龛壁有唐"文德元年（888）"、"乾德二年（964）正月六日"题记，是眉山市重点文物保护单位。

丹棱县城西郊有唐代大中末年修建的白鹤寺，至今遗存有建筑造型与陕西西安小雁塔极为相似的白塔。苏轼游此作有诗。冯时行曾到此观览并到近邻的天华寺游。地方史志记天华寺亦称天华观，位于丹棱城西七里，白塔寺（即白鹤寺）右。苏轼弟苏辙有记文，因年久寺已废碑磨灭不存。绍兴六年（1136）秋，冯时行与父母家人和朋友游此，写有游天华寺文与诗传世。其撰文为《天华寺欲作山亭因题其壁》：

西山千里，来朝三峨。至丹棱，凤翥龙翔，顾往不去，而天华寺适当其冲。然千楹百栋，而无容膝之地，可与山相领会，亦好事者之一疵也。

一日侍亲合朋，从杖履，延望於西北之郊，相与叹而言曰："争名者於朝，争利者於市，此亦丘壑之朝市也。立藩篱、植荟蔚，以自谢绝天地英灵神秀之气，其何心哉？"寺僧文照慺然而惭，请合其徒之力，结亭以补数百年之阙。

夫士之穷达，命也。物之显晦，时也。朱草灵芝，不为瑞於尧舜之时，而记珍於千载之下；玄圭大璜，帝王大宝，亦复寂然，无闻於今之世矣。夫物亦何常之有？文照果践其言，吾人酌酒赋诗其间，一醉此山之神而劳之。日生於大化胚浑之初，始见赏於今日，可谓晚矣。此邦之贤士大夫，四方之迁人羁客，观於兹亭之上，为尔知音者，而今而后，盖未始有极焉。山乎，亦可以无憾也。落成之日，当目为山亭，书此令文照揭之，以为作亭张本。同游者郭信可、杨隐甫、仲、王逸民，某侍老人杖履。

（《缙云文集》卷4）

诗《天华寺亭二首》云：

老去心如水，眼明犹爱山。偶来出己意，特为破天悭。能使渺茫处，尽归寻丈间。公余成践踏，心事等云闲。

一亭开浩荡，千载纳幽闲。日色射丹巘，秋资凝翠鬟。人家屏上见，鹭点镜中还。冷宦惊人眼，无妨饱看山。

（《缙云文集》卷2）

诗与题壁文说冯时行绍兴六年秋"公余"时为破天旱，邀约隆州仁寿知县郭信可、邛州蒲江县监管酒税官杨隐甫、知名书画家王逸民等到"千楹百栋"的县西大庙天华寺礼佛，并携扶父母冯中大、陈氏等家人同往。

大家不惧山路艰险，拄着手杖相互帮扶爬上地处西山尾端的天华寺，立于寺西北边眺望，为山中幽美的山水欣喜，同时也为山交水会颇有"英灵神秀之气"的好景地无一赏景亭而遗憾，感叹"千楹百栋而无容膝之地可与山相领会。"

寺主持文照十分惭愧，认为冯时行等人说得有道理，表示本寺僧众要按照大家的建议在该地修造一座观景亭，为古寺"补数百年之阙"。

冯时行等人既感叹亦觉宽慰，为欲修建山亭之举而欣喜。他本人愿意为此赋诗作文"以为作亭张本"，预先叙造亭之原由。他还豪气地畅想，待亭建成之后，"一亭开浩荡，千载纳幽闲。"寺亭将成为文人墨客流连之处，如此绿水青山将无遗憾也。

在丹棱，冯时行忙于抗旱救灾和其它事务，公余闲暇不忘寄情山水古寺，大自然的美景可使其得以休憩身心。从其游天华寺所写的诗文可看出他对自然的审美趣味、追求和淡泊心怀。

绍兴六年（1136）九月九日重阳日，冯时行邀约郭印游览龙鹤山，撰写了《九日邀郭信可登龙鹤山》：

已脱青衫付酒家，请君含笑岸乌纱。百年行见星星发，一醉须还岁岁花。令甲许人休吏卒，峰峦邀客上烟霞。龙山故事依然在，莫把风流让孟嘉。

（《缙云文集》卷2）

诗中引用了"龙山落帽故事"。说一年重阳节时，晋明帝女婿、大司马都督全国军事桓温，率领众幕僚到江陵西北之龙山登高，饮酒赏菊吃九黄饼。参军孟嘉也伴随，席间一阵山风将他头上帽子吹落，他却不知依然风度翩翩谈论。桓温凑趣命孙盛作文戏弄孟嘉，结果孟嘉不假思考即席对答如流，所赋诗词使在座的官员才士无不惊佩其才思敏捷，气度非凡。

冯时行说，自己与诸友游丹棱龙鹤山，赏景饮酒赋诗，风流故事有如晋时龙山故事，不比孟嘉差。

中国几千年中，士大夫们有许多人青睐道家思想。冯时行也崇尚道家，对山水林泉向往与热爱。他对善写山水的唐代著名诗人柳宗元十分赞赏，因对山水的渴望是道家思想的一个主要方面。他在应其丹棱县朋友张明远之请撰写的诗中有明显表示。该诗为《张明远自持其所居萃胜亭记来求诗，为赋三篇》：

静躁固异秉，出处良一途。岩前东来人，翻然应时须。赫赫帝者师，去与赤松俱。钟鼎与林泉，无以私吾儒。穷达俯仰间，取舍亦须臾。曲士胸臆窘，屈伸自囚拘。长往信已隘，不休谅其愚。倚天霜崖姿，岱表张延符。桂栋辛黄楣，超然结云庐。花草粲绮罗，清飙发笙竽。冈峦为肺腑，烟霞相友于。逍遥以徜徉，聊可与为娱。伏枥万里心，勿作山泽癯。

百城何岩崚？储清自太初。静境超人寰，群仙之所居。清都阆宝篆，宫阙函丹书。真人拜玉庭，天帝手自除。宝盖相参差，飘渺来空虚。我欲从之游，兹山遂慵疏。朝霞以为食，浮云以为车。此意靡坚决，西望空欷嘘。君今定不凡，买山自菌畲。上方切层霄，伊蹊百步余。瑶草破雾收，青精凌雨锄。往往逢迎间，松乔曳云裾。为我语羡门，问讯今何如？

文章盖代手，千载柳柳州。落笔记山水，奇香撼琳球。开卷一再读，宛若从之游。历历爽心目，毛发为飕飕。若人嗜清旷，步履素得幽。揽胜得枢要，天地不可搜。巍巍华山孙，藤萝护维岨。绝顶葺荷盖，风月共夷犹。物色自飞动，与我相答酬。千里入睥睨，远眼纵莫收。凭轩写清绝，文与境趣侔。柳魂不可招，君几绍前修。何当弃圭组，从君送清愁？

（《缙云文集》卷1）

在丹棱，冯时行写了《题王逸民小景》：

王逸民作瘦梅枯木林壑小景，其笔墨难于豪放，而易於淡泊。高牙大纛，骑从赫奕，政自快人，而水边林下，幅巾杖履，自别有一种气象。

（《缙云文集》卷4）

又写了《题墨梅花》：

骚人以荃荪蕙茞比贤人，世或以梅花比贞妇烈女，是犹屈其高调也。王逸民以淡墨作寒梅双影以见贶，余目之曰："此孤竹君子也。"座客颇以为有见之言。

（《缙云文集》卷4）

据南宋邓椿《画继》、清代《成都府志》、唐圭璋编《全宋词》等载：王逸民名道亨字逸民，永康导江（今四川灌县东）人。能诗善画，诗画学周纯与山水画师李思训，人物师顾恺之，佛像师李公麟，草书学黄庭坚，其作花鸟、松竹、牛马类变态多端，笔墨清绝。北宋大观年间（1170—1110）入画学中首选，宋徽宗命为画家录。

冯时行十分喜爱王逸民所画瘦梅枯木、林壑小景，从其题画短文中可看出他淡雅的审美趣味。对于有高洁形象，与松、竹合称为岁寒三友的梅花，冯时行认为世人将其比作贞妇烈女也是"犹屈其高调也"，王逸民所画"寒梅双影"似义不食周粟，隐于首阳山，采薇而食，最后饿死的伯夷、叔齐，两人是古代抱节守志的典范。

冯时行所写的评画文虽短小，但已足见他高雅的审美追求，高洁的人格修养，独到的见解。

绍兴六年（1136），冯时行书写了《跋老苏书帖》：

此书法律不足，韵度有余。蜀人本不能书，元祐间东坡始以其笔画名世，其法虽出於二王，其实已滥觞於老苏泉源中矣。

（《缙云文集》卷4）

老苏即苏洵，字明允，自号老泉，眉州眉山人，苏东坡之父。擅长于写散文，笔势雄健，工于书法，尚晋唐笔意，气韵有余，草书深受怀素影响。苏东坡的书画有名于当世，冯时行评说其艺虽然是学东晋二王王羲之、王献之父子，但其源实出自父亲苏洵。

该年冯时行又写有《跋东坡画论》：

蒲永升画遇东坡先生，可谓幸矣。后世伎艺如永升或不难得，而收名定价，则旷绝无人。三复斯文，重兴叹惋。

（《缙云文集》卷4）

文中之蒲永升系北宋成都画家。苏东坡在所作《书蒲永升画后》说："近岁成都人蒲永升，嗜酒放浪，性与画会，始作活水，得二孙本意。"二孙即唐代孙位、后蜀孙知微，皆善画活水。由于东坡评蒲永升之画给予盛赞，而使蒲的绘画留名千古。冯时行作跋时用简短的文字说了自己的看法，认为蒲氏画作贵在苏东坡给予了很高的评价，他三次读东坡撰文不觉叹惋。冯时行跋文不惟东坡评论为是，另辟言论，其论见解不俗。

冯时行还写有《跋山谷〈木假山记〉》：

黄太史用笔调和收藏，遒劲之气于笔墨中无一点暴露。俗人见他人书如寺门前金刚，筋骨俱露，便谓鲁直无力，可为一大哂也。

（《缙云文集》卷4）

《木假山记》是宋代苏洵的代表作，系宋代别具风格的优秀散文之一。

苏洵，嗜爱艺术品，一次以自己的貂皮袄换了一块楠木，该木虫蚀水腐残缺形如三座山峰。他将此木命名为"木假山"，为之写了《木假山记》文。该文借物抒怀，以枯木之升沉遇合，穷通寿夭，借以自况。通过经历了不少磨折跌宕的木假山，可看出许多幸与不幸，使人感慨万端。

太史黄庭坚赞赏《木假山记》，认为该文写得非常好，故为之书并作跋。他说："往尝见明允《木假山记》，以为文章气旨似庄周、韩非子，恨不得趋拜其履舄间，请问作文关纽。"

冯时行是观览了黄庭坚所书《木假山记》后，品评山谷书法用笔配合适当，风骨雄健有力并不外露，一般人以为软弱无力，实是俗人不能识也。

第五节　洪雅仁寿探山水

绍兴六年（1136）冯时行在丹棱知县任中，应朋友们的邀约，先后到近邻丹棱的洪雅、仁寿等县览胜探景，写作了相关诗文。

洪雅县属嘉定府，始置于隋文帝开皇十三年（593）。洪雅城北有五峰，"五峰山，五峰突出，县之主山也。……五峰者：仁者峰、桂溪峰、中峰、珠峰、月峰也。下有虎啸溪、桂溪、三昧泉、九曲水诸胜。"（清嘉庆《洪雅县志》）

在珠峰、月峰近处，有始建于五代时期的月珠寺，经历代培修至今更名称云峰慈云寺。月珠寺因寺前面有月峰、珠峰排列，月峰如初弯新月，珠峰形如佛珠而得名。宋代时古寺建筑华丽，殿堂巍峨，佛像金身。殿前有池，横跨石桥，极为雅致。池桥左右有绍兴六年（1136）铁铸的佛教转经星辰车座双轮。这种星座轮中国仅有4处，双轮上分刻"寿山福海"铭文。

月珠寺后有宋代修建的明月楼，是名人雅士游兴题咏的场所。在几块丈余高的石碑上曾刻冯时行、程少逸等人的诗文。冯时行到此写有《登洪雅明月楼，与陈舜弼、杨养源、任道夫、孙彦和探山水，有清音韵，赋诗得有字》诗：

秋风吹征衣，我来亦何有？长笑泉石间，邂逅得良友。飞屐凌长烟，相与濯世垢。净宇閟寒藤，杰阁架层阜。登临意象宽，轩豁拟高厚。江山来拱揖，似欲问安否。岌岌环翠屏，蜿蜿拖绿绶。欣然为酬对，举此一杯酒。憩心自莹莹，领要语不莠。浩歌激岩谷，郎畅孤月口。晴窗镜万类，忧乐随所偶。向来事朱墨，伏案茧生肘。郁郁成底事？一腹负百丑。及兹谢尘绂，未及休五柳。暂与真赏惬，荣辱已刍狗。况复老烟霞，徇寄日云久。颇闻葛稚川，艺术幻衰朽。至今杖屦地，历历传白叟。欲往从之游，静守一气母。丹成跨明月，咫尺上南斗。顿首排天关，丐天解祸纽。日落寒雁哀，云归暮山黝。此意竟何如？乾坤一搔首。洪雅以葛稚川得名，今洞后乃其栖隐之地。

（《缙云文集》卷1）

诗题中的陈舜弼名正字舜弼，北宋末期进士。南宋璧山王来镇（今来凤街道）进士高若霖撰《邓坤异言吉地科第》文说他于北宋宣和三年（1121）"辛丑岁……陈舜弼正、韩昱俊、王子善翔擢第。"元代初期璧山进士杨鹤鸣撰立《璧邑唐宋进士题名碑》载有"陈正"之名。陈舜弼的故宅在今璧山区丁家街道石垭村历山寺北侧陈家沟。他中进士后辗转蜀中任官，与冯时行游时在洪雅县任职。杨养源、任道夫、孙彦和履历待考。

洪雅有纪念东晋时期著名道教领袖葛洪的遗址。葛洪（283—363）字稚川，号抱朴子，今江苏句容人。擅丹道，习医术，研精道儒，学贯百家，思想渊深，著作弘富。曾游至洪雅结茅炼丹，在县柳江镇花溪、五凤山留有炼丹养气的抱朴洞、看花台、老君观等胜迹。明代嘉靖《洪雅县志·仙释》载："晋葛洪，句容人，为求丹砂乞为勾漏令。后入蜀取雄黄於武都山得之，色如鸡冠。喜曰：'吾丹成矣。'至洪雅之花溪，因居岩洞存神养气，道成升天。岩前隐迹尚存。"清嘉庆《洪雅县志》亦记："晋葛洪至花溪居岩洞，存神养气，白日上升。"

宋代，道教内丹学盛行，重要内容是性命双修，试图解决人的生死问题。此时的道教以仙道为其表，老庄实其实。以理学思想为主的冯时行兼喜道教思想，对仙界产生向往，对葛洪的炼丹术也有一定的崇尚，表示"欲往从之游"。

仁寿县秦时属武阳县，隋开皇十三年（593）改普宁名仁寿县，为陵州治。唐天宝元年（742），该陵州为仁寿郡。北宋熙宁五年（1072），废陵州为陵井监辖仁寿县。绍兴六年（1136），郭印任仁寿知县，他在县衙空地建了一座休闲的小廊屋，命名为"琴中趣轩"。他喜爱此轩，作有《仁寿县治新开小轩以琴中趣名之，用趣字韵赋之》诗。朋友蒲大受、晁子西为此轩写了诗，郭印回复了《次韵蒲大受琴中趣二首》、《新开小轩晁子西有诗以韵答之二首》。（郭印《云溪集》卷3）冯时行应郭印邀游仁寿，也为友人之廊屋写作了《题郭信可琴中趣轩》诗：

泠泠接吾耳，尘尔非真精。大音寂无响，瓦砾如雷鸣。古今滞迷妄，溜溜尘所萦。落叶随水去，颠风吹残英。道人了本源，超然契无生。销镕天所假，浩荡还空明。视听非耳目，况复求音声。竹木閟渔社，衡茅落初营。杖藜侯晚收，曳履看春耕。无为万物逝，不言四时行。情尘泯绝处，大地皆謦欬。渊明出醉语，能与此理并。见之偶一笑，呼儿署南荣。莫作如是观，吾轩本无名。

（《缙云文集》卷1）

仁寿县有跨鳌山，绵亘数里，其状如鳌，望之无际。元代刘应李编《大元混一方与胜览》卷中隆州景致记："跨鳌山，山有跨鳌亭，上元、重九，太守率僚属宴其上。"跨鳌山中有紫云洞，"因紫云盘其上，迺作洞焉。诸公赋诗，皆瑞紫云，多以列仙之异言之。"（南宋员兴宗《九华集》卷2《紫云洞》）

冯时行游跨鳌山，也赋有诗，即《李彦泽紫云洞》：

玉帝侍臣紫云翁，帝嗔谪居跨鳌峰。年龄瞬息反帝所，空有衣冠藏山中。山中草木俱不同，紫云霏微气郁葱。风清月白岩穴空，翁犹被发乘虬龙。来从南箕驱长风，人间奔趋争追踪。依稀可望不可从，披寻遗编三复重。舜庭丝匏间笙钟，鸣呼翁兮终莫从，姑从遗编愈盲聋。

（《缙云文集》卷2）

诗题中的李彦泽名时雨，《宋会要》评价其文章"文采议论，俱有可采"。《全宋文》卷3980记：李时雨，仙井监仁寿县人，建炎三年（1129）乡贡进士。《宋史》卷25载：建炎三年秋七月"庚寅，仙井监乡贡进士李时雨上书乞选宗子，系属人心，帝怒，斥还乡里。"李时雨在太子刚去世时上书《请择宗室为皇子书》，说"承嗣之道，理不可后"戳痛了有隐疾不能生育的宋高宗，致使其大为震怒而斥谪李时雨，使他因此知名。"建炎以来，言储嗣者盖自时雨始"，（李心传《建炎以来朝野杂记》）后来范宗尹、张守、张浚、岳飞等劝高宗立嗣皆系追步李时雨之说。

冯时行诗中所云紫云翁即北宋著名道士萨守坚，又称萨真人，号全阳子。人云他是蜀中西河（今四川郫县唐昌镇）人，是民间信仰中的仙人，与汉张陵、三国魏晋时葛玄、晋代许逊合称为中国道教四大天师，俗信是玉皇大帝通明宫的四位尊神之一。

史载萨守坚弃医访道，遇神霄派创始人及龙虎山天师，各授法术给他，如咒枣术、扇疾术、雷法等。他用咒枣术为百姓治病救命，用雷法灭邪除妖、祈晴祷雨，用五明降鬼扇使人死而复生，名声大振。他被道教西河派、萨祖派奉为祖师。中国道教中赫赫有名的大护法神王灵官是萨守坚的高徒。

该诗表现出冯时行对仙界的向往和对仙人的渴求，"依稀可望不可从，披寻遗编三复重。"

第八章　调成都幕职诏入京

第一节　席益抚川荐时行

南宋建炎三、四年间（1129—1130），朝廷为了抵抗金军从西入侵川陕，特地在蜀地设置制置司，派知枢密院事张浚任宣抚处置使，总负责全川陕地区的军民之政，直到绍兴三年（1134）张浚被调离蜀地。绍兴五年（1135）十月，高宗为了统一四川地区的事权以便于号令，复置四川安抚制置使，用以填补张浚走后的空缺。复设的四川最高官职，由资政殿学士席益出任成都府、潼川府、夔州、利州四路安抚制置大使，兼任成都知府，总管所辖四路数十州兵马军民。

席益，字大光，自北宋宣和三年（1121）进士及第后出仕，历知河中府。南宋建炎中知郓州，又知湖州。绍兴初，北宋灭亡时被金人掳往北方后被放回专主投降议和的秦桧得到高宗信任，升任右仆射、同中书门下平章事、兼知枢密院事。秦桧掌权后欲独自把持朝政，就掇用私己之人委以要职，极力排挤主战抗金的左仆射、二次任相的吕颐浩。吕相识破秦桧大奸嘴脸，也谋划如何将秦桧赶出朝廷。他向时任参知政事（副相）的席益讨求对策，席益说秦桧奸贼误国，其多朋党先应除夫其羽翼党魁。绍兴二年（1132）秋八月，秦桧与主要党羽皆被罢官。

绍兴四年（1134）六月，席益由提举江州太平观复端明殿学士，七月到次年九月任荆南湖南路安抚制置大使兼知潭州。他在潭州与首次北伐收复襄汉六郡后奉旨驻扎鄂州，任湖北路荆襄潭州制置使的岳飞短暂同事，给岳飞驻防军队大力支持，直到入蜀任职。

南宋时，从都城临安（今杭州）沿长江西上逆水赴蜀，途中不停留一般需要四五个月。席益到达成都，已是绍兴六年（1136）晚春时了。

李心传《建炎以来朝野杂记》甲集卷11《制置使》条记南宋席益等制置使的具体职责是："掌节制御前军马、官员升改、放散、类省试举人、铨量郡守、举辟边州守贰"，"监帅司并听节制"。

席益年轻时曾跟随两任成都知府，颇有治绩的父亲席旦治理成都，疏淘城市河渠，使沟畅流，减轻了洪涝灾害，改善了环境卫生，为农民积累肥料，利市为民。他对百姓关爱，对下属所做利国益民之事多予关注，热心为朝廷选拔推荐人才。

绍兴五、六年（1135—1136），蜀中连续遭遇水灾、干旱和病疫，不少州县在抗灾中出现了赈灾济民施行善政的官员。南宋朝廷连续对四川制置司发出诏令，要求上报有政绩的县令州守给予奖擢。

朝廷在绍兴六年十二月十五日发《令四川郡守县令赈济灾民诏》说："四川去岁旱荒之后，继以疾疫，流亡甚众，深用恻然。其郡守、县令有能瞯给困苦，抚存凋瘵，善状最著者，令席益体访诣实，保明来上，当议奖擢，以为能吏之劝。或废慢诏令，坐视不恤，按劾闻奏，亦当重寘典宪。"（《宋会要辑稿》食货58之29）十二月下旬，又发《诸路监司开具所部知县治状诏》云："诸路监司，今后分上下半年开具所部知县有无善政显著及谬懦不职之人，申尚书省。"（《宋会要辑稿》职官48之43）

席益遵照诏令，将潼川府、广安军、果州、汉州等地在赈灾济民中做出优异成绩的官员一一奏报朝廷。《建炎以来系年要录》卷106绍兴六年十月乙巳条记："诏潼川守臣景兴宗进职一等，广安军守臣李瞻、果州守臣王鹗，宗正少卿冯檝并进一官。去年，蜀中旱，兴宗等率民赈贷；檝居遂宁府，自出米数百斛以率乡人，乡人欢趋之，饥民赖以济。制置大使席益闻于朝，故赏之。鹗，郫县人也。"又"四川制置使席益奏成都府汉州赈济有方，全活甚众，赐益诏书

奖谕，汉州守臣仍进一官。"（《建炎以来系年要录》卷 115 绍兴七年冬十月丁酉条）

早在北宋宣和年间，席益在汴京读书应试时就熟知冯时行，他对冯治理江原县、丹棱县的德政、善政非常钦佩，经过相关的考核后，于绍兴六年十月将他与另外 10 余名有政绩的县令一并向南宋朝廷报荐。

《建炎以来系年要录》卷 106 绍兴六年冬十月上旬辛丑条记："资政殿学士四川制置大使席益荐尝任知县人十三员政绩，乞已任通判者与大郡，见任县道者与小郡，并俟终更日赴任，仍从本司随才选差，内选人俟改官，丁忧人俟服阕日依此，从之。时益所荐士颇众，而左宣教郎冯时行、左通直郎樊汝霖为之最，后皆知名。"

绍兴六年（1136）十月席益推荐众知县时，冯时行在丹棱县为文散官正七品 19 阶宣教郎。席益向南宋朝廷荐奏，对冯时行给予奖励升了 3 阶，由宣教郎升为从六品上 16 阶奉议郎。该年底，席益还将冯时行调到成都四川安抚制置司任幕职，等待南宋朝廷诏他入京。

第二节 冷官无事游胜景

宋代时期，成都府署位于成都城北面，地邻清代成都县署与华阳县署，在两县署衙之间，即今之正府街。宋成都知府张詠《益州重修公宇记》说："今之官署，即蜀王秀所筑之城中北也。"（《全蜀艺文志》卷 34）今四川省文史馆编《成都城坊古碛考》237 页载正府街说："本街自宋代以来，历为成都府衙署所在。"成都府署附近有玉带桥、打铜锣、文圣、金马、学署、铁箍井等街，近处有武担山、扬雄宅（扬子云洗墨池）、信相院（今文殊院）等名胜，清光绪五年（1879）绘成都府街道图标记各名甚祥。

绍兴七年（1137）初冯时行到成都后，为便于到席益公署工作，就择住在信相院侧。他在绍兴十四年（1144）作诗，回忆此段时间

寄居成都，往来奔走活动说："仆曩客成都朝夕过信相。"（《缙云文集》卷1《僧有悟策者……》诗）

在成都由于幕任清闲，冯时行先后游览了许多风景名胜地，写作了不少诗文，至今仍留存谈叙汉代扬雄宅、西楼、信相院、支机石的诗句。

绍兴七年（1137）初梅开霜冻时节，因居住在成都蜀江边西汉扬雄宅畔的友人去世，冯时行写了《石孝立挽词》：

斯人已矣舟移壑，惆怅九原谁可作？灵光长与孤月孤，幻化偶随落叶落。人间好事平生有，留得芬香传万口。扬侯宅畔蜀江边，霜立梅花醉哀酒。伯仲如林吾所爱，俯仰十年无一在。鬓边日月去如飞，老怀不待秋风悲。

（《缙云文集》卷2）

清明节前杏花散落时，冯时行作了《寒食夜坐》诗云：

雨余虚庑静前墀，坐到空江月上时。马嚼青刍喧夜寂，人围绿幕梦归期。一年已是逢寒食，千里谁能慰客思？留宿春城愁落寞，杏花明日更离披。

（《缙云文集》卷2）

春季中，冯时行登游了蜀开明王为怀念故去的王妃修建的楼阁，写下《西北有高楼》诗：

西北有高楼，氛氲临大路。飞檐转春风，绮窗琐云雾。姣服者谁子？倾城此容与。娟娟长眉青，不受脂泽污。娉婷惜不嫁，恐为荡子误。写心汎清瑟，独不怨迟暮。

（《缙云文集》卷1）

诗中高楼为宋代成都4处西楼之一，又称望妃楼。早在春秋时期，蜀开明王闻千里外之武都有如花丽女，便招至宠爱若掌上明珠，名为武都妃。可惜她不服水土加之思乡，竟忧郁成病，不久就香消玉殒了。开明王为妃谱写了几首歌词以表思念，还派出5名力士到妃之故乡担来五担泥土为妃建墓，使妃之魂魄得到安息。后人称妃墓为五担山。开明还建筑了望妃楼。北宋成都知府赵抃著《成都古今记》说："望妃楼亦名西楼，闻明妃墓在武担山，为此楼以望之。"北宋人宋祁出任成都知府作《题北楼》诗句："少城西北之高楼，此地苍茫天意秋。"成都人吴师孟诗句云："西北有高楼，梁栋云常起。"

绍兴七年（1137）春季很快过去了，几个月中冯时行在制置大使幕中无事可做，就到成都西城找寻"支机石"。传说支机石是天上织女用来支撑织布机的石头。北宋《太平御览》引南朝刘义庆《集林》说："昔有一人寻河源，见妇人浣纱，以问之。曰：'此天河也。'乃与一石而归。问（西汉成都卖卜者）严君平。尹平曰：'此织女支机石也。'"唐代诗人宋之问有《明河篇》诗云："更将织女支机石，还访成都卖卜人。"是此支机石早在南北朝和唐代已经很有名了。该支机石现存，立在成都青羊宫旁文化公园中。

除了访石览景，冯时行百般无聊时就在官署"打瞌睡"。他在《责睡魔》诗中记叙了时任冷官无事可做，致瞌睡常袭和去寻览织女支机石。

绿阴满门春已还，黄鹂门外犹锦蛮。萧萧冷官无一事，高斋搔首兀痴顽。睡魔袭我意萧散，直来眉睫扬神奸。须臾爽气涧尘俗，双眸瞑眩那能觑？弥明未断口头句，鼻息如寄雷车间。梦魂恍恍何所适？飘飘寥廊辞跻攀。松风拂足云生腋，深穷月窟超人寰。更寻织女支机石，天河西户声潺湲。无何有客乘晚兴，剥剥啄啄敲柴关。惊回清风枕簟冷，赤霞夹日崆峒山。一日废书强舌本，萌生鄙吝劳清删。谩学昌黎送穷术，挥毫加点文烂斑。睡魔凭物对我语，劝我停手开愤颜。自言宇宙若非我，人生俄顷无休闲。

（《缙云文集》卷1）

冯时行在成都任"冷官"时的寓所地邻信相院侧的游乐胜地碧鸡坊，当世人将该地视为"安乐乡"。成都不少贵族、官吏们无视山河破碎，常在此日夜笙歌，醉生梦死。时人遂州王灼记："乙丑（绍兴十五年、1145）冬，予客寄成都之碧鸡坊妙胜院，自夏涉秋，与王和先、张齐望所居甚近，皆有声妓，日置酒相乐，予亦往来两家不厌也。尝作诗云：'王家二琼芙蕖妖，张家阿倩海棠魄。露香亭前占秋光，红云岛边弄春色。满城钱痴买娉婷，风卷画楼丝竹声。谁似两家喜看客，新幡歌舞劝飞觥。君不见东州钝汉发半缟，日日醉踏碧鸡三井通。'"（王灼《碧鸡漫志》序）

王灼稍晚于冯时行几年在成都任幕官，从他亲历记述中，可知当时有钱人与官吏花天酒地的生活。

冯时行志向远大，胸怀天下，不肖于官吏们的声色沉沦生活。他不追求放纵受用之乐，而是常向"府主"席益等问南宋朝廷之事，并多方了解川陕、江淮等地宋、金征战以及相关情况。

暮春时，有友人应召赴京城临安，冯时行为之送行写了《送召客》诗：

暮春送客朝明光，颠风吹花绕舵樯。大江吞天日出没，赤心许国一苇航。平生梦蹑螭龙尾，天门九重九万里。一朝巨手开天关，丹极紫霄随步履。儿辈端非五湖匹，国柄今归谢安石。遥之别墅清昼长，笑拂楸枰行折屐。共倾东海洗乾坤，景仁况是名公孙。四郊多垒士之耻，富贵浮云何足论！宦海十年风退鹢，我亦弹冠听推檄。安能郁郁久居此，朔饥欲死心不死。

（《缙云文集》卷 2）

冯时行在诗中借送友人寓意自己赤心许国，渴望早日如友人一样得到朝廷之召。他心中充满雄心壮志，激情澎湃，热血沸腾，不愿意在成都冷幕中郁郁久居于此。他渴望济世利民，倾倒出东海之水，去洗净世界上的一切肮脏。

绍兴六年（1136），冯时行的三家兄冯正臣从京城临安退归璧山，主持整修璧山县城文庙一侧已传了五代的冯家住宅。他捎信给冯时行征询意见，冯写了完全支持的《三家兄书报荐起楼屋喜而有诗》：

临街楼观百余年，司马辛勤五世传。凡在子孙俱肯构，敢忧门户或先颠。元宗本是先人意，干蛊成於伯氏贤。他日举杯相属处，为留书阁井东偏。

（北宋冯山《安岳冯公太师文集》卷 11）

该诗有助于对冯时行祖辈、家事的研究，可知冯家在璧山县文庙侧居住至冯时行时已有 5 辈人 100 余年。冯时行的五代祖任过品级不高的州府佐职"司马"。璧山县文庙前面在清末、民国时仍为街，文庙右侧为窑货市，有冯时行诗中"临街楼观"景像。诗中"为留书阁井东偏"之井即璧山人代传辈称的"状元井"、"冯状元井"。该井是明清以来四周居民饮用水井之一。20 世纪末期，璧山县旧城改造修北街幼儿园教师住宿楼时为保护该井，用石板盖住井口后将井封闭在底楼上楼梯口右边。冯时行所提及的"书阁"，是他青少年时的书房，位于今凤凰山下。

该诗因乾隆年间编宋人集时被误收入北宋名臣冯山《安岳冯公太师文集》卷 11 中，致使人以为是冯山所写。冯山集卷 18 有《三家兄墓志铭》但仅存题目无正文；集卷 5 载有送三家兄之弟冯丹的《送二十二舍弟赴金堂簿丹》诗。

冯山，北宋普州（今安岳）人，与梅尧臣、苏舜钦同时有名，卒于北宋哲宗绍圣元年（1094）年 64 岁。据明代《永乐大典》卷 14051 载有《祭三家兄正臣文》，作者标为冯时行写。三家兄冯正臣在南宋绍兴初期与朱熹之父朱松等交往，他归蜀时朱松写有《用绰中韵送正臣，正臣欲归隐而无资，故广其意以告识者云尔》诗。（朱松《韦斋集》卷 2）今人邓子勉编著《宋人行第考录》书第 268 页说："按冯山《安岳冯公太师集》卷十一有诗《三家兄书报荐起楼屋，喜而有诗》，此三家兄亦即正臣。"冯时行祭文中提及："某与二十二主簿固可忧者，君兄弟皆治生有立，兼有某是兄弟。"祭文中所说二十二主簿即《送二十二舍弟赴金堂簿丹》诗中任金堂县主簿的冯丹。《宋人行第考录》书第 269 页说："其中二十二主簿亦即冯丹。"南宋璧山进士高若霖撰文记县人冯丹是南宋绍兴五年（1135）进士。

以朱松、高若霖所撰诗文和冯时行作《祭三家兄正臣文》以及今人作《宋人行第考录》叙为据，在冯山去世多年后才出生的冯正臣决不会是冯山的"三家兄"的。三家兄是冯时行之兄，冯丹是冯时行之弟。冯山文集中的《三家兄报荐起楼屋喜而有诗》、《三家兄墓志铭》、《送二十二舍弟赴金堂簿丹》等文实为冯时行的作品，不是冯山之作，是误收入冯山文集的。

第三节　金堂浩歌抒壮志

川陕地区从绍兴元年（1131）到绍兴四年（1134）是宋金交战的主要战场。负责川陕战事的南宋大将吴玠与各部将领依托和尚原一带的有利险峻地形，采用正确的战术，抓住有利战机，先是在绍兴元年十月击败金兀术率领的金军主力，使之惨败而逃；接着在绍兴四年又在仙人关一带打败了金兀术号称 10 万之众的金军，使金敌再次入侵遭受重创。

仙人关之战后，金军"既不得志，遂还（陕西）凤翔，授甲士田，为久留计。自是不复轻动矣！"（《建炎以来系年要录》卷 74）此后几年，南宋三大战区之一的川陕地区，军民得以稍安，四川、汉中独能保全。

当金军侵攻川蜀全面失败后，驻扎江州（今湖北九江市）一带的抗金名将岳飞正率部备战。高宗于绍兴三年（1133）第二次召见岳飞，赐给他御书"精忠岳飞"的战旗。高宗还令岳飞设法，去招回投到大齐国的原宋朝大将李成。岳飞从京城回到江州后，立即挑选了亲信幕僚、自幼与冯时行相好的璧山人王大节，与他计议潜入敌穴去做谍报工作。

机智勇敢的王大节利用金国所立傀儡政权大齐国皇帝刘豫与太

子刘麟正大量招徕"衣冠之士"的时机，秘密北上赴齐，被刘麟罗致门下，成为其亲信，做了太子府待遇从优的属官承务郎。他很快了解到李成是死心塌地追随刘豫降金效力，已无归宋之意，就转向出发前与岳飞商量好的用另一套方案，致力于收集金、齐的军事、政治和经济情报。

王大节将敌军在襄汉前线的军事布防机密绘图密报给岳飞，建议岳飞抓住时机组织宋军北伐，收复关系南宋安危存亡的退可保境、进可击敌的襄阳等重地。

岳飞得到王大节的密报，立即上奏高宗请求出兵，在绍兴四年（1134）五月发起第一次北伐。经过将士们两个月的英勇激战，接连数次打败了金齐联军，一举收复了包括战略要地襄阳在内的襄汉六郡等广大地区。该次北伐，是南宋建国八年来第一次收复宋朝丢失的大片国土。岳飞首次北伐，大败进犯淮南的金军主力，史学家评价标志原不可一世的金军开始走下坡路了。

金齐不甘心被宋军打败，刘豫父子还企图扩展境地，金统治者则不断催促大齐军去侵扰南宋。

刘豫父子做出计划，欲在弓劲马肥的秋季袭击南宋。刘麟向王大节询问，金齐进军主攻方向应定在何处？王大节劝刘麟改变拟定的作战计划不应进攻淮南，而应去攻取四川。他的用意是企图使敌军去绕远路、攻险阻，其计策虽未被采用但却探听了解到金齐要南侵攻宋的真实作战计划。

《建炎以来系年要录》卷80绍兴四年九月记事叙："大节既得敌人之情，乃脱身走，归报岳飞。飞大喜，进大节於行在。上令引见，具以奏闻，且请淮南为防江之备。授大节承节郎、阁门祗侯。至是伪齐与金果合兵犯淮甸。"由于宋廷掌握了金齐进犯南下的军事机密，岳飞和其他宋将沿江淮等地加强了防备，给进犯之敌迎头痛击，最终挫败了金齐联军的进攻。王大节出色的谍报工作，南宋《三朝北盟会编》卷161九月十五辛酉条也有比较详细的记叙。

冯时行的同乡朋友王大节为南宋作出了异绩，至今人们对他多予好评，说他"则是一个出色的说客和间谍。"赞他"为绍兴四年两淮保卫战的胜利奠定了坚实的基础。《说岳全传》中王佐断臂入金营的故事，相信已是家传户晓的。也许王佐的原型，就是这位王大节先生呢。"《天津日报》刊文谈王大节说："岳家军打仗时能知己知彼，其可谓居功至伟。"在璧山，宋代为王大节竖立了"状元石桅杆"，现代又在秀湖公园内建立了宏伟壮观的"武状元坊"。

绍兴六年（1136）七至八月，岳飞又率军进行了第二次北伐。秋季本来是适宜防御的季节，但岳飞采取了声东击西的战术，以左军统制牛皋为先锋作佯攻，而大部队长驱伊、洛，一路攻城略地，一直北上打到洛阳附近，取得了辉煌胜利。

岳飞二次北伐几乎把伪齐的统治区劈为两半边，南宋朝廷为此下诏嘉奖说："遂复商於之地，尽收虢略之城""长驱将入于三川，震响傍惊于五路"，（南宋岳珂《金佗续编》卷3《复商虢二州及伪镇汝军抚问诏》）充分肯定了岳飞北伐在战略上的重大意义。二次北伐是南宋建立之后初次发起的堂堂正正的大规模反攻。抗金名相李纲盛赞此举是"十余年来所未曾有"。

绍兴六年（1136）十一月，患目疾未愈，"目疾虽昏痛愈甚，深惟国事之重，义当忘身"的岳飞又部署反击金齐联军10余万人马的进犯，展开了第三次北伐。这次北伐的规模和声势虽小于一二次北伐，仍取得了不小的胜利。

绍兴七年（1137）初，在仁寿县任职的郭印把所作《苦寒曲》诗寄给冯时行，他览后回复写了忧国忧民的《和郭信可〈苦寒曲〉一首》：

朔风吹沙边云黄，行人堕指鸟兽僵。鹔鹴裘弊醉何有？呼吸七气成冰霜。画堂绣幕围丝管，馥馥麝烟红吐暖。贫人尺布不可缝，夜长展转牛衣短。将军领戍山上山，劲弩折角刁斗寒。铁衣照雪夜如水，哀雁一声心欲死。年年官赐冬衣绢，妇女从军身不遍。来岁忍寒须努力，农家饥死无人织。

（《缙云文集》卷 1）

该诗写边塞，形象生动地写出边地环境的恶劣，冬季十分凄凉的景况。宋将不畏天寒地冻带兵守卫疆土以及频繁的征战，沉重的赋敛致使百姓饥寒交迫，无以谋生。表现了冯时行对金人入侵战争不断的沉痛，对百姓深重灾难的痛怜。读之令人伤心断肠。

绍兴七年（1137）上半年，冯时行第二次到近距成都的金堂县，游览了蟠龙山，写作了充满爱国激情的《游蟠龙山》诗：

一别蟠龙又十年，水光山色两依然。功名未立羞重到，抚剑长歌夜不眠。

（清代康熙《四川总志》卷 3 金堂县蟠龙山条）

康熙《四川总志》卷 3 记："蟠龙山，（金堂县）治南五里，山势盘旋，起伏若龙，宋冯当可诗。"

冯时行重游蟠龙山，想到川陕前线吴玠等率宋军与金人血战，江淮战场岳飞诸将跃马杨戈为国御边；想到儿时同乡伙伴王大节奋不顾身为国建功立业，但自己仕宦已 10 余年，对国家于民族却未有机会创立丰功。他内心感到羞愧，彻夜难以入睡，禁不住起立按剑放声高唱，要寻找时机为国立不朽功勋。

冯时行该诗对古今金堂县人都很有影响，至今流传金堂县明代杜铭幼时常随祖父上蟠龙山祭祖，祖父教他口诵冯时行诗。杜铭受冯时行影响，中进士后累官至刑部尚书，一生秉持公正、奉法循理、崇廉尚简，最终成为名垂青史的循吏。今人孙成君撰《蟠龙山上祭阳亨》文写道：杜铭背诵"宋朝状元冯时行写蟠龙山七绝。"

《游蟠龙山》诗在《大明一统志》卷 67 成都府山川下已载，云"宋冯时诗"，到清代雍正《四川通志》卷 23 引该诗时改署作者为"冯当时"。今人有以此为据说"按冯时当做冯当时，黄庭坚尝作《与冯当时书》。"（《汉语言文学研究》2016 年 1 期载李成晴《被遗落的两宋诗人——天顺本〈大明一统志〉所见〈全宋诗〉未著录作但经笔者考查，说《游蟠龙山》诗是与黄庭坚交游的北宋人冯当时作实误。原因如下：

第一、北宋黄庭坚与冯当时交往在世期间宋朝对外无战事，和平年代冯当时写不出"抚剑长歌"之类的诗。

第二、未见史书记北宋人冯当时在成都、金堂一带活动。

第三、冯时行多次在成都、金堂一带活动，其弟任金堂尉，宋金大战时期他的履历与《游蟠龙山》诗意相符，"抚剑长歌"诗句与其稍后游金堂云顶山作"浩歌慷慨拟投笔，""愿学北地傅介子，一节出斩楼兰王"诗句一脉相承。

第四、金堂县至今多说是冯时行写的《游蟠龙寺》。2018 年金堂县"赵镇街道关于开展花园水城楹联征集活动的启事"中附历代诗人题咏说："《游蟠龙寺》，宋朝璧山县状元冯时行"作。

至于《大明一统志》中所说"冯时"当是冯时行之字缺，雍正《四川通志》记"冯当时"当系冯当可之误。因为宋代以来史书不乏将冯当可错写，如南宋《挥尘后录》叙赵谂事时将冯当可写为"冯时可"。又南宋《三朝北盟会编》卷 225 记"许时行论和议，引及分羹之事，罢。"此系冯时行见宋高宗时所论之事，误写为许时行。今学者编巨著《全宋文》卷 4093 樊汝霖小传中亦将冯时行之名误写成"冯当时"。

到金堂县，冯时行登上云顶山，留下言辞恳切，慷慨激昂，希望投笔从戎，能上前线为国杀敌的《安清洞夜坐有怀》诗：

屋角锦树风飞扬，阴岑夜色凝清霜。结庵云窦谢尘俗，危然搔首忧偏长。背灯顾影空寂聞，亦复自怪何昂藏。人生百虑已大瘦，顾我耿耿无他肠。年来戎马暗河朔，宵旰十载烦吾皇。时将朝事问府主，王路安得成康庄？我亦乾坤一穷士，痴心未肯老为郎。浩歌慷慨拟投笔，门外太白空煌煌。愿学北地傅介子，一节出斩楼兰王！

（《缙云文集》卷 1）

诗中的安清洞在金堂县城西 10 余里云顶山上，是东汉末期西域僧人安清结庵修行处。安清，字世高，古安息国（今伊朗地区）太子。幼时以孝行见称于世，聪明好学天文、五行、医方、异术及鸟兽声。他厌恶政治，继王位 7 年后让位给叔父，而后入中国汉地游学时间长 20 余年。他是中国佛教史上第一位翻译佛经的西域僧人，先后译佛教经论 39 部。蜀汉刘备曾送儿子刘禅到云顶山随安清学佛法与音乐文字。刘备还帮助安清修建了天宫寺，该寺唐代后更名慈云，至今仍存。

冯时行写该首诗时系文散官奉议郎（从六品上 16 阶）。他感叹近年来金敌侵扰宋境，岳飞军兵不断北伐抗击河朔地区的金兵，高宗皇帝为南宋立国以来战事频繁忧虑不安。他不甘心在成都寄人篱下过无所事事的幕僚生活，不愿出仕 10 余年职仅为"郎官"，想想象东汉班超一样投笔从戎，出使西域杀房封侯；象西汉傅介子一样赴西域，诛杀敌国楼兰王。该诗充满豪壮之美，浸透着浓烈的爱国激情，全面地释放了冯时行的豪壮之情，这是其所作诗句的最高潮，是爱国思想、爱国精神的最高升华。当代学者评价"其诗慷慨悲壮，感情激越。"（2000 年年熊宪光等著《巴渝诗词歌赋》151 页冯时行条）认为与稍后"上马击狂胡，下马草军书"的爱国诗人陆游思想相比，"又何曾稍逊风骚。"（2005 年张志全撰《冯时行及其诗歌艺术风格研究》8 页）

第四节　离蓉城道出眉州

绍兴七年（1137）夏末，冯时行在成都官署等来了南宋朝廷的诏命，要他进京赴尚书省审察和殿见宋高宗。

朝廷诏冯时行第一次是因杨晨之荐，但未出川赴京；第二次则是因席益的举荐。宋时从四川成都到京城临安，沿长江东下一般需用时间近半年，南宋陆游、范成大曾写其出入蜀时间也大致如此。

席益荐冯时行等人的奏报是绍兴六年（1136）冬十月，由成都送往京城临安的，待主管部门审查后报给高宗皇帝，而后再下诏转送回蜀中，已历时 8 个月左右，待诏书送达成都已是绍兴七年（1137）夏末了。

冯时行稍作收拾，按规定办好赴京城的手续，在当年秋踏上了出蜀的道路。此次因席益推荐而奉诏出蜀赴京的时间，一些学者误认为是在绍兴八年（1138）被杨晨推荐由丹棱县出川的。如今人著《冯时行及其〈缙云文集〉研究》书第 285 页说："绍兴八年（1138），冯时行又因为杨晨推荐，奉命去南宋王朝的临时首都（行在）临安（浙江杭州）朝见皇帝。他从丹棱而下，经奉节出夔门。"

据《永乐大典》卷 14054 载冯时行作《刘云安祭文》说："迄于丁巳，我来日边，蹭蹬之踪，逾岁而还。"文中"丁巳"是绍兴七年（1137），"我来日边"指冯时行绍兴七年去朝廷临安，"逾岁而还"即绍兴八年（1138）又由京城还蜀。以冯时行自叙为证，他不是绍兴八年奉诏入临安而是绍兴七年"丁巳"年出蜀赴京的。

冯时行离开成都，道经眉州，与朋友们到古刹宝莲寺院游览，写了《隐甫、圣可、子仪同游宝莲分韵得郭字》：

海县一廛市，天地一郛郭。踢蹐碍高厚，而况自羁络。末俗竞芒忽，讼纸霜叶落。平心作巨帚，一扫付清廊。无事我所得，超然解尘缚。天净镜磨垢，日炫眼刮膜。野水照曳杖，山烟荐飞属。清朋璠玙姿，兴寄相领略。世间出世间，秋风古兰若。翠巘拂觚棱，紫苏滥关钥。晨钟隐町疃，香雾散林薄。竹密万夫静，树迸苍虬跃。粘壁篆乾蜗，檐丝下晴蟆。蒲团便熟倚，茗碗快自瀹。性与香火冷，身脱簿领谑。理窟深探讨，迷津锐疏凿。心期跨汗漫，知音付丘壑。俯仰三十秋，痛被造化谑。贫穷道味胜，老大世故约。妄念春朝冰，不作闻市疟。出据廊庙地，入分禽鸟乐。时来屈伸指，胸次何绰绰！一官弛负担，五斗代菑获。看山未害廉，尘迹讵可削？倦鸟争暝树，短景转修阁。一来固未厌，再至良不恶。明日复命驾，便道过龙鹤。

（《缙云文集》卷 1）

诗题中"隐甫"即眉州丹棱县人杨炜，字隐父。宋代父字与甫字通，隐甫即隐父。"子仪"系于观之字。南宋魏齐贤等编著《圣宋名贤百家播芳大全文粹》名贤总目七在"冯当可时行"前记"于子仪观"。郭印《云溪集》卷2有《和于子仪观见赠二十韵》诗。于子仪绍兴六七年在眉州为吏，与冯时行、郭印等交游，后在绍兴十九年（1149）任恭州（今重庆）知州，又任夔州路提刑提举，绍兴二十四年（1154）为黔州别驾。（明嘉靖《思南府志》卷2《宋敕赠少师思国公田祐恭墓志铭》）

诗题中的"圣可"当是信可之误，因为当时冯时行的好友在仁寿任知县的郭印郭信可也参加了游宝莲寺院，并写有《中秋日与诸公同游宝莲院分韵得尘字》诗："路出青山近，招提更可人。清心钟馨响，远迹簿书尘。晚日池亭迥，秋风杖履亲。频来一尊酒，不畏老僧嗔。"（郭印《云溪集》卷7）冯时行、郭印两人的诗中均写有"秋风"等，可知二人是同时游的宝莲寺院。

《缙云文集》卷2记载有一首《游宝莲寺分韵得尘字》诗，该诗除标题与郭印作《中秋日与诸公同游宝莲院分韵得尘字》略有不同外，全诗句仅有一个字不同，即第三句郭印云"晚日亭边迥"，《缙云文集》云"晚日池边迥"。笔者认为，冯时行、杨隐甫等游宝莲寺院冯已写作了"分韵得郭字"诗，就不会又作"分韵得尘字"诗，得尘字诗应是郭印分韵之作。《缙云文集》所载该首得尘字诗应是明清代重编《缙云文集》时误录。

冯时行从眉州过丹棱，为了不打扰县民，就夜宿在龙鹤山天庆观，留下《客丹棱天庆观夜坐》诗：

家山千里秋风客，搔首夜深寒雨窗。万古兴亡心一寸，孤灯明灭影成双。鬓边日月如飞鸟，眼底尘埃拟涨江。高枕欲眠眠不稳，晓钟迢递发清撞。

（《缙云文集》卷2）

宋代时"天庆观，诸州皆置建之，所以奉圣祖天尊大帝。"（南宋赵升《朝野类要》卷1）天庆观供奉的天尊大帝即民间信仰中的财神赵公明,被赵宋皇族视为是其祖先,宋真宗追尊他为天尊大帝,庙号"圣祖"。

丹棱县龙鹤山一名龙鹄山。《丹棱县乡土志》载:"按龙鹄有三观,上曰天庆,下曰龙鹄,中观即今现崇道观。"丹棱天庆观与它处不同,还供奉有中国道家学派创始人老子李耳和周灵王太子王子晋的像。老子在唐代初被李渊尊为皇族先祖,王子晋被前蜀后主王衍尊为王氏始祖。苏东坡曾在此读书。苏辙《龙川略志》卷1载:"余幼居乡间,从子瞻读书天庆观。"

冯时行不宿驿舍而住天庆观,是因为该观不象驿舍那样吵闹,可以暂时静心。但是他想到即将到京城去见圣上,又思绪绵绵,在秋风萧瑟的寒夜也实在是难以入眠。他对着昏暗的孤灯长坐,想着"万古兴亡"的国家大事,禁不住挥毫直抒胸臆,以诗言志,富于真情,抒发了自己真挚的爱国情感。过青神县到中岩,作《中岩石笋》诗。

沿长江行,将到泸州地时冯时行写了《将之泸南》诗:

几年落魄剑南州,重入蛮乡觅旧游。十驿出城难凤驾,一生浪迹愧虚舟。家留异县怀亲老,梦绕沧州恐鬓秋。白马鸣寒如可问,此身端复谢沈浮。

(《缙云文集》卷2)

泸南,四川泸州古名称之一,唐代属剑南道管辖,包括冯时行任过职的江原、丹棱也属该道。《泸州古史》记:北宋"元丰四年(1081)在泸州置泸南安抚司,统一管理泸州、叙永、长宁军三郡沿边少数民族事宜。"冯时行赴任江原时曾过此地。他复经泸南想到留居于"异县"成都的父母"亲老"和妻儿,心中升起股股怀念之情。

今人著《冯时行及其〈缙云文集〉研究》第131页《将之泸南》诗注释云:泸南指唐剑南道姚州(今云南省姚安县境)。又说

"此诗疑作于绍兴三十二年（1162），时冯时行任提点成都府路刑狱公事。"经笔者考查：冯时行一生没有到过云南姚州。泸南非云南之地系泸州古名，如冯时行之友晁公武（字子止）知泸州，其弟晁公溯作诗称《寄泸南子止兄》。（晁公溯《嵩山集》卷6）诗中"亲老"指父母长辈。冯时行父母在他绍兴三十二年（1162）任成都提刑之前10余年已先后去世，"亲老"家留旧属"剑南""异县"的时间仅有绍兴七年（1137）这一次。所以该诗是冯时行首次赴京出蜀时写，不会是绍兴三十二年作。

第九章　一赴京城力主抗金

第一节　登岳阳楼春到京

晚秋时节，冯时行沿长江经过峡州（今宜昌）、宜都、枝江、江陵、前往岳州（今湖南岳阳），途中写了一首《乌栖曲》：

黄河吹风暗平川，东流之力清且澜。明月不如长年好，照我离离满秋前。明年此夜月还明，我是荆江云水人。劝君莫唱《乌栖曲》，千古悲凉鬼神哭。

（明代《永乐大典》卷2346）

初冬时，冯时行乘舟沿长江东下到了荆湖北路所辖的岳州，游览了当地著名的岳阳楼。

岳阳楼是千古名胜，与武昌黄鹤楼、南昌滕王阁，合称"江南三大名楼"。岳阳楼屹立于岳州西北面巴丘山下，前瞰洞庭湖，背枕金鹗山，遥对君山，南望湖南四水，北眺万里长江。岳州是西溯长江经三峡通巴蜀，东顺长江达鄂州（今武汉武昌区）、江州（今九江）、池州（贵池）、芜湖、建康（今南京）、镇江、扬州等地，是南宋长江军事防御重镇。

早在三国时期，因军事需要，岳阳楼处是东吴鲁肃的阅兵台，以后演变为瞭望敌情的谯楼。到唐开元四年（716），中书令张说谪守岳州，将其扩为楼阁称名"南楼"，后更名为"岳阳楼"。以后因该楼的雄伟和四周秀色引来了张九龄、孟浩然、贾至、李白、杜甫、韩愈、刘禹锡、白居易、李商隐等诗人，众名士到此登此天下名楼赏天下水，写作了不少脍炙人口的诗文，使岳阳楼声名不断远扬。

北宋时，滕子京守岳州重修了岳阳楼，并请好友范仲淹写了《岳阳楼记》，有"先天下之忧而忧，后天下之乐而乐"之句，致使岳阳楼名传天下。几十年后该楼毁坏，到北宋末期又进行了两次建修。冯时行登临之楼是北宋末期经重修后座落在城墙平台上的楼，此时楼为二层三檐，重檐十字脊歇山顶，四面突轩，状如十字，从各个方面观看均给人是正面的感觉。

冯时行首次登上岳阳楼，诗兴大发，写作了《登岳阳楼》诗：

湖面层收雨露开，浪声千里急奔雷。草迎云梦秋光去，帆带衡阳晓色来。帝子不归林叶下，楚魂堪吊暮鸿哀。羁游到此偏增感，况悼长沙放逐才。

（《缙云文集》卷3）

岳阳楼上，冯时行眺望雨后的洞庭湖，只见波浪翻滚，秋去冬来的古云梦大泽枯草丛生，一望无际；拂晓时，一只又一只行船从荆湖南路重镇衡阳沿湘江北上，经长沙城驶至岳州。他想到了胸怀大志，一心为国的先秦时期楚国爱国诗人屈原和他描写湘水女神的作品《湘夫人》，屈原反对楚怀王与秦国订立"黄棘之盟"而受迫害被放逐，楚怀王被秦国囚死，之后秦又灭楚，屈原报国无门，最后投江殉国明志。他又想到汉代年轻的政治家，才华横溢的文学家贾谊因遭排挤，被谪至长沙城之事。冯时行感叹不已，对屈、贾二人充满了同情，真诚地予以哀悼。他此时或许已有预感，自己应诏入京，若要象屈原、贾谊一样耿直衷心报国，必然会给个人带来不测，但是为了国家和民族的利益，为了抗金收复失土，他决不畏缩定要犯颜直谏主战抗金。

寒冬季节大雪飘飞时，冯时行写了《见雪》诗：

前日挥轻扇，今日御重衣。重衣御则已，仍惊朝雪飞。数峰起天末，练练生光辉。有如老大臣，正色立玉墀。风自山椒来，凛凛折我髭。马上久驻目，感此良惨悽。一昏复一晓，冉冉岁月移。忆昨大观初，我始垂髫儿。倏忽一弹指，面目生权奇。今朝天上雪，宛作山中姿。岂免三十年，侵我两鬓垂。况此甲马动，忧端宿肝脾。何当拨百忧，采采山中芝。一洗稻粱气，摄身凌霏微。春花与冬雪，俯视造化为。去去宜努力，所幸今未衰。

（《缙云文集》卷1）

在凄凉冷风吹拂下，冯时行回想北宋徽宗大观初年（1107）自己仅是七岁左右的"垂髫"儿，弹指间就过了 30 年，到绍兴七年（1137）他已经 37 岁了。该年秋，由金国扶持的傀儡政权大齐国调集了 30 万军队，分三路渡过淮河南下进犯攻宋，欲夺取庐州、合肥、濠州、定远、安平、六安等城。大齐军的大举入侵吓坏了南宋朝廷中的主和派，他们有劝宋高宗从建康（今南京）退返临安城（今杭州）的；有建言将驻守合肥、盱眙一线的宋军后撤到长江一线的；还有建议调远守鄂州（今湖北武昌）的岳飞放弃战略要地襄汉，率部千里东下赴援的。最后的结果是，在南宋主战大臣张浚布置和各地守军奋战下，打败了齐军。就在此期间，金国内部又爆发了内乱，新上台的金统治者感觉大齐屡败实在是无用，就在该年十一月逮捕了傀儡皇帝刘豫，宣布废去大齐国。后来又将刘豫父子押去临潢（今内蒙古巴林左旗东南之波罗城），几年之后做了 8 年"齐国"皇帝的刘豫在冰天雪地中死去，傀儡者的结局十分悲凉。金废齐国后，抗金名将岳飞等又建言北进中原，但遭到主张和议的赵构拒绝。金国统治者也开始改变侵宋策略，决定用和议代替攻战，力图通过和谈来逼迫南宋，达到获取更多在战场上得不到的政治与经济利益。

当冯时行在入京途中了解到敌人入侵被打败等消息后又生出了愁绪，他不知道自己何时才能多为朝廷社稷分忧解难，禁不住发出"况此甲马动，忧端宿肝脾"的忧虑。

在大雪纷飞时，冯时行又写了《观雪》诗，将诗寄给郭信可读后郭作了《次韵当可〈观雪〉》云："天将瑞雪洒乾坤，世界浑疑色布银；人说丰年犹细事，边庭先喜荡烟尘。"（郭印《云溪集》卷12）以郭信可诗意反推冯时行已佚之《观雪》诗，也是一首忧国忧民的诗歌。

此次进京途中，冯时行还作有《阻雪》诗：

朔风飘正急，客况老难禁。问路迷南北，携筇探浅深。地惊盈尺许，杯喜十分斟。梅蕊如相识，暗香何处寻？

（《缙云文集》卷2）

绍兴八年（1138）农历正月初一，晨雾散去阳光明媚。在新年美好的日子，该天按贯例朝廷要举行"大朝会"。北宋时大朝会多在大庆殿中举行，南宋则在皇宫文德殿内进行。该天百官要向皇上朝贺新年，俗称"排正仗"。不少地方官员也带土产入朝拜年。朝贺仪式完毕要赐宴，待"王会"仪式结束，百官退朝，临安城已是灯火辉煌。冯时行遥望京城，撰写了《元日二首》：

谷旦休祥见，元朝氛祲开。日车扶晓出，斗柄斡春回。致理归廊庙，私忧尚草莱。太平岂无象？天意是胚胎。

日月新年节，干坤旧观还。郁葱浮晓雾，紫翠动晴山。御气笼宫阙，朝班杂佩环。遥知王会散，喜色粲天颜。

（《缙云文集》卷2）

冯时行出蜀后沿长江经今湖北、湖南、江西、安徽，在江苏转入运河而后南下到浙江临安。他一路上观览山川名胜，凭吊历史古迹，观察地理形势，了解民情风俗，丰富了自己的见闻，增长了许多感性知识，有助于他的诗歌散文创作。由于他途中注意了解沿江宋军江防情况，对他入京上疏劝高宗备战抗敌提供了依据。

绍兴八年（1138）晚春时，冯时行到达了临安城。

临安，隋朝时名余杭，唐代名杭州，位处杭嘉湖平原南部，由于隋开运河使水陆交通极为便利，加上地有湖山美，五代时曾为吴越国都。随着江南经济的迅速发展，北宋时人口倍增，"四方之所聚，百货之所交，物盛人众"，已成为江南最繁荣的城市，有"东南第一州"之称。

南宋时，因金军进攻，临安地处江淮战线后方，地域水网交错，对金国骑兵活动不利，加之临安城市人口增加，城市经济发展快，交通运输发达，军事、经济、文化、地理和"山水之美名天下"等条件，使南宋政权选择了在此定都。南宋朝廷统治者偏安临安，大兴营建，逐渐耽乐"山水青山楼外楼"的秀丽美景，追求"西湖歌舞几时休"的醉生梦死生活，不图北上恢复大业。

冯时行在临安城先后会见了璧山同乡王大节和友人王利用、丁则、常明、杨椿、王迎、李良臣等，拿出妻子琦姑给大家准备的礼物，有璧山云雾山绿茶、甜茶、黄花、恭州沱茶，川西蒙顶山茶等。

王利用，字宾王，川蜀通泉县人。北宋宣和三年状元何涣榜上舍进士，治易。绍兴五年因杨晨推荐由果州团练推官升任阆州通判，而后应诏入临安任国子监丞。绍兴八年（1138）十一月除秘书郎，次年二月任监察御史。利用善书画，高宗"光尧皇帝颇爱其书，画则山水长于人物。"（南宋邓椿《画继》卷4）

丁则，字利用，川蜀崇州晋原人。"北宋末登进士第"，（《宋登科记考》附录）绍兴五年（1135）底经杨晨荐于次年入京任大理寺丞。"绍兴七年为左承议郎"，系正六品下阶文散官。绍兴八年（1138）九月任工部员外郎。（《建炎以来系年要录》卷122绍兴八年九月乙亥条）

常明，字用晦，川蜀眉山县人，治书，北宋宣和六年与冯时行同年进士及第。绍兴五年底知苍溪县时因杨晨推荐，入京后于绍兴七年（1137）八月任秘书正字，绍兴九年（1139）十月致仕。（《南宋馆阁录》卷7）

杨椿，绍兴八年（1138）九月"用（宰相）赵鼎荐召对，椿劝上行仁义，建学校，收人才，择将帅，去赃吏，恤民力，凡二十余事，"以左奉议郎任秘书省校书郎。（《建炎以来系年要录》卷122绍兴八年九月）

王迎，字祖文，"砀郡人，（系北宋绍圣元年、1094年状元）毕渐榜同进士出身，治诗赋兼诗"，与冯时行在汴京时结识。他在绍兴"七年八月除"任文官清贵之馆职秘书省丞，负责修日历、撰祠祭祝文等。绍兴八年四月出知南剑州。（《南宋馆阁录》卷7）

李良臣，自绍兴初在东蜀涪州任上与冯时行交游后，于绍兴三年（1133）六月因张浚举荐为提点降赐库，绍兴七年七月高宗召见后除秘书省校书郎，（《建炎以来系年要录》卷111绍兴七年六月）绍兴"八年三月为工部员外郎"。（《南宋馆阁录》卷7）稍后，改任尚书礼部员外郎。

在友朋们的陪同下，冯时行尽情游览了临安城。众人相聚，在一起议论国家大事，讨论反对与金议和，宋军何时能北伐复中原。每当谈论兴起，冯时行的爱国热情和豪迈气概，使大家受到很大的鼓舞。

在临安等待高宗皇帝召见的冯时行，常与李良臣饮酒唱酬，写了《和李工部月夜》诗：

天地浑无滓，清光濯肺肝。倚风哦绝唱，想象见仙官。照我竹书冷，恋君银鬓寒。家山想同梦，倚玉夜阑干。

（《缙云文集》卷2）

冯时行主张抗金豪情满怀，但内心对时局也有担心，对朝廷能否真抗战也有忧虑。宋代时人们喜爱明月，在诗文中常用月表示清冷与孤寂。冯时行作此诗以月起，写月在清辉普照下，他心中有着不能说的凄苦与寂寞。但他不直接写出自己的孤苦惆怅之情，而是借写月景和月光下的冷、寒事物用以抒怀。该诗不着一个惆愁字，但却尽得风流。

第二节　上疏殿谏论备战

绍兴七年（1137），金国内部主和、主战两派斗争激烈。金统治者废黜齐国后，新掌权的主和派宗磐、挞懒等向金熙宗建议，可把原由齐国统治的本属北宋的河南、陕西地区还给宋朝，但是南宋高宗必须向金称臣、每年向金交纳高额贡币，实质上也是将南宋改变为和齐国一样的藩属。经金熙宗同意后，挞懒等人开始策划与南宋议和。为了达到目的，金人就设法在南宋朝廷中扶植秦桧等投降派，以便里应外合，实现所谓"和议"。

该年底，金人送南宋使臣王伦归宋，要他带口信给宋高宗：金国愿意归还早已死在金地的北宋徽宗灵柩和被掳至金国的赵构的生母韦太后以及"河南诸州"。（《建炎以来系年要录》卷317绍兴七年十二月癸未条）

宋高宗听了王伦带回的金国愿意议和的消息，非常高兴，说只要金人肯答应与南宋讲和，他可以接受一切条件。

为了保证与金议和的顺利进行，宋高宗在绍兴八年（1138）三月第二次拜秦桧为右宰相、同中书门下平章事兼枢密使，（《宋史·秦桧传》）利用他主持向金国乞和，紧锣密鼓开始了与金"议和"活动。秦桧派王伦再赴金国求和，讨论达成和议后划分宋、金的地界问题。当王伦走时，高宗和秦桧告诉他转告金国：只要和议能成功，大金将地界划到哪里都可以。

考察宋高宗自建炎即帝位后，在投降主和派支助下便图谋与金敌议和。从建炎到绍兴八年（1138）初止，他不厌其烦地遣使臣向金求和（实为乞降）达十三次。他不坚持抗金收复失地，是害怕被掳去金国的兄长原北宋钦宗赵恒被放回来与自己争皇位，所以不惜屈膝媾和目的是议和时让金人答应不放回赵恒，使他能苟安江南半壁山河。高宗为了自己的个人私利，念念不忘要与金人议和，不管金提出什么屈辱苛刻的条件也在所不惜。

绍兴八年的议和一开始，南宋朝野上下群情激愤，有识之士予以反对。冯时行是力主抗敌坚决反对与金人议和的官吏之一。宋高宗为了求和就制造舆论说，与金人议和是为迎回被金掳去的父母是为了孝道。秦桧也随声附和，费尽心机。

绍兴八年（1138）五月，金国派出极倨傲的使臣乌陵思谋和石庆到临安，就议和条件开展谈判。

六月，冯时行奉令参加了朝廷的活动，写了《大祀》诗：

礼严大祀肃千官，法驾遥临众乐攒。日傍觚棱分夜景，天回复道散春寒。煌煌灯火明青锁，蔼蔼炉烟绕玉坛。上帝居歆期赐福，庆成明月拜金銮。

（民国《江北县志稿·艺文志》）

次日，冯时行以六月接受朝廷诸司审察后升 1 级为 15 阶正六品下左承议郎身份应召殿见，他一早就起床到皇宫门外侯见早朝。南宋时，高宗一般每五天行一次早朝，时间在五更时。早朝高宗令首次殿见的冯时行写作应制诗以察其才。应制诗起于齐梁时，盛行于唐代高宗、武后至玄宗开元时期，天宝之后逐渐衰落，到宋代复兴。应制诗多颂扬帝王盛世，格式庄重典雅。冯时行当场作了一首《早朝应制》：

龙楼曙色映清曦，冠佩欣欣集凤池。民物万方均雨露，车书一统混华夷。吉祥映阙春云灿，佳气浮空晓漏迟。宠沐圣恩深似海，微臣何以答雍熙？

（民国《江北县志稿·艺文志》）

该诗虽按公式化写，为南宋朝廷歌功颂德，但亦借谈秦始皇统一中国之史事，希望南宋能抗敌大败金人，收回失地统一全国，实现真正太平和乐之"雍熙"气象。

高宗皇帝阅诗后对冯时行的才学十分赞赏，要他谈时事，冯时行就将早已写好的《请分重兵以镇荆襄疏》呈上：

臣窃闻虏使往来，将修和好，即其往事，何足信凭？此必缘废伪齐，人心未固，深恐陛下乘其机会，则奸灭有期。知逢迎梓宫，在陛下之心至切至痛，以是为辞，延引岁月。其抚循既定，狡计既立，然后率其丑类，送死远来。陛下可不逆照其情，深为之备！臣切见江前备御，尚或阔疏，自建康以属海，臣非亲见，不敢妄陈，自西蜀以至江东，臣请论之：

吴玠一军在梁、洋之间，凡五千余里至鄂州始有岳飞，又三千余里至建康始有张浚。陛下虽以淮为障，然东南形胜，实有长江。今岳飞屯鄂渚，实欲兼备江、池。襄阳有警，比岳飞得闻，往返三千里，束装办严，非一月不至襄阳；而丑类近在京西，清军疾驰，不数日遂涉江汉。万一举偏师向江、池连缀岳飞，而大军向襄阳，中断吴、蜀，当是时，吴玠不能离梁、洋而下，岳飞不能舍江、池而上。丑类盘泊荆南，可以控据上流，震惊吴会，或径趋潭、鼎，横涉饶、信，可以直乘空虚，扰我心腹。备御如此，似疏矣！

臣愚愿陛下先事制胜，选知兵大臣，分重兵以镇荆襄，使仓卒有警，荆襄并力，足当一面。岳飞得专于江汉之间，若兵有统属，不可遽分。亦宜严戒岳飞，及兹无事，预思方略，审度事宜，重益荆襄之戍。

（明代杨士奇等编《历代名臣奏议》卷 355 御边）

该疏文又见载《建炎以来系年要录》卷 120、《宋史翼》卷 10、《宋代蜀文辑存》卷 46、《全宋文》卷 4265 等书卷。

冯时行上疏指出，根据北宋末靖康间金人入侵使大宋国破家亡的所作所为，不能相信他们会真的与宋议和。金现派使臣往来讲和当是废了伪齐政权人心不稳，害怕宋会乘此机会北伐灭金复失地。

金统治者利用宋徽宗的灵柩向南宋提出议和，目的是利用亲情来拖延时间，一旦对南宋有利的时机过了，金国内部统治者稳定政局后，就会派大军南下再次攻宋。冯时行曾亲历北宋亡国之耻，对国家前途命运时忧时患。他居安思危，一针见血地揭露金人的狼子野心。他明确反对与金议和，主张抗战，奉劝高宗皇帝要警惕和戒备金国，对金敌要"深为之备"，早作准备，以防不测。

冯时行还针对朝廷在西蜀、江东等地军事部署上出现的疏误，提出了合理中肯的建议，指出屯驻湖北武昌一带的岳飞战线太长，致使其兵力分散。他建言应先发制胜，选派知兵大臣，分重兵以镇荆襄，使岳飞集中精力防守江汉，预防金兵南侵威胁南宋腹心地区。冯时行的建议十分精辟，表现出他的军事政治才能，闪烁着令人称赞的爱国主义光辉。

但宋高宗听不进冯时行反对和议和关于要求加强前线战备防御金军入侵的建议。他对冯时行说自己是"为亲屈己"，与金议和是为了迎回母后和已故于金国的父亲灵柩。

冯时行见高宗坚持要与仇敌议和，就不顾个人安危，义正词严地争论，"与之反复数四"，（南宋《国朝二百家名贤文粹》卷76载冯时行撰《上皇帝论北虏败盟书》）劝高宗不要因亲情而误了国家大事。他还给高宗讲《史记·项羽本纪》中的故事：楚霸王项羽将汉王刘邦之父刘太公放在高俎上，派人劝刘邦投降，如不降就将太公煮为肉羹。刘邦回答：我与你曾结拜兄弟，吾父即你父，你若要煮就请分一杯肉羹给我吧！结果项羽并没有杀刘太公，其要挟未得逞。冯时行说：金人以送徽宗灵柩和还高宗母亲之事如项羽要挟杀刘太公一样是敌之阴谋，不可上当。宋高宗听了讲述皱眉而起，不愿再听，但从冯时行的诗、疏和交谈中了解到他确实是饱学干才之士，虽然自己不高兴主战但还是决定要给冯时行升职，欲以升官进级来堵其嘴。

冯时行首次应召入京殿见宋高宗上疏反对议和之事，南宋李心传在《建炎以来系年要录》卷120绍兴八年六月丙子条中有细叙："左奉议郎冯时行特转一官……时行见上，言金人议和，何足深信。

……上喻以'为亲屈己'之意。时行引汉祖故事言之。上惨然曰：'杯羹之语，朕不忍闻'。鞶蹙而起，乃命进秩，擢时行知万州。"元代脱脱等编《宋史·秦桧传》亦载："奉礼郎冯时行召对，言和议不可信，至引汉高祖分羹事为喻。帝曰：'朕不忍闻。'鞶蹙而起。桧乃谪时行知万州，寻亦抵罪。"但秦桧传中记冯时行有两点错误，第一说冯时行召对时官职是"奉礼郎"；第二说冯时行召对后知万州是被谪。

考查"奉礼郎"是朝廷太常寺中"职掌币帛"等事务的低级正九品官。冯时行未在太常寺任过职，他绍兴七年应诏入京时已是文散官 16 阶从六品上"奉议郎"，比九品"奉礼郎"要高 10 级。据李心传记他在绍兴八年六月召对时由"左奉议郎转一官"即是由从六品上的奉议郎升为文散官正六品下承议郎；如他应召与高宗殿对时是"奉礼郎"，转一官则是升至从八品，明显与其履历与官阶不合。"奉礼郎"应是"奉议郎"之误，即"议"字被误为"礼"。明清以来不少学者沿用《宋史·秦桧传》记冯时行是以"奉礼郎"身份召对，也误。

最早记载冯时行召对后知万州是升职的李心传说："擢时行知万州。"考冯时行由丹棱知县实职任万州知州实职是升了两级，他由从六品左奉议郎文散官阶任从五品万州知州也是升两级。而最可信的是冯时行记叙说：自己"当时自丹棱令而得万州，超资躐等"。（南宋《国朝二百家名贤文粹》卷 84 载冯时行《上宰相书》）他说自己从丹棱县令到知万州是超越等级，可证其出知万州是升职不是谪职明也。而明清至当代的不少学者沿袭秦桧传之误说冯时行召对后知万州是被谪也误。

冯时行上疏后，"时（秦）桧力劝上屈己议和"，（《建炎以来系年要录》卷 122 绍兴八年九月甲戌条）但遭到朝野抗战人士如枢密副使王庶、礼部侍郎曾开、兵部侍郎兼权礼部尚书张焘、吏部侍郎晏敦复、吏部员外郎许忻、户部侍郎李弥逊、监察御史方庭实、馆职官胡珵、朱松、张扩、凌景夏、常同、范如圭、常明、大将韩世忠等强烈反对。岳飞在八月八日接到金字牌快递命入京，于九月到临安后也对宋高宗说："夷狄不可信，和好不可恃，相臣（秦桧）谋国不臧，恐贻后世讥议。"（《宋史·岳飞传》）枢密院编修官胡铨还上奏主张斩杀秦桧等三奸人以谢天下。但高宗和秦桧等采取高压手段，坚持与金议和，开始打击迫害胡铨等反对议和的官员。

绍兴八年荷花半落时，即冯时行上奏疏后不久，一天黄昏时冯时行来到京城城西涌金门外，独自登上属于官营"煮界库"辖管的临安著名酒楼之一"西楼"。当时"官办酒楼设备豪华，各有酒库，金银器皿，饮客登楼以名牌点唤酒菜。光顾的都是上层人士，一般人'未易登也'。"（1985 年杭州市政协办编《南宋京城杭州》285页）西楼多特色菜肴和自酿美酒，有名角艺妓包厢任客挑选陪酒陪笑，各种服务使人觉得"百物齐备，宾至如归。"

西楼地处临安五大园林景区位处西湖边，是观览风景的佳地。冯时行进入西楼，无视大酒楼的美妙服务，而是登楼眺览西湖残荷与即将飘香的秋桂，听城头声声凄凉的号角声响，想到高宗不听己见，与朝廷权臣坚持主和，心情惆怅不已。他对朝政产生了不满，对官场生涯生出了冷漠，写作了《登西楼二首》，在诗中抒发了他的爱国情感。

林际虹霓挂晚晴，西楼无事翠烟横。荷花半落水风远，桂子欲飘山月明。黄卷久忘尘世事，白云犹动故园情。无端最是城头角，频作凄凉塞上声。

年来双目厌纷华，独上西楼日欲斜。幽鸟有情啼苦竹，画船无事舣荷花。吴天半出云中树，越岭初横雨后霞。惆怅倚栏人去后，一竿明月属渔家。

（《缙云文集》卷 3）

该诗是冯时行忧国伤时的爱国之音，对陆游等曾发生过影响。今学者评说陆游的《临安春雨初霁》受过冯时行《登西楼二首》之二的影响，并说"那么，他（陆游）的爱国诗篇恐怕也多少受过（冯时行）一些影响吧。"（《四川师大学报》1985 年 4 期载《略论冯时行及其作品》）

在临安，冯时行还写有《索友人赓和》诗：

诗债迟迟不见还，只缘草赋动天颜。一挥可但难加点，三复何消更索斑？余力自知过我辈，新篇不合是君悭。风流来往无多日，肯与吾曹作两班。

（《缙云文集》卷2）

第三节　离京还蜀忧愤多

绍兴八年（1138）八月中旬，吏部按照宋高宗的旨令，对冯时行给予了越级任职，由知县升两级出任夔州路万州（今重庆市万州区）知州，官从五品。此时他的文散官阶也从从六品上阶左奉议郎升为正六品下阶左承议郎。（《建炎以来系年要录》卷145绍兴十二年六月条）他虽然进阶升职，内心却很沉重，开始准备离京回蜀。

同年九月上旬，不与秦桧同流合污的"尚书礼部员外郎李良臣知简州。"（《建炎以来系年要录》卷122绍兴八年九月己亥条）冯时行在好友出京前，与他痛饮唱酬，写了《和李尧俞郎中西归有感》诗：

去留出处勿相关，炼得心丹已九还。自有文章为鼓吹，只将廊庙等云山。百年有酒堪留念，万事无心忘驻颜。郎署分符旧名姓，安知不在复盂间？

（《缙云文集》卷3）

冯时行赞李良臣不畏权臣，不随波逐流，主张抗金一片赤诚忠心，似九转九还功业若就，被外放回蜀，远离尘世。他认为，人的一生饮酒堪留念，留住自己的容颜，令人不衰。而今朝廷封官授爵，出任知州比翻过来放置的盂还要安稳。

李良臣出京不久，冯时行与同乡王大节等告别后也离开了临安。船沿大运河北上第一天行至临安府属之江南名镇长安镇（今浙江海宁市长安镇），该处设有宋代江南运河三大闸之一的"长安闸"。因过闸船多需要等候，当晚冯时行就在长安闸旁的镇上住宿，写作了《自行在解维，宿长安闸下，回望天竺诸山，依依在目，微臣去国，抚事感伤因成此诗》：

归来岂不好？去国意如何！主圣忧思切，时危习俗讹。山高更回首，天阔阻悲歌。一寸丹诚地，余生感愤多。

（《缙云文集》卷2）

冯时行认为回归蜀乡是好事，但离开京城朝廷他的心中却难免不挂念。他以为君主圣明臣子则应刚直，所以在上疏殿对中言语直且急，当国家时局危乱时才能了解人是否忠良与其气节操守。他想到唐代李白的《悲歌行》，李白身负傲世才华，功名心很强，有着强烈的济苍生、安社稷的儒家用世思想，始终想望建立盖世功业，而后退隐江湖，其思想在《悲歌行》诗中得以展现。冯时行有李白一样的济世思想，他感到国家民族的生存又遭到威胁，政治环境恶劣，个人的前途也不佳，但心中仍然思虑的是捍卫宋廷和收复国土。对宋高宗与朝廷权臣各怀鬼胎，坚持与金敌议和的行为感到非常的愤慨，因而发出"余生感愤多"的感叹。

不久，冯时行来到荆湖北路辖管的鄂州（今湖北武汉市武昌区），登上该地著名的南楼，写作了《鄂州南楼其下为黄鹤楼故基》诗：

今日南楼独上时，西风无复片云飞。天连江水去不尽，云傍远山闲自归。鹦鹉巧言终掇祸，麒麟高举亦知几。诗翁仙子今何在？徒倚栏干送落晖。

（《缙云文集》卷3）

南楼，位于鄂州长江南岸蛇山西端黄鹄山顶，地邻毁于北宋后期的黄鹤楼。南楼又称白云楼、楚观楼，与黄鹤楼、头陀寺、北榭并称为古蛇山的"四大楼台"。其文化源至东晋，系为纪念大将军庾亮镇守武昌，不拘礼仪与幕僚吟咏作乐被后人传为佳话而建。主旨是颂扬庾亮之功绩，褒扬其忠君爱国，为国家鞠躬尽瘁，死而后已的精神，且彰显他亲民爱民、礼贤下士的良好个人修养。

南楼，是人们抒怀寄情的场所。就在冯时行登临之前，抗金名将岳飞在绍兴初期驻守鄂州时，曾登楼撰写了被誉为"爱国主义绝唱"（王曾瑜《岳飞新传》148页）的《满江红》诗：

怒发冲冠，凭阑处、潇潇雨歇。抬望眼，仰天长啸，壮怀激烈。三十功名尘与土，八千里路云和月。莫等闲白了少年头，空悲切！

靖康耻，犹未雪；臣子恨，何时灭？驾长车踏破，贺兰山缺。壮志饥餐胡虏肉，笑谈渴饮匈奴血。待从头收拾旧山河，朝天阙。

（宋·岳珂《桯史》附录）

岳飞这首词，感情真挚，气壮山河。强烈的爱国主义信念和雄心壮志跃然显现，千百年来，为人们传唱，鼓舞了一代又一代的爱国志士和人民英雄。

冯时行与岳飞一样登倚高楼远望，视接千里，凭栏眺瞰，万千景象，咆哮的长江水西来东去，日夜不停。国家的安危，个人上疏力主抗金反对和议不成的际遇，一齐涌上了心头。他写"鹦鹉巧言终掇祸"，借汉末名士祢衡怀才不遇而自喻，以鹦鹉善言遭忌恨借咏物抒情、刺世，寄托他的愤闷心情和对朝廷黑暗政治的不满。他叹息始建于三国时期的天下绝景黄鹤楼已成为废墟，无处寻找撰写《黄鹤楼》诗流芳的唐代诗人崔颢和乘黄鹤在楼中憩息的蜀汉费祎等仙人之迹。

深冬时节，船至岳州（今岳阳），冯时行第二次登上岳阳楼，写下《题岳阳楼》诗：

洞庭涵浸八百里，岳阳楼高跨湖尾。天空地迥豁疏襟，有客临风来徙倚。是时穷冬天气昏，惨淡愁杀湘君魂。层栏半落烟氛外，浩荡犹恐旋乾坤。异时清霄玉鉴白，空明月路飞仙客。明朝露华洗七泽，万顷寒光天一色。眼中未见此境好，他日扁舟吾未老。

（《缙云文集》卷1）

从岳州沿长江西上到江陵府（今湖北荆州）途中，冯时行给先离京数日的好友李良臣写了《舟中观雪呈李尧俞二首》诗：

孤渚凝寒睇，斜风看乱飘。已狂难自定，初泊不胜娇。白向水边断，轻米衣上消。更愁清梦觉，篷底听萧萧。

密雪晚来急，扁舟江上看。冻云千顷白，对我一襟寒。履冷深犹立，巾敧重更弹。家山想同梦，夜倚玉栏干。

（《缙云文集》卷2）

年底，船到江陵泊于码头，冯时行又写了一首诗给李良臣，即《岁暮舟次荆州呈李尧俞》：

肃霜闻渡雁，湖海发归舣。烟树开吴泽，风帆尽楚天。经过成往事，信宿是明年。诗句随元礼，云山共一天。

（《缙云文集》卷2）

冯时行在诗中将李良臣（字尧俞）比为被东汉人赞誉为八骏才中第一才士的东汉李膺。李膺，字元礼，在朝廷纲纪废弛时以声名自高，《后汉书》称"天下楷模李元礼。"他为官清正，反对宦官专权，纠劾奸佞，威慑朝野，因而深为小人所恨，终遭诬陷。

李良臣与抗金主战派领袖右丞相张浚交好，张浚罢相后由赵鼎、秦桧分任左右丞相。赵鼎闻李良臣有好才品欲揽入门下，但被李拒绝。秦桧与李良臣是太学同学，并同于北宋政和五年（1115）考中进士。在太学时，因秦桧爱耍两面派"善干鄙事"，李良臣等都看不起他，同学都呼秦桧外号"秦长脚"。（宋《鹤林玉露》卷5《格天阁》）秦桧拉拢李良臣不从，知其不主和议对他自无好感，一有机会就予以排斥。李良臣之子李流谦在写给张浚的《上张建康书》中说："钧坐适去国，于时先君之身虽留于朝，而心实唯钧坐之从。钧坐之去未久之，赵丞相屡遣人致意愿见。先君曰：'吾主张公，公去席未寒，吾以么麽进取，辄望之而游他门，可乎？'卒不往。其后蜀士有荐先君于秦氏（桧）者，秦曰：'此岂非（张）某氏客邪？'卒不报。"（南宋《澹斋集》卷10）从此可见李良臣的正派人品，故为冯时行尊重。

今人著《冯时行及其〈缙云文集〉研究》87页注释《岁暮舟次荆州呈李尧俞》诗说："李尧俞：宋临川（今江西临川）人，宣和六年（1124）进士，与冯时行'同年'。"此注皆误。考与冯时行交友的李尧俞实是四川绵竹人李良臣，字尧俞。南宋陈骙《南宋馆阁录》卷七记"李良臣，字尧俞，绵竹人。"李良臣之子李流谦与冯时行深交是忘年交，他在孝宗隆兴元年（1163）送冯入京时写《送冯提刑赴召序》说："某故人子"。（《澹斋集》卷14）又郭印写有《次韵李尧俞良臣论交一首》，（《云溪集》卷11）亦证绵竹李良臣字尧俞。而临川人李尧俞是北宋人，北宋仁宗皇佑三年（1051）曾任鄂州知州，非与冯时行交往之人。冯时行友人李良臣不是冯时行宣和六年（1124）进士同年，而实为北宋政和五年状元何㮚榜进士。南宋《圣宋名贤五百家播芳大全文粹》载道："丞相何公㮚文缜（政和）五年（状元），工部李公良臣同年第。"《宋登科记考》卷8政和五年（1115）李良臣条载：李良臣"字尧俞。汉州绵竹县人。政和五年上舍及第。绍兴中，累迁工部员外郎，出知简州。"

船行至归州（湖北秭归），冯时行写了失题诗，今存句云：

妾身在代不如意，汉中胡中俱断肠。

（南宋王象之《舆地纪胜》卷74《荆湖北路·归州》）

不久船行入蜀，冯时行在云安县境与宣和六年同年进士刘禹川邂逅相遇，但他还未到万州上任就惊悉刘禹川去世的消息，在悲思中写了《刘云安祭文》悼念故友：

惟灵士夫之贤，如吾禹川，交游之中，一二数焉。宣和之末，雁塔名联，披识英姿，殆十五年。岁在丙辰（绍兴六年1136），仆宰丹棱，君在德阳，音驿相连，通梦交魂，书记翩翩。迄于丁巳（绍兴七年1137），我来日边，蹭蹬之踪，踰岁而还。始入瞿塘，君至云安，邂逅相遇，可以亲瞻。君则顺流，我舟逆牵，激箭参差，心无由宣。犹谓异时，境接云烟，沐其余波，浩乎川渊，把其清芳，郁若兰荃，一见之期，犹有可言。呜呼哀哉！

仆未之官，公没已先。夙昔所冀，恍隔九泉。公之尊亲，华发披肩。公之季弟，卒在公前。公女未嫁，公嗣未传。胡为速化，不仁乎天！丹旐沂江，哭亲在船。豁我悲思，荐以频繁。禹川何许，涕泗潸然。伏惟尚享。

（明《永乐大典》卷14054）

第十章　升任万州官民称颂

第一节　斥拆敛财樊哙庙

绍兴九年（1139）初，冯时行回到故里璧山县，在璧城家中拜见父母后，就携带爱妻琦姑和年已七八岁的儿子冯相前往万州赴任。

万州历史悠久，源远流长，"上束巴蜀，下扼夔巫"，"以处形胜之地，恒为州郡治所。"（清代《万县志》）北宋《太平寰宇记》、南宋《方舆胜览》等书载：万州夏商时期属梁州地，周属巴子国，秦属巴郡朐忍县。蜀汉建兴八年（230）置南浦县，治所在今万州区城南。西魏废帝二年（553）改南浦为鱼泉县，徙治今万州江北环城路，唐代贞观八年（634）始称万州。"相传万州因'大江至此，万川毕汇'而得名。"（2002年《万州文史资料》4辑）唐天宝元年（724）又改万州为南浦郡，乾元元年（758）复名万州，直到南宋时万州仍为州一级行政机构，管辖南浦、武宁二县。

唐代中期迄至南宋，由于全国经济中心由北向南移，如此就带动了长江航运，地处水陆要冲的万州其商贸逐渐繁荣起来，但由于偏离中原经济仍然落后，常被朝廷作为贬谪与流放官员之所。

时值春节，冯时行到了万州治所南浦县，七年前他曾赴南浦任过两年县令，对当地的民风习俗情况比较熟悉。万州州治与南浦县同城，城区位于长江北岸都枥山前，依山势而建，平面呈椭圆葫芦形。

冯时行从东门进至古城，慢踱在顺地势而弯曲伸展的青石板梯道小巷，见土木、砖石、竹草等多种结构的民居多披红挂绿、张灯结彩，但街上却行人稀少缺少兴高采烈过大节应有的欢悦。他来到主街见一处显眼大宅的门边张贴着一幅淡红色纸墨书春联，上写

"桃符万点，喜去岁五谷丰收；瑞气千条，盼新春五畜兴旺。"（《龙门阵》1982 年第 4 辑《四川第一个状元冯时行》）

观看此联，冯时行心中暗想：万州自古也是地灵人杰之地，唐代诗人陈子昂、李白、杜甫、刘长卿、白居易、薛涛、刘禹锡、郑谷、北宋寇准、苏洵、苏轼、黄庭坚经此都有题诗，怎么大街门面上的春联不讲究对仗呢？华夏古国历来讲的是"稻、粟、黍、菽、麦"五谷丰登，"马、牛、羊、猪、狗、鸡"六畜兴旺，《三字经》中就明写着六畜"马牛羊，鸡犬豕。"为什么万州南浦城中不要"六畜"而写"五畜"呢？看对联张贴大宅之建筑宏丽，决非无文化之穷人所居就，那么该联就不会是误写其中必有蹊跷。他步入街边小茶馆，经向二三耄者打听，方知书写"五畜兴旺"之原因。

原来春联中写"五畜"是万州缺狗导致的。万州本来多狗是六畜兴旺之地，但近几年中当地地痞恶势力为了搜刮民财巧取供禄，就以汉高祖姨妹夫舞阳侯樊哙为名建了一座樊哙庙，借樊哙生前屠狗与刘邦喜吃狗肉而强要百姓每天供奉。几年下来，万州的大狗、小狗都被宰光了。百姓敢怒不敢言，就在写对联时抱怨地不谈六畜兴旺只说五畜兴旺了。

冯时行悉知实情后，认为樊哙虽随刘邦短时入蜀，据史载并未到过万州；该地的舞阳侯庙肯定是邪恶之徒装神弄鬼，假借樊哙哄骗州民，以诈骗万州百姓供祀生财。他痛恨邪恶，岂容奸人继续在万州虐害百姓，逞其淫威。

第二天冯时行到州署接印正式上任，而后办的第一件事就是率领州人将舞阳侯庙拆毁，重兴六畜兴旺。

拆庙后几天，冯时行到署衙办公，见一名身着铠甲，手执剑戟的化粧壮汉高坐在署正堂桌上，心知这是州中地痞邪人作怪，就上前愤怒地予以斥责。只见那邪汉子一掀胡须凶恶地大声说："我是汉舞阳侯樊哙，在此地接受万民祭祀已久，你把我的寺庙毁了，断了我的香火，使我今无居所缺食，如不给我恢复寺庙，我就要与你同坐署堂？"并扬言还要给万州降灾，使州人受害。

冯时行气愤地说：万州远处蜀东，偏接黔中贵州，樊哙未曾到过此地，他也从未对万州百姓做过丝毫好事，没有理由增加本州百姓的负担来祭祀他。邪汉子见恐吓不了冯时行，就再三声称他是真的樊哙。平生最恨奸邪的冯时行义正词严，直接揭穿那邪汉的诡辩阴谋，怒声厉喝：“若你真是樊哙，也没有什么了不起，你又未为万州百姓做什么好事情！”并历诋责数樊哙成名后积极帮助刘邦、吕后诛杀众开国功臣等罪过。

假装樊哙的邪汉见势不好，就赶快溜掉了，但这些地方邪恶人不甘心失败，以后曾数次扰冯家，还把冯时行之子冯相缚于大木上。冯时行毫不畏惧，按律用法，将作恶的地痞予以惩处，为百姓铲除了祸患。

冯时行撤毁万州樊哙邪庙后，大力发展农桑，很快使万州重新成为了五谷丰登、六畜兴旺之州。百姓对他感恩戴德，将掀邪庙之事广为流传，进而演绎为神怪故事，被同时期的学者绍兴十五年（1145）进士洪迈写入了所编《夷坚丙志》书中，文如下：

冯当可时行为万州守，郡有舞阳侯樊哙庙，民俗奉之甚谨。冯以为哙从汉高入蜀汉，未久即还定三秦，取项羽，未尝复西。而万州落南已深，与黔中接，非哙所得至也。是必夷祅之鬼，假托附著，以取血食尔，法不当祀，即时撤其祠。未几出视事，见伟丈夫被甲持戟，仪状甚武，坐於公庭上。冯知其怪也，叱之。掀髯怒曰：“吾乃汉舞阳侯，庙食于兹地千岁矣，何负于君，而见毁撤。吾无所归，今当与君同处此。”冯以所疑质责之，其人自言为真哙不已，冯奋曰：“借使真樊哙，亦何足道！”历诋其平生所为，不少慑。神无以为计，奄奄而灭。自是虽不复形见，然日挠其家。冯之子年七八岁，屡执缚于大木之杪，如是数月。冯用公事去郡，然后已。

（南宋洪迈《夷坚丙志》卷2《舞阳侯庙》）

南宋庆元二年（1196）进士，史学家王象之于嘉定至宝庆三年（1227）纂成的地理总志《舆地纪胜》，也记载了冯时行拆樊哙庙的主要情况。

　　绍兴九年（1139），璧山县函谷镇人白子安之子因考中绍兴八年科举进士，将把已去世多年"久不葬"的父亲下葬，特请冯时行为之作铭文。冯时行早在"宣和初"年进京读书考进士时与白子安相识，对其为人敬慕，故为他撰写了《白子安墓志铭》文：

　　宣和初，仆应进士举，道过白子安家。於时天下将乱，衣冠竞为短狭者，自京师达四方。子安状癯，修七尺余，长领阔袖，垂大带至舄。出揖容，危坐，言论简古。一子初束发，立於侧，甚恭。寻授旨，具酒馔，应对进趋闲习。既别去，心窃敬慕，殆今二十年。

　　子安之死，已十四年矣！其子某前所见初束发者，三十余，今为名进士，登绍兴九年进士第。将葬，状子安之行，泣请铭，具言："某不幸，亲不及养，力学冀得名位以葬，然竟未售。久不葬，益俱不孝，力贫就事，棺椁衣衾有不如礼，子及见先君，愿丐以铭。"仆闻其言，颇忆见子安如前日。今壮者死，少者壮，慨然不能已。已而叙所闻，为之铭曰：仆闻子安和厚长者，於兄弟亲戚交游一出於友爱，诚敬无间言。晚贫，或曰："家近市，不遂什百，何以为生？"曰："吾以是为生。"又曰："君忍贫或可，子且幼何以贻后？"曰："吾以是贻后。"又闻子安家尝有灵芝生庭树，高尺。逾年出端竹二。子安笑曰："吾所存无与於人，宁有与於天邪？"比死，殡旧庐。子出赘百里。一夕邻舍火，子适至烟焰中仅出一棺。意子安平生所存，天实相之也。

　　子安名某，享年若干。娶某氏，生男女若干。曾祖某，祖某，父某。世家於恭州之函谷，卒於某年月日，葬于某年月日。呜呼！某乡某里某山之下，是惟子安之室。至於千万年陵谷变迁，得断石於荆榛坎陷之间，濯而读之，犹能使子安之贤有闻，有斯铭存。

　　（《缙云文集》卷4）

　　该铭文谈到冯时行于北宋"宣和初""於时天下将乱"之时离家入汴京应进士举，有助于考察其进京时间。"宣和初"按古人行文应是指宣和元年，此时方腊正组织农民于宣和二年进行了反朝廷的大造反，事与冯时行所说吻合。

铭文中白子安是宋代璧山县辖函谷镇人，其子白某是进士，可补《重庆府志》、《璧山县志》、《宋登科记考》等史书失载，但文中说白进士是"登绍兴九年进士第"则有误。考各史书云绍兴九年无科考，绍兴八年、十二年有科考，绍兴八年与冯时行记于"宣和初"（1119）道过白家"既别去，……殆今二十年"相吻合，故"九年进士第"应是八年进士第，"九年"当是重编《缙云文集》时抄刻致误。

绍兴九年（1139）底除夕除旧迎新时，冯时行想起前一年在京城临安参加朝廷君臣大会，其情景历历在目，就提笔写了《除夕》诗：

峡里江山暮，愁边日月穷。酒浓新不饮，春近旧多慵。岁事横胸臆，年华入鬓蓬。明朝有王会，心与蜀江东。

（《缙云文集》卷2）

第二节　增丁兴商练乡兵

南宋建炎以来，由于金军不断侵攻，川陕地区处于战争前沿的府州县，受战争以及为了保障宋军的物质供给的影响很大。而离前线稍远的夔州等路属的府州县，也同样受到了较大的影响，原因是"这些地区始终承担着为川陕驻军提供粮饷物资的重任，直接或间接地受到影响。"（《南宋川陕边防行政运行体制研究》第327页）

南宋初期，川陕驻军多军需数量大，致使整个四川数路赋税加重。在建炎四年（1130）"富平之战"宋军失利丢失了秦川五路（秦凤路、鄜延路、环庆路、泾原路、熙河路）之后，宋"乃以五路财赋均于西蜀，增立名色，谓之折估，蜀人由是重困。"（南宋《絜斋集》卷4《论蜀札子一》）

地属夔州路的万州，在多年宋与金及伪齐的不断战争影响下，受到了严重影响，财赋民力十分困敝。

冯时行赴任万州后，经过一番调查研究后，决心要治理好千疮百孔的万州，改变困苦的民生，使万州财赋富余。他思考要从增加本州户口，发展商业、农业，招练乡兵维护地方治安等方面着手。他曾以自己办公的州署为题，写下《铃斋》诗，表达自己的心志。

乱离固多事，贤哲有要领。一切本仁义，条教日月炳。邦民用不犯，闭阁自非省。犹能肖盖公，使我醉清净。春风花满门，午梦日转影。先已戒铃下，吏至无辄请。

（明《永乐大典》卷2540）

诗云战乱动荡使百姓流离失所，给国家和地方带来了不少忧患。要治理好州县除了需才德与智慧外，还应找到关键要点。执政者应该用儒家之礼法教化百姓，以国家法令治理地方，这样州民就不会轻生走险作乱，自己也无愧去闭门思过。冯时行认为要象汉代初山东人盖公向齐相曹参说的那样，治道贵在清静而民自安定，就能使地方得到大治。

史书记载万州在唐代初期开元（713—741）时有民户5100户，到宋代初期有主、客户1899户。（北宋《太平寰宇记》卷149山南东道·万州）北宋后期，万州人口略有增加。冯时行认为若要维系全州开支，完成日渐增长的赋税，还有必要多增殖人口。

宋代有识之士也不乏增人口的认识。北宋末期户部侍郎吴择仁认为："地官之职，掌户口版籍，实赋税力役之所自出，民事之先务也。"（《宋会要辑稿》食货12之3、69之79）绍兴初期，太府寺丞张子仪说："亲民之官，莫若守令。户口登耗之责，守令之先务也。"（《宋会要辑稿》食货12之6、69之80）稍晚于冯时行的太学博士叶适说："为国之要，在于得民。民多，则田垦而税增，役众而兵强。"（《文献通考》卷11《户口二》）

为了治理好万州，冯时行在所辖的南浦、武宁二县推行增殖人口。在他奉诏进京殿见高宗的绍兴八年五月十六日，南宋朝廷颁下了《给州县乡村坊郭贫乏之家生男女钱诏》："应州县乡村第五等、坊郭第七等以下人户，及无等贫乏之家，生男女而不能养赡者，每人支钱四贯，于常平或免役宽剩钱内支给。官吏违慢，以违制论。仍委守令劝谕本处土豪父老及名德僧行常切晓祸福，或加赒给。守

令满替，并以生齿增减为殿最之首。如奉行如法，存活数多，许本路监司保明并推赏。"（《宋会要辑稿》刑法之147）

冯时行严格执行宋代定婚龄沿用唐开元律"凡男女年十五、女年十三以上，听婚嫁"的规定，（《唐会要》卷83《嫁娶》）对适龄未予婚配的贫民，从多方面给以帮助使之成婚。并以财物奖励生育，严禁弃遗女婴、病儿，允许无嗣之民领养遗孤。

北宋末靖康之变后，中原百姓饱受战乱之苦，人口大规模南流。"中原士民扶携南渡，不知其几千万人"，（《建炎以来系年要录》卷86绍兴五年闰二月壬戌条）其中不少人移迁入万州。冯时行对外来流民采用徙狭就宽，借给口粮，拨田土耕种，垦荒地减税等，进行稳妥安置。如此政策与规定得到了广大百姓的拥护，很快使万州人口速增，为充实税源，保障招征卫国兵源，征发徭役和差役等奠定了坚实的基础。

在基层辗转5县任县尉、县丞、县令时间长达10多年的冯时行了解百姓的困苦，为了使万州变穷为富，他除了抓农业、渔业生产之外，还充分利用万州的本土资源，大力发展制盐、酿酒、采药、制茶、制砚等手工业与商业。

自古以来万州产盐，但有不少官吏据以私人渔利，此前执政州官仅将一半盐卖给百姓，致百姓食盐紧缺。冯时行一反旧时做法，令属吏依法把州县储存的余盐全部拿出来供给百姓，并几次赴盐场巡视，勉励盐主盐工多生产以利人利己利国。除了解决百姓的实际困难，主要是使本地盐业商贸得到了流通，促使地方税收大幅增长。

万州长滩河（今砚溪河）出产制砚石料，这种石料色黑质坚润，所制砚略次于端石而胜于它郡石砚。（清同治《万县志·物产》）万州制砚始于唐代，有不少史料记叙了夔州区域的万州砚石与砚。

最早说万州砚的是唐代诗人杜甫，他在《石砚》诗中说："平公今诗伯，秀发吾所羡。奉使三峡中，长啸得石砚。巨璞禹凿余，异状君独见。其滑乃波涛，其光或雷电。联坳各尽墨，多水遞隐见……"（清代《杜诗镜铨》卷12）诗赞三峡砚外貌美，质地好，刻工细，砚润出水，并说砚大有数穴可装墨供多人同时使用。今学者研究说，杜甫所写的三峡石砚就是万州长滩河产的石砚。

中唐诗人刘禹锡在《送鸿举游江西》诗中说"使君滩头拣石砚"。使君滩在万州，"在州东二里大江中。"（北宋《太平寰宇记》卷147万州）

北宋唐彦猷撰《砚录》说砚者有十五品，其中"万州悬金崖石七"。

米芾《砚史》记："夔州黟石砚，色黑，理干，间有墨点，如墨玉光，发墨不乏。"

陈了翁作诗道："黑石巴山砚，鱼鳞蜀客笺。"学者研究说"巴山砚"就是夔砚即万州砚。

绍兴初年杜绾写成《云林石谱》记："悬崖金星石，出万州。色漆黑，绝细润，水湿则现，干则否，极发黑，久用不乏。端溪下岩之亚也，非歙出。"

王十朋在《夔砚》诗中说："一片夔州砚，千年禹凿痕；平公见尔祖，王孙得其孙。"该诗咏之砚与杜甫诗说之砚同类。

冯时行的朋友晁公遡《入峡行》云："嗜好亦须随土风。磁洞疏波凿山骨，沙陇剔薮求毛宗……君不见昔年平御史，初得巨璞三峡中。"该诗云杜甫说的石砚即万州磁洞砚。

略晚于冯时行的陆游曾作《金崖砚铭》："我游三峡，得砚南浦。西穷梁益，东掠吴楚。挥洒淋漓，鬼神风雨。百世之下，莫予敢侮。"（《渭南文集》卷22）

稍后于陆游的高拟孙撰《砚笺》在《万石砚》条中说："万州悬金崖石，黑润有铜屑，眼如豆，发墨，叩无声。万有磁洞石。米贴赠伯衮诗：'山匠琢成磁洞砚，溪翁捣出浣花笺。'"

李之彦《砚谱》载："万州有悬金崖石，又有磁洞石。"

再后赵希鹄在《洞天清录》中说："别有一种黑石金星，资质亚端溪下岩漆黑石，乃是万州悬金崖金星石也。色漆黑，细润如玉，隐隐金星，水湿则见，干则否。发墨如泛油，无声，久用不退之，非歔比也。……如得之，不减端溪下岩。"

万州石砚是古代"巴渝三大名砚"之一，到南宋中后期时成为朝野皆知的地区佳砚，但万州石砚的开采制做在北宋末期曾遭到了封禁。

北宋宣和五年出任万州知州的李载上奏朝廷，要求限制万州采取砚石制砚，得到了采纳。《宋会要辑稿》刑法2之88记载：宣和五年十二月"五日，权发遣万州李载奏：'本州岛非时监司呼索采取石砚，民无休息。欲乞于务农之月，不许采取。'虞部供到即行禁止，不许采取指挥，及无立定上供之数条法。看详万州石砚，监司相承劳民采取，显属骚扰。欲乞立法，应见任官辄下州县差人采取者，并科违制之罪，仍计庸坐赃论。从之。"

冯时行知道万州石砚颇有特色，具有实用艺术价值和商业经济价值，本州百姓也乐于开采，就向主管部门上书，征得了同意予以采制。

万州石砚，唐杜甫、刘禹锡等仅以石砚称之，北宋唐彦猷、杜绾称为悬金崖石，米芾则称夔州黔石砚，陈了翁名巴山砚。可知万州砚从唐代至北宋被禁止采制时还没有一个比较统一比较标准的名。

冯时行根据万州砚石主产地在长滩河悬金崖、磁洞尤以磁洞石质佳且多，就给万州石砚取名为"磁洞砚"。以后王十朋、陆游等人虽称万州砚为夔砚、金崖砚，但史载自冯时行之后以称"磁洞砚"名的居多，直到明代高濂《燕闲清赏》也称"万州磁洞砚"，清代同治《万县志·物志》亦云磁洞产石制砚。

冯时行帮助州人在南浦城内和武宁县中开设砚坊。2004年，重庆市和万州市的考古队曾在昔武宁县城遗址找到了一座宋代砚台作坊，发现不少出产地为长滩河的砚石料。冯时行还帮助推销磁洞砚，并曾购买两方磁洞砚赠送璧山故里朋友，写有《代简寄璧山诸友磁洞砚》诗：

闻道诸郎长似林，临池已遣学山阴。信传鸿翼兼双砚，物比鹅毛表寸心。书札总嗟无懒病，襟怀堪寄有孤吟。归装准拟随春色，岁酒当留待细斟。

（《缙云文集》卷2）

万州系长江三峡水路东下西上的要道，地邻近忠州、施州、夔州、黔州、涪州、梁山军。这些州军分布有多种族源不一的少数民族，特别是在黔州、施州所管辖的广大羁縻州内，存在着不少少数民族。北宋时期，黔州等地的少数民族经常在部落酋长率领下，与宋朝官府对抗，危害百姓，造成地方混乱，严重影响了一方社会秩序。虽然万州地处长江孔道，由于朝廷的正规军禁兵、厢兵主要用于北方边防，万州所在的夔州路仅有极少的禁兵并且主要是驻屯在恭州。每当发生暴乱盗贼等害，州县官府主要依赖的是本地的乡兵，用于平乱擒贼。

乡兵是地方性武装力量，属于民兵非正规军队。据《宋史》卷191《兵志五》载：北宋乡兵多时约为62万人至70万人，其中夔州路的乡兵主要分布在施州、黔州、思州，各州有1400至2000人。南宋时期，夔州的乡兵据李心传《建炎以来朝野杂记》甲集卷18《夔路义军》载：多时有3400余人，巫山县有2000人，云安军有500人，万州、忠州、开州、大宁等地"皆有义军，每军或数千人。"

乡兵职责主要是守土保乡，自北宋神宗支持王安石变法，施行以保甲法组织发展乡兵以来，夔州路的乡兵用费多数由地方筹集，当地民众"捐租赋以募之"。（《建炎以来朝野杂记》甲集卷18《夔路义军》条）

冯时行根据万州百姓每年要承担数千乡兵的多数费用，如此给本不富裕的百姓增加了不少负担的实际情况，向上级主管部门请求压缩精减本州的乡兵，汰老征壮，组织了一支仅500人经过军事"教阅"训练最终可以上战场的"刺虎军"，亦称"飞虎军"。这样少而精干的乡兵刺虎军一是能有效的维持万州的治安；二是未来可对付金敌；三是可以大幅度地减少百姓的供给负担。

早在南宋建立不久的建炎四年（1130），宋高宗就下诏支持各地组建乡兵以卫国护民，在《令诸路州县召募土豪乡兵捍御把隘诏》

中说：对自备钱粮、器甲，招 300 人者重奖。朝廷大臣和地方省吏对乡兵建设都很重视，所以冯时行的整治乡兵组建"刺虎军"计划得到夔州路安抚使冯康国、郭浩和四川安抚制置使胡世将、张焘的支持，得以实施。

冯时行经过上级批复同意，依照保甲法规，家庭多丁抽一，抽精壮去弱，将精选之丁组织起来平时仍务农，农闲时进行军训。他还亲自对亲组建的乡兵刺虎军进行卫国护乡理论训导，启迪乡兵们的爱国爱乡激情。经过整编训练的刺虎军卫国护乡的意识浓烈，目的明确，战斗力倍增。史学家评论"夔环万山，民勇过于正军"。（元初马端临《文献通考》卷 156《兵考八》）万州刺虎军在军事上、政治上起到了维护地方安定的良好作用，以后为爱国名臣辛弃疾效仿成立了飞虎军抗金保卫家园。

第三节　为民请愿惩奸吏

南宋建立之初，国土面积较北宋缩小了近一半，人口也大幅度地减少了，但此时期来自北方金人的军事压力却丝毫未减。为了应对强金，绍兴初年南宋的常备正规军有 30 万人，战事激烈时又有增加。作为南宋三大战区之一的川陕地区，则有驻军 10 万余人，占全国军队的三分之一。10 万余大军需要大量的军需，其来源主要靠川陕地区的百姓供给。当时南宋政府为了维持运转，就不停地使用通货膨胀和增加苛捐杂税等方式来增加赋税，这样就使南宋的赋税增高，超过北宋时期所收赋税的一倍多。

建炎年间，宋失陕西地区于金人。"张浚既失五路，力不足以养兵，乃以五路财赋均之西蜀，增立名色，谓之折估，蜀人由是重困。"（《絜斋集》卷 4《论蜀札子》）

绍兴六年（1136）三月，四川制置大使席益说："四川赡军十年，民力困敝。"（《建炎以来系年要录》卷 99 绍兴六年三月壬辰条）

为了解决官府开支和军需，川蜀四路增加了很多赋税名目，如对籴之米、激赏之绢、募兵赡家之钱。绍兴初年茶盐、酒法改革后，至"官收九分之息，下无毫末之利。"（《建炎以来系年要录》卷128绍兴九年五月癸卯条）蜀中四路的州县在交税绢之外，还有和买、预俵、激赏；税米之外，有远仓、和籴、对籴等。

南宋初期，川中四路除税多赋重之外，各地的贪吏还利用收赋税而上下其手，作假舞弊，索贿受贿，最终造成百姓负担极重，生活困苦。冯时行在万州接触到往来客商和流民，能了解到社会的真实情况，加上蜀中官员朋友在交往中也多谈及时弊，为之愤怒叹息，他心知自己官小位卑，但为了百姓生计和国家的吏治，就必须向朝廷进言向川蜀大吏上书，告知蜀中社会民情。

绍兴九年（1139）十月，朝廷委派权吏部尚书张焘接替胡世将任四川制置使，他于绍兴十年（1140）三月抵达成都。冯时行悉知张焘在朝中有威望，为人正派有学识，就写了《张尚书除四川制置启》文，请求手握重权的张焘清除川蜀地区的败群奸吏，革弊以惠千里之民。文云：

伏以某官辍从常伯，寄以藩宣。奉九重纶綍之言，兼四道黜陟之柄。条章已布，风望凛然。

窃以军旅荐兴，赋敛尤剧。奸吏并缘而渔赋，良民愤郁而无告。时俗既弊，名实转讹。风宪之司，不以鹰扬督察为任职，而以漫漶黯暗称长者。败群不去，畜自难蕃；害稼不除，岁宁有获？抑又闻圣人有变通之道，自古无不弊之法。宽猛相济，政之大经。二柄或偏，未尝无弊。本朝崇宽厚慈仁之德，远追唐虞三代之风，垂二百年，至于今日。虽恩泽慈爱实固结於心，而简慢苟偷亦寝淫成俗。欲臻至理，岂得循常？虽申、韩峭刻之方，诚非圣时之所尚；而管、晏责实之政，或於弊世而可行。昔虞舜之继尧也，一朝而去四凶；孔氏之在鲁也，七日而诛正卯。盖弛慢之初，欲速成於政理；虽圣哲之治，难独听其自然。道有经常，循环一揆。

伏惟某官，以孔孟为法，非尧舜不陈。维持大中，协赞皇极。德大业钜，郁为名臣。惟蜀国之西门，实下蔽夫吴越。屹为巨屏，独倚长才。望已隆於万夫，名则重於九鼎。至於革太宽之弊，开赴诉之门，概以大公，期於必罚。或去或取，若衡鉴之无心；一笑一颦，备春秋之生杀。所以昭苏疲瘵，封殖本根，仰宽四顾之忧，益养具瞻之望。某尝见古人，粗知道理。凡可愧可怍，欲人之不为；而取人与人，岂已之敢犯？当馨乃心而夙夜，率其俗以周旋。惠此千里之民，使如治安之日。庶几上无负於明天子，下无负於贤方伯，幽无负於鬼神，明无负於民庶。

冒陈悃款，稽阅岁时。惟懵率之是虞，久赵趄而不进。迹诚简慢，心则匪佗。伏积兢惶，尚祈开恕。

（《缙云文集》卷3）

该启文无阿谀奉承之言，而是直指陈述时弊，要求严惩渔民之奸吏。冯时行体恤百姓，为民请愿，认为"民为国之本"。他将民庶与"天子"以及一省大吏"方伯"并列，这在距今800多年前的封建社会是难能可贵的。从此文可见其内心具有的民本思想。

张焘（1091—1165），字子安，饶州德兴人，北宋政和八年（1118）进士第三人，曾任抗金宰相李纲幕僚，一起遭贬。南宋立，得以重用，升任权吏部尚书。冯时行绍兴八年（1138）论抗战期间，张焘曾上疏请高宗迎还被金人掳走的徽宗、钦宗二帝，反对超升秦桧党羽，朝廷应"便当厉将士，保疆场，自治自强"。因而得罪宰相秦桧。

绍兴九年（1139）高宗选张焘赴任成都帅，"十月以宝文阁学士知成都府兼本路安抚使，付以便宜，虽安抚（成都）一路，而四川赋敛无艺者，悉得蠲减。陛辞，奏曰：'蜀民困矣，官吏从而诛剥之，去朝廷远，无所赴愬。俟臣至所部，首宣德意，但一路咸沾惠泽。'上曰：'岂惟一路，四川恤民事悉委卿。'焘因言官吏害民者，请先罢后劾，上许之。"（《宋史·张焘传》）

冯时行写的启文与张焘心意吻合，他知晓冯是主战派人士，是蜀中为政清廉官吏的代表人物之一，其严惩污吏惠民千里的请求符合国家利益和广大百姓需要，因此给予肯定。张焘在蜀中任制置使四年，"戢贪吏，薄租赋；抚雅州蕃部，西边不惊；岁旱则发粟，民不得饥；暇则修学校，与诸生讲论……（其）帅蜀有惠政，民祠之不忘。"（《宋史·张焘传》）史评张焘利泽专于蜀。这其中实有冯时行的一份功劳。

冯时行期望蜀中多一些了解民情，能给予百姓幸福的好官清吏，在所作《与新宪大卿启》文中说：

窃以遐方瘠地之民，久需惠泽；观风问俗之使，兹属老成。宸命初颁，舆情胥扴。

恭惟某官术业渊奥，宇量澄深。夙较艺以无双，爰飞声於有截。依流平进，班禁从以何赊？体道无营，滞列卿而不憾。属践更之既久，养誉处以弥高。国藉壮猷，时倾宿望。伫登崇於散外，荐承弼於枢机。揽六辔以西来，葛云展骥；跨三峡而南下，姑使首涂。行践严凝，亟摅蕴积。如某者缪参冠屦，稍业简编。四十无闻，尚何能於振迅？万一可冀，庶或被於甄收。方将俟命驾於星躔，寄妻孥於云荫。勉收濩落，仰奉规绳。作吏于兹，霭风声而在望；登仙伊迩，耀宠渥以方瞻。霜露在辰，旌麾于迈。愿勤葆摄，庶却寒严。

（《缙云文集》卷3）

该文写于绍兴十年（1140）初期，是写给王利用的。"新宪"是新任路一级提点刑狱公事，职责是负责查疑难案件，劝课农桑，考核官吏等。"大卿"是对大理寺卿的通称，亦尊称大理寺监察官员。王利用自绍兴五年（1135）十二月以果州团练推官被四川抚谕杨晨推荐奉诏入京，到绍兴九年（1139）七月"监察御史王利用提点成都府路刑狱公事。"（《建炎以来系年要录》卷131绍兴九年八月甲寅条）冯时行与王利用是同一年被杨晨举荐相识的朋友，他希望具有才干的友人赴任成都提刑后，能施恩惠给一方百姓。王利用到绍兴"十五年，为夔州路提刑兼提举常平。官至广西转运副使。绍兴二十五年以日疾奉祠。"（《全宋文》卷4195王利用小传）

第四节　诗文明志颂战将

绍兴九年（1139）正月，南宋朝廷正式宣布与金和议达成的内容。该丧权辱国条款有四点：

一、宋对金称臣；

二、宋每年向金贡纳银二十五万两、绢二十五万匹；

三、金归还原来刘豫统辖的河南、陕西之地；

四、金归还徽宗灵柩、韦太后和钦宗。

南宋与金国议和后，金主和派将原侵占宋朝的陕西、河南地区陆续交还给南宋管理，但却不准许宋廷设军事防务。赵构、秦桧一伙投降主和派不听朝野有识之士关于不能相信金人，应及早作好国防军事准备的建议，而是大肆宣扬和庆贺和议成功。赵构准备在临安大修宫室苑囿，拟做"太平天子"。

就在此期间，风云突变，金国内部以兀术等为主的主战派发动了政变，诛杀金主和将相后执掌了金国军政大权，然后撕毁与宋订立的和约，又开始南下攻宋。

绍兴十年（1140）五月，金国在宋金"盟墨未干"的情况下，由兀术为统帅，兵分四路大举南侵。由撒离喝进攻陕西，李成取河南洛阳，乌禄出山东，兀术自带主力精兵 10 万和原宋军叛将直取汴京（开封）。四路金军号称 20 余万人。

当金军侵入中原时，冯时行接到了在福建任南剑州（今福建南平市）知州王迎（字祖文）寄来担心时事的诗。他立即回了《和王祖文》诗一首，尽显其忧国忧民思想。诗云：

河东河北塞烟长，谁作今年一苇航？已见五龙思自奋，似闻两虎却相伤。麟台君有青云路，蜗舍吾其白首郎。忧国忧家连梦寐，端知不复有他肠。

（《缙云文集》卷 2）

诗云在金国大军由河东南路、河北西路越过黄河，中原大地烽火四起，有谁能在这紧要关头阻止敌人的铁蹄，将事情予以解决呢？冯时行高兴在国家存亡的紧急时刻，南宋东线主将韩世忠与西线原吴玠的川陕军，以及中线主将刘锜、岳飞、张俊等"五龙"已奋不顾身地接敌征战。他自己在山河破碎，家国衰朽之时，关注时局心忧天下，心中全想的是国家之事，晚上做梦也是如此。"忧国忧家如梦寐，端知不复有他肠"诗句，体现了他的爱国精神。他的爱国情怀，至今令人感动不已。

由于金军进攻猛烈，很快攻占了黄河以南宋朝的大片国土。宋高宗闻讯，忧形于色。他原本准备向金人乞降，已做好了向金人进贡称臣的思想准备，没想到金国再次采取了战争手段。他没有机会向金申辩和再次求降，眼看南宋亡在旦夕，困兽犹斗，不得已只能号召朝野军民，奋起抗御外侮，同时诏令选拔人才以图国家大计之用。

与万州相邻的开州（今重庆市开州区）知州是一心为国爱民的良吏，百姓心目中的"好使君"。他在冯时行眼中是很有才干的官吏，此时奉诏调京，时行特作《送开守解印》诗相送，真诚地祝福他能得到大用，希望他在金军大举侵宋之时能为国家去除"祸胎"，建立功勋名垂青史。诗云：

穷冬自萧疏，小垒玄云开。使君掷虎符，行矣何遽哉！父老相与言，未言心已哀。自云好使君，抚我如婴孩。天不为我旱，人不为我灾。使君今已行，力挽不可回。举手向父老，听我勿我猜。赤骥万里足，瑶池倏往来。伏枥方丈间，何其等驽骀。丹凤隘寥廓，五湖看如杯。修羽落樊笼，安得一氄毸。骥非伏枥姿，凤当翔九垓。使君禀大秀，磊磊真长才。峡里三家村，胡为久徘徊。况与艰运偶，中州涨胡烟。天子急亲贤，搜访尽草莱。一麾谅其微，千里良需材。弃去自腾踏，为国除祸胎。父老休嗟惜，功勋在云台。

（《缙云文集》卷1）

同一年，冯时行写有《寄魏相之》诗：

胡尘涨中州，大雅欲陵替。遮眼惟甲兵，开口无丁字。君从何方来，落落清庙器。岂觅佳吏部，惠然枉轮驷。快语真起人，坐久益宏肆。复归磨破瓦，自写锦囊秋。敲门遣长须，恍若明星坠。意远出寥廓，沈谢堪叔季。昔人重勋业，文章乃余事。当其困湮沦，慷慨动幽思。旧筐悦好在，万代作清吹。听君发余论，堂堂蕴经济。贾生求属国，居然不自试。飘飘云雨峡，风沙正憔悴。老聃柱下史，庄周漆园吏。鸿鹄千里心，蹭蹬戢远翅。平生有笔砚，艰难不相弃。得失与忧乐，付此一游戏。举手忽盈纸，不知老将至。达士要如此，何必苦酸鼻？凌江我二友，大非俗士比。与君共朝夕，可以忘世味。嗟我谋生拙，汩汩耗元气。相逢思共载，羁绁但长喟。别后有新诗，莫忘情所寄。一瓢落清江，顷刻荷清赐。一饮一再读，一篇为一醉。

（《缙云文集》卷1）

魏相之，名号不详，是冯时行在"凌江"的二友之一。凌江，系广南东路所辖南雄州（今广东南雄市）属地。北宋末期魏氏与直秘阁知虔州吴则礼交游。吴氏《北湖集》记魏相之喜爱书画，收有"中国墨梅始祖"居衡州华光寺名画僧释仲仁的画。

冯时行诗评魏相之品行高尚是可以担当国家重任的人，其才干足以与帮助梁武帝萧衍登位的沈约（441—513）和齐武帝时曾任宣城太守，创以强调声律为特点，对近体诗形成有重要影响的"永明体"的谢朓（464—499）相比，远非俗士可及。

自南宋建立到绍兴十年（1140）时已超过"一纪"十二年，由于与金、齐及反朝廷农民军等连续征战致军费开支数量巨大，年年不断增加。以四川的军费为例，绍兴四年（1134）共收钱物3342万余缗，而支出则是3394万余缗，开支缺52万余缗；绍兴五年（1135）比四年又增加支出420万零5千余缗，缺口增大。（《建炎以来系年要录》卷83绍兴四年十二月、卷104绍兴六年八月癸卯）由于开支急剧增长，只得多开源路，"或因旧加取，或创新抑纳"，（《成都文类》卷23载李焘《比较图序》）给百姓增大了负担，给朝廷也带来了压力。

作为直接与地方百姓打交道的知州，冯时行清醒地认识到战争接连不断是无穷的灾祸，军队衰竭，百姓钱财枯竭将会使国家陷入困境。他对此非常忧虑，感叹自己仅是治理一个州的地方官，有愧不能多为国家出力，故在《与运使启》文中叙说为国担忧，希望管理钱财的官员们要奉公守法，为政取之于民应先给于民，才能使经济向前发展。

伏以师逾一纪，已深悬罄之忧；日费千金，益仰转输之给。惟兹柄任，允属通才。谅推忠信慈惠之心，以济急迫烦苛之务。俾军民而兼济，书竹帛以无惭。於时则助成必胜之勋，在已而迈种无穷之德。启行伊迩，涣命惟新，伏惟欢庆。

恭惟某官秉德粹温，受材疏亮。事必造次於仁义，心惟轨辙於圣贤。不刚不柔，茂布循良之政；知予知取，共推经济之才。果注简求，爰司计度。方兵连而祸结，属师老而财殚。信馈给以惟艰，矧追胥而既竭。然师旅饥馑，仲由且使知方；乏绝败亡，萧何辄能补缺。虽事为之不易，而处画之必优。众务集於投鞭，万里知於指掌。行见殄歼之日，高论指纵之功。

某龌龊非通，支离益瘁。分竹符而有忝，象木偶以无施。奉粟一囊，已积忧於尸素；澄波万顷，行丐润以栖迟。方霖潦之频愆，亦川涂之回阻。揽辔实勤於徒御，卫生尚护於鼎茵。

（《缙云文集》卷3）

《宋史·高宗记》六记："（绍兴十年（1140）八月）丙戌，以郭浩知夔州。"冯时行写了《与郭帅启》文：

总戎秦徼，易镇夔关。庙算无遗，赖前筹而借箸；天颜在望，从三峡以首涂。此心与蜀江而俱东，伟望比巴邱而益重。

恭惟某官英姿拔萃，杰气超群。雅耽悦於诗书，旁贯通乎韬略。骐骥千里，世莫追於绝尘；鹓鹗九霄，物无比其劲翮。感风云而有会，勒彝鼎之可期。方世承平，已将使旨；属时多难，荐握兵符。当中原失律之初，正敌势方张之日。哥舒宿将，已失利於潼关；诸葛全谋，亦旋师於渭水。天险不固，人心匪宁。爰假节钺之雄，式正藩维之重。偃旗息鼓，增重於巴蜀之门；雅歌投壶，震詟乎商洛之表。以至国家推诚心而待敌，邻封挟狡计以乘人。请和而盟孟未干，弃好而边烽已警。偃甲兵而载戢，廓关戍以尽开。卷地长江，苻坚妄意于投箠；接天峻坂，邓艾径行而裹氈。彼有万全，我无一得。於是奋精忠而戮力，致果毅以摧锋。虽未歼其渠魁，幸不失于旧物。绵井络之奥壤，作东南之巨藩。赖公力以居多，载舆言而甚著。况乃曾经品录，官爵尽已公侯；今立功名，辈行皆其子弟。欲推则于先进，罔越於元勋。行觐紫宸，屈指而期。告语暂留白帝，束装以待召音。虽欲卧铃阁以颐神，登郡楼而啸月，时有不可，理所当然。必使狂胡知吾父之果在，岂容遁俗愿我公之不归？

某澛落无材，激昂有志。婆娑一垒，坎壈半生。质言行於鬼神，寄胸怀於风月。当负弩前驱之道，敢后拜迎？箜弹铗长歌之宾，傥蒙与进。尚阻修於川陆，已梦想於门阑。

方比秋冬之交，适当雨潦之作，麾幢拂润，携家想倦於降登；鼓角凝寒，忧国谅增於感慨。切希珍护，以保粹和。

（《缙云文集》卷3）

郭浩，生于北宋元祐二年（1087），德顺军陇干（今甘肃静宁县）人，名将郭成之子。北宋末为中级武官，屡胜西夏军。南宋建炎四年（1130）九月参与宋金富平大战，战后收余兵卫蜀口。参加和尚原、饶风关、仙人关三战，与吴玠诸将通力合作大败金军，累立战功。绍兴六年（1136）调知金州（今陕西安康）兼永兴军路经略安抚使。金州"外控边垂，内连巴蜀，有民有兵，号为价藩"，是"蜀之后门"，是接川陕战区与荆襄战区的枢纽地，战略地位十分重要。郭浩在州招抚流亡，开水渠辟营田，将战争中特别残破的金州恢复如战前。所率军队均自给自足不要朝廷费用，还拿出余钱10万缗支助户部，受到朝廷嘉奖视重，作为各地学习典范。

绍兴十年（1140）五月，金军从河中（今山西永济西）渡过黄河西侵陕川，很快占领了南宋永兴军（今陕西西安）等地。六月，郭浩率部南下攻取了醴州（今陕西乾县），又打败围攻耀州（今陕西耀县）的金军。"朝廷以三将（郭浩、吴璘、扬政）权任相敌。"

三将同时建节，郭浩升领奉国军节度使、侍卫步军都虞候。

郭浩是冯时行敬佩的南宋初期川陕三大将之一，所以在《与郭帅启》文中尽情赞扬他"杰气超群"，名震商洛，为国护守巴蜀之门，"赖公力以居多"。史载郭浩由重地永兴军改知夔州，是受时任川陕安抚制置副使胡世将责难所致。冯时行安慰他朝廷一直看重他，调任夔州仅是暂时的，不久将"束装以待召音"。同时真诚希望郭浩爱护自己，以保和美。

不出冯时行的预料，郭浩在夔州任职仅月余就于九月下旬奉诏复知金州。《建炎以来系年要录》卷137记：绍兴十年（1140）九月"戊辰，奉国军节度使、新知夔州郭浩移知金州。"到次年郭浩又在前线率部奋勇杀金敌，收复商州、华州、虢州后负责镇守川陕边境东部地区，成为南宋川陕战区三帅府之一。绍兴十四年（1144）高宗召见了郭浩，加授他为检校少保。绍兴十五年（1145）郭浩去世，年59岁，谥号"恭毅"。孝宗淳熙元年（1174）诏令金州为郭浩立庙，表彰其功绩。

接任郭浩任夔州守的是武将范综。《宋川陕大郡守臣易替考》夔州记："绍兴十年庚申……郭浩……范综。"范综知夔州任至"绍兴十六年丙寅（1146）"上半年始调任。冯时行在绍兴十一年自己被陷害前写了一首贺《夔帅范太尉生日》诗：

秋空无云倚太阿，天驷不受金盘陀。英姿杰气狭宇宙，却立引手攀明河。已办长缨三百尺，缚取单于寄飞駞。徐挥白羽扫龙庭，停骖戏勒燕然石。落落雄图九万里，白帝屈公朝夕耳。天使中兴自公还，还当与公金石年。

（《缙云文集》卷2）

范综，南宋川陕战区吴玠辖部战将，长时间在前线带兵抗金。绍兴二年（1132）春，宋军固守战略要地秦州、水洛城、方山原三角地带，金与伪齐联军在攻破水洛城后又重点猛攻方山原。因城中屯集有大量军用物资，范综与敌血战死守不退，后在吴璘、杨政、雷仲等援军到后大败敌军。不久，范综与雷仲率军攻击水洛城，一举败敌收复失城，俘虏了众多金军兵将。绍兴六年（1136）始，先后任翊卫大夫（南宋武官60阶中第10阶、从五品）贵州团练使、石泉军沿边安抚使、知绵州。绍兴九年（1139）八月任抗金重地金州知州。绍兴十年（1140）九月底，官任环庆经略使知金州兼节度使（从二品）制商州的范综反对川陕宣抚制置副使胡世将欲调走抗金重地金州的守军，而遭到责难打压，"兼措置河东路忠义军马亲卫大夫贵州团练使知金州范综移知绵州，仍旧带行环庆路径略安抚使，兼绵、威州、石泉军沿边安抚使。"（《建炎以来系年要录》卷137绍兴十年九月戊辰条）而后又调任夔州。

冯时行诗题中的"范太尉"是对高级武官范综的尊称。宋代太尉是武官之阶，正二品。《历代官制·兵制·科举制表释》46页记宋"政和武官为五十二阶，最高者为太尉"。"太尉，宋三公之一。政和二年改武臣阶官之首。武将尊称，统兵文臣也可称太尉。"（《中国历史大辞典·宋史》35页）

诗赞范综骑神马，手持春秋欧冶子、干将所铸"太阿"宝剑，征战边关，横扫狂敌，擒缚金军首领"单于"，飞车报捷，功绩如汉代窦宪击败北匈奴后，由班固作文刻石纪功永存。

从北宋末期到南宋，宋朝长时间遭受北方强敌金国的侵犯，抗金御敌是当时最重要的政事，所以在冯时行写的诗文中抗金卫国复失地是主要内容。他忧国忧民，敬重抗金将士，颂扬抗金将帅郭浩、范综等，其政治功利目的十分明确。

第五节　献策岳飞保川蜀

绍兴十年（1140），由于南宋对金设防不足，金军仅仅用了不到一个月的时间，就重新攻占了依据宋金和议签订的由金归还宋朝的陕西、河南所属的许多府州县。面对金军的疯狂进攻，宋高宗慌忙下旨调遣驻扎在西连川蜀，东接两淮，北上可直捣汴京（开封）的战略要地鄂州的大将军岳飞迎击金军。

在万州的冯时行悉知岳飞即将北伐抗击金人，十分高兴，立即给岳飞写了献策出兵反攻金敌，保卫南宋上流屏障川陕的《上岳相公书》：

虏人败盟，五月间渡大河，径趋长安。六月初叩凤翔石壁堡，其意直欲俯拾四川口屯戍，非复前数年之比。自吴侯不幸之后，分屯略尽。今者仓卒调发，使还旧处，暑中迁徙，人岂乐从？又去年移居，犹未定帖，今复摇动，必失军心。纵其统帅制驭有方，莫敢不来。犹恐中路散亡，比到旧关，十无四五。昨者朝廷新除诸帅，只在关上，不敢赴官。五路之兵已复为虏人所有。而胡宣抚虽致命许国，然军旅之事素非所习。川蜀之在今冬彼有必取之势，我有必败之象。朝廷自渡江以来十余年间，虏人竭力相图终不得志者，盖相公及一二大将为长江重镇，而吴侯一军作上流屏翰，势如柱石相扶，首尾呼应。设使此虏今冬遂得川蜀，控带上流，俯视吴楚，是犹一柱已摧而余柱皆侧，其首已断其尾可知。不谓相公及一二大将，必赖川蜀以为强雄。论其形势自然如此，此社稷存亡之大忧也。

凡数大军，独相公一军前当其冲。然则今日川蜀之事，即相公之事耳。与其形迫势蹙，仰而拒之于荆楚之间，孰若长计远算，举而掷之于数千里之外。以相公之威望虏人素所畏服，若能以数万之众径趋商虢，使必闻声股栗，望风破胆，岂徒保卫川蜀，必能据有关陕。盖虏之敢冒大暑交锋刃者直谓川口无备，意欲直造成都如入无人之境。今相公大张声势直以锐师冲其腰胁，虏人仓皇出于意外，气夺神骇有必败之势。五路之众及南北山溃散军伍方其无所适从，心志未定。以相公素望临之，垅亩之民皆可为兵。招纳叛亡，百万之众长啸可集，人尽为用则其势百倍。吴侯旧军分在秦州者凡万余人，全军不动今在凤翔，与敌相当；分在熙河者，惟亲兵数千，随主帅来与凤翔并力。其次稍稍归附及仙人关所存者，共有带甲三万以上。相公若出军商虢与之合并，则气势复全，犹病而复壮老而复少。背剑门倚商岭，西乡争敌有万全之理。

此虏穷凶极毒，反复变诈，不为人鬼所容。方今朝廷有劲旅三十万，谋臣猛将抚髀扼腕，争欲毙敌。虏方极其奸凶，必欲覆我宗社，殄我邦家。朝廷之势，不得与之俱存。出不得已当一大举而决之，是未必不为此虏灭亡之日，朝廷兴复之辰也。自今至冬，尚余数月。相公慷慨上章，攘袂奋发，率先诸军首启戎行。功业成于一时，名声昭于无穷。其与日复一日，奄奄待尽者岂可同年而语哉？

虏之本志力图川蜀，必遣余兵羁制江淮。若朝廷缘此不肯分力以助川陕，止属书生用其见众以当大敌，则四川决非我有。四川一失东南利害愈重，不待言而可知。昔王濬之破吴，杨素之破陈，李靖之破萧铣，正用此势，前事之明验也。若谓东南大驾所在，如相公全军不可暂辍，亦愿具此利害闻之朝廷，遣知兵大臣，陕西素所畏服者于数大军中各分万兵，轻装疾驰，与川关见众并力，庶几依山阻险，足以翰蔽上流之地，少宽东南追蹑之忧，盖思其上者不得又思其次也。

伏惟相公忠勇壮烈，柱石本朝，德望威名夷夏充满。古语有之：行百里者，半九十里。盖言始之为易，中之为难。今日正当社稷安危存亡之机，成则家国俱荣败则前功俱废，岂宜循常守旧，不一振发以身任天下哉？

某卑贱暗劣，无用于世。但有区区愤激之心，日夜之所冀望以尊主庇民者，如相公之贤，独一二数耳。故敢陈其狂愚，冒渎严重，谅蒙推古人采择荛荛之心，少加裁纳。天下幸甚。

（明《永乐大典》卷8414兵字《冯缙云先生集》）

南宋时期，宋自东向西与金军长期对峙，形成江淮、荆襄、川陕三大战区，共同承担防御金敌进攻。江淮地区河湖纵横，沟堑、城池交错其间，金人之骑兵优势难以发挥大的作用。荆襄地带多丘陵，城池高深，易于防御。川陕界地自古形势险要，崇山峻岭，关隘堡寨耸立山岭，是难以逾越的屏障。南宋人认为："天下之势，首蜀尾淮，而腰膂荆襄，自昔所甚重也。"（南宋《平斋文集》卷16《召试馆职策》）又说："东南立国之势，腹心江浙，腰膂荆襄，维蜀道之山川，如人身之头目。"（《平斋文集》卷25《上安宣抚启》）

真德秀论南宋三战区的战略地位说:"今之边面控连要害者,近则两淮、荆襄,远则蜀之关外,然以地形考之,蜀居上流,实东南之首,荆襄其吭,而两淮其左臂也。"(南宋《西山先生真文忠文集》卷3《直前奏札二》)曹勋说:"四川,天下之根本;荆州,襟带之上流;两淮,形胜之要地。顷者四川严守关之师,荆州附鄂渚之军,两淮成犄角之事,截然四固,南纪以安。"(南宋《松隐集》卷25《论畏天》)在前稍晚于冯时行的南宋大臣多认为南宋三大战区中的川陕战区具有战略地位与举足轻重的防御功能。

作为长期生长在川蜀的冯时行对南宋的三大战区军事防御十分关注,特别是花了不少精力研究蜀中、陕西宋军的布防。他深知处于长江上游的四川与相邻的陕西地区对南宋偏安朝廷的重要性,因四川有丰富的物质陕西有精兵良马,据有川陕足以成就中兴大业。南宋以川陕为重,仰仗蜀地财赋则上流之势增重,足以成为复兴中原的基础。除了资源物质外,还具有战略上声东击西的优势。

冯时行研究金国侵宋的进攻策略屡次是欲突破南宋川陕战区,学古代王濬破吴、杨素破陈、李靖破萧铣,均从长江上游顺流东下而取荆襄、江南。他思虑自绍兴九年(1139)守卫川陕的名将"吴侯"即吴玠病卒后,朝廷改任不太熟习兵战的宣抚胡世将负责领导川陕抗金,在金大军压境之下川口要隘恐失,如失则将危及东南朝廷的安全。因此就给岳飞献上下策,提出务必要保卫川蜀据守关陕以卫社稷。冯时行建议岳飞出兵击商州(今陕西商县)、虢州(今陕西灵宝),因为商、虢两州地处军事要冲,北可控扼黄河与北方抗金义军直接联系;东可夺据西京河南府;西可进击关中。他建言或于大军中出偏师分万兵"轻装疾驰,与川关见众并力"保卫南宋上流要地。

岳飞在绍兴十年(1140)的北伐反攻中,吸取了冯时行提出的有益计策,将所率10万大军分成奇兵、正兵和守兵三部分。他率领主力正兵从鄂州北上向辽阔的京西路平原进攻。同时派出武赳率郝义等将领带偏师奇兵从襄阳经邓州直破金人占领的虢州,与陕州

（今三门峡市）宋"忠义军兵"守领吴琦、商州知州邵隆唇齿相依，联成一体。如此行动很快就切断了进攻陕西的金帅撒离竭与进攻河南开封一线的金兀术大军间的直接联系，有力地支助了川陕地区的宋军，也护卫了岳飞主力军的后背。（据南宋《金佗稡编》卷12《乞号令归一奏》，《紫微集》卷12《郝义等一十人为收复商虢等州并各与转两官制》）川陕的宋军在右护军都统大将吴璘、都统制将军杨政等人带领下，趁机痛击入侵陕西欲攻川隘口的金国西路大军，迫使金军不得不退守凤翔，不敢向前攻宋。至此，金人原想侵占川口大散关、和尚原后直入四川成都的计划被挫败了。

按照北伐反攻计划，岳飞大军经过浴血奋战攻入河南，先夺取了蔡州、颖昌府、淮宁府，而后直逼开封、克复郑州，光复了西京洛阳。岳飞派遣的游击军奇兵在当年七月渡过黄河后，与忠义民兵会合在敌后展开了作战，克复了不少县州。

从《上岳相公书》可知冯时行对精忠报国抗金复失土的民族英杰岳飞十分敬重，岳飞将冯时行的军政谋议建言列进北伐征战并取得明显的成效，说明他除了能文外还具有很高的军事才能。

宋军北进后，在万州的冯时行盼望岳飞军队旌旗不断向北挥扬早传捷报。当岳飞雪国耻复家仇，大败了金兀术中路大军，克复郑州、洛阳等城的消息传到蜀中，冯时行在《送同年朱元直监税三首》诗中表现出自己的高兴心情。

会计牛羊道益光，幽兰不佩亦芳香。前郎未必辞官小，我辈唯知作法凉。客抱只消潘鬓白，俸囊无奈朔身长。要知别后相思地，独上西山下夕阳。

秋风可拟借年光，晓觉新篘泼鼻香。黄菊丹萸元妩媚，败荷衰柳自凄凉。山才入眼身尤健，事不关心日便长。欲把酒藤凌翠峤，醉余起舞送重阳。

池上千岩入晓光，无花草木自吹香。跟随天霁山山见，心与秋清事事凉。长啸响惊龙窟静，微吟思入雁云长。未须摇落增悲慨，新报王师复洛阳。

（《缙云文集》卷2）

冯时行庆贺岳飞北伐金敌获得胜利，欢呼"未须摇落增悲慨，新报王师复洛阳。"

璧山县东虎峰山与县南桂花寺侧有一种椭圆和四方形状的空心石，多长3至20平方厘米，外坚内空，含矿物质内有水，形成时间已有1亿多年。清代同治《璧山县志·食货》载该石"质浑坚，中有水可治固疾，……凿窃蓄水，数月不变，置砚北甚古雅。"20世纪80、90年代，《重庆晚报》、《中国农民报》、《风景名胜》杂志等刊载有冯时行在绍兴初期，曾取空心石内之水帮助岳飞治眼病之轶事。

绍兴初期冯时行与岳飞交往，岳飞为了收复宋朝失地接连在炎暑盛夏时带兵征战，"眼睛大既受了物理刺激和细菌感染，年年发病，"致"两目赤昏，饭食不进。"尤其是在第二次北伐时，他的"眼病剧烈地发作，一卧不起，痛楚异常。在白天，卧室的窗户也必须用重帘遮蔽光线。"（王曾瑜著《岳飞新传》第183、191页）朝廷虽派出御医和握有偏方的名僧去给岳飞看病却未能根除。冯时行就请父母在璧山选挖了一大袋空心石，叫妻子琦姑回璧山专程运送到湖北岳飞处取石中之水驱毒洗眼，使岳飞眼病痊愈，从而指挥北伐不断取得胜利。至今璧山乡中耄者还能讲冯时行与岳飞的轶事，以冯公时行曾用空心石水帮助岳公飞治眼疾之事，将该石又称名为"二相公石"。

第六节　咏题西岩岑公洞

万州四面群山叠起，异峰连绵，整座城池坐落在群山环抱之中。唐代诗人郑谷《寄南浦迁客》诗句云："青山绕万州"，用以颂万州的美丽。陈子昂云："苍茫林岫转，络绎涨涛飞。远岸孤烟出，遥峰曙日微。"（《万州晓发放舟乘涨还寄蜀中亲朋》）白居易诗句："回首望南浦，亦在烟波里。"（《南宾郡斋即事寄扬万州》）王周诗句：

"细草浓蓝泼，轻烟匹练抱。"（《过武宁县》）诸多诗人都对万州的山水给予称赞。

宋代时期万州林木繁茂，泉流很多。冯时行知万州时州内名胜佳景主要有岑公洞、峨眉碛、翠屏、鲁池、天生桥、西山、古练石、江会楼。南宋中这些景观由万州守赵善赣称名"万州八景"，明清时又在这些景观基础上略加修饰后长时间应用。由于万州景物秀美，北宋黄庭坚在万州书写《西山碑》中说："凡夔州一道，东望巫峡，西尽郁鄩，林泉之胜，莫与南浦争长者也。"他极言巫山至宜宾的长江一线各城，万州是最美的地方。

万州的名胜美景，冯时行在任知州的三年中都曾去欣赏，还陪朋友一同游览唱和。

西山位于万州城西，其名始于南朝，面临长江，是万州第一大胜景地。该山上下文物古迹众多，奇岩峭立，清泉石窟，栈道陡梯，祠舍书屋，道观佛寺，摩崖石刻散布，早在魏晋时已是巴蜀名山，名人游此题咏颇多。

山中有相传始建于蜀汉初年，至今已有 1800 年历史的"绝尘龛"隐居洞穴。洞侧字径 2 至 2.2 尺用楷体横书的"绝尘龛"字是万州现存最早的石刻作品。南宋王象之撰《舆地碑目》说："绝尘龛三字，在西山石壁，字体清劲，类晋宋间人书。"

西山西岩又名太白岩，最高处海拔 405 米。《舆地碑目》说"相传以李白读书于此。"又史称李白于此奕棋，留下"大醉西岩一局棋"的诗句传世。蜀中女诗人薛涛作有《西岩》诗忆李白。

山岩下有池，为北宋郡守马元颖、鲁有开所凿，广一亩，植以芙蓉、荔枝与杂果，凡三百本。后人称名鲁池。池侧有勒封院，还有传承至今的"海内存世，黄书第一"的旷世奇珍西山碑。西山碑是北宋建中靖国元年（1101）二月，黄庭坚贬官后又被召回朝廷，路径万州，受太守高本仲之邀游南浦西山时所作《西山记》，而后被太守令人精刻于石壁之上。该碑极具艺术价值和研究地方地理地貌价值。

　冯时行多次游览西山，欣赏山中佳景。他登顶极目远眺，尽收万州城乡美色，留下了叙写其游山情景与观感的《西山一首》诗：

　有客征清赏，携筇上翠微。雨差肥水面，春恰染山衣。破绿苔迎屐，藏寒竹拥扉。云融开别浦，天净见孤飞。语响留舟壑，杯光艳落晖。

　（《缙云文集》卷2）

　《和何子应夜读书》诗云：

　轩顼握元气，尧舜法令疏。三王备文物，古意渐欲无。周平一东辙，列国异车书。祖龙失云雨，大汉天为谟。后更十数姓，年历几千余。沧海屡清浅，兴亡如合符。生平笑书簏，远览资良图。滑净一梨几，万代忽森如。佳处仍三复，此意良不虚。岂无太乙来？青藜夜相呼。挈我游太初，天地如蜗庐。以思不如学，圣言岂欺予！

　（《缙云文集》卷1）

　诗云通过读书可知中国史事代之兴亡，认为读书可使人增加思想抱负和谋略，还以为读书学习应与思考相结合并融会贯通，"以思不如学，圣言岂欺予。"冯时行所说的"圣言"即孔子在《论语》中提的关于学与思关系的问题，并在圣言基础上增加了自己的理解，权衡了学习思考谁为重要后得出了结论"以思不如学"，高兴地将自己的体会写出来告诉朋友。他的认识理解对现代人的学习仍有作用。

　绍兴十年（1140）是冯时行知万州的第二年，他陪朋友何麒攀登了西山。何麒字子应，成都府路青城县（今四川都江堰市东）人。何麒于"绍兴四年八月二十八日，以右宣义郎（从七品下）权发遣军州事到任（开州）。至绍兴六年十月十九日，被勒就差知合州。"（《宋〈开州守廊题名记〉石刻研究》，载《文物》2013年6期）他到合州任知州三年余，到绍兴十年（1140）"五月初吉，守臣何麒率州文武，捐金转毂，祝圣人寿，祈生民福。"（清乾隆《合州志》卷12《北岩转轮藏记》）不久即奉诏进京。《全宋文》卷3885载："何麒……绍兴中知合州。历右通直郎、直秘阁。十一年，特赐同进士出身。"从前记叙知，何子应是绍兴十年夏秋季奉诏入京次年升任右通直郎、直秘阁的。他经过万州与冯时行游的时间是绍兴十年秋。该次上西山冯时行撰写了《和何子应游西山》诗：

> 乘时休杖屦，胜概洗尘凡。屏障开苍壁，龙蛇拔老杉。水明花并倒，山叠玉相搀。卜筑公相可，吾当住翠岩。

（《缙云文集》卷2）

冯时行与何子应还同游城南隔江里许的胜景岑公洞，该洞一孔，天然生成，高10余米，阔30米，深27米。洞内有大石屹立，下有石台，洞顶上有丈余长溪流瀑布飞泻而下，如垂帛，似珠帘，淙潺不绝，注入溪涧。相传隋末江陵人岑道愿曾隐居于此，洞因以得名。

南宋《方舆胜览》卷59万州载："岑公岩，在大江（长江）之南。广六十余丈，深四十余丈。石岩盘结若华盖。左右方池，有泉涌出岩篝，遇盛夏注水如簾。松篁藤萝，翁蔚葱翠，直神仙窟。"明《蜀中名胜记》引《图经》云岑公"隐此岩下。百余岁，肌肤若冰雪。积二十年，尸解去。"唐严挺之、段文昌、白居易、马冉、李群玉、宋苏轼、范镇、黄庭坚、赵希混、郭印、范成大、陆游到此觅胜访贤题咏，多有诗文存于世。冯时行游岑公洞写有《又和子应万州岑公洞》诗：

> 泉细或疑雨，岩深微见天。暂来如可老，长往不难仙。石髓层层落，松声树树传。欲归重回首，明月傍船舷。

（《缙云文集》卷2）

冯时行与友人喜爱充满仙气的美景岑公洞，二人游兴很浓，直到明月上升仍不忍离去。全诗通过对深洞、水帘、钟乳石、洞门外松林涛声等描写，使人不难想象宋代岑公洞的实际景致。

在万州，冯时行与何麒游闲山野水，还写有《和何子应记所见》：

> 公事有余暇，披衣绕风林。高吟起高兴，闲事引闲心。未种渊明柳，方鸣子贱琴。几多疏散意，矫首乱山深。

（《缙云文集》卷2）

此时期，冯时行心中充满的是为国为民之志，还没有东晋诗人陶渊明厌倦仕途弃官归隐的淡泊思想。他在诗中借《吕氏春秋·察贤》记孔子学生宓子贱在单父县任中，"弹鸣琴，身不下堂，而单父治"的典故，表示自己要当好地方官，治理好万州，使一方"政简刑轻"，为民为国分忧。

绍兴十年（1140）二月，冯时行的好友"左朝奉郎知道州丁则为夔州路转运判官。"（《建炎以来系年要录》卷134绍兴十年二月壬申条）丁则于绍兴九年四月任尚书都官员外郎，因与秘书省正字、绍兴五年状元汪应辰，枢密院编修官赵雍"三人皆以论事忤秦桧，故出之。"（《建炎以来系年要录》卷128绍兴九年五月甲午条）他于当年五月出任道州知州但未到一年又调到夔州，负责本路财赋管理，监察各州县官吏法纪和上报民生疾苦等事务。

早年在汴京太学与冯时行交好的张栻也调到近距万州的忠州任"权知忠州"。他自从在京师与冯时行分别后，在"靖康之难，间关归故乡，就类省试，登绍兴二年进士科。已而丁丙艰，免丧游东南。"值族叔张浚重起任右相兼枢密院事、都督诸路军事，主要负责江淮前线战事，就前往张浚处，被任"主管机密文字，以军事入对，改承奉郎。"又参加岳飞在湖湘镇压杨幺农民军的谋划，待"湖寇平，用幕府功迁宣教郎。"绍兴六年任职"秩满"，被成都府路制置使席益委任为干办公事，授潼川府路转运司主管文字。稍后担任通判、权四川总领所、权知忠州，（《南轩集》载《夔州路提点刑狱张君墓志铭》）常与冯时行互相唱酬。

冯时行与州邻梁山县令王子载、县尉晁公遡往来相好。晁公遡字子西，号嵩山居士，济州钜野人。因战乱由开封入蜀投姑丈知涪州孙仁宅而居仕涪陵。他是与冯时行交好后知恭州、合州、泸州的名士晁公武之弟，中绍兴八年（1138）进士，及第后任梁山县尉。其子是冯时行罢归璧山村居办缙云书院时的学生。孝宗隆兴元年（1163）底冯时行病逝京城，次年归葬璧山故里"状元峰"后他曾到璧山谒墓作诗。晁公遡在《嵩山集》载《与李仁甫结交书》文中说："某再拜仁甫同年……吾意者来梁山与其令雒阳王子载游。"

"雒阳"即洛阳东汉时的名称，据此可知梁山县令王子载是洛阳人。

初到万州时，冯时行将他赴京归蜀过湖南时友人赠给他的"洞庭春色"佳酒转送给王子载，王子载请晁公遐畅饮。晁氏写有《冯万州当可以洞庭春色遗王子载，盖用安定郡王遗法也，子载招予饮为赋之》诗："秋风洞庭波，霜落洲渚出。黄芦半倾倒，江树无复色。独余千木奴，后皇所嘉植。芳辛有余味，不减玉斝沥。可令披黄苞，以甘授欢伯。酿成无边春，吞此云梦泽。犹持陶家轮，断取李衡宅。纳之翁盎中，未觉宇宙窄。方当玉醅熟，留溜糟床滴。尚待含霜容，未饮香满室。味夺桑落醇，色轻蒲萄碧。夷考无前闻，畴能妙仪狄。流传自王家，遗法后世得。不宜搏凉州，时可饷宾客。辍餐茗战罢，持用解水厄。"（《嵩山集》卷7）

"洞庭春色"最早是北宋安定郡王采用唐代贡品洞庭湖一带的细皮黄柑作原料，在立春前后加糯米药曲亲自酿制的宫廷酒。他送给因列入元祐党人被废十年的侄儿赵令畤（字德麟），赵氏请好友苏轼同饮，把酒共醉的东坡饮后写作了《洞庭春色》诗，在引文中赞该酒"色香味三绝"。两年后苏轼贬南道过襄邑（今河南睢县），雨夜挥毫书写了留传至今被评为是东坡所遗最上乘的书法"洞庭春色赋"。自苏轼作诗赋后，黄柑酿酒更为流行，尤为文人钟爱。冯时行后来将该酒酿法引回璧山，使之盛行一时。以后璧山人还创新了不用酒曲直引将上等橙柑放入白酒中浸泡成"璧山广柑酒"，到近现代几乎家喻户晓皆会制作。

冯时行在万州与知夔州冯康国唱和，直至他调成都任都大主管川陕茶马公事。还写有他昔日与朋友游奉节卧龙山水钟恋不忘的《和鲜于晋伯游卧龙》诗：

四十发已白，百谋无一成。林泉有夙志，艺术寄晚程。人间好山水，往往尽经行。辄忌堕圭组，所至欲有营。卧龙胜兰若，曩游惬平生。苍茫紫翠间，藤萝路回萦。上方攀跻迥，遐瞩襟宇宏。风飙秋岭瘦，云护晓泉明。汲甘漱芳润，撷香佩华英。境迷烟霞痼，道豁人鬼盲。是时驾言旋，濡毫记前楹。于今已八稔，愧负猿鹤盟。

君今倚岩桂，泠然赋晨征。仙人饵白石，幽士饭青精。兴托风尘表，
咏味见高情。欲往从之游，秋梦一羽轻。静躁本异趣，出处谅欲诚。
胸中一丘壑，敢以易功名。杜藜如可再，君为寄先声。南岳宽嘲笑，
北山缓讥评。行亦老芄裳，今姑隐市城。此心随云归，与山日逢迎。

（《缙云文集》卷1）

诗题"鲜于晋伯"即鲜于侃，字晋伯，成都府路崇庆人。是冯
时行在奉节任县尉时的同僚，公余闲时经常唱酬。他长时间在夔州
一带任职，后任夔州通判，（张震《补夔州大晟乐记》）孝宗乾道间
知资州。（晁公遡《嵩山居士集》卷2《鲜于晋伯三月病起二首》）

第十一章　蒙冤入狱罢官忧游

第一节　奸佞李垌害时行

绍兴十年（1140），宋军屡败入侵之金军，尤其是郾城之战，岳飞率部打出了威风，令金人闻风丧胆，如惊弓之鸟。金军统帅兀术自知难敌岳飞军队，只得逃至临颍（在郾城之北），又下令金人男女老幼撤离开封，做好了撤退过河北归的准备。

在这种于宋有利的形势下，岳飞等抗战将领上奏高宗，要求各攻金宋军并进，协力攻取开封，乘胜北上恢复故土。岳飞说："金人锐气已沮，将弃辎重渡河，豪杰向风，士卒用命，时不再来，机难轻失。"（《续资治通鉴》卷123）但高宗担心如果岳飞大获全胜，金人认输将被囚禁在北方的兄长钦宗送还，自己的皇位就难保了；另外他还顾忌力主抗金的岳飞等将领，害怕他们掌握了兵权拥兵自重威胁自己的帝座，会使其投降政策难以实现；因此他不仅不接受岳飞的正确意见，反而倒行逆施连下12道金牌，催促其班师回朝。

宋高宗与秦桧在胜利面前为了自己的个人私利，再一次与金人停战求和，致使宋军恢复的郑州、颍昌、蔡州、淮宁等大片土地又被金军夺回去了。《宋史·岳飞传》载：金兀术自被岳飞等将打败后，派密使送信给秦桧，说宋要与金议和，就必须除掉岳飞。

对金人事之如父，百依百顺的高宗、秦桧，怎敢不奉命行事！于是他们加快了步伐对岳飞进行迫害。绍兴十一年（1141）四月，岳飞等大将被解除兵权，十月中秦桧一伙以不实之词诬陷逮捕岳飞下狱，十二月二十九日以"莫须有"的罪名将岳飞杀害。岳飞死后，其家被抄，家产没收，家属全部流放到偏远辟地。当年，宋廷卑躬屈膝地与金国签订了历史上闻名的"绍兴和议"投降和约：

宋金东自淮水中流，西以大散关为界，京西割唐、邓二州，陕西割商、秦二州之半；宋向金称臣；宋每年向金纳银二十五万两、绢二十五万匹。

当宋高宗、秦桧等自毁长城迫害岳飞时，追随他们的奸佞也党同伐异，采用各种卑鄙手段制造冤狱，陷害主战人士。一心爱国为民的冯时行，在岳飞被逮捕的当月，即绍兴十一年（1141）十月七日也被夔州路转运判官李垌诬陷而遭受迫害。

李垌，北宋末期进士及第，曾任武进（今江苏常州）知县。南宋咸淳《重修毗陵志》卷10记："李垌，绍兴三年四月左朝散大夫。"到绍兴十一年秋，李垌接替丁则任夔州路转运判官。据冯时行自叙和南宋李心传记：新升官的李垌得知万州官库积蓄了一批钱财，他为了向朝廷秦桧等权臣邀宠，就暗示冯时行将这些钱拿出来上送，但遭到了冯时行的拒绝。冯时行认为，万州多山地少田缺谷，每年官府要用不少钱去购食粮，不能为了自己的私利而将州之百姓血汗钱送官固宠。官职高于冯时行的李垌见冯不遵从己见，就罗织了四条罪名向朝廷弹劾冯时行。

第一条罪名说冯时行招万州百姓500人为刺虎军，实属跋扈；

· 第二条罪名说冯时行勿视国法，私自"募兵"；

第三条罪名说冯时行在万州积钱上万，但无帐可查；

第四条罪名说冯时行是北宋徽宗崇宁元年（1102）以谋反罪被朝廷诛杀的渝州南平僚人赵谂的遗腹子。

诬陷冯时行的四条罪行上报朝廷后，他即被免去了万州知州。李垌将冯时行押往邻近万州的开州（今重庆开州区）监狱审讯处理，接着派人到璧山县城查封了五峰山前的"冯状元府"。冯时行家中老少被逐出县城，在时任县令何焕的帮助下，迁往璧山县北依来里所属的梁滩坝村中居住。

南宋李心传《建炎以来系年要录》卷142绍兴十一年冬十月壬申条记："左承议郎知万州冯时行罢，仍疾速取勘，以夔路转运判官李垌言：'时行招置刺虎一军五百人，以为自卫之计，显属跋扈故也。'垌暴起新进事，方谋痛征属州，诡为羡财，以献于朝市恩宠。闻知万州有积钱，风取之。时行独不可，曰：'州之地不宜稻，而官出盐为直，俾岁籴六千斛输之麋。岂忍如一时吏，私其直而敛於民，鬻盐为钱而自为籴令，将以是奉上官乎？'垌大怒，劾於朝，故黜。"

"刺虎军"亦称"飞虎军"，是万州地方武装乡兵、义勇性质，类似于现代的民兵组织。南宋初期，朝廷很重视建设这种正规军之外可辅助地方治安的准军事力量。建炎四年（1130）八月，高宗就下《令诸路州县召募土豪乡兵捍御把隘诏》说："诸路州县应水陆控扼合行把隘去处，委守臣知县召募土豪招集乡兵捍御把隘。如能自备钱粮、器甲，招到委可使唤兵及三百人，把隘二十日以上，其首领仰所属州县开具召募人数、把隘日分保明奏闻，当议参酌各随人数目分多寡等第补授官资。……仍仰属州县选择清强官躬亲前去隘所部辖。"（《宋会要辑稿》兵1之17）绍兴四年（1134）十月，承事郎徐端礼上《乞激劝乡兵奏》说："自军兴以来，东南州县纠率乡兵，悍御盗贼，官司无一豪之费。若非激赏，难以劝功。欲将应乡社守隘防托去处，每乡首领限以名数，从州县出给文凭，与免身役，候有劳绩显著之人，次第保明，申朝廷量加爵赏。"（《宋会要辑稿》兵1之18）绍兴末，曾任宰相的陈康伯也有《激赏乡兵奏》："自军兴以来，东南州县纠率乡兵捍御盗贼，官司无一毫之费，若非激赏，无以劝功。欲将应乡社守隘防托去处，每乡守领限以名数，从州县出给文凭与免身，假劳劳之人，次第保申朝廷，量加爵赏。"（南宋《陈文恭公文集》卷1）绍兴末期，四川安抚制置使兼成都知府王刚中也重用地方武装协助正规军护蜀。时总领四川财赋，战时筹供前线军需的王之望说：川陕大将吴璘等率守军与金敌激战期间，朝廷"仍令王刚中将带民兵禁军，同臣与王彦措置把截蜀门。"（王之望《汉宾集》卷6《乞宫祠劄子》）著名的爱国名臣辛弃疾官湖南时，"以本路地接蛮徭，时有盗贼，创置飞虎一军，免致缓急调发大发。"（南宋《周文忠公奏议》卷10）范成大曾撰《言飞虎军可用疏》说："所教成都禁卒，谓之飞虎军者，今已可用。"（《建炎以来朝野杂记》甲集卷18）朱熹在《乞拨飞虎军隶湖南安抚司劄子》中说："熹窃见荆湖南路安抚司飞虎军原系帅臣辛弃疾创置，所费财力以巨万计，选募既精，器械亦备，经营葺理，用力至多。数年以来，盗贼不起，蛮猺帖息，一路赖之以安。"（《晦庵先生朱文公文集》卷21）当绍兴十年（1140）金国败盟大举侵宋时，宋高宗下诏激励宋朝将士御敌，亦知地方飞虎军、乡兵中不乏豪杰义士，他号召"乡党豪杰，忠义旧臣……岂忘国家涵养之大德，纠合戮力，建立奇功，高爵厚禄，上所不吝。"（《建炎以来系年要录》卷136绍兴十年六月甲辰条）

从以上引文可知南宋初期的刺虎军、飞虎军、乡兵、义勇等是朝廷重视准予按规定建立的地方武装，在抗御外敌入侵和保护维持一方平安等方面起着重要的作用。冯时行在万州组织刺虎军的行为早于辛弃疾，他是先行实践者，而辛氏是步其后尘发扬光大者。

南宋后至当代的学者谈论冯时行在万州任中被罢官的原因多说李堈弹劾冯时行罪名是他招刺虎军跋扈，却忽视未阅查冯时行本人谈论他这次诬陷的另外几条罪名及原因。

南宋人撰《国朝二百家名贤文粹》卷84载有今存《缙云文集》和今人编著《冯时行及其〈缙云文集〉研究》等书未载录的冯时行撰《上宰相书》。该文叙说冯知万州"到官视事，颇自竭其介介之节，期无愧负。相司者不之察也，直则以为抗，诚则以为妄，夤缘猜嫌，辅以谗间，遂蒙重劾。吏兵不满数十，无以给使令，而劾以跋扈；承安抚司行移阅保甲也，而劾以募兵。"

南宋时，万州所在的夔州路与其它路均设安抚使司，以太中大夫（官从四品上）以上或任过侍从的路属最重要的州府长官兼任安抚使，掌管一路兵民之政，是一路的实际第一长官。巡阅各州保甲，也是安抚使的职责之一。南宋的保甲始于北宋，是乡兵制。原宋朝始用募兵，王安石变法后推行保甲法，将民户10家组成1保，5保为一个大保，10个大保为1个都保。凡家中有两个男丁的，要出1人为保丁。保丁农闲时要军训，巡查维持本地治安。保甲乡兵是宋朝正规部门的一种辅助力量，既可为国家节省军费，又建立了严闭的治安组织，比较好的维护稳定社会秩序。

绍兴九年（1139）冯时行到万州任知州后，知夔州兼安抚使先后是冯时行的好友冯康国及抗金名将郭浩、范综。郭、范等人到万州检阅保甲乡兵，冯时行则按照安抚司的要求组织乡兵接受检查，却被李坰以"募兵"列为罪名，此说实属诬陷。

李坰弹劾冯时行罗织的 4 条罪名中，以冯时行是欲造北宋朝廷反的逆臣贼子赵谂的遗腹子最为恶毒。该条罪名与诬冯时行私自募兵，招刺虎军 500 人等罪名相加就是可灭门诛族的大罪死罪。

赵谂，北宋渝州南平僚人。南宋陈均《九朝编年备要》卷 26 记赵谂为江津县人。他生于宋神宗元丰二年（1079），被诛于宋徽宗崇宁元年（1102），年 23 岁。其父为夷僚首领，率部归宋后赐国姓名赵廷臣。赵谂 16 岁时考中宋哲宗绍圣元年（1094）状元毕渐科殿试第二名榜眼后，"赵谂左承事郎、知彭州九陇县令"，（《宋会要》选举 2 之 12 四月乙巳条）不久任成都府学教授，经"（曾）布堂荐学官赵谂"升国子博士。他 18 岁前后在成都任中因不满哲宗贬黜苏轼，遂与人暗中抨击时事，并自称天子，私下立年号"隆兴"。元符三年（1100），哲宗病逝，徽宗继位。徽宗崇宁元年（1102），赵谂由京城还乡看望父亲时，被其徒句群密告曾私立年号之事，朝廷遂以蓄意谋反罪将其逮捕，当年在恭州斩首，父母、妻儿均被逐外流放。

南宋不少史书记载了赵谂之事：

曾敏行《独醒杂志》卷 4 记："赵谂，元祐九年（1094）擢进士第二名，时第一名毕渐，当时榜帖偶然脱去渐字旁点水，天下逐传名云：'毕斩赵谂'。谂后谋不轨伏诛，果伏其谶。"

王明清《挥尘后录》卷 7《毕渐赵谂》条说："谂以甲科为太常博士，谒告省其父庭臣于蜀道梦神人授以诗云：'天锡雄材孰与俦，征西才罢又征南，冕旒端拱披龙衮，天子今年二十三。'由此有猖狂之志。伏诛时适及此岁。谂初登第时，太常寺少卿李积有女国色，即以妻之，成婚未久而败。或云冯时可者，谂遗腹子也。"该书又记："谂弟诔于渝州所居柱上题云：'隆兴二年天章阁待制荆湖南北等路安抚使'，再题云'隆兴三年随军机宜李时雍从行'。谂不轨事发，凿取其柱赴制勘所，并具奏其所题之意，诔坐此亦死。"

王明清《玉照新志》载："赵谂，其先本西南夷獠贼。其族党来降，赐以国姓，至谂不量其力，仍与其党李造、贾时成等，宣言欲诛君侧之奸，其语颇狂悖，然初无弄兵之谋。建中靖国时事既变，谂亦幡然息心。来京师注官，擢国子博士，其徒句群以前事告变，遂以反逆伏诛。父母妻子皆流窜。改其乡里渝州为恭州。"

吴曾《能改斋漫录》云："赵谂，本赵庭臣子，庭臣先故渝州洞戎，与诸戎约降朝廷，庭臣乃醉诸酋，杀之，扬言众叛，掩为己功，又尽得其财物，故庭臣高资篆仕被擢用。生子谂，少年登第，几为殿魁，未三十岁，升朝为国子博士，忽以谋叛伏法，庭臣自河东提刑配琼州，母妻妹分配岭外，家资没官，盖报应之速如此。"

《朱熹语类》卷 133 记："蜀中有赵教授者，因二苏斥逐，以此摇动人心，遂反。"

《九朝编年备要》说："谂，江津人，少敏给，绍圣中擢甲科，教授成都，因章惇逐元祐大臣，不合人心，欲以此为名起兵据蜀，与所亲何奖、王师直、贾成时及日者罗京等同谋，借姓孟起兵，以从蜀人之属望。上登极，赦到，谂谓奖等曰，章惇必败，天下既安，人心难动，前事愿勿出口。遂入京，除太学博士。请假还家，欲回止诸人，而党中有发其谋者，狱具当族，有诏诛之，家属分配湖广。"

依据前列南宋人撰记，赵谂籍贯为渝州南平，是夷僚，另一说是渝州江津县人，被诛杀于北宋徽宗崇宁元年（1102），其妻被发配到两广岭南外，渝州居家被抄充公。而冯时行自己撰写的《三家兄报荐起楼屋而有诗》、《祭家井二神文》等则说从他五世祖起就家住在璧山县城五峰山前璧山县文庙一侧，不是家住南平或它地。冯时行于北宋哲宗元符三年（1100）出生，赵谂崇宁二年（1102）被诛杀时他已经两岁了，怎么可能是南平僚人后代赵谂的"遗腹子"呢？赵谂被诛后，其父母妻妹等均被充军往僻远它乡，而冯时行的父母兄弟却是一大家人好好的生活在璧山县，他知万州被罢官回到璧山故里村居时还写有与父母兄弟子侄享天伦之乐的诗文，所以璧山冯时行与南平或江津赵谂没有亲属关系。

冯时行对李垌诬陷自己是逆臣赵谂"遗腹子"之罪名也是坚决

否认的，他在给朝廷大理寺官员和与宰相秦桧去信及给宋高宗上书都诉说自己的清白，直到绍兴二十年（1150）给秦桧的《上宰相书》中仍叙道："赵谌恭州人，某资人也，偶与同州。方谌为逆时，某固未受生，甚者劾以为我谌遗类，驾虚凿空，无所根据，然其设意必欲尽其族类乃已。当是时，毒焰识烈，天日在远，家族性命把握於悻怒者之手，第未及碎之也。"（南宋《国朝二百家名贤文粹》卷84）

在《上宰相书》中冯时行云"某资人也"是说自己的出身、经历偶与赵谌同为恭州人，"方谌为逆时"是指赵谌官成都府学教授时与亲者谋议，此时冯时行还未出世。冯时行在该文中指出"悻怒"者李垌怒恨自己，说自己是逆臣赵谌遗子纯属凭空无据的捏造，是穿凿附会，意图是欲灭其族。

李垌诬陷冯时行案牵涉面广，被逮捕入狱者多达200人，比同时期的岳飞冤案被逮捕者还多。该案审理了八个月并无实据，冯时行始终认为自己清白，拒不画押承认有罪。李垌"趣具狱"，催促负责审案的官员备文定案，但遭到了办案官员的反对，宁死也不愿"傅致"罗织编造陷害冯时行的定案文书。此案反响很大，朝野群情激愤，不少人积极参与了破解该案营救冯时行的工作。就连按秦桧令参与陷害岳飞负责审理岳案的御史中丞万俟卨了解冯时行案情后，也觉得该案不实打击面太大，对朝廷影响非常不好，就向宋高宗提议"免勘"，免去李垌要将冯时行解京审办之奏议，对冯不再查审。高宗就下旨释放冯时行脱狱。

李垌见诬陷冯时行未达到自己的全部目的，仍不罢休还要纠缠，就被与冯时行交游很深，此时调任夔州路提点刑狱公事的何麒上疏弹劾他的不法行为。当年六月，李垌即被罢官，由"左朝散大夫"绍兴七至八年知涪州，九年后提举湖北路茶盐公事的贾思成接任夔州路转运判官。（《宋会要辑稿·职官》与《建炎以来系年要录》卷145绍兴十二年六月甲子条）至此，冯时行被冤之惊天大案才被朝廷"勒停"强制停止，但他仍被罢去万州知州回归故里璧山。

《建炎以来系年要录》卷145绍兴十二年六月甲子条记叙了冯时

行冤案的始末："左承议郎冯时行免勘勒停。时行既为漕臣李坰所劾，送开州治，捕系且二百人。录事参军奉节谭俣当治其事，坰趣具狱。俣谓人曰：'吾巴人常怜无贤守为治，今万幸得贤守，反挤之，何以见长老子弟。'卒不肯傅致。至是御史中丞万俟卨言：'时行既非主兵之官，恐无跋扈之状。虽穷岁月，何由招伏。干系者众，其伤实多。欲望祥酌免勘，庶罚伸於不法之吏，惠加于无辜之民。'故有是旨。坰犹不肯已，提点刑狱公事何麒劾罢之。狱遂散。"

南宋孙觌《鸿庆居士集》卷36载《宋故特进观文殿大学士河南郡开国公致仕赠少师万俟公墓志铭》亦记："夔路漕臣李坰奏劾知万州冯时行跋扈，遂起诏狱，捕系数百人。公言：'万州一障块，然在荒茅篁竹中，仅比东南一大聚落耳。时行以职事抗转运使，诬以跋扈遽兴大狱，连逮士辜，岂宜付外台耳目之寄。'"

《宋会要辑稿·职官》70也叙：绍兴十一年（1141）"十月七日，知万州冯时行先放罢，仍取勘。其后十二年六月十八日特勒停。夔路转运司劾奏，时行擅置军额，招置刺虎一军，以为自卫之计，使民不得安业，故有是命。"又记：绍兴十二年六月"十八日，冯时行特勒停。以臣僚言：'夔路漕臣李坰按发时行教习乡丁，以为跋扈，勘鞠久不伏。缘时行既非主兵之官，恐无跋扈之状，所念干系二百人，其伤寔多，乞将时行免勘，特降施行。'故有是责。"

冯时行被罢后，到绍兴末由于贪吏污风影响，历任万州的知州罕有清正政绩，少有为百姓利益考虑者。如此一来，使万州从冯时行任知州时州库钱粮有盈余转变为长期亏欠，百姓的生活下降变得十分困苦，成为了一时之贫穷州。孝宗乾道六年（1170）诗人陆游入蜀任夔州通判，在他的眼中万州已是经济落后的贫困州，他在诗中写道："峡中大卜最穷处，万州萧条谁更顾?"（《剑南诗稿》卷3《偶忆万州戏作短歌》）

第二节　脱狱去官游东蜀

冯时行被免勘勒停罢官后，与他交好的附近州县官吏纷纷邀请其出游唱酬。

开州治设在开江县，盛山是州县名胜地，在"治北三里，突兀高耸，为县主山。占诗云：'桂笋看山盛字。'盖山如盛字也。"（明万历《四川总志》卷14夔州路山川盛山条）山有12胜景，唐代刺史中书舍人韦处厚游此写有12诗，元稹、许康佐、白居易、李景俭、严武、温造等10人唱酬和之。人云"盛山风物，冠冕峡郡。其间十二景，唐宋钜公更酬迭唱云。"（南宋《方舆胜览》卷59开州亭台条）

宋代时，盛山仍存有宿云亭、梅岭、茶岭、流杯渠、隐月岫、盘石蹬、胡庐沼、琵琶亭、桃坞、绣衣石塌、上士泉瓶、竹岩12景。冯时行开江脱狱后，登览了盛山各景，作诗以记。其作留存至今的有两景诗，《梅台》诗云：

缅怀清绝姿，风流似居士。固宜命斯台，俗子视桃李。

（明《永乐大典》卷2604）

另一首《茶岭》诗云：

翠岭依然在，芳根久已陈。山灵如感旧，亦合厌荆榛。

（明《永乐大典》卷11980）

冯时行还写了《和何子应盛山一首》：

径扫风云净，炉薰山谷香。青葱环暗壁，金碧跨崇冈。小雨留归旆，飞霞落酒觞。干戈遽如许，税鞅更何妨？

（《缙云文集》卷2）

在万州一心为民为国的冯时行眼见朝廷畏惧抗战，与金议和，国事至此，自己壮志未酬，故对自己被罢官心生感慨，觉得去官也是一种解脱，如奔马解去了负在颈上的负轭之皮带。

绍兴十二年（1142）九月底，将陷害冯时行的李峒弹劾罢职的夔州路提点刑狱公事何麒被诏入京任官。《建炎以来系年要录》卷146绍兴十二年九月丁巳条记："直秘阁夔州路提点刑狱公事何麒试太常少卿。"太常为宋九寺之一，太常寺少卿官从四品。在何麒入京赴任时，冯时行写了《送何子应二首》诗相送：

送客江头水渐生，客愁无那亦相缧。一离夔子真成别，欲过岑公且勿行。小舞清歌元有兴，绿杨青草正关情。背人归去春无赖，未害开怀斗酒兵。

功名本自属诸生，谁向沧浪变濯缨？枕上日高惟我懒，船头风饱看君行。眼前历历几经手，意外悠悠久系情。待得封侯应有日，胸中况贮万奇兵。

（《缙云文集》卷3）

冯时行自出仕以后为官清廉，经常拿出自己的官俸助贫济灾和支助办学、修庙等公益事业，他在知万州任中也是如此。但由于他被受冤入狱，最终被罢了职丢了官，导致家无余钱竟难购买回乡之小船。幸好朋友们伸出了援助之手，时任知梁山军的冯贯道拿出了一部分俸银，帮助购买了一条小船。冯时行因此写了《谢冯贯道惠小舟》诗：

先生怜我欲归休，为我添钱买小舟。老去尚余州县业，见来便起江湖秋。有名如合称聱叟，无梦焉能卖直钩？他日相随鸥鸟外，短篷烟雨醉懞头。

（《缙云文集》卷3）

比冯时行年长的冯贯道名忠恕，字贯道，汝州（今河南临汝）人。其父冯理，北宋末期师事理学大家程颐，并与程门高足尹焞为友。冯贯道于北宋靖康元年（1126）在汴京曾拜尹焞为师。南宋初期，尹焞因避金军进攻脱身入蜀，居住涪州讲学，直至绍兴六年（1136）被召赴临安任职。此时期，冯贯道任职夔州路峡中，绍兴六年为黔州节度判官，因"鞫狱"审理案件而往来涪州，搜辑其师言行事迹编为《涪陵纪善录》。绍兴十年后，冯贯道知梁山军，与早年相识的冯时行亲密交往。

冯时行除了感谢友人帮助之情，更多的叙说自己被迫退出官场"归休"，将做一名江湖人了。他谈到唐代文学家元吉，在安史之乱中曾参与捍卫唐朝，招募义兵抗击史思明叛军，立有战功。他为官清廉开明，爱护百姓，曾去官居樊上与乡老、渔翁、村童为伴，自号"聱叟"。所作诗文多反映政治现实和百姓疾苦，发人深省。又谈到商周时期满腹皆是治国安邦谋略的姜子牙长期不为人识，至老仍隐于渭水磻溪采用直钩垂钓，等待王侯识才用他建立伟业。此时有周文王在出猎前夜梦见一飞熊，找人占卜说王将得一成就霸业的辅臣。而后文王到姜子牙垂钓处礼姜，使其等来了伯乐而步出江湖，帮助周文王、周武王父子打败了殷纣王，开创了周朝800年基业。

谈"聱叟"、梦卖直钩史事，是冯时行向友人表达朝廷用自己则仕，不用则归隐。深层次的喻意是当今朝廷并无复宋失地的理想，而是一心与仇敌和议，自己纵有卫国之壮志，也不能象姜子牙一样卖得直钩等来贤主最终成就了大业呀！他感叹与友人别后乘小船在烟雾细雨中行走，不时痛饮醉后以衣盖头而眠。

经过忠州，冯时行与不久前权宜派遣假守忠州的老朋友郭印会面，相互倾叙作诗唱酬感叹不已！郭印要送老友到相邻的涪州"龟陵"城，写了《和冯当可》诗："相逢不作少年看，老著衣冠各强颜。明日龟陵分手后，音书又隔几重山。"（《云溪溪》卷12）

两人分别时，冯时行又写了《和郭信可秋夜有怀》诗：

又是山寒水绿秋，年华冉冉鬓边流。一声孤雁人千里，三点寒更月半楼。宦海浮生成底事？逢人彻骨是长愁。天空地迥凄凉夜，一曲商歌一掉头。

（《缙云文集》卷2）

《冯时行及其〈缙云文集〉研究》书第108页注释该诗说："此诗作于丹棱。"此说误。因为冯时行从绍兴三年任江原丞至绍兴五年底始至六年知丹棱县其政绩突出，他在职场正处在上升之势，仕途几乎无不愉快和愁心；而《和郭信可秋夜有怀》诗多含愁绪，所以断定该首诗不是在丹棱任中的作品，而是知万州被罢归璧山途中所写。

在涪州，冯时行应邀为当地士绅杨彦广写了《题涪陵杨彦广薰风亭》：

身世如浮云，百年一飘忽。古人事业在，已腐蒿里骨。昔哉薰风亭，劲翰俨突兀。想当挥洒际，浩气涨溟渤。迄兹变故后，同好亦泯没。散帙落危睇，作亭焕新揭。超然盛德后，清芬念贻厥。亦闻爽垲地，山水皆秀发。旷荡敞遐眺，葱箐罗翠樾。胜游集簪履，有酒备百罚。异时太真园，绛树山砷矶。吾其解烦鞅，长风卧烟筏。

问津鸥鸟外，亭上散白发。飘飘揖薰风，解带脚不袜。咀嚼清冰园，内洗肝肺渴。呜呼苍梧远，瑶琴久衰歇。於焉慰永怀，森森来披拂。耿耿入疏襟，更欲迟华月。

（《缙云文集》卷1）

冯时行来到涪州乐温县（今长寿区），应李处和的邀请为所建园堂命名作《稽古堂记》：

资中人李处和，自少传其家学，为诸生，年三十余未达，且甚贫也，乃出游，而其平生故人亲戚稍资业之，因贾于荆、襄、巴、夔之间，不十年而其利百倍。既富，则慨然曰："是故吾之权道，岂其初心哉！吾年幸未甚大，三子长，宜有以为训。"乃毁其舟车，定居于涪之乐温，葺斋馆，益市六经百家历代史传，阖门不出，日以读书教子为事。

始作室时，颇斸山为基，有二泉出于基之侧。既成，则命其堂曰"双泉"。堂之前为屋五楹，彻户牖东向，命之曰"东斋"。会予负罪归耕，与处和相近，未逾月而一再过之。升其堂，喜其清洁严净，有山人处士之趣。见其三子巍然，知其有成於异日，犹物之始於东南而成於西北也。命之曰东斋，是矣。彼双泉者，其发沮洳，以为井，腐泥不可食，是何足以辱公之堂，宜更命之曰："稽古"。

昔桓荣以经术为汉光武所贵重，授太子少傅，赐以辎车乘马。荣大会诸生，陈其车马印绶曰："今日所蒙，稽古之力也，可不勉哉！"后世颇议之，以其为学志於利禄。余切谓议者之过也。周公、孔子，去人远矣。自是以降，孰不愿以其所学荣耀於时？盖公侯轩冕之贵，人人所同欲，虽圣贤不能与人异。异於人者，其在正与否也。世或以诡谀得之，或以奸诡得之，或以贿赂得之。言兵者杀虐人得之，言利者锥刀剐剥得之，与夫陷害君子，苟利其身，不顾而得之者，自古及今，凡可以得，莫不极其力所抵而必於得焉。孔子所谓"既得之，患失之，无所不至"者，不惟是之深责，而反有议乎稽古得之者，是犹不怪乎？而独不可於衣带之偏，冠屦之弊，此世所谓诞妄不切事情者，非邪？

处和其教诸子，勿以进也，而诡谀，而奸诡，而事贿赂，而杀虐人，而锥刀剸剥，而陷害君子，而苟私於其身不顾国家，凡得而有愧於心者，皆明戒而申谕之。惟覃思於经术，以希桓荣，此余所以名堂之意，亦处和始贾於江湖，晚悔而易其货於诗书，与吕不韦之易其货而居秦质子，卒以灭宗，其有间欤？余未老，庶几犹及见其有得也哉！

（明《永乐大典》卷 7241）

文中的李处和少习儒业到 30 岁还未中举，因家贫在亲友资助下改学经商。他将川东地区的私盐贩卖到湖北一带，历 10 年获利致富。而后又弃商选择地靠长江，有交通之便与农业之利及儒家文化氛围浓厚的乐温县安家，造园林建馆堂，以读书训三子为要事。

冯时行崇儒，其教育思想是"以古为法"，本质上是继承和发扬儒家思想。他在文中叙李处和造园堂的经过与用心，对其以古圣贤为法的行为给予了极大的赞同。并将友人的园堂更名为"稽古"，其中含有对友人以古圣人君子之德行教育诸子的赞同，对其"惟覃思於经术，以希桓慕"的思想给予极大的肯定。

冯时行还写了《稽古堂诗为曹应祥题》诗：

稽古堂前雨半天，濛濛山色思依然。几多心事催霜鬓，零落梅花又一年。

（明《永乐大典》卷 7241）

该次出行到乐温，冯时行还应邀到官任简州知州的林某家中作客。林简州在乐温县近邻长江的乐昌溪边建有一个桃园，他在此设宴招待冯时行。冯时行十分高兴地写下《宴林简州桃园》诗以记：

乐昌溪东大江头，脱木老屋风飀飀。开门满院种桃树，桃花主人林简州。明年二月烂照眼，简州西川醉春晚。凭谁管领江上花，但寄玉醴三万盏。为君对花连日夜，翻杯作雨雨花下。使桃大如王母所种高参天，直使花气连西川。

（《缙云文集》卷 2）

受垫江县令郝蒙老之邀，冯时行前往时先写了《到垫江先作诗寄郝令君蒙老》：

盛家山前古插篱，含烟冷雨别君时。后来空作相逢梦，此处端成一笑期。已听歌谣增喜乐，未闻謦咳只飞驰。急须倒屣迎徐孺，一榻高悬更为谁？

（《缙云文集》卷3）

绍兴十二年农历十一月，冯时行乘舟到了恭州巴县境内设在长江边的驿站，写了愁绪深沉，对家国之愁的《过铁山驿》诗：

来时趁作世情游，归去凄凉遣客愁。万事世间多反复，一生此地几春秋？天寒树老叶全脱，水落岸高溪不流。行路崎岖纵难料，江湖付与一孤舟。

（《缙云文集》卷2）

铁山驿，是恭州去三峡东下水路的必经交通驿站。清乾隆《巴县志》记："铁山驿，即土沱驿，在县东北一百里，往湖广冲站。"铁山驿位于今重庆铁山坪。

不久，冯时行进入恭州，他到位于州城东水门内的报恩寺看望该寺方丈但未遇，遂在观览其画作后写了《题报恩方丈宋子展所作墨竹》诗：

丛筠抱清节，茂若含幽翠。孤树老风霜，空枝少春意。其中有磐石，人莫知其器。坚顽如我心，脱尽荣枯累。画不与诗谋，诗辄穷微理。何时逢画郎？忘言笑相视。

（《缙云文集》卷1）

在恭州城内，冯时行在朋友处赏画，作了《题友人南北江山图》诗：

地廓秦山壮，天涵海甸宽。十年经眼处，万里入毫端。户牖开千嶂，风烟老一竿。已无圭组累，图画不空看。

（《缙云文集》卷2）

冯时行在该诗中说自己去官"已无圭组累"，在《题报恩方丈宋子展所作墨竹》诗中云"脱尽荣枯累"，这都是他在当时奸臣当道，政治环境险恶以致惨遭打击后为避祸的托词，并非其真实的思想。因为他希望任官为民为国，其血管里充满着尽是爱国热血，这是不会轻易冷却和变化的。他在绍兴十二年（1142）农历十一月于恭州城中写的《题杨毅肃十马图》诗足可证明。诗云：

平生仰闻毅肃公，南征北伐开骏功。所乘十马有图画，今观逸气犹追风。当时血战冒飞矢，一中勾膺一贯耳。功名富贵岂偶然？请看将军出万死。绍兴壬戌之仲冬，李严城头霜月空。夜深无寐开素轴，感时抚事三叹息。

（《缙云文集》卷1）

仲冬时节，冯时行在三国蜀汉重臣李严曾镇守过的古城中深夜难眠，他打开画师绘的"杨毅肃十马图"观览。杨毅肃是英勇杀敌的猛将，在金戈铁马生涯中所乘十匹骏马是他重要的骑坐。这些"追风"战马在血战中冒着箭雨载着主人冲锋陷阵，其中一马当胸中箭一马耳朵被射穿，它们为主人杀敌屡立大功起了不可磨灭的作用，故留下了十马图画。

冯时行感慨杨毅肃所得功名富贵之不易，是为了国家血战沙场出身入死而获得的。他"感时抚事"，由杨毅肃想到同样为己敬重不久前被朝廷冤杀的抗金名将岳飞，他在保卫大宋山河中身先士卒，骑着屡中箭矢的战马奋勇向前。岳飞不是投机取巧玩弄阴谋，而是以实战积军功从普通战士成长为抗金大将成为国家栋梁的。可惜南宋朝廷畏战惧敌，自毁长城自摧抗金中流砥柱。

冯时行再三叹息，感觉现实是多么的污浊和冷酷无情！他写该诗实是为南征北伐一身为国抗敌的岳飞被高宗、秦桧冤杀鸣不平，从此可见忠肝义胆昭日月，强权于他如浮云。冯时行的节操洁如冰雪。

第十二章　回居璧山故里情深

第一节　由璧山城迁村居

绍兴十一年（1141）下半年冯时行被诬陷遭捕入开州监狱后，其故里璧山城五峰山前的故宅被查封。他的三兄冯正臣搬往遂州居住，一个哥哥迁往巴县乐碛居住，父母和两个弟弟则将家搬到距璧山县城数十里的依来里梁滩坝村中，该地在20世纪80年代时属重庆市北碚区辖地，即金刚公社赵家塆生产队桷子湾。

冯正臣年老居住遂州，以后逝世遂州冯时行有文章记叙。迁居巴县乐碛的当是其官"大夫"的兄长。绍兴二十年（1150），冯时行在梁滩坝村中写《上宰相书》文说：被罢"失禄以来……敖敖待哺二百余指"，（南宋《国朝二百家名贤文粹》卷84）以此可知冯时行和他的两个弟弟3个小家各7至8人合计大家为20余人，即文中"二百余指"。

绍兴十三年（1143）初，冯时行从恭州回到璧山，他会见了时任县令何焕。何焕字亨叔，"蓬州人，宣和六年登进士第。"（明正德《蓬州志》卷9科贡进士）《全宋文》卷4253引《金石苑》书载巴州属官张学撰《游巴州南龛题记》："绍兴庚申（绍兴十年）季冬中澣日……遂有南龛之游……越明年（绍兴十一年）元日再至，斯时又蓬池何焕亨叔新令璧山，谒府告行，同化城主簿锦官李识默之咸集，至道书□纪其来。"根据该题记，何焕是从绍兴十一年（1141）正月赴璧山任县令的。他与冯时行是同年进士。冯时行写有《知县》文：

恭惟某官，持身近厚，学道爱人。专制剧烦，茂著勤劳之绩，抚摩凋瘵，居多岂弟之风。惟衰朽以何为？倚强明而有助。贻笺彩绚，诚逾赠衮之光；治极荒疏，深积负芒之愧。方征徒之始戒，即瞻奉以非遥。暄煦在辰，均调是祝。

（《缙云文集》卷3）

文中主要称赞何亨叔持身严正，为人厚道，治县事务繁杂，以安抚困穷之民占多，成绩卓著。冯时行对其作为表示敬重，同时喻示自己祸起于"负芒"，为人猜忌而局促不安。

由于璧山城内已无居宅，冯时行就经县北青木关、凤凰、歇马等场到距缙云山数里路的梁滩坝后世被人称为"桅子湾"的小山村，他的父母与弟侄们自璧城居宅被查抄后，就迁往该村。此时因冯家人多房少，住房不足，冯时行就与家人商议后找人占卜、祭神，伐树茅平地基，增建了几间草屋，开始了山村生活。建房前，冯时行作有《山神祭文》说：

某曩以正直为时所弃，归伏田亩，栖遁此山，谋芘风雨，隶神所治。卜筑之始，先用告虔，丁力所攻，成其毁堕，度神警遣，神或不然。今具牲醴斋诚致祷，以谢不谨。惟神禀命，自天司祐下民，福善祸淫，系神之职。仰惟孚鉴赐以祥应，相我诛茅营度罔愆。时其雨云，以丰穑事，屏逐豺虎，宁阙攸居。是惟神之灵，是惟某恭敬永永不忘，尚享。

（明《永乐大典》卷2950）

冯时行被罢回乡，经济拮据，通过他所作《自开江归依山结茅以居偶成长句》诗可明显看出。诗云：

酒腐於爵肉腐俎，担石之储我何有？陆居无屋江无船，谁人乞与买山钱？大梁千里森寒玉，琼茅桂栋营山麓。云涵雨霖谢天公，苦为贫人养黄犊。秋衣更续溪芙蓉，蝉腹龟肠欲御风。戏遣冰怀搜老语，食无烟火更玲珑。铜臭钱鸣总无恶，更换清贫终无诺。浊不能堪讯可忍，木强须撩天一哂。

（《缙云文集》卷1）

草屋修建上梁，有璧山乡秀才写贺《璧邑梁滩村舍上梁文》：抛梁东，璧邑山河烟云中。桑梓吉土归来好，飘泊半生似夜梦。抛梁西，梁滩水连高岩溪。叠嶂层峦多秀丽，何叹登云无丹梯。抛梁南，勿道三清在茅山。缙云仙迹已千载，更有神龙隐碧潭。抛梁北，星

罗农家非巷陌。幽静山山无寇贼，茅舍它日多俊杰。抛梁上，从今
听得金鸡唱。静心隐居熟儒经，人间荣华不幻妄。抛梁下，山南山
北多桑麻。风调雨顺多日照，年年丰登乐闲暇。

伏愿上梁之后，缙云山舍肃肃，合家长幼怡怡。友朋谈道论易，
乡邻和睦，年丰人寿。（民国八年璧山县城张席儒《闲居录》）

在草屋边，新凿了一口水质清凉甘甜的泉井，冯时行高兴地写
了《新居凿井饮之味殊清胜因成一首》：

丹砂黄菊莫年须，清净玄功世恐无。千里长源开地脉，数篙寒
影落金枢。蛰龙雨气通沧海，丹凤秋风老碧梧。事业正应归鼎饪，
更分清韵入冰壶。

（《缙云文集》卷2）

草屋建后，在院舍南侧开垦了一片土地栽种蔬菜以供家用。还
种了一些桃李树，树边用"鸡栖"木即皂角树为篱。有来客指出，
不能把带毒刺生长迅速的鸡栖木与桃李树栽植在一起，草木是有区
别有美丑之分的，犹如不能将香草与臭草共贮于一个容器之中。冯
时行认为客人所言极对，与家人努力将"鸡栖"铲去全部清除。而
后桃李树似若有知，树花盛开浓密，风光更美好。冯时行有《斩鸡
栖木》诗叙道：

舍南开小圃，土平如沃肥。去年种桃李，今年花离离。畦丁不
解事，其傍树鸡栖。雨润枝柯繁，风吹花叶披。颇乘风雨力，似欲
桃李欺。桃李不自持，向人颜色低。客从何方来，指呼厉声辞。谓
我同薰莸，蒙昏其在兹。草木区以别，其犹异妍媸。再拜谢客意，
黾勉事剪夷。桃李佳气浮，欣欣如有知。老夫意犹恶，有悔不可追。
大哉天地宽，含覆万汇滋。美恶讵可齐？俱受一元施。援毫书其事，
用贬小己私。

（《缙云文集》卷1）

冯时行任官时常用俸禄济民，但自己却很节俭，平时生活用品
简单普通，有喜欢的"五友"即纸帐、布被、蒲团、瓦炉、竹枕。
他被罢官后，舍不得丢掉使用多年已旧的五友，就将它们带回璧山
村舍继续使用，并对五友分别写有咏诗。《纸帐》诗云：

野人抄溪苔，十幅围秋风。缺月窥我床，皎皎一室空。锦绣开华堂，坐挟不赏功。戮辱在其后，居然是樊笼。先生於此间，微吟和寒蛩。须臾寝不梦，觉来日升东。

（《缙云文集》卷1）

《布被》：

天地一指耳，笑付杯中春。蒙头布衾在，得失更勿论。前时曳竹杖，步过桑麻村。买费一千钱，十年度寒温。恭俭德之基，福谦有鬼神。未能行於人，敢不施诸身？

（《缙云文集》卷1）

《蒲团》：

瘦骨何支离？老鹤惊晴霜。软莎联溪蒲，一榻风月堂。四序自鳞次，跏趺贯炎凉。达官重锦茵，妙姬罗衣裳。寒士倚清秋，忧居涕浪浪。此君勿相留，我欲坐相忘。

（《缙云文集》卷1）

《瓦炉》：

六籍圣贤心，归来还下帷。老瓦烧柏子，冉冉度游丝。侏儒饱欲死，灵均自长饥。尘言污人耳，夜来洗涟漪。更欲清鼻观，引手时一披。知我其惟天，不须对愚溪。

（《缙云文集》卷1）

《竹枕》：

无节青琅玕，葛陂化龙余。可以奉君子，不惮捐其躯。幽人饱藜苋，总以饫膏腴。食罢掩关卧，鼻息溪云敷。斗升乞西江，碌碌愧非夫。五友平生欢，相从归故庐。

（《缙云文集》卷1）

纸帐是采用藤或楮皮造出的幅大厚实的纸制作的，因为价廉贫家多用纸帐御寒避蚊。一般是先将纸幅缠在木棍上，用绳一道道的勒紧，放置几天之后再将纸从棍上解下，纸面就会布满龟裂状或鱼鳞状皱纹，这样就使纸增加了耐损度，然后把纸幅蒙挂在有4根立柱与横架的卧床床顶、床头、床尾、床背4面，再将各幅纸用针线缝连在一起。床的正面则不用纸幅而用可升卷、垂放的竹帘或草帘。

古代纸帐是清寒生活的象征，宋代时有气节的士大夫多是将用纸帐视为节俭、朴素、甘贫守道、不慕富贵的行为表现。冯时行在诗中说自己作为隐逸村野的"野人"，不追求锦绮豪华之寝，空空室中有用"十幅"纸做的纸帐可助御寒足也。他想到自己一心为国为民不得奖赏反受冤枉与侮辱，感叹为官受束缚如同关入笼子的鸟兽全无自由，而今脱离了官场在深秋时节小声吟诗，耳听室外蟋蟀鸣叫，睡觉不用作恶梦一直到太阳高升才起，如此的乡村生活也是十分快乐的。

宋代富者多盖锦被，一般人家则使用麻、葛制成的布被、布衾。冯时行的一床布被可用"十年度寒温"。他认为"恭俭德之基"，自己应以身作则。

居家常用的蒲团，达官们常用锦制的垫褥，而冯时行使用的则是用蒲草编成扁平、圆形的普通坐垫。他在诗中谈到作为寒士的他在深秋时节正为父亲"冯中大"守孝"忧居"，结跏趺坐泪流不断。笔者依据冯时行自撰文和其友人的记叙，考其父亲是绍兴十四年（1144）上半年逝世的（参见本书第二十三章第一节冯时行祖籍家事），故知"五友"诗系绍兴十四年秋季作。

冯时行喜爱的五友之一"瓦炉"是用陶土烧成的土香炉。他归乡村居闭门著读诗、书、礼乐、易、春秋"六籍"时炉中燃点用柏枝、柏籽等为原料做的柏子香，心中想到汉代东方朔、楚臣屈原和唐代柳宗元谪居愚溪之史事，作为自我写照，用以表达自己济世之愿望不能实现的满腔孤愤郁结。

宋代时卧眠富贵人家流行用高价瓷枕，璧山民间也有用石枕、菊花枕、蒲花枕、绿豆枕的。冯时行使用的无节竹筒枕是最简易的睡枕，璧山山乡随处可见的大竹可制此种枕。他把所喜爱的无节疤竹枕比喻是青色的珠玉"青琅玕"，又比拟其似可如后汉费长房一样将此竹化龙。他赞美竹枕"奉君子"不怕献出其身躯，实是以竹自喻。

冯时行所作五友诗充满平淡之美，其实质都是反映他甘于清贫，甘于淡泊，不以贫寒为耻，反而悠然自得，淡泊宁静，足见其品质非常高尚。

在璧山梁滩坝山村，冯时行与家人一起生活，其乐融融。他在一些诗中都提到父母、弟弟与侄子一大家人之事，对研究其家事具有帮助。他作《舍弟生子》诗说：

多女信无助，多男复何虞？我固喜二仲，辈出三丈夫。圆郎未解语，手欲学抹朱。闰郎好神气，两眼澄秋湖。复有新生儿，初探玄海珠。一一阅清俊，并是千里驹。胡为集我家。足视种德符。昆弟若一体，在尔犹在吾。堂前有双亲，各已皓鬓须。抱弄想慰意，颜色朝愉愉。未问壮门户，悦亲良所须。况我黎藿肠，要当饱典谟。足以立家学，灿灿遗群雏。尔后更五稔，汝等行不扶。我欲为道肥，汝当为书癯。富贵何足道？陆贾真鸿儒。

（《缙云文集》卷1）

通过该诗可知冯时行有二弟"二仲"，二弟育有"圆郎"、"闰郎"等3个儿子。此时弄孙享天伦之乐的冯时行父母尚在世，因其父逝于绍兴十四年（1144）夏，可判断该诗写于绍兴十四年初。

冯时行说自己要饱读经书，将家学传给冯家众儿。他预言五年后冯家小儿成童努力读书，自己则修身养性心绪可得以安宁。他蔑视"富贵何足道？"教育子弟要做西汉初期陆贾那样学问渊博的大儒。陆氏能言善辩，常出使游说各路诸侯，向刘邦提出行仁义治天下，著书论秦亡汉兴、天下得失道理供资政借鉴，为汉初局势的安定做出了极大贡献。

绍兴十四年（1144）后，冯时行写了《友人惠酒殊佳用清光滑辣四字为韵以谢》四诗：

六府萃百感，攻愁须酒兵。故人如我知，侵月走双罂。手裂绛泥封，瓦盆贮瑶琼。我生百世后，见此圣之清。一饮肺肠润，再饮毛骨轻。何必跨茅龙，超然欲退征。

先生饮至和，尺宅如鉴光。余力暨酒醴，百瓮春朝阳。洗我朱墨尘，凌风龟鹤肠。醉乡更饱历，歧路久已荒。休吏闭斋阁，三盏通真梁。到处百虑息，其俗如陶唐。

苦怀茅屋底，夜归船轧轧。酒榼对鱼篮，照路燃藁秸。及门呼弟昆，长少常七八。醋畅如有神，造化不管辖。褐来久欠此，君乃饷甘滑。大醉今复狂，醒来恐愁杀。

冠豸取能触，佩剑取能割。饮酒移气体，我亦嗜清辣。举白欲下咽，丹腑已通达。温温坎离间，正气自旋斡。於焉养真勇，险语犯天阀。千钟建太平，岂徒为消渴？

（《缙云文集》卷1）

诗谈冯时行常乘船去捕鱼，归家时提着鲜鱼和酒罐，夜晚打着火把照路，到家呼喊弟兄，"长少常七八"足见其家人丁兴旺。

宋代时璧山县人善用多种烹饪技法做鱼菜。冯时行也喜欢做鱼，从诗中可略见一二。他夜晚提鱼、酒回家烹鱼佐酒，食饮"醋畅如有神"。"友人常赠予鱼酒，他专门烹饪'辛辣鱼'招待宾朋。"所做辛辣鱼近似于现代璧山正宗来凤鱼菜中的麻辣鱼。（2017年邓启云著《璧山来凤鱼文化》书第54页）2011年，由璧山县大江龙餐饮文化公司经理、中国烹饪大师龙大江和知名厨师王长春等人在参考冯时行烹鱼和璧山鱼文化的基础上，进行继承创新，把颂扬冯时行等人的"状元鲤跃龙门"在内的全鱼席鱼肴参加中国第五届国际美食节，荣获"中国名宴"大奖。2015年，龙大江申报来凤鱼传统烹饪技艺，被评定为重庆市级非物质文化遗产。从冯时行的家庭做鱼到当代的大酒楼如龙大江开办的知名"鱼工坊"专业做美食鱼肴，虽时间相隔800多年，但冯时行的鱼酒文化至今仍在故乡璧山城乡流传。

村居时，冯时行写有《秋日即事》诗：

人情节物自相关，强不悲秋亦恐艰。渐老身危生理索，凭高眼远暮天寒。树能长啸风前听，山亦多愁雨里看。陶写无他仗诗句，雁声砧杵倚栏干。

（《缙云文集》卷2）

又作《雨中书事》诗云：

昨夜风吹茅苇纷，今朝急雨洗崖痕。山山霞没江喧枕，树树鸠鸣云到门。隐几真心开暝照，翻书老膝痹危蹲。山居染得疏慵病，无复功名皓首论。

（《缙云文集》卷2）

冯时行躬耕璧山乡村，他尊奉、认同、欣赏陶渊明，从内心和行动上都予以学习，写有多首与陶氏有关的诗，昭示了他对平淡自然的刻意追寻。他在《忆渊明二首》诗中说：

晨策东篱路，煌煌寒菊英。我岂无他人，底事易渊明？忘言会诸理，扫尽世俗情。悠然见南山，此意谁与评？

五音不害道，其如哇淫何？聊以写我心，素琴时按摩。淡泊有妙意，岂忧焚天和？贤哉等冥鸿，竟免婴祸罗。

（《缙云文集》卷1）

该诗表面上是歌赞贤臣隐士陶潜渊明的高尚人格，实际却是写冯时行自己的归隐村居生活。他在诗中谈到隐居给自己带来的乐趣即"忘言会诸理，扫尽世俗情"和"竟免婴祸罗"。

又《感事咏菊》诗云：

寒花冷艳为谁发？霜霜泠泠只汝侵。弱质向人如有讬，清香绝世本无心。会逢仙老收灵药，不用骚人费苦吟。千载岂无陶靖节？东篱萧索待知音。

（《缙云文集》卷2）

该首平淡自然的咏物诗所描写的秋菊象征品质高洁，菊花独立寒秋，冷艳绝世。冯时行明写秋菊缺少知音、无人赏识，实际是暗寓自己遭到迫害被贬谪所发出的感慨！但他内心还充满了想望，"待知音"盼朝廷能重新任用自己复出。

绍兴二十二年（1152），冯时行写了《题村居》：

荆棘丛中少避锋，归来袖手十春冬。茅檐去市远更远，樵路入山重复重。云与好闲长作伴，虎知闻道亦相容。浊醪寄酿枯松腹，夜醉南山最上峰。

（《缙云文集》卷3）

诗中之荆无刺而棘有刺，山野中这两种灌木多混生，易阻塞道路。冯时行借荆棘喻南宋初期金人入侵，致使局面纷乱，朝廷主战、主和两派纷争激烈，在如此艰险处境下自己为了国家和百姓是难以置身事外是不能逃避躲开的。当投降主和派得势后，自己免不了要受投降派和污吏的暗算，以致到绍兴十二年（1142）终遭罢官。诗句有"归来袖手十春冬"，可知该首诗是写于绍兴二十二年冬。

冯时行在璧山县北缙云山下梁滩坝中的茅屋村居地处栖息有虎豹的深山前，远离城镇喧嚣，可以暂时安然自得。其地东南西北分别距璧山县辖蔡家场、青木场、依来镇、澄江场都较远，购买日常食用品都不方便，饮用食品不少都是自己酿制。诗中所说"浊醪寄酿枯松腹"是旧时璧山民间的一种存放酒的土方法。浊醪是以糯米等为原料，手工酿制，沉淀时间短，内有杂质且较浑浊的米酒。将新酿米酒装入土陶罐内，密封罐口后放入森林中已生长百年或几百年的老松树树身腐洞中储藏，使酒质变化淳厚而更甘甜，经存一年或更长时间后取出再饮用。冯时行曾夜饮醉于山中，足见他非常喜欢民间自酿的米酒。

该首描写隐居璧山田园生活的诗寓意含蓄且深刻。

绍兴二十七年（1157），冯时行写了《山居》诗：

溪带三弓地，山开一盖天。茅檐低没雾，藤路细迷悬。恶草翻新耨，狞彪突旧穿。争鸣喧膈膊，静鹭立挛拳。翠著衣襟湿，岚薰草树鲜。老夫甘废弃，末路寄沈绵。水出桃源俗，人来谷口贤。心期如水冷，世事绝风传。瘠瘵高眠稳，疏慵入静便。酒缸开半熟，茶饼索新煎。温饱无余事，安闲得剩年。胜游欣此始，妄想置从前。出处非吾浪，乘除计亦全。况因心地静，粗了佛家缘。零落余生在，宁无火里莲。

（《缙云文集》卷2）

《谢韩秀才送松栽四首》：

新拓藤萝住翠峦，移根千本到云端。初乘雨露迎春种，便作云霄蔽日看。岩穴从今增气象，获苓可拟救衰残。知君有意怜栖隐，更约坚身待岁寒。

郁葱待得覆岩峦，爱护关心岂一端？已恐旱干支水绕，更防牛马倩人看。何当倚仗听萧瑟，便欲从渠号懒残。物色最宜清净观，列仙癯瘦不言寒。

已将疏懒寄云峦，人世于今有万端。整顿林泉宜急急，上还簪

绥亦看看。移根远带前山涧，荷锸行冲小雨残。急尔成林十年后，
飕飕为作暑天寒。

飡松食柏老岩峦，药饵从今可问端。发白颜苍无复惧，骨青髓
绿后来看。色随春焙茶烟碧，凉入晨烹灶火残。自是本来山泽相，
故烦天遣伴凄寒。

（《缙云文集》卷2）

第二节　寓历山留题筑祠

绍兴十三年（1143），冯时行未建璧山县北村中草屋之前，他应
好朋友陈舜弼之邀到县南历山村中寓住了一段时间，在该地作诗撰
文题祠并参与筑寺祠，留下了活动遗迹。

历山位于今璧山区丁家街道东北方，现代卫星摄图表显出璧山
东西山脉神似"观音扬枝手印"中的手指，历山地正处在观音中指
指尖，故古今被人视作灵地。该地植被繁茂，绿荫蔽日，修竹摇曳，
山谷幽静，气候温和，四季分明。据《大明正统道藏》书和地方史
志载记：4700年前，华夏始祖轩辕黄帝曾到缙云山中修道炼丹。他
沿山行至历山炼石造日历，历山以此而得名。

秦汉时期，历山上下四周农耕生产发展已盛，百姓安居乐业，
追求仙道信仰不倦。在历山东、南、西数华里的凤凰、红学、白家、
铜瓦等村中发现和出土的东汉画像石棺、石函上所刻的神灵足可
证明。

历山有始建于东汉距今有近2000年历史的"历山寺"。该寺在
东汉末期由曾任江州（今重庆市中区）县令的道教创始人张道陵游
览寻穴后，派弟子"紫霞"到此筑建了"历山观"。张道陵是严格
按照中国古代风水学说中关于最佳环境用"四灵兽"选择法与道教
崇尚与天接等观念结合，最终挑中了合乎人与自然和谐，地处高位
与天近的历山长岭岗腰部麒麟山建道观。

历山道观座落在莲花穴花蕊正中，四周秀丽青峦层层环抱如莲
花花瓣。稍远处的山脉东系缙云山迤南余脉，南为界江津区之华盖
山，西是界永川区、铜梁区的云雾山脉，西北障有川渝著名仙山茅

莱山。众山护拱亦幻亦灵的历山，使历山观处成为汉末蜀中五斗米道派所辖的 24 治、36 靖庐的分治分庐，成为中国国教道教在重庆地区创立的最早道观之一。

唐代《韦君靖碑》载历山一带唐时有"历山镇"，建有今仍有遗迹可寻的"历山寨"。历山道观则在唐代前期高宗麟德元年（664）被改为佛教寺庙"历山寺"。明代被奸宦陷害流放渝州的吏部尚书马约斋游历山撰碑记说："渝州之西有历山寺……细阅殿院八碑文，汉末筑道观，唐麟德初（664）更为佛寺。会昌间（841—846）毁佛，大中（847—860）重建。历宋元至皇明屡筑，已千余载也……"

历山乡间民传：汉末、唐宋、明清屡筑观寺时，每当主殿落成夜半子时近处的狮子岩都要发出狮吼般的叫声，观寺院周则大放光彩，最长时持续月余。历山寺名声远扬，古今官民争相到此拜仙礼佛结缘。

历山寺有 10 大奇观，殿内站弥勒、坐韦陀是奇观中的两种。中国寺庙中的弥勒像大多数为坐式、卧式或半卧式，而历山寺的弥勒却与众不同是站立式，他右手握内装金银财宝的"乾坤袋"放在肩上，左手拿金元宝赠送给世间有缘人。这是中国目前唯一的一尊"送金站弥勒佛"，深受百姓喜爱，朝拜者众多。中国佛教寺庙中弥勒像背面面向大雄宝殿的护法神韦陀绝大多数都是站立像，目前仅有 7 尊是坐像。历山寺坐韦陀相传唐代就是坐像。因重建大殿时韦陀深夜作法开山凿石运大木，如来佛见他十分劳累就上前帮扶叫他坐下歇息，以后就成了坐着护法的神像了。现历山寺中的站弥勒、坐韦陀、4 大天王、16 彩塑罗汉等是 2014—2015 年当地民叶小金出资重建古寺后，按唐代塑像风格重塑的。

璧山历山寺一带的历史文化非常厚重，唐代女皇武则天首创钦点状元所录的中国第一位御试状元且是"双元"的吴师道出生于历山莲花坝，自幼与山寺结缘留下不少轶事。唐德宗时所取的另一名出生于历山地区的"三元状元"陈讽，他五、六岁时即跟随在历山寺任塾师的父亲读书，也在此地留有轶闻。

历山有傩神庙，傩即头戴假面跳神，川渝人称戴"鬼脸壳"，是从古流传至今的一种驱逐疫鬼的民俗活动，也是地方历史活化石。

2007 年被评入重庆市非物质文化遗产名录的《璧山大傩舞》至今在历山和附近流传。该民俗活动内容丰富多彩，主要有巫傩女祭祀；傩本神方相氏与 24 神兽驱逐瘟疫厉鬼；众年少裸儿"辰子""泥巴鬼"欢舞弯弓射恶鬼；众女童击鼓撒五谷驱邪祈年丰；各色五猖厉鬼杀四方；道家除邪净八方；驱逐疫鬼保岁安；舞乐百戏庆丰年等内容。民俗活动时"百里家家喜欲狂，大傩驱鬼人空巷"，具有"千人唱，万人和，山谷为之震动，川谷为之荡波"的气势。

还有在每年春节正月十四开展的大型民俗傩活动"璧山历山汉族火把节"，颇具特色。汉族火把节全国仅存两处，历山即其中之一，是重庆地区唯一的汉族火把节，主要功能是"驱蝗逐祟"、"卜岁占丰"，以火把、火堆驱烧蝗虫，灭虫保稼，熏田除祟，逐鬼去疫，祈福送穷；文化核心是原始社会遗留下来的对火的崇拜；心理信仰观念是避凶趋吉。该民俗通过白日迎接"璧山土主神"和送神礼仪，开展龙狮、花船、鼓乐、莲霄、杂耍、戏曲、山歌等社火表演及品食各种美食，傍晚燃篝火于田野，民众执竹筒火把、灯笼等如长龙般游行，驱赶鬼魅，烧厉鬼、烧草龙、偷青等活动，达到娱人乐神。

宋代时，进士陈舜弼的居宅就在历山寺侧陈家沟，他邀冯时行游寓历山古寺。冯时行曾宿寺雨夜读书写了《寓栖隐僧舍读书》诗：

茅竹无钱结翠霞，归来栖止梵王家。夜窗听雨翻书叶，晓妍凌霜注井花。已隔朱楼安管钥，独寻碧涧问津涯。芦帘纸帐门如门，兀坐蒲团事不赊。

（《缙云文集》卷 2）

朋友家有小轩名"清富"，冯时行为之作《清富轩》诗借以明志：

道高清识自超殊，白璧黄金视若无。坐侧拥书皆是宝，望中森木尽为奴。朱帘画栋皆成俗，绿水青山可与娱。日有轻肥寻访去，每数留恋过残铺。

（《缙云文集》卷 2）

冯时行任官时有济世安民的大志。他常常思想报国立功，以天下为己任，以抗敌复失土为重任，但对功名富贵却时予蔑视，不把黄金白玉放在眼里，其思想境界已经超脱出了尘世。他认为书是珍宝，而轩、室外古朴秀丽的树木仅是奴仆。冯时行把富丽的房屋看作是庸俗之物，从此也可看出其突出的思想品格。

在璧南历山时，冯时行还写了《答郭师圣》诗：

问讯烦书札，情亲语未长。是非元自定，得失已兼忘。洗手分僧饭，清心炷炉香。穷城不假给，何似水云乡？

（《缙云文集》卷2）

冯时行还为历山寺写有《请岩老茶榜》文：

天施地生，凡万物与我一体；星驱电扫，为大众拈出一奇。瓶如取竭西江，碾子轹破南岳。不少不剩，半苦半甘。自非老作家，应无下口处。欲将一滴，洗涤乾坤；不待重尝，已无佛祖。照公禅师法幢肇建，正令全提，举山河天地以更新，尽天龙鬼神而咸集。直使点头嚬呻，何必竖拂拈花。有舌随身，各人一碗。若色若香若味，直下承当；是贪是嗔是癡，立时清净。虽然如此，总是相谩，下咽即休，深惟保重。

（南宋魏齐贤等编《五百家播芳大全文粹》卷79）

该文中的"照公禅师"是北宋璧山县历山寺最善于"修禅"的僧人，寺中曾为他建立刻有经文和佛像的石柱亦即法幢。他圆寂后建有石塔。民国前期任丁家石佛小学校长的钟宴琼撰《牧笛杂记·宋照公禅师塔》文说："照公石塔在塔山坡坪中"。

历山寺旧时多碑刻墨香，唐代诗人项斯曾题"月明古寺客初到，风度闲门僧未归。"考中五代南唐状元的北宋史学家乐史题"璧邑历山美教院，佛坐莲蕊济苍生。"冯时行则为历山古寺题词云：

佛祠清明。

（民国八年张席儒《闲居录》）

据各种史料记，从唐代到民国，题历山寺的诗文有几十件，件件珠玑，吞古吐今，多出名手，难能可贵的是冯时行、乐史等人的题书至今尤遗存。

与历山寺近邻有祭三国东吴猛将甘兴霸的甘宁庙。明代前期李贤等纂修的《大明一统志》卷 69 重庆府祠庙记："甘宁庙在巴县"。查璧山县在元代被撤并入巴县后直到明成化年间才复建县，所以宋代璧山的甘宁庙明代时被记入了巴县。民国三十二年（1943）夏，丁家小学校长钟宴琼应历山寺僧之邀陪赵县长、蔡副团长、叶参谋长等计 9 人游历山访古，钟氏写了《游历山寺》等诗，并到甘宁庙遗址留碑刻云："甘兴霸庙，状元冯公与历山陈正舜弼立三生寺处。癸未夏，璧南钟宴琼题。"（民国《牧笛杂记》）钟氏所说的"甘兴霸庙"即《大明一统志》所记的"甘宁庙"。今西华师范大学历史文化学院教授蔡东洲撰《甘宁籍贯及墓址小考》说："甘宁在宋朝颇受敬祀……重庆府之璧山县亦甘宁庙"。（《西华师范大学学报》2009 年 6 期）此说之璧山甘宁庙即与历山寺相邻之"甘兴霸庙"。冯时行到此曾写作《甘宁庙》诗：

豪杰自不群，俗眼盖盲瞽。刘表既不识，那复论黄祖。翻然脱羁衔，渡江得英主。垂手立功勋，雄名诧千古。

（明《大明一统志》卷 69、清同治《璧山县志》卷 10）

甘宁，字兴霸，东汉末期巴郡临江县人，故里在今万州区甘宁镇。少好游侠，先后投刘表、黄祖都未得到重用。建安十三年（208）转投东吴，被孙权重用，率兵"破黄祖，据楚关，攻曹仁，取夷陵，镇益阳，拒关羽，守西陵，获朱光，击合肥，退张辽，迭著勋劳。"（民国《万县志》）宋代人评：吴国甘宁的地位与蜀黄忠、赵云辈相伴。程公许说："蜀将如关、张，魏将如庞统，吴将如周瑜、鲁肃，志长命短，天下重惜之。而马超、黄忠、赵云、费祎、吕蒙、程普、步骘、甘宁辈皆智勇绝伦，足以当一面。"（《沧州尘缶编》卷 14）

在冯时行心目中，甘宁是一位豪杰，倜傥不群，与众不同。认为平凡之人难识英雄的，如盲人有眼无珠；刘表、黄祖之流就是眐眼瞎，而东吴孙权则是独具慧眼的英明之主。孙权重用甘宁，使其顺利地建立了功勋，英雄的威名令千古之人惊诧不已！历史上以蜀汉为正统亲蜀仇魏排吴的人对甘宁略有非议，但冯时行却胸怀宽广，无狭隘的本土意识，而是以史实为据，敬重颂扬甘宁这样有作为的英杰。此外，他称赞甘宁还隐喻有自己不得志，希望自己一朝被朝廷重用，必能为国为民做出巨大的业绩。

历山甘宁庙处有"三生寺"，即民国年间当地人钟宴琼立碑说冯时行与友人陈正舜弼建立之庙。

中国古代人云每一个人都有属于自己的"三生石"，人死以后都会重新转世再生，而且在约定好的时间中，站在三生石上与旧人约会，与昔日话别。

唐代袁郊《甘泽谣圆观》、宋《太平广记》卷387《悟前身——圆观》、宋僧赞宁著《宋高僧传》卷20《唐洛京慧林寺圆观传》、苏东坡《僧圆泽传》、清初古吴墨浪子辑《西湖佳话》载"三生石迹"等史书文记：唐代官宦子李源，天宝年间父亲死于国难，他看破红尘将家财舍给洛阳慧林寺，与主持圆观交好，互为知音时间长达30年。二人相约到四川峨眉山游，圆观想道出长安从北部陆路行入蜀，李源则坚持到荆州从长江水路入川。最终二人走水路到了万州南浦，在江边遇到一个怀孕三年的王氏孕妇。圆观见到孕妇就伤心地哭了起来，说他不愿意走水路的原因就是怕见此孕妇，见妇则自己要做其子，孕妇是他托身之人，遇到就躲不开了，是人世循环也。圆观请李源用符咒帮助他速去投生，三天以后到王氏家看已成婴儿的他，他以一笑作为证明。朋友二人还约定13年后在杭州天竺寺外再见。当晚圆观圆寂，王氏也顺利产子。13年后，李源按约定从洛阳去杭州与圆观相会，在三生石旁见到一个牧童唱"三生石上旧精魂，赏月吟风莫要论；惭愧故人远相访，此身虽异性长存。"牧童与李源相认，说他是圆观但是尘缘未了不能久留，又口唱"身前身后事茫茫，欲话因缘恐断肠；吴越江山游已遍，却回烟棹上瞿塘。"唱完就离杭赴蜀去南浦了。

圆观以"三生"酬报朋友李源的友谊，其情之高，其义之厚，可谓情天义地。他的第一世未找到自己的姻缘，就出家为僧；第二世遇到李源时仍没有找到自己的姻缘，只好唱歌入蜀继续出家等待下一生的寻觅。三生石三生有幸，三生其实就是人的三次轮回转世。

圆观入蜀到南浦转世和为僧之事，万州大云寺唐代碑曾载有其

传。在万州周溪长江之滨有三生石。（明《蜀中名胜记》卷23 万州）

冯时行对圆观与李源的情义守信和三生的美妙传说十分赞赏，他在知万州时曾到大云寺等处考察，准备在此为圆观修祠以祀。据南宋王象之《舆地纪胜》卷177 万州下记："大云寺，在州治之南，武龙山之北，太守冯时行以甘泽谣所载唐僧圆泽（即圆观）事迹，欲祠泽於此。"后因冯时行被奸人陷害被罢了官，祠未建成。回到璧山县后，冯时行与朋友陈舜弼计议在历山寺近处为圆观、李源建了规模不大的"三生寺"，立了三生石和有关的诗词文石刻，了却了自己的一桩心愿，也给后世留下了一段佳话。

第三节　贺恭州守访乐碛

绍兴十三年（1143），恭州知州刘观过生日，早年与其交识的冯时行送了一首《刘守生日》诗：

天清地净行清秋，帝命吉祥驱蓐收。九霄坠露濯仙骨，冰壶翠鉴尘不留。十年持节东西州，绣衣辉煌照遐陬。山之岷峨水之涪，两川至今腾歌讴。渝城突兀大江头，岂足滞公霄汉游？郁葱之山海上浮，上有仙人老浮丘。玉井莲开花作舟，载公缥缈登瀛洲。琼瑶之台白玉楼，霞裾飘飘海上游。仙人吹箫劝黄流，一觞不老仍不愁。始知仙凡隔尘土，人间衮衮真浮沤。

（《缙云文集》卷2）

刘观，南宋胡安国撰《先公行状》谈到"蜀人刘观……轻俊有名，试选屡居上。"陆游《避暑漫抄》箓书记：北宋靖康二年（1127）金兵围京城未破城之前，刘观与兼权起居舍人汪藻商议，谋划秘藏宗室神位。"夜以栗木更刻祖宗诸后神主二十四，而取九庙神主累朝册宝、金钟玉盘悉埋之太庙中"，从而避免了该部份国家重要礼器被金敌掠去。

南宋建炎元年（1127），刘观任中书舍人，奏请高宗委谏官御史编北宋末期奸邪大臣名录并追究这些人的罪过，播告天下以正人心，使金敌、盗寇畏之。高宗赞赏升刘观试给给中。（《全宋文》卷16）

绍兴元年（1131）九月，"右文殿修撰提举亳州明道宫刘观知遂宁府。"（《建炎以来系年要录》卷47绍兴元年九月条）一年后，刘观改它任。绍兴九年（1139）初，刘观以徽猷阁待制出任成都府路泸州知州，到任不久被御史中丞廖刚劾罢。绍兴十二年（1142）起知恭州。以后又任给事中、礼部侍郎等职。

冯时行在诗中誇赞刘观受帝派遣，十年当中在蜀东遂宁、恭州和蜀西泸州等处任职，其光彩照至边远一隅，所到任处得到民众拥护，百姓多歌颂其政绩。又说恭州辟地，哪能滞留住他这样胸怀远大理想的人。

诗中应用道教神仙意象如皇帝时的仙人浮丘公，泛指神仙意象如仙人，道教地名意象如玉井、瀛洲、琼台、白玉楼等，可看出冯时行被罢官归里后受到巴蜀传统道教的影响，对道教有一定的了解，对仙界逍遥有所向往。

恭州杨通判过60寿，冯时行写了贺《恭州杨倅生日》诗：

凤龙虎豹无凡文，墨池太玄之裔孙。至宝不琢粹璞具，犹有太古羲易淳。渝州别驾未足论，啸歌已是腾清芬。一钱不输县官手，饱食长歌耕垅云。生朝佳气氤氲集，欢声一境听洋溢。愿从黄童至白首，年年击壤歌君寿。

（《缙云文集》卷2）

又给新任恭州知州、恭州通判写了《贺恭州知通启》文：

涓择日辰，已颁条教。千里腾欢洽之瑶，一时增华润之气，伏维庆慰。恭惟某官才猷川至，纯懿玉温，誉处冠於簪绅，望实隆於朝野。惟仁义所以济物，亟欲昭宣；虽州郡不足处材，易辞卑抑。逮抚临之伊始，尽疲癃以咸苏。茂最升闻，迟褒嘉之赫奕；亨衢入践，摅平素以翱翔。

某略有丘樊，旧占版籍，帐浮沈於官海，阻趄伏於宾闳。衡宇可归，将挂书於牛角；城闉在望，期蹑履於龙门。正此暄妍，敢祈荷毓。

（明《永乐大典》卷10540、《全宋文》卷4266）

《缙云文集》、《冯时行及其〈缙云文集〉研究》等书未载该文。

冯时行在文中称赞新任恭州知州、通判有声望，朝野知名，出知边远之恭州使地方凋敝渐除，百姓从困苦中得到解脱。又说自己失意於官海稍有"丘樊"，在乡村有隐居园圃，有简陋之屋。还引用《新唐书·李密传》载李密幼时以蒲草做的鞍鞯骑牛，挂《汉书》1卷于牛角，一边走一边读之典故，喻意自己仍将勤奋读书，刻苦学习，希望能早日重新步入官府队伍中。

冯时行被罢回到璧山故里后，不少朋友给他来信或捎带土产以表问候。住在巴县明月山中的谢益仲在春季也送来了特产，写了热情洋溢的问候信。冯时行回信写了《谢益仲惠黄鸡、苦笋、新茶三物，书意勤渠，欲索鄙制，仍首赞仆之谈咏，颇窥玄窟，以诗谢之》：

明月山中谢惠连，远将何物饷柴门？仙归碧落鸡遗种，龙入丹渊竹有孙。欲索风骚供咏味，仍分雪乳涤蒙昏。殷勤雅意如何报？待把禅宗与细论。

（《缙云文集》卷3）

绍兴十三年（1143）秋十月，冯时行去巴县访友探亲戚，到明月山探望了谢益仲，然后又去乐碛场。他在乐碛应早年在汴京结识后考中绍兴五年（1135）武进士的南平军（今重庆綦江南）人张宿之请，为其逝父撰写了《张吉甫墓志铭》：

宋绍兴十一年，岁在辛酉，八月初二日，南平张吉甫年六十八，卒于正寝，将以十三年十一月初九日，葬光宅里实合市之东瀛山下。其子宿越五百里抵恭之乐碛，丐铭於其友冯某甚力。某阅其行实当得铭，又与宿初相识京师，定交迄今二十年，铭不当辞。

公讳商，吉甫其字也。曾祖某，祖某，父某。其先本长安，唐末宦蜀，乱不能自还，居普州龙归镇。祖徙怀化军。熙宁间置南平军而怀化废，今为南平人。公性至孝，始生而父已卒，皇祖妣、皇妣在堂四十余年，公事养尽力。皇妣常疾病，公年未冠，割股膳以进，病愈。事著闻，郡县旌异。有姊霜而贫，公迎之敬事于家，事大小必请，终其身。乡党朋友急难，公赴之惟恐后。亲族之贫不能嫁娶，死不能葬，公任之凡百余家。所居三溪之南三十里，有大溪当行冲，溪出两山间，至是为石梁，益湍急，不能五十步，斩为崖，悬注而下。夏涨，行人绝悍流，力不能与水争，一跌立碎崖下者，不知其几何人。公捐百金，顿为石桥，涉者如过枕席，利无穷也。呜呼！今世大夫士食天子廪稍、职民氓，顾偃塞傲嬉，民瘝瘰不加省，甚者蠹败椓伤以为利。公在畎亩，而得施一乡，苟利人，虽大有所费，捐不顾惜，其贤何如也！

公读书务通大义，方伎小说，古今词章，多记诵。好宾客，客至饮酒弈棋，阅月不视家事。静重绝臧否，待人虽稚孺加谨敬。娶冯氏，生二子，长曰宏，次曰宿。一女，适进士瞿洄武。宏与瞿氏女皆先公卒，宿中绍兴五年武举第，今为承节郎。孙男七人，槐、桴、枋、枢、楫、杞、栝，楫后公一年卒。女孙二人。初二子之生也，公慨然曰："商水簪绅，落穷荒，堕废先业，幸有子。贤否在所始，起坠绪、续前光者，顾不在兹欤！"又曰："出入六艺之文，泓然深邃，发於事业者，则时之选。决机应敌，定封侯之业不旋踵，亦吾之好也。"乃命宏曰："惟汝文"，命宿曰："惟汝武。"又曰："前人声勋在简册，汝之学肖古人，则逾今人有成矣。"宏长为名进士，三冠选举，不幸蚤死。宿官东吴，会金人归我河南，朝廷应之。事剧费大，且疑信未定，有司多择果敢有术略者自从，而宿在选。然施设未著，其必有待未艾也。率要二子，略如公之志云。铭曰：

爵弗及，以仁则尊。寿有止，以子则存。室之幽，而昭以斯文。死而无憾者，其孰如君乎！

（《缙云文集》卷4）

文中对友人之父生前救济平民，帮助贫家嫁娶、丧葬以及施金修桥利人等善行给予了称颂，对其习儒礼客和育二子考中文、武进士表示赞赏，饱含了冯时行对友朋故交之真情。该文还有助于重庆和綦江历史人文等研究。墓主长子张宏"三冠选举"为名进士，次子张宿考取绍兴五年武进士，但均失载于今存明清代修各本《四川总志》、《四川通志》、《重庆府志》、《綦江县志》。今学者研究说宋代录取进士115427名。（张希清《论宋代科举的士之多与冗官问题》）2009年出版由傅璇琮等人花费10多年时间编著的巨著《宋登科记考》记录宋代进士40000多人，但仍失收了张宏、张宿。以冯时行撰墓志铭为据，张氏两兄弟系进士无疑，又墓主女婿瞿洵武也是各史志失载的进士，三人可补录入各地方志和宋代科举研究书中。

冯时行从乐碛回到璧山正逢同乡调任，他送行写了《送王子善移江津酒官一首》：

相看相别意何如？见事蜂生正要渠。挽袖一杯山月上，凝眸十里峡风徐。衣冠苗裔烟尘际，京洛风流咳唾余。自此清愁欺老得，逢君重见为驱除。

（《缙云文集》卷3）

王子善，名翔，北宋宣和三年（1121）进士。南宋璧山进士高若霖撰《邓坤异言吉地科第》记县人宣和三年"辛丑，韩昱俊、王子善翔擢第。元代初期璧山进士杨鹤鸣撰《璧山唐宋进士题名碑》亦载有"韩昱、王子善"名。王子善及第后仕途不达，20余年仅为执掌一县造酒的小官。诗中冯时行说王子善是名门世族之后，行事雷厉风行，早年在京师、洛阳也曾以人品、才华而有名。

绍兴十四年（1144）腊月，冯时行在巴县乐碛写了《策师南游过三峡见予，求施以诗。会余忧悲苦恼，无意赋咏，故借梅为喻，送行则无一字不著题。此本分事，不妨大亲切也，策将安取？绍兴十四年十二月一日》：

策骨寒瘦枯梅枝，梅花开时征我诗。我诗悲瘁作无意，借梅代我陈其词。梅云最先得春意，桃花乱拶作佛事。千年冷落空自知，今日相看合何似？迦叶眼睛谁不有，先觉我当为上首。普令世界识春光，南枝待入瞿昙手。

（《缙云文集》卷1）

该诗题中的"策师"是成都信相寺僧人悟策，他经过恭州（今重庆）东面长江上的石洞、明月、铜锣小三峡时遇见冯时行向其求诗，但此时冯时行正忧愁悲痛，心中痛苦。他在遭到奸臣迫害，被捕入狱和罢废去官时都未表现出如此伤悲，那么是什么事情才使他为之十分的悲痛呢？原因是其父亲冯中大在数月前去世了，所以他非常哀痛忧伤。冯时行尊儒重礼讲孝道，他这时还没有从父亲离世的阴影中走出来，故在诗题中说自己"无意赋咏"。

冯时行在诗题、诗句中说"会余忧悲苦恼"、"我诗悲瘁作无意"，充分表达了他对父亲去世的忧愁悲痛、痛苦烦恼、哀痛忧伤，可见其哀父至孝之心。诗中还借梅、桃说佛事，可看出他对禅宗的一定体悟。

同时期冯时行还写了《僧有悟策者见予於洛碛江上，诵程子山、孙季辰、李仁甫赋成都信相寺水月亭之什。仆曩客成都，朝夕过信相，鉴公求此诗至再三，余谓诗於佛法业成绮语，每笑诃之，不为作。今策诵二三公佳句，起予追赋长句付策，令寄鉴公》：

天行明月地行水，水月相去八万里。天公大力谁能移？月在水中天作底。我心与月明作两，真月本在青天上。虽云佛说我别说，恐入众生颠倒想。少城城隈佛宫阙，客哦水月僧饶舌。三峡水寒梅花时，起予对月赛此诗。

（《缙云文集》卷1）

诗题中的程子山名程敦厚，字子山，世称金华先生，四川眉州人，系苏东坡表兄程士元之孙。绍兴五年（1135）赐同进士出身。绍兴十一年（1141）以上书赞秦桧和议而任校书郎，十二年为礼部员外郎，擢起居舍人兼权中书舍人。不久因忤秦桧被黜知赣州安远县（今江西安远县南）。李仁甫名焘，字仁甫，号巽岩，眉州丹棱县人。中绍兴八年（1138）进士，授成都华阳县主薄不任，归故里龙鹤山撰著。绍兴十二年秋始出任官，以名节、撰史书而知名。冯时行知丹棱县时与二人相识。孙季辰其人事迹未详。

信相寺，位于今四川成都北城文殊院街。唐代名信相院，始建于唐僖宗中和四年（884），明末毁于张献忠兵火，清代康熙年间重建改名文殊院。水月亭在寺院内。绍兴七年（1137），冯时行因四川制置使兼成都知府席益之荐，调制司任幕待诏时，曾在信相寺近处客居数月直到奉诏赴京。当时寺中主持鉴公俗姓何字子澄，他八岁披剃，习经史百家，自谓当世之士，不能傲以所不知。曾建武胜县永寿寺。该诗系冯时行追补给鉴公之作，对研究成都文殊院的历史具有作用。

绍兴十五年（1145）初，冯时行从巴县乐碛场回到璧山村中，写了《谢景浚卿，东州名士，未曾倾盖。因僧悟策有诗寄余，臭味不殊，千里同契，望风增感，作诗写怀一首寄谢》：

客唱凌天路，僧传到野亭。人间闻誉处，句里识仪形。学道荒文律，婴愁钝性灵。只如老瞽史，音节尚能听。

（《缙云文集》卷2）

诗中景浚卿名景陶，字浚卿。其友李石《方舟集》卷18《冯氏三鬼求葬》文记："景陶浚卿学春秋。"同书卷10有《与景浚卿书辩德行堂铭》。冯时行也写有散文《景浚卿学易堂记》。（南宋《国朝二百家名贤文粹》卷140）今人著《冯时行及其〈缙云文集〉研究》第86页注释说景浚卿是"谢浚卿"。该说误。景陶，曾任合州教授，结庐武信（今四川遂宁），习易，绍兴末期在黎州任官，与时任知州冯时行为同僚。

不久，冯时行又为人所求作了《江月亭》诗并序云：

朱几圣来为张氏求江月亭诗。舟中载四大部经函，有蛇出其旁，几圣以为经之异。予曰："焉知非明月沱中龙将亦求诗邪？"故作诗付几圣而并及之。

张家作亭跨江月，久欲题诗诗思竭。今朝龙护宝函来，岂亦索诗光贝阙？忽忆曩时醉亭上，笑倚长松清兴发。波光浩渺荡樽俎，夜色鲜明见毫发。是时披襟挹灏气，蠲涤肺肝洗尘骨。归来至今忽想象，犹觉人寰可超越。会当月夕驾烟浆，吹笛呼龙出龙窟。蓬莱方丈傥可寻，借我长风泛溟渤。

（《缙云文集》卷1）

该江月亭在夔州奉节县城，靠近长江，位置"在戎铃司"。（南宋《方舆胜览》卷57夔州楼亭）冯时行建炎年间任奉节县尉时闲与友人饮酒此亭。之后不少墨客到此赋题，状元王十朋知夔州时也写有《江月亭二绝》。（《梅溪集》卷12）

朱几圣是冯时行在奉节时的友人，他从奉节过万州、涪州、乐温县、经巴县乐碛场、鱼嘴场、铜锣峡后，往恭州方向行至明月峡之明月沱（在昔巴县广阳镇境，濒长江南岸）时，遇水蛇在船边水中出没,他到璧山后谈此为奇。冯时行则诙谐地喻蛇为龙将此事记入了诗中。

第四节　家乡山水最多情

冯时行写有不少不用色泽华丽言辞,采用平淡美与白描勾勒,使其自然天成的诗,并常用俗语入诗,使之呈显出素朴典雅,如《二月将半雨过花盛开二首》说:

一年青春日无几,二月小雨花齐开。底事我禁愁思得?可能不近酒杯来。山青树树明於缬,江远村村烂作堆。老罢兴来须抖擞,自吟诗句自相催。

最怜半见或不见,更惜欲开犹未开。树远只疑随水去,枝低还似傍人来。不堪小蕊樽前落,可忍残红砌下堆。著尽工夫春自去,不须风雨恶相催。

(《缙云文集》卷3)

描写璧山山水景物呈现平淡自然美的诗还有《和张仁甫李花韵》:

江头谁家千树李?影落清江彻江尾。风吹扁舟到花下,花间啁啾亦欣喜。瑶林成径千步长,花光烛天天半香。恍如坐我群玉府,飞琼酌劝青霞觞。胜事此游难具列,照映肝肠尽明洁。老怀已戒语作绮,新诗向拟风回雪。东家西邻诗更奇,一时共借花光辉。更须妙索留春句,无使花飞春告归。

(《缙云文集》卷2)

诗题中的张仁甫名毅,南宋璧山王来镇进士高若霖撰《邓坤异言》说他于北宋徽宗政和八年(1118)"戊戌岁"及第。(清乾隆《重修邓氏族谱》)元代初期璧山进士杨鹤鸣撰立《璧邑唐宋进士题名碑》载有其名。璧山县西原梅江乡梓潼观宋代碑上记有张仁甫捐款修道观事。诗中所说的"江"当是今璧山区三条江河之一的"梅江"。他应是璧山县西人,家饶裕,比冯时行年长,系同县好友之一,曾出任淮南西路黄州麻城县(今属湖北)知县。《黄州历代书院考略》记载:"万松书院最初在麻城县西七里岗,宋邑宰张仁甫筑亭万松岭……（昔）苏轼曾到此题写万松亭诗而名'万松书院'。"

稍后，冯时行写了《李花已尽，再用前韵，末章专属蒙景明资一笑也》：

向来风前见桃李，今日纷纷落风尾。老人於花亦何有？不用天公事嗔喜。漫天高跨风力长，更飞急雨湔余香。雪儿歌底踏舞马，燕子泥边随滥觞。明妆皎皎争前列，触手还羞疑不洁。芳菲已断阳台梦，只有消烦嚼冰雪。明年只应花更奇，岂无方略留春辉？欲作短章凭阿素，只待西邻之了归。

（《缙云文集》卷2）

冯时行回到璧山后作有《落花十绝》，是集中体现闲远淡雅，对闲适生活歌咏的诗，从中可看出他对家乡风物的热爱之情。

枝头日日候韶妍，百舌声中又隔年。莫道山翁无思绪，见人踏着便凄然。

着花着酒苦相留，嗔雨嗔风毕竟休。有态游扬元妩媚，无心点缀亦风流。

万翠千红锦一张，春秋何处不芬芳。谁教无赖狂风雨，收作年华入鬓霜。

老来着意惜余年，时事那堪急似弦。敌面被春将一岁，又随风叶去翩翩。

恼教衰病倩人扶，掩得疏慵倒酒壶。半湿垂垂粘醉帽，全轻冉冉上吟须。

半去还来绕旧丛，半随胡蝶便西东。从交满地无人扫，快意甘心薄倖风。

即看簇簇斗鲜妍，忽作漫天也可怜。随雨随风知有恨，恨无人着买春钱。

幽栖竹路满苍苔，花拥柴扉午未开。可是春风料理得，时吹一片过窗来。

瘦筇随意步晴沙，困卧江头野老家。桃李盈门春寂寂，莺惊睡觉一床花。

朝来酌酒尚芳菲，醉眼醒时已觉稀。苦妬妖娆莺拂下，解怜漂泊燕衔归。

（明《永乐大典》卷5839）

冯时行与妻子攀登璧山城东金剑山，在美好的山水间留下了不少遗迹。元末明初璧山名士陈万三写《金山名胜记》说："濯锦潭，即龙泉。故老云，薛校书（涛）、状元冯公琦妇濯巾处。"（清代璧山举人吴暄《自好斋稿》载《寄答傅辉山》条）

金剑山天池北面有始筑于唐代中期，南宋复建，起扼镇璧山县城北面水口和具有登高望远观赏风景作用的"文风楼"。冯时行曾到此为斯楼题额。南宋四川剑阁人黄裳出任璧山县尉时撰《登金剑山文风楼记》说："唐文宗时，李公德裕（曾任宰相）倡造层楼于金山巅，年久圮废。皇朝绍兴癸亥（绍兴十三年、1143）复建，时状元冯公罢归，游登榜曰'文风'。斯楼地吉，聚邑闻人，若魁榜两蒲公、省元邓公，一时称极盛矣。"明代大学士江朝宗青年时在金剑山北侧温泉寺读书三年，其记游文亦谈："山中多古迹，岁久多没……山聚闻人，若李文饶、黄兼山、冯缙云、蒲仕第辈。斯山古楼'文风'，人称'登极环览，璧（山）、巴（县）、（江）津、永（川）数百里山川风物尽在目矣。'惜今楼不复存。"（清代吴暄《自好斋稿》载县尉黄裳记文风楼与学士江朝宗重游金剑山记）

冯时行奉祠主管璧山县重璧山上普泽庙时，在山寺亭中立有诗文碑。

近距冯时行村舍的缙云山誉称"川东小峨嵋"，该山位于璧山县城北百里处，在恭州城西北百余里的嘉陵江温塘峡北面。宋《灵成侯庙碑》记，山以黄帝时有缙云氏后裔居此而得名。《大明正统道藏》书载"轩辕黄帝往，炼石于缙云堂，于地炼丹时，有非红非紫之云现，是曰缙云，因名缙云山。"乾隆《璧山县志》记："缙云山……茂林高耸，……相传黄帝合精於此。"陶弘景作《水仙赋》："缙云琼阙，黄帝所以觞百神也。"冯时行青少年时从未去过缙云山，万州罢归乡居间曾两次攀游缙云山，写有《缙云寺》诗：

借问禅林景若何？半天楼殿冠嵯峨。莫言暑气此中少，自是清风高处多。岌岌九峰晴有雾，弥弥一水远无波。我来游览便归去，不必吟成《证道歌》。

（《缙云文集》卷2）

缙云寺，南北朝刘宋景平元年（423）慈应禅师开山始建，唐初李渊曾题寺额，唐德宗贞元元年（784）浙江幽谷净满禅师入山重建，此后又多次圮建，北宋景德四年（1007）真宗帝敕改寺名崇胜，后称缙云。

该诗描绘缙云山幽美清凉的景色，通过把山中古老的缙云寺作为点来写，以点带面大幅度地将宋代璧山县辖管的缙云山的天文、地理、自然生态，山下浩荡秀丽的嘉陵江水，尽揽入怀抱。诗中的九峰多海拔880米以上，从山东至西，依序名朝日、香炉、狮子、聚云、猿啸、莲花、宝塔、玉尖、夕照。各峰花奇兽异，景色迷人。

冯时行在诗中还引用唐代永嘉大师作《永嘉证道歌》："君不见，绝学无为闲道人，不除妄想要求真；无明实性即佛性，幻化空身即法身，"表示自己无意于参禅学佛。全诗写景咏物用语通俗浅显，风格平淡自然，清新活泼，对仗精巧、工整，结题明快、浪漫，余音绕梁，久久回荡。

又写《春日题相思寺》诗：

系艇依寒渚，扶筇上晚林。山山春已立，树树雨元深。扫叶移床坐，穿云买酒斟。相思思底事？老大更无心。

（《缙云文集》卷2）

该诗系冯时行绍兴二十七年（1157）春三月从蓬州任中被罢，回归璧山缙云山下桤子湾村舍时写。

相思寺，即缙云寺。唐大中元年（847），宣宗帝赐缙云寺名相思寺。明《蜀中名胜记》引《感通录》说："缙云寺，即古相思寺也。"以山有相思岩而名。清同治《璧山县志》载："相思岩，在缙云山，娟秀奇丽，攀其巅者辄徘徊不忍去，故名。"又记此岩生相思竹，形如桃钗。有相思子，一名红豆，色正赤。又有"相思鸟，羽毛绮丽……巢竹树间，食宿飞鸣，雌雄相应，笼其一则一随之"，至死不离。

冯时行村居时的相邻有不少毛姓人，一日有毛祖房邀他去其家做客，待饮食后就在屋壁书写了《题毛祖房屋壁》诗：

卜筑缙云山下村，缙云山色青满门。承当春色花成段，领略朋簪酒满樽。尽去机关驯虎豹，略推恺悌赦鸡豚。要知余庆须弥远，堂上森然见子孙。

（《缙云文集》卷3）

该诗说缙云山一带多苍松劲柏翠竹，万绿丛中花锦秀。主人卜居于此怡然自得，是家有"余庆"故能尽享天伦之乐，令人称慕。通过此诗与冯时行其它诗的佐证，可知宋代璧山县境内有许多虎豹、豺猿、野猪、山羊等大动物。

冯时行还与里人毛安节、御史冯晋等游邻近其村舍的"飞雪崖"，作了今存《缙云文集》未载的《飞雪崖石壁文》：

里中民毛安节、李沂、冉星□、□舒史、丁东耶，同游者何肃，异其形势凛然，故更名为飞雪崖□□□□而不可得。崖函数百丈，飞溅□□，题识岁月，可谓阙无。因是沂□欲□□□滩之曲水流觞，前人之好事者□□□游之后不忘再世之旧，相□□□高宿名英，邑乡之俊彦，皆先□交云后人林相餶送于栖真洞，回州，以西南夷侵边故也。冯缙粹父自霜台移节西□。

（民国向楚《巴县志》卷20 金石）

该文系南宋淳熙八年（1181）正月由璧山县人李沂刻在飞雪崖石壁上，至今尤余少量残文。

飞雪崖，俗名高滩，元代以前属璧山县辖地，位于明清代巴县土主场四塘村高滩桥下游4里路处。河床在此处突然向下断折10余米，河水呈瀑布状倾泻而下，水雾飞溅眺望若飞雪。瀑下左崖有深10米宽20米的天然岩穴，即文中的"栖真洞"。

文中"何肃"，璧山县人。孝宗乾道三年（1167）出任涪州佐官。（《水下碑林白鹤梁》书第77页《赵彦球题记》）冯晋字粹父，璧山县人。北宋徽宗政和八年"戊戌岁……冯粹甫晋、张仁甫及第。"（乾隆《邓氏族谱》载南宋璧山进士高若霖撰《邓坤异言吉地科第》文）元代初璧山进士杨鹤鸣撰《璧邑唐宋进士题名碑》也载有冯晋之名。绍兴年间，冯晋官任御史，奉旨出巡四川时回故里与冯时行游高滩。

1942 年 12 月，郭沫若两次游览飞雪崖后写了考察文章，也认为《飞雪崖石壁文》"文当为时行纪游文，细绎之，燕游在前而补刻在后。二冯之游当在时行'坐废者十八年'之里居期间"。（郭沫若《洪波曲》载《飞雪崖》补记）

在写璧山《月夜》诗中说：

秋立雨新霁，气清云自消。地空银海阔，天净玉丸跳。把砚承明露，扶儿看碧霄。病禁凄冷得，不惜到明朝。

（《缙云文集》卷 2）

立秋雨后初晴，在天色明朗的晚间可见因云、水与月光辉映而产生的"银海"景色。此时天空冷净，星星闪动似跳。冯时行在砚前挥毫书写，直到深夜凌晨树、草都出现了露珠。在如此美好的夜晚，冯之子扶着久病之父，饱览星空，不惜览景到清晨。从诗中可见冯时行闲居村中，也常享天伦之乐。

《答杜如篪》诗说：

迂疏百试百无长，身世从教堕渺茫。老得云山真不恶，拙凭草树更深藏。三杯且共逢迎酒，一瓣谁薰知见香？便肯经年系舟楫，如君惠好实难忘。

（《缙云文集》卷 3）

《题苏庆嗣睡乐轩》：

六凿森剑戟，一枕寄华胥。睡觉既殊辙，睡分真乐欤！达人蕴大观，方寸包太虚。忧乐两不知，寤寐常如如。昔也蝶栩栩，今焉周蘧蘧？而今我法中，无欠亦无余。以睡为乐邪？不睡宁非渠。然则此轩名，无乃滞一隅。苏子笑而应，斯岂真吾居？飘流阅世故，早觉心地初。今古一偃仰，天地一蘧庐。揭名聊尔尔，至言恐惊愚。

（《缙云文集》卷 1）

该诗又见载于冯时行的朋友郭印《云溪集》卷 3 中，与《缙云文集》所载诗仅有 3 个字不同。《缙云文集》在《宋史·艺文志》及早期诸家书目均著录；而《云溪集》却未见著录，系清乾隆时从明《永乐大典》中辑编的。《云溪集》所载《题苏庆嗣睡乐轩》诗当系清人辑编时误将冯时行的作品录入。

冯时行第二次被罢官从蓬州回到璧山县后的当年冬至，在"山城"凤凰山前已归还给冯家的"状元府"中书写了《至日读〈庄子〉》诗：

世路频时节，山城暗夕烟。酒先回暖律，梅自断残年。日月长江水，功名小井天。如何割幽报，更与问虚玄。

（《缙云文集》卷2）

冯时行诗中说，人世间的经历如晨烟晚霭，是有节律的，自己胸怀大济苍生之志，但却屡遭奸臣打压，致使壮志难酬。时间久了不能兼济天下，就遁迹山林学习老子、庄子无为无欲的思想吧！将官场看淡，日月如长江水滚滚东逝，功名不过是小如水井口那样的天空，不值常思提起。

此诗表现出冯时行对庄子的倾慕，对老庄思想有一定的接受。他再次被罢官后盟生了与世不争，追求逍遥自适，追求自我本真的道家思想。

璧山县城文庙后凤凰山峦有冯家的园林。该山及邻坡一带自唐、五代以来种有骨里红、绿萼、胭脂、照水、垂枝、送春、腊梅等梅树，以黄梅为多。南宋御用画师刁光引曾到此画"璧山红黄梅图"呈献给孝宗皇帝，得御题云"一枝残雪照山城……梅兄知我岁寒情。黄冠翠帔玉为姿，何处春风一见之。"冯时行与友朋常留连梅丛，写有《与诸友同坐梅下，月雾凄清，风琴泠然，不类人世。各联三二语，醉归，卧南窗下。明日征所出语，皆忘失不记，因追赋古诗，以补遗缺》：

月冷逼疏影，梅孤泛清光。儿曹窃孤竹，天风韵丝簧。相将二三子，中夜聊徜徉。泠泠白雪唱，滟滟碧霞觞。清绝非人境，浩荡真醉乡。飞花炯天星，坠叶鸣瓦霜。歌放满空阔，神融接混茫。三山今何许？仙游谅荒唐。人间有逍遥，岂阻路且长？簪绂縻步武，得失煎肺肠。役役少至老，过问或未尝。以愚息我机，以学锄我荒。以文导我兴，以酒发我狂。使与风月亲，宁不荷彼苍。夜久梅影偏，月亦邻西冈。严风吹冠巾，白露沾衣裳。归欤掩关卧，枕上从羲皇。

（《缙云文集》卷1）

梅花是孤独的但却是清高的，百花未开放它已先占风情。冯时行喜爱梅，常作咏梅诗托梅言志，表明他的情操和志向。其写《梅花》诗云：

正是园林花木衰，冰姿玉洁出疏篱。月中授影道傍见，江上寒香人不知。时节惊心非故物，簿书满眼欠新诗。碧云暮合关山远，拟折琼英寄所思。

（《缙云文集》卷2）

在冯时行眼中，梅始终是寒瘦的，梅以枯瘦之枝，但却立于冬季凛冽的寒风中。梅花在百花凋谢之时节，独自绽放，冰清玉洁，暗香飘过，他人不知。诗人折梅寄别，用以表达自己的相思。所写诗层层转折，感情婉转，对梅花的高洁品质和不为世俗赏识而感叹。同时联想到千里外的甘陕、江淮、中原、边塞风云、国土沦丧，金敌狼子野心时时欲南下攻宋等，使其由陶醉于咏故里之梅的思绪转到遥想关山之外的塞外沙场。疏影横斜的璧山梅花，被冯时行寄予了无尽的爱国之思。

冯时行另一首《落梅》诗说：

不禁清瘦怯风霜，远信先凭驿使将。楼上笛声吹旧曲，鉴中人面学新妆。飘寒院宇仍多思，点缀帘栊亦自香。留与春风共流转，凭谁试与祝东皇？

（《缙云文集》卷2）

冯时行虽遭贬谪归故里，却常"不以物喜，不以己悲"的心情对待生活，经常对闲适的生活进行歌咏。在春日暖下，他卧观飞花片片飘摇，写作了充满闲情逍遥的《酴醾》诗：

万仙同驾碧云翔，容与人间散异香。梅似前贤长隔世，酒真同气莫相忘。流莺梦断惊风雨，落月魂销映雪霜。春暖日长无一事，飞花片片倚胡床。

（《缙云文集》卷2）

天降雪时冯时行写了《咏雪》：

疏木堕栖鸟，寒潭悲卧蛟。与松为老伴，唤月结清交。檐滴冰为筋，梅添玉作梢。丰年何以报？作颂纪南郊。

（《缙云文集》卷2）

冯时行喻意自己若睡在寒凉水泽中的卧龙，似栖在树上之鸟突遭风暴而掉落树下，到老时与山松为伴，与纯洁的月亮为挚友。下雪了来年又将是丰年，自己怎样酬谢天地呢？写一首颂诗去城南门外祭祀吧！

写《出郊以"江路野梅香"为韵得"路"字》诗云：

居然麋鹿性，疏散疾已痼。杖策城东门，旷景引闲步。日正摇江影，春已暖沙路。疏梅忽相值，与我如有素。清芬煦严律，玉骨洗寒露。颇复动诗兴，况乃有酒户。与君嗅花饮，饮罢为花赋。揽此冰雪姿，裁作山间句。更得双南金，何逊似风度。夷融兴未惬，短景不少驻。呼僮扶步归，要折花无数。

（《缙云文集》卷1）

冯时行与朋友郊游用杜甫《西郊》诗中"江路野梅香"为韵相互唱酬。他在诗中说自己虽年老但却像传说中的"四不像"麋鹿一样生命力旺盛，自己两次遭罢官远离朝廷，所作所为是长期养成的难以变化。拄杖到璧城东门外闲走，空野使自己心境开阔，太阳出来影落璧江水波微动日影摇动。行走在江边沙路上，已感觉到丝丝暖意，岸边有稀疏还未落完的梅花。该花是自己久已熟悉的故交，其品高洁，温暖与节侯相应，枝干清瘦秀丽不惧冷霜凝结身上。看见残梅，加上酒坊有酒可饮使之诗兴大发。众人闻着花香饮酒作诗，又采摘如冰雪一样的花枝，其中有两枝品高如"南金"一样美丽。此时此景，想起了南朝梁时诗人何逊所写的《咏早梅诗》，心中充满喜悦，转眼间一天将过去，呼唤书童扶着回家。

又写作《游东郊以园林无俗情为韵，得情字二首》诗：

野寺日欲落，晚林烟自生。霞文明远水，鸦点背孤城。酒尽无闲酌，茶粗得老烹。归来喜不寐，漫落称余情。

散漫藤萝外，飘然猿鹤情。云山如有旧，草木半无名。隔竹寺幡出，前村砧杵鸣。乾坤清绝地，犹觉是升平。

（《缙云文集》卷2）

在傍晚日将落山时，璧山县城对面的山林自然生起了烟气。天边是绚烂的云彩，显露在远处水边。小黑点的乌鸦在小城北面飞旋。饮酒到干无空斝，老茶须多煮一时。冯时行从城东门回家心中高兴晚上睡不着觉，沦落失意后自己仍有充沛的精力、情趣。随便行走于紫藤边，飘摇如隐逸之士。眼看璧山城对面高耸的金剑山、虎峰山诸山，自己青少年时均攀登往来，今日看见许多草木都叫不出名字了。从面前翠竹林看去，隐约可见古寺飘扬之幡。村民正在烧饭，可听见砧板响和杵在石臼里捣物的声响。冯时行感叹璧山城是天地间的一方"清绝地"，美妙至极，他心中的家乡是一片美好太平之地。

第五节　咏岁时节日土产

冯时行被罢官回到璧山县后，由于长时间生活在乡村，写作了不少年节和乡土农产品及野物的作品。在现存《缙云文集》中，有描写谈及新年、人日、寒食、清明、中秋、冬至、腊月、除夕的诗，也有叙说稻、麦、梁、粟、桑、麻、蚕、酒、茶、竹笋、黄花、蟠桃、谷梨、火枣、梅子、板栗、荸荠、荔枝、李、杏、甘蔗、桂花、荷花、香草、兰草、玉兰、望春花、灵芝、墨饭草、龙香等物和猪、牛、羊、马、狗、鸡、鸭、鱼、虎、豹、豺、乌猿、鹿、麈、莺、黄雀、杜鹃、斑鸠、鹤、鹭、雁、燕等动物的诗文。从中可领略璧山宋代民俗文化的神韵，对研究地区习俗风情等多方面和利用其为现代社会服务具有积极的意义。

《和刘仲廉新年春望二首》说：

年於鬓发最相干，又作新正一再看。懒共燕泥烘午霁，吟随莺树涩朝寒。余生已分千人后，燥吻犹须百榼干。愁绝向来飞舃伴，萧然形影若为欢。

辟掠闲愁自不干，因春成老亦看看。花枝本自能时样，燕子从前有岁寒。酒著酡颜衰似健，杖扶沙步雨犹干。杜门何似频还往？藉绿簪红趁逐欢。

（《缙云文集》卷2）

《清明》诗云：

律历调元气，氛埃廓景风。清明归《在宥》，憔悴得冲融。日御
元来正，王春自昔同。野人看气象，暂觉百忧空。

（《缙云文集》卷2）

这年中秋，应友人邀请赏月，众人聚座，冯时行写了宋代璧山
文人雅士"广座"聚会，对地方民俗有真切、生动、形象反映的
《中秋饮张仁甫家探韵得玉字》诗：

数日及中秋，迎月试新醁。清晖困屏翳，顽阴费驱逐。广座迷
樽俎，高堂费灯烛。未用恤一眚，何妨纵百沃。见人如见月，张家
呼小玉。

（《缙云文集》卷1）

"八月十五中秋节，此日三秋恰半，故谓之中秋。此夜月色倍明
于常时，又谓之月夕。"（南宋《梦粱录》卷4）中秋金风渐爽，玉
露生凉，丹桂飘香，银蟾光满。富贵之家无不登高楼临丽轩赏月，
酌酒欢歌至次晨。一般人家也要安排聚宴，迎欢过节。

宋代璧山风俗重视中秋节庆，璧城各街和拱秀门外南街、演武
门外北街、草街多要饰彩扬旌，时鲜果品梨、枣、栗和七蕊黄花、
紫姜等上市。各酒店多卖新酒，门前悬"巴蜀美醁"、"玉醅甲天
下"小布招幌子酒旗，民争入店购饮。城乡人均以赏月为乐。富者
设宴争将汉代已是佳肴的璧山兔、璧山鱼等烹饪美食，普通家庭也
要做一桌热气腾腾、香味四溢的璧山田席中最受男女老少欢迎的
"璧山水八碗"席，并拿出当时的璧山美酒新醁或瑶琼、竹叶、玉
醅、黄流及金醴、浊醪，泡上翠玉、茶饼、春焙、老荫、香茶，合
家欢聚与亲朋畅饮，将良辰、美景、赏心、乐事集于一堂。此风俗
璧山区至今仍然盛行。现代经过龙大江、王长春等国家烹饪大师精
心研制，推陈出新地选择优质猪牛羊鸡鸭鹅鱼蛋为主料，本地环保
蔬菜为辅料，经调味笼蒸后做成烧白、杂烩、肘子、蚱肉、夹沙肉、
酥肉、鸡肉、八宝饭名为"璧山水八碗"。另外还备坨坨肉、鸭肉、
鹅肉等制成"九斗碗"。席肴菜热，丰盛肥腴，清鲜醇浓多味，老少
皆宜，已成为璧山非物质文化遗产品牌名菜。宋代人喜欢吃的璧山

兔也名扬天下，由大江龙餐饮文化公司制做的璧山丁家兔则成为"中国名菜"。

璧山村居时，冯时行还写了《中秋探韵坤字》：

山雨连秋懒出门，婵娟佳节更堪论。一年有限天知己，万里无云月返魂。淡影参差收海岳，清光浮动洗乾坤。拟凭樽酒相酬答，遮莫沉沉下别村。

（《缙云文集》卷2）

《冬至有感》诗云：

萧辰俯仰及严冬，白发空云是至公。造雪不成天本恕，唤梅未醒句无功。可能人事无消长，只待天时有变通。节物相关愁似醉，一庭霜叶一窗风。

（《缙云文集》卷2）

该诗系冯时行回璧山村居数年后作。

冬至，始于春秋时，是我国用土圭观测太阳测定出一年24个节气中最早订出的一个。时间一般在今公历的12月21日至23日之间，该天白天最短夜晚最长。冬至是冬季的大节日，古人说"冬至大如年"，民间称"小年"。宋代人"此日更新衣，备办饮食，享祀先祖。"至今璧山人延续古俗，该天流行吃狗肉、羊肉、萝卜等用以驱寒滋补健体。

冯时行感慨在低头和抬头很短的时间内，就从萧瑟的秋天进入了极冷的冬天。随着时间快速流逝，自己发白了人老了，而朝廷仍由主和派执政，其力量未减，主战人士则因屡遭打击压抑，其力量不得增长，只有等待什么时间时局能发生变化罢。他目睹准备的过节物品，想到与自己坚持主战抗敌等行事作为有着紧密的关联，心中生出了愁绪如同喝醉了酒一样。

冯时行借写白昼短黑夜长和是年终岁首交结的"冬至"，希望黑暗的长夜快逝，新春早到。他期盼朝廷人事早日有所变化，自己能复出继续为国为民做出贡献。

在璧山俗称小除夕之日，冯时行写了《腊月二十八日》诗：

暮景余三日，忧愁尽一年。酒侵新岁熟，花待故枝妍。邻里多遗馈，庖厨有盛烟。拥炉风雪顺，春意欲相先。

（《缙云文集》卷2）

除夕前二日的腊月二十八叫小除夕，该日家中设酒席，亲戚往来拜访话别岁。冯时行说自己在忧愁中一年即将过去，三天后就是新的一年了。他感谢村中邻居的照顾，在年前馈赠年货礼物。同时希望春天早到，来年年成丰熟。

璧山的深山、沟谷、丘陵、平坝、溪河岸、宅院边生长着楠竹、刺楠竹、慈竹、苦竹、斑竹、水竹、平竹、金竹、黄竹、黑竹、凤尾竹、佛肚竹等几十种竹，多数竹分别在春、夏、秋季生发出嫩笋，人们常挖掘鲜食、腌渍或制成笋脯干用作佐餐。冯时行特别爱竹，在璧山城内的宅园和村舍四周都有象征"高雅"、"幽洁"的百节长青之竹，所以他在不少诗句中都说到竹。他喜欢用山中竹笋做下饭菜，曾不厌其烦地对竹笋进行歌咏，遗留有《食笋》诗云：

锦箨初开玉色鲜，烹苞菹脯尽称贤。绝能加饭非无补，浪说冰脾苦不便。一日偶无慵下箸，四时都有不论钱。寒儒气味都休问，准拟凌风作瘦仙。

（《缙云文集》卷2）

又作《和食笋二首》：

敢将蔬笋拟甘鲜，清瘦肥痴定孰贤。气味比僧从淡薄，支离似鹤要轻便。未随烟客登山屐，且辍江神饮马钱。一岁可能三百把，骨青髓绿配松仙。

麋牙鸭脚色相鲜，更遣逢迎酒圣贤。齐鲁大邦应自美，烟霞清兴岂相便？风神肯慢吹成竹，市老能教省直钱。早晚萧然文字饮，何须唤作地行仙？

（《缙云文集》卷2）

竹笋在冯时行笔下不仅仅是普普通通的佐餐与赖以下饭的食品，还是似可令人飞升成仙之物，这是他罢官村居后崇尚道家隐逸逍遥、享受闲适生活的感受。

璧山县南王来镇（今来凤街道）龙隐山的乡秀才卢氏邀请冯时行到家品梨，他写了《卢秀才家食梨》诗：

屡款卢仙贡玉堂，谷梨霜饱每分香。冰园咀液凉疏齿，金醴吞甘浣热肠。误诮斧斤诋鲁简，骇听名字笑吴娘。好同火枣供嘉品，端比蟠桃味更长。

（《缙云文集》卷2）

璧山种植梨的历史悠久，谷梨从古至今是璧山地方品种之一，初秋收割稻谷时上市，单果不大，皮细而薄，果点小而密，肉脆化渣多汁，味甜浓芳香。还有俗称"水东瓜"的梨，果特别大，皮青色，肉白水汁多。冯时行喜吃谷梨，故赞其"端比蟠桃味更长"。

在《有感》诗中冯时行说：

俯首趋时独时嫌，年来壮胆尚相淹。神锋不及锥头利，花蜜翻亏蔗尾甜。万里水云闲有约，一床坟籍静无厌。明珠自得非他得，懒更骊腮著手拈。

（《缙云文集》卷3）

1950年前，璧山人发展农副业喜欢栽种甘蔗，还养蜂采蜜。冯时行在诗中谈到甘蔗、蜂蜜，说明至迟璧山在宋代已有此二物。

璧山早在巴国时期居民已饮茶，唐代陆羽《茶经》记重庆附近多大茶树，"其巴山、峡川有两人合抱者。"此大茶树即后世之"老荫茶"树。璧山昔有二三人围抱之野茶树，今仅残存有碗口粗树。宋代璧山多绿茶，乡人常将其压制成饼状名"翠玉饼"，是地方名特产，赠人之佳品。冯时行作《杜如篪屡督烹茶，仍作诗次其韵》诗中对该名茶有赞叙：

老寄余生山水窟，寂无朝烟屈䃋硎。客从何方问栖隐，无人应门杖藜出。言间遗我翠玉饼，把玩芳香袭呼吸。便欲洗琖试水品，肠胃空枯恐称屈。缄藏小篓挂东牖，惕若虬龙随手入。云涛雪浪有变化，扃鐍苞苴何郁郁。痛尝七碗岂不愿，待营一饱终无及。穷人谈富如画饼，浪说烹炮诧知识。真求大嚼荐茗饮，可笑诗人太痴绝。岂惟枵腹误指染，更并丽句成干没。亦知且具衲子供，浇淋蔬荀供一啜。恐君肺腑出宫商，造物反怪太喧聒。又恐展转夜不寐，深思危虑比孤孽。何如待我食万钱，东阁大开玉醑泼。翠娥捧香沃烦腻，醉起一笑天地阔。男儿盖棺事始定，所不践言有如日。

(《缙云文集》卷2）

璧山县唐宋时出荔枝，直到清代、民国时仍有种植。冯时行喜爱荔枝，家住历山寺侧的陈舜弼在外任官时托人带了一些回璧山，冯时行答谢写了《谢陈舜弼送丹荔》诗：

骊珠三百照倾箱，一一都全味色香。道远鹤觞齐骑驿，雨多龙伯护津梁。蠲烦已笑冰无味，过眼仍同玉有光。报贶无他空觅句，更惭诗骨谢凌霜。

（《缙云文集》卷2）

冯时行为同邑人作《题杨氏清福亭》诗：

几年濒江种松竹，郁郁葱葱蔽江曲。犹有杨侯旧子孙，更结高亭贮寒绿。东家杀贼印铸金，西家言事腰胯玉。一樽径醉我不知，不待招呼风月足。有客胸中抱经济，才高正患功名促。闲为清福非吾事，乞与此亭作佳目。主人再拜不敢让，愿作闲人老林麓。江平酒熟夜收钓，鸭肥稻香朝坦腹。此时寄语恶长官，勿遣追胥骇僮仆。

（《缙云文集》卷1）

第十三章　办书院研易益世人

第一节　璧北办缙云书院

从璧山县城迁到县北村居以后，冯时行与父母、妻子琦姑商定，顷其家资建一所供百姓子弟读书和学者讲学的书院，书院选址在冯家居宅边，以山村后面北部的缙云山为名，取名"缙云书院"。

书院是中国古代特有的一种教育机构和学术研究场所，也是各地士人的文化组织。中国的书院始于唐，兴于宋。

巴渝地区在秦统治时，主要传习传统的巫觋之术，也有私学讲授先秦诸子学说及文字的。西汉文翁治蜀倡办教育，"璧山学校创汉代，历唐宋建……"（嘉庆《璧山县志》卷4载明万历初《新修璧山县学宫记》）璧山县学宫是重庆地区见载于史书的最早学校，是官办教育机构。

由于璧山人很早就重视教育，县中教育文化兴盛发达，唐代已知出有进士6人，其中吴师道、陈讽为状元，是重庆辖县科举成绩最佳的县。宋代璧山文科"状元双及第，进士屡登科"，（清《璧山县志》载明成化江朝宗撰《新建璧山县记》）仅北宋末期"一时登科者几三十人，名进士十余"，（清乾隆《重修邓氏族谱》载南宋璧山进士高若霖撰《邓坤异言》）催生出了不少具有立足本土，心装天下，勇敢无畏，无私奉献，爱国爱乡精神的志士仁人。这些人除学于官学外，不少还曾学于私学。

宋代的书院按特点有家族书院、乡村书院、县、厅、州、府开办的官设书院。

家族书院具有家族性，办学者和学生多有血缘关系。书院开办经费与日常开支均由家族提供，非族人不得入学。家族书院的教学程度一般都不太高，属于启蒙教育或稍高于蒙学的阶段。学者认为家族书院教学者、学习者的主要任务是，传播、学习文化知识和做人道理。

乡村书院多由一人创办，或由一人倡办众人助成，还有官办，所招学生范围较小，教学程度类似于家族书院，多为启蒙教育或稍高于蒙学，总体上又有超乎家族书院之上的趋势。

县、州、厅、府开办的书院选择师生范围较广，学生为蒙童以上，教学程度高于家族书院和乡村书院。

冯时行与家人商议并征询璧山在乡士人朋友的意见，"筑书院受徒讲学，著书明道"。总其规划缙云书院办学特点是介于家族书院、乡村书院、县级官办书院之间，教授程度包含启蒙教育、科举应试、学术研究等。学习生除收璧山人和相邻巴县、江津、永川、铜梁、合州及夔州路、成都府路辖县友朋的子弟外，还有从蜀外淮南东路镇江府等地来的学子。

缙云书院的主要教育目的有三方面：

一、培养蒙童具有较高的文化知识和良好的为国为民道德修养，为提高璧山和巴渝人的素质水平和发展提供后续动力。

二、将儒家文化知识和观念源源不断输往乡村，把书院兼作为璧山北部乡村社会文化活动中心，起醇正地方风俗作用。

三、与青少年讲学交流思想，应对科举考试，选择生员进行学术研究。

经过一番筹备，有10间学斋教室的缙云书院落成了。璧山来凤老教师龙天一收藏清道光间修纂《璧北何氏宗谱·艺文》载《璧邑何山人助兴缙云书院上梁》一文，可见书院初建时的一些景况。文云：

儿郎伟！抛梁东，缙云山下茅舍封。青松翠柏萱草绿，蟠桃千载寿酒红。

儿郎伟！抛梁西，舍魁忠心与天齐。上疏直言驱丑虏，东西县州歌贤伊。

儿郎伟！抛梁南，梁溪北接至高滩。璧北溪水碧若蓝，大材生长在山涧。

儿郎伟！抛梁北，上乘吉壤先生得。山舍大隐有奇艺，一朝重起去冤黑。

儿郎伟！抛梁上，十间学斋山中藏。自此栋梁在儿郎，乡省殿试连连唱。

儿郎伟！抛梁下，故里乡邻心美化。春播秋收相互助，畅饮云山有闲暇。

何山人是璧山县隐士，通易经、卜占、八卦、风水、数理、五行、算命，他在缙云书院建筑上梁仪式时作上梁文，颂扬"上舍魁"冯时行出仕是为国为民的"贤伊"，是大材归隐，其黑冤总会清除。他祝愿冯时行在吉地上修书院，将为国家培育人才，举人、进士连出不断。

何山人是冯时行交游信任的下层友人，绍兴中后期的一次科考，缙云书院的生员去应举，冯时行写了《赠何山人》诗请其卜卦推测，能否得好名次。诗云：

又闻科诏下诸州，举袂成帷尽俊游。汝去为吾推甲乙，千人谁是钓鳌钩？

（明《永乐大典》卷5839）

冯时行主讲书院，自编部分教材，课试兼训诸生，还延请璧山举人、进士出身的"道高而器弘，经明而文古"的名流来书院任教，一时巴蜀慕名前来求学的学子填门溢道，学生多达200人。缙云书院茅庐草舍内"谈笑有鸿儒，往来无白丁"，呈现出"风声雨声读书声声声入耳，家事国事天下事事事关心"的景象。

在冯时行主办主讲缙云书院的10多年中，培养了不少优秀人才，如璧山白宋瑞在冯时行教授帮助下以后也收学生传艺。冯时行在《答田廷杰秀才帖》之一中说因自己精力衰减，将学生交给白宋瑞授学。冯时行的友人晁公遡在孝宗初评价白宋瑞正派，继其师之文才，将冯时行生前未及展现的一些才能也施展了出来。（《嵩山集》卷5《白宋瑞自益州和予池上诗来因用韵奉简》）更多的学生成人后或忠勇为国，宁死不屈；或智勇双全，为国家栋梁；或潜心学术，著书传道；或锦心绣口，文传千秋。据民国张席儒《闲居录》

载，清末民初从北碚桅子湾附近出土的残《璧邑缙云书院科举题名碑》记，从缙云书院还走出了一批进士，有"进士石照庞守、丹棱周富邦、丹徒张处厚、璧山冯佚、井研李舜臣……"

以南宋人撰《绍兴十八年同年小录》载，该年进士第四甲"第三十五人庞守，合州石照县垫江乡浮山里"人，"第五甲第七十一人周富邦，眉州丹棱县富寿乡盐泉里"人。

"丹徒张处厚"是今江苏省镇江市丹徒区人。元代至顺《镇江志·科举》、清乾隆《江南通志·选举志》载：张处厚字希韦，南宋镇江府丹徒县人，中绍兴二十一年（1151）进士。初授嘉兴县尉，迁扬州州学教授，知赣州。"他是进士，官至吏部侍郎，家中藏书达万卷。"（《宋登科记考》第812页和2015年7月《丹阳日报》刊《千年古邑善本犹存》文）

"璧山冯佚"，经考查他是冯时行次子，字叔靖，生于绍兴三年（1133），据残碑记应是在绍兴后期中进士第。孝宗淳熙末年出任蓬州知州。光宗绍熙二年（1190）"五月二十四日"罢官，（《宋会要辑稿》职官73黜降官10）归璧山后又游历居于普州，热心教育。宁宗嘉定八年（1215）其年82岁仍在世。有少量诗文传存至今。

李舜臣是缙云书院走出去的著名进士，他是成都府路隆州井研县人，居县西陵山之阳四股树。史载他是唐太宗李世民之后。唐末广明元年(880)，唐宁王九世孙李宗国因避黄巢兵祸，自卞州迁徙到钱塘。以后李宗国的一支后人入蜀，从李宗国开始的第六代就是李舜臣的祖父李公锡，其"望重乡评，才遗时用，"（南宋徐元杰《梅野集》卷7李性传任参知政事追赠其曾祖父母制）是业儒名重乡里之学者，未曾仕进，后以孙辈贵而得追赠。李舜臣父李发，曾任低品小官。南宋黄干《勉斋集》卷38《知果州李兵部墓志铭》记："（李）发(1102—?)宣义郎（从八品）"。绍兴六年(1136)，李发与时任丹棱县令冯时行交识为友。李舜臣约生于绍兴七年（1137），到绍兴二十年（1150）前后，李发将年约14岁的李舜臣送到璧山县，拜冯时行为师。

冯时行复出知黎州时的同僚、井研人员兴宗记道："有李舜臣，

字子思，与之州里，本寒家子……冯当可亦客之矣"。(员兴宗《九华集》卷15《与刘侍郎小简》)

与冯时行同时期的程迥在绍兴末撰《周易章句外编》说："蜀人冯时行……其学传李舜臣"。

明清之际的《宋元学案》卷30载："缙云门人"，"宗正李子思先生舜臣。"

李舜臣是冯时行的高足弟子，他受冯时行教育和爱国思想影响很深。冯首先向李授以儒家道德仁义思想，做人注重自身品性修养，所言所行必以国家和百姓为重，要有忧患意识，居安思危，扫胡尘复故土；其次是灌输民本思想，正确对待功名富贵，出仕为官要惠政一方，不做污吏；并引导其潜心研究易学，承接自己的易学衣钵。

《宋史·李舜臣传》等史料记：李舜臣对朝廷偏安不力图恢复深怀忧虑，他在高宗绍兴末应诏上书，将所撰《江东胜后之鉴》10篇上奏，力主抗金。在其师冯时行逝世后三年，他参加孝宗乾道二年(1166)进士考试时，又在对策中说："论金人世仇，无可和之议，宰辅大臣不当以奉行文字为职业。"如此刺痛了考官和执政主和大臣，他虽考中了进士，却被列为下等，"绌下策，调(蜀)邛州安仁县主簿。"赴任安仁时遇大旱，饥民群起持锄担到县衙大呼求食，声震邑市，县令惧怕闭门不出。李舜臣说："此非盗也，何惧为？"他体恤民苦，出衙门抚慰受灾百姓，解决他们的困难，从而避免了社会混乱。而后调任成都府学教授，改知饶州德兴县。任中以教育为先，宣扬孝道仁义，常诣学讲说，民称"蜀先生"。他如其师冯时行一样关心百姓疾苦，废除预收附加税，推行义役法，尽力减轻百姓负担，所作所为得到百姓赞扬。"淳熙五年，蜀人李舜臣尝宰德兴，邑人为诗以美之"。(《永乐大典》卷3151《陈鼎传》)他调任京城任宗正寺主簿时，主持修《裕陵玉牒》，实事求是无所避讳。研究易学颇有成就，撰《易本传》33篇，朱熹崇爱有加，每为学者称之。又著《群经义》8卷、《书小传》4卷、《文集》30卷、《家塾编次论语》5卷、《缲玉余功录》2卷。

李舜臣还将自己接受冯时行的思想、易学知识等家传给3个儿子李心传、李道传、李性传，人称"一庭相对师友"、"一家理学，共仰儒家"。（清嘉庆《井研县志》卷10《记序》、《观风示》）

李心传（1165—1243）受其父思想影响，十四五岁就关心天下，立志修史。他一生撰著《建炎以来系年要录》200卷，《建炎以来朝野杂记》甲乙集40卷，《旧闻证误》15卷，均为知名史著。还著有《丁丑三礼辨》23卷，《西陲泰定录》90卷，《丙子易学编》5卷，《诵诗训》5卷，《春秋考义》13卷，《读史考》12卷，《道名录》5卷，《辨南迁录》1卷，诗文100卷。他入京在史馆任职时参加编修《中兴四朝帝记》、《十三朝会要》。李心传是成就突出的一代著名史学家，是"蜀中掌故之学"的代表人物。

李道传（1170—1217），进士，官太学博士。提举江东路茶盐公事时，劾贪纵之吏10余人，大黜小逐害民胥吏100余人，释滥捕入狱者200余人。夏大旱，振饥池州、宣州、徽州，民赖以活者众。卒谥"文节"。

李性传（1174—1255），进士，官至端明殿学士，签书枢密院事，权参知政事、同知枢密院事，卒赠少保。

李道传、李性传也多著述，与其兄心传刊刻朱子语录，尤以性传、道传致力辑汇为多，使之传世，倡导之功不没。

李舜臣逝后，因子性传贵被赠太师、追封崇国公，并与其师冯时行一样被朝廷"封侯"。（吴泳《鹤标集》卷11载《饶州德兴县恩惠庙神封文昭清孝正烈侯祠》）他在立德、立功、立言的人生最高标准上同冯时行一样做到了三不朽。

经学者研究，"整个南宋的书院，共有147所之多，是我国书院最为繁荣的时期。"（何忠礼《科举与宋代社会》第90页）冯时行创办的缙云书院，是璧山县和恭州的一处重要教育场所，在宋时政治教育中起过比较重要的作用，对当代社会和地方发展做出了重要贡献，应是书院教育的楷模。

缙云书院声名远播，到明代嘉靖时期仍存。嘉靖十二年（1533）重庆府推官李玺撰文说冯时行"退居缙云山，筑书院受徒讲学，著书明道……至今书院尚存，则夫社而读书其中者，弗哀歇也。"（小山堂本《缙云集·附录》载李玺撰《〈缙云先生文集〉后序》）到"清代大兴讲学之风，省道府厅州县皆立书院，县内书院极历朝之盛。在（重庆）治城内，清初有缙云书院，乾隆十五年（1750）巴县知县张兑和将其合并入渝州书院。"（1994 年版《巴县志》4 篇《教育·学校》）

第二节　教诲善诱导后学

冯时行退归璧山办学执教，对 7 至 14 岁的"小学"学生主要授习"洒扫、应对、进退之礼，礼、乐、射、御、书、数之文。"15 岁以上的"大学"学生教以"穷理'正心修己、治人之道"。他讲学认真，授"四书"、"六经"、《春秋》时注重以儒学的道德、礼义教导学生，所言所行必取于义。他将学生视为家人、朋友，随时答疑解难。引导他们道德、文章、事业、学问要"粹然一出于正"，为文要专尚理致，不作浮虚靡丽之词。这种正直、朴实的授受方式和文风为时人称道。冯时行还关心附近州府的后学晚辈，对他们进行善意的谆谆教诲。从他绍兴二十三年（1153）到绍兴二十六年（1156）与合州秀才田廷杰交往所作贴文可见其善诱教导后辈。《答田廷杰秀才贴》一云：

某启：辱专介惠教，并新茗凉扇，感悚之余，从审动止万福，以慰以慰。

某蒙不鄙垂问，顾衰颓何以补於末议？然所惠论唐史所谓三代之治出於一者，非一是一个物。老氏一生二，天得一以清，则一是一。如《唐书》所谓，则止言三代之治，上下君臣同用礼乐一般，非上用礼乐，下却别用一般，故曰三代之治出於一。而礼乐达乎天下，君用礼乐，臣用礼乐，士庶人亦用礼乐，是治出於礼乐一般，别不出他术，非如道生一之一，天得一之一。左右却用作老氏之一，不大贴题意也。僭易庄周一与天为徒，不分别是非彼我。混然纯全之谓一，若有分别心，是人也。故一与天为徒，不与人为徒。其一也一，是天然纯全者，原一也。其不一也一，是非彼我，美恶去来，一切俱泯。则不一也，亦一矣。如是则混混沌沌，复乎太初，岂非真人哉？荀子以艰涩之词，文其浅易之说，精於道，自然兼物物。物物云者为物，农贾之徒是也，以物物自物，故曰以物物。精於道者，兼得以物之人，故曰兼物物。何不似孟子直截说"劳心者治人，劳力者治於人"邪？本是浅事，特作难晓之文，不足道也。

今年白宋瑞予忧受徒，不肖尽却诸生，令从宋瑞。老夫一年精力衰如一年，从今只是省事取闲散。虽自己学问，亦令荒唐，况授人乎？惟左右望深谅之。

（《缙云文集》卷3）

与璧山县相邻的合州合阳镇秀才田廷杰常给冯时行写信请教疑难问题，冯对他的问题不厌其烦地耐心解释。对田氏所论"唐史，所谓三代之治出于一者"之"一"，冯时行予以耐心讲解。

他用"以乐启教"的教育思想来解决叙述"一"，强调音乐的教化作用。认为儒家重礼乐，提倡以礼乐治天下，音乐有"养人之性情、而荡涤邪秽、消融其渣滓"的教化功能。他对田氏说："《唐书》所谓则止言三代之治，上下君臣同用礼乐一般。非上用礼乐，下却别用一般，故曰三代之治出于一，而礼乐达乎天下。君用礼乐，臣用礼乐，士庶人亦用礼乐，是治出于礼乐一般，别不出他木。"冯时行强调儒家所提倡的以礼乐治天下，同时也强调音乐对人对社会的教化功能，从天子诸侯到布衣庶民，音乐都能够发挥它的这一功能，从而可以实现社会的和谐。

《答田廷杰秀才帖》二：

某悚息：辱诲，审杖履清胜，侍奉万福。

某荷芘如所见时，不足念。如长者才业自己精练，当侧耳听高擢也。宰君好事，已详於左右达之矣。性便是天道，天道便是性，古人所以知天者，知性则知天矣。如何性固分明，天未暴白邪？益望加思。天寒，珍护。

（《缙云文集》卷3）

《答田廷杰秀才帖》三：

某悚息：辱诲，并长笺所著五论，荷意勤至，何以当此？

某灾患余生，年事向晚，心志消落，不足以为人师。略有所见，颇难涉话言。若陈之於文词,则意愈秘晦,不可晓解,若之何施之於科举得失之间?科举之业,旧虽由是以进。及今已三十年,荒唐不记。纵复旧性习未泯,自与时背,若之何较之於一时俊游之前?反复求索,思有一副所以命我者而不得,用是不敢承命,切希容照。长笺条贯疏明,能自明己意。五论皆浚洁有统纪,持此以合有司有余矣。虽见老朽,固何以加毫发於其中?勉自师心,以迟光大。奉状复将命者,不谨。霜寒,为术业加爱。

(《缙云文集》卷3)

帖三写作于绍兴二十四年(1154)。文中说"科举之业,旧虽由是以进。及今已三十年"。冯时行是宣和六年(1124)科举进士,后推"三十年"是绍兴二十四年。

《答田廷杰秀才帖》四:

某悚息:去岁合阳,幸获披奉,别来满有倾系。忽辱惠教,双缄长笺,文义焕发,惊晤老眼,深用衔戴。但平生故人,乃以此礼见遗,似非真情质素者,拜赐惶惧。欲复盛意,穷居无人缄题,又宾客满门,颇劳应接,有所不暇。惟高明谦光,多所容恕,必不以此为谴。故草草为报,不自以为不可,幸亮照。雨甚久,蒸湿如三伏,无高秋清凄之气,伏惟燕居清裕,动止万福,欣慰欣慰。

某碌碌如常,叨冒得守蓬池,见说弊败,不可振作,谩须一到图去就耳。未涯披奉,敢祈为远业崇爱。

(《缙云文集》卷3)

该帖写于绍兴二十六年(1156)秋季。文中云"蒸湿如三伏,无高秋清凄之气"和"叨冒得守蓬池",该"蓬池"即蜀中利州东路蓬州辖县,系蓬州州治地。李心传《建炎以来系年要录》卷176绍兴二十七年三月丙子下记:"左朝奉郎冯时行知蓬州……又罢之"。冯时行于绍兴二十七年三月到官不久即被罢,他复出任蓬州的诏令是在前一年即绍兴二十六年秋。

冯时行写了《舜命夔典乐教胄子》文,比较详细地说明了音乐的教化功能。文云:

尧舜之时,无六经诸子百家,欲教胄子,将以何书?古之胄子未学时，亦今之童蒙也，必先之以诵数。既无六经诸子百家使之诵习，何语诵习乐章也？

"诗言志，歌永言。"志者，心之所之。所之有二，正与邪而已。孝悌、恭俭、慈爱、忠信，正之类也；淫侈、悖慢、骄矜、诡诈，邪之类也。诗言志，所言正之类也，必非邪之类也。自童蒙使之诵习正言，既诵习必从而歌之，又从而被之金石管弦，邪心何自而生？此教也，教由外也。举其外如此，必能感发其中，所谓乐则生，生则乌可已者，此所以教也。若子之所言，寓所畏於乐。古今闻畏刑也，未闻畏教也。至於"以乐之绪余，用於天地鬼神"，此尤害理者。愚曰使天神降，地祇格，人鬼享，此非精诚有以感格，何以得此？以尧舜为祭主，以夔典乐，是时无乐工，惟用所教之胄子以为工。君臣上下，无一人有毫发邪心者，所以感格天地鬼神，至於凤凰仪、百兽舞，此乐之大成也。教胄子乐之始也，请深思之。

（《缙云文集》卷4）

"舜命夔典乐教胄子"出于《尚书·尧典》，通过"诗言志，歌永言，声依永，律和声"，即通过用音乐交流来实现和谐。冯时行以《尚书》所载为据阐发议论，说童蒙时教以"诗之正言"，并"从而歌之"，又"从而被之金石管弦"，邪心自不会生，如此可实现对人由外而内的感化。他认为重视音乐，可实现从君臣至百姓不生邪心，甚至可感格天地鬼神，以至凤凰百兽起舞。

冯时行关心后学，诲人不倦。所作《跋垫江廖持正二记》云：

垫江廖持正作《法华禅寺法堂》、《化先度法桥》二记，不远数百里，驰以示缙云子，以求印可。夫世之学道者，与之说有则滞入形相，与之说无则流入虚空，如狗逐块，无有是处。持正拂去两边，妙主教外，甚为奇特。然在缙云门下，别当下一转语。凤凰非人所常见，或人自谓亲见凤凰，人争问之："凤凰何所似？"或人答之曰："首如雉而华好，羽毛五色，尾数尺许，足如鸡，其立高如人。"众皆信之。又问："不知何食"或人曰："食谷。"众皆抚掌大笑。余因戏谓持正曰："有人问凤凰何食，切毋答以食谷也。"持正见此，亦应捧腹绝倒矣。

（《缙云文集》卷4）

跋文中"如狗逐块"系佛源成语"韩卢逐块"，韩卢是战国时韩国名犬，善奔跑去追逐土块。冯时行引喻学道者不抓本质、要害，只关注表面的、非本质的东西，对道的理解有很大的偏差，如此是白费精力的。并以人见凤凰为喻，对后学说明佛教之虚空，用语诙谐生动，寓教于乐。

南宋时恭州不断有士人考取进士。当时士人参加科举考试分为发解试、省试（又名礼部试）和殿试三级，凡参加州府或相似级别至关重要的初级"解试"考试合格者才有机会参加省试乃至殿试。初考合格的士人经州府等给予手续而后送赴参加省试被称为"发解"，一般发解在省试前一年秋举行。"宋朝礼部贡举，……秋取解，冬集礼部，春考试。"（《文献通考》卷30 选举3）冯时行对家乡州中士人应举十分关心，常相互交流思想，写有《回诸士人发解》文：

职叨劝驾，惭微礼之未伸；德务撝谦，荷长笺之先贶。气凌飞鹗，技擅雕龙。窃观翰墨之间，已识云霄之志，第褒称之过实，怀愧报以尤深。舜世八元，觊丞髦之盛；举虞韶九奏，聆览德之希音。钦佩以还，敷宣罔既。

（《缙云文集》卷3）

绍兴十九年（1149），时年49岁的冯时行撰写了《答于守论备员介傧书》：

某伏承郡痒奉明诏行乡饮酒礼，蒙不鄙固陋，遣州学职事下致书疏，使备介傧之位。夫乡饮酒，尧舜三代之礼。圣时丕平，方追述帝王盛致，以幸斯世。今获参奉耆德，周旋揖逊之间，不胜大愿。然有愚虑，仰恃高明，布之德览。

某窃惟乡饮酒，所以叙秩长幼，使民知尊长养老，入孝弟、成教化之具也。故六十者坐，五十者立侍，以听政役。六十至九十，笾豆有加。恭之为郡固狭陋，然六十五十而上，士之躬服仁义孝悌，有闻者尚多。

某年未五十，遽使加于有年德者之上，似於礼意不合。

某踌躇彷徨，重违盛旨，用是详味《礼记》经传之文，求可以拜命者，至于再三而不可得。孔颖达之说曰："乡饮酒礼，宾贤能，则用处士为宾，其次为介，其次为众宾，皆以年少者为之。"经无以年少为宾介之文，而孔氏敢为此说者，盖宾礼贤能，理必取夫未仕者，壮者、老者则既仕矣，已尝宾礼之矣。今兹独以进贤为主，诗所谓序宾以贤者是也，宜其以年少为之。虽均乡饮酒，而其用则异。至於释六十五十者之文，则以为正齿位之礼。然则方其宾贤，以贤为序，年齿在所不论。方其序齿，以齿为序，贤固在其中矣。今者郡学所行宾贤邪，某已尝再命於朝，非处士也；序齿邪，则宜据经传取六十五十而上者。今使卑凌尊、少加长，非惟於礼意不合，抑亦奉行诏书有所未当。

某比方除丧，未尝获读乡饮酒礼书者，今因革损益之宜，所未及知。然料其大略，必本经传，无大同异。使某备众立侍，以听政役，敢不疾趋承命？遽加之介僎之间，则未敢拜赐。某伏闻涓辰在迩，恐远城府，不即奉教，已斋沐伏近郊次，倾听明训，乃敢进。冒渎恐惧，不宣。

（明《永乐大典》卷12072）

该文题中"于守"即冯时行绍兴六年（1136）知丹棱县时结识的任眉州吏员的于观，他到绍兴十九年（1149）前后调任恭州知州。于观任恭州守期间，冯时行应州学邀请参与行乡饮酒礼。该礼以宾贤、敬老、谦让为主要内容。绍兴年间，朝廷颁令州县每三年行一次乡饮酒礼，多在贡士之月举行，以本州学校将升入国家太学的上舍生与州中有声誉名望的乡绅、群老一起作为众宾，由地方行政军事长官为主人，在吹打奏乐歌多章下依礼而饮酒，起到尚齿尊老和地方教育、风俗教化以及社会稳定等方面的积极作用。通过该文，可了解到宋代恭州地区的乡饮酒礼俗。

该文还对研究冯时行母亲逝世时间具有作用。冯时行说"某比方除丧"，即他接连服丧，守丧期满才除去丧服。文作于绍兴十九年（1149）。宋代凡父母逝子女须守丧三年，从"方除丧"之绍兴十九年前推三年是绍兴十六年（1146），因冯时行的父亲已在绍兴十四年（1144）逝去，所以冯在绍兴十六年至十八年是为母亲服丧。冯时行之母逝世时间是为绍兴十六年。

第三节　尊崇儒经倡仁义

冯时行从童蒙开始，父母家庭和乡校教师就以儒家经典对他启教。青年时，他饱读儒家著作，花了大量时间钻研诸多帝王治国安邦和用作制定方针政策依据的儒家经典十三经。

中国儒经始自孔子，十三经中的《诗经》教以言语文学，《尚书》教以政事，《礼记》教以宗法纲纪、君子修养，《易经》、《春秋》三传教以道义智慧是非，《周礼》记王室官制，《仪礼》记春秋战国之礼制，《论语》记孔子及门生言行录，《孝经》谈孝道，《孟子》专记孟子言论，《尔雅》是解读经书词义和诠释名物之作。

冯时行饱学内容博大精深的儒家经典十三经，他希望朝廷能"以古为法"，以礼乐治理国家，执政者能知仁义之道，晓百姓为国家之本；并期望朝廷能励志图强、革除弊政、居安思危，抵御外敌，恢复失土。他退归故里隐居山村，仍不忘国家和百姓，撰写了论谈尧、舜、禹、周公、孔孟诸圣人之德的诗文，理想用儒学道德修养等促进社会发展，造福百姓，抗御外辱。

《济水入于河》是冯时行回答人所写书信的部分内容，他在该文题后注云"答人书说四事"。原写信人在谈及《尚书》时，将书中"浮于济漯，达于河"名中之"济"舍去成为"浮于漯，达于河"，冯时行回信对此进行了驳斥。全文说：

《洪范》五行，一曰水。水，五行之先也。五行至灵至神，非人理可得而推。在天为经星，又为纬星，自为经纬以致用。在地为金木水火土，为八卦，为人，为禽兽草木，为温凉寒暑，相生相克。自为君臣父子夫妇，无毫发之物不属五行者，亦可谓神灵矣。

既神既灵，则济水入于河，能不混杂，又溢为荥，神灵之所优为者。子独见於水合，水则无别，故为是说，此己意也，以人理言也。四渎江河淮济以其不为诸水所并，自朝宗于海，故祀以为渎。如子之说，则祀典之内，一渎废矣。

夔子之东不一里，江之北岸沙石中有咸泉，可以为盐。深冬，

268

大江水落石出，月明霜清，人见此泉如白练，自江南横截大江而北，此耳目之所见者。孔氏注《传》，於义理或疏，至於山川名数之精核，岂后人所可仿佛？子不惟是之信，又欲删改经之正文，曰"浮于漯，达于河"者，不可之大也。切以为戒，切以为戒。

（《缙云文集》卷4）

文章开篇所谈之《洪范》文出自《尚书》，该书最引人注目的思想倾向，是以天命观念解释历史兴亡，用以为当世提供借鉴。此天命观的中心思想一是敬德，二是重民。《尚书·洪范》提出五行学说，五行第一为水，第二为火，第三为木，第四为金，第五为土，水向下面润湿，火向上面燃烧，木可以弯曲伸直，金属可以加工成不同形状，土可以种植庄稼。向下湿润的水产生咸味，向上燃烧的火产生苦味，可曲可直的木产生酸味，可改变形状的金属产生辣味，可种植庄稼的土产生甜味。

冯时行用五行学说说明水在五行中是首要地位，五行相生相克关系万物运行，是自然规律及事物之间的转化。五行神圣至灵，非人理可推。《尚书》中记载的"济水"在古人记中是神圣的。汉孔安国传记"顺流曰浮，济漯两水名，因水入水曰达"；唐代孔颖达疏："此云浮于济漯，达于河，从漯入济，自济入河。"（刘熙《释名》）《释水》记："天下大水四，谓之四渎，江河淮济是也。渎，独也，各独出其所而入海也。"（《孔记注疏》）《礼记·王制》记："天子祭天下名山大川五岳，视三公四渎……"（朱熹《孟子精义》）济水是天子祭祀地之一，可见其不可或缺，其地位神圣不可动摇。冯时行结论说：写信人摒弃"济"的做法不足取，因为违背了自古以来的祀典。他还认为，儒家经典是明以义理的，对儒学经文不能任意删改，应该谨慎。

该文体现出冯时行对儒家伦理秩序的维护，对自然规律的尊重。他对人说理层层深入，语重心长，发人谨省。

《尧典谓之虞书》文说：

《诗》、《书》经圣人删定，皆寓深旨。尧、舜、文王，孔子心所敬服，以为古之圣人，无如三人之德者，故《诗》《书》之首，示尊敬之意。尊敬之意何以见？於《书》之首尊尧，《诗》之首尊文王。尊尧，故《尧典》曰《虞书》；尊文王，故《关雎》以下系周公，《鹊巢》以下系召公。

何以见其尊尧、尊文王？凡人称天子曰"陛下"，太子曰"殿下"，朋友亲戚相问讯，尺牍往来，曰"阁下"、"足下"，尊之不敢直指其人。故尧之史而曰《虞书》，文王之诗而曰《周南》、《召南》也。然则何以不尊舜？舜为尧之臣，既借舜以尊尧矣，无以为尊也。然尊尧，则舜可知其德同也。

六经之首，皆有所尊。《易》尊乾，《春秋》尊王，不敢以象、象之辞系之於卦辞、爻辞之下，特与他卦异者，所以尊乾也。"元年春王正月"，元年春，天也，王即次之。然则自天而下，无尊于王者，此尊王之旨也。《礼》、《乐》无完书，使见完书，决有旨意。

（《缙云文集》卷4）

该文对儒家经典进行了诠释评价，阐明了《诗》尊文王、《书》尊尧、《易》尊乾、《春秋》尊王，孔子整理的"六经之首，皆有所尊"的见解，彰显出冯时行对儒家典籍的尊崇。

冯时行《学古堂为毛应叔题》云：

昔人性嗜古，服用皆古先。有虞作漆器，弊碗历世传。货赀以得之，其费溢万千。孔席伯夷杖，干没乃复然。家贫遂行乞，犹丐九府钱。此语虽诙嘲，义理兹可研。学古学其心，其用则蹄筌。轩辕骑苍龙，舜入九嶷巅。古意已寥廓，如酒醨其元。君生万世下，劫火经几燃。作堂表佳目，意与开辟连。譬如引猿臂，蹑跂摸苍天。虽则如上说，胶谈岂称贤？今人亦古人，面目等媸妍。饥食寒而衣，天地靡变迁。浇风扬末尘，胡为莫洗溅。忘机使神守，抱朴贵纯全。六籍灿日星，泓泓圣贤渊。滑净一几案，羲皇列吾前。薰染庶可久，膏肓愒其痊。闻君喜事者，有子鸾凤骞。作诗助鼓譟，吾徒俱勉㫋。

（明《永乐大典》卷7241）

谈诗也谈及孔子"六籍"《诗》、《书》、《礼》、《乐》、《易》、《春秋》，冯时行说这些经典如太阳一样光辉，所发出的光芒十分耀眼。

仁义是中国儒家的重要伦理范畴，其本意为仁爱与正义。仁，与人相处能做到融洽和谐，方能爱人即为仁。义，在他人有难时及时施以帮助，即为义。《礼记·曲礼上》说："道德仁义，非礼不成。"战国时期的孟子十分推重仁义，将仁义作为自己思想的核心。冯时行也提倡仁义，认为从个人的德行到治理国家都须用"仁义"，在他写的诗歌散文中有不少宣扬歌颂仁义德行之作。

冯时行在璧山乡居时，常与郭印、赵彦和等交游的遂宁府（唐末名武信军）人刘谊夫撰写了《孟子指要》，请冯为该书作序。冯时行有感于战国时诸侯合纵连横，以攻伐为贤，时秦用商鞅使国富兵强，楚魏用吴起而胜强敌，齐威王、齐宣王用孙子、田忌等而使诸侯东面朝齐，但孟子"游事齐宣王不能用；适梁、梁惠王不果，所言则见以为迂远而阔于事情。"（刘知几《史通》）为此他写了《书〈孟子指要〉后》序：

余读《太史公书》，见六国合纵连衡，疲於奔命，以次灭亡，未尝不掩卷叹息。知仁义之道，为古今安静药石。

当是时，孟柯氏和为饮剂，扶而沃之。六国君臣断不肯下咽，馨香所及，辄哇哕反走，甘心於游说攻战之鸩毒。孟子没不百年，皆溘然无一存者。秦最后发狂嗥呼以毙。如廉颇、李牧、平原、信陵之属，当时以为贤，后世犹仰之。彼适足以厚其毒，促其亡而已。孟子所谓善战，连诸侯、辟草莱、任土地，当服刑戮者也。秦灭汉兴，刘季天资与仁义暗合，方之三代犹十跌其七八，已能维持大业为四百年之久。呜呼！孟轲氏仁义之说，何其信而有徵，彰明切著如此？

武信刘谊夫，尽心于七篇之书，离其事合之，各以其类相附，开卷了然，若指诸掌，谓之《孟子指要》。余语刘谊夫，宜益考太史公论载列国灭亡大概，与其岁月去孟子若干，而附於孟子之文之次，庶后世明知三代用仁义之福，战国弃仁义之祸，如是而孟子之言益尊且信也。刘谊夫以为然。故书以为《指要》序。

（《缙云文集》卷4）

该文除了叙《孟子指要》作者刘谊夫之意外，还陈叙冯时行自己的情志。序文说"仁义之道为古今安静药石",就是冯时行自己的观点。他认为孔子传人孟子的仁义思想是古今维持大业的根本,历史上六国诸侯抛弃仁义而行攻伐故至国家衰亡;而西汉高祖刘邦知用仁义之道,而使汉代维持了400年之久。冯时行认为孟子仁义之说是有令人信服的证据的,弃绝仁义要遇祸,信用仁义则有福。他在书序中还提出应坚信孟子之言,其良苦用心是欲使朝廷君王以仁义为治国之道。

冯时行年老仍研习《论语》、《孟子》,他在《题张粹夫万卷楼》诗中说:

儒生读书不贵书,枕头阁脚醉梦余。反不若浮屠宝贝为函金作字,海龙扶出凌空虚。君今收拾一万卷,置在高楼截云汉。想当日月出没间,玉轴牙签互璀璨。我欲牵车驾黄犊,往发缥缃焕心目。《论》、《孟》久荒缘老病,请君为我删严令。

(《缙云文集》卷2)

诗题中的张粹夫名儒,宋代璧山县南双敕里即今丁家街道历山寺侧人。民国年间,丁家村校教师钟宴琼撰《牧笛杂记·历山万历碑显》条说:"前明万历辛亥碑出,在历山岗上。惟石残,仅'宋万卷书楼主张儒,万历辛亥'可识。"是历山岗为张粹夫居地,万卷书楼当建于此。

冯时行夸张粹夫置书高楼,众多珍美的图书字画如明珠一样光彩,自己要驾小牛车去送人书册,用以照亮人的心目。他谦虚地请友人指正自己研习《论语》、《孟子》之作,帮助去掉不恰当的字句。

思想里镕铸着儒家思想,尊崇孝道的冯时行写有言孝悌的《题綦母氏孝友堂诗》:

高堂丽丹臎,燕衎谢迫隘。揭名屏物色,所取一何迈。艰难丕平后,南陔日废坏。借锄记父恩,紾臂饱兄嘬。惟君肖古先,学识洞源派。尊承天伦重,愧赧绝纤芥。遥遥曾闵心,千载知勉励。雍穆粹闺阃,里闬消螫虿。培植诞嘉种,芟蕴珍莠稗。善积庆自余,福履可不卦。斯堂寄丹抱,永焕曾玄戒。白华粲堂下,紫荆老不杀。

吁嗟嗣芳烈，世世勿剪拜。感激自成诗，谩往致壁疥。

（明《永乐大典》卷2738）

冯时行归璧山村居不久，写作了描叙璧山乡村富者友爱其弟，对后人颇有教育意义，深受南宋名士王十朋赞扬的《富家翁逸事》文：

富家翁有宅于村者，亲既终堂，其兄甲不忍群雁异飞，而友爱其弟乙甚厚。乙安乐之，未尝有违言。久之，乙既有室，不令。日咻其夫使叛其兄，乙牵于爱而听之。而甲之所为，无不善者。欲开衅隙，而无其端。于是甲有善马，爱之甚至。虽亲旧求借，轧以他马代之。乙欲激其怒，乘甲之马出，杖折其足。甲归见之，且喻其意。谓其仆曰："去之，而新是图。"甲复有花药之好，列槛数十，皆名品也，且其手植焉。灌溉壅培，不倦其劳。乙又将缘是以激之，乘闲锄而去之。甲曰："吾欲去之久矣，而未果也。"因犁其地，而殖之谷。乙悟其非，且将悔之，而其室未厌也。甲既鳏处，而有爱妾，若将终身焉。处之侧室，未尝一与家事。其妇踊门而数之，诟骂毁辱，无所不至。妾不能堪，而诉其主。甲曰："吾之过也"，因逐其妾。其妇闻之，愧汗浃背，且曰："妾不幸，不及事舅姑，而无以为学，以至于此。而不知伯氏之德量如是之宽裕也。"乃正冠帔，而拜于庭，以谢不敏。卒为善妇，以相其夫，而肥其家。若甲者，可谓贤矣。求之古人，若张公艺可以配之。当可且言，偶忘其姓氏。惧其湮没而无闻也，故书其大概，以矣太史氏。

（南宋吴曾《能改斋漫录》卷12）

与冯时行同时期的笔记作家吴曾于绍兴三十二年（1162）著《能改斋漫录》书载《富家翁爱其弟》文，该文即冯时行作《富家翁逸事》文。吴曾书说该文是北宋仁宗皇祐元年（1049）状元冯京（字当世，江夏人，官至枢密使丞相）所写，但南宋绍兴二十七年（1157）状元王十朋撰《梅溪先生文集》卷19《书渝州冯当可富家翁逸事后》文却说是冯时行撰。土十朋文如下：

万序明之手录杂文一卷，其首篇乃冯当可所记《富家翁逸事》也。富家翁兄甲者未必知书，观其处昆弟之间，虽知书者所不能为，

进之孔门，其闵子之徒欤！冯记其事而逸其姓，第曰兄甲而已。他
日史官作宋孝友传，书其事而阙其人，当与齐鲁大儒同发扬子云之
叹也。予忝知书，且为人兄，有愧于不知书之甲多矣。然心实慕之，
愿学焉。吾家他日或无乙之妇，庶几遂其所慕之心，未可知也。顾
谓万子曰："汝东平先生嫡长孙，且其家世业儒，非富家翁比，岂不
能为甲所为耶？子为人子弟，固非以是责子也，然既录其事，必有
意子为甲者。甲不难学，稍损好利之习，则人皆甲矣。"予之书是，
命表弟余璧全之研墨，因以其事语之。二子从予游，皆妙龄而秀者，
其家皆知书，过于富家翁者，予故以是勉之。绍兴庚午季夏二十五
日，不孝子王某书。

王十朋之文写于绍兴二十年（1150），当系冯时行绍兴十二年
（1142）罢回璧山写了《富家翁逸事》文且传播到温州乐清一带，
经王氏读后有感而作。文中"万序明"是乐清县人，曾任主簿，其
祖万东平为善士，以倾家资修桥、济人于险为乐事。（《梅溪先生文
集》卷20《东平万府君行状》）万序明抄《富家翁逸事》说文是冯
当可作，王十朋考也说是渝州人冯当可写，必不会误。而吴曾说是
"冯当世"作，当世或系当可之误。

第四节　深研易学传后世

冯时行在璧山办学农耕之余，颇重视对易学的研究，他作《和
费比度杂诗》，可见其治学习《易》的情况：

闻说吾身亦有涯，野人微向在烟霞。墙东便是君王宅，谷口原
宜郑子家。无事焚香尝读《易》，有时携水自烹茶。柴门昼掩容谁
叩？只许风来扫落花。

（民国《江北县志稿》艺文志）

自古以来，璧山所在的巴蜀地区的易学独具特色，源远流长，
繁衍不绝。

学界将巴蜀易学划分为先秦传说期、两汉兴起期、魏晋南北朝
隋唐五代初步发展期、两宋兴盛期、元明代持续期和清代衰变期。

北宋著名理学家程颐入蜀考察后，提出了著名的论断"易学在

蜀"。(《宋史·谯定传》)

两宋时期，巴蜀的易学者继承了隋唐学术之盛，使易学象数、义理有了新发展；同时，也阐释发挥了理学易、史学易、古易学等。

巴地涪陵学者谯定得到巴蜀易学传统象数学，师承南平（今重庆市南川区）人郭曩氏，而后又受程颐理学易，很快发展独成一大派即"涪陵学派"。冯时行、张行成、张浚等巴蜀人习谯定易学，是涪陵学派的主要成员。

《宋史·谯定传》说其学"授之胡宪，刘勉之，而冯时行，张行成则得定之余意者也""余意"，不尽之意也；也可释为冯、张从学于谯定，但冯、张之学与谯定学术旨意虽相通相承，而又不尽一致。现代有学者研究说：冯时行"著史为易，其出处与后来谯定不同。"（《宋代文化研究》23 辑詹海云《论谯定学术思想的定位》）。

冯时行的学术思想深受四川仁寿县进士员兴宗的推崇，他与冯交往常将其文向冯请教。（《九华集》卷 12《与黎守冯缙云当可书》、《再答缙云书》）员兴中颇有才华，被一代名宰相赵汝愚称"学博而渊源，气洪而刚大。力行古道……笑诋百家，屹若中流之柱。"（《九华集》附录《大丞相赵公汝愚祭员兴宗文》）。

对湖湘学、蜀学、闽学、浙东之学都有重要影响，被朱熹认为"足以名于一世"，（《朱文公文集》卷 76《张南轩文集序》）被陈亮认为可"为一代学者宗师"（《陈亮集》卷 21《与张定叟侍郎》）的张浚之子大学者张栻尊重冯时行，尝探讨易学。今人詹海云研究说，张栻是冯时行学术的继承人之一。（《宋代文化研究》23 辑 27 页图表）

著名思想家朱熹是刘勉之的学生与女婿，是谯定再传弟子。冯时行的"《易》之象在画，《易》之道在用"等象数学思想与朱熹观点相吻合，对朱的思想有一定影响。朱熹赞冯时行"其谋画议论，皆奇伟得当，而所论皇建有极，又深明治本，而略识经意，古今论《洪范》者少能及也。余尝作《皇极辩》，与之暗合，因笔其语，以证余说。"（朱熹《晦庵集》卷 71《偶读漫记》）又说冯时行"其论皇极深合鄙意"，（《晦庵集》卷 72《皇极辩》）"议论伟然"，"尤恨不得一见其面目，而听其话言也"。（《晦庵集》卷83《跋张敬夫与冯公帖》）。

冯时行将易学传给李舜臣后李著有《易本传》，是对冯《易》学的发展。朱熹对这部《易本传》很推重取纳。

合州巴川县（今属铜梁区）人度正（1166—1235），进士，官至礼部侍郎，朱熹门人。巴川地邻璧山县，度正曾受冯时行思想影响，对冯评价好。他在《送张季修归简州兼简伯修》中说："屈子文章似六经，缙云重与振遗音。"

南宋末期著名学者、教育家、政治家王应麟也接受冯时行的学术思想，今人詹海云说王氏也是冯时行学术的承传人。（《宋代文化研究》23辑27页"谯定学术传授图"）。

与王应麟同时期的璧山县人杨辛起也是冯时行学术思想的承继人。

杨辛起字明夫，南宋孝宗时生于璧山县城后祠坡宅，与冯时行故宅仅距500米。他成童后入冯时行曾就读的县文庙习六经学象数易，好陶渊明、王摩诘诗。宁宗时解举为蜀中第一。曾师从张栻精研《尚书》、《易》，且对象数多有发明的理学家王炎向他赠《题杨解元》诗。他殿试高第后到开禧年间官至五品郎中，持节福建归京任从四品秘书少监兼翰林侍讲，后升从三品秘书监，"掌古今经籍图书、国史、实录、天文历数等事。"尝与好友王炎唱酬论易，理宗时，蒙古军灭金国后毁约大举侵宋，入蜀破成都，一度将全川大部份州县抢焚一空。杨辛起深受同县冯时行、蒲国宝、王大节、邓安等前辈乡贤抗敌思想和学术思想影响，在朝反对与暴蒙"通好"，主张抗蒙卫国，因此被权臣史弥远等排挤出京归里。

余玠任蜀帅后，在重庆招纳抗蒙元志士，赋闲璧山研易几近70岁的杨辛起积极献策御敌和经营蜀中残地。到宝祐五年（1257）年近80岁的杨辛起搬居重庆城帮助抗蒙，一年后（1259）蒙哥大汗攻渝州、合州大败身亡。该时期杨辛起仍研习易学。朱熹再传高足合川巴川县阳枋在《字溪集》中记说：宝祐五年，"在涪州重庆"，"与璧山杨明夫论阴阳消长"。

"阳枋是主要涪陵学派传播者"之一。"同时也可能受到张栻、魏了翁学术的一些影响"。(《宋代蜀学研究》190 页)加之阳枋巴川之家近邻璧山县且他与璧山学者交往论易经,其生平不拘门户的趋向一定程度地接受到"涪陵学派"中象数派大家冯时行的易学思想,受到冯时行思想的濡染。

冯时行还将易学家传给子、孙,其次子冯俣遗留有《罗睺东岩记》,(清嘉庆《四川通志》卷 11)从文中关于天象星辰,南北斗天旗,"其象可考"等议论,可窥见其习在于运用的象数易学之一斑。冯时行的孙子冯兴祖为祖父编印《缙云易解》6 卷,他应是熟习家传之易学,方能搜辑编出专著。

冯时行的著作年久多散失,以致现代不少学者认为"于其学术思想难窥全豹。"(《宋代蜀学研究》84 页)"他曾钻研《周易》之学,著有《易论》二卷……年久散失"。(《冯时行及其〈缙云文集〉研究》前言)"冯时行又是一经理学家……至于冯时行的易学思想,因为其所著《易论三卷》已散失……因此想一睹冯时行易学思想全貌虽已无可能,却能了解其梗概。"(论文《冯时行散文研究》)。

考查冯时行尚有一部份谈易的文章留存在宋人辑著之中,至今未被学界人士研究利用,如南宋《国朝二百家名贤文粹》卷 112 收录的《答唐希德书》、《答晁子止论易书》、《报白执礼论易书》和卷140 收录的《景浚卿学易堂记》。这些文章对研究冯时行的学术思想和他与习易士大夫的交往,了解学界遗漏了的巴蜀易学者及其见解等各方面均有价值。冯时行写《答唐希德书》文说:

蒙惠长笺尺牍并所著书,伏读数四,至於叹仰。曩昔洛中有张横渠、程伊川兄弟好古学,近世犹有其徒尹彦明。尹彦明死,此学遂绝。然张、程得孔孟,但专於诚敬一端。诚敬是矣,道由诚敬入。然至如天无不复、地无不载、山川草木鸟兽裕如之地,诚敬特所由以入之径述而已。使道止于诚敬,则天资庄重朴愿者皆不学而能也。道岂庄重朴愿云尔哉!故知张、程所得於孔孟者甚浅。然当废得坠、学者争取枝叶歧径暂而之它失其室家之时,程、张守为己之学为正宗,以为犹愈於其它也。今详味所著,深穷尧舜文王孔孟之所授,大赞夫天地，幽行乎鬼神，明散之事物，广矣大矣，比张、程所得万万，顾不肖何足以语此！虽然，粗有闻焉。道有至味，如寒暄饥饱，惟有以自知，诚有得焉，安然充然，施於四体矣。

孟子言"反身而诚乐莫大"、"充实之谓美"，吾之乐也美也，人莫得而知也。故道之得不得，以吾之乐不乐、美不美，自知焉可也。而左右问朱先生，又问刘先生，今复以问仆。言，人可得而闻也；心之得，人不可得而闻也。既得矣，乐矣，美矣，又何问焉？意左右为后觉振希音、鼓聋瞆，特与同志往复以成其说，是矣。若曰质於人不若质於己之为可信，又有甚难者。得之难，难矣，然犹有得焉。人也得忘其得，然后能天。是故不动心云养气，不听之以心而听之以气。气无知识也，心忘也。婴儿不自知其纯为真纯，此颜氏交臂而失者也。不肖非能至此，以左右可语是难，故因述，欲相与坐进之而已。勉之哉！勉之哉！好名之镞荷见谕，当日昧日晦以至於舍者，争席以卒承命。东西相望，无阶合并，千万为此自厚。

（南宋《国朝二百家名贤文粹》卷112）

该文是冯时行回璧山村居后撰写。从文中可知唐希德是研究易学颇有造诣的学者，有著书。提到的洛中张横渠名载，字子厚，号横渠，凤翔郿县（今陕西眉县横渠镇）人，北宋思想家、教育家，理学创始人之一。他与周敦颐、邵雍、程颐、程颢合称"北宋五子"。《宋史·张载传》记"载学古力行，为关中士人宗师，""其学尊礼贵德，乐天安命，以《易》为宗，以《中庸》为体，以孔孟为法，黜怪妄，辩鬼神。"著有《正蒙》、《横渠易说》等著述传世。

程伊川即程颐，字正叔，洛阳伊川（今河南洛阳伊川县）人，北宋理学家、教育家。他与其胞兄程颢共创"洛学"，为理学奠定了基础，后被朱熹加以继承和发展，形成庞大的、具有比较严密逻辑体系的程朱理学，在中国后期封建社会思想领域中占据统治地位时间长达数百年。程颐著有《周易程氏书》、《易传》、《经说》等著作。

尹彦明为尹惇之字，师从程颐，高宗绍兴十二年（1142）卒。

程颐、程颢是各地士人尊崇的儒学大师，当时"士大夫从之讲学者，日夕盈门，虚往实归，人得所欲。"但冯时行对二程之学却是一分为二地看待，并不盲从。他认真多遍研读唐希德所著易书后认为，一些见解"比张、程所得万万"，"广矣大矣"，远远胜过张载、程颐。

《景浚卿学易堂记》说：

景浚卿以经术教授东州，由其门者为学皆知本根、有依据。一日以书抵巴郡冯时行曰："余晚学《易》，盖精思而得之，其《洪范》皇极之旨乎。皇极建而五福应，否则六极也。《易》之六爻惟二五得吉常多，余爻凶悔吝应之，中不中之效较然於画中。余自以为得也，涣然忘忧，结庐武信，与《易》起卧其中，榜其堂曰'学易'，子其为我识斯堂。余之得诚得也，赞之其未至也，发之吾之心，将子之言是徼。"夫中者，天下之大本，浚卿以中求《易》是矣。然非中之难，用中者之难，何也？中无定体，自天地之大至於圭撮毫发之微，中皆寓焉。求中於尺寸中矣，易之於寻丈，则尺寸之中已畔於寻丈；求中於寻丈中矣，易之於一亩之间，则寻丈之中已畔於一亩。孔子曰"可与立未可与权"，孟子曰"执中无权犹执一"，惟学至於权然后可以用中，物之不齐，而中皆适焉，故愚尝谓《诗》、《书》、《礼》、《春秋》圣人之经书；《易》，圣人之权书也，约天地变化之至权以权乎人者也。衡一定而权之变化无穷，衡有权然后权任重轻而得其平，道有权然后道适变化而得其中。故曰其为道屡迁，变动不居，周流六虚，上下无常，刚柔相易，不可为典，要惟变所适。圣人体此以用中於民，而《易》之道有以被生灵、宰万物，亘古今而不匮，故又曰"苟非其人，道不虚行"也。中见於爻象，用中者隐于爻象之表。尝试与浚卿遗象忘言，一日二日，以其身出与世故，靡一不当，则是非毁誉纷然而起，当是时所以处其当者非真《易》也邪！以是求《易》，则二五中之位非中也，中在我而已。亦犹五为皇极之位，建极者非五也。得是以揆爻象之变，则爻象不隔於微旨，事为辄贯於精义矣。浚卿曰不然，愿复之；审其然也，请书之学易堂之南荣以为记。

（南宋《国朝二百家名贤文粹》卷 140）

景浚卿名景陶，字浚卿，宋代潼州府路遂宁府（今四川遂宁市）人，南宋绍兴初期曾在蜀中东部任州学教授。善《春秋》，习《易》。冯时行罢官居璧山时，景陶"结庐武信"授徒。武信是遂宁古名。时人说"（杨）伯远，名深，从景陶浚卿学《春秋》。"（南宋李石《方舟集》卷18《冯氏三鬼求葬》）绍兴二十九年（1159）底冯时行复出知黎州，景陶任黎州吏。

古今研究巴蜀学术者均未提及景陶，从冯时行撰文中可窥知景陶研习《易》学也颇有所得，他直言要冯时行为自己的"学易堂"撰记，足见他与冯交往很深。以冯文为据，可将景陶其人补录入宋代蜀学、易学人物中。该记文也是研究冯时行易学的好材料。

冯时行作《答晁子止论易书》说：

某蒙以《广传》示诲，伏读深研，尽弃某鄙见曲说以从精当之旨者非一条矣。独一二义有可疑者，辄具疏所以，上渎莹听。又辱矜怜，不以其终不可告语，详说指味，俯迪蠢冥。披味至言，欣怿何已！孔子曰："吾与回言，终日不违，如愚。"然则教者之心，亦欲人於问答之间时有违异，然后相与趋其深思。故开益之余，辄入反其一二，以须卒教之也。

《履》言"柔履刚"以六三一爻言；"说而应乎乾"，以《兑》《乾》二体言，敬闻命矣。但"履虎尾，不咥人"之亨，彖辞也，象所以释之。今引象以配彖为二，似非近释彖之意。若作柔履刚、说应乾，是以虽履虎尾不咥人，而于其亨如何？"覆帝位而不疚"者，亨之事也。如此统象以归彖。於理为顺。盖五居尊位，乘承皆刚，其应亦刚，宜其过刚则病。象申言柔履刚、说应乾，故履帝位而不疚，光明者履之，所以为亨也。《渐》之得位，指五而言，盖孔氏旧有此说。今重辱疏示，以直主於五则凌节躐等，非渐之义，仅受教。然一二读之间，"得位"、"其位"便有二义，犹似太凿，幸更入研思也。《艮》言不获其身为在我，不见其人为在物。理诚甚明。然《广传》之作，以示无穷，今大判其浑全之体，使后学无以致其思，非传远之道。

某独概以止义者，非谓止於一曲也。天下时事有可为与不可为

280

者，圣哲於此行其所当行，止其所当止者而已。《艮》也者，止其所当止云耳。而象并论行止动静者，盖行止一道也。可行也，圣人以从其止者行；可止也，圣人以其行者止。行止系於时事者不同，变通存於圣人者无二，故并论行止动静，然后可以尽艮止之义。愚意以谓捨物我而概以止义则行在其中，可以粗喻微言於简约矣。再三之渎，伏纸汗下，伺台旆启行，即趋道左瞻别，卒听其是否也。

（南宋《国朝二百家贤文粹》卷 112）

晁子止即晁公武，号昭德，人称"昭德先生"。北宋徽宗建中靖国元年（1101）出生于汴京（今开封）昭德坊，靖康之乱前迁家于蜀嘉州（乐山），中南宋绍兴三年（1132）进士。绍兴十七年（1147）以四川宣抚司总领钱粮官赵不弃推荐任潼川府通判，当年七月改知恭州（今重庆），绍兴二十年（1150）知荣州（今四川荣县），绍兴二十五年（1155）至二十六年知合州（今重庆合川区），绍兴二十七年（1157）改任潼川府路转运判官，与知蓬州冯时行同时被罢。晁公武著述丰富，《宋史·艺文志》著录有《易诂训传》、《尚书诂训传》、《毛诗诂训传》、《中庸大传》、《稽古后录》、《郡斋读书志》、《老子通述》，《文献通考·经籍考》著录《昭德晁公文集》60 卷，《清丰县志·典籍》载《通鉴评》。所著作除《郡斋读书志》等少量存世外多数已佚。

《答晁子止论易书》文尾有"伺台旆启行，即趋道左瞻别，卒听其是否也。"以此可推知该书大致写于绍兴二十五年（1155）晁公武任合州知州时。文中所说晁公武作《广传》即《易诂训传》已佚。通过冯时行撰文，有助于研究晁公武、冯时行的易学思想和交往。

《报白执礼论易书》云：

某蒙质以羲《易》大义。仆自蓬州归伏田亩几半年。亲知书讯纷纷，以不情无益，否则强仆以不乐为之事。久益厌苦，每得一书，至怒不饮食。今日乃获足下以圣经疑义见质，告以人所未尝告者，抚髀欣幸。然仆何能知《易》，姑求於象数之间而得其梗概。足下言《需》之三阳失之躁，二阴失之介。求《易》务其深，而深里未浚，只自异於先儒，无益也。《易》生於有画，无画则无自而生。三阳既躁，处非其所，二阴又介而陷，如是而善处《需》者决不为三阳二阴躁介之为，则三阳二阴可以无矣，何有於《需》卦哉？事可为即为之，与未可为而当少需焉者，无世无之，无时无之，无人无之。圣人视《坎》上《乾》下有进而遇险当少需之象，故名卦曰《需》，又分为六爻，娄陈吉凶，以遗后世。故君子临事，一日不可无《易》也。《需》之时二阴作难，陷一阳於艰险之中，彼一阳者又刚健中正，可辅以有为，在下三君子同德比义，力可以救，虽被发缨冠而往救之可也，岂当以躁为戒耶？

汤武可辅，故伊尹，太公望之徒奋然兴起，后世不以为躁。东汉桓、灵昏弱难辅，三君八俊不顾成败，出撄大祸，固深可痛悼，然亦李固辈有以自取也。三阳或言吉，或不言吉凶，皆有深旨。九三致寇近灾，若滨於危殆者，然天下事隐忍不断则利害不决，虽圣人亦不得已而为之，汤、武是也。《书》曰"纣克予"，"唯予小子无良"，圣人固未尝以万全自予，抑亦敬慎其事，庶几不致於败事而已。二阴者，四阳需时以治之之人也。坎，陷也，犹六也。四在坎前为出穴，六在穴后为入穴。小人愚，不见成败，敢以其阴柔之质出穴以抗三阳，故伤。伤而后听从，小人之情固如是也。六退於五后，不敢当三阳之进，比四为无罪。君子度其无能为不足虑，则亦捨之而已，上因之而吉也。

王辅嗣之学独行八百余年，近有伊川，然后《易》与世故通，而王氏之说为可废。然伊川往往捨画求《易》，故时有不合。又不会通一卦之体以观其全，每求之於爻辩离散之间，故其舛误十犹五六，甚可惜也。区区之见，如《需》於说，文繁不及具说。意足下详其说，苟无大叛於理，宜即《需》以求其余。求而不得，不若姑从伊川而已，无凿其成理以自异於先儒，甚善。

（南宋《国朝二百家名贤文粹》卷112）

该书是冯时行绍兴二十六年（1156）秋接诏书出任蓬州知州次年春到任仅20日又被罢官，于该年三月回归璧山半年后，接到友人白执礼信，向其请教易经中的种种疑问而作。

冯时行十分谦虚，对白执礼提出的"三阳失之躁，二阴失之介"等问题，详细地进行了解答，阐明了自己的看法，并在书中说因程伊川程颐之易学兴于世，独行时间长达800余年的"王辅嗣"之学说可废。王辅嗣，名王弼，三国曹魏山阳（今河南焦作）人，经学家、哲学家，魏晋玄学的主要代表人物及创始人之一，有《老子注》、《老子指略》、《周易注》、《周易略例》、《论语释疑》、《周易大衍论》、《周易穷微论》、《易辩》等著述。他开义理学先河，所注《周易》不用象数而用《老子》，以老子思想解《易》，阐发自己的哲学观点。冯时行因王弼"蔽于虚无而易与人事疏"，（南宋王应麟《困学纪闻》卷1）即以老、庄学说释《易》，意近虚无，疏远人事，而程颐视《易》为载道之书，蕴含着丰富的义理，因此专以《易》明治乱之道，注重《易》的现实功用。所以他也部分认同程颐解《易》的学旨，而废弃王弼学说。

程颐解《易》主张"有理而后有象，有象而后有数。易因象以明理，由象而知数。得其义，则象数在其中矣。"（《二程集·河南程氏文集》卷9《答张闳中书》）而冯时行精研《易》学，尚象即主象数学，重天道与人事的结合、义理与象数的结合，重视易学中"画"的思想，说"观《易》于画，可见一阴一阳之道，……又曰《易》之象在画，《易》之道在用，知所用则画不徒设矣。"（南宋冯椅《厚斋易学》卷2）他以此为标准，在弃王学扬程学的同时，也指出理学大家程颐舍画求《易》，与当世社会不合等缺陷，"又不会通一卦之体，以观其全，每求之爻辞离散之间，故其舛误十犹五六，甚可惜也。"

第十四章　心忧天下酬唱悼亡

第一节　忧国忧民志不改

冯时行自被罢官回璧山从县城迁居县北村中后，虽远离朝廷官府但仍心悒天下，国家的风云变幻常牵动着他的心。他与村民朝夕相处对农民的疾苦有了更深的了解，在前后两次被罢官的 10 多年中撰写了不少忧国、忧民和忧己命运的忧时感怀诗文。

绍兴十三年（1143）秋，冯时行写《和杨伟明韵》诗说：

黄花不待我西归，去载空吟九日诗。今载拟招风月友，共醉黄花香满枝。佳辰不许负佳客，我友南北如分歧。骄马行嘶缙云碧，楚狂使我无退之。把杯声作噫吁嚱，伤予未遇空嗟咨。雄文自是送穷术，那忧穷鬼长相随。牍中灿灿蓝田玉，有谁怀宝遇明时？慷慨男儿当自料，少把闲愁愁所思。

（《缙云文集》卷 1）

秋季冯时行还写有《东方有一士》诗：

东方有一士，不见心忡忡。尺璧未足多，凤好良所同。永怀不能寐，揽衣出房栊。遥夜未渠央，取琴和秋虫。岂无时世交？挚肘不相容。

（《缙云文集》卷 1）

该诗是冯时行仕途不得志的自我写照，从中可看出他忧国忧民夜难以寐，道出了世态冷落，人心难测，故而发出愤慨。

头生白发的冯时行在一个冷秋风雨之夜，坐在昏暗的油灯前，眼看虫蛾绕灯纷飞，耳听山风啸啸雨点斜飘，村舍西北边缙云山、西面虎头山中的老虎下山渡过村前小河后进至村边，发出阵阵吼叫，山间猿猴也不时啼叫。他浮想联翩，虽然自己被罢官致使报国之志难以伸展，忧民心情无法宽解，但胸中仍充满了担忧金敌入寇，北宋"故国"丢失的大好河山不知何日才能复还的忧愁。就提笔写作了《村居》诗：

> 飞蛾故故扑灯光，风雨萧萧打纸窗。人为官方搔白首，虎来村落渡清江。猿啼冷日谁家梦？故国愁牵几曲肠？篱菊何曾忧战伐，夜添寒蕊趁重阳。

（《缙云文集》卷2）

冯时行虽被罢官归乡村居，但他白发丹心，不忘金军入侵亡北宋和南侵给国家和百姓带来的巨大伤害。他壮志不改，诗中洋溢着爱国豪情，消极遁世情绪很少。

一年春夏时，冯时行在蔡云叟引领下到璧山县北依来镇新市里属之大霖山，游览了建于唐代的大霖寺，观看了北宋理学大师周敦颐在仁宗嘉佑年间任职合州时所题的《同宋复古游大林寺》诗碑，以及大画家宋复古在山中尽情挥弄丹青的遗迹。而后，到修建在寺侧的蔡家别业作客，写作了《题蔡云叟山居》诗：

> 茅屋依云晚未收，一门山色倚寒流。戏檐黄雀惊弹剑，饮水乌猿看放钩。醉卧落霞斜枕手，高吟晚日更昂头。朝廷莫问安边策，人在深山笑五侯。

（《缙云文集》卷2）

蔡云叟，璧山依来镇（今八塘镇）人，中第前在大霖寺内读书。20世纪60年代中期，璧山县城出土元代进士杨鹤鸣撰《璧邑唐宋进士题名碑》记载有蔡云叟与其族弟蔡兴宗名。二蔡是北宋徽宗政和二年（1112）进士，南宋璧山进士高若霖《邓坤异言》说："政和壬辰，李攸、蔡云叟、蔡兴宗高第。"蔡氏别业建在山势巍峨，林莽苍苍，终年溪水淙淙的大林山凹处。清末八塘举人高凌霄记，民国间大林山青云保村民曾掘出"宋进士蔡云叟故宅"碑石。此处即蔡氏修建在古大霖（大林）今青云村的山居别业。

诗写山居清流，黄雀在茅屋檐跳跃，溪畔乡人垂钓，全身色黑四肢细长的"乌猿"黑叶猴在河边喝水，而客人与主人因痛饮醉酒长躺至太阳西下。又借《战国策》载自信才华出众的冯谖不甘作孟尝君门下之下客，因而弹击剑把而歌，来表示自己怀才而受冷遇，发泄出心中的不平。自岳飞被害宋金又议和后，宰相秦桧在诛锄异己的同时极力扶植党羽，"附己者立与擢用"。（《宋史·秦桧传》）但他与亲信爪牙助手也不断产生矛盾，任其助手、副职者被撤换的多达20多人。冯时行深知朝廷不用自己主战安边的谋略，带着丝丝悲苦和无奈，借汉成帝一日中诏封王潭、王离、王立、王根、王逢年兄弟五人为侯，但这五侯之间互不和睦，其门客之间也不敢互相往来之史事，给予暗讽"人在深山笑五侯。"

冯时行作《寓兴》诗道：

乘轩知有负，啜菽苦无欢。万事等一梦，寸心当自安。荆卿甘度易，李愿喜归盘。默坐发深想，春山犹夜寒。

（《缙云文集》卷2）

在写《与邻郡武臣启》文中，冯时行充满了忧患，他说：

清时窃禄，惧滥吹以瘝官；盛德为邻，幸余波之及我。属休徒御，始见吏民，怅职守之羁縻，阻门阑之跻陟，恨无飞翼，徒切倾心。

恭惟某官天禀英姿，家传妙略。每应弦而落雁，旋下马而赋诗。惟山徼之崇城，实坤维之后户。茂膺纶诰，剖符竹以分忧；光奉诏条，总中外而共理。刚柔并用，畏爱兼收。塞草甚丰，藩牧望风而远引；边烽不警，农民悉力以深耕。谅腾最於枫宸，即召还於天卫。爰发谋猷之壮，共成恢复之图。

某潦倒无成，迂愚有素。动为模楷，每瘝寐於高标；辄露悃诚，载驰驱於素牍。倾祈之切，敷叙奚殚！

（《缙云文集》卷3）

冯时行在启文中自谦说清平之时日无功受禄，自己因万州事件被罢官，受影响使官场晋升之路受阻。他赞扬邻郡武臣文武双全，征战边塞打击北敌逃窜，百姓得以农耕生产。他希望发计谋，共图恢复国家失土。自己虽然受困，但仍迂拙地行必作榜样，并日夜思想如何高立，为国为民做事。

南宋抗金三大战区之一的川陕战场一直是冯时行关注的，友人杨良卿从该区回蜀给他寄诗信，他写《和杨良卿韵新自兴元归见贻二首》说：

饱听玉帐报平安，猿鹤关心又乞闲。再理十年君杖屦，来分一半我云山。歌能著意倾愁斛，酒解将红染病颜。老去世情销未尽，尚希东阁管窥斑。

人间平地有危机，归去应先未辱时。少著青衫元自懒，老簪华发更何疑？向曾泪没痕犹在，尚此廉纤愧自知。惟有冥鸿心一寸，从今寤寐《考槃》诗。

（《缙云文集》卷3）

冯时行居村事田亩日久，十分关心百姓的疾苦和农民的生产，他在《春久不雨》诗中说：

老将百指寄耕田，雨不沾春重慨然。云染夕曛成返照，雾随山色化轻烟。王官扫廪征丰岁，野史濡毫记有年。咄尔虬龙须早起，莫将乖懒滞重渊。

（《缙云文集》卷2）

《行遇小雨》诗云：

小雨暗两岸，孤舟撑一篙。清同寒鹭迥，愁与暝云高。已判乱波色，时饶点鬓毛。三农有重赋，为汝喜如膏。

（《缙云文集》卷2）

两首诗表现冯时行对璧山县春季久旱，无法种植稼苗，为之忧愁。他盼望上天早降甘霖雨露，以便栽秧获得好收成，使家国粮仓皆装满食粮。天遂人愿，不久下了一场及时雨。他知道本年收成有望，如此能缓解百姓困苦了。当时居住山区、平地、湖泽的农民，因为要交经制钱、月桩钱、版帐钱、身丁钱等名目繁多的苛捐杂税，春雨等于是为农民送来膏油，有了好的收成就能纳粮完税，就能减轻压在三农身上的过重赋税。

绍兴十四年（1144）后，在涪州任职的张梲给冯时行寄了诗信，同时送给一罐美酒。在村中收到老朋友的礼物后，冯时行非常高兴，他一边读诗信一边开怀畅饮，从早到晚至北斗低垂几与山接方罢。在微醉中，写了《和张仲山寄酒》诗：

兵厨盎盎孚盈缶，怜我十年青濮口。投醪分惠继以诗，诗更分

287

香过於酒。酒瓶诗卷堕我前，顿使幽栖添二友。朝吟直到屋翻日，夜醉不觉山衔斗。也知庭内无留难，扫除弊事如挥帚。龟陵千里数万家，谁不高擎加额手。公余退食多燕衍，一斗百篇困何有？余波借与草木春，况是江头钓鱼叟。更烦遣骑日联翩，暖热缙云先马走。

（《缙云文集》卷2）

张栻与冯时行一样，所任官处多有德政。张栻《南轩集》卷39载"其为政大体本於忠厚爱民，不苟其职，而不苟其职，而不为赫赫名利之。"如其"在忠州之岁，又会大水入郛郭，君先期令民徙，虽州治亦以舍。计口予食，亲抚存之，民赖以活。"冯时行知道友人为官清正，赞扬他治涪陵"龟陵（即涪陵三台城）千里数万家，谁不高擎加额手。"

冯时行到村舍后位于阳龙山东的山庄去，曾撰写《正月二十日上山庄二月晦日归不见花》：

山巇岏，立屏幛。山上无花不见春，下山花落空惆怅。嫣香空后芳草萌，芳草萋萋愁更生。子规啼血不见花，春又别我天之涯。

（《缙云文集》卷2）

该诗又见录载于南宋人编选的《诗海绘章》，明《永乐大典》引《诗海绘章》将该诗录入卷5839中，但诗句与今传本《缙云文集》中的诗句略异，诗为《正月二十日上山庄二月晦日归花已无矣》：

山巇虮立障，屏山上无花。不见春下山，花落空惆怅。嫣香空向芳草寻，芳草萋萋愁更生。老天惜花如惜血，不曾见花春又别。

冯时行在家乡目睹了官吏们和豪绅相互勾结，巧取豪夺鱼肉百姓，一年在山中愤愤地写了《山中宿小民家，夜闻虎因有感》：

虎叩门，山风袅袅吹黄昏。编蓬为户邻虎穴，敢於虎口寄浮生。干戈时有人相食，吏猛於虎角而翼。虎叩门，不敢入，使我怆恻长叹息。

（《缙云文集》卷2）

璧山四境环山，森林茂密，史载汉代以来山中生长着不少老虎，县东南青杠龙隐山出土的东汉乐城侯邓伯画像石棺上刻有虎豹。唐、

288

宋代璧山东西南北山林中均有虎。元代史质记璧山"长林丰草……虎豹所栖。"元末明初吴皋记璧山西北汤峡口"人言虎横行"。八塘风垭古寨今存有明代石刻三虎。清人题"山高林密藏饿虎，月白风清现孤魂"碑。县西北云雾山古老寨，民国初期有一母虎携三幼虎常卧巨石顶长啸；河边镇杨猎户一次设陷阱捕杀了两只虎，被县知事判罚了大洋。

冯时行村舍处的高山丛林在1950年以前，历代都有猛虎出没。他在诗中借"叩门虎"谴责刺讽官吏，将猛虎与恶吏比，"虎叩门，不敢入"，虎虽猛但却不随便伤民，居邻虎穴的百姓尚可生存，而官府的赋敛日益加重，"苛政猛于虎"，远比山中老虎凶恶残暴。他常与家乡的农民、村叟、牧童、樵夫以及僧侣、道士等社会底层人士交游，耳闻目睹了州县官吏、地方亭长鱼肉百姓超过饿虎恶狼，致被剥削的平民苦难深重。冯时行深切同情劳苦民众，所以在诗文中把笔锋指向了官府恶吏，予以大胆的揭露和辛辣的讽刺。该诗是具有人民性和很强现实主义的佳作，至今为人们称赞。

冯时行在乡仍对国家大事充满忧患，南宋朝廷的建都、迁都问题也是他常思虑的。绍兴八年，宋高宗和不思恢复中原只图苟安享乐的主和派实权达官力主建都临安（今杭州）。此前主战派人士李纲、张浚、岳飞等都反对定都临安，主张在建康建都，原因是"东南形胜莫重于建康，实为中心根本。且人主居此，北望中原，常怀愤惕，不敢暇逸。"而临安"僻在一隅，内则易生玩肆，外则不足以号召远近，系中原之心。"（《宋史纪事本末》卷63《南迁定都》）冯时行认为定都、迁都问题是非常重要的政治问题，他是持建都建康的，虽然此议遭到赵构的拒绝，但长时间仍坚持认为若迁都建康是有利于北伐复国土的。他撰写了《盘庚迁都》文借古抒怀，文云：

商之累迁，商之故事也，成汤、伊尹之意也。臣民安於无事、纵逸成俗则迁，国有大故则迁。纵逸而必迁者，盖纵逸生於无事。今之富商臣室，或有迁徙，经营卜度，极其力不三年不成，其间庆吊婚嫁，往往而废，况王都乎？

方迁都未定，虽中庸之主，寻常之士大夫，淫侈游畋之事，有

289

所不暇。故商之先王以迁徙劳役其子孙臣民，以损其淫侈酖毒之事。故其首篇曰："先王有服，恪谨天命，兹犹不常宁。不常厥邑，于今五邦。今不承于古，罔知天之断命。"先王有服者，先王有故事也。不常宁者，常宁则纵逸之所由生也。国有大故而迁者，弃旧从新，变其臣民心志思虑，以迎惟新之庆，亦常理也。又劳役以节损淫侈之意，亦在其中矣。故其中篇曰："古我前后，罔不惟民之承。保后胥戚，鲜以不浮于天时。殷降大虐，先王不怀。厥攸作视，民利用迁。"当降大虐之时，不怀故居，视民利用以迁，违祸而向福，新其民之志虑，以迓新祉也明矣。盘庚之迁，必由纵逸，是故其民怀安而怨，若有避祸则不待告而徙矣。

先儒往往谓《盘庚》不明言迁徙之故，盖不详其文。盘庚言"王播告之修，不匿厥旨"，又曰"予若观火"，其中称先王故事，章明切著如此，岂有隐藏而不布告者？当时臣民皆知有迁徙故事，故盘庚可率以迁。不从其迁而殄灭之，亦有辞矣。不然，强民之所不欲，适所以致乱矣。以纵逸而迁，有大故而迁，皆言天，曰"先王恪谨天命，罔知天之断命"，又鲜以不浮于天时者。

天行健，十干周流，昼夜不息，率十日而一周。君子以自强不息，当法天也，可常宁、可怀安乎？商以十干命其子孙，曰甲曰乙曰庚曰辛者，法天之意也。

（《缙云文集》卷4）

商代前期，王位纷争十分激烈，造成的后果是商王权威削弱而贵族势力膨胀，通过迁都可改变贵族优势并削弱其实力，但迁都却受到贵族们的阻挠，他们为了己利坚决反对迁都。当时殷地比较肥沃，自然环境较好，迁都去此地商可抑制奢侈，倡导节俭，缓和阶级矛盾。事实证明，盘庚将商朝首都迁到黄河北岸的殷地后，造就了稳定的政治局面，实现了商朝的中兴，为商朝取得灿烂的文明成就创造了先决条件。盘庚迁殷之后，中国的王朝历史也就结束了频繁迁都的时代，出现了后世历时长久的都城。

冯时行认为盘庚迁都是劳役臣民的心智，防民之纵逸，内含孟子宣扬的忧患意识。他借古喻时，借对历史事件阐发议论，抒己之胸怀。后来他复出奉旨入京，就上疏请高宗皇帝将都城迁往建康，以利抗金敌和有益于国家发展建设。

第二节　写作感怀伤时词

冯时行在璧山写了不少表达淡泊之志、感怀伤时，充满悲愤苍凉的词。绍兴二十七年（1157）三月他从蓬州罢官回璧山后，在暮春时写作了相思怀友的《和贺方回〈青玉案〉寄果山诸公》词：

年时江上垂杨路，信拄杖、穿云去。碧涧步虚声里度。疏林小寺，远山孤渚，独倚栏干处。　　别来无几春还暮，空记当时锦囊句。南北东西知几许？相思难寄，野航蓑笠，独钓巴江雨。

（《缙云文集》卷4）

该词是写给时任果州知州郭印、果州掾刘仪凤和州吏扬拱辰等友人的。虽然相别不久，冯时行却十分想念他们。词作伤感，抒发出功业难成的苦闷。

暮春时，朋友史谊伯去潼川府任通判，冯时行写了《送史谊伯倅潼川作〈梦兰堂〉》：

小雨清尘淡烟晚。官柳殢花暖。君愁入伤□□眼。芳草绿、断云归雁。　　酒重斟，须再劝。今夕近、明朝乍远。到时暗花飞乱。千里断肠春不管。

（《缙云文集》卷4）

春未尽时，写作《玉楼春》云：

杏红微露春犹浅。春浅愁浓愁送远。山拖余翠断行踪，细雨疏烟迷望眼。　　暮云浓处轻吹散。往事时时心上见。不禁憔瘦倚东风，燕子双双花片片。

（《缙云文集》卷4）

又写了《虞美人·咏荼䕷二首》：

东君已了韶华媚，未快芳菲意。临居倾倒向荼䕷。十万宝珠璎珞、带风垂。　　合欢翠玉新呈瑞，十日傍边醉。今年花好为谁开？欲寄一枝无处、觅阳台。

芳菲不是浑无据，只是春收取。都将酝造晚风光。百尺瑶台吹下、半天香。　　　多愁多病疏慵意，也被香扶起。微吟小酌送花飞。更拼小屏幽梦、到开时。

（《缙云文集》卷4）

五月荼蘼花枯谢时，冯时行写作了《荼蘼已凋落赋〈天仙子〉》词：

风幸多情开得好，忍却吹教零落了。弄花衣上有余香，春已老，枝头少。况又酒醒鶗鴂晓。　　　一片初飞情已悄，可更如今纷不扫。年随流水去无踪，恨不了，愁不了。楼外远山眉样小。

（《缙云文集》卷4）

九月中作《虞美人·重阳词》：

去年同醉黄花下，采采香盈把。今年仍复对黄花。醉里不羞斑鬓、落乌纱。　　　劝君莫似阳关柳，飞伴离亭酒。愿君只是月常圆。还使人人一月、一回看。

（《缙云文集》卷4）

十二月写《点绛唇二首》：

江上新晴，闲撑小艇寻梅去。自知梅处，香满鱼家路。　　　路尽疏篱，一树开如许。留人住。留人不住，黯淡黄昏雨。

眉黛低鬟，一声春满流酥帐。却从檀响，渐到梅花上。　　　归卧孤舟，梅影舟前扬。劳心想。岸横千嶂，霜月铺寒浪。

（《缙云文集》卷4）

又作《醉落魄》词：

点酥点蜡。凭君尽做风流骨。汉家旧样宫妆额。流落人间，真个没人识。　　　佳人误拨龙香觅。一枝初向烟林得。被花惹起愁难说。恰恨西窗，酒醒乌啼月。

（明《永乐大典》卷2810梅字韵）

前引词以相思怀旧、吟咏风物、沉潜悟道之作为多，寓有冯时行深沉的身世感受和他抒发时不我待、英雄路难走的无奈与苦闷。词多寓情于景，将醉、愁、瘦、梦、黄花、梅花等意象相互对应交替吟咏，感慨时光易逝、功业难成，情深意切，至为感人。

冯时行写有对人生和社会感悟而生出理趣的《蓦山溪》：

艰难时世，万事休夸会。官宦误人多，道是也、终须不是。功名事业，已是负初心，人老也，发白也，随分谋生计。　　如今晓得，更莫争闲气。高下与人和，且觅个、置锥之地。江村僻处，作个老渔樵，一壶酒，一声歌，一觉醺醺睡。

（《缙云文集》卷4）

该词表现冯时行退隐江湖后，满腔热血无处喷洒，在权臣当道的炎凉世态中深感心灰意冷，彷徨苦闷，一度曾想隐却。"官宦误人多"道出了他内心的悲愤。

年底，冯时行还写了《渔家傲·冬至》词：

云覆衡茅霜雪后，风吹江面青罗皱。镜里功名愁里瘦。闲袖手，去年长至今年又。　　梅逼玉肌春欲透，小槽新压冰渐溜。好把升沉分付酒。光阴骤，须臾又绿章台柳。

（《缙云文集》卷4）

词中写季节变换，四时更替，时光流逝，对景物有虚写，也有直抒感慨的实写。流露出冯时行被罢废后思绪万千，感慨深沉，壮志难酬的无奈，但又怀有冬去春会来，会给人以新生的希望。

冯时行原写词应是不少的，但流传至今可见的词仅有13首。《巴渝诗词歌赋》书中评价说："在巴渝词坛上，冯时行是创作数量较多，且质量较高的领头词人。"且是"风格独特的领头人。"

第三节　贫困上书得祠禄

南宋绍兴十一年（1141）底到十二年（1142）初宋金和议以后，南宋朝廷大权被宰相掌控，官员的迁升降罢多由秦桧摆布。冯时行明白朝廷政治环境险恶，自己一时是无望复出了。自万州被罢官失去官俸后，家中的生活开始出现困难。绍兴十四年（1144），他父亲"冯中大"去世；绍兴十六年（1146），母亲又去世；待安葬好双亲，本不富裕的家庭一时竟变得贫困。为了解决全家人的生计，冯时行在被罢官10年后，向权相秦桧写信诉说自己的情况，要求复出任职为国家和百姓做事，并领取俸禄解决家中的困难。他作《上宰相书》说：

某闻穷则呼天，疾痛则呼父母，此古今之常谈，在某之身最为切至。何也？

某曩尝一至阙下，逮今盖十有二年。当时自丹棱令而得万州，超资躐等，溢其意望，固已荷大丞相拔擢之恩矣。到官视事，颇自竭其介介之节，期无愧负。相司者不之察也，直则以为抗，诚则以为妄，夤缘猜嫌，辅以谗间，遂蒙重劾。吏兵不满数十，无以给使令，而劾以跋扈；承安抚司行移阅保甲也，而劾以募兵。赵谂恭州人，某资人也，偶与同州。方谂为逆时，某固未受生，甚者劾以为我谂遗类，驾虚凿空，无所根据，然其设意必欲尽其族类乃已。当是时，毒焰炽烈，天日在远，家族性命把握於悸怒者之手，第未即碎之也。虽有天地，何能覆载！虽有父母，何能生育！惟大丞相端坐庙堂，洞视万里，事情真妄，如在目前。一日开羿狂而出之，然后家族再保，性命更生。然则谓大丞相之於某覆载之德踰於天地，生育之恩过於父母者，孰不以为信然耶？自是以来，盖又十年矣。屯邅狼狈，再丁家难，由是不能一造朝廷，啮指雪涕，仰谢大恩。然其中之所存，岂不惘然知所归向哉！今者困顿所迫，犹敢冒其简慢之罪，私有所请。

某家本穷空，方幸得禄仕时，仅糊其口，失禄以来，重以患难，丐贷闾里，以活朝夕。及其久也，朋友殆至疏弃，亲戚寻亦厌倦，敖敖待哺二百余指，惘然无所图矣。穷困则呼天，疾痛则呼父母，今日之急，舍大丞相其尚谁告哉！

切见某官阙员已久，某履历州县二十余年，更事既多，因晓文法，若蒙陶铸此阙，则今日拜命，明日得禄，拯其饥寒，无便於此。设此阙已有所授，止得宫祠，粗沾微廪，亦足以助其旦暮之急。使因此济赡，得不遂填沟壑，尚须叩首钧墀之下，面致其恳，然后退伏田亩，死无所恨。《易》言十年乃字，十年不克讼，盖言其久也。

某踪迹蹭蹬，殆将十年，不为不久。大丞相前日既已推肉骨返魂之恩矣，至於振其乏绝，俾遂视息於世，盖若终始之事，惟其钧慈，曲赐矜悯。情迫意切，冒渎尊崇，无任战灼恐惧之至。不宣。

（南宋《国朝二百家名贤文粹》卷84）

该文写于绍兴十九年（1149），文中有"某曩尝一至阙下，逮今盖十有二年。"冯时行是绍兴八年（1138）殿见高宗论抗金的，后移12年是绍兴十九年。文中又云"某踪迹蹭蹬，殆将十年，不为不久。"冯时行是在绍兴十一年（1141）被劾捕的，后推到绍兴十九年时间为9年，与"殆将十年"吻合。

冯时行申明当年万州被劾之事属"驾虚凿空，无所根据"。去官十年父母亡故，失禄后靠丐贷生活，日久给亲朋带来麻烦。从书文中可知其父母双亲相继亡故后兄弟们仍居一起，"敖敖待哺二百余指"。大家庭有20多人，因生活产生困难致使他希望能复出补缺员之位领得俸禄，使全家"拯其饥寒"，或不得实职给予"宫祠"而得领薄禄也可解燃眉之急。

冯时行给秦桧上书的当年，他得到了朝廷的任命"奉祠"，即管庙。《永乐大典》卷12072载冯时行撰《答于守论备员介僎书》说："某年未五十……某已尝再命於朝，非处士也。"他写《上宰相书》的时间是绍兴十九年（1149），当年49岁，他自叙"年未五十"被再命於朝已非处士，那么被任命"奉祠"管庙自是在写《上宰相书》之年。

奉祠又称宫祠，原本是为安置年老力衰或于朝廷意见不合的高级官吏的名义官职，不是实职，仅是以宫观庙官之名而享受俸禄。奉祠之制始于北宋，最低须官任监司、郡守及以上者方能命之享予半禄。王安石熙宁变法后又予以放宽，"自郡守以下……后来渐轻，今则又轻，皆可得之矣。"（南宋《朱子语类》卷128第42条《本朝》）南宋时，官员奉祠虽属贬黜但又略含优待之礼，冯时行即属于此类。他被命"奉祠"就比完全被罢官为处士、庶人又前进了一步，如此既可以不做实职事就可享受各种俸禄待遇解决了家庭生活困难，且有了重新被起用复出任实职官的可能。

奉祠分京祠、地方祠，一般分监、主管、提点、提举四级。提举为高官担任。清代同治璧山举人吴煊《自好斋稿·普泽庙诗碑》条记："重璧山有冯当可主管普泽庙碑。"文中之"主管"是奉祠官员中的第三级。据吴煊文记冯时行被授任的奉祠是地方官管祠，是璧山最大内祀唐代经略安抚使赵延之的"普泽庙"。绍兴初期，宰相张浚曾派抗金大将吴玠等赴璧山以侯礼祭祀庙神。

绍兴十九年（1149）冯时行得祠禄后，写作了《叙复谢宰执启》：

十年罪废，形容将老於困穷；万里哀号，造化实怜其诚悃。俾还旧物，用涤前违。初疑冒分而黩尊，难逃大戾；终乃原情示而恕，畀以更生。叼蒙至深，涕泪俱下。窃以仕而坎壈隘塞者，命不可力争；时之昭明公通者，天必难幸会。敢因湔洗，略叙感铭。

伏念某受性蠢愚，周身闇缪，始以诸生而忝第，属在壮年；继以强仕而得行，又当盛世。使意功名之唾手，不虞艰难之在前。触情妄行，慕昔人而太速；大呼疾走，拂众论以居多。鬼神已恶其失中，谤怒交兴於罔测。致烦吏察，仰渎刑评。当逮就之沸腾，亦推求之极至。浊斯濯足，敢将暇颣以尤人；穷乃呼天，惟恃照临之在上。类钧元之浩荡，隆士礼以涵容。谓其抗志之不回，要当忤物；察其用法之或过，徒以为民。特屈严章，姑停见任。散久因於溽署，息广步於长途。不使微文，或伤宽网。伏自炎炎之势既谢，惴惴之魂乃安。伏草依岩，正欲省愆而念咎；澡身浴德，更期建效以报恩。而祸衅相仍，烦冤滋甚。死亡过半，两缠风木之悲；贫病交攻，几误几筵之托。静思颠踬，皆自取求。负谴归耕，桑麻以为辱我；投闲变白，江山久已厌人。故因朋旧之私，聊具肺肝之切。单词朝去，吉报暮闻。翻四海之澜，既扑燎原之急，下三途之缳，更垂振坠之功。不有大恩，谁哀久困！妻孥兴叹，无复号寒而啼饥；闾里言情，是为生死而肉骨。人微易殒，德厚难酬。

此盖伏遇某官道佐帝王，勋兼文武。遏横流於指顾，集大定於笑谈。廊庙无为，定风云之天授；宗祧有相，宜寿考之日来。方将敕羲和以顺阴阳之经，考律度以复丧葬之制。君陈事业，自当永世以有辞；伊尹忧劳，每念一夫之失所。致兹抵冒，亦或蠲除。某敢不稽舌齿之柔刚，鉴春秋之生杀。直而不挠，务守平生之长；察则无徒，益遵皇极之训。求为经济，用副生成。

（南宋《五百家播芳大全文粹》卷 40、民国《宋代蜀文辑存》

卷46）

启文叙说冯时行进士"忝第"后仕宦坎坷，居乡贫病困苦，家又不幸"两缠风木之悲"。风木比喻父母亡故，不及奉养。其典出《韩诗外传》卷9"树欲静而风不止，子欲养而亲不待也。"据启文可考知冯时行的父母亡故是在绍兴十九年（1149）之前。文中按当世的等级规定和当时的政治环境，冯时行也违心地对权相秦桧作了一番赞扬。

绍兴十九年（1149）底是秦桧60岁生日，该年七月宋高宗就倡导为秦桧祝寿，命画工绘桧像，御题赞文后将像出示群臣，藏于秘阁，称"凌烟元功"。在朝野一片谀颂风中，冯时行也写了诗文，诗今未见或已佚但所作文《上太师诗文札子》却存。文云：

某具申禀目，恭想已彻钧几。华年灾厄，濒於死所。遇病悸少定，何能用意翰墨事？典其籍乎以见古人，岂如献之师席，亦足以知名。人虽废而学不敢废，庶几无负平生教载奖与之恩。有诗文各一通，仅致帐下。某干冒钧严，无任震惧之至。

（明《永乐大典》卷917）

到绍兴二十四年（1154）止，冯时行还写了六篇《谢秦丞相小简》如后：

《谢秦丞相小简》一

调元秉钧，道洽复载，天眷宗社，钧候动止万福。某即蒙生息大造之恩，仅冒昧具状上渎。仰惟天禀粹全，涵养充实，神明所蕴，妙参元化。益祈与圣贤千载一时之遇，保思康宁，以副天人之所属望。伏以某官道协天人，德流夷夏，仁义之泽，薰为至和。大而山川鬼神，莫不清宁；微而鸟兽草木，咸随生植。盖干戈纷扰之日未远，皆大卜所共见。以古准今，则太平之象可得而言矣。某废黜有年，荷锄扶犁，从事田亩，日与山夫谷民休息至化。时和岁丰，物无疵疠，故得不填沟壑，以迄於今。蒙被更生之恩，由是赞论功德，出其诚悃，不自以为谀，伏望恕察。

（南宋《五百家播芳大全文粹》卷56）

《谢秦丞相小简》二

仰惟某官盛德大业，高出前古，天下士大夫盖尝探求其所以至而莫得其端倪。但见端坐庙堂，酬酢万机，以物处物，各当其方。退而燕私，绝声色货利之欲，熏香静坐，玩味简素，如山泽癯儒。是若可得而闻者，以能超古人之万万。至於道心精微，与天地同功，其所感召，有非人力所能致者，则非庸常可得而测。是故当求三代，与周化无间矣。孔子弟子，智如其师，灵山之徒，赞诵佛祖。某叨蒙大恩，辄陈识者之意，以见归依之心。

（南宋《五百家播芳大全文粹》卷56）

《谢秦丞相小简》三

切以宫祠之典，允谓优恩。或年德孤高，宜优其晚节；或贤劳王事，当锡以燕闲。纵其甚宽，宁及罪废。岂谓某官行孔孟之恕，宝老氏之慈，一视同仁，无间远近，虽如某罪累湮没之久，披拭湔洗之恩，振其零丁，亦叨此数。拜命之日，质之天地，讬之神明，誓持衔戴之恩，尽於縻捐。辄有启事，叙此悃愊。顾其朴涩之词，安能写心。

（南宋《五百家播芳大全文粹》卷56）

《谢秦丞相小简》四

岁事戊午，蒙被君恩，获至阙廷，瞻望严崇之尊。自此忝叨郡符，遂远泰阶。继以迂愚贻谴司察，由是绝於造化生成之门，姓名不登於记史盖十有三年矣。其於钧衡之重，可谓至疏至远。仰惟某官廓如天地，以厚德深仁，刍狗万物，收兹微贱疏远，并蒙大恩。振其废坠之踪，锡尔优闲之禄，侥倖所期，不谓至此！虽至道善贷，漠然无心，而微物受成，如蒙私德，欲伸衔荷，莫知所云。

（南宋《五百家播芳大全文粹》卷56）

《谢秦丞相小简》五

爰自束发以来，粗亲纸笔，积日滋久，入其流。中年公家罪、私门衅，攙拂心志，旧业荒疏。然虚华之气，以忧患而尽销；盈虚之原，由履历以自见。於是粗窥六经张弛之用，窥见圣贤心术之蕴。每恨以百指累心，未遑究业。及今仰蒙大恩，赐以无事之禄，杜门却扫，优游卒岁，誓当研精极思，深伏长引，薰此心香，仰酬造化。

如其不至，犹是用心。率以自陈，伏纸战汗。

（南宋《五百家播芳大全文粹》卷 56）

《谢秦丞相小简》六

惟蜀不罹兵革，民物全盛，自近以来，年谷屡登，今岁又复大稔。遐迩之俗，熏陶大化，鼓腹击壤，歌咏升平。仰惟生民休戚，钧虑所存，故敢以耳目之所见闻之於执事。僭率之罪，莫知所逃。

（南宋《五百家播芳大全文粹》卷 56）

民国时期，四川江安县大学者、曾任教育部部长的傅增湘编辑《宋代蜀文辑存》，将冯时行给秦桧写的 6 篇《谢秦丞相小简》合并为 1 篇文收入书第 46 卷，并更标题成《上丞相小简》。今学者抄录《上丞相小简》也误为是 1 文。经考查，小简并不是同一年写的，据南宋人撰书记载是 6 篇写给秦桧的小简，又《全宋文》卷 4267 亦记载《谢秦丞相小简》是 6 篇文，故笔者以为应以 6 篇为实。

冯时行写给秦桧的书札、简启中，对权相予以赞扬，这是有较深层的原因的。自"绍兴和议"之后，南宋朝廷的政治实行的是高压政治，士大夫要唯权相马首是瞻。为权相歌功颂德成为一时主流，致谀诗谀文汗牛充栋。朝廷草制官程克俊将秦桧比作圣人孟子和伊尹。张嵲献诗称秦"事业伊周信比踪"。周紫芝说秦是"真儒"，是"圣贤一出五百岁，开辟以来有几人。"黄州知州曾惇献诗："问谁整顿乾坤了，学语儿童送相公。"知名抗战派爱国诗人张元干、张孝祥、郭印、胡寅等数十人也写作有颂秦相的诗词文赋。作为政治家、诗人的冯时行自然不能脱俗，在给秦桧的书信中他也违心地唱了赞歌。这是他迫于权势，受时代的影响和家庭困苦生活影响而作出的自保行为。这是可以理解的，不影响人们对冯时行这位一心爱国为民的良吏持正确的评价。

第四节　游渝城巴县合州

绍兴十四年（1144）春与十五年春，恭州、涪州一带连续大旱，长江、嘉陵江水位下降。河床干枯使恭州朝天门嘉陵江水下石刻和涪州白鹤梁石刻都显露出水，吸引了州县众多官吏、文人和市民去观览。

涪州白鹤梁始于唐代的水下石刻，具有长江水文站及观测江河水位变化等作用，被专家学者们称为"水下碑林"、"世界一绝"。绍兴年间冯时行曾游此题记。

恭州朝天门长江与嘉陵江交汇处左面有长 200 米的石梁延伸江心，分隔两江之水。该处水下有石刻为历代"枯水文"题记。汉代、晋代、唐代时题刻名"灵石"，宋代始称"丰年碑"亦名"雍熙碑"。南宋理宗时陈思辑录《宝刻丛编》等书载，朝天门处水下石刻题记始刻于东汉建武年间（25—57），有汉建武灵石题记；晋代有义熙三年（407）八月二日刻晋义熙灵石社日记；唐刻最多，有唐天宝十五年（756）正月张萱灵石碑、乾元三年（760）二月王升灵石碑、广德二年（764）二月郭英幹灵石碑、大历四年（769）正月杨冕灵石颂、大历十年（775）正月李全灵石诗、建中四年（783）正月任超灵石碑、大和七年（883）二月温従撰贺若公灵石碑、会昌四年（844）陈宪撰陈君従灵石铭、大顺元年（890）二月张孟撰牟崇原灵石铭、景福元年（892）三月二日张武题记、景福元年三月十日牟知猷灵石诗。

清乾隆《巴县志·金石》记："丰年碑，在朝天门汉江（即嘉陵江）水底石盘上，见则年丰，一名雍熙碑，一名灵石。"该地灵石、丰年碑是长江上游宜昌至重庆段中即川江 8 处"枯水文"石刻中最重要的石刻题记之一，其始刻时间远早于今闻名天下的涪陵白鹤梁"石鱼"题记及云阳龙脊石、巴县迎春石、江津莲花石、江北耗儿石、丰都龙床石、奉节记水碑等枯水题刻。

绍兴十七年（1147）冬至绍兴十八年春，恭州等地又遇干旱，朝天门嘉陵江水下的石刻"丰年碑"又露出水面。恭州城和附近的官员、文人、居民争相前去游观。

绍兴十八年（1148）春二月，时任恭州知州晁公武邀约冯时行等友人到城外嘉陵江畔观看灵石题刻，并带上城中石工、铁匠深刻一行人浏览题记后，将溶化的铁汁浇注入题记刻字中，使之能长久留存传世。（民国《巴县志》卷 23 文征载乾隆十九年龙为霖撰《丰

年碑》)

晁公武等人观览了出水的各朝代刻石题记后，用八分书刻了《丰年石题记》云："昭得晁公武休沐日，率单父张存诚、璧山冯时行、通泉李尚书、普慈冯樽，同观晋唐金石刻。唯唐张孟所称'光武时题识'，不可复见矣。惜哉！绍兴戊辰二月戊戌。"（乾隆《巴县志》卷1古迹《丰年碑》）

晁公武（1105—1180），绍兴二年（1132）中进士后居涪州撰著，先后与在云安、奉节、万州任中的冯时行交游。他也主张抗金御侮，其《南定楼》诗句说："南方已定虽饶富，北望中原正惨神。"他与冯时行一样喜欢山水题记，在绍兴九年（1139）"二月初七日"和绍兴十年（1140）正月三次与亲友游涪陵白鹤梁题字刻记。（清陆增祥《八琼室金石补正》、今人编《水下碑林白鹤梁》55、57页）绍兴十七年初，晁公武通判潼川府（治今四川三台），当年七月"左朝奉郎新通判潼川府晁公武知恭州，赵不弃荐之也。"（《建炎以来系年要录》卷156绍兴十七年秋七月甲戌条）他任恭州知州近三年，到绍兴二十年（1150）改知荣州，绍兴二十五年至二十六年知合州，与冯时行唱酬论《易》。

据南宋川籍状元赵逵《合州监乐堂记》：冯樽，字茂恭，古普慈县宋代普州所辖安岳人，绍兴二十三年（1153）至二十五年初任合州知州，后入朝任职。孝宗"乾道八年（1172）冬十月丁末，遣冯樽使金贺正旦。"（《宋史·孝宗本纪》）

晁公武、冯时行等题刻的《丰年石题记》"具有标志'枯水文'的科学价值"。碑见能预兆丰年之说被学界人评是有一定的科学道理的，原因是在江水水位极枯时丰年碑才会出现，碑现必是天干水枯冬天寒冷，使病虫冻死，似瑞雪兆丰年一样虫害自然减少，到春季耕种时雨水充足满种满栽，使秋收丰产。从科学性讲，晁、冯等人题刻对开发长江水利资源，排洪防旱，发展长江航运事业、文物保护等都有极其重要的价值。

《丰年石题记》还具有证实冯时行籍贯不是恭州巴县乐碛人，也不是今渝北区乐碛镇人，而确实是恭州璧山县（今璧山区）人的作用。曾任重庆市博物馆馆长、研究馆员刘豫川在《三峡库区川江水文石刻价值评估报告》文中也认为："重庆朝天门'灵石'《晁公武题记》中有'璧山冯时行'留名。时行，字当可……以往，诸多文献谓冯时行为'巴县人'，今据宋代石刻确知冯氏为璧山人。由此石刻知冯时行与晁公武过从密。"（2000 年出版刘豫川撰著《历史考古与博物馆研究》第 255 页）

历史水文资料载，长江流域每年的 11 月到次年的 4 月是雨量较少的枯水季。一般情况下，长江干流河段枯水时期为 1 至 3 月。南宋绍兴十八年（1148）初，恭州城与巴县乐碛场镇一带长江干流处于枯水期。该年三月江水下降使巴县长江中的"迎春石"石礁从水中露出。冯时行与朋友一行在三月十二日畅游礁石，由他撰文书写刻石说：

乐碛大江中有石洲，烟水摇荡，云山杳蔼，全似江南道士矶。可以泛舟流觞，修山阴故事。绍兴十八年戊辰三月十二日，冯时行当可、王尽臣兴善、刘锷仲廉、冉居中和浦、蒙尧云望之、于道行士达同游。

（南宋陈思《宝刻丛编》）

宋代巴县迎春石位于今巴南区麻柳嘴镇长江主航道侧，靠近南岸，与北岸乐碛镇隔水相望。分为上下石，相距 50 米，上石长 19 米、宽 8 米，下石长 27 米、宽 13 米，双石面凹凸。

冯时行是最早在迎春石上留题刻的人，以后元、明、清各代文人雅士又留题了 10 多幅石刻，并刻有石鱼作为水位高低标迹以示后人。

冯时行题刻中的道士矶又名西塞山，位于今浙江省吴江县西苕溪，是一座突出在河边的大石岩。该地北通太湖，南与莫干山为邻，风景秀美。唐代诗人张志和弃官后携渔童、樵青游山水到此隐居，常与友人荡舟饮酒，自称烟波钓徒。写有流传千古的名诗《渔歌子》："西塞山前白鹭飞，桃花流水鳜鱼肥。青箬笠，绿蓑衣，斜风细雨不须归。"冯时行借张志和描绘道士矶春汛期景物，来反映迎春石一带水乡的可爱。

这次游迎春石，冯时行还写有《游乐碛江中石洲》诗：

石出杖藜稳，沙暄牵兴长。半江鸥鸟地，三峡水云乡。携客撑烟艇，开樽俯绿塘。便当从此去，烟雨钓沧浪。

（《缙云文集》卷2）

绍兴十八年冯时行春游期间，还应邀为恭州城写作了《谯楼记》。南宋王象之《舆地纪胜》卷175重庆府风俗形胜下记："冯时行作《谯楼记》"。该记文今不见，当已佚。

在恭州城中，冯时行为朋友家中"翔鹭亭"写诗，《广安朱义从为渝上霜台之客，母夫人年八十余，极其孝养，一日有三白鹭翔集中庭不去，义从作翔鹭亭识其事，缙云子为赋此诗》：

振振鹭，鹭于飞。《白华》遗音咏洁白，故此翔鹭呈鲜仪，萱堂八十癯仙姿，无心更出风絮词。夜入佛观灯耿耿，晨翻贝叶多发丝。郎君风标晋人上，芙蕖照映清涟漪。晨昏定省履声细，鹭兮飞跃随彩衣。吾闻击石百兽舞，又闻上世巢可窥。余生眼明见异事，感今怀昔为此诗。

（《缙云文集》卷2）

绍兴二十四年（1154）秋，冯时行从璧山村中前往相邻的合川合阳行游，受到了调任合州知州的老友普慈人冯樽的热情接待，观览了合州不少山水胜迹。合州城北郊有濮岩，岩多古柏，有定林院一名濮岩寺。岩上有合州先民濮人首领"濮王坟"。岩下有流泉入濮溪、濮湖，湖水清澈见底，每当月夜月光映照湖水，波光潋滟，一片空蒙。南宋《舆地碑目》记"濮岩"是合州胜处，"濮湖夜雨"是合州古八景之一。北宋岑象求游此写有《定林院》诗，合州太守刘象功作有《濮岩铭》。冯时行到此写了《舟中见月》诗：

濮上今秋月，於人大有情。银盘随水涌，素练截江横。岸阔天光近，舡虚夜月明。寒光迷上下，万里一心情。

（《缙云文集》卷2）

冯时行残存下来的诗文中，有几十次说到月，说明他钟爱月。月象征清冷、孤寂，能表现隐逸超脱的情怀。从诗中寒光、小舟的境界中，可体会到他内心的惆怅。

合州涪江南岸有州城郊外第一高峰铜梁山，该山因岩质如铜色而得名。早在西晋时期，左思《蜀都赋》中就有记述。该地产水茶且质佳。有古巴子城遗址，系周武王封庶处。古城地多色白异香的玉蕊琼花。冯时行游此写有诗，他在诗序文中说：

山有茶，色白甘腴，俗谓之水茶，甲於巴蜀。山之北趾即巴子故城，多玉蕊花，

（南宋《方舆胜览》卷 64 合州山川）

铜梁山上有铜梁洞，唐代高宗时合州人间丘均中进士，后去官髡发为僧，居洞中五十年化去。杜甫祖父杜审言游此曾赋诗。北宋理学大家周敦颐任合州通判时，登山写了《铜梁洞观木莲花》。铜梁山中多胜景，《大明一统志》重庆府下记："山顶即赵伯业之别业。有宿云岩、方岩、松风阁、读书堂、博古斋。"冯时行饱览了苏东坡、黄庭坚在洞崖上的题字和其他诸多景致，写了赞《宿云岩》诗。元代人岳铉（1249—1312）等人纂《大元一统志》第 730 残本 9 合州古迹记："宿云岩，在铜梁县（山），缙云冯时行有诗。"

冯时行还攀登到合州城东钓鱼山（今钓鱼城）游览，拜谒护国寺，留有《钓鱼山回禅师语录叙》：

五祖晚得南唐，愍暴生狞，凌跨勤远，天遒地窄，投老大隋回道者，以运鎚攻石之手，仰击坚高，出力既粗，一鎚便透。归坐钓鱼山下，垂崖峭壁，十倍其师狼毒。砒霜不容下口，其徒彦文更不瞥地，要取余毒散施诸方。余恐后人不著便宜，自取僵扑，故为叙引以冠前文。

（《感山卧云纪谈》、《蜀文辑存》卷 46）

钓鱼山系合州名山，唐代创建寺庙。文题中的"回禅师"即石头自回禅师，合州人，俗姓郝。宋普济辑《五灯会元》卷 20《大随静禅师法嗣》文说回禅师"世为石工，虽不识字，立志仰慕空宗，常常请别人口授《法华经》，每次学习之后都能背诵它。"回禅师在钓鱼山建设佛场。《大元一统志》卷 731（残本十）合州·古迹记："护国院，石照东十里，山南大石砥平，有巨人迹。相传异人坐其上，投钓江中，山以是名。有刹曰护国。山主石头回公，姓郝不识

字以石工为业，因石中凿开石镜，现出本像，遂掷镜在地，出家为僧。不立文字，见性成佛。凿开钓鱼冈建石佛道场。后入寂，封慈惠显佑大师，石庵今存。"明代《蜀中广记》卷87高僧记："宋石头和尚，号回祖师，合州人。自幼入景德寺为僧，有戒行，因凿石出火遂大悟，作偈曰：'是石头和尚咬嚼不入，打破露空虚些子迹。'复回州。绍兴间，闻钓鱼山建护国寺，自甃石二十四片为龛全身，入门自掩端坐而逝。作草庵歌，其末有：'老僧不知轮甲子，一叶落知天下秋'之句"。

第五节　送友唱和写跋文

绍兴十一年（114）冯时行遭陷害被关入开江监狱时，其友李良臣由守简州调任知江南东路池州（今安徽贵池）。李良臣之子李流谦撰文说："绍兴辛酉（绍兴十一年、1141），我家君以尚书郎出守简、池"。（《澹斋集》卷14《送李仲明司户序》）李良臣积极参与营救冯时行，待其脱狱回归璧山又寄了诗信。冯时行在绍兴十三年初给友人回信写了《和李尧俞韵》诗：

海头归到峡江滨，新岁残年只并邻。梅自多情工恼客，月如知己辄亲人。江山纵肯容吾老，猿鹤应嫌不自珍。从此扁舟须驾阁，名教鲁史续书麟。

（《缙云文集》卷3）

绍兴十五年（1145）初，冯时行给朋友何麒写了一首《寄题何子应金华书院》：

吾闻何月卿，逸气欲倾泻，词源浩汪扬，诗律薄风雅。想初读书眼，坐阅灯几炮。士生贵适性，安得计用舍？青鞋踏九疑，丝绹远金马。飘然潇湘游，采芷动盈把。吁嗟既忧患，犹得营万瓦。我无茅一庐，劫劫思里社。

（《缙云文集》卷1）

诗中何月卿即何麒。绍兴十二年（1142），他任夔州路提刑时弹劾陷害冯时行的秦桧党羽李炯之后被调知嘉州。绍兴十三年（1143）五月，"（何）麒自直秘阁新知嘉州改邵州。"（《建炎以来系年要录》

卷149）到绍兴十三年"冬十月甲申朔，直秘阁新知邵州何麒落职，主管台州崇道观，道州居住。麒连为李文会所击，上疏愬之，秦桧奏麒所言不实。上曰：'此事果实，亦不可行，宜重加窜责，以为士大夫诞妄之戒。"（《建炎以来系年要录》卷150）

何麒因得罪秦桧及其党羽被罢官后先住道州，而后经湖湘回蜀，他在所居金华书院给归乡的冯时行去信，冯给他回寄了该诗。

在璧山村中，冯时行写了《贺韩安抚起复果州启》：

右某启：伏承某官已荣赴新任者。以一郡而处公，理无足贺；以大臣而得郡，例非久留。爰开进用之端，雅副登崇之望。此古今之常者，将朝夕而见之。

伏惟庆慰，恭维某官，卓识宏材，深仁厚德。郁尔希踪於前哲，愤然有意於苍生。爰自拔於英躔，已茂隆於伟望。荐登省署，怀献替以斯陈；载架星轺，志澄清而愈厉。属分阃寄，坐镇方维。当四海横流之初，有三山屹峙之势。输诚许国，心或喜於似人；观过知仁，事久伸於清议。顾幽明则可质而无愧，其是非果不辨而自明。况当受百枉而冀一真，岂可以一眚而掩大德？曾未温於坐席，谅以促於行装，

某飘泊疏踪，陶镕旧物。久绝攀跻之便，濩落无成；伫闻感会之期，激昂自奋。望门阑而稍邈，怀履舄以增劳。方大涣之在辰，冀节宣之无爽。倾祈正切，敷叙奚殚！

（《缙云文集》卷3、《永乐大典》卷10540）

韩安抚，名韩迪、字天启，北宋徽宗大观三年（1109）进士，《宋登科记考》卷8韩迪条引明、清四川、成都地方志说他是"成都府郫县人"，而南宋李心传则说韩迪是仁寿县人。李心传记：建炎四年（1130）五月，宣抚处置使张浚对蜀中人事进行调整，"朝散郎利州路提点刑狱公事韩迪知夔州，仍并兼本路安抚使。夔路置帅，利路帅移治兴元，皆自此始。迪，仁寿人也。"（建炎以来系年要录》卷33建炎四年五月）李心传之记早于明、清地方志，他也是仁寿县人，所说可信。

韩迪知夔州兼任安抚使，到绍兴元年（1131）五月升"朝散郎、

知夔州韩迪直徽猷阁。"（《建炎以来系年要录》卷44绍兴元年五月辛亥条）不久因奸人行骗冒充赵氏徐王，韩迪未识误将此事上奏于朝，稍后假徐王事败露，绍兴二年（1132）十月"左朝散大夫、直徽猷阁、知夔州韩迪降三官，落职，责监资州龙城税务，坐责伪徐王不实也。"（《建炎以来系年要录》卷59绍兴二年十月乙亥条）

韩迪被降官历经10余年，从监税小官又升任果州知州，冯时行在建炎末至绍兴初曾是韩迪下属，他祝贺韩被降后重得迁升，认为不以过失而掩其大德，可见他关心昔之上司对其颇有情意。

村居时，冯时行写了一篇渗透对佛教有较深领悟，富有禅意的散文《题定轩坚师纸扇》：

子以是风之所由生邪？箱笼之所藏，几案之所相仍，何以飘然之不起？子以风之作也，其自作也？无与於此坐焕宇处，烦室何以劳子之臂指？子当於其未动而求其所以动，於其既动而求其未动之始。若然者，子且於非风非纸之间，坐得清凉之理矣。

（《缙云文集》卷4）

冯时行万州被罢官，知梁山军冯忠恕帮助他购买小船回璧山。不久后，冯忠恕调知巴州，任中有"提举韩球议加茶赋，忠恕奏罢之。"（《明一统治》卷68保宁府·明宦）绍兴十八年（1148）初，冯忠恕奉诏进京，冯时行为他送行写了《送冯贯道赴行在二首》：

路入丹霞起舵初，峡山晴色曙烟疏。海深南斗临天阔，江合西川直帝居。禁漏深寒参佩玉，御炉香暖散衣裾。遥知三接承恩罢，日影参差转玉除。

儒雅风流总不如，丞髦久合下旌车。黄堂报政瓜初及，宣室倾贤席巳虚。楚树迎船春去尽，吴莲傍桨雨收余。留连物色题诗里，健步传呼有峻除。

（《缙云文集》卷2）

此次进京，冯忠恕被升任为成都府路提刑。《建炎以来系年要录》卷158记：绍兴十八年（1148）冬十月，"右朝请郎知巴州冯忠恕提点成都府路刑狱公事。"而后又调任夔州路提点刑狱。（南宋葛立方《归愚集》卷8）

绍兴十八年初夏麦收时，冯时行写了《送涪守何常卿十六韵》：

一时周屏翰，千载汉循良。宠渥分民社，疲羸赖纪纲。洪恩随雨润，令问与风翔。日月流年驶，江山别恨长。已闻谈旧政，方改视新章。贱子千官底，曾依数仞墙。迂愚真滥吹，浩荡实包荒。倦鸟栖林樾，哀鸿顾稻粱。一廛联户版，余惠及耕桑。迨此征黄速，还闻借寇忙。江云引行斾，峡树远归樯。亟欲承颜面，於焉写肺肠。春秋驱病马，山雨绝横塘。意去如飞鸟，身留类触羊。登临空怅望，伫立更凄凉。眷注期公久，趋瞻预可量。

（《缙云文集》卷2）

诗题中的何常卿即何麒子应，冯时行因他曾任官"太常少卿"故称之。何子应于绍兴十七年（1147）复出任涪州（今重庆涪陵区）知州，绍兴十八年又应诏入京，因他任过宪司提刑友朋又称"何宪"。王十朋说"何宪，字子应。"（《梅溪集》卷8）郑刚中《北山文集》卷20有《答何宪子应》诗。今人撰著亦说："何宪，绍兴中知涪州军州事"，"南宋绍兴戊辰年（公元1148年）"正月二十八日游涪陵览石鱼。（陈曦震主编《水下碑林白鹤梁》第67页）绍兴十八年何子应入京途中在湖南永州江华县作有《阳华岩题刻》："金华隐居何麒以绍兴戊辰十二月三日同襄邑许颙来游"，当时咏诗有句"挥手挹霞芒，竦身朝帝者。"（清陆增祥《八琼金石补正》卷106）据前记叙，知冯时行送何子应诗写于绍兴十八年（1148）不误。

何子应治理贫瘠的涪州颇有德政，冯时行称赞他获得美好的名声，如西汉为官清廉，治民有方，政绩突出的"循良"代表人物黄霸和为官鼓励农桑，政绩卓著的龚遂一样。他祝福好友如黄霸任颍川太守有治绩而被征升京兆尹，如后汉寇恂在颍川任中多政绩被百姓遮道向光武帝请求继任。同时冯时行也感叹自己昔日虽入宫墙重仞之门出任县州，现却处于众多官员之底，几乎流离失所的他如哀鸿般为了生存，为了稻粱而居乡耕桑。他眺望何子应东下之船远去，联想到唐代杜甫失去肃宗皇帝信任后举家居秦州（今甘肃天水泰州区）诸病缠身，生活艰难的境况。当年杜甫48岁，写作了《病马》诗。绍兴十八年（1148）时冯时行也是48岁，他引用《病马》表达对杜甫同病相怜的感慨，借以表达自己为国为民反而遭到废黜的不平，也含有叹老嗟卑，久居山村艰难蹭蹬，难以施展自己报国为民的远大理想而感叹。他在诗中以"山雨绝横塘"的意境来烘托与好友的离别之情，情景交融，深情缠绵，回味无穷。

杜安行出任合州知州，常与冯时行唱酬，一次写信送酒到璧山，时行作了《谢杜合州送酒》答诗：

浦树江云晚杜门，史君书札问深村。忧愁彻骨妨诗律，赋咏开荒得酒樽。病肺可能供痛饮，濡唇亦足荷深恩。呼儿擎出随藤杖，洗盏开尝坐竹根。

（《缙云文集》卷2）

据民国张森楷编《合川县志》卷37名宦和有关史料记，从绍兴十九年（1149）到绍兴二十八年（1158）知合州为王辅、冯樽、晁公武、景籧等人，那么杜安行知合州时间就当是在绍兴十九年前。杜安行名不详，安行为其字，他与郭印也是朋友，郭作《云溪集》载有《诗别杜安行赴合州守》、《中秋佳月怀杜安行冯当可二首》。

冯时行在《日望冉雄飞之来，久不闻近耗，因成鄙句，以见翘然之思》诗中说：

缓辔微吟自不催，看山下马想徘徊。《阳春白雪》久不听，日暮碧云殊未来。已戒儿童筤熟酒，更勤风雪化新梅。云间飞鸟何时下？抑郁孤怀迟一开。

（《缙云文集》卷3）

冯时行绍兴七年（1137）入京过归州（今湖北秭归）时认识的隐士，夔州人谭曦将所作书篇寄到璧山，冯读后写了《春和谭曦晋仲见惠之什，晋仲夔人，隐居归之城下，箪食瓢饮，有可乐者》诗答谢：

大隐休夸浑俗尘，由来空谷有幽人。只无忧患催垂白，何必功名挂汉青？我已退非金马客，君宜上应少微星。卜邻有意诛茅切，竹杖交头到梦屏。

（《缙云文集》卷2）

诗赞谭曦德行可象，声气可乐，令人喜悦，是志在玄远的隐士。

又说自己已不是朝廷喜爱的"金马"官吏，从璧山县城迁居山村占卜选择好邻居，结庐而安，可修行入"梦屏"见种种景象。

远在千里外的向文叔寄来书信，冯时行答《和向文叔见寄》诗道：

烟云浩荡五湖身，老向风尘学问津。白发只应无奈若，青衫定是可怜人。草侵吟枕依依梦，花傍愁襟故故春。江上负暄樵牧晚，素书千里慰萧辰。

（《缙云文集》卷2）

冯时行向友人倾述胸中的不平，年老沦落，探求学习春秋时范蠡归隐之事。他感谢友人在自己受冷落，在萧瑟的秋季写来安慰的"素书"。

一年岁末，任万州吏但也被免官的史济川写信到璧山，冯时行回《和史济川见赠》诗云：

岁晚扁舟雪霰边，萧疏与君俱可怜。向来共厄黄杨闰，别后相逢白发年。觅句剩烦梅作兴，攻愁直纵酒称贤。故人一笑诚希阔，得失休论布幔天。

（《缙云文集》卷2）

冯时行在诗中说史济川先前与他共同遇到灾难困苦，用"黄杨厄闰"相比喻，并感叹两人都白发稀疏"俱可怜"，同时为与故人别后的长久情怀高兴，至于得失如何就不用考虑了。

冯时行写两篇《与程侍讲小简》文其一说：

台座至天彭已数日，不审为况何如。干将、莫邪之器，有百炼之精，故其利无前。阁下方以文章事业受知君相，而忽逢短毁，此正古人之所常然者，造物未必不以此撄拂成就而大振耀之也。天下缙绅士大夫，孰不翘首倾心以望侧席之招！如某倘未死灭，尚冀得朋友之力，湔洗罪垢，其所觊愿，百倍於侪辈也。穷通之际，古人所难处。汉独一贾谊，闻道一出长沙，悲忧无聊。夫内有九鼎之重，在外者不啻一羽。伏惟深入圣贤阃奥，恬然於中，人莫能窥其涯际。异日富贵鼎来，徐起而受之如所固有，区区有望於台座也。

（南宋《五百家播芳大全文粹》卷58）

《上程侍讲小简》二：

久去诲色，近一见获侍教者三月，嘻笑饮食，无非训迪。既已欢忭自深矣，以遂得见隐居赋什，粲然盈编，扫其浮云淡月之余习，而直以大雅中正为音。其讽刺归美，於修身行己补於世教者甚多，所谓大羹玄酒，有典有则，薄滋味不必他求矣。今世人以佛家利人接物为功，然空寂无相，非定慧所不能了。如新篇理道坦然，孩提之童亦以开悟。倘遂交口教授，其为防备闲范，力不劳而功过之。前日卒卒不能具录，敢望特为寄惠一篇，庶以为坐铭。多荷。

（南宋《五百家播芳大全文粹》卷 58）

程侍讲即冯时行绍兴初期任丹棱县令时相识的眉山人程敦厚，字子山，史记其有才，系苏轼表兄程士元之孙，绍兴五年赐同进士出身。绍兴十一年（1141），以吹捧秦桧道德、事功而任校书郎，次年桧荐程任省试主考舞弊，使子秦熺高中第一名进士但殿试时被高宗降为第二名榜眼。桧升程任中书舍人兼为帝讲学之"侍讲"，寻又以"数求即真"忤秦桧被谪知安远县。绍兴二十一年（1151）又以诗谄秦桧而复起任彭州通判。绍兴二十四年因"言者论其贪残，落职，依旧宫观"。二十六年复出任官。《全宋文》卷 4285 程敦厚小传说"敦厚为人凶险谄佞，为世所鄙。"但他对蜀人公认清正多才的冯时行却十分尊敬，多次赞评。

小简写于绍兴二十二年（1152），以南宋《五百家播芳大全文粹》记本是两篇文，到民国时傅增湘编《宋代蜀文辑存》误将其合并为一篇文，致现代有学人不识也认为是一篇文。

有眉州僧游璧山求施，冯时行撰写了《眉僧晓岑，仆未之识也。持钵求施，既辞以贫，则愿丐一诗。诗未暇作而三至门，知嗜好可喜也，因书长句四韵以赠》：

门前剥啄遣儿应，客是平生不识僧。檀施咄嗟贫未可，词场驰逐老犹能。识凌风月收孤思，乞与云山伴曲肱。我亦从来惭绮语，休将此段拟《传灯》。

（《缙云文集》卷 2）

《寄题庞宫使提举山斋二绝》云：

才及中年便买山，山中何事可怡颜？当时白傅登临眼，物色浑归几案间。

白衣苍狗变浮云，过眼纷纷不可论。晚岁逢迎真耐久，青山相对两忘言。

（明《永乐大典》卷2539）

宠宫使字次甫，名不详，曾任京城宫观提举官。与冯时行好友郭印也往来，郭著《云溪集》卷12有《和庞次甫秋日海棠二首》诗。

朋友兄、弟入京应文、武进士考试，冯时行撰《送友人兄弟赴省》诗，祝他们显身扬名，飞鸣惊人。诗云：

书剑一门去，由来得主盟。峨冠虽合遝，再鼓已聋盲。风急鹑原起，云高雁序横。天衢在咫尺，去去任飞鸣。

（《缙云文集》卷2）

《石漕生辰》诗说：

梦断熊罴夜，祥呈馈鲤初。固应贤有后，谁谓庆无余？为国家相似，忧民子不如。符分四郡虎，金佩十年鱼。未补三公衮，聊分八使车。权衡公选格，陵阜富军储。阀阅名犹在，朝廷席已虚。称觞勤祝颂，二十考中书。

（《缙云文集》卷2）

该诗又见载于清代为北宋人唐庚编的《唐先生文集》，不知是否是误收了冯时行之诗，待考。

冯时行的同年进士友人杨椿在绍兴"十四年，除潼州府路提点刑狱公事，吏有擅科民财，或抑配官盐，盗用其赢赀者，按治之。秩满，（绍兴十五年，1145）除夔州路提点刑狱。（绍兴十八年，1148）主四川类试，为文以谕进士，悉除去常所用禁令，内外肃然。揭榜得名士赵逵、张震。"（《名臣碑琬琰集》中集卷33载《杨文安公椿墓志铭》）不久，赵逵考中状元，张震也进士及第。绍兴二十三年（1153）十二月，"左朝散郎杨椿为荆湖北路提点刑狱公事。"（《建炎以来系年要录》卷165、卷168）当杨椿出川往两湖时，冯时行写了《送同年杨元直持宪节湖南二首》诗祝福：

天阔风高旆纛轻，江清沙白映扬舫。西岷峻极开文纪，南斗昭垂并使星。已见帆头湖水白，犹看舵尾蜀山青。只应直上裁天诏，楚甸风烟暂一经。

犹记琼林插赐花，云霄翩断进涂赊。形归静定几生柳，道叩虚无类煮沙。晓落秋风惊白发，病瞻南极记丹砂。愿分九鼎刀圭力，留得残年老种瓜。

（《缙云文集》卷3）

绍兴二十四年（1154），冯时行应友人郭印之请写了《郭信可索云溪诗，懒未能作，戏成此寄以自解》：

疏疏翠竹净江沙，远寄新诗特地夸。月径剩教添鬓雪，云溪日放长苔花。也知一决君无勇，岂是狂吟我欲赊？琴鹤今朝随小隐，诗篇明日寄烟霞。

（《缙云文集》卷3）

云溪，是绍兴四年（1134）郭印在川西任职时开始在故乡双流县（今成都双流区）筹建，历20年到绍兴二十四年（1154）始建成的养老园。他在作《云溪杂咏并序》中说："予性嗜水竹，欲卜一亩之园而贫不能有。日经月营，踰二十载，乃得今所谓云溪者……绍兴甲戌（1154）二月初吉亦乐居士郭印序。"他将自己咏云溪的诗篇寄到璧山，冯时行对郭费尽心血构筑的恬静云溪予以赞许，在回诗中表示欣羡。

绍兴二十五年（1155）十月，宋高宗又起用一些被秦桧所打压的官员，他问"杨椿今安在？其以为秘书少监。"（《名臣碑传琬琰集》卷33《杨公椿墓志铭》）此时的杨椿在荆湖北路提刑任，他接到诏令后即进京，出发时冯时行写作了《送杨元老召赴阙》诗相送：

群心周道直，万国舜门开。咫尺清虚地，精微择异材。光辉生锦里，合沓上兰台。霄汉横高矗，风云接大来。龟龙纷秘奥，奎璧焕昭回。碧海浮城阙，丹梯近斗魁。由来升密勿，此地实胚胎。早晚龙渊跃，从容衮职陪。斯文归黼藻，吾道久尘埃。汉武威怀远，周宣正化恢。治源先简俭，国本厚封培。造膝心终启，前筹力竟回。正宜须弼亮，岂独藉淹该？畴昔先登际，声名亦壮哉！追风先蹩踔，戡冀更徘徊。巨宝应难价，殊姿肯自媒。中天悬日月，万里忽风雷。
戮力铭钟鼎，余波及草莱。故人元勃窣，晚节更摧颓。料想怜枯肺，
吹嘘助酒杯。

（《缙云文集》卷2）

　　杨椿此次赴京"兰台"即到秘书省中任职，冯时行非常高兴。
他赞愿颇有才干的同年友"早晚龙渊跃"，用其渊博的学识辅佐君
主。同时，他想到自己的处境，情不自禁地发出"故人元勃窣"，感
叹自己的不得志。《建炎以来系年要录》卷170绍兴二十五年十二月
丙申条记，该月末杨椿由"左朝奉郎荆湖北路提点刑狱公事"改任
秘书省副长官"秘书少监，"官从四品。而后官运亨通，一年后任兵
部待郎、兼国子祭酒（正四品）、兼侍讲，以后又任兵部尚书（从二
品）兼翰林学士，绍兴三十一年（1161）任中大夫、参知政事（副宰
相、正一品）。

　　绍兴二十五年（1155），四川泸州知府李文会调知潭州（今湖南
长沙），常与其书信往来的冯时行撰写了《赠李西台》诗：

　　潇湘浓碧浸青天，千里人家接楚田。惜别正当归雁后，相思无
奈落花前。江楼间上云藏树，野渡初回月满船。看著行春驱五马，
丝丝垂柳拂长鞭。

（《缙云文集》卷2）

　　李文会，字端友，北宋哲宗绍圣四年（1097）生于泉州惠安县
（今福建惠安），南宋建炎二年（1128）以八行举进士。以主张和议
于绍兴十二年（1142）四月官任"西台"监察御史，附奉桧弹劾多
名主战派名士，知冯时行案是冤案未予落井下石。次年迁殿中待御
史，任御史中丞。绍兴十四年五月拜端明殿学士，兼署枢密院事，
权参知政事，与秦桧同朝堂，同年十二月因弹劾万俟卨得罪秦桧被
罢去副相谪居筠州移置江州。到绍兴二十四年（1154）七月任四川
遂宁知府，次年调任泸州。

　　冯时行从万州被罢回璧山后，他知丹棱县结交的朋友唐文若在
昌州永川任知县，常到璧山相互唱酬研讨文学。冯曾写《跋〈会景堂
记〉》文与唐论前人谈渝州山川风物事：

　　余同眉山唐立夫观此文，古渝山川、风物、古今，尽於此矣。余读之，莫之许。立夫论文章，多不可前人，独谓此为奇作。以立夫之言一再复，然后见其汪洋纡余之体。其间云"北岸有涂山，南有夏禹庙、涂君祠。"以今考之，南北误矣，当改为东岸有涂山，山之麓有夏禹庙、涂君祠云。

　　（《缙云文集》卷4）

　　唐文若后调洋州、遂宁府连任通判，在洋州为茶农减重赋，在遂宁振水灾筑河堤惠民，（《宋史·唐文若传》）绍兴二十六年（1156）奉诏入京由寺丞任至起居郎，后除外知邵、饶、温三州，以政绩出色复入朝。孝宗初力主抗金，在张浚都督府任参赞军事。

　　绍兴二十六年（1156）底，当冯时行整装待出赴任蓬州时，前守尚书右仆射并同中书门下平章事兼知枢密院事即右丞相张浚的次子张杓赴任成都路提点刑狱公事，道经恭州与冯时行相见，冯写了《送张卿赴西路宪》说：

　　不容巴国恋深仁，使节朝驰诏墨新。山水两川奇胜地，典刑三晋老成人。使星正自临东井，卿月元来照紫宸。自是皋陶多迈种，归毗舜德咏臣邻。

　　（《缙云文集》卷2）

　　张杓（1136—1205），字范夫。《宋会要辑稿》等书记：绍兴二十六年（1156）十一月二十二日前知饶州，筹款修城壁以避大水侵城伤民。当月二十三日，升成都府路提点刑狱。到十二月十二日，又调京任大理寺卿。二十七年（1157）正月，任刑部侍郎。据张杓经历，可知冯诗作于绍兴二十六年底。

第六节　撰墓志挽贤悼友

　　冯时行罢归璧山县后，撰写了不少墓志铭。

　　墓志铭是放在逝者墓中，记载逝者生平事迹及相关情况的碑刻。是一种以独特方式反映历史的文字记载形式。它作为中国古代一种重要文体，出现于魏之际。到了宋代，这种文体逐渐稳固，主要功用是悼念逝者，颂扬其品行功绩，具有对人生进行回顾加以整体性评价，带有盖棺论定的意味。

绍兴十三年（1143），冯时行撰写了《李时用墓志铭》：

自余少时从事先生游学东州，见合阳李时用。时用年已四十余矣，一见相爱重，解衣衣我，出入其家如子弟，别去三十年，时用死矣，其二子悦、观求志其先人之行。自合之万，则余千里，自庚申至癸亥，凡四年，其间四五往返，固请不懈。感念畴昔，且重违其诚也，不敢辞。

呜呼！时用为布衣诸生，不幸不有得於时，潜德隐行，无所表见而死，其何以自讬於论次之间哉？虽然，禹、稷、伊尹，其功德见於后世者甚大，至孔子以柳下惠配伊尹，孟子以颜回参禹、稷。盖以其微而知其著，以其所尝见卜其所未见，故融其心迹，断然与之而不疑。如时用孝悌慈恕、诚实惇静，充之身，施之家，推之乡党朋友，渊然充足，沛然甚有余也，其道之终穷，浩然而有处也。使时用得志，以充之身者行乎人，以施於家者存乎国，以推於乡党朋友者行乎天下，以其道之终穷而浩然者处乎富贵利达，安知其事业不铭鼎彝、光竹帛、传无穷也？然而卒无以自讬於论次之间者，呜呼惜哉！

时用其先系出陇西，从唐僖宗入蜀，丑五季之乱，不仕，浮沉梓、遂间。艺祖受禅，有诏唐衣冠之在蜀者，赐闲田以居，由是占籍於合。高祖承显，曾祖昭象，祖宾，考天辅，孝谨人也，心甚喜之。后二十二年，余以事至临邛，其子某来谒，泣拜具言："父不幸弃诸孤，盖若干年矣。乡人某为状其行。重惟先君获事君子，蒙维持护恤之恩，知先君介介无他，宜莫踰门下。愿丐铭章，用终死生之惠。"追惟畴曩，为之泫然。属老病不任叙载，又不可无一言於故人旧交，姑系状以铭曰：

尧舜周孔，与天罔极，邈不可及。顾其下愚，是为桀跖。上下之间，为善宫坛。绰然以宽，充其大端，贤知是班。小以成小，其犹足观。伊维其趋，以善为徒，不迁不愚。用大或拘，以小则余。善以为址，没身不耻。以遗其子，恂恂济济。呜呼彦质，亦以不死。铭兹幽石，永贵蒿里。

（《缙云文集》卷4）

从该墓铭可知李时用为人善行等外，还可考知冯时行少时随师游学合州（今重庆合川）的时间。铭写于绍兴"癸亥"即绍兴十三年（1143），冯时行与李时用"别去三十年"，从绍兴十三年前推三十年是北宋徽宗政和四年（1114），时年冯14岁随师游合州。文中说"后二十二年"冯在临邛，从政和四年后移二十二年是南宋绍兴五年（1135）。《建炎以来系年要录》等书记绍兴五年冯时行在近邻临邛的江原县任县丞，据铭文亦可佐证冯绍兴五年的确是在江原。

绍兴十四年（1144），冯时行写了《任全一墓志铭》：

中巴之国，渝水之滨，有隐君子姓任氏，讳渊，字全一。靖康初，调资州内江县令。於时方军兴，有司微发，一切破程度，过率数倍不经。民久安，一日出重遽，始惶扰。公为政务安靖，供俟期及事，不以捷给为能，犹遇事踧踖，不忍设施。及代，当改官，叹曰："时如此，吾滋不欲吏矣。"年四十余，精力不任取贵显，弃归，杜门里中，非至交亲莫识面。同年与尝共事者任部使者，从骑吏至门，愿一见，卒不得。偃仰一室，澹泊自守者阅二十年，卒於家，年若干，实绍兴十四年某月日也。

呜呼！世固有强任，敢断不顾，冒得形势，负倚公上，辄尽民赀，藉以进取，死且不止。其次暗受指使，衰剥附益，一得上官颜色，喜不胜。间有知识，或顾惜不敢争，不得已犹包蓄愧耻，日蹙頞俛首从事。公能自贵重，不肯损折毫毛，卧蓬荜、乐贫贱，极老无悔，不既贤矣乎？其曰隐君子，孰谓不宜？

公之先遂宁，曾祖某，祖某，父某。公自少文行有闻，登政和八年上舍第，授迪公郎，尉遂宁府青石县。未几，更授府学教授，升从事郎。秩满，移夔州路，授开州开江县令。襄阳王蕃主夔州选事，以文学老故自当，接公颇简倨。时开江奏已前上，公奋袖去，不就。蕃悔，即书走置谢，固愿还，仍属道前郡劝止，不答。久之勅下，竟不赴。其介特如此。会有荐之朝，授怀安军教授。宣和中，有旨除三舍少教授员。去摄果州相如县丞，治有效，迁令。久之，授合州巴川县令，满，迁资州内江县令。公前后所历职师儒，轨度以身，士有法则，皆立行义，绝浮惰，比比出为闻人。为县先教化，旌礼孝悌，吏奉法无所私。退而家居，宗族邻里感慕与爱敬。比死，一乡哭之皆哀。夫人孙氏，成都人，作配君子，出任隐居，协德无违。生三子，安国、兴国、观国，皆服明训，为成人。兴国、观国有文，兴国两贡礼部。三女，适某人。十三年夏，族人有病疫疠，长老尽死未敛，独二稚在。人问劳，或传致饮食，即病有死者，皆绝迹不敢近。公与夫人欲自临治敛事，收孤归，子弟牵挽求缓，不听。病竟传公家，老少皆病，二婢死，冢妇死，夫人相继死。公言义如是不悔。夫人先公若干日卒，享年若干，以某年月日，合葬於浮屠山之西岗。

公既谢事绝交游，某行辈又出公下数等，每进见，特相敬爱，复与其子兴国游。葬有日，兴国泣请铭，义不得辞。铭曰：

士之出处物与身，有如持衡更重轻。公挟所有甚自珍，视物缁铢身千钧。跃出滓秽甘沉冥，固取抑塞俾道伸。不矫不亢用吾情，古有隐者斯其人。呜呼已矣封其扃，何以彰之勒斯铭。

（《缙云文集》卷4）

绍兴二十年（1150）前后，写《冯隐君墓志铭》云：

蜀士有不由科举，奋布衣，出万死不顾之计，持危排难，登名太史氏之籍，自近臣以来，吾得一人，曰遂宁冯康国，隐君即其考也。隐君於诸子，独以康国谓必贵。康国偃蹇学校，年四十余未售，隐君劳勉，益谓即贵不疑。已而康国客三吴，见今前宰相张公，相与定匡复大计。授奉议郎、兵部员外郎，出抚渝川、陕。

康国拔起诸生，骤遭逢光宠，全蜀耸动，所至道戢戢企踵争瞩望。县令治道路传舍，郎守郊见视馆，谨馈燕劳，兢兢惧不及事。於时乡父老豪长者争入贺，视隐君辞色不异平日。康国留佐川陕宣抚司，入奏事，迁朝奉郎。翌日谢，从容悬愿以特恩授父。上大喜，授隐君承事郎。喻年，复请以一官易父服色，上特赐隐君绯鱼，累迁奉议郎。其后康国为左司郎中，出师夔门，任川陕茶马。势益盛，隐君愈抑抑。入闾里，贫贱故人辄伛偻出其下。久之，康国不幸死，门生故吏解去不顾，门户日凄冷，乡邻为之惨沮。隐君故不见顿挫，日饬治家事，课督诸孙，诵说亹亹不厌倦。遇故旧抵掌谈笑，辄终日夜，晏然若初无康国者。盖又若干年，年八十三，以寿终。

将葬，其子平国等以某尝知於其兄，来谒铭章。孔子曰："得见有常者，斯可矣。"若隐君历一时得丧之节，可谓有常矣，铭宜不辞。隐君讳某，字某。曾祖某，祖某，父某。娶李氏，生九男子。长康国，终右朝散郎、直显谟阁、主管川陕茶马。次经国。次过，渠山簿。次大雅、次输、次逾，皆早卒。次平国。次定国，亦先隐君十年卒。孙男五人，震，通泉尉，鼎、豫、履、济。孙女五人，未笄。曾孙一人。隐君卒於某年月日，葬於某年月日，乡曰某乡，原曰某原。铭曰：

瘠之生不腴，沃之生不枯。视其所出，以榷其所储。斯铭之藏，庶几不诬。

（《南宋文范》卷65、《缙云文集》卷4）

该墓铭墓主之长子冯康国是南宋初期主战抗金官吏，建炎三年（1129）苗、刘作乱逼高宗赵构退位，张浚遣康国赴杭州往说调停，告以祸福，终至弥缝。以功补守兵部员外郎，赐五品服。绍兴初随张浚入蜀，主管川陕宣抚司机宜文字。建炎四年（1130）迁荆湖宣谕使。绍兴四年（1134）随张浚罢也为言者论，坐贬。后起，知万州、湖北转运判官。绍兴五年（1135）张浚任相，康国任都官员外郎。七年任右司员外郎，除直显谟阁、知夔州。丁母忧，绍兴八年（1138）五月起复，抚谕吴玠军，迁都大主管川陕茶马监牧公事，卒于任。

南宋李心传《建炎以来系年要录》卷144记说冯康国卒于绍兴十二年（1142），此后学者多以此为据，如《宋人生卒行年考》、《宋人传记资料索引》以及目前中国最大的文章总集《全宋文》小传，但这些书和《宋史·冯康国传》却未记冯康国的生年，《冯隐君墓志铭》却可补正史书之缺。该墓志铭说冯康国客张浚帮助"匡复大计"时"年四十余"。苗、刘之乱是发生在建炎三年（1129），若冯康国时为四十二三岁，那么他的生年当在北宋哲宗元祐二年（1087）前后。冯康国比冯时行年长13岁，卒时约55岁。

该铭未记写作时间，文中说冯隐君在康国卒后"盖又若干年，年八十三，以寿终。"宋代人结婚较早，设冯隐君年 18 至 20 岁结婚生子，以冯康国出生年 1087 年前推 18 至 20 年是 1065 至 1067 年，此为冯隐君之生年。由冯隐君生年后移 83 年是绍兴十八年（1148）至二十年（1150），此时间距冯康国卒年为 8 年，符合冯时行记冯康国卒后"盖又若干年"隐君才寿终之语。以此推知，《冯隐君墓志铭》约写于绍兴二十年（1150）前后。

绍兴二十五年（1155），冯时行写了《和州通判陈公墓志铭》：

公讳九龄，字寿翁，本陈宗室。文帝封璘为安成侯，於公盖十三世祖。璘生归，嗣侯，从主入隋，居长安。归生愿、生允文。允文生处仁。处仁生拱，为唐中武节度使。拱生成之，守同州。成之生耀卿，为昭宗右拾遗。朱温篡，辞入猴氏山，戒子孙无出仕。耀卿生余庆，余庆生维，犹守祖训，有隐德。晏元献公力荐於朝，凡三召乃出，授御史里行，即公曾祖也。祖文政，徙居华州之蒲城。父子从，元丰中与兄水监主簿子雅上书论新法得罪。

公生十年而父母俱丧，能以学行自植立。再贡礼部，再黜。留太学十年，游益广，学益成，文益不合有司。宣和六年，以恩授济州文学，调水洛城主簿，改怀德军司刑曹事。靖康入蜀，授成都灵泉、安仁二县主簿，监眉州酒务。改右宣义郎，除通判和州。未赴卒，享年六十有六，实绍兴二十一年六月十六日也。临终却粒饮水三日，沐浴衣冠，精爽如平时，嘱家人居丧祭享遵用古礼，毋为佛事。娶潘氏，生男汉杰，以军功授承信郎。再娶张氏，生男邦杰，以宰相荐经术精通、论事切直，授右迪功郎、湖广江西京西路总领司准备差遣。女舜华，适进士党普。再娶俞氏，生男庭杰，早卒；朝杰，应进士举。女淑，适宗子伯瑾。舜英，未笄。孙男观复。女二人。

汉杰等将以绍兴二十五年十一月二十五日葬公于嘉州峨眉山之麓，邦杰以某尝与公同僚，知公，泣拜请铭其幽穴。夫国朝以五举恩待遗逸，其人皆老，故僵起百为，一日谇以事宜，练达绝少年诸生，有足观采。然而寂无闻，岂其晚暮惰气，重以时俗侮易，遂落窦以尽？使真有所蓄积，出必大肆，老且更壮，若是者，何其疏阔也！惟公刚介之节，深树本根，不为得丧壮老恸憾，遇事精魄健锐，顾出盛年得意上数等，人亦不敢视以毫备，必敬畏信服。尝摄安仁县事，於时丞相张公、富公，其外家戚属惮公，不敢毫发出形势犯教令。节制军马王彦常因公故人，强牵挽致幕下，公不得已，一至剑门，即弃去。总领财赋赵开自谓心计精密比刘晏，闻公疏列取子利病，不觉失惊起立。然公出忠恕，竟背驰。眉州酒务不法，檄公按验，至则不鞫其脏，独以逋负上。赵公不悦，即令公代所按重困弃之。公纵旧官，补以逋额十万，义声流闻。比满，犹得子钱七十万，四倍常数。后得贰和州，使因出东南，见乡宰，必有遇合，不幸以死，可悲也夫！铭曰：

学以今，故不售；志以位，故不究。惟丰其廪而啬其施，所以昌其后者邪！

（明《永乐大典》卷3148）

璧山乡居期间，冯时行还写有《僖润甫墓志铭》：

僖氏本晋阳人，实春秋僖负羁之后。唐懿僖之代，赐今姓。祖孙三世，茂著勋庸，旄节相望，可谓盛矣。夫三代为将，道家所忌。僖氏自唐迄今垂三百年，子孙蕃衍，诗礼传世，郁为名族，必其仁义之师，杀人本於克济，僵敌志在除残，余烈犹存，世食旧德者也。今其可考者，铁务使以时方板荡，政移悍藩，即从晋阳避乱入蜀。孟知祥乡枌雅好，比肩戎行，即署武信军节度兵马使，资其壮谋，共保割据。铁务心存王室，謇达无渝，肥遁山林，力辞伪命。以此忠正，开基双石，所谓利不可回，节不可夺，风雨犹鸣，岁寒后凋者。其嗣世绵远，厥有由哉！

公铁务七世孙也。曾祖某，祖某，父某。公幼而颖异，长乃问学，孝悌之行，称于一乡。翱翔里选，壮岁不达，退治燕游，尽山水渔钓之乐。内外族属、朋友乡邻，急难死丧，於焉取给。躬行允蹈，德义不愆。罔知于天，得数不永。卒，享年四十四，实某年月日也。娶某氏，生男某。女三人，长适某，次适某。以某年月日，葬于某乡某里某山之麓。某泣丏铭，某以某忠正之后也，铭之。

铭曰:

僖氏得姓乾符祀,世载勋烈史莫纪。诘其存者略可指。司空总戎巢秒洗,清宫反正乱仅弭。子有荣、枏嗣其址,官联常伯炳煜炜,枏位特进益峻峙。懿僖以降国愈疬,神鼎海盗起环视,铁务举宗以蜀徙。孟氏踵武灭臣轨,乃心岂忍攘窃耻!坚磨不磷确茅苇,开基双石此其始。传至于公盖七世,烝烝衍衍懿其履。死葬兹壤累以岿,忠烈之裔后毋圮。

(《缙云文集》卷4)

前述冯时行所撰墓志铭的主人多非政治、文化圈内有相当地位和影响力的大人物,而是中下层官吏或他们的至亲乃布衣平民。铭多系墓主子弟选挑作者,不惧途远甚至多次往返到璧山乞请冯时行,认为他对逝者知之较深,能够传达出逝者需要褒扬于世的人生意象。同时含有一种丧家理念,认为通过借助昔之状元的精湛文笔,记叙墓主的人生使其扬名后世。也充分寄托了家人的哀思,将一份孝心思念留存于世。

冯时行熟悉风俗典礼,严格按照文体作墓铭,分首题、志文、铭文。他写首题部分时,对官员的墓志铭多写"所终官爵",对平民墓志多以"某某府君"、"某某处士"等尊称,从广义上讲是遵循的"题终趋尊"。在写序文部分时,则尊从一般"其大要十要有三事焉,曰讳、曰字、曰姓氏、曰乡邑、曰族出、曰行治、曰履历、曰卒日、曰寿年、曰妻、曰子、曰葬日、曰葬地,其序如此。"(明代王行《墓铭举例》)序文之后,用来赞叹墓主功业德业、哀悼此人亡故的铭文大部分用韵文,少量用散文。冯时行在具体撰文中,也有一些变化,展现出不同的风格与特点。

总体上看,冯时行所撰墓志铭是以其主观情感为依托,内容中充满对逝者的怀念及推崇。这些墓主多数也有一定的社会地位,记叙他们的史料能够对历史事件研究、历史人物研究、历史地理研究等起到作用。

冯时行还写有一些挽贤悼友的诗词,如《张公升挽诗》:

扫地绿覆牖,拨醅香绕墙。是非闲处少,日月醉中长。薤滴悲歌露，柯寒落叶霜。百年成底事？宿草任苍茫。

（《缙云文集》卷2）

又《牟元礼挽章》：

泪注琼瑰事可伤，白衣回首白云乡。两三遗册新诗在，四十余年素业荒。学海骤干千顷浪，儒林旧剪一枝芳。风流未寄三题草，光焰谁家万丈长？不作人间金榜客，应为天上玉楼章。诙谐未见车公口，锦绣应无李白肠。幽鸟空啼疏竹径，青灯愁见旧梧堂。就中有事空堪恨，谁问双亲两鬓霜？

（《缙云文集》卷3）

《常君挽词》云：

龟城之山龙蟠崛，山下佳城何郁郁！一杯黄土百年心，数字寒旌万里骨。风愁雨悲春色死，生长何方葬於此？乱离沟壑半公卿，不得如君君有子。我生苦晚复异县，平生不识先生面。但闻其见元祐时，伤今思古为此叹。

（《缙云文集》卷2）

第十五章　秦桧亡时行知蓬州

第一节　上任二十日被罢

绍兴二十五年（1155）八月，"左朝请郎、新知阆州周执羔改知夔州。"（《建炎以来系年要录》卷169）周执羔此前以"擢权礼部侍郎，充贺金生辰使，使还兼权吏部侍郎。因劾秦桧以科第私其子，罢去。起知眉州，徙阆州，又改夔州，兼夔路安抚使。"（《全宋文》卷4067）周执羔与冯时行是进士同年，冯时行在万州被罢废前后他在朝廷中任职，对冯时行主战抗金行为是钦佩与支持的，但因官微言轻不能扭转长期任宰相的大奸臣秦桧及其一伙的倒行逆施。

绍兴二十五年（1155）十月二十二日，早年被俘降金、归宋为内奸，伺机夺得相位后一心对金屈膝媾和、丧权辱国，葬送南宋北伐后收诸抗金大将兵权并以"莫须有"罪名冤杀岳飞，大肆兴冤狱诛异己，图谋皇位祸国殃民的千古罪人秦桧病亡了，年66岁。一生尽做坏事的秦桧为国人痛恨，连"天下之儿童妇女，不谋同辞，皆以为国之贼。"（《龙川文集》卷1《上孝宗皇帝第二书》）"四方士民相欢庆"，（《三朝北盟会编》卷220《中兴姓氏录》）就连宋高宗也说："朕今日始免得这膝裤中带匕首。"（《朱子语类》卷131《中兴至今日人物》）

秦桧死后葬金陵（今南京）"牛首山"，无人愿意为他写碑文。百姓恨他，在他坟丘上放牧，有题诗讽："今日牛羊上丘垅，不知丞相更嗔不？"（《桯史》卷2《牧羊亭》）南宋末期，宋大将孟珙抗金还朝时故意"屯军於桧墓所，令军士粪溺墓上"，（《骨董续记》卷3《秽冢》）时人称秦桧坟名"秽冢"。明代至今，全国多地官府与百姓还用铁铸了秦桧及奸党像长跪在岳飞墓、岳飞像前，以表对民族英雄岳飞的敬意和对奸贼的切齿痛恨！

待秦桧死，宋高宗就削减了其部分党羽，如其亲戚曹泳、郑亿年、王会等数十人被罢放逐，同时也被迫恢复起用了一些受迫害的抗战派官员。周执羔也趁此机会于绍兴二十六年（1156）五月竭力向朝廷推荐起用被罢官已久的冯时行。

绍兴二十六年（1156）秋，冯时行给周执羔写了《代谢荐章启》文：

右某启：伏以坐靡饩廪，苟克润於龟肠；仰累鉴裁，幸标题於麟角。宠斯逾分，誉实过情。

伏念赋性凡庸，受材么麽。粗闻诗礼，偶与宾兴。虽由玉蝶以传家，窃慕布衣而为业。良涂蹭蹬，秋风六鹢之退飞；猿迹羁危，夜树连鸡之不宿。幸遭天眷，宠赍宗盟。旋被命於行朝，遂籍名於仕路。虽褒衣博带，已愧初心之非；而箪食豆羹，良赒此日之急。未辞捶楚，况荷峥嵘？已察其无补於涓尘，盖未尝过索其瑕衅。深戴涵容之德，敢希收录之恩？特被荐论，夫何幸会！

此盖伏遇某官襟期恢廓，局量渊宏。冠冕缙绅，羽仪朝列。黄堂弭节，政行蜀道之三千；紫诏遄归，诗继盛山之十二。虽小善而加录，无大故则不遗。必欲门下所收，略尽海内之士。致兹纤芥，上辱甄收。某敢不益励操修，以酬知遇？栖迟得地，苟安鹪鹩之一枝，奋迅有阶，愿附麒麟而千里。

（《缙云文集》卷3）

冯时行表示，一旦需要，他将一如继往，勇担重担。该年冬至，他给周执羔写了《贺夔帅冬节启》：

周正在候，盖阴阳生之朝；君子乘时，有小往大来之象。神明所赞，福禄惟新，伏惟欢庆。

恭惟某官英杰自天，精忠许国。望实兼隆於朝野，猷为雅见於事功。政若龚、黄，定乱无闻於远略；勋如李、郭，治民不载於嘉称。挈二炳以能兼，在今日而为盛。庆每由於善积，福亦自於善积，福亦自於已求。是宜戬穀之辰，倍介繁禧之祐。

某虽贻罪戾，益荷恩怜。身系简书，心驰门仞。想称觞之簪履，阻缀末尘；采击壤之歌谣，辄形善颂。欣抃之至，敷叙奚殚。

（《缙云文集》卷3）

绍兴二十六年底，自万州被罢官已经整整15年的冯时行在璧山村舍接到朝廷任命，以左朝奉郎（官正六品上14阶）出任四川蓬州知州。他为自己又有机会报效国家和为百姓做事感到高兴，这是他长时间被罢官后出现的转机，眼前不断地闪现希望的火花。

绍兴二十七年（1157）初，冯时行告别妻儿未带随从，低调地只身出发，坐船沿嘉陵江北上经合州、果州（今四川南充）而去蓬州。在过合州、武胜后，他在汉初县稍作停留，游览了汉初东岩。

汉初，相传西汉刘邦封雍齿为什邡县侯，雍齿乘船过此见该地山清水秀，就上岸扎寨筑城。到梁武帝时在此设县，以城是汉代初雍齿开发始筑而定名汉初。宋《太平寰宇记》说："梁大同（535—545）置新兴郡，领县一，汉初。"汉初县南宋末年毁于蒙军战火，遗址在今四川武胜县烈面镇汉初村，紧靠嘉陵江，是宋代北赴剑门、东出三峡的黄金水道。

冯时行在汉初东岩观看了陈抟两次游此的题诗，提笔撰写了《题汉初东岩》诗：

疏官寂寂解行衣，脱木萧萧立翠微。江带暝烟随意曲，鸟翻落日向人归。

（明《永乐大典》卷9766）

腊梅吐蕊时节，冯时行到了果州，与在此任知州的郭印不期而遇，受到他和州掾刘仪凤、州吏杨拱辰等朋友的热情招待。告别诸人后，冯时行在大地春回的二月到达了蓬州。

蓬州，南北朝后周武帝时设，唐初复置，南宋属蜀中利州路辖管，下设蓬池、仪陇、营山、伏虞、良山5个县。蓬州州治设在三面傍水，一面靠山的蓬池（今四川蓬安县北茶亭乡蓬池坝村）。州有"大蓬山，在城东南七十里。状若海中蓬莱，因以为名。州名亦以此。""蓬之为郡，以蓬山得名，故自昔传与神仙相接。其地灵人杰，足以发行千古江山之胜。""山多崇兰、黄花，每春秋开时，清香满山谷间。"（《新编方舆胜览》卷之蓬州·山川·形胜）

蓬州是唐代著名书法家、生性刚正不阿的名臣颜真卿贬任官之地。他被权臣构陷到此任知州四年，勤政爱民，革除时弊，体恤民情，深受民众爱戴。冯时行敬仰颜真卿，到蓬州的第二天在同僚陪同下，观览了颜真卿遗迹，拜祭了百姓修的颜公祠。他要以颜公为榜样，决心为任一方把蓬州治理得井井有条，使州地夜不闭户、路不拾遗，让百姓安居乐业。

为了尽力为百姓排忧解难，冯时行在蓬州辖县开始调查了解民间疾苦，思考上奏朝廷废免减轻本州不合理的苛捐杂税。绍兴二十七年三月，当他到任仅20天时却突然接到四川安抚制置司送达朝廷的诏令，罢免了他的蓬州知州职务，放回璧山为民。

自秦桧死后，不少朝野人士都以为宋高宗会整饬吏治，重用正直的主战派官员。冯时行更是希望高宗皇帝能拨乱反正，任用良臣。殊不知高宗虽然起用了一些曾被秦桧打压的官员，但又担忧抗战派的力量增长而影响与金国的和议，于是仍重用主和派万俟卨任宰相、汤思退知枢密院事，这些本属于秦桧党羽的丑类上台后仍旧按既定方针处理政务，对外坚持和议政策，对内继续排挤主战派和正派骨髓官吏。

万俟卨指使兵部侍郎汤鹏举弹劾绍兴二十六年底复出恢复大学士头衔的抗战派首领张浚，于是高宗下旨又罢免了张浚令他迁出京城到永州闲居。此期间，与秦桧死党亲密交游的工部员外郎王珪因巴结宰相万俟卨、知枢密院事汤鹏举等权贵被重用任殿中侍御史。王珪升任侍御史后诬陷弹劾罢废了不少正派官吏，冯时行和与其交好的晁公武就在其中。

王珪弹劾指控冯时行仍是用绍兴十一年秦桧党羽李峒诬陷冯时行时使用的部分罪名。据南宋李心传《建炎以来系年要录》卷178绍兴二十七年（1157）十二月记载："殿中侍御史王珪言，潼川府路转转运判官晁公武倾险出天性……更历数郡，所至贪暴，人不聊生。左朝散郎（应是朝奉郎）新知蓬州冯时行倾在万州之日，积羡余之钱，以万数计，并无赤历（即无上级财政机构楷核州县官府钱粮的册籍）不可稽考。又以州之良百姓皆刺为虎军。人情惶骇，几欲生变。此两人者，蜀人尝被其害，今岂可令遗患一方，乃并罢之。"

冯时行的好友晁公武在绍兴十七年至二十六年曾任恭州、荣州、合州知州，清嘉庆《四川通志》卷59嘉定府、清《嘉定府志》卷32政绩、清《荣县志》卷2建置、卷4山脉、卷5水道、卷10轶官、卷11社祀、卷13古迹记其在荣州为便民"重建环城石桥四"，又修公益建筑宸章阁、奎章阁、经阁、诸儒祠、昭德堂。民国《合川县志》卷37名宦《晁公武传》评说："在官二年，政声卓著。"可知晁公武所任多政绩，非王珪说是"贪暴"之吏。早在南宋时名学者李焘等为此就有所辩白。今人孙孟《晁公武传略》引昔人研究说："王珪弹劾晁公武聚敛贪赃，应该是出于诬陷，并不可靠。"

冯时行早年知万州以有惠政而得民心，历代万州人都为他立祠以祀。但当时在执掌大权的奸吏陷害下，经宋高宗同意罢免了他的蓬州知州，这是他一生中第二次被罢官。

诬陷弹劾冯时行、晁公武等人的王珪在绍兴二十八年（1158）任太常少卿，出任龙州、舒州和福建路提刑，绍兴三十年（1160）七月，中书舍人沈介奏论他是秦桧和此时被贬被叶义问称"一桧死一桧生"的汤鹏举的党羽，与被秦桧"信爱之如子"（《朱子语类》卷131）的酷吏曹泳交好，但所任并无政绩，因而被罢官奉祠台州崇道观。《建炎以来系年要录》卷185绍兴三十年七月甲午条记："直敷文阁舒州王珪主管台州崇道观。珪初除福建路提刑，而中书舍人沈介论珪顷在绍兴，与曹泳为诗酒之游，荐之秦桧，召摄宰事。桧死泳逐，珪失所恃，巧入汤鹏举，烂升御史。逮鹏举之逐，阴令其子与珪交通，将有所诬陷。赖圣明洞照，极有奉常之除，其谋遂寝。珪不自安，方且引去，出守龙、舒，政绩无闻，乃有是命。"

本想复出后在蓬州能为国为民多做一些实事的冯时行，还未策马快奔做出大的业绩，就又被罢黜。他感到压抑，心情郁闷，被罢官整15年后知蓬州不足一个月又被罢，来去匆匆如南柯一梦。在同僚送别的酒席上，他写作了《闲居十七年或除蓬州，二月到官三月罢归，同官置酒为赋〈点降唇〉作别》词：

十日春风，吹开一岁闲桃李。南柯惊起。归踏春风尾。世事无凭，偶尔成忧喜。歌声里，落花流水。明日人千里。

（《缙云文集》卷4）

该词题中冯时行说他万州被罢到除蓬州"闲居十七年"，考察他自绍兴十一年（1141）十月七日被诬陷入狱，绍兴十二年（1142）六月十八日出狱，至绍兴二十六年（1156）初秋诏复出任，二十七年（1157）春二月到蓬州上任，实际闲居15年，虚年17年。

将离开蓬州时，一位同僚朋友见冯时行苦闷，就送给他一块在蓬州可遇不可求的"鲁公石"。该石是颜真卿任蓬州知州时在山谷中发现的一种观赏奇石，数量稀少十分罕见。这块奇石出自蓬州清溪河底掇峰叠岭，十分秀丽，令不少官绅垂涎不已，曾有人出重金相购欲得之而后快，但未予出让。同僚敬重冯时行生平为人，就将珍藏之石相赠。冯时行再三推辞不受，但朋友坚持要送，最终无法拒绝收下后表示：此蓬山水中之美石，得之不易，吾不能携归璧山娱玩，当给它寻一个恰当的去处。

冯时行将"鲁公石"拿到蓬河清潭边，轻轻将石沉入深潭内，他口念蓬州奇石神灵化，邂逅送还碧潭下；它年有缘再出水，高人识之名天下。据传言，这块奇石隐藏碧水几百年后，到清代道光年间被石工重新掏出，由时任蓬州知州的山阳进士高士魁收购，而后转赠给了友人。高知州曾赞奇石玲珑透剔，高仅一尺，吾宝也。并作诗赞石："断峰剩有案头环，品格都非故射颜；遥想冰姿辉两岸，巫夔羞倒万重山。"

第二节　惆怅与友游中岩

绍兴二十七年（1157）三月中旬，冯时行怀着惆怅的心情，踏上了到成都办理罢任手续而后回返故里璧山的路。农历二月十五中春日，他经过果州时又与好友郭印、杨拱辰、刘仪凤等会面，把酒愤谈国计民生。郭印在《次杨拱辰韵兼简冯当可、刘韶美》诗中，记叙了冯时行任蓬州来去果州的事。诗云"冯君十年别，龙鹄迹久陈。邂逅果山底，一见两脚踆。初来梅蓓吐，欲去柳眉颦。平生知识多，斯人罕其论。我今亦西矣，筇竹访峨岷。凭谁与之俱，足跣头不巾。……他时共相见，两颊桃花春。"（《云溪集》卷2）

　　郭印诗回忆冯时行绍兴六年（1136）任丹棱县令，他则在相邻的仁寿县任职，绍兴十年（1140）冯时行知万州，他假守忠州，相游甚欢。而今久别重逢于果州，高兴不已。

　　老友刘仪凤、杨拱辰（名大中）也作诗赠送，冯时行一一作和诗答谢。所写《和杨拱辰见惠》云：

　　所操或异趣，并席宁相亲。臭味傥不殊，千里情犹伸。古今邪正间，何啻万微尘。平生阅世眼，服膺无几人。济济数君子，庞然气深淳。南郭服仁义，辙迹世所循。杨侯墨池孙，清厉凌苍旻。公干抱奇蕴，馨咳皆瑰珍。造物岂私我？惠我为德邻。贱子婴祸罗，蹭蹬巴江垠。弃逐类秦客，憔悴如楚臣。九死不能悔，百炼未失真。敢希鸣玉侣，庶混击壤民。饮水蠲烦躁，熏香忏贪嗔。揭来古安汉，息黥幸依仁。至道迷所适，避风时问津。昨者枉车盖，正值霜雪辰。厨空无盛烟，坐冷乏软茵。墙头丐邻翁，殽核粗且陈。公言我未暇，语竟即踆踆。挽袂不可止，满坐颜色罃。公方迟腾踏，我已甘隐沦。我归楚之薮，公家蜀之岷。感此会合难，时来笑脱巾。酒户较深阔，句法窥清新。纵游当秉烛，正恐别鼻辛。公能勉此乐，我及留中春。

　　（《缙云文集》卷1）

　　又作《再和》诗：

　　人言不饮酒，神行不相亲。我云不游山，足挛不可伸。径须向泉石，抖擞人我尘。况复山林姿，岂类轩冕人？出门见四野，便有羲皇淳。昔游颇有得，已事犹可循。异时春开阴，晴霁如秋旻。殽蔌粗提携，不必皆奇珍。客居我贫者，尚能乞诸邻。相与临小轩，眼界浩无垠。水绕拖长带，山来趋小臣。轩前耸朱凤，曾是栖群真。飘游邈何许，迹可访遗民。吾徒况健步，人扶必怒嗔。频行当导引，能除体不仁。想当闻此约，喜见颜津津。必不类世俗，咫尺小参辰。鸟语听妙转，草软藉芳茵。信宿得苏李，良会如荀陈。翻思尘土中，旦暮走踆踆。有如对酸醨，未啜已深颦。放意宽衰飒，收机入混沦。尚欲挈妻子，终焉老西岷。或欲东入海，披发谢冠巾。况兹一日游，暂令耳目新。於事竟何补？在己徒自辛。骑马事干谒，汩汩穷昏晨。不如且行乐，一笑酬中春。

（《缙云文集》卷 1）

冯时行的两首和诗长似散文，一首 27 句，二首 28 句，共 550 字，是"以文为诗"。他感叹众友相会难，庆幸杨拱辰仕途尚顺，自己虽遭诬陷如苏秦一样被秦王弃逐，如屈原一样被楚王放逐，但不后悔，"九死不能悔，百炼未失真。"甘愿带领妻子隐居故乡，甚至可以远离官场尘世，入海披发隐去，决不向权奸屈服。

冯时行很快到了成都，办完相关事后就乘船南下经眉州彭山、眉山去青神县。途中，他写作了《彭山道中》诗：

劫劫真无谓，迟迟再有行。断云峰出没，残照水分明。远意谁能共？长亭空有情。从今离别梦，逐夜到江城。

（《缙云文集》卷 2）

路途中又写了《晓行得江字》诗：

晴色招人步晓江，牙牙瘦石水淙淙。断云作片元随伴，百鸟无群不著双。净渚镜磨涵崛岉，飞涛云涌过艐艭。烟蓑雨笠吾将老，富贵心慁苦未降。

（《缙云文集》卷 2）

冯时行在青神县受到知县、县丞和他 20 年前任眉州丹棱县结识的朋友们的迎接，当地俊才史尧弼等盛情邀请他重游青神名胜中岩，在山中住宿了两夜。

中岩，位于青神县东南，在岷江东岸，分上、中、下三寺统称名中岩。始创于东晋，彰显于唐、宋，为著名佛教圣地。传说该地是十六罗汉中第五位罗汉诺巨那尊者的道场，其佛法弘大。史载"岩壑胜景，不减峨山"，有"先游中岩，后游峨山"之说。

中岩在诺巨那开创之前，名玉泉岩，本为慈姥夫人显迹之地，又称名慈姥山、慈姥岩、慈姥矶。作为尊者道场之后，逐渐称为中岩。宋代山中知名景观很多，主要有时人咏赞的慈姥岩、唤鱼潭、罗汉洞、玉泉亭、宝瓶峰、虎头峰、盘陀石、风穴、瀑布泉、望江亭、松风亭、应现亭、寒峰轩、碧筠亭、石笋庵、壁轩、止庵、西方阁等 18 景。（《全宋诗》引晁公遡游中岩十八咏）

冯时行一行人乘船过江即达中岩，在中岩宝印禅师陪同下登临望江亭眺览，见天空水底水天一色，峨嵋诸峰近若几案，近处翠竹穿溪，流泉响石，满目皆佳景。从下岩寺右小径入两山耸峙的峡溪，在长崖峭壁下花竹如绣，有一泓澄潭，相传为慈姥夫人之窟宅"龙湫"，其上即慈姥岩。潭畔石壁百仞，立而微俯，满布题刻，多出名家之手。潭中有鱼，人拍手鱼听声而游出。史书记苏东坡求学中岩书院王方门下，几年后在此书题"唤鱼池"名。王方器重东坡，许爱女王弗妻之，时王弗年16，东坡19岁，以此留下了"唤鱼联姻"的佳话。

在下寺到中寺的路左侧巨岩下，有一状若牛角，前大后小，深邃莫测的"牛头洞"，洞口凿造有十六罗汉浮雕像。传说该洞与潼川府（今四川三台）牛头山寺之洞相通。《蜀都碎事》记"牛头山半有洞，人传八百里与眉州通，曾有避罪者匿其中，后于青神中岩见之。"宋代盛传潼川府牛头山寺主持僧人与青神中岩开山祖师诺巨那交友，因本寺佛额明珠被窃，贼在江边洗时将珠坠落水中，被江神拾得。潼川官府严令主持僧寻珠还寺，主僧想起好友法力，于是行走千里访至中岩，得到诺巨那的帮助，最终找回了失珠。几天后，这僧辞别回潼川，诺巨那将主僧引进牛头洞，施用法力，仅片刻就把他送回了潼川寺中。此后，两人常借牛头洞往来，共创中岩佛教道场，均在中岩"圆寂"，葬于宝瓶峰后"诺巨那龛"内。

中岩有灵岩石笋，是上岩的奇异景观。冯时行早年游此曾写有《中岩石笋》诗并序，序云：

在青神县中岩山半，三石突起，其形类笋，上镌"文峰鼎持"四字。宋元徽中，有异僧入牛头寺，主僧厚礼之。别去，赠一钥曰："后欲见我，当至中岩山，见石笋扣之可见也。"明年，寺以低头佛失珠，主僧持至峰下，扣之，峰列为三，见异僧曰："盗取佛珠，我得之久矣。"主僧喜，持珠而还。

古院无人僧作佛，碧池有水鱼化龙。当年诺巨小游戏，一石击碎成三峰。

（同治《璧山县志》卷10艺文）

冯时行记叙中岩石笋、唤鱼池、诺巨那一石成三峰和帮助潼川牛头寺主僧寻失珠的诗、序十分有名，除《缙云文集》卷 4 记载之外，《方舆胜览》眉州、《大明一统志》眉州、明嘉靖《四川总志》眉州、《永乐大典》引《江湖续集》、《古今图书集成》职方典、《四川通志》外纪、《青神县志》等均予记录。诗序中说"宋元徽中"是南北朝宋后废帝刘昱时期，即公元 473—477 年。

冯时行等人在中岩观览了"尊者洞"。苏东坡写《中岩尊者洞》诗道："额上明珠已露机，那堪圣佛放头低；门洞不是无人锁，这锁还须这钥匙。"他又观看了黄庭坚作《玉泉铭》、冯山题《中岩封崇寺》、邵博书《中岩》等石刻。还留连在逶迤数里，密布有 2000 多尊大小佛像的"梵宫法像"地"千佛廊"，这里的佛像多为唐宋代凿造，神态各异，风格古朴，技艺精湛。

在中岩，冯时行与主人们饮酒赋诗，分韵联句，稍稍缓解了他第二次被罢官后的郁闷心情。他此行所作的诗多数已轶，仅遗留下一首《中岩》：

旷绝无人境，超然乃真游。如何许世俗，踏破苍苔幽。我知大士心，月印千江秋。示迹盖偶尔，雨罢云亦收。层峦拥肺腹，修干蟠龙虬。巉岩近恐坠，窈窕翠欲流。标指谅非月，索剑宁刻舟。倚仗听松风，聊为信宿留。

（明《永乐大典》卷 9765）

陪同冯时行游山的朋友们都了解他的才华，对他遭受的打击十分同情，纷纷给予真诚安慰。比他年龄小 9 岁的史尧弼在所作《同冯蓬州当可游中岩分韵得林字》诗中，劝慰冯时行"别去莫惨恻"，不要忧虑悲痛，以其真才实学，朝廷皇上最终会赏识的。史氏诗云："羲和转日毂，北陆鞭穷阴。天地不自持，年老去如骎。卉木浩萎垂，江山动萧森。变化故不十，乐哉此幽寻。蓬州老摩诘，玉齿锵璆琳。相携亦忘言，一笑孤云岑。至人鹫峰来，分坐兹岩深。摄衣请从之，宛如在中林。聊欲荐清供，无物至所歆。端有白月轮，炯然碧潭心。赏会讵偶然，夙昔谅合簪。别去莫惨恻，渠无去来今。当有羲黄人，尝识太古音。"（史尧弼《莲峰集》卷 1）

史尧弼字唐英，善长绘画作诗，幼时即以文学知名，年 14 在眉州乡举试中考第二。后出蜀东游至潭州，为张浚幕僚，曾参加湖南漕试第一，张浚子名士张栻中第二。他陪冯时行游中岩前才考中四川类试进士，"是岁四川类似合格人赴殿试者一百二十九人，不赴者十九人。"（《宋史全文续资治通鉴》卷220）他是因故未入京参加殿试的十九名类试进士之一。

离青神归途中，冯时行写作了《旅兴寄张惠之》诗：

始觉归耕晚，从谁话此情？但能安食息，敢复计声名！留滞烦书信，艰难愧友生。有怀悲不尽，归鸟暮云横。

（《缙云文集》卷2）

第三节　重回缙云山麓村

冯时行沿岷江而下，在过嘉定府（今四川乐山）、叙州（今四川宜宾）到泸州途中，他写了学陶渊明不愿"为五斗米折腰"，向往田园生活的《思归》诗：

安用区区五斗为？竹篱茅舍唤人归。闭门高卧不通客，倚树长吟懒系衣。秋稻水干还筑圃，身瘦何妨道自肥。

（《缙云文集》卷2）

经过泸州一带时，写《题泸南石滩》云：

云间依约起楼台，江上遥观眼豁开。初谓僧房有钟磬，那知人户半蒿莱。一生梦幻本如此，过眼浮云安在哉！独倚斜阳吊今古，乱鸦飞处一舟回。

（《缙云文集》卷3）

宋代泸州一带气候偏阳，"地无桑麻，每岁畲田刀耕火种。"（《太平环寰记》卷88泸州）南宋绍兴年间，泸州地区常闹饥荒，绍兴五年"泸州饥荒斗米二千文，人食糟糠。次年大饥，道殣枕籍，瘟疫流行。"（《泸州古史》）百姓生活十分困苦。

在泸南沿江多石滩，冯时行出任江原县丞、丹棱县令时几次来往于此，江两岸山岗上修建有多处楼阁寺院。但这次过此虽依稀遥见有云间楼台，却未听见悠扬的寺庙钟鼓声响，入目更多的是山野荒草，庄院破败，人烟稀少的景象。冯时行站立在斜阳照射的船头上，伤时忧国，心情无比的沉痛！他想到自从金国入侵中原以来，大宋河山破碎，百姓饱受苦难，自己也未受到朝廷重用，还屡遭佞臣陷害，空有凌云志但救国无门，只能迎着归鸦，孤舟返回璧山故里了。

船过恭州（今重庆）城后，距璧山很近了，冯时行因事去了涂山尾处的石洞峡，在此住了一晚，第二天又乘船回转西行再转入嘉陵江北行回璧山村舍。他作《宿石洞峡》诗说：

五十七年来往处，扁舟几系乱云边。江山寂寂浑无恙，鬓发丝丝也可怜。水背黄牛吞七泽，杯翻白鹤过群仙。差池世故浑如此，底事长歌亦浩然？

（《缙云文集》卷3）

石洞峡在今重庆城东北，地连南岸涂山。《太平环寰记》载："在州（渝州）东北二十里有石洞峡，即刘备置关之所，东西约长二里。"《读史方舆纪要》记："涂山，（重庆）府东八里……尾接石洞峡，峡东西约长二里许。刘先主置关于此山之上，禹庙及涂后祠在焉。"涂山、石洞峡东边是唐家沱铜锣峡，再东是乐碛镇。乐碛一带是冯时行一生从故乡璧山县赴汴京科考、赴任云阳、奉节、南浦、万州和入临安城面圣上疏经过之处，是他自叙"五十七年来往"几次短时间活动与暂住过的地方，非其故里也无私宅。他在该诗中有感山川依旧，自己的鬓发却一丝丝地白了，虽然生不逢时，但仍要义无反顾地为国为民高歌。

冯时行沿嘉陵江上行，当天就到了故里璧山县澄江镇内的温汤寺（今重庆北碚区北温泉），从此乘马陆行大半天即可到达位于缙云山麓梁滩坝桅子湾之家。这时正是晚春，他到寺内休息，写作了《假守蓬州视事二十日，以台章罢黜，行至温汤，作此以寄同僚二十韵》：

联事春将半，去官春未归。儒冠真蹭蹬，祖席有光辉。罢遣亲刀笔，勾牵坐钓矶。同寮多俊彦，投老失亲依。坐席丘无暖，扁舟蠡亦肥。泉声清梦寐，山色净裳衣。竹杖随时挂，山杯信手挥。荷天将土苴，为我易烟霏。州县徒劳耳，箪瓢殆庶几。不糜公廪粟，元长故山薇。白发心犹壮，丹途计益非。人生今疹瘁，世路只歔欷。苦潦人将溺，思援手病痱。道孤谁叹息？迹塞共嘲讥。去矣犹回首，忧之欲奋飞。古今难骨鲠，风俗易脂韦。深峡真浮海，温泉当浴沂。空山猿择木，丰草马辞轭。已遂孤云远，犹通一径微。他年如问信，深觅薜萝扉。

（《缙云文集》卷2）

温汤寺属于璧山县，位于县北缙云山下，面临嘉陵江。寺创建于南朝刘宋景平元年（423），系缙云寺的下院。四地依山傍水，有温泉、冷泉、瀑布、洞穴、石刻，是恭州的知名风景名胜地。古寺又名"温塘寺，县北一百二十里。有泉涌出如汤，腾沸可浴。游人题咏甚众。"（嘉庆、同治《璧山县志》）唐代陈子昂、王维、杜甫、李商隐、苏涣、司空曙、司空图，宋代丁谓、彭应求、周敦颐、冯山、曲端、郭印、李流濂等名流都曾游历或下榻于此，撰写了不少诗文。

冯时行书写忧愤发泄牢骚，感到人生苦短官场险阻，自己正昂首阔步斗志益然地前行，却被浇了一瓢寒冷的凉水，又一次被罢了官。他知道南宋朝政依旧被奸臣把持，自己是无力抗争改变的，唯一的只能是又退隐遁居山林，璧山山村是他的避风港湾，但从心里却是极不甘心的。在国家艰难国土失地未复的时候，冯时行是不愿无所作为久隐终老于山野的，他虽被废，仍向蓬州同僚们表达了"白发心犹壮"的雄心壮志。

回到璧山村中，冯时行给夔州知州周执羔去信，寄去《遗夔门故旧》诗：

蜀江迸出岷山来，翻涛鼓浪成风雷。掀天斡地五千里，争赴东海相喧豗。白盐赤甲当道路，呀然拒之欲使回。大山大水相较力，婉转稍肯开东隈。山气盛豪水气怒，二气停滀成胚胎。《离骚》兮作文章祖，始知孕秀钟英才。晔晔令君出此地，得非千岁之根荄。愿祝君如此山水，滔滔炎炎风云起。人言富贵出长年，拭眼看君出奇伟。功名落落麒麟阁，公当不负山与水。如我顽钝何为者？剩买耕牛老东里。

（《缙云文集》卷1）

在璧山村中，冯时行闲时作《赠故人二首》说：

一日如三秋，属君情所专。晨风吹初春，绕屋鹊声干。得非造物意，怜我徒侣单。放晴速君归，一笑不作难。起携化龙竹，消散枯体酸。矫首东山云，行人为我言。言君骑紫马，近在十里间。溪边古松堤，柳波梅飞残。疾走落巾履，欢迎许平安。津津眉间黄，顾我一粲然。颇云万貔虎，枕戈卧西关。元戎坐帷幄，花幕清昼闲。井络天一涯，可以加饭餐。复出群公诗，字字冰雪寒。穷探到冥窈，老语角险艰。一读重惊叹，再读醒昏顽。嗟我平生心，文阵亡左旃。遽拭涓滴眼，窥此瀛海寰。并驱吾岂敢？愧负百且千。尚能督租赋，用博酤酒钱。日日与君醉，高歌易长叹。

煌煌六艺学，兀兀门亦专。耕道宜有秋，而我适旱干。疏鬓日月迈，破衣霜雪单。谁谓四海宽？已觉一饱难。失计堕簿领，署判手为酸。皇家挈天纲，昨下如纶言。冷眼看匠手，雌黄英俊间。华堂玉尘动，绣帘香鸭残。为国得一人，可使天下安。当时呼画师，我愧宁不然。策勋径投笔，守志甘抱关。渥洼万里心，束刍老厩闲。岂无首蓿盘？可以羞晨餐。岂无芰荷衣？可以备祁寒。天地日莽苍，逢辰谅多艰。世既不吾与，不去良亦顽。摇摇故山心，长风动旌旃。君今门下士，良庄满人寰。与我各相去，何啻一小千。异时白云邸，仰君分酒钱。富贵无相忘，勿徒况永叹。

（《缙云文集》卷1）

该二首诗长42句420字，具有"以文为诗"的特点。冯时行除在诗中称赞故人外，更多的是倾述感叹自己的不济如作物"适旱干"，去官后多困苦"已觉一饱难"。

冯时行放怀于山水间，写了《同郭师圣、司空仲容探韵得江字》诗：

孤月流高天，分影遍千江。我来无人境，亦复窥幽窗。好客如佳月，开门辄枞枞。月到客亦到，不隔山嵾嵷。把手如茅庐，笑语钟新撞。一鸣惊人友，更挟飞凫双。连璧光照眼，老我心所降。呼童洗瓦盏，竹叶倾山缸。清溪漱鸣玉，老树森高幢。更招二三子，放怀山水邦。分题得佳句，一字鼎可扛。男儿树勋德，出手便可椿。愿移诗句力，挽俗还纯庬。惟予心已灰，庶几鹿门庞。

（《缙云文集》卷1）

第四节　为友朋作墓志铭

冯时行第二次退居故里璧山缙云山下村期间，曾应多位友朋之子的请求，为昔日与他交游的友人撰写了墓志、墓表。绍兴二十七年（1157），璧山县人张献忠病卒，其子张元鼎等请冯时行写了《张廷臣墓志铭》：

吾乡人张廷臣讳献忠，本武金人。六世祖幸周，佐王建定蜀有功，封太傅、右仆射，守渝州，子孙因家焉。其后改渝为恭，故廷臣为恭州人。曾祖某、祖某、父某，皆有乡行，以豪长者称。

廷臣尝从其叔父元明学《易》，入三舍为诸生。舍法罢，靖康军心，国用乏阙，廷臣愿率先乡人，倾家财助国者一时七十余家。朝廷皆命以官，莫不欣然自得，装金帛，饰裘马，争调诠曹，从事州县台府。而廷臣独杜门却扫，淡然无进取意。人问之，廷臣曰："品秩卑微，当趋走役使於要人大官，如奴客缇骑。孰与优游田舍、早卧晏起、治醪醴、畜鸡豚、追逐乡邻、衔杯笑歌之为乐耶？"人皆贤之。廷臣立家塾，聚诗书教其子。滨大江建亭馆，植花竹，岁时合族属邻里，乐饮遨嬉，如其志。平生慎言语，谨细故，信佛法。年五十二，当绍兴二十七年某月日，偶疾，敕戒家人，索纸笔书一偈以卒。娶毛氏，生四子某，皆应进士举。女二人，长适某，次适某。再娶冯氏，生一子某，未冠。将以某年月日，举廷臣之丧，葬于某乡某里某山之原。元鼎等求其父常从之游而文者，亟请铭其幽穴。某以乡邻之义，感畴曩之情，铭不忍辞。铭曰：

凡人莫不败於妄，蹶於狂。呜呼廷臣，安分守常。不败不蹶，今也则亡。刻吾铭诗，以炳幽藏。

（《缙云文集》卷4）

张献忠廷臣曾随出任县州官的叔父张元明（南宋周紫芝《太仓稊米集》卷12《访张元明山斋》）学习《易》，北宋宣和年间入太学为三舍生，与乡人冯时行交游。当靖康金人侵宋朝廷乏军费时带头捐资抗敌助国，璧山响应者多达 70 余家。当朝廷奖赏各富户因捐资出任县州府吏时，他却淡然谢辞不任，仍居乡"立家塾，聚诗书，教其子"，培养张元鼎等 4 个儿子成为进士。元代杨鹤鸣撰立的《璧邑唐宋进士题名碑》就载有张元鼎兄弟名。据南宋孙介《题张元鼎风雨斋》诗、陆九渊《与张元鼎》文等记张元鼎曾出任过州郡。2012 年，璧山城区新建秀湖公园，在天子岗"隐帝流光"坊后的"名士地雕"中，刻有张廷臣育四龙图，游人到此多要观览。

绍兴二十七年（1157）十月，冯时行为其出任丹棱知县时的好友杨炜写了《杨隐父墓表》：

绍兴己卯、丙辰间，某尝令丹棱。始至，则求乡之贤硕者艾敬礼之，与之游，而得杨隐父。隐父为人清中夷外，见微知著，仁义君子也。去官别隐父盖十三年，而隐父死又九年，其子恕追惟其父所尝信厚者，於是来告葬期，且乞表著其行事。

隐父名炜，系本关西。唐僖宗幸蜀，有为行营招讨使者讳光，居唐安。其后为眉州别驾者讳光远，徙居丹棱。由招讨盖三世至别驾，由别驾又四世至齐，即隐父曾祖世，通三大经，补广文馆学生。祖素，赠朝散大夫，尚气节，为郡邑豪长者，豫章黄鲁直一见奇之。父时，登崇宁二年第，累迁朝请郎、知合州。为吏依倚法令，以清历著称。隐父孝友纯至，通敏，名能文词。入太学，所与游皆海内名俊。以父任授将仕郎，迁修职郎，历监雅州名山茶场、汉州普润镇、邛州蒲江县酒税。名山自元丰定例，入茶四万驼马，与出子钱五十万，秩京官，监者以赏，故辄如令。然贷本强过民园力外数等，迫征敛无以给输，用破产，甚或赴水火以死。隐父至，视官积犹以千万计，已而验民封殖益空荒，喟然曰："吾又效尤，无名山矣。"敬一言上，亏罢民输，益发陈积。及终更，不忍举一事，毫发与赏当。所至茶盐酒犯法，辄纵不治。或病之，隐父曰："法之存不惟其残，惟其宽。宁失铢两之奸，以靖告讦，不犹愈乎？今立购缉，小民相为仇怨，其害岂失一奸比耶？"大抵隐父素所蓄积，宽简洪裕，不为世俗碌碌浅近。不幸其道穷，其年不永以死，无大施用於时，鸣呼惜哉！

尝论大夫士，出处而已。出之弊，一意於得，僵仆声利，极不知止；处之弊，矫激不情，自私以名高，而无与於一世。隐父执持难进之节，介介自守而不废君臣之义，故虽处而不矫；禄仕独取众人所弃，未尝微见言色，若有望於世者，故虽出而不累。昔圣人过夫既得患失，归洁其身者，则隐父之贤，不待较而彰矣。

隐父娶朝请大夫刘金道女，生男女七人。男曰恕、愚、懋。女适张孝广、史极、史籍，皆名家，一未及笄。年五十六，以绍兴十八年五月壬申卒，二十七年十月己卯，葬於县之至孝乡西之平原。

（《缙云文集》卷4）

该墓表对杨隐父的生平、家世等做了清楚记载，到现在还起着考证史事的作用。其中谈到被黄鲁直庭坚称奇的赠朝散大夫杨素，他是丹棱县中国著名"大雅堂"的建造人。现学界对大雅堂的建造人到底是杨素还是杨素翁存在着异议。冯时行为丹棱县令，所撰墓表主人杨隐父是杨素之孙，墓表是应杨隐父之子杨恕所请而作的，不会有误。此文是确定与黄庭坚交游之人是杨素而非杨素翁的有力证据。今丹棱县史学者也认为冯时行该文"更为可贵的是披露了有关大雅堂建造者杨素的一些生世资料，为进一步研究杨素生平提供了有益的线索，弥补了地方史上的一段空白，甚为珍贵。"（郭文元2013年撰《有关一则大雅堂建造者杨素的史料辑考》）四川大学历史学教授彭华2016年在《序〈丹棱地方文史杂记〉》文中也认为：南宋时期丹棱县令冯时行撰写的《杨隐父墓表》一文，填补了史志的空白。

《张廷臣墓志铭》与《杨隐父墓表》撰写得朴实真挚，对友朋的友情悼念表现得很明显，对友朋作了无尽的痛惜与赞叹，情感自然，叙事如在眼前，使人物形象栩栩如生。两文还起有对友朋子女作尽情安慰作用，以及史学、审美等多方面的价值。

第十六章　为政黎州除弊兴利

第一节　蜀帅荐用冯时行

冯时行第二次被罢官回璧山村居，一年很快就过去了，转眼就是绍兴二十八年（1158）春季。这时，自"绍兴和议"后南宋朝廷与金国和平相处的形势开始发生新的变化。从正月到三月，派往金国的宋朝使臣回朝，带回了金国废帝完颜亮正在进行军事准备，又将南下侵宋的消息。

完颜亮，是金太祖完颜阿骨打的庶长孙，太师完颜宗干次子。《大金国志》卷十三记他幼时"好读书，学弈象戏点茶，延接儒生谈论，有成人器。既长，风度端严，神情闲逸，外若宽和，而城府深密，人莫测其际。"十八岁时，他在金都元帅兀术军中任行军万户，后升任龙虎卫上将军。绍兴十八年（1148、金熙宗完颜亶皇统八年）兀术去世，年仅26岁的完颜亮任右丞相兼都元帅、领三省事，掌握了金国军政大权。第二年，他发动政变，将残暴好杀、喜猜忌的金熙宗杀死，篡夺了金国皇位改元天德，而后又大肆诛杀宗室，荡涤老臣宿将，淫欲良家女子和叔母姊妹，其暴行为人不齿。

完颜亮残暴至极，野心极大，称帝后意图击灭南宋，兴国百业，得天下绝色而妻之。（《续资治通鉴》卷128）绍兴二十八年，金国开始征集诸路部族及州县丁壮充军，凡年二十以上、五十以下者皆为从军人。同时在各路调战马、造战船、制军器，抓紧时间做好攻宋准备。

金国欲再次侵宋的消息传到宋高宗和主和派宰相耳中，他们根本不信，置若罔闻，认为自绍兴和议以来，南宋待金甚厚，近20年里每年向金纳款分文不少，进贡丝毫不拖，金人没有任何理由开启兵端向宋进攻。高宗还对本系秦桧党羽的宰相汤思退说："今而后宜

安边息民，以图久长。"(《续资治通鉴》卷 133)

此段时间，针对朝廷对边防少备对金国不防的情况，有识之士不断向宋高宗提出要选用江淮之守，重视上流川蜀的军事防御。如绍兴二十七年（1127）中状元的王十朋奏说：朝廷以江淮为屏障，应选择才勇智略胜任职守的人予以任用。"川蜀之地去朝廷最远，尤为虏所窥视，缓急之际势必不能相应。在兵法有攻东南备西北者，虏情难测，深想虚声在此而属意在彼。"王十朋提出当增重四川帅臣制置使的权力，使其有见机行事之权，在应敌之际可便宜行事，如此无忧敌寇西部。权礼部侍郎蜀人孙道夫也进言："成都帅陛下不可不择，宜求才可制置四川者二三人，常置之圣度。"中书舍人兼史馆修撰王刚中也说："御敌最今日先务之急，盍先自择将帅，蒐士卒，实边储，备军械，加我数年，国势富强，彼请盟则为汉文帝，犯边则为唐太宗。"(《建炎以来系年要录》卷 180)"上壮其言"，高宗赞王刚中之言有道理。

当年八月，蜀帅李文会因病薨于成都，需要选择新帅，不少人欲谋该缺。时任"宰执谓宜得文武威风识大体者，"争推人选，但被高宗否决，认为选任蜀中大帅，"无以逾王刚中矣。"(《建炎以来系年要录》卷 180)

王刚中，字时亨，饶州乐平（今江西乐平市）人，自幼喜欢读书，最爱读忠臣传。他在北宋宣和三年（1121）20 岁时考乡校第一，选为本州贡士，南宋绍兴十五年（1145）登进士甲第。他在集英殿对策时不顾忌讳，慷慨激昂地向高宗抒发自己的政治主张，得到赞赏。高宗称他"可谓练达故事者矣，"拔升他为进士第二名榜眼，授任州推官。

入仕后，王刚中面对偏安的朝廷，在主和、主战两派严重对立的现实下，他选择了"主战"坚决抗金，不忘收复中原。他痛愤秦桧一伙把持朝政，使南宋纲纪污浊，不愿意去拜望欲拉拢他的秦桧，因此受到排挤，被降任洪州（今江西南昌）教授长达十年。秦桧病死后，王刚中才由地方回京城，进入秘书省任校书郎，迁著作郎。他曾兼任普安郡王（即后之宋孝宗）王府教授，每侍讲多陈古今治乱之故，君子小人思佞之辨。

绍兴二十八年（1158）九月，朝廷诏令王刚中升任龙图阁待制，出任成都知府兼四川制置使，成为当时宋廷管辖地域最大的封疆大吏。他赴任前，高宗在便殿特别召见勉励到蜀要做出业绩，并加封他为敷文阁直学士，赐给环带、象笏等物。

王刚中出京沿长江西上，于绍兴二十九年（1159）四月到达成都。他青年时游历到蜀，悉知蜀地位居江汉上游，朝廷视成都府路为根本重地，而今要治理好蜀，必须要有一批硕德雅望之士协助，才能完成自己担负的重任。他到任立即"延见官属，引问耆老"，（同治《乐平县志》卷8《赐环带记》）挑选蜀中名士，招用募府贤才，充实地方官佐，安抚年老弱吏，"使四路吏民、三边将士莫不相安，"（道光《万年县志》卷16）蜀中政局安定稳固。

王刚中首先向朝廷推荐起用蜀中知名人士冯时行，幕僚建议可让冯在成都附近任职，但刚中考虑的是让冯出山后去地处蜀南边境，地接蕃蛮，因山为城，城如斗，历称难治的黎州担任该州知州。黎州至唐朝以来，常发生六诏蕃蛮入境袭扰之事，使边境百姓苦不堪言。黎州贫穷，宋代是朝廷采购战马之地，存在诸多问题，南宋出任该州的官员如有清廉政声的唐柜和稍后在采石大败完颜亮金兵的虞允文，他们知黎州时也未能解决州中存在的主要难题。在绍兴二十七年底，黎州还发生数十汉人抢劫杀死蛮商的重案，"显见本州岛知（州）、通（判）率意妄作，措置失当。知州唐柜、通判陈伯强并放罢。"（《宋会要辑稿》蕃夷五黎州诸蛮）

作为新任蜀中大吏的王刚中，寄期望于颇有吏治能力，以前在所任县州均有惠政异绩的冯时行去黎州，整治该州吏治，解决有关国家与民生的难题。

绍兴二十九年润六月，冯时行自万州被罢历整整15年，复出知蓬州又被罢2年零两个月共计被罢整整17年零两个月后（其被罢时间以朝廷诏命计，即绍兴十一年十至十二月3个月、绍兴十二年至二十五年计14年、绍兴二十六年九月下诏前8个月、绍兴二十七年三月十日又罢官后10个月、绍兴二十八年1年、绍兴二十九年六月诏下前 5 个月。若其闲居时间加上两次复出诏命从京城送至蜀中，他接命后出发赴任的 9 个月即绍兴二十六年九月至二十七年一月计 5 个月、绍兴二十九年六月至九月从璧山村居出发计 4 个月，则其闲居为 17 年零 11 个月，即诸文献中所说的冯时行被罢废了 18 年)，由朝廷任命以左朝散郎（文散官从七品上，系 29 阶数的第 20 阶）出任成都府路辖管的黎州知州（官从五品）的任命。(《建炎以来系年要录》卷 182 绍兴二十九年六月甲戌条）这是他第三次被命出仕任知州。该年盛夏时，冯时行正在璧山村居劳动喂牛，过着闲散自适的生活时，突然接到由四川制置司邮驿送到的朝廷文书，同时收到恭州知州郭爱义派仆役送的祝贺词问候信件。他十分感慨，喜忧参半，写了《复郭爱义知郡启》说：

垅亩躬耕，方择饭牛之草；置邮传命，忽叨如斗之城。重以鞅烦怵迫之劳，轻易逍遥游燕之乐。实回皇於志虑，莫取决於行藏。盖覆辙在前，义何堪於再辱？枯株将朽，理难望於更荣。已具悃诚，仰伸启问。适长须之未遣，而盛价之俯临。灿然绢妇之词，过形黼藻；惕若韦弦之戒，深中膏盲。词翰之间，忧爱备至。

此盖伏遇某官先事而虑，视己若人。怜其困踬羁穷之踪，微有煦濡沾溉之润。喜形颜色，思动渊衷。既极笔以褒称，又微文於剪拂。风俗久弊，直谅无闻，徒谀悦以取容，岂切磋而为益？钦承至诲，良谓希音。至於暮年出处之宜，诚是此生荣辱之会。益烦参酌，俯迪愚冥。方溽暑之佳辰，祈至和之是保。

(《缙云文集》卷 3)

文题中的郭爱义名不详，爱义是其字，任恭州知州，后于孝宗乾道四年（1168）知邛州。明《永乐大典》载《嘉定州临邛记》云："临邛太守郭爱义。"重庆和巴县地方志失载郭爱义知恭州，该文可起补史志缺记的作用。冯时行文中谈朝廷要他出任被俗称名"斗城"的黎州知州，自己又要被套上绳索，不能过逍遥自在的生活了。虽然愿意出山任职，但又担忧且有些彷徨，因为秉性耿直，宁折不弯的性格不知以后又要遭受何种挫折。自己已两次被罢任知州，现年近 60 岁，恐难有大的作为了。如果不愿意出任偏远地区黎州知州，按照宋代的规制是有理由推辞的，但想到出任知州又可以为众多百姓谋利益，才有机会吁请朝廷抗战收复失地，为了国家和百姓，他决定能被朝廷任用就任职，若不被任用就隐退还乡。

冯时行对郭爱义来信恭贺自己，使用华美的辞藻和绝妙的好词以及指出自己的缺点表示感谢。认为郡守对自己的关心与厚爱是十分周到，从中深受启迪和教益。

第二节　赴任黎州过龙多

按照规定，冯时行到黎州上任前，要先赴成都有关司衙例行办理手续。他选择了由璧山县北经合州赤水县至普州（今四川安岳），过简州（今四川简阳）到成都府城，办完事后从成都乘船沿岷江到嘉州（四川乐山）上岸，再从陆路赴黎州的行进路线。

绍兴二十九年（1159）秋九月十九日，冯时行告别家人，与长子冯相从璧山县北依来乡属之梁滩坝村居出发，在澄江口码头上船沿嘉陵江上行。当天晚上，到了合州城，受到合州守和朋友的款待为他洗尘。第二天，在儿子侍陪下，他顺道再次去了少年时随师游学合州曾攀登的云顶山，饱览了山寺景致，撰写了《留题云顶》诗并序：

绍兴二十九年，岁在己卯，缙云冯当可登此山，主事惠公持木板丐诗，勉从其请，为题拙恶。男相侍行。

山如虬龙来，渴饮金渊水。水竭欲飞去，骧首振鳞尾。壮哉老头陀，奋迅咄使止。左手揽其角，右手持其耳。压以大兰若，宛转不得起。跦跺盘石上，颐指役万鬼。至今五百载，金碧半天倚。檀施走两川，浇钵日万指。我来过其下，柴车为一枏。周览三叹息，仰止百拜跪。凭高抚浩荡，霜天净无滓。幽怀散百虑，老眼卷千里。因知大力量，建立乃如此。德大无小试，器薄戒远使。不闻力扛鼎，但见橛撼螳。感彼上人者，不觉泪盈皆。

（《永乐大典》卷 11951）

云顶山位于合州城郊，山势平地拔立，如昂首摆尾之虬龙。山中草木苍翠，郁郁葱葱。《合州志》载山四处可见千年巨柏，遮天蔽日，罗汉松、青果树皆需数人环抱。山顶有"夜雨寺"，系古代合州四大名寺之一。该寺主殿建立在整块巨石上，处于冯时行诗中"虬龙"的腰部。宋代《智果和尚重修寺庙碑》记：古寺始建于汉代，原名净度寺，智果重修寺庙后更名称"夜雨寺"。冯时行诗中说该寺修建到南宋绍兴年间"至今五百载"，前推是唐代初期高宗时，是唐高宗李治时期曾予复建。古寺盛之时"浇钵日万指"，有僧人上千。建寺僧人历尽艰辛，方使寺"金碧半天倚"，冯时行为之"仰止百拜跪"。

九月二十一日，冯时行离云顶来到合州城西百余里的赤水县。《太平寰宇记》载赤水县置于隋朝，"以赤水出其源也"而名县。县境有巴蜀名山"龙多山"。南宋《方舆胜览》卷64合州下记："龙多山，在赤水县北五里。按唐孙职方樵《龙多山录》有至道观。东有大池，即武后（则天）时放生池。中峰有鹫台院，东有佛慧院。有万竹，竹径围尺。有东岩，广五十丈，多唐人刻字。又有灵山院，泉至岩出，潴为方池，大旱不竭。其山高明窈深，变态万状。有驾鹤轩，下视涪水如带，烟云出没，山之伟观也。《图经》云：'广汉人冯盖罗炼丹於龙多山之仙台，晋永嘉三年举家十七人仙去。'孙樵《龙多山录》纪其事。冯时行（有）诗。"

龙多山是冯时行少年时就向望的胜地，一直未能登临该山。这次经过赤水，他决定要攀山观览。当天晚上，天下起了大雨。

九月二十二日，冯时行在赤水知县白丙、主簿樊汉炳、县尉夏世雄等人陪同下，不惧天雨路滑，清晨出发，下午攀登上了龙多山。当夜宿于山寺，大家作诗赠答唱和。冯时行写诗与序云：

缙云冯当可登此山，是时云稍稍开，霁尽，见孙职方所录如指诸掌。独巴岳、缙云远山难见，临览甫终阴翳，复合遂雨，连日夜不止，因题三绝识其事。同游邑大夫普慈白子阳，簿丹徒樊文若，尉卫南夏祖锡。

儿童便读山中记，老大才登记里山。细考前闻寻胜处，稍堪容足尽跻攀。

冯仙手持白鸢尾，净扫岩前阴雾开。犹有远山难尽见，余生屐齿定重来。

浓阴跬步不相见，为我暂开人不能，疏拙一生方寸地，固知神物未深憎。

（民国新修《合川县志》卷 36 金石）

冯时行作诗、序，由樊汉炳作跋云：

"知郡中大先生，道德伏一世，文章妙天下，等闲吟咏足以增重江山。龙多僻在一隅，亦复被焜燿如此。公之诗，固有定价，若乃倏阴忽明於俄顷之间，必有意哉。丹山樊汉炳跋。"

（民国新修《合川县志》卷 36 金石）

樊汉炳，字文若，眉州丹棱县人，绍兴二十七年（1157）状元王十朋榜进士。初授左迪功郎出任合州赤水县主簿，后历官至尚书郎，以才望显。简州"骨鲠"状元许奕对他评价很好。

樊汉炳作奉和诗文说："《汉炳丹山晚进，知学以来尝於文字中敬识先生矣。试吏赤水，偶逢先生，经由龙多少驻，行旆出三诗以贲之。汉炳不揆荒拙勉继严韵》。左迪功郎合州赤水县主簿、主管学事樊汉炳"。诗云：

天仙下寓人间世，爱欲都忘只爱山。更向冯仙问陈迹，烟萝深处勇跻攀。

此山胜处非人境，长有烟云拨不开。信是天公悭绝胜，晴曦端为使君来。

披露已谐平日志，开云须信大贤能。只余天道终堪倚，不问人间爱与憎。

（民国新修《合川县志》卷 36 金石）

冯时行任丹棱知县时樊汉炳尚为学童，喜读冯的作品。他作为晚辈，十分敬仰冯时行，将他喻为是天上的神仙下到人间，"天仙下寓人间世，爱欲都忘只爱山。"赞他爱山赏景，似乎将原本的爱好和欲望都忘记了，只留下喜爱山景的爱好与欲望。更感叹年近 60 岁的冯时行为了寻访西晋时冯仙修仙悟道在山中留下的遗迹，不顾云雾笼罩藤萝密布而奋勇地向山林深处行进。

在第二首诗中，樊汉炳赞称龙多山的美景绝不是人世间的风景，

"此山胜处非人境，长有烟云拨不开。"山中胜景处常为云雾笼罩，近日阴雨连绵，或许是天公吝啬龙多山绝美的风光，不想轻易地让人见赏，但连日夜雨后山中却放晴出现灿烂的阳光，这是天公为了冯公的游览而特别显现的，"信是天公悭绝胜，晴曦端为使君来。"

紧接着，樊汉炳将冯时行的德行才能、生平经历志向给予称颂，"披露已谐平日志"。又将他因主战得罪小人被罢又重起，道过龙多山先雨露后晴日之事，与唐代"文章巨公"有"百代文宗"之名的韩愈经历奇事比拟，"开云须信大贤能"。韩愈被罢官后在永贞元年（805）遇赦，被调任湖北江陵，时值秋天道经衡山欲游南岳，但遇阴雨连绵，根本无法登山观景。他大失所望，晚上住宿东岳庙在神前默祷祈求岳神驱散云雾，使他能登山游览了却多年欲游此名山的心愿。神奇的是，当晚真的是云开雨止，天上竟露出了一轮秋月，照映南岳山峰清晰可见。韩愈非常高兴，次日晨即带童仆登攀祝融峰，纵情饱览了南岳雄伟秀丽的美姿。后来人们就将东岳庙外的一座门楼更名称"开云楼"，用作纪念韩愈。

樊汉炳称颂冯时行，坚信他的德行、才能与韩愈一样，所以才能感动上天神灵拨开龙多山雨云转晴现日。内涵深意是坚持自己崇高的正义信仰，实现自己生平志向。在三首诗尾写道：他相信不管人世间有什么大的爱恨，唯有天理能够让人值得倚赖，"只馀天道终堪倚，不问人间爱与憎。"

普慈县（今四川乐至县地）人白丙，字子阳，进士出身。他作《奉和冯使君诗》说："丙获侍杖履辄继严韵，左文林郎知合州赤水县主管学事白丙。"诗云：

今日相逢慰别颜，获参后乘访龙山。古仙已去灵踪在，杖履寻幽喜共攀。

阴阴云雾埋仙境，不放山峦容易开。风伯前驱为扫除，分明认得使君来。

宦海风波君已厌，我思腾踏愧无能。何时共约归软计，来隐峰前绝爱憎。

（民国新修《合川县志》卷36 金石）

卫南县（今河南滑县东北）人夏世雄，字祖锡，作《奉继冯使君韵》："右迪功郎合州巴川县主薄权赤水县尉夏世雄。"诗云：

恭览新诗清澈骨，挥毫落处耀名山。寒踪久已知恩地，杖履今朝得喜攀。

翳雨埋风遮远目，等闲轩豁为谁开。天公岂是藏幽景，留待使君持节来。

神物坚持多圣境，新诗开僻信贤能。磨岩永作山中景，读处留行示好憎。

（民国新修《合川县志》卷36金石）

冯时行所作诗、序和樊汉炳作跋，合成一方摩崖碑，刻在龙多山岩壁，由樊汉炳等加上横书诗题《璧山冯公留题》。该诗题及诗文到清代还在，同治末璧山知县江怀廷署合州，曾见到"璧山冯公留题"拓片。（璧山张席儒《闲居录》）据民国张森楷《合川县志》金石考，冯时行所作诗、序文到民国间已为人凿去10多个字，诗题剩余"冯公留题"。白丙、樊汉炳、夏世雄三人的和诗、文合刻成一块的摩崖牌，与冯诗文石刻相邻，至今两块摩崖刻石仍存留在龙多山，虽已秩部分文字尚可辨读。

九月二十三日，冯时行从龙多山下来，有当地何氏兄弟携酒食在道旁等待他，饮食后他向二何赠送了落题"缙云冯时行"的诗《何信叔长卿伯仲遮道饮，临别赠拙诗见意》：

秋雨泥没膝，追攀人谓何？留欢颜自解，愁破酒还多。门巷零桑柘，书窗暗薜萝。霜醅浮腊蚁，归路或相过。

绍兴己卯九月二十三日。

（民国新修《合川县志》卷36金石）

冯时行赠何信叔兄弟诗，以后由二何拿给继白丙之后任赤水知县某，由他刻在龙多山岩壁，某知县作跋文刻石记："极乎情者，诗人之法也。伐木常棣，渭阳之诗。□极乎亲戚朋旧之情也。缙云先生遗二何诗，何出以示，□□以谓诗法固如此。谨书其后，且命刻之名山示，不敢私有云。右迪功郎合州赤水县知县□□□□□□□□□跋。"（民国新修《合川县志》卷36金石）

该次攀游龙多山给冯时行留下了深刻记忆，到绍兴三十二年（1162）十一月，他担任成都路提刑时，应龙多山寺僧之请，又写了语言瑰丽，意趣高雅，富于诗情画意的游记《龙多山鹫台院记》，刻碑于山。南宋王象之《舆地碑目》卷4《合州碑目》下记："《龙多山鹫台院记》，绍兴三十二年十一月缙云冯时行记。"清初倪涛《六艺之一录》卷107记：绍兴三十二年十月，合州龙多山冯时行《龙多山鹫台院记》石刻成。冯时行撰该记文为：

余少读唐孙职方《龙多山录》，思至其处，登降岩巘，为徜徉浩荡之游。绍兴己卯，行年五十九，被命守沉黎，道由兹山，始获一至所谓龙多山者。

於时大雨险滑，攀援进退，一僵一起。上不五里，始晓而登，过脯乃至。云露晦黑，跬步莫睹。私自念少而闻，老而游，昧无所见，中心慊然，若有负於兹山。已而岚昏解剥，四野开霁，廓然千里，尽入指顾。缙云清居，云顶醮坛，若可攀挽。摄衣杖履，拥以仆夫，下鹫台，过至道观，憩佛惠寺。又循岩至灵山寺，从容徙倚，意满神惬。复还鹫台，俄倾晦冥，雨复大霆。吁！时行迂愚阊阊，不可於世，岂此山神与人异好而尚或听之哉？

山负一道宫，三佛刹，而鹫台为之冠。一峰特起，草木华润。寺僧道真，立志精坚，誓毕此生，有所建立，诚不可掩。小大同心，扫去败杇，幻出金碧佛殿。僧堂、法堂、方丈、山门、厨库，凡寺所当有，无不备具。最后转轮大藏，瑰杰壮丽，藏奉释迦文佛与其徒所为书至五千四十八卷。前已卯二十三年经始，后三年落成，于是龙多之鹫台郁为精丽矣。道真欲此延有道尊宿以居之，退处灵山，此又非寻常流俗之见。灵山岁久颓弊，独一僧年七十余，老且病，不能出其门户。而异时阁架飞檐，下瞰绝壑，最为游观之胜，孙职方之文与古今诗什皆刻岩下。道真果退居於此，岂惟鹫台一新，灵山之景，当还旧观。由佛惠寺循岩种竹柏，开径萦纡以达，灵山幽深之趣，宜十倍於前日。道真识之。绍兴三十二年十一月日，缙云冯时行记。

（清代乾隆《合州志》卷12）

该院记又见收录于南宋《舆地纪胜》卷 159，明代万历《合州志》卷 1，清代光绪《蓬溪续志·笔存》，民国《合川县志》金石，民国《宋代蜀文辑存》卷 46，今人编《全宋文》卷 4268 中。

第三节　入蓉过嘉到黎城

冯时行在合州赤水县与迎送他的官吏和士人告别，道经普州安岳、乐至后至简州，沿途受到当地官员友朋的热情接待，于绍兴二十九年（1159）九月底抵达成都。他不顾路途鞍马劳顿之疲乏，稍事休息就前往四川安抚制置使署衙，去拜见制置使兼成都太守王刚中。时值王刚中外出公干，冯时行就到相关衙门办理了手续，而后写了《上太守札子》托人转交给王刚中。

《上太守札子》一：

某蹭蹬之迹，窜伏田亩，殆二十年而得窃食蓬山。驱驰之官，未及弛担，已被黜逐。自是益知赋分窒薄，誓入深山，与田夫野人杂处，以待老死。迩者又蒙诸公怜念，俾承乏边垒，恩德甚大。然某幽栖之志已成，伏腊之计已足，诸公怜恤之恩反为山林旷寂之扰矣。到官便丐祠禄，计不出初秋，必遂解绶以去，未即詹奉，实勤向仰。惟几为时调节茵鼎，以系四海颙颙之望。

（南宋《五百家播芳大全文粹》卷 55）

《上太守札子》二：

仰惟台座，从容禁近，忠言嘉谟，所以裨益宗社大计，无愧前哲。凡所论奏，缙绅传颂。某虽在山林，颇闻一二，窃为吾党贺矣。蜀，西南奥壤，人材生於其间，彰彰见於竹帛者，世不乏人。而台座仁义积蓄於中，猷为著见於外，以是进退，诚可以继前人之雅践，为后学之贤规，此某所以欣跃而赞诵者也。伏承涓吉塞帷，已谐开府，伏审即日为况无不佳胜。台座以隆重之望，侍从之贵，俯临乡郡，想见一笑一颦，无非岂弟之泽。未召还间，或上章丐闲，优游野林，以须旌车之召，以全出处之节，在台座可谓绰绰有余地矣，某岂胜叹慕之情！

（南宋《五百家播芳大全文粹》卷 55）

《上太守札子》三：

某往者备员万州南浦县令，台座还自东南，天与厚幸，邂逅获识英表。自此夤缘雅入眷照，殆三十年矣。杜门穷居，人事废绝，所以声闻姓名不至记史，已深愧负。至於台座入践华贵，声光耀赫，某犹不敢以尺牍溷浼者，实以台座知识布满海内，蜀之朋从亲旧比比皆是，孰不仰下风而望余泽者！某一意田亩，无所希求，不敢复自赞其困穷，与诸人杂陈於听览，重为烦溷。仰惟高明，必能深赐体照。

（南宋《五百家播芳大全文粹》卷 55）

在札子中，冯时行向王刚中谈道他首次罢官归田近 20 年，复出任州后又被黜逐，自己现已看透世事，随缘而适，遁隐山林，躬耕田园，安于清贫的情志。他问候、赞诵王刚中，充满叹慕之情。还回忆起 28 年前即绍兴初年，他在任万州南浦县令时与王刚中邂逅相识的情景。

当年十月初期，冯时行在成都合江亭处乘船，沿都水、岷江南下到嘉定府（今四川乐山）上岸，由此陆行去黎州。

在嘉州，冯时行会见了知州何逢原、州通判贾元升等人，与他们饮酒唱酬。还游览了九顶山，拜谒了大佛，写了诗词。其作《请九顶长老茶榜》文说：

草木有耳，亦听新雷之声；雨露无心，助发先春之味。直信溪山有异，便知香气不同。宜向法筵，特伸妙供。新病禅师不寻枝叶，便见本根。驱根夺饥，虽自最初下种；粹身粉骨，却於末石酬恩。最宜活火里烹来，不见死水中浸却。昔日径山门下打破封题，如今大像山前放行消息。只要未举托时会取，莫於拟开口处商量。与衣冠士庶结清净缘，为天龙鬼神滌尘劳想。舌头知味，大千界同苦同甘；腋下生风，一切人澈皮澈髓。汤瓶举处，大众和南。

（南宋《五百家播芳大全文粹》卷 79）

数日后，冯时行到达了边城黎州。

黎州，远古时为犛国，居人以放牧牦牛为生。春秋时期，蜀中杜宇氏建立开明王朝，犛国改名笮都。笮意为竹索，笮都意为以竹索渡河之区。汉武帝时，笮归附汉朝，此地设置笮都县。不久，当地少数民族反，汉武帝派兵镇压，"平西南夷，杀笮侯。"然后在该地设黎郡，管辖青衣江至金沙江两岸各县，直到"后周置黎州。"（《方舆胜览》卷56黎州）

宋代黎州地接吐蕃各部，近大理国蛮族，为宋朝边防要地。史称其"内捍右蜀，南邻南诏。三面邻绝涧，处越巂、邛、蜀之中。为蜀西门。关沫、若，徼牂牁。南北二路。弃羁縻州。"（《方舆胜览》卷56黎州形胜）时"全蜀五十余州，沈黎为襟喉地。"（《侯宝堂记》，转引自《方舆胜览》卷56黎州形胜下）

北宋时，黎州为上等州。《元丰九域志》卷7载："上，黎州……皇朝乾德元年为上州。治汉源县。"全州仅汉源一县，人口两万人左右。南宋时，黎州由上州改为中等州。（《宋会要辑稿》职官47）

冯时行上任后，向先在此任职的同僚了解本州吏政、风土人情，很快就掌握了黎州的主要情况。他在考虑治理主要州事之时，接到了驿传送来前不久在嘉州为他送行的朋友贾元升写的诗。冯时行回信时，作了一首《和嘉州通判贾元升见赠》：

山城鸟鹊喜，佳句来春风。浣手三过读，散我魂磊胸。当年《过秦论》，千载犹为雄。今观妙好辞，蹀躞追前踪。文章信有种，字字含徵宫。少城初识面，软语开冲融。秋月耿高怀，春水莹清衷。俱堕人事海，烦促难春容。况乃燕雀卑，未易参鸾鸿。别来邛笮外，一笑谁与同？羡君对贤牧，快饮如渴虹。何当款斋阁，余沥借衰红。所幸九河润，密通千乘封。臭味譬草木，我辈情所钟。梦随沫若水，下与九顶通。更愿洗老眼，见君攀翔龙。

（《缙云文集》卷1）

第四节　汉夷互市禁吏扰

黎州控扼边境，居民多数为客户，地虽有山田，但以坡土为主。从秦汉以来，黎州地就是商贾重要市场，是民间从蜀地到西藏的要道，史称"牦牛道"、"茶马古道"皆要经此。所以居民以"交商贾

以通贷，不务（农）本业，专事末游，以致衣食抑给他州，盐米困於日用。"（李石《方舟集》卷18《黎州劝农文》）

冯时行到黎州后，认为农业是国家安定富足之基础，州人不应弃农营商。他就一如以往在所任县州任中一样，在春耕生产时与属吏下到四乡开展劝农生产活动，要农人男事耕耘，女操蚕织，子弟同心，父兄努力，家庭孝悌，内外和睦。

黎州州衙侧边有几株"三藏梨"树，相传是唐三藏出成都过此游西域时种植。该树每到春天繁花似锦，秋季万果金圆，果实肉白如雪、细嫩化渣、香甜多汁，人争采食。冯时行找来乡老里正，让他们挖掘大树四周萌生之幼苗，并选梨枝条进行嫁接移植，将此良种梨树四乡广植，使农家售果增收。该梨即今四川汉源县盛产的荣获农产品地理标志产品"汉源雪梨"。

《太平寰宇记》记黎州是"蕃部蛮夷混杂之地，元无市肆，每汉人与蕃人博易，不使钱，汉用紬绢茶布，蕃部用红椒盐马之类。"其中，购买蕃人之马是朝廷下给的一项重要事务。早在北宋时，川陕地区是宋朝以茶货博买战马的主要地区。南宋初陕西失陷于金国后，宋朝就在川蜀永康军、威州、茂州、文州等地设市场以茶博马，奖励尽力工作的官吏。高宗绍兴十四年（1144）起，蜀中购马每年以黎州为多，数量为3000匹；文州1000匹；叙州850匹；长宁军395匹。直到"孝宗隆兴元年四月七日，四川安抚制置、都大提举茶马、成都府路提举转运司奏：'黎州岁额买马三千匹，全籍知（州）、通（判）同共措置。'"（《宋会要辑稿》职官43）

黎州州官承担了为国家选购战马的重任，但负责买马的官吏却有人未尽心尽力尽责去干，不时还发生营私舞弊，将换战马的茶货等挪做它用，致使原定收买马额不足。冯时行上任后，严厉整治吏政，按律惩处失职人员，杜绝了危害购战马的弊事再次发生。

黎州自北宋太宗时令州吏在大渡河上造船，以方便大理国使者等入贡后，云南大理等使者就从此路入蜀转京。大渡河南的各蕃部、蛮王也由黎州入蜀再转赴朝廷朝贡。还有黎州的蕃部人，常携奇珍异物和土特产到州城，如黎州山后蛮人携犀角、白地、红花、娑罗毯毯，邛部人携象牙、犀角、大角羊、犀珠、娑罗毯到州城交易。

由于奇珍异宝不断进到黎州，给西南边防带来了不少问题。绍兴二十六年（1156）六月朝廷曾下《罢黎雅州市珠犀等诏》说："黎、雅州博易场见收买珠、犀、水银、麝香并罢，已买者赴激赏库送纳。日后蕃蛮将到珠、犀等，并令民间依旧交易。"在交易这些珍品方物过程中，一部分吏员乘机凭着权利倒卖获利，中饱私囊。

冯时行召集主要州官议论，他提出要革除官吏收购方物土产珍宝的意见，得到州教授员兴宗、州佐吏景陶等官员的大力支持。员兴宗（？—1170），字显道，号九华，陵州（治今四川仁寿）人，绍兴二十七年（1157）进士，出任黎州教官。他与冯时行志同道合，在《再答缙云书》中说："公能有言而世终有言，吾愿与二三子鼓公之旁而张公之军也。"（员兴宗《九华集》卷12）景陶，即冯时行罢居璧山县北村中请为其撰"学易堂记"之景浚卿。

得到同僚们大力支持，冯时行大刀阔斧地对黎州方物等贸易进行了整顿，接连向南宋朝廷上书奏请禁止不合法理的事。绍兴三十年（1160）"十一月二十一日，权发遣黎州军州事冯时行言到任便民事，"撰写《黎州到任便民事奏》：

本州系蕃蛮互市之地，所出犀角、真珠等物，官吏於蕃蛮两行牙人收买，亏损价值。乞应干互市货物，不许见任官收买。如有违犯，重寘典宪。

（《宋会要辑稿》食货38之38）

该奏很快得到朝廷采纳，"诏依。"

同年月日，冯时行上奏《黎州官吏求索红桑木等致土丁逃亡事奏》：

本州系极边，与吐蕃、南蛮接境，全仰百姓土丁防托，而官吏求索红桑木、琵琶槽交椅，楠瘤影洗锣、吐孟、土酥、蕃葡萄、川椒、红花、虎豹皮，百色骚扰，是致土丁逃亡，不能自存，乞行禁止。

（《宋会要辑稿》刑法2禁约4）

朝廷赞成冯时行的奏议，下《黎州官吏求索红桑木等致土丁逃

亡事答诏》："下本路转运司觉察。如违，即行按治，仍出榜晓谕。"（《宋会要辑稿》刑法 2 之 155）

绍兴三十年（1160）十一月，冯时行针对为防守黎州边防做出努力的土丁群体家庭多数生活困苦的实际，上奏朝廷要求给他们减轻税赋税米，使他们安心本职不致逃亡。他在奏文《乞减定黎州秋税米估钱价奏》中说：

本州秋税米并无正色，维纳估钱。其估钱从来元无定价，正从太守临时约度，米一石至令人户纳钱引一十三道，重困民力。已令百姓充土丁者一石只纳八道，不充土丁者纳十道。乞用今来所减钱数立为定价。

（《宋会要辑稿》食货 70 之 49）

该奏议也得到南宋朝廷认可，下"诏令成都府路转运司审度，如委是官（私）两便，即依此施行。"（《宋会要辑稿》食货 70 之 49）李心传《建炎以来系年要录》卷 187 绍兴三十年十一月乙未条亦载："左朝请郎知黎州冯时行曰"：

本州税米并无正色，每石理钱引十三千，重困民力，已令百姓充土丁者，每石输八千，不充者输十千，乞为定直。又乞禁官吏诛求土丁红桑影木酥果之属，其应干互市货物，仍不许见任官收买。

李心传说：冯时行所奏得到朝廷认可，"皆从之。时行为人廉正，而用法颇严。前是夷人入州互市者，率肆横难制，至是慑服。"（《建炎以来系年要录》卷 187）

宋代巴蜀是经济非常富庶的地区，商业、造纸、雕版印刷业都十分发达。商品流通使用铜、铁钱币交换，以铁钱为主。铁钱笨重价贱，如买一匹丝织品要二万文铁钱，重量约为 78 公斤，携带使用都不方便。北宋真宗大中祥符四年（1011），蜀中 10 多家富商联合创造发行了世界上最早的纸币——交子。历十余年后，宋廷不准民间私人印币，成立了"交子务"由官方管理定量印发纸币。

交子先用木板印刷，稍后改为铜板，使用朱、墨二色。纸币交子重量轻，方便携带，但易磨损，就定每二年或三年为"一界"，按时回收换新。发行大量交子需用不少印刷须用的精制烟黑墨，蜀中善制好烟墨的工匠分布在几个州府，黎州也有几家匠户。制造好烟墨比较费时费工费物，必须用山野粗壮、笔直、少疤的优质松树为原料。官府分给"黎州岁应副印钱引墨三千余斤。"（李石《方舟集》卷1《黎墨》）黎州除了这每年用作印交子的3000斤墨之外，另外还要烧制不少作为其它用途的好墨。

　　冯时行知黎州时，印交子已是73界了。黎州虽是山深林密松树多，但因利益的驱使墨户墨工为采伐便利，往往不愿进入大山深处采松，而是砍伐州城四边的树，时间一长竟把州城外的松树砍去了许多。冯时行发现了这是一个问题，为了烧烟墨而大肆砍伐城周松树，使黎城周围失去屏蔽在城外很远就可观察到城内的情况，这样就给全城的军事防务、治安管理等增加了困难，从边防角度讲更是留下了隐患。

　　为了边城的安全，冯时行向蜀帅王刚中和成都府路主管财经的运使大吏提出要求，免减黎州每年的定额松烧烟墨，由3000余斤减少为交1350斤。继冯时行后知黎州的李石在《乞减科买墨烟札子》文中说："外寻检照旧案牍，见得日每界（二至三年）所买墨不过二千七百斤，往往买发不足。"（《方舟集》卷7）李石说的每界一般二至三年证明冯时行任职黎州时年交烟墨仅1000多斤。少交烟墨必然少伐松树，除了对边防军事、州城治安有益外，也减轻了对环境的破坏。

第五节　官仓蓄粮卖度牒

　　冯时行在黎州与同僚关系融洽，交游唱和，写有《答新任通判启》：

　　被命造朝，自为废退；蒙恩假守，尚尔叨尘。宜已弃於士夫，犹见收於朋好。华缄宠锡，缛礼优存。拜赐若惊，铭心知感。

　　恭惟某官芝兰竟体，琬琰为心。文刊不朽之传，理造难言之奥。蚤先登於众俊，茂振声华；益无愧於古人，深藏器业。屈凤阁楼台之选，从铜章墨绶之卑。澹然不见於色词，颙若有孚於恺悌。行见锋车之峻召，岂惟别乘之微迁？郡国父老则叹其未来，而朝廷衣冠已望其将至。伫闻告语，连副精祈。

某蹭蹬余生，顽疏朽质。雅蒙比数，置在交游之间；或未骞腾，暂获从容之益。倾驰之素，敷叙奚殚。

（《缙云文集》卷3）

赴黎州任后，冯时行视察州县官设常平粮仓，检点各处账册，发现粮仓多空或装粮很少。他考虑这是不好的情况，官方的常平仓应该满蓄粮食以备不测，主要用作平准粮价，每年夏秋谷贱时增价收籴，遇谷贵时则减价出粜，荒灾之年则作赈济使用。黎州地处边境，外皆羌蕃，强敌金虏虽暂停大肆侵扰宋地，但其狼子野心吞宋之意不灭，欲西入川陕南侵江淮的迹象已呈现。存蓄满仓粮食能供作军需，备作燃眉急用。

冯时行向省大吏提出：黎州应筹资满装官仓粮食，若一州粮足十州仓满，一路粮足川蜀四路仓满，当灾荒或战事发则百姓有赈济军队不少食，地方安与强敌战无大忧也。将一州之仓满蓄推广至全川乃至全国使官仓皆满，国忧去一半矣。

冯时行思虑自北宋末期宋金开战后已有30多年，南宋时因保卫国土朝廷花费了大量国力，国家呈现不少困难。川蜀地近抗金前沿，百姓长时间为朝廷承担着沉重的税赋，包括黎州在内的不少州县已陷入赤贫。他想黎州官府此时并无积钱，那么从何处去筹钱来购粮仓蓄呢？筹钱是决不能从广大百姓中去筹，断然不能再增加本州贫苦百姓的负担。思来想去，他决定向朝廷报请"乞卖度牒"以购备军民所需和国防备战之粮。

度牒，是官府发给各地僧尼证明身份的文字凭证，又叫度僧牒。

自宋立国以来，各地多有游手好闲性惰之人，不务农不经商好吃赖做，常想法弄一张度牒假入佛道之门。更有不少不耕田而食，不养蚕而衣的青壮年，本无度牒身份，也未披剃披带，但却以挂名寺院居家修行为由，尽避税费，"所至云集，往往三两倍见存僧道之数"。如此就使各地散失了不少丁壮劳力，带来的不良习气影响了社会发展。为了防止暗失劳力丁壮，朝廷对剃度僧道控制较严，长时间内"禁卖僧道度牒矣。"如绍兴元年夏，"四川宣抚处置使司自行制造度牒出卖应付使用，"朝廷立即令《罢四川宣抚司自行制造度牒出卖诏》，予以禁止。(《宋会要辑稿》职官 13 之 32）由于管理严格，较有效地避免了青壮年劳力遁入寺院。

宋廷为了弥补壮劳力因为僧道而造成的财税损失，就向新出家为僧道者卖度牒收取费用，作为一种手段来弥补财政亏空。南宋初期宋与金激战间，朝廷曾将度牒赐予川陕战区出售，所获的钱物充作军费。冯时行根据当时社会的实际情况和黎州的现实需要，上疏建议朝廷暂时放开"禁卖僧道度牒"之禁令，可在川蜀黎州所在的成都府路试行，先造度牒千本暂发黎州百本，每本售价 500 至 800 贯。凡购得度牒被正式度为僧道的人悉按照职员规定，可以预免私罪杖、公罪徒。

冯时行认为，造售适量的度牒，首先是可获得数量较大且不是取于广大贫苦百姓的钱，将售牒所得之钱专项管理不得别有支用，到秋季粮食丰收谷米贱时利用该款收购市粮，存储于州县使空仓满蓄，以备缓急时民用军需，确保足食。其次是使购度牒之人深知得一度牒之不易，各自尽心顾惜，按规章遵守佛道之训，知报国家朝廷之德。

不久，南宋朝廷批准了冯时行的奏书，下发了一批僧道度牒给黎州，他充分利用这些度牒销售后获得了购秋粮急需的费用，很快使本州的官仓储满了粮食。紧接着，又将余钱悉数上报川省运使司，获准将这些余钱投用于黎州的社会工程建设中，受到广大百姓的衷心拥护支持。附近州县的官吏、乡绅、贫民也纷纷赞颂，说冯黎州办了一件影响诸州地的好事。

绍兴三十年（1160）底，冯时行从黎州离任应宋高宗之召第二次入京，接任黎州知州的清正能史李石也遇到了建设缺款，虽经多方筹措但无着落。他就与幕僚策划学习冯时行的售度牒法来解决州中困难。

李石在《上蒋丞相书》中说："……欲从朝廷依前太守冯某（时行）所乞，支降度牒二千来道，为三事之费。"（李石《方舟集》卷 10）

李知州学冯时行，他向朝廷开了大口最终未尽数批给，但也解了一时之急。稍后，南宋重新备战抵御金敌时需要大量军用钱粮，曾长时间从事为国家筹措粮钱事务的王之道在任四川总领、成都府路转运副使，主管全蜀财赋时也借鉴了冯时行知黎州时的一部分做法，向高宗皇帝献策："今欲乞权造绫纸度牒五千道，每道立价钱一千贯，……逐岁等第分降诸路转运使出卖书填。"如此每年可得数百万缗钱（宋时一缗为1000文），国家军需部分即可解决，"亦今日足食之策也。"（王之道《相山集》卷21）

冯时行售度牒购粮储满官仓备用之举是利国益民的好事，他离开黎州五六年后有新任知州贪腐废仓储，到孝宗乾道年间有寇袭扰黎州，因州缺粮无储备朝廷只能费力地从"内郡调兵运粮，人情不安。"（《宋会要辑稿》蕃夷5之60载《黎州粮草兵事委本路措施奏》）陆游曾在《戍卒说沉黎事有感》中说该次寇乱："频闻夷落犯王君，孤城月落冤魂哭，百里风吹战血腥"，（《剑南诗稿校注》卷6）可知寇乱给国家和地方百姓带来了很大的灾难。南宋朝廷增派大军将寇乱平后，又恢复用冯时行昔之办法，储满黎州官仓粮食以备急用。从此可见冯时行当时在黎州的德政行为长时间为人们赞颂学习。

绍兴三十年（1160）春三月，冯时行在黎州应眉山县人史炤之请撰写了《资治通鑑释文序》：

太史公作《史记》，於《尚书》、《春秋》、《左氏》、《国语》之外，别出新意，立本纪、世家、列传，后之作史者皆宗之，莫敢有异。独近世司马温公作《通鑑》，不用太史公法律，总叙韩、赵、魏而下至于五季，以事系年月之次，治乱兴亡之迹，并包华夏，粲然可考，虽无诸史可也。又自皇帝下属五季，贯穿成书，皆出司马氏一家之手，此又不可得而知者。

《通鑑》之成殆百年，未有释文，学者读其书，间有难字，必舍卷寻绎，淹移暑景，一字既通，则已忘失前览矣。於是眉山史见可著《通鑑释文》三十卷，字有疑难，求於本史，本史无据，则杂取六经诸子释音、《说文》、《尔雅》及古今小学家训诂、辩释、地理、姓纂、单闻、小说，精力疲疚，积十年而书成。吁，亦勤哉！

夫无用之学，圣贤所不取。古今以文章名世传后固不少，虽传矣，未必真有补於世。见可精索而粗用，深深而约见，不与文人才士竞能於异世，而为后学垂益於无穷，亦可以观其用心矣。见可名焰。嘉祐、治平间，眉州三卿为缙绅所宗，东坡兄弟以乡先生事之。见可即清卿之曾孙也，温恭诚信，见於言貌。年几七十，好学之志不衰，其犹所谓古君子者欤。绍兴三十年三月日，左朝散郎、权发遣黎州军州、主管学事缙云冯时行序。

（南宋《国朝二百家名贤文粹》卷 148）

《资治通鉴释文》是最早为《资治通鉴》作注的音义专书，经学者统计共注释条目 28078 条，引用旧注释家、旧音注家及古籍达几十家之多，如《尚书》、《周礼》、《左传》、《尔雅》、《汉书》、《说文》、《史记》、《山海经》、《字林》、《文选》、《水经注》等，材料丰富，是揭示汉语言发展到两宋之交少见的史料，是现代研究汉语语音史的学者密切关注的文献。作者故里西蜀眉州眉山县是才士集聚之乡，文化名流众多，但作者史焰却挑选了东蜀恭州璧山县人冯时行为书作序，足见当时在蜀中文人心目中他是非常博学有才华的。

今学者研究说："《资治通鉴释文》前所存冯时行序，是现今考察史氏其人其书最早最可靠的历史文献。"（2013 年《西南学刊》4辑《〈通鑑释文〉语音史研究价值和研究现状》）该序文还有正史辩误作用。清雍正《四川通志》卷九上眉州人物和今人著《冯时行及其〈缙云文集〉研究》书 252 至 253 页引嘉庆《眉州志》卷一一《乡贤》说："史焰，州人，博古能文，苏氏兄弟以师事之。着《通鑑释文》三十卷。"但史焰见可请冯时行写的书序则记北宋"嘉祐、治平间，眉州三卿为缙绅所宗，东坡兄弟以乡先生事之。见可即清卿之曾孙也。"按冯说苏东坡兄弟是以史焰见可的曾祖父史清卿为师，不是师事东坡兄弟在世时还未出生的史焰为师。雍正《四川通志》、嘉庆《眉州志》、《冯时行及其〈缙云文集〉研究》书皆误。

绍兴三十年（1160），冯时行在黎州为他于绍兴五、六年知丹棱县时相识的朋友写了《刘尚之墓志铭》：

丹棱刘尚之为布衣诸生，好谈兵，学纵横捭阖之术。宣和末，自言世将大乱，乱世有用之才，非我辈其谁？已而果乱，尚之适从其族叔汲守邓州，出身乘城，冒犯矢石，百计支撑。城卒陷，汲死，尚之脱身还蜀。平昔固喜兵，身又间关兵乱，熟习艰难变故，益自喜。又通阴阳孤虚占筮，自诡当秉旄钺，专阃出疆，如傅介子、班定远事。还蜀未几，病卒，享年三十有三，名志士矣。娶杨氏，生一子，庭实。曾祖润，祖昌辰，父毅。尚之不事生产，死之日家无担石。其子庭实刻苦力学，东西拾掇以葬，又能逾儿折坂两往返，求其父故人缙云冯某志其父。

夫古今率以成败论士，彼幸而成，光焰翕赫，人从而向慕，嗟叹诵咏不绝口，否则抵掌，笑曰狂士狂士。如吾尚之，岂能逃世俗讥嘲诮笑哉？余尝谓才不才，禀於天，可得而知也。默制其成败者，又有天焉，不可得而知也。使才即有成即富贵，不才即无成即贫贱，是天如合契券，庸人孺子，皆得而知之，何天之浅甚也如此？惟才不才，成败得丧，往往一切跌错缪乱，不可致诘，夫然后人曰"彼苍难测哉"。呜呼，尚之其真逛士耶！是为铭。

（铭文阙）（《缙云文集》卷4）

《冯时行及其〈缙云文集〉研究》书第200页《刘尚之墓志铭》文注释说："此文作于丹棱。"此说实误。考查此文中冯说刘尚之"其子庭实刻苦力学，东西拾掇以葬，又能逾九折坂，两往返，求其父故人缙云冯某志其父。"冯时行知丹棱县和任万州知州未称"缙云"之号，"缙云"是他绍兴十二年被罢归将家从璧山县城搬往县北缙云山下后才取的号。又"九折坂"地在邛崃到黎州之界的"大相岭"，是丹棱经邛崃到黎州之通道。

第六节　夏游峨眉写组诗

黎州与峨眉县为邻，近距中国佛教四大名山之一的峨眉山。山中寺庙多、菩萨多、古迹多、传说多、珍异多，古今以雄、秀、幽、险、奇著名，是闻名于世的旅游胜地。

峨眉山是冯时行向往之地。他一生不佞佛，也不排佛，对佛教始终采取的态度是不即不离，常用佛教观念对人生进行理智的思索。

冯时行《游峨眉十一首》中叙其游山是在绍兴三十年（1160）"初夏"，即农历四月公历的五月。他此行休憩身心，寄情山水，写作了不少诗文，留传至今的诗就有 10 多首。《游峨眉》诗叙自己已经历一轮甲子 60 年，以前一直有登此山的愿望，但直到垂暮年老之时才得以实现。诗云：

向来一纪登临意，白发颓龄才一至。阮哭穷途真可笑，孔小天下或如是。平生历览廓无碍，方称老怀疏不致。安能却妆住云霄，更不婆娑下平地。

（《缙云文集》卷 2）

考察冯时行攀登峨眉山的线路是从今报国寺入山，游伏虎寺、雷音寺、神水阁到清音阁，再到牛心寺转万年寺上行，过华严顶、洗象池，最后经接引殿、卧云庵达金顶，而后沿原路下山。入山时，冯时行写了《伏虎寺》诗：

良友百年新，芳游十日共。苍壁联跻攀，清湍竞挥弄。云来万壑平，风过千山动。奇处合中分，归作平生梦。

（同治《璧山县志》卷 10）

清代《峨眉山志》记，伏虎寺系晋代心庵和尚初建，以寺建在后山形如卧虎的山岭下而得名。唐代云安禅师重修，宋代曾名神龙堂。南宋绍兴三年（1133），附近有山虎为患，士性和尚扩寺时修塔状"尊胜幢"，幢上刻梵咒用以镇之使虎患绝灭。

又作《双飞桥》诗曰：

巨木架长虹，横跨惊湍上。有如排世难，出力贵用壮。行人知宝地，非此欲何向？因怀济川功，作诗镌绝嶂。

（同治《璧山县志》卷 10）

双飞桥位于峨眉山今清音阁接王亭东西方向，分别横跨黑龙江和白龙江。冯时行游时系用巨木搭建的木拱桥，历 50 年后到南宋嘉定年间（1208 至 1224）始改建为两座单孔券式青石拱桥，留存至今，是山中最古老的石桥。

冯时行还撰写了一组吟咏峨眉山的大型组诗《游峨眉山十一首》，从不同的角度激情满怀地描写了仙山峨眉的壮美景色，抒发了他热爱大自然的感受。诗云：

闻说最佳处，深藏叠嶂间。只须一两屐，更入数重山。架竹深犹渡，垂藤险可攀。林泉未厌客，风雨不教还。

薄宦非初志，幽栖有宿期。胜游宜数数，老境已垂垂。山好无时见，云闲逐处随。诛茅或未可，细路有人知。

蜀公爱山水，无不到牛心。岁久无从问，诗亡不可寻。云堂环碧嶂，溪路擘青岑。从僻须回杖，穷探不厌深。

绝岭人人到，空回亦大夸。至人观实相，凡眼眩空花。有障犹随蝶，无心已出家。普贤吾日月，归屐俟晴霞。

缅想如天远，由来路不赊。快穿灵运屐，径造普贤家。仰睇云霄远，回观锦绣华。老难持净戒，细细酌流霞。

万山皆拱揖，蹲俯若臣邻。初到最高处，谁为第一人？自惊浑俗骨，或涌半天身。初夏犹深雪，难忘数饮醇。

岂但山储秀，年多树亦灵。华夷供静瞩，参井入危经。幽讨真殊绝，神光却渺冥。正当存不议，聊使俗迷醒。

岩峦皆创见，草木半无名。翠削山山玉，光摇树树琼。岭云随客袂，谷响答僧行。清绝浑无寐，空山月正明。

搀天元有路，绝俗更无村。孤眺临崖觜，危升挽木根。渺茫均远迩，倏忽变明昏。佛现惊搜句，岩前万口喧。

佛已归无迹，吾当反自崖。肺肠躏坠露，衣佩结明霞。陶令难忘酒，庞公亦有家。下山人借问，姑射咤《南华》。

虽知仙可学，酒盏唤渊明。未遂山中隐，聊为地上行。留人垂雨意，送客走泉声。初上乘危惯，归途更不惊。

（《缙云文集》卷2）

组诗首写山顶光明岩，即金顶。《名山记》说古时黄帝问道，普贤说法，都是在绝顶光明岩。《蜀都杂钞》记峨眉山有光怪佛光，天晴云涌浩若银涛，光现五彩如轮俗云是佛现，故岩名光明。在该岩可见白日光明佛光，夜间光明圣灯，还可饱览"兜罗绵云"即云海。

光明岩是峨眉山最吸引人游览的地方，位于山岭叠嶂崎岖难攀的高处，冯时行表示不畏险阻，要攀登到该地观览"最佳处"，又感叹自己数十年来仕宦不达，自己的远大理想并不在任卑微的知州知县类官职，如今人老了，胜游好山水的机会恐怕是屈指可数了。

双飞桥一带山深林密，在黑白二水汇流处有形如牛心高丈余的巨石，水击石上如飞花碎玉，有"黑白二水洗牛心"之俗语。该地景色秀美，有冯时行所称之"云堂"，唐代名卧云寺，今名清音阁，是古人游山必到之处。

山中云堂、万年寺、金顶等处供有普贤像。万年寺晋代建名普贤寺。冯时行记叙游峨眉朝拜普贤是人们的愿望，但不少人到此却是"空回"无收获。他认为只有达到无我境界的人方可为"佛之所悟"，世俗人的眼光只能见到地上的雪花。他礼佛"径造普贤家"，赞称普贤菩萨是"吾日月"。佛家有"三千大千世界，百忆日月中心也，三世诸佛皆出于彼"之说，表明冯时行对佛理比较精熟，于佛教有情缘。

冯时行登上金顶，感觉四面群山皆向此伏拜。金顶初夏时有很多积雪，云海茫茫似涌至半空。对于神奇的峨眉山最高处，不知道是谁第一个攀登到此？

伏虎寺是山中大寺，该地多古树灵木，史载偶尔还有神光圣灯显现。神光出现具备雨后初晴，天上无明月，山下无云层，山顶无大风雨等自然条件。冯时行到此曾拜谒超绝的高士，对于神光他感觉"神光却渺冥"，似乎渺远。

洗象池一带因山谷中多积雪，加之特殊气候就形成了奇特的雨凇和雾凇景观。冯时行在此饱览美景后对雨凇、雾凇奇观进行了写真，"翠削山山玉，光摇树树琼。"该诗从古至今被人评赞，称写景难于层次分明，更难有虚有实，而该诗既层次分明又有虚有实，正显其佳妙。"创见"平中见奇，先声夺人，前无古人。"草木半无名"直写心中感觉，形容最是真切。响、削、摇、随、答为妙用，实景出此虚化。最后之"空山月正明"是空镜头，将月光朗照下的山中夜景渲染得更是妩媚动人，使人回味不已。当代学者论说："所以如果说宋诗至王安石、苏东坡、黄庭坚而极盛，王安石以工，苏东坡以新，黄庭坚以奇影响后人，冯时行此诗则这'三长'皆兼而得之。"（1994 年 9 月 26 日《重庆日报·文化专刊》载马立鞭撰《冯时行的〈峨眉诗〉》）该评价是为中肯之言。

冯时行攀登金顶，感叹山顶高耸入云天。该地没有村舍，可谓弃绝尘俗之处。当气候时明时暗之时，他有幸自己"孤眺林崖觜"，在舍身岩附近看见了峨眉山神奇的"佛光"。他在诗中道，"佛现惊搜句，岩前万口喧。"峨眉山佛光早在东汉明帝永平六年（公元 63）时已被人发现，以夏天初冬时出现次数为多。每当该光出现时，会看到五彩光环浮于云间，自己的身影被置于光环之中，影随人移决不分离。此时，不管有多少人大家只能看见自己的身影，而且佛光光环可随人动，人影仍在环中。

佛光显现的时间不太长，当其没有踪影时，冯时行说"吾当反自崖"，为归佛送行。他由神奇的佛光又想到了东晋隐士陶渊明、汉末庞德公和南华真人庄子及古代传说中掌雪之神姑射，这些隐士、仙人的行为虽可学，但自己却因公事在身不能像他们那样自由地隐于山林，只能勉强地在世间行进。登此山山路危险很快就习惯了，现下山行进在归途中已经没有什么恐惧了。

第七节　悲悼三兄别黎州

绍兴三十年（1160）夏七月，正当冯时行忙于黎州公务时，他早年去官归休隐居在遂州的三家兄冯正臣因病去世了。他根据其兄平常的性情和身体状况，以为会长寿，没想到兄长年仅 63 岁就再也见不到了。由于繁忙的州事，使他不能赴千里外去奔丧，就撰写了《祭三家兄正臣文》，以表述其悲痛之情。

兄仁义孝悌出於天性，平生少疾病，多快乐。每意兄有远寿，岂谓数年所苦淹郁，亦不期遂至此也。呜呼哀哉！

某六十年未尝与兄有一间言，临老多出入，尤相慕恋。昨陈乞遂州，亦为去兄相近，朝夕相闻。近七妇看省，本令迎来就医药，且得侍食饮，见颜面。还云暑热，又难远行。不旬间，安知遂有终天之隔，呜呼痛哉！

人生多忧，兄弟男女，某与二十二主簿固可忧者。君兄弟皆治生有立，兼有某是兄弟后，更无余憾也。而某所痛者，兄存不得侍汤药，临终又不得助奉衣衾，徒以斗升之禄，使某长抱手足无穷之戚。呜呼，其可忘也哉！

翁翁六十四岁，哥哥大夫六十三岁，今兄亦止於此，然则某之人间止於三数年而已。恐与兄相见有期，但哀痛之情於未死之前不能免尔。

（明《永乐大典》卷 14051）

冯时行抑制不住悲痛，回忆兄长天性"仁义孝悌"，早年曾因自己坚持主张抗金而受到牵连，虽有才华却得不到任用，受了不少苦。自己已 60 岁了，与兄友好几十年中从未有一点隔阂闲话。特别是步入年老已来，与兄往来互相思慕留恋。

他叙述赴任黎州，曾向上司主管陈述请求换任遂州，目的是离兄长居住地近。该年五月，又叫妻子冯琦姑即"七妇"前去遂州探看兄之病情，原想迎接到黎州来以便治疗，可以侍候见面，但兄因路途遥远，天气炎热难行而辞。不料未到十天，兄竟辞世永别了。

文中"二十二主簿"即冯时行之弟冯丹。冯时行哀谈自己兄弟数人，"哥哥大夫六十三岁"已逝，今三家兄也去。最为哀痛的是兄病遂州时自己未能侍候，临终又未能帮助送给装殓之衣被诸物，这都是因"五斗米"之官限制了自由而不能出行啊！想到这些，就产生了无限的忧愁与悲伤。

冯时行写的祭兄文真情实意，源于骨肉手足至亲之情，痛切之至、哀恸动人，悲伤之情溢于文中，为至情至性之作。

不久，冯正臣将葬，冯时行为兄撰写了《三家兄墓志铭》。该志铭今未见正文或已散轶，仅见文之题目被误收入北宋遂州安岳人冯山撰三十卷本《安岳冯公太师文集》卷十八目录中。

绍兴三十年（1160）七月，在京城临安的宋高宗想起了两次被罢官又重新任知州的冯时行，就下诏要他再次进京殿见。《建炎以来系年要录》卷 192 载："时行守黎州，上记其名，召赴行在。"冯时行在绍兴三十一年（1161）撰《上皇帝论北虏败盟书》中说："臣奉去年（绍兴三十年）七月圣旨，召臣赴阙。臣於十一月拜命。"（南宋《国朝二百家名贤文粹》卷76）七月高宗圣旨送到蜀中再到黎州已是秋天了，冯时行"拜命"后略加收拾就前往成都办理移交州务及入京关防等手续。临走时，他写了留恋黎州的《题梵音水野亭》：

三宿离桑下，栖迟向一年。元来元谩尔，欲去也凄然。峡路梅随马，吴江柳系船。此生无再到，题字寄山泉。

（《缙云文集》卷2）

诗中引《后汉书·襄楷列传》云："浮屠不三宿桑下，不欲久生恩爱。"的确，有感情的人，哪怕是在桑树下住上三晚后，就会对桑产生感情。冯时行爱护黎州的百姓，自然会对这里的山水草木产生情感，如今要离开这偏僻的州地，此生恐怕再没有机会到此了。他思绪万千，心中感到凄凉悲伤，只有题诗用以寄情罢。

冯时行在黎州任一年余，虽然最初他是不在乎到此地任职做这边僻地的州官，但到了黎州后就脚踏实地兢兢业业地为百姓做了不少好事，受到全州汉夷士民的拥戴。因冯时行在黎州卓有政绩，经成都府路中报，绍兴三十年（1160）十一月朝廷将他文散官阶左朝散郎（从七品上阶，文散官29阶中的第18阶）调升了两级为左朝请郎（正七品上阶，文散官29阶中的第18阶），其知州官品仍为从五品。

第十七章　颂扬蜀帅与友唱酬

第一节　感恩记颂王刚中

　　冯时行到了成都城，立即去见四川安抚制置使兼知成都府王刚中。王安抚使自到成都上任后一直坚持以礼法制军，废出奇政，整治社会风气，兴建府学礼殿，加强民间教化，大施德政，以后回朝任吏部尚书、同知枢密院士（副宰相职），更是为朝廷殚精竭力，尽其所为。他一生还著书100余卷，其中《易说》、《仙源圣记》、《汉唐史要览》、《春秋通义》等书，在哲学、史学研究上很有价值。

　　王刚中是冯时行第二次被罢官后再次复出任黎州知州的举荐人，对冯有知遇之恩，是冯的上司也是坚持抗金卫国反对和议的忠义之士。他在川蜀政绩卓著，深得蜀人尊重。冯时行受儒家传统教育熏陶至深，历来注重尊师重道和尊重上司，对实有才华一心为国为民的同道上司、朋友王刚中也非常尊崇，常怀感恩图报之心。

　　绍兴二十九年（1159）王刚中命重修了成都府文庙府学，当年仲冬（农历十一月）竣工后，冯时行撰写了《修成都府府学记》颂扬王的这一政绩。该记云：

　　绍兴二十八冬，天子命中书舍人鄱阳王公出镇全蜀，明年四月至成都。下车谒孔子庙，顾见学宫圮毁不治，喟然而叹，且言："皇上拨乱反正，易干戈为俎豆，开立政化，纯用儒术，常以万几余闲，手抄六经、《论语》、《孝经》、《孟子》、战国乐毅、晋羊祐列传，及图孔子与门弟子七十二人像，躬为叙赞，颂之郡国，藏之学宫，以示惇劝，以率斯文，德至渥也。成都西南天府，当是时，学校荐祭无位，肆习无所，其何以仰承圣明休德？"亟命度材计工，涓吉肇事。力不民役，易腐败而新之，与新作而补其阙，凡四百楹，皆敞豁靓深，精坚严贲。

公来视成，诸生东自荆、夔，西极梁、祥，坌集庑下，欢喜鼓舞，咸愿记载，传之将来。公以命其属部沈黎守吏缙云冯某，俾叙其兴作之由，且系以辞。公名刚中，字时亨。其治蜀纯用儒术，其有得於经术者，岂第乐易之政，无愧於前人。词曰：

梗楠於山，鱼龙於渊，物生有元。彬彬学宫，蓄储其中，登为卿公。圣神宅尊，涤除妖氛，焕以尧文。夏校周庠，达於四方，声教洋洋。皇曰眠蜀，诗书之俗，谁欤其属。振其殚竭，孕其俊杰，緊予近列。西南巨屏，绵络参井，维公是命。皇曰往哉，惟抚惟怀，实维汝谐。汉有文翁，千载吏宗，汝为其同。公拜於庭，皇亟其行，虎熊旗旌。公来祈祈，至其肃祇，先圣先师。顾瞻颓倾，心经目营，亟命鼎新。刊山浮川，巨桴云连，徒旅阗阗。己卯仲冬，日旦昏中，涓吉肃工。千趾俱升，趋之炰炰。各奋而登。翔然其成，焕然其明，杳然其深。公其省诸，邦人从之。岌岌巍巍。公升於堂，而色而康，嘉言孔扬。谆复诲语，如父如母，邦人鼓舞。欢传万口，父兄师友，更相进诱。一日二日，化行洋溢，如风之疾。惟皇作极，贵儒尚德，百王之式。惟公之贤，受命于藩，皇泽遐宣。斡旋枢机，皇曰来归，蜀人其思。乐石峨峨，矢诗不多，千古不磨。谨记。

（南宋《成都文类》卷30）

成都文庙府学始源于汉代文翁守蜀修建学堂石室，到宋代成为四川培养人才的中心所在。宋代实行以文治国的国策，把尊师重道作为文化理念，高度重视发展文化教育事业。地方官吏重视修建文庙学校。就是对宋廷尊师重道，重视文化教育的具体落实。

北宋时，蒋堂、宋祁、韩绛等人知成都府时对成都府学都进行过或大或小的扩建与维修。王刚中到任后，则对成都府学进行了大规模的全面修葺与增建。整个工程规模庞大，共动用了成都府属九个县的力量。府学竣工后，成为西南地区各文庙学宫之冠。

冯时行撰记从四个方面对王刚中褒扬之至，第一是赞其用费公出，"力不民役，费不民取"；第二是赞"其治蜀纯用儒术……无愧于前人"；第三记叙府学竣工后蜀民"欢喜鼓舞"盛况，"欢传万口"；第四赞其德政千古不灭。全文充满冯时行对王刚中的敬慕之情。

该记文自南宋以来流传广，除《成都文类》收录外，还见载于明《全蜀艺文志》卷36、万历《四川总志》卷26、清乾隆《璧山县志》卷下、嘉庆《四川通志》卷78、嘉庆《华阳县志》卷39、嘉庆《璧山县志》卷4、道光《江北厅志》卷7、同治《璧山县志》卷10、《珙山县志》、《巴县志》、《锦江书院记略》卷3、《宋代蜀文辑存》卷46、《全宋文》卷4268等书。

绍兴二十九年（1159）五月至三十年十月，王刚中主持修建成都罗城，工程竣工后冯时行受命作《罗城记》，记录了修城经过。记云：

朝廷用兵，恢复陕右，置川陕宣抚使护诸将，治益昌。其后罢兵，宣抚使为四川制置使，治成都，兼成都军府事。备关、营屯诸军凡十余万，皆其统御；巴蜀西南与吐蕃、南诏接，由绵、龙包戍泸、施、黔。凡三千余里，皆其镇抚；合巴蜀六十郡二百余县，吏之能否，民之休戚，皆其督察。制置使之任，其重如此，宜其所治城郭甲兵，有以示威武，肃观瞻，制不轨，销未萌。乃今城若可踰，隍若可涂，而诸将奔走禀号令，边吏缓急络绎关陕，州县四集受约束，听期会，与四方逼游士客、豪商巨贾皆肩摩袂属会府下，观见大府形势衰落不振，虽有肃心，不能不驰，轻侮微萌，阴为祸胎，讵可忽欤！

绍兴二十八年，天子命中书舍人鄱阳王公领使事。下车未及，军民大务，纲条尽举。已而周视城郭，笑而言曰："诸侯守在四境，是决不与临冲相当。臂眉之在人，无与於观听食息，然无之，鲜不以为奇绝大病，悲忧无聊，若不可生，盖人所当有不可独无故也。城池固凡郡国所当有，况西蜀视成都为心膂，余郡为四支，又制置使所治邪？"然民方勩於才力，不堪徭赋，乃蒐壮城卒之役於它者三百卒为党，备糗粮，具畚锸，以受兵司，分董其役。课功惰，明赏

371

罚，人不告劳，欢呼就事。居人咸喜，羊豕醪醴，犒劳踵至。权舆於二十九年五月，迄明年十月。城比旧凡周四千六百丈有畸，雉堞庄严，沟池深阻，气象环合，顿城雄奥，远近纵观，骇愕叹异。既又表丈尺而以三百卒者分主之，遇阙则补。倅幕月一巡，帅守季一巡，有不葺，坐其人。如是守之，不以数十百年而不坏。公曰："是役也，费公帑十有六万，而九邑之民一毫无与，以官自有壮城卒，而卒自有衣粮，故可不劳不费而集事，是宜具载本末，以告来者。"遂以命其属部沈黎守吏冯时行。

夫《春秋》书城防、城虎牢之类凡三十余书，盖备不虞、防未然，政之大经。公当晏然无事之日，为有事之备，使遇仲尼，当获大书。下吏既闻命矣，其何敢不勉！公名刚中，字时亨。初，召对便殿，词气壮伟，上察其器识可任大事，擢左史，迁词掖，继授以蜀政，行且大用矣。

（南宋《成都文类》卷 24）

宋代成都的城墙分内城和外城，内城外另修的环城城墙外城即"罗城"。成都罗城始筑于唐代末期，因南诏国先后两次大举攻蜀，曾抵成都城下。敌退后，使人们真正对城墙予以了重视。唐僖宗乾符二年（875）正月，高骈出任西川节度使，次年六月即以成都城垣湫隘、城小难守而上表，奏请筑罗城以保民御敌。该次筑罗城，是成都自秦代以来规模最大的一次筑城。《全蜀艺文志》卷 27 载高骈表述筑城概况云："奉诏书……许兴版筑……不思费耗，只系安危。""每日一十万夫，分筑四十三里……役徒九百六十万工，计钱一百五十万贯。"（《全蜀艺文志》卷 26 僖宗《赐高骈筑罗城诏》）这次罗城建筑于八月开工，当年十一月竣工，动用成都各县州百姓上 100 万人，该次筑城虽对后世有种种好处，但却给当时的贫苦百姓带来了道不完的苦难。

高骈以后，罗城又多次进行维修，北宋皇佑五年（1053）、南宋建炎元年（1127）也曾进行过筑建。王刚中修罗城是宋代的第四次培修，学界人士认为此次筑城以"冯时行《罗城记》叙述最具体。"

（1987 年四川省文史馆编《成都城坊古碛考·城垣篇》）

冯时行记叙王刚中为了预防祸患，"肃观瞻，制不轨，销未萌，"将祸患消灭在未产生之前而培修罗城。又择重记了王刚中使用专司修建城防的士卒"壮城"们培修与管理城恒，费用全部使用公款，"不堪徭赋"的成都九县之民不出一毫钱。王刚中的修城德政永载入史册。

冯时行在《上王帅札子》文中，也表现出他对王刚中的体贴关爱。

某窜伏草茅，於台座初无一日之雅，猥以虚疏，过蒙知遇。兹者千里趋瞻，若无一言备刍荛之询，殆非门下所以深知之意。

某窃见台座决遣兵民之务，明敏如神，初不妨间燕，无废啸歌。惟盛德谦尊，凡应接宾客，待遇僚吏，过为委曲优厚，由是为政事之际，略无闭阁清暇之隙。夫用约则心静，心静则神生，然后虑远而见微。且全蜀大计，甲兵财用，虽非全寄於台座，而保固根本，弥缝间隙，使主财用者有所赋取，主兵甲者有所仰给，如主饩客，如母乳子，则所系在台座者亦既甚重。而其间事机有藏於冥冥，非但耳目之所常接，朝夕之所常行者，便为保蜀之枢要也。惟备常礼以隆安际，使礼简而情亲，委细务以属宾僚，使体大而纲举，然后以静制动而常静，以安图危而常安。《易》之系辞有曰"精义入神以致用"，古之圣贤立事建功，悉本诸此。伏惟少赐留神，幸甚。

（南宋《五百家播芳大全文粹》卷 55）

冯时行对举荐自己的四川安抚制置使王刚中感恩衔德，对其知遇之恩一直铭记在心。他在札子中对王刚中事无巨细多要操劳及身体健康表示担忧，建议他要劳逸结合，稍留心神以立事建功。从义中可体会到冯时行尊重上司、关心朋友之深情。

第二节　组织诗社游梅林

冯时行生平喜爱梅花，与友人酬唱时喜作梅诗。在二次应诏赴京前，他在成都还组织诗社开展以咏梅为主题的活动。

中国人爱梅咏梅渊源久远，《尚书·说命》说："若作和羹，尔唯盐梅。"那时的梅只是被作为一种调味品而存在。春秋以后，"梅始以花闻天下。"西汉刘向《说苑》载有梅，晋代陆凯以梅为礼千里赠友人，北周庾信写有赞梅诗，刘宋鲍照作《梅花落》，梁代何逊撰《扬州法曹梅花盛开》，从汉至南北朝时期，爱梅、咏梅之风已渐盛。

唐代时，诗人们作有许多咏梅诗，其中有100多首见载于《全唐诗》中。但鲜见唐人咏梅诗有大作、力作，原因之一是该时期梅树与花还未被升华、定格成为人们经常观赏之花，更没有被文人仕大夫们寄予太多的精神寄托，还未被人们将其拔高到一定高度的缘故。

宋朝立国后，随着以文治武思想的深入，文化的复兴，士大夫们一改前人功名利禄的偏重，不少人将道德提高到人生的价值观念上，视重名节。梅树梅花瘦枝流斜，冷香幽放，纯洁坚贞，符合时人审美崇尚清瘦，追求典雅含蓄之风，加上经济文化的进步发展，梅花栽种比较普及，为人们观赏咏题提供了方便。致使梅花逐渐成为了花中盟主，赏梅成为宋人抒怀咏志的最佳对象，成为一种时尚。

川蜀人爱梅的由来亦久，早在西汉时期，蜀人杨雄作《蜀都赋》就说到成都的"梅"。成都梅花发展于蜀汉后主刘禅时期，据说是梅莱辞官与子梅雨村居成都西郊广种梅形成梅园、梅林，引得众多人去观赏，久之被人们称名梅花坝。到唐代成都与杭州是中国两大赏梅中心。五代时期蜀梅仍盛。成都府《华阳县志》记：五代初期王建据蜀称王，在成都辟建有梅苑。稍后的后蜀孟知祥的别苑中有卧地老梅，人称"梅龙"，即冯时行与众友人咏题中的梅林老梅。

南宋时，成都名气最大的赏梅地是前蜀王建留下的梅林梅苑。这片梅林在浣花溪上游，梅树多达上千株，不少屈盘如龙。最大的几株即梅龙，鳞鳞虬枝透出绿薛，遥映着浣花溪绿沉如瓜般深碧。

绍兴三十年（1160）庚辰阴历腊月中（阳历为1161年元月中旬），冯时行赴京离蜀的舟船已备好，时逢他60岁生日期间，成都梅林的梅花正盛开，他邀请了朋友 14 人，携带了美酒与食物，以诗社活动形式雅集于古梅林的缤纷玉雪间与行神俱旷中，饮酒、赏梅、分韵每人得一字赋诗。

考宋代时蜀中有八、九个诗社，主要分布在成都府和夔州路。这些诗社始见于北宋真宗治平年间（1064—1067），阆中蒲宗孟及稍后成都吕陶、杨损之等在成都曾参加诗社活动。南宋时，冯时行、陆游等也积极参加川蜀的诗社活动。冯时行还是成都诗社的组织"主盟"者，由他组织的"梅林分韵"诗社会是宋代蜀中最大的诗社活动，参与者先是 15 人，后增补咏梅者 2 人，前后计 17 人，该诗社对巴蜀文学发展具有比较深远的影响。

冯时行为诗社游梅林活动写了《梅林分韵诗序》，记叙该次活动情况，文云：

绍兴庚辰十二月既望，缙云冯时行从诸旧朋凡十有五人，携酒具出西梅林。林本王建梅苑，树老且大，可庇一亩。中间风雨剥裂仆地上，屈盘如龙，孙枝丛生直上，尤怪古者。凡三四酒行也，以"旧时爱酒陶彭泽，今作梅花树下僧"为韵，分题赋诗。客既占韵，立者倚树，行者环绕，仰者承荑，颗者拾英，吟态不一，皆可图画。是行也，余被命造朝，行事薄遽，重以大府衣冠谒报，主人馈劳，酬对奔驰，形神为之俱敝。诸公导以斯游，江流如碧玉，平野秀润，竹坞桑畴，连延弥望，民家十五五，篱落鸡犬，比闾相亲，不愁不嗟。余散策其间，盖不知向之疲薾厌苦所在也。昔人谋于野则获闲暇清旷，有爽于精神思虑，游不可废如此哉！又况所游皆西川名俊喜事者耶。诗成，次第不以长少，以所得韵之先后联成轴。客十有五，韵止十四，吕义父别以诗字为韵。又有首眩诗不成者，缺树字一韵，余过沈犀，樊允南监镇税，语允南补之，诸公又属时行为之序。十五人者，成都杨仲约、施子一、吕周辅、义父、智父、泽父、宇文德济、吕默夫、杜少纳、房杜成、杨舜举、绵竹李无变、潼川于伯永、正法宝印老、缙云冯当可。

（明代《蜀中广记》卷 63 方物记第五·梅）

冯时行在序文中将梅树树干喻为龙，生动地描绘出老梅树的斑驳及盘根错节的姿态，使序文语言典雅生动，富于理趣。该次诗社活动期间，由于时行要赴京面见高宗安排行程较紧，在交际应酬中就略有些疲惫，加上忧虑国事故而心事颇重。当他与诸友游览见到自然美景之后，顿时纾解了往日的劳累。山水之乐使他得以休憩身心，动情地写出了成都西郊江流隽逸灵动、生意盎然的形象，写出"平野秀润"、"竹坞桑畴"之趣景，给人以清新之感。

《梅林分韵诗序》据《蜀中广记》卷 63、清嘉庆《四川通志》卷 49、同治《璧山县志》卷 10、《宋代蜀文辑存》卷 46、《全宋文》卷 4267 等载，皆列为冯时行的作品，据诗序内容可确证是冯作无误，但在清人厉鹗《宋诗纪事》卷 52 却错把该文列于冯友人吕及之名下，特予指出。

梅林分韵按所得之字赋诗，由杜谨言作《梅林分韵得旧字》："竹村喜纤徐，江云迷昏昼。踟蹰马上语，嫩寒入衣袖。天公惜梅花，破腊开未就。端待使君来，春风本依旧。一尊既相属，勿辞作诗瘦。明年用和羹，请为使君寿。"（明《全蜀艺文志》卷 19）

杜谨言，字少纳，成都人。《蜀中广记》卷 63 "云杨仲约得旧字"，误。据南宋《成都文类》卷 11、清《宋诗纪事》卷 52 载，杨仲约是得"陶"字。

李流谦作《梅林分韵得时字》："巾冠坠城府，桔槔无停时。胸脾贮黄埃，非复林壑姿。涎流方外胜，秦人望轩羲。万金买闲日，驾言一舒眉。冒踏众俊场，更从百代师。食鱼得河鲂，熊蹯佐其滋。叆叆烟雨村，霜条出冰蒌。鸟鹊噪寒暝，玉立山差差。置尊扶疏下，老干虬蛟驰。落叶不动尘，初无犀骇鸡。羞我木石资，斗公琼琚词。深酌起自劝，滕莒吾封圻。公行对宣温，云雾生攀跻。能来玩墟落，疋马却盖麾。胸蟠万螮蛛，区寰眇毫絲。以兹接群动，白羽坐指。笑彼豢外者，组绂为之羁。它年驷马还，梅花当十围。识此黄公垆，下车挽客衣。未觉邈山河，一醉也大奇。"（南宋《成都文类》卷 11）

　　李流谦，生于北宋宣和五年（1123），绍兴三十年（1160）时"卒以荫补将仕郎，调任成都府灵泉县尉。"（《澹斋集·李流谦行状》）

　　吕及之作《梅林分韵得爱字》："去城十里南郊外，突兀老梅余十辈。玉雪为骨冰为魂，气象不与凡木对。我来穷冬烟雨晦，把酒从公对公醉。人言此实升庙堂，埋没荒村今几岁。清芬不为无人改，捐弃何如本根在。瑰章妙语今得公，国色天香真有待。归路从公巾倒戴，俗物污人非所爱。我公行向日边归，此段风流入图绘。"（南宋《成都文类》卷11）

　　"吕及之，字智父，成都人。"（今人撰《宋代巴蜀诗社略论》）《宋诗纪事》卷52说"及之字周辅"，误。

　　宇文师献作《梅林分韵得酒字》："平生慕英游，望公真山斗。一见开心诚，已落他人后。龙门岂甄择，大小俱容受。联辔寻胜践，春风倚尊酒。惟公对江梅，端若同志友。玉色洗尘沙，幽姿出藜莠。命客花下坐，相与沃醇酎。非公无此客，譬诸草木臭。向晚入深巷，苍根欹瓮牖。始知水西头，卧梅胜卧柳。有客三叹息，此树警老丑。一笑客诚痴，万法要经久。奇卉如尤物，过眼不必有。惠我终日香，重来香在否？但从此理悟，那复长搔首。念公捧召节，脩名当不朽。舣舟未忍去，招寻访林薮。中心甚虚明，外慕厌纷纠。杖屦循古岸，细话犹开诱。再拜诵公诗，一洗刍豢口。"（南宋《成都文类》卷11）

　　宇文师献（1128—1174），字德济，成都府广都（今四川双流）人。曾祖赠太师、魏国公，祖赠太师、蜀国公，父宇文粹中累封南阳郡公、赠少师。师献以叔父枢密院事宇文虚中恩荫补承务郎、任绵竹县丞，绍兴三十年任成都府转运司主管文字，历知简、绵、阆等州。所任整科条，察时弊，节用度，理学校，行乡饮酒礼，士风丕变。淳熙元年（1174）知阆州卒于任。（南宋《南轩集》卷41《宇文史君墓表》）

　　杨大光作《梅林分韵得陶字》："蟠根寄荒绝，擢干空横槮。乡来闻妙语，剪拂到儿曹。垂老犹叵堪，开落几徒劳。不谓勤杖屦，惠然排蓬蒿。尚能领诸生，相就醉澄醪。真赖旁辉映，并觉标韵高。酒防兴未已，分韵看挥毫。籍湜俱可人，冥搜争过褒。乃知天地间，一等为贤豪。横飞与陆沉，亦各系所遭。再烦起穷边，国柄行当操。尽期如此花，晓夕幸甄陶。得备和羹用，宁不出伊咎。百年几春风，勿令心忉忉。"（南宋《成都文类》卷11）

杨大光，字仲约，成都人。

于格作《梅林分韵得彭字》："庭柯卧苍龙，阅世如珊彭。朔风破檀藮，零落滋玉英。江空人响绝，影落千丈清。今代文章篆，缙云主齐盟。跃马觇春色，觞客江上亭。三嗅韵胜华，霜霰饱曾经。及时剥其实，可用佐大烹。幸因𬴂轩使，锡贡充广庭。王明觉予烛，和羹登簋铏。"（南宋《成都文类》卷11）

于格，字伯永，潼川（今四川三台）人。

僧宝印作《梅林分韵得泽字》："江路岁峥嵘，酸风更萧瑟。发兴访梅花，主盟得诗伯。孤芳有余妍，初不带脂泽。香度竹篱短，影摇溪水碧。同时饮中仙，着我林下客。春槽沸滴红，满坐喧举白。浇胷独茗盌，臭味曾不隔。公今日边去，陛下正前席。请看枝头春，中有和羹实。反骚试与提，不碍心铁石。"（南宋《成都文类》卷11）

宝印，字坦叔，号别峰，俗姓李，龙游县（今四川乐山境）人。绍兴三十年（1160）年52岁在成都昭觉寺为僧。后出蜀南游，为知名高僧，孝宗召对选德殿。绍熙元年（1190）年82岁卒，谥慈辩。陆游与之游，撰《别峰禅师塔铭》。

杨凯作《梅林分韵得今字》："兰亭久陈迹，脩竹空自阴。龙山亦凄凉，鲜花谁与簪。英防旷千载，盛事新梅林。四海冯黎州，未妨铁石心。提携到诸子，徧赏江之浔。亭亭姑射仙，玉立何森森。谢氏六君子，对饮香满襟。西陵访老龙，奇怪尤可钦。宛然如先生。高卧岁月侵，从兹饱薰风。佳实共鼎，正味悦天下，妙用无古今。去去好着鞭，江南春已深。"（南宋《成都文类》卷11）

杨凯，字舜举，成都人。《全蜀艺文志》卷19、《蜀中广记》卷63载"得今字"诗为杨凯作。《成都文类》卷11说"得今字"为杜舜举作，误。《全宋诗》卷1939亦考定云："《成都文类》误署杜舜举。"

吕商隐作《梅林分韵得作字》："一树知独秀，十里方出郭。江流浩清冷，露气凝凄薄。胡为此行色，疲马外踽躇。玄冥正擅令，植物困摇落。喜见南北枝，粲然秀冰壑。千林色辉映，百亩香磅礴。首破春风荒，独傲清雪虐。坐令芳信传，芬菲到群萼。如一君子信，茹连俱有讬。相期饮此意，浩荡放杯酌。更应护攀折，嘉实须若若。终收调鼎功，傅岩真可作。持问缙云老，一尊笑相酢。"（南宋《成都文类》卷11）

吕商隐，字周辅，《宋诗纪事》卷52及后有人说字"义父"误。吕商隐撰《三峡堂行记》说"成都吕商隐周父书"。宋人撰文多以父与辅同。陆游作《跋三苏遗文》就云："此书蜀郡吕商隐周辅所编。"吕氏系四川土著士族，是南宋编成都《氏族谱》记载的14家土著大姓之一。吕商隐之祖系北宋名士吕陶，官至中书舍人。父吕缘。弟吕宜之、吕凝之。生于眉州彭山，后迁居成都城。商隐与冯时行为友，稍后任石泉军教授、蜀州教授，与陆游相交，入朝任宗正寺丞。孝宗淳熙时出知崇庆州，未到任卒。

冯时行作《梅林分韵得梅字》诗云：

霜朝马蹄无纤埃，锦城城西江之限。金兰合沓俱朋来，白沙鳞鳞江水洄。梅花傍江高崔嵬，人言犹是王建栽。豪华过眼浮云哉，飞英送香来酒杯。酒酣疾呼竹篱开，走寻屋角如龙梅。梅龙虽多此其魁，睡龙屈盘肘承胲。风皴雨散封苍苔，孙枝迸出谁胚胎。天公抚摩春为回，慎勿变化随风雷，年年开花照尊罍。我欲结茅买芋煨，与梅周旋送衰颓。

（南宋《成都文类》卷11）

吕凝之作《梅林分韵得花字》："出郭岂惮远，满城无此花。新枝开玉雪，老树卧龙蛇。临水互葱蒨，傍篱忽横斜。诗声写奇怪，画本出槎枒。老子晋彭泽，诸公贾长沙。不寻龙李盟，来嗅露霜华。杖屦穿茅舍，壶觞倩酒家。饥餐香馥郁，醉藉影参差。月白雁成字，江青鱼可叉。风流一时胜。野意十倍加。祗恐天上去，迹陈锦江涯。归来马蹄疾，惊飞满林鸦。"（南宋《成都文类》卷 11）

吕凝之，字泽父。《宋诗纪事》及后之人有说其字"默夫"，误。南宋楼钥《玫瑰集》载《祭吕寺丞凝之》文云："呜呼，泽父百夫之特，学博而通，文丽以则。"凝之在孝宗时曾知茂州、阆州，入朝曾任寺丞。

樊汉广作《沈黎使君与客饮王建梅林分韵作诗，过沈犀以诗相示，缺树令汉广补之》云："墙头冉冉新阳露，忽作玲珑玉千树。老蛟偃蹇独避人，卷回飞雪江皋暮。何处鸣禽来好音，四月枝垂起黄雾。摧折霜余初不惧，笑看春光等闲度。百年梦幻欲无言，吹落吹开岂风故。时来荐鼎真偶尔，小住疏篱非不遇。我知天地绝茫茫，无为辗转独多虑。为花悽断却回头，尔亦微酸苦难茹。"（南宋《成都文类》卷 11）

樊汉广，字允南，江原县人。补作"树"字诗时年 46 岁，任沈犀监税官，后知青神县、任眉州通判。汪应辰赞其"居家孝友，当官廉勤"，"奉法循理"。（《文定集》卷 6《荐蜀中人才剳子》）范成大治蜀荐其于朝，"召赴行在，固辞不起，蜀人高知。"（《宋史全文续资治通鉴》）

施晋卿作《梅林分韵得下字》："郊原宿雨余，雪重云垂野。春信初动摇，欲往岂无驾。使君早著鞭，问路逢耕者。深寻烟雨村，共作诗酒社。庭荒六老树，气象自俨雅。一笑呼酒来，大盆注老瓦。最后看枯株，何意当大厦。夭矫待风云，有年天时假。须知羹鼎调，嘉实系用捨。我欲寿使君，罇罍更倾泻。明朝得楚骚，健甚无屈贾。君今有赐环，诏落九天下。蜀江雪浪来，棹趁船人把。留滞以诸生，斯文要陶冶。惟应郢中歌，倡绝和自寡。更闻督熊儿，夜赋烛余炧。它年看无双，声誉出江夏。却笑昌黎公，阿买字能写。"（南宋《成都文类》卷 11）

施晋卿，字子一。成都府成都县人。绍兴二十七年（1157）中进士，绍兴三十年（1160）在成都府任吏。

张积作《冯先生访梅于成都西郊，同游十五人分韵哦诗，而积不与，翊日先生分僧字属积作之》："春回九地阳潜升，南枝破腊如酥凝。疏篱度香竹稍短，寒沙倒影溪流澄。魁然老株忽骇目，雪鳞矫矫只龙腾。天公一叱困仆地，掀髯弄爪高曲肱。长林望断千百株，奋首直欲青云凌。黎明太守和羹手，十里往看车呼登。西江破晓郊路净，盍簪者谁金兰朋。欢笑藉草飞大白，行厨载酒多于渑。风花飘摇落杯面，漱齿浇胸如嚼冰。湘流之清岷山瘦，千古邂逅一笑兴。却踏东风急回首，侵夜霜月寒生棱。入门未坐亟相诧，曰今见之生未曾。成都胜事多四蜀，我欲问津云水僧。先生功成早勾身，未老重来倚醉藤。"（南宋《成都文类》卷11）

吕宜之作《梅林分韵得诗字》："寒梅如高人，冰雪凛风期。霜威凌万木，孤芳缀疏枝。古来岁寒心，肯与时节移。家家浣溪南，横斜暎笆篱。老树更崛奇，矫矫蛟龙姿。中有调鼎味，几年江之湄。征衫十年寒，霜蹄快追随。先生羊叔子，到处英名垂。对花有妙语，豪气无百卮。兴来属湛辈，同出春容诗。"（南宋《成都文类》卷11）

吕宜之，字义父，成都人。《宋诗纪事》卷52、今人辑著《宋登科记考·附录》、《宋代蜀人著作存佚录》为其作小传均说字"泽父"，皆误。各书载录《梅林分韵得诗字》系吕宜之作无异言，据冯时行在"诗序"中说"吕义父别以诗字为韵"，所以吕宜之非字泽父而确是字义父。吕宜之"绍兴间登进士第，累迁知简州，移绵州通判。"（《宋登科记考》1819页吕宜之条）写该诗时在成都任职。

冯时行与众友人乘马漫步西郊梅林，观览不畏严寒，独步早春，骄傲豪迈，盛开的梅花，在诗中赞美梅"国色天香"玉骨雪肤，宛若飘落凡尘的仙子，不受半点尘埃的侵染。

众人尽情饱览梅林中那几株老梅，有的虬曲盘错，势如游龙；有的苍劲朴拙，奇崛突兀；有的疏影横斜，姿态极美；有的铁骨嶙崎，狂放洒脱；各式梅树老嫩枝头皆绽放着玉洁冰清的梅花。朵朵梅花姿态万千，其冰肌玉骨的韵致，高标清雅的圣洁，横斜疏美的仙姿，傲岸坚贞的风骨，凌霜斗雪的意志，独步早春的气魄。大家对梅的形、色、味进行了概括，写出了梅花是有道士人的心魂，是众人仰慕钦敬、视为修养的典范。

冯时行的友人们在诗中写出了大家的情感和感悟，并突出地明写和隐示，对该次诗社活动的组织人冯时行给予了极高的评赞。

于格、李流谦、宇文师献认为，冯时行是世人钦仰之人，学者仰之如泰山、北斗。当代的文章簿籍，数冯缙云主齐盟。他的品德、学问足为后世百代的表率，其名声美好"修名当不朽"。吕宜之说缙云"先生羊叔子，到处英名垂。"将冯时行比作汉魏时出身名门士族之家的著名战略家、政治家和文学家羊祜。羊祜博学多才、善于写文、长于论辩，曾任荆州，开办学校，兴办教育，安抚百姓，怀来远人，注重边防军事，上疏要求伐吴完成国家统一，但却多次遭人诋毁。吕及之感叹冯时行是难得的应在朝廷为国家做大事的栋梁之才，可惜不得重用被放在蜀中偏僻的黎州任知州，系被"埋没荒村"啊！他借咏梅颂扬冯时行如梅之"清芳不为无人改，捐弃何妨本根在。"他期望颇有才华的冯时行能得到朝廷大用，其"国色天香真有待"。杨凯祝"高卧岁月侵"的冯时行奉旨入京，时"江南春已深"，努力进取必有作为。

众友人认为冯时行是良相贤臣之才。宝印称冯时行为诗坛宗伯领袖，其才能可为宰辅。张积攒冯时行胸中想着天下众生，是光明如镜般的太守，是"黎明太守和羹手"，足以助天子具有宰相才的国家栋梁。吕商隐将冯时行喻如商代贤士，曾隐于山中后被殷王武丁起用为宰相的傅岩，说他"终收调鼎功，傅岩真可作。"杨大光说：重起任穷远边地黎州的冯时行是可操国炳之人，入朝若大用之必如商代名宰相伊尹和舜之大臣皋陶一样，成为贤臣良相。

友人们希望冯时行入朝得到重用，等待他坐着用四匹马拉的华贵"驷马"车荣耀还乡，认为梅林诗社事将流传不朽，"此段风流入图绘"。

　　冯时行主持在成都梅林进行的咏梅活动颇有社会影响。《全宋诗》收录 254000 首诗中有梅花题材诗作 4700 首，收 600 余人作品；《全宋词》收词 20400 首，咏梅词 1200 首。众多宋人咏梅诗词中，比冯时行小 25 岁的陆游所作梅诗较多且不乏名作。陆游、李寿、晁公遡、杨甲等名士步冯时行一行之后，也争相游览过前蜀梅苑梅林。陆游任官成都时每年均去赏梅，其《梅花绝句》云"当年走马锦城西，曾为梅花醉如泥。"宋代人写的咏梅诗虽然多，但学者却评论说不如冯时行所组织的诗社写的咏梅诗。如清代四川宜宾诗人邱晋成在《论蜀诗绝句》（36）中说："蜀苑梅龙冰雪酣，林间有客肆幽探。一时分韵多名作，压倒诗人陆剑南。"（清谭宗浚《蜀秀集》卷8）邱氏评冯时行等人咏梅诗作好，甚至超过了著名诗人"陆剑南"陆游，可见冯时行组织的梅林分韵作诗活动对后世具有深远影响。现代学者也高度评价梅林分韵活动，说兴盛的原因之一是领导起有重要作用，认为"冯时行等一行 15 人共赏成都西郊前蜀皇帝王建梅苑的古梅，行酒树下，分韵赋诗。这种赏梅诗会的组织者、文坛领导者对咏梅之风的形成有一定的促进作用。"（《兰台世界》2012 年载詹弘《从宋代诗词看咏梅之风及其成因》）

第十八章　二入京复上抗金疏

第一节　离蜀悼友察江防

绍兴三十一年（1161）元月冯时行离开成都时，朋友们都来送他并作诗道别。成都灵泉县尉李流谦作《用黎州梅字韵作诗送之》："西风举扇挥浮埃，十年水曲并山隈。一朝尺一天上来，台家择才搜伟瑰。豫樟连云谁手栽，梁千尺观峥嵘哉。收拾虹蜺小低徊，如取万海纳一杯。济时策略招讹诼，翳氛卷尽青天开。还如调鼎须盐梅，众星错落环杓魁。欲谈近事树颏颏，旗矛委尘枪卧苔。祸生冥冥诚其胎，如公气象天可回。高论疾如破山雷，毋使缾罄空耻罍。笑渠佩玉救焚煨，往矣急挽波之颓。"（李流谦《澹斋集》卷4）

李流谦说天子下诏书为国家挑选奇伟特异人才，冯时行就是才华横溢之士，似如高入云天的栋梁枕樟。他在绍兴八年（1138）奏疏，献济世救时之谋略，却招到朝廷投降主和派的讽刺戏谑，导致罢归乡里，所庆幸的是昏暗之天过去了现"青天开"。针对近年宋金关系的变化，冯时行认为自"绍兴和议"后朝廷忽视国防建设，刀枪入库马放南山的行为是十分危险的。金人灭亡南宋之心不死，灾祸生于不知不觉中。李流谦认为如果大臣们都像冯时行那样忠于国家对金敌警惕，敌人必败宋朝失地可复。他称赞冯时行抗金卫国的言论如"破山雷"，并提醒朝廷重臣要严防狡猾的金人所设"和议"陷阱，要避免掉下悬崖。朝廷权者不要"缾罄罍耻"，否则会因未能尽职而后悔愧疚。还期望冯时行此次入京能"佩玉"成为显贵，如此才能更好地救民出水火和挽救如颓波下泻般的朝廷。

当冯时行接到诏书之后，李流谦就写有《用山谷上东坡韵与冯黎州黎州时将赴召》诗："赐履圣贤地，专征翰墨场。黎然本非照，昏幽自蒙光。醍醐有真液，苍蔔无别香。座当百尺楼，余子但庑廊。

誉毁不可劫，造物能雌黄。简编熟古人，见公盖未尝。彭黥非韩敌，或可噪其旁。公有八紘置，就猎庸何伤。"

"鼓镛作宫庭，缶盎不能声。仙圆起濒死，乃欲进豨苓。淫书有痼疾，展卷自弱龄。俗学或攘之，正忧荆棘生。孔颜共一世，余事不芥蒂。跪求直指处，遂了不朽计。自今面其真，向来独喜似。"（李流谦《澹斋集》卷1）

诗说冯时行是才智道德杰出之人，其见解高明使人深受启发，如西蜀的蓍葡花散发出芬香。人说古人善于著文，冯公未常不是如此。他为国家考虑很远，一心要助朝廷打败金人，捕捉禽兽，但因反对与敌议和引起主和派的非议，如此也用不着忧伤。从两首诗可看出李流谦与冯时行之间的深厚情谊。

冯时行从成都过丹棱应县人请撰《丹棱县夫子庙记》。回到璧山整理行装准备起程入京，这时自幼与他游玩，以后又一起在璧山县学"乡校"和恭州州学"郡庠"读书的同学白昭度去世了。白氏之弟白约与冯时行之弟冯丹是绍兴五年（1135）同年进士，他与其兄之子白雍请冯时行作墓志。冯时行马上就要出发赴京，虽无时间但想到自己已去世的父辈"先君"世代与白氏交好，自己与同龄的白昭度意气相投，现他故去将归葬山邱，暂撰一篇《白昭度墓志铭》吧！志铭云：

白昭度死，将葬，其弟约与其子雍请铭其幽穴。某适被命造朝，行事薄遽，不暇作。又惟从吾先君以来，世与白氏相好。某与昭度生同乡，年齿相若，幼遨嬉，长学乡校，游郡庠，徜徉里闬，无十日不同者。昭度又躬行仁义，忠信之行著一乡。乡之人望而敬之，闻其名，识与不识，皆嗟叹，曰："善士！善士！"今归骨丘壤，在昔契不可辞，第以不暇，无一见意，然实不暇也，故系以铭。

古者行修於身，行於国家天下，本诸身而已。后世计功利，取近效，然后才术胜而德行衰。当治世，大夫士设施本诸身者盖鲜。如吾昭度，玉粹春温，物即而化，为匹夫行著一乡，其犹古所谓修诸身者欤？呜呼已矣！下宅玄深，既固且宁，以利其后之人。

（《缙云文集》卷4）

《白昭度墓志铭》全文仅有241字（含标点符号为289），因其写作时间仓促，言语似为普通平淡，无华丽的辞藻，但却朴实真挚，充满无尽的痛惜悲凉之情。冯时行在短文中隐藏着对同乡学友的深切怀念。他推崇仁义赞叹白昭度生前"躬行仁义"的修养，敬重他"忠信之行著于一乡"的高尚品行。全文情真感人，写情却不着情字，通过"善士！善士！"数字对学友作了很高的评价，通过"呜呼，已矣！"表达出非常的沉痛哀悼。铭文既是对白昭度的缅怀，也是对其子弟的关心怜悯，真情感人至深。

冯时行出璧山踏上出蜀之舟，途中写了《江行书事》诗：

扁舟如竹叶，块坐筋脉缓。起寻筇竹杖，散步午沙暖。石净困还坐，江绿污仍盥。山转孤渚没，岸落细路断。草色暝烟雾，花树见村畔。物象总相恼，欲遣诗句管。诗成自吟哦，两袖春风满。晶晶日欲暮，我行亦已懒。聊复唤疏蓬，叠骨作小款。范蠡定何人？得遂老萧散。我待功成后，此语正恐诞。径欲具蓑笠，烟雨随蛮蜒。

（《缙云文集》卷1）

此次赴京，冯时行已年满60岁。夫人冯琦姑担心他的风痹病，就安排长子冯相随行侍父。她还为夫君准备了家乡的土特产七蕊黄花、云雾绿茶、缙云甜茶、璧山新酿酒、炒米糖、璧山巴缎等，用以馈赠京城朋友。

路途中，冯时行根据各种情况分析作出判断，金国会再次失信拜盟侵攻南宋，他就在沿长江行进时对宋军的江防准备等作了调查，形成文书入京上奏朝廷。凡沿江有驻军的重要州郡，他多一一进行了访问，对汉阳王彦、鄂州田师中、江州戚方、池州李显忠等部进行了重点了解。在与荆南驻守的御前诸军都统制大将李道的议战守策略中。也掌握了李道和襄阳驻军的不少问题。他把各要地宋军备御存在的种种疏漏熟记在心，尤其是荆湖要害地区，"凡有兵将所在，必亲见其人，问其策略，审其虚实，以备陛下询采。"（南宋《国朝二百家名贤文粹》卷76载冯时行撰《上皇帝论北虏败盟书》）从冯时行的这些行为，不难想见他的用心良苦，为了国家利益是不惜呕心沥血死而后已的。

当年春季，冯时行来到岳州，这是他入京往来第三次途径之地。他抱病第三次登上胜地岳阳楼，撰写了《再登岳阳楼》诗：

楼高临迥渚，天阔上丹梯。云尽树不去，水平天更低。江湖分去住，吴楚亘东西。遐瞩宽幽报，愁多望转迷。

（《缙云文集》卷2）

第二节　论金败盟荐战将

冯时行经过近半年的风雨历程，带病乘船东下，于绍兴三十一年（1161）五月到了建康（今江苏南京）。他欲再南下去京城朝见高宗赵构，无奈早年患下的风痹病加重，腿脚不听使唤，难以迈步，只好住宿在官办驿站馆舍中，期待病体好转后前行去临安城殿见高宗，听其询问。

冯时行抱病在馆舍将出蜀几个月中沿长江考察的所见所闻和自己对国家目前的形势看法，进行了一番梳理。他满怀忧国忧民之心，给宋高宗撰写了《上皇帝论北虏败盟书》。该书在一些古籍中又名为《论易田师中用张浚、刘锜疏》，是冯时行留存下来的最长文章，全文2279字（不含标点）。文云：

臣奉去年七月圣旨，召臣赴阙。臣于十一月拜命，即具舟楫出蜀。长江万里，风雨留阻，行将半载，已至建康。臣素有风痹之疾，江行风湿相乘，左边沉重，步履不正，未能即到阙廷，不任战惧。臣窃闻北虏决意败盟，臣以病未即面奉清光，恐陛下当此变更，急欲有所询采，先以其狂愚冒渎圣聪，容臣犬马之疾少痊，当伏斧锧，待罪阙下。

臣窃以陛下临御以来，遭时多艰，再造宗社，不惮屈己修好息民。然谦损过中，寖成卑弱。弱形著见，然后强敌生心。夫济宽以猛，济弱以强，犹救火必以水，救寒必以温，不得不然。善为强者先强其志意，志意强然后举事以著其强形，强形见则弱形销矣。

陛下审知虏盟之必败也，兵必不可弭也，当赫然慨愤，移跸建康，示天下有为，下罪己之诏，感动中外，愿与社稷俱为存亡，天下闻之，孰不投袂而起！此举事以著其强形之一端也。且君为元首，所以率先天下，鼓动万化。自古未有人主退而能使天下进，人主怯而能使天下勇。惟陛下励其强志，著其强形，赫然有一怒安天下之心，忠臣义士无不感应。人心一奋，士气百倍，何所往而不可？昔真皇澶渊之役，陈尧咨劝幸蜀，王钦若劝幸江南，惟寇准决策亲征。国家太平之基，一战再定。当时果幸蜀，果幸江南，则靖康、建炎之事已在此时矣。今之形胜又不比全盛之时，车驾已在江南，无复可往之地。福建二广，陛下可到，彼亦可到，蜀虽险阻，形势迫促，如鼠入牛角，必不能久。今匹夫举措，犹知吉凶悔吝由动而生，何况万乘而不深思？一动之间，变故莫测，将士观望，忠义之气沮丧，散而为盗贼，大事去矣；其与移跸建康，使天下增气，皆愤然北向，为陛下争先死敌，万万相远。

又沿江备御，朝廷虽已措置，然尚多阔疏。臣自出蜀，凡有兵将所在，必亲见其人，问其策略，审其虚实，以备陛下询采。大江数千里，诸军屯营不一，不能尽言，姑以湖北言之。荆南鄂渚，上流要冲，荆南兵力甚弱。虽添循赣万卒，不带家口，日夜思归，统制官不伏李宏节制，无事之时犹虑变出不测，缓急岂能为用？问其战守之方，惟恃壅水护城。水口在城外，与敌共之。敌得水口，塞之可以灌城，决之可以攻城。李宏本田师中部曲，今自为一军，田师中疾之，恐缓急必不相为援。田师中又老且病，借有忠义之心，已不能躬擐甲胄、出入戎行矣，然则上流要地已不可保。彼田师中者，二十年讲和，静无所事，高堂大厦，玉帛子女，富贵安佚至矣。及今有事，岂不自知，度其心亦愿退避，终保富贵，然难於自言。惟陛下急择忠勇健壮如李宏、李显中之徒易之，上流之地可恃以保，而田师中亦必衔荷圣恩矣。

又沿流诸军无所总统，譬如有指无臂，筋骨脱落，安能击搏攫挐，屈伸如意？今虏使既还，恐兵端变开，望陛下急择文武大臣有威望众所畏信者，属一人於荆襄，属一人於江淮。有威望众所畏服，莫如张浚、刘锜，则陛下既用之矣。然犹有说，惜其誉望，不当便置之前行。胜负兵家之常，万一小跌，动摇诸军。今使之总统诸将，诸将自当前列，锜独任指踪，利害差远，亦致重之道也。张浚尝误陛下事，陛下不以为贤，然方今天下皆以为当用，日夜跂踵，愿陛下用之。孟子曰："国人皆曰贤，然后察之。"愿陛下舍一己之好恶，以天下为心，勉用张浚，以副人望。一日之间，决能使军民回心，踊跃鼓舞，其效亦非小补。张浚忧患顿挫，更历耆老，已无少年轻锐之气，惟陛下深察之。

兵不徒用，必资财赋。财赋匪自天降，出於民力。军兴已来三十余年，赋敛烦重，民之津脉竭矣。蜀民冠婚丧祭之礼尽废，风俗急迫，愁叹无聊。荆湖盗贼正昼攻劫，田野萧条，州县上供月椿无所从出，往往多仰征税。所在税务，持弓挟矢，要遮船舫，名曰征商，其实劫夺。贫商小贾，至有弃舟逃遁者，长江上下，人不敢行。臣不知福建二广，然以此较彼，必不能独丰裕也。平居无事，诸军之费，月给一月，常惧不继，一旦用兵，费必十倍。国无所藏，民不可取，惟陛下痛自樽节，恶衣菲食，辍内廷之费以佐军用。自古克济艰难，未尝不由恭俭勤劳。陛下诚能至诚克己，蠲损切身之奉以养战士，自被坚执锐之夫，岂不知感激奋励，捐其躯以报陛下者？内而公卿大臣，外而监司郡守，下而富商钜贾、州县兼并之家，虽使分其家财之半以佐军用，亦将甘心，诚以陛下率之以身也。

兵有众寡，择将统临，整齐训练，期月可振。惟财用在今日最为难事，版曹司会计之臣，当日夜精思，省官吏，减州郡冗卒，精核当否，无一毫妄费者，庶或可以应办。州郡冗卒，充守倅白直之外，一无所用。一路监司凡三四员，间有阙官，止一员而兼数职者，略不闻有废事，然则官亦可省矣。必官阙而事废，乃可建置。然则虽从省并，自不废事。大抵精微会计，委曲周旋，必不取於百姓，然后根本不摇，此今日之大务也。

又人主当艰难之际，图回事功，听言用谋，当听而不听，当用而不用，当有为而不为，当速而缓与当缓而速，如发机括，差之毫厘，利害立见。惟人主清心静虑，公听远览，然后能随宜应变。愿陛下疏远阉寺，绝去便佞，使私意无所干扰，取舍无所荧惑，专一诚意，与贤士大夫骨鲠谋议之臣同心戮力，共济大事。

臣前所言望陛下移跸建康，选将练卒，用张浚、刘锜总统诸军，节用损己以充军费，余皆末事也，非事之本也。惟陛下远便佞，疏近习，清心寡欲，以临事变，此兴事造业之根本，《洪范》所谓"皇建其有极"者也，今日之所当为者，必能以次而举，无不切当。然后命大臣留守宫阙，陛下如建炎之初马上从事，以数千骑往来循抚诸军，江淮荆襄，无有定处，使虏莫能知测。臣知虽未及战，虏已知畏矣。夫虏人虽强，其强易弱，非诚得天下之心，其实强驱而南。陛下与之抗衡，不必大胜，粗足支敌，一二年间，彼衅隙自开，幽燕两河当有起而毙之者。陛下有半天下，带甲三十万，非奋空拳者。又长江巨泽，地利在我，何所畏哉！

然今日之事诚急迫矣，如救焚拯溺，须臾不及，便系存亡。臣料虏使既还，朝廷必有大措置，一新天下耳目，旬日之间，寂然无闻。臣恐庙堂之议，犹欲遣使祈请，冀和议可以迁延。以臣计之，万无此理。三年前，虏焚榷场，南牧之计已定矣。虽云迁都，其实意欲自临行阵，虽千百祈请，徒自贻羞，决不能回。今年未动，不过明年。幸其早动，陛下恐惧修省，整顿条纲，犹能及事。其动愈迟，则祸愈大，不可及也。

臣於绍兴八年尝蒙陛下召对，是时适虏使请和，臣以为疑。陛下不以臣为疏远微贱，与之反复数四，至烦圣喻以为亲屈己之意。其后太上梓宫归葬中华，太母还就东朝之养，天下几年不见兵革，不可谓无得於讲和，然无以善其后。臣之愚言，犹有验於今日。臣今又被召旨，虏人适欲败盟，臣又以其狂愚渎冒圣听，望陛下特垂圣览，采而用之，无使狂瞽之言又验於异日也。臣被病昏塞，语言无状，干冒宸严，罪当万死，惟陛下裁赦。臣无任瞻天望圣、激切屏营之至。臣某昧死百拜。

（南宋《国朝二百家名贤文粹》卷76）

冯时行撰《上皇帝论北虏败盟书》全文今见载于南宋人编《国朝二百家名贤文粹》书中。到明代初期杨士奇等编《历代名臣奏议》将其收入卷91但未加题目，且缺录第一段即"臣奉去年七月圣旨"至"待罪阙下"计128字和最后一段中最后两句，即"臣无任瞻天望圣、激切屏营之至。臣某昧死百拜。"清代和民国《巴县志》

等也收录了该书文，也缺录部分正文及题目。民国傅增湘编著《宋代蜀文辑存》据杨士奇本将冯时行该文录入卷46，增加题目为《论易田师中用张浚、刘锜疏》，正文仍无第一段和最后段之后两句。今人著《冯时行及其〈缙云文集〉研究》书沿用《宋代蜀文辑存》收该文，也缺冯时行原作文的第一段和最后段两句。笔者以为，应以南宋《国朝二百家名贤文粹》所载冯时行撰写的题目和正文为对，是未佚未经改编的全文。

在《上皇帝论北虏败盟书》中，冯时行先指出金国"北虏决意败盟"，希望"陛下审知敌盟之必败也，兵必不可弭也。"提醒宋高宗不能长久对金敌示弱，宋一味对敌示弱只会使敌人更加跋扈嚣张。同时直言劝谏要励志强国，以振奋士气不要偏安求和。又劝高宗赴边防视察，"移跸建康（今南京）"、"下罪己之诏"以慰军民。并例举北宋真宗皇帝亲临澶州，抚慰众军将使军心大振，促成了"澶渊之盟"，不然靖康之大灾难必在当时已现矣。他论道而今之形势，不能为了避敌而退去福建、二广与西蜀，提出对敌唯一的出路是北向抗金复失地。

接着，冯时行将自己"自蜀出峡，凡有兵将所在，必亲见其人，问其策略，审其虚实"的实际调查了解的军情报予高宗，提出朝廷沿长江对敌的军事备御尚多不足，湖北荆南要塞守兵甚弱，缺乏胸有战守良策的统兵将领。还指出长江上游现统帅，昔日毒杀岳飞副将牛皋的田师中长期安守富贵，已"又老又病"，用他统兵御边守要地极为不宜，建议选兵练将用对国家忠勇且健壮的将领李显忠、李宏取代田师中。并力主重新重用在朝野有威望，为人们信服的原任宰相、抗金首领张浚和坚持抗战御敌的名将刘锜，总统沿江各处兵马，作好抵御金国军队再次入侵的准备。

田师中，因追随大将张俊成为其嫡系，后以受秦桧密令毒害岳飞部将而升任驻守鄂州。史评其庸碌无能且贪。冯时行论其不宜守卫宋廷军事要地时，朝廷侍御史杜莘老也上奏言："帅中老且贪，士卒怒，偏裨不服。临敌恐误国事。"御史中丞湖北京西宣谕使汪澈亦言："师中握兵久，且耄，缓急恐不可倚仗。"当年八月，田师中被

调入京，高宗更换蜀中抗金大将吴玠之子青年将军吴拱守鄂州。（《建炎以来系年要录》卷192绍兴三十一年八月条）

李显中（1109—1177），陕西绥德军青涧人。其家族等200余人被金军杀害后借兵攻金，后回归南宋，多次抵御金军入侵。他经冯时行等推荐后，在金军再次败盟大举南侵时临危受命主持淮西战事，升太尉。

李宏，南宋建炎初期曾随爱国大臣宗泽抗金，后为与岳飞齐名的抗金大将韩世忠军忠勇的统制将军。

刘锜（1078—1162），字信叔，德顺人。绍兴初期大败金军，取得著名的顺昌大捷。后又大破兀术军使之十损七八，金人震恐丧魄见刘军旗即避退。官至太尉。完颜亮南侵，刘锜任江淮浙西制置使，节制诸路军马。

冯时行坚决主张抗金卫国收复失地，建言朝廷选将练兵，早作军事战略部署等等，闪烁着爱国主义光辉，展现出他的军事政治才能。

针对抗敌备战，冯时行还提出改革朝廷弊政的策略。他长时间任职地方县州，深知基层百姓饱受的苦难，认为在战争必不可免、军费因战必然会增加的情况下，高宗皇帝应带头"节用损己以充军费"，进而至朝廷公卿大臣、富商巨贾，均要戒奢侈、崇节俭。他献策朝廷裁减冗官冗卒，精兵简政，通过裁冗官达到节约财政的目的，如此既减轻了广大百姓的负担，又减低了朝廷筹措军费的压力。

冯时行关注民生，为减轻百姓负担，大胆直谏。其民本思想，恤民爱民之心尽显，令古今人崇敬称赞。他在文中希望高宗疏远身边那群贪生怕死的奸佞大臣，应与正直的贤士大夫同心共济大事。他不顾个人安危，冒死诤言直谏，不愧是南宋爱国为民的忠义名臣。

第三节　直谏革弊用好吏

南宋绍兴三十一年（1161）六月，冯时行在儿子冯相扶助下，拖着病体从健康城出发，沿着通往苏杭的大运河行，次月初到了京城临安，住在城内一家由四川人开的邸舍中，食宿出行比较方便。

此时在临安任职的老友王大节、杨椿、唐文若、刘仪凤、杜莘老等悉知冯时行到了京城，先后或乘马或坐轿前往其暂住处探望叙旧。冯时行与冯相拿出琦姑准备的家乡特产分给朋友们，打开璧山酿酒与大家畅饮欢谈。

璧山同乡王大节此时在朝廷阁门阁司任职阁门使，负责朝廷庆典有关事。杨椿在三月前任兵部尚书兼权翰林学士兼侍读，三月中旬升任参知政事即副相。唐文若于五月从温州知州任上召回朝，升任宗正少卿。刘仪凤本任国子监丞，几天前换任秘书丞。杜莘老，据《梅溪先生后集》卷 28 王十朋撰《杜殿院墓志》、《宋史·杜莘老传》、《宋登科记考》卷 9 绍兴十二年四月与杜莘老条记：杜莘老，字莘起，眉州青神县人，系唐杜甫长子杜宗文之后，杜甫的 13 代孙。南宋初期因渠州（今四川渠县）守石翼以师礼请，由眉州迁徙居恭州江津县，与年长 7 岁的冯时行交游。绍兴十二年（1142）四月科考，"四川类省试正奏名史尧俊等一百四十四人"中有莘老。他"以（母）亲老不赴廷对，赐同进士出身。授梁山军教授，从游者众。"绍兴二十五年（1155）秦桧死后，莘老由珍州学官召入朝任礼部、兵部架阁，二十八年（1158）后历任博士、秘书丞、权吏部员外郎。绍兴三十一年三月擢监察御史。冯时行入京城的前几日，杜莘老升任殿中侍御史。

冯时行向友人们恭贺祝福，大家尽情叙说朝廷内外诸事，对金国即将败盟侵宋的各种迹象进行了分析，表示极为愤慨。还对朝廷中不少主和重臣对金敌依旧报以和议避战的行为十分担心，对上到朝廷下至州县出现的官员腐败严重深恶痛恨。众人一致称赞冯时行不改初心，几十年来坚持爱国抗金敌，读了他给高宗的《上皇帝论北虏败盟书》感受很深，也要在各自的位置上谏言主战御敌复失土及整肃吏治等等。稍后，他们都以各种方式向朝廷进言，起了备战御敌，到前线参与策划军事行动，在朝反贪治吏等作用。

杜莘老等见冯时行身体虚弱，给他买了多样补品，叮嘱其子细心照顾父亲。杨椿、唐文若还介绍了在京城流行的民间治风痹病秘方，看冯时行医用是否有效。

　　此时，早在绍兴八年（1138）冯时行上疏力主抗金敌反和议时结识的南宋名士汪应辰也到邸舍看望。汪应辰（1118—1176），字圣锡，信州玉山（今江西玉山县）人，自幼聪明好学，有过目不忘之能。史载其品行高洁，刚直骨鲠。年未满 18 岁考中绍兴五年（1135）状元。绍兴八年任秘书省正字，主张抗金反对议和，给高宗上《轮对论和议平议疏》指出与金敌和议危险，是旨在麻痹朝政，最终灭亡南宋。因此屡遭秦桧打压与排挤，被贬任州郡和奉祠长达 17 年。秦桧广，调回京，到绍兴三十一年（1161）春正月以秘书少监代尚书吏部侍郎。他与冯时行一样在任地方职时勤政廉明，关心百姓疾苦，具有爱国为民民本思想。他治学勤奋，是南宋理学传人，尝读冯时行撰爱国诗尤其是抗金奏疏。他对冯充满敬意，将冯文推荐给理学大家朱熹学习，致朱子赞叹"蜀人冯当可……旧见汪端明（汪应辰曾任端明殿学士）尝称其人，甚敬重之，今果不谬云。"（朱熹《晦庵集》卷71《偶读漫记》）汪应辰是进士科状元，冯时行是进士高第与上舍状元，均有才华，且思想、行为多同。二人虽别离 20 多年但相见却十分亲切，畅谈国事甚欢，相约要坚持卫国抗敌至死不变。

　　到当年七月中旬，冯时行收到宋高宗要在大庆殿见询他的通知，就拿出早已写好的上疏文《论守令铨选疏》，又仔细阅览了一遍后，对站立一旁的儿子说："总算是又要见到圣上了，我要将此疏作为这次殿见对话的重点。"该疏文说：

　　臣窃谓於民至亲，莫如守令，守令之选，难得其人。当今铨选所行，并依格法。格法所当与，虽庸谬之资有司不得而夺，虽循良之才有司不得而与。天下论者，皆言欲救其弊，莫若任人。或使内外荐杨，或令主者铨择。然风俗弊坏，为日既为，奉公竭节，盖鲜其人。或恐铨择任情，荐扬非实，诚无益於救弊，徒安至於纷纭而已。

　　臣愚愿陛下谨择监司，勿以轻授。监司，陛下耳目之臣也。苟得严明督察之才，风彩一路，黜陟其廉污，废置其贤否，下吏有所矜式，小民有所告诉，则虽万里之外如在咫尺之前，州县非才，诚非所患。自军兴以后，民力凋弊，重以渔扰，民愈不堪。守令之多，陛下岂能为民尽择？今天下监司不过数十人耳，少加简拔，不患无才。陛下付授之际，往往亦将视其资格之高卑，不复论其人才之可否。健者以趋期会为急，懦者以不生事为贤，至於刺举精明，使州郡望风畏肃者未之见也。

陛下爱民如子，民国之本也；守令虐民，国之巨蠹也；监司刺举，守令之精鉴也。伏惟少留圣虑。

（明初《历代名臣奏议》卷143用人下）

就在冯时行等待殿见宋高宗时，宋金关系发生了重大变故。早已准备大举侵宋的金主完颜亮派出了使臣高景山、王全来南宋朝廷生事，倨傲地在大殿上凌侮高宗，转达金国对宋廷的不满，声称要南宋以长江为界，将江北大片土地再划若干城邑给金。王全告诉赵构，他被俘虏到金国的兄长即北宋钦宗赵桓已经死了。

其实赵桓早已在五年前即绍兴二十六年（1156）就已经死了，宋人野史著述多认为是被完颜亮杀害。但他死亡的消息却被金人封锁，未能传回宋廷，目的是利用其人要挟宋朝。

此时期，左丞相陈康伯、建王府赞读张阐、殿中侍御史陈俊卿、汪澈、杜莘老、工部侍郎黄中等朝臣和镇江都统治大将刘锜、浙西马步军副总管李宝（原岳飞部将）、望州通判徐宗偃、知梁山军晁公遡、太学生程宏图、宋苞等纷纷奏议上疏，说金人败盟之迹已显露，宋廷应加大军事防御以对付南侵之敌。宋高宗此时想起前不久冯时行所上的《上皇帝论北虏败盟书》，才真正相信了金国主志在灭宋属实。他这时已经不用担心金国要挟放回兄长与之争夺皇位之忧，就横下心来准备御敌。丞相陈康伯在都堂召集众大臣商议举兵，"陈康伯传上旨云，今日更不尚和与守，直问战当如何。"（《建炎以来系年要录》卷190绍兴三十一年）

高宗下旨为兄赵桓操办丧事，同时调兵遣将重用刘锜、李显忠等，并考虑要如冯时行等上疏建言的马上从事亲征。这样一来他也无时间殿见冯时行了，就传旨主管廷臣去见冯，带回意见和疏文。

冯时行的疏文对朝廷选举守令、择授监司提出了建议，认为

"于民至亲，莫如守令。守令之选，难得其人。"宋代，天下的府州县守令虽然位于庞大的官僚体制的中下层，但其作用却是亲民近民之官员，作用非常重要是国家政权的基石。但由于北宋末期以来吏治腐败日盛，不少州守县令贪赃枉法不尽职责，加上金军入侵的烧杀掳掠，致使民不堪命。南宋建立后，为了扭转危亡局势，"革弊恤民"，高宗采用了两种任用县令、州守的办法。一是诏令朝廷大臣与地方各路大吏推荐用人的"内外荐扬"方式；二是由朝廷主管职官的部门评量用人的"令主者铨择"方式。

冯时行根据实际调查研究，指出"内外荐扬"、"令主者铨择"两种方式虽是按规定"格法"而行的，但其中存在不少弊病，因受任人惟亲等方面的影响，"恐铨择任情，荐扬非实，诚无益于救弊，徒妄至于纷纭而已。"

冯时行向高宗建议，天下守令众多，作为天子不可能尽予选择，应该谨慎地挑选廉洁奉公、品行端正、无脏污行为、政治品质好的官员用为监司。监司是皇帝的耳目，身负按劾官吏贪赃枉法，不尽职守，察劾税收中的违法行为，按劾残害百姓者，察举听讼不公与制造冤假错案者和限制豪强非法侵夺，钳制官吏的法外聚敛等职责。南宋当时设置地方最高行政机构 17 路，每路有 3 至 4 名监司官员。冯时行认为选用好"数十"良吏监司，用他们严明督察 17 路数千上万名州县官才会收到实效。

他还尖锐地指出南宋立国后，高宗任用监司等官吏不重视人的品质与才能，往往是重人的资历，故出现不少庸官懦夫，出现不少不称职无所作为者。他再次对高宗说："民国之本也"，"监司刺举，守令之精鉴也。"他希望高宗能认真对待。

对国家府州守县令的铨选问题，冯时行有清醒的认识与独到的见解，他处处为国家和天下百姓着想，不忌言地对朝廷最高统治者直言劝谏，是出于他内心真诚的忧国忧民，令人可敬可叹！

第十九章　回蜀出任彭州知州

第一节　秋题虎丘冬还蜀

　　冯时行在建康和临安连续上疏后，在京城等待朝廷对他的任命，同时调养病体。绍兴三十一年（1161）八月上旬，他接到了任命："左朝请郎冯时行知彭州"。（《建炎以来系年要录》卷192绍兴三十一年八月甲辰条）他由知黎州改任彭州系平级调任，这是由于他坚持主战反对和议以及诤言指责高宗时弊，不得高宗赏识重用。

　　九月中，冯时行病体稍好，即告别在京诸友，乘船沿大运河北行返川蜀。当十月重阳菊花初开时道过平江府（今苏州）时，与同行官员朋友游览了胜地虎丘。传说春秋时期吴王阖闾葬于此山丘，第三日有猛虎距其上，故名虎丘。山中有古云岩寺和寺塔、千人石、剑池等景观。冯时行到此是重游，撰写了《题虎丘》诗：

　　海甸平无际，突阜如踞虎。杉松闟岩壑，殿阁焕藻黼。老眼凌云烟，吴会略可俯。昔游恍如昨，岁月不胜数。老矣惬重来，病倦喜欲愈。况复偕贤彦，清樽侑歌舞。高谈闻善谑，锦绣落英吐。篱菊粲佳节，山屐霁淫雨。蜀客万里外，艰虞棘肺腑。摧颓已无气，赖此作一鼓。却欲挽长江，快意洗天宇。且复置是事，秋风送归橹。

　　（《缙云文集》卷1）

　　就在此期间，金国主完颜亮已败盟，于九月底亲率金32总管之兵，号称百万实际为60万，兵分四路水陆并进，大举攻宋。金军一路从大散关入侵川陕；一路进攻南宋光化军、信阳军等地；一路为水师，自东路沿海南下。这三路金军实际是牵制宋军之师，第四路金军才是主力，由完颜亮统领出汴京南下，欲渡淮河、长江直取临安。

　　宋金大战已经启幕，冯时行感叹在此战乱年月中，世事艰难，自己有心志为国为民，但却屡遭摧折不得重用。尽管如此，他还是要在这乱世中为国尽力，为抗金呐喊，为百姓呐喊作鼓动。"却欲挽长江，快意洗天宇。"他恨不能拉用长江之水，洗涤战乱入侵之兵马，如此自己才心情舒畅，称心如意。

归途中，冯时行沿长江行撰写了不少感叹时事和咏扬大宋壮丽山河的诗文，但多数已遗失在历史长河中。秋冬时节，他到了曾几次往来的荆湖北路所辖的岳州，准备观览洞庭湖君山。

洞庭湖风光绮丽，以君山具有代表性，极具奇特魅力。君山位于湖中，是一座椭圆形岛，南北宽三里、东西长七里，岛上有七十二座山峰。岛西南是碎石滩，有巨岩耸立；北面是一长片如绸带的白色沙滩，围在君山脚下。君山重峦叠翠，清泉流淌，景色迷人。还有许多寺庙宫观和古舜与二妃、柳毅传书、七十二仙螺、龙女故事，自古以来一直是人们喜欢的胜地。屈原作《湘君》、《湘夫人》，将君山所在的湖区描绘成神仙出没之所。唐代刘禹锡评赞君山是"遥望洞庭山山翠，白银盘里一青螺。"

遗憾的是当冯时行来到湖口，恰值大雪冷冻使湖水结冰，不能行船，使其游兴未能如愿。他只能遥览，写了《游君山值冰合不得进》诗：

东略扶桑还挂席，朔雪颠风经赤壁。欲呼龙伯出珠宫，戏上君山吹玉笛。仙人未熟长生酒，故遣玄冰冻湖口。洞庭千里一镜中，烟鬟黛抹空回首。丹经素书旧岩丘，长歌归去吾不留。他年酒熟当劝客，鹤使相寻缙云侧。

（《缙云文集》卷2）

冯时行写此诗宣寄自己的情怀。他在诗中写了君山神珠宫与神仙丹经等道教意象，表现出对道家的崇尚。同时，他在寒冷的雪天想到自己的家乡璧山县，想到璧山县北缙云山下梁滩坝村居家和璧山县城原祖宅及状元府家中的温暖，对故乡充满了思念。

几天后，船到曾作为古楚国都城的江陵府（今湖北沙市），此时连日大雪已停遍地银白，太阳欲出，一群群的北地大雁列队飞往南方，长江岸边还时有老虎行走。冯时行提笔写作了《楚甸江头望雪晴二首》诗：

岁暮风欺客，天开日解围。雪消无奈白，云细不禁飞。目尽江无尽，吾归雁亦归。晓来清彻骨，尘物污人衣。

晴天开泽国，江渚匝烟围。鹭静萧萧立，梅孤默默飞。岸荒群虎过，村迥一人归。愁绪如相恼，帆收径典衣。

（《缙云文集》卷2）

绍兴三十二年（1162）正月初一日，冯时行到达荆湖北路峡州（今湖北宜昌），受友朋之邀请登游了当地名胜楚塞楼。该楼位于万里长江第一峡即西陵峡缺口处虎牙山上，始建于北宋时期。由"太史黄公鲁直命名。兵火之余扫地尽矣，秦德公至而新之，顿还旧。"（南宋王之道《相山集》载《寄题峡州楚塞楼》）诗人名流喜欢登楼望江流碧波浩荡，云烟茫茫，往来轻舟飞驰，览遗城恒觅昔之古战场，顿时尽增豪迈情怀。

主人在楚塞楼为冯时行临江把酒，告之前不久侵宋的金国大军已被南宋打败，金军统帅国主完颜亮也因内部生乱被部将谋杀。

冯时行闻讯感慨不已，他痛斥金酋似猪。向北眺望宋朝因靖康之难而失去的东京开封府与西京河南府（洛阳），感觉似乎用手即可触摸到。他强烈愿望能早日驱除金敌"育贲"，恢复失地和渴望见到国家的尊严。动情地高吟，挥笔写作了表现炽热爱国主义豪情的《峡州楚塞楼》诗：

东南上流蜀之门，领略形胜斯楼存。岷峨之西江发源，势如建瓴注平原。出门顿息波涛喧，五溪七泽相吐吞。蜿蜒纡余带城垣，山亦却立且踞蹲。排青叠翠来庭轩，座隅仿佛闻清猿。我来新律当正元，天地清夷日晏温。主人延客开清樽，酒酣疏襟忽孤骞。北望两京手可扪，感时抚事销客魂。比闻狂酋如封豕，灰飞烟灭华夷分。赤县神州宜细论，翠华几时驱育贲？归挽天河洗乾坤，愿见从来中国尊，老夫日拭双瞳昏。

（《缙云文集》卷2）

离开峡州，冯时行进入川蜀抵达夔州，受到时任州守李师颜、州判鲜于侃和故旧友朋陈行之的欢迎和热情款待。他在《夔州抚属

399

陈行之座上作》诗中叙道：

云细不成雨，虚从万里还。卸帆逢故旧，把手话间关。酒浊消千虑，春新见一斑。便须开口笑，白发不胜删。

（《缙云文集》卷2）

陈行之，名得之，平江府吴江县（今江苏苏州）人。旧居在震泽镇。他早年游历川蜀与冯时行相交，晚年得任夔州抚吏。他已多年未见冯时行，非常高兴，叫妻下厨自己煮酒以待老友。陈行之善于制酒，其美妻精烹任，有诗赞云"君妇工烹调，刀几劳柔荑。"（南宋晁公遡《嵩山集》卷4《过陈行之饮》）朋友们都喜欢食饮他们制的茶肴与美酒。

冯时行告别夔州众友朋后，来到云安县下岩系船，重游了下岩古寺。他观览长江与山寺美景，追寻三十年前在云安任县尉时游下岩的遗迹。沿着被藤蔓掩隐长满绿苔的长岩行，复览了北宋苏轼《题云安下岩》、黄庭坚的两处留题、喻汝励题《云安下岩次涪翁韵》及令狐庆誉《题云安下岩》等石刻。见自己与老朋友郭印的游刻依旧立在寺殿，新增了杜柬之《云安下岩》、郭印二次游寺写《按部留小诗命男明复同赋》、郭明复写《大人按部过云安下岩留小诗命同赋》等诗碑。

游览后，冯时行即兴又留下叙其两次游下岩的感受，表达故地重游感慨的《云安下岩二首》诗：

系缆江纱静，杖藜岩谷春。花依竹色好，草入涨痕新。占笋苔初破，尝梅客遽攀。篙师勿槌鼓，幽兴苦留人。

曩游成断梦，再至是陈人。揽景追前迹，寻诗拂旧尘。孤松难破冻，细草易生春。晴日江天好，凭栏愁更新。

（《缙云文集》卷2）

不久，冯时行到了恭州，他从朝天门上岸入城去拜见夔州路蒋提刑。出京返蜀之前，他已写了一封《与夔路蒋提刑启》，托人带往当世设在恭州城中的夔州路提点刑狱司。该启文说：

望夫子之宫墙，阅时既久；识荆州之面目，指日可期。於浮泝之始休，已斋薰而欲进。披瞻伊迩，欣幸实多。

恭惟某官禀德粹和，受才魁杰。学臻圣贤之蕴，文擅古今之雄。早蹑巍科，韦布沾其膏馥；荐登臕仕，衣冠赖以仪刑。漕輓余闲，访遗踪於羊叔子；平反暇豫，追英概於诸葛公。每於从容谈笑之间，能致宽裕直良之政。神壤方怀於圣化，凶魁已殄於天诛。急须宏远之谋，用济廊清之举。即闻芝检，促觐枫宸。非一人之私，实众望所属。

欲通悃愫，深积兢惶。方还里闬之初，便切门阑之想。欲投姓名於记府，敢贡柔笺；冀修桑梓於宾阶，终蒙异盼。荒疏有靦，冒渎为虞。

（《缙云文集》卷3）

蒋提刑，名汝功，两浙西路常州（今属江苏）人。建炎二年（1128）中进士。从县州任至荆豫幽襄诸军都统制史。到绍兴三十一年二月丁巳，朝廷任"左朝奉郎京西路转运判官蒋汝功为夔州路提点刑狱公事。"（《建炎以来系年要录》卷188）今人著《冯时行及其〈缙云文集〉研究》卷五193页注释说"蒋提刑，不详"，"此启作于万州。"此说误。冯时行任万州时间是绍兴八年下半年至十一年十月，而蒋提刑是绍兴三十一年二月才入蜀任职。

第二节　壮志难酬守彭州

绍兴三十二年（1162）春，冯时行回到璧山探望亲人，还与卸任的璧山前知县交谈，写作了《送常德翁知县》诗：

山多豺虎水蛟鼍，万里归来只旧官。莫问苍生待君起，须知白发见亲难。高踪已逐飞鸿去，凡眼休将退鹢看。得句惊人须寄我，时时要看老波澜。

（《缙云文集》卷2）

常德翁，《冯时行及其〈缙云文集〉研究》书130页注释将"常德"与"翁"分释，称是"翁知县：不详。"该释误。笔者查《缙云文集》中10余首以"送"字开头的诗，绝大多数都是将送某人之姓、字放前，有官职则放后，如《送何子应二首》、《送冯献道运使得岸字》。按冯时行诸多送人诗行文例，则"常德翁"是知县

401

常某字德翁。在清末璧山举人吴暄《自好斋稿》有《茅山宋碑刻》条记："……石碑显，乃邑知县南部常力德翁与乡绅常禄士杰游山唱和之作。诗多残。款识可辩'绍兴庚辰'，实宋刻物也！"以该文可知冯时行诗中之知县名常力，字德翁，南宋利州东路阆州（今四川阆中）南部县（今四川南部）人，绍兴三十年（庚辰）至三十一年（1161）出任璧山知县。他与乡绅常禄游璧山茅莱山唱酬刻诗碑。

冯时行诗中感叹自己从京城万里归乡还能见到家乡的前任父母官，期望常德翁能得到朝廷任用，并安慰他说白发时能回家见到自己的亲人是最好之事，对过去的事如鸿雁般飞去，用不着象自己这样萌生归隐之意。还告诉常德翁，以后写好的诗句不要忘记寄来，他要看到朋友有跌宕起伏的诗文。

春天未完时，冯时行到了彭州。

彭州历史悠久，源远流长。距今3000多年前，已有彭人居住此地劳动生息。当蜀族越岷山南下进入成都平原后，与本地居民融合，引湔水灌田，共同发展生产，开创湔江文化。唐代初期，在该区设置了彭州，隶属剑南道。不少文人如王勃、高适、杜甫等曾任州职或到州境探幽揽胜，留有诗文题刻。宋代，彭州辖管3个县，州治设在九陇县，属成都府路。经济文化繁荣，人称小成都。

冯时行到任受到时任州判官眉州人程伯友和州吏景俊卿的欢迎，但此时他因第二次被诏入京师上疏要求抗金和整肃官吏仍未得到朝廷的重用，加之身体患病难免生出了愁绪。在欢迎酒会后，他写了一篇《回彭州属吏启》说：

右某启：伏以滥被召音，属缠疴而不进；犹叨郡寄，惧投老以难胜。幸联事之得人，庶瘝官之可免。

恭惟某官力姿敏茂，蓄蕴粹深。以褆身之绪余，为居官之事业。翱翔州郡，盖戢翼以待时；腾踏云霄，信抟风之有日。守恭谦而为德，贲衰朽以摛词。觉锦绣之非华，况宝玉而为重。愿言瞻觐，束书剑以徂征；款奉从容，就宾寮而获益。及家倥偬，治极荒疏。

（《缙云文集》卷3）

冯时行说自己老病缠身，朝廷仍委任出任州守。他自谦说害怕人老了难以胜任，幸好是众同僚得力，许多事本人用不着去操心。他真心希望彭州同事努力，它日一定会"腾踏云霄"，"搏扶摇而上者九万里"也。

冯时行在彭州与相邻的汉州（今四川德阳）知州王葆重逢。王葆，字彦光，号公佩，与冯时行宣和六年同年进士。《宋登科记考》卷8徽宗宣和六年记："王葆……平江府昆山县人。宣和六年登进士第，初授丽水县主簿。"绍兴二十六年（1156）正月，"左朝奉大夫王葆知广德军。"（《建炎以来系年要录》卷171）"绍兴三十一年辛巳（1161），王葆，至正《昆山县志》卷四：'知广德军，移汉州。'"（李之亮《宋川陕大郡守臣易替考》泸州条）

王葆与冯时行互相来往，写诗作词，冯时行遗留诗有《同王公佩和老杜韵二首》：

新长筼筜竹，傍穿薜荔墙。夜须邀月坐，昼不待风凉。剩放梢添绿，斜将箨抱香。幽居绝还往，相伴兴何长？

敝屋甫环堵，此君忧面墙。当窗蔽寒绿，入坐荐清凉。客咏闳余响，佛熏留散香。老成看气骨，霜雪表灵长。

（《缙云文集》卷2）

王葆与冯时行相逢后数月，就被调往泸州任知州。绍兴三十二年（1162）初夏五月，冯时行写了《送王公佩之泸》诗：

炎薰五月只须臾，底事书生亦渡泸？午影风凉槐系马，晓岑云白杖挑壶。见闻幽谷莺迁木，气类朝阳凤集梧。见说阿房曾有赋，声名速为诧东都。

（《缙云文集》卷2）

诗借宋太祖系马封丘县陈桥村槐树兵变，与属部大有作为的典故，赞扬王葆忠于职守，不顾五月炎热即赴泸州上任。冯时行祝友人"莺迁"，如身怀宇宙之凤凰栖于梧桐。又以唐代诗人杜牧作辞藻华美，语言流畅，结尾含蓄有味的《阿房宫赋》，一举成名"东都"洛阳人惊讶不已之史事，寓意友人将大有作为。

史书记王葆在泸州如在汉州任中一样，绥善锄奸，劾贪残污吏数辈。逾年，迁知池州。不久孝宗召入朝任大理少卿，以疾辞，归养宜兴，官至左朝请大夫。后潜心著书，教诱后生子弟，程迥、李衡、周必大、范成大等名流皆出其门下。

该年，好友何麒到朝廷任郎中，张仁甫前往探望，冯时行写作《送张仁甫见何少卿续郎中二首》云：

并州天下脊，人物见遗英。乱复归何处？贫甘送此君。天高卿月满，云静使星明。二老恩波阔，扶衰强一行。

水驿风烟暝，江郊茅苇秋。不关穷易老，自是客多愁。自倚连城价，终艰一饱谋。向非天下士，强项敢轻投？

（《缙云文集》卷2）

绍兴三十二年（1162），冯时行在彭州接到老友郭印从成都双流县寄来的信，请他为前一年新构建的独有堂撰记。郭印说："予辟云溪（绍兴二十四年、1154）凡二年，其临流眺远，坐倚行吟与夫鸣琴对弈，赏花钓鲤之所略具，而宴宾朋、列图书则阙其地。后五岁（即绍兴三十一年、1161），诛茅定础植堂焉。字以'独有'，取《庄子》独出独入、独往独来是谓独有之意……"（南宋《成都文类》卷42《独有堂记》）因冯时行长期与郭印交游唱酬，对友人思想了解，对所取堂名理解，能准确地写出用意，故被请撰堂记。冯时行遵嘱撰写《独有堂记》说：

郭信可於所居之西东作堂，以为燕衎之地，撝蒙《庄》之言，命之曰"独有"，属其友冯时行为之记。

夫西州沃野千里，郁葱华润，其间隆堂峻宇，崇台延阁，览物象之奇，极游观之娱，不啻千万。至於美淡薄之至味，顾幽寂之华观，会万象於一歧，错微尘於无极，能以是为燕游之适者，或无其人，岂信可所以命斯堂之言乎？

夫师旷在前，盲者无达观；广奏盈耳，聩者绝莹听。知信可之深者能相索於无何有之表，不知者或以为病。予请言其所不知者。独者人之对，有者无之偶，信可自少时已得道於静南堂，超人我知域，过有无之量。及今老矣，道既熟矣，将以斯堂为广漠之野，无何有之乡，物我两忘而万物皆我，若何为独非独耶！总贯万汇而莫窥其朕，若何为有非耶耶！此信可之所谓独有，非世俗之所谓独有者也。

人见其於斯堂起居，言笑不异於人，而其徜徉彷徨，所以跨寥廓而支汗漫者，莫得而见之矣。信可曰："子真知我者，可请书以为记。"

（南宋《成都文类》卷42、明《永乐大典》卷724）

该堂记今人著《冯时行及其〈缙云文集〉研究》书第244页注说冯时行"作于丹棱"。此说实误。因为冯时行任丹棱县令的时间是绍兴五年（1135）十二月至绍兴六年，而郭印信可开始修建独有堂据他自己写的文章考是在绍兴三十一年（1161）。堂成后次年才写的记，时冯时行在彭州任知州。

在彭州，冯时行写作了一些流露自己不得志欲休官归隐山林之意的诗，如《秋夜书事》云：

灯暗文书隔縠罗，寒欹竹枕倦吟哦。本来无事消魂得，作意撩人奈雨何？二十五声秋点冷，百千万绪客愁多。海山寂寞应如此，琴自无弦一放歌。

（《缙云文集》卷2）

秋天雨夜，冯时行吟读史书至疲倦。当听到屋外报更的点声时，他想到唐代李郢《宿杭州虚白堂》"江风彻晓不得睡，二十五声秋点长"诗句；又想到陶渊明置无弦琴，每逢聚会饮酒便抚弄以表达自己闲适之趣，由此更增添了诸多愁绪。

又《送孙履道》诗：

平生心印久相传，出处穷通岂偶然？且把新诗斟别酒，莫将离恨恼衰年。步兵未必非奇士，太白惟知是谪仙。待我休官彭泽去，约君同老白云边。

（《缙云文集》卷2）

全诗论及阮籍、陶渊明等隐士和谪仙李白，明白地道出他欲休官归老隐居。

绍兴三十二年（1162）中秋后重阳节前，冯时行收到同乡好友，已去官归故乡璧山县南历山寺乡村的陈舜弼寄的诗，读后即回复了《和陈舜弼中秋有感三首》：

405

宦海浮沉久倦游，一声云雁一襟秋。只今楚客多愁思，况是潘郎已白头。何处有山堪寄老？此时无月亦登楼。寸心或是孤云起，浩荡天涯不可收。

相别相逢总是天，羯来醉月又经年。君归已买三山马，我去仍求一水船。贫富勿论俱是梦，雨旸休问苦无田。中秋已过重阳近，频向离筵醉拍肩。舜弼诗："忧贫仍闵雨。"故诗中及此，因以宽之。

人间八九不如意，独坐萧萧愁绝时。空有此心谁领会？知余明月是襟期。婆娑寒影不知老，呼吸清光能疗饥。今夕不妨休见面，旱苗须雨一深犁。

（《缙云文集》卷2）

冯时行感慨自己沉浮官场身心疲惫，自比象"楚客"屈原一样多愁思，如晋代潘岳一样早已白发，应当归休了。他把人生贫富看淡，视为一场梦。虽然冯时行心生致仕隐居意，但并未萎靡不振。他在彭州团结州县官吏，共同尽心尽力地为百姓办事。与州中富有学识之人相交，取得他们的大力支持。

彭州望族穆承奉，字深之，建炎初张浚宣抚四川，承奉挟文自荐，以才任绵州司理参军、剑州属县主簿，以承奉郎致仕，在州与冯时行交游。时人李石《方舟集》卷16《穆承奉墓志铭》记云："深之藏书万卷，博学喜读书，好议论，性理通贯二氏，多藏法书、名画、奇玩，动至数千。又有园亭甲乙胜处持是以交四方名辈。人知深之儒者，不知其富也。如提刑冯时行当可、侍讲程敦厚子山皆其素交。""每公私借贷率为彭豪，倡州县赖以济，多得往来宾客之誉。"

冯时行任彭州知州时间不长，但官民对其在州作为多持良好评价。襄阳谷城（今湖北谷城）人，绍兴八年（1138）状元黄公度榜进士，绍兴三十二年（1162）上半年任成都府路转运副使，总领全蜀财赋的王之望在当年五月与朝廷大臣上书谈论选择任用蜀中人才，说应选用蜀中"不在私，忧国爱民，深晓财赋，有先儒循吏之风"者。（《建炎以来系年要录》卷199《与叶义问论蜀中人材书》）他弹劾平庸之臣，如劾川陕大将姚仲"殊不晓事，天资狠戾，难可保信。

前此粗有矢石之劳，全无谋略，本非大将之才……抱认酒税，擅置坑冶，多占官军义士以充其役，民不聊生……实为贪鄙庸人。"（《建炎以来系年要录》卷200《贻宰执论姚仲书》）但身为一方重臣不久回朝官至副宰相的王之望却对冯时行给予了极高的好评。他在绍兴三十二年上年写《回彭州冯守启》文道：

恭承诏绶，载绾郡章，振都骑以之官，合左符而宣化。恭维某官，文傅正气，识造大方。议论纵横，达今昔安危之变；声名赫奕，推西南人物之英。果勤侧席之思，荐被赐环之诏。已扬舻而趣召，遄抗疏以求归。特畀牧民，俾行素学。暂布中和之政，伫还清切之联。过沐谦冲，曲垂音问，感藏弥切，濡染奚殚？（王之望《汉宾集》卷12）

王之望称赞冯时行说，帝诏任君为州守，传布君命，教化百姓，所作的均是光明正大之事。君见识广博有专长，在政治军事等方面有自己的见解；对古今事理与国家安危的变化认识非常透彻。名声显赫，是南宋西南地区包括四川、云南、贵州等区域人物中论才能、智慧都过人的英杰。是帝王"侧席"思待诏还，大家举荐的贤人。已扬帆向朝廷报召至京师，因君频频上抗疏而回蜀，特给与州职以治民。此系暂时安排的平和事务，将等待复返到朝廷成为清贵之臣。还对冯时行说，君为人谦虚向上，所写的书信谈论真切，自己耳濡目睹受到影响，为国为民要殚精竭虑。为国为民要用力到极致。

第三节　贺杜莘老知遂州

绍兴三十二年（1162）冯时行在彭州任中得到消息，与其志同道合的巴蜀同乡"义深朋友"杜莘老，因"言责即塞，力求外补"，（南宋王十朋《梅溪先生后集》卷28《祭杜殿院文》）还蜀任遂宁知府。他十分高兴又有机会与老友相近，商讨国家民生，就先写了一篇热情扬溢的《贺杜起莘殿院除遂宁启》：

大振台纲，不孤言责，解豸冠而得请，凭熊轼以来归。揆人情虽若左迁，在名教诚为重事。先生吾党，风激懦夫，庆川蜀之有人，觉岷峨之增气。

恭惟某官刚方温裕，靖重疏通，学术深测於渊源，议论博涵於今古。素怀直道，幸遇清时，初无一介之先容，自结九重之知己。柔不茹而刚不吐，言有物而行有常。果从芸阁之英，径陟栢台之峻。言如烈日可畏，凛与秋霜争严。虎豹之在山林，樵苏莫采；鹰鹯之逐鸟雀，风彩耸闻。持谠言正论以悟君，期明目张胆以报上。岂正贯乎金石，可以质之神明。不劳韩愈之移书，自若刘蕡之诵语。凤鸣高岗而众咸喜听，豹当要路而势所不容。勇于敢为，言无所隐，此古人所以名世，而执事与之同风。谦退愈见其高，卷舒不失於正。恳求便郡，出殿名藩。夜航已济於江湖，书锦愈荣於乡邑。想过家而上塚，方布政以临民。恐坐席之未温，已赐环而报召。

某义深朋友，契忝乡关，既气味之相投，况心期之不浅。以退为进，其功岂浅浅哉；自古及今，此道盖寥寥尔。侧闻盛举，益倍欢惊，属印绶之拘挛，阻门阑之展庆。

（明《永乐大典》卷 10540）

史载绍兴二十五年（1155）十月奸相秦桧死后杜莘老出任珍州学官，不久以上疏论天下利害被大臣推荐入朝，主管礼部、兵部档案文籍。当时风尚凡地方官员调任入京必举家随迁，并倾心于在京城购置房邸。但清廉的杜莘老却未携带家眷，其居室简至仅蒲团纸帐而已。宋高宗闻知后大为惊叹，重其清修独处清正的品德，不久就下诏求言。

杜莘老在上书论时弊时列了十条，受到高宗和大臣的肯定，升太常主簿、博士。在稍后轮对时从"思患虑防"的角度，建议朝廷要加强兵备。他与冯时行的观点相同，提议说"金将败盟，宜饬边备。"（《宋史·杜莘老传》）任秘书丞时也连续建言加强长江、江淮一带的守备。其《言时事疏》议："鄂帅田师中老而贪，士卒怨，偏裨不服，临敌恐误国事。虏造舟海滨，积全齐之甲，其谋不浅，宜命海道诸将募死士为劫寨计。"（《名臣言行录》别集下卷 6）"上从公言，召师中夺其兵，遣李保趣东海，其后汉沔诸将得自奋，所向皆捷。李宝战胶西，竟以火攻胜。"（南宋《名臣碑传琬琰》中卷 54《杜御史莘老行状》）

绍兴三十一年六月冯时行入京杜莘老看望他后，就以监察御史新迁殿中侍御史的身份，又接连上奏《亲征疏》、《又论亲征疏》及《请收兵选将以备不虞奏》，请高宗皇帝御驾亲征抗敌。（《全宋文·杜莘老》）当年九月金帝完颜亮率大军侵宋时，宋高宗被迫愤而决定亲征，杜莘老就积极协助出征事宜，高宗感叹他"忧国深矣。"（《宋史·杜莘老传》）

杜莘老痛恨朝廷腐败官吏，在御史任上对贪墨的污吏和不称职庸官敢言弹劾，被时人誉称为"刚直御史"。当时受帝后宠信掌管宫廷购物大权的刘炎，长时期在宋金交界地勾结金国人开榷场交易物品，受贿索贿中饱私囊，屡犯国法。莘老获得实情后，毫不畏惧几次上书要求严办，高宗迫于影响最终将刘炎革职发配远州，家财全部没收充公。

在冯时行被任命知彭州的前一个月即绍兴三十一年七月中，杜莘老曾上书弹劾秦桧爪牙时为朝廷权臣的周麟之，作《劾周麟之状》书说："臣闻挟奸罔上，人臣之不忠；避事辞难，人臣之不义。"周麟之"背公营私，寡廉鲜耻，"其奉使金国论宋给金人银币，"麟之坚欲增添数目。"（《建炎以来系年要录》卷191）又作《再劾周麟之状》说："上章论列枢密周麟之挟奸罔上，避事辞难之罪……乃认故相秦桧父子为乡人，专事阿谀，务其结托……其进用不正……则因书黄而潜受金瓶；在翰苑，则因草制而多求润笔；违法而酤私醖……恃势而占民田"，应将其"特加远窜……以慰公议"。（《建炎以来系年要录》卷191）

同年八月上《论王继先奸恶十事疏》，弹劾御医小人王继先"凭恩恃宠，肆其奸恶……因奴事秦桧，入拜其妻（王氏），叙为兄弟……继先於都城广造第宅，多侵官司地分……其宅周四侵占民居数百家及宫街二条……专探下户妇女有姿色者，百端作计，必强取之以为侍妾……继先又於宅傍创一别馆，专以收蓄俳人……伤风败教"。继先在战时"预占山寺……乃阴养无赖恶少共五百人……日夕教练。"公私物品，强买强卖。接受富商重金，代行买官，解免州县罪犯。在本府及他处寺院立生祠，"妄自尊大。"私崛古墓，占抢民珠铺，诬陷良民入狱。"今市井之人则怨其强夺妇女，商贩之民则怨其侵渔财利，乡村之人则怨其吞併田产，至於士大夫则怨其挟持权势，请托无厌。合是数者之怨，皆恨不得食其肉而寝处其皮，其罪恶贯盈，王法实不容恕。"应"将王继先编管岭外"，清算其脏污货赂等。（南宋《三朝北盟会编》卷230）最终排除了重重干扰，朝廷把王继先革职查办，将家财充公供给将士，天下称快。

当金军大举南下侵宋时，有南宋太学生和岳飞昔部属要求昭雪岳飞之冤，"以谢三军之士，以激忠义之气"，以利鼓舞军民抗御金军。杜莘老也上奏《乞昭雪岳飞奏劄》，引经据典地谈君王重贤臣，愤往者秦桧擅权"力主和议，沮天下忠臣义士之气。""岳飞良将也，以决意用兵，桧文致极法，家属尽徙岭表，至今人言其冤，往往为之出涕。臣愿陛下思咸感之义，霈涣号之恩……昭雪岳飞，录其子孙，以激天下忠臣义士之气……臣鄰尽忠於内，将士效命於外，以此破敌，何敌不摧，以此建功，何功不立！诚帝王鼓动天下之至权也。"（《鄂国金佗·续编》卷30）该奏劄为孝宗继位后为岳飞平反昭雪起了先导作用。

杜莘老一心为国，嫉恶如仇，尽职除奸，刚正不阿的所作所为受到冯时行的称赞，在贺文中热情评赞老友"言如烈日可畏，凛与秋霜争严；""鹰鹯之逐鸟雀，风彩耸闻；""持说言正论以悟君，期明目张胆而报上；""勇于敢为，言无所隐。"

冯时行说杜莘老学识渊博，他推崇唐贤韩愈，自北宋诏封韩愈为昌黎伯陪祀孔庙之后，不少读书人对其文集进行了整理注释。四川普慈县（今乐至）文谠在绍兴初期撰有《详注韩集》书，杜莘老读后写了《详注韩文引》，对文氏之著作进行了如实评价，认为是"尽收经史百家之书，祥为之注，考定年月，系于其文之首，其中质疑阙，发隐秘，章分句断，以辟面墙，俾读之者焕然在目，而韩氏之歆阙亦于以心通而意会。"（《续修四库全书》1309册343页《新刊经进详注冒黎先生文集》）冯时行认为莘老"学术深测於渊源，议论博涵於今古。"

冯时行还将杜莘老与唐朝名士刘蕡比拟。刘蕡善作文，耿介疾恶，唐文宗初参加进士考试秉笔直书，主张除掉危害国家的权宦。众考官赞赏刘之策论，但都畏惧宦官而不敢录取他授予职官。以后刘蕡被征召入朝，但终被宦官诬害贬谪。杜莘老的为人及境遇在冯时行看来与文风犀利，敢于抨击权宦，具有大无畏精神的刘蕡神似。对于刘蕡，历代不乏好评。当代伟人毛泽东就特别赞扬，1958 年他读《新唐书·刘蕡传》后写了《七绝·刘蕡》诗："千载长天起大云，中唐俊伟有刘蕡；孤鸿铩羽悲鸣镝，万马齐暗叫一声。"

第四节　颂虞允文扫胡尘

冯时行从京城临安返回川蜀赴任彭州知州不到半年，宋高宗下旨试兵部尚书虞允文出任川陕宣谕使。"允文至蜀，与大将吴璘议经略中原。"（《宋史·虞允文传》）

虞允文，字彬甫，成都府路隆州仁寿县（四川仁寿）人。生于北宋徽宗大观四年（1110），南宋绍兴二十四年（1154）年四十四岁考取进士，先后任彭州通判、权知黎州、渠州。秦桧死后经蜀资州状元赵逵推荐，高宗召对后任秘书丞。绍兴三十一年（1161），升任中书舍人、权直学士院。

绍兴三十一年（1161）十月，即冯时行船行于返蜀中途时，金国皇帝完颜亮率领大军渡淮南侵，南宋都城临安一片慌乱，朝廷不少官员纷纷遣送家属往南方偏远僻地逃避。在宰相陈康伯等一批抗战官员的要求下，大惊失色的宋高宗起用数月前冯时行等人力荐的抗金名将刘锜出来，担负江淮前线的抗金重任。

此时，南宋淮西主帅，驻守战略要冲安徽含山县昭关一线的建康府都统制王权，闻金大军将至竟不战溃逃，致使金兵如入无人之境，直侵抵长江北岸。为了应付危急的局势，高宗急忙派知枢密院事叶义问前往督视长江一线军队抗敌；中书舍人、权直学士院虞允文为参谋军事、洪迈、冯方任参议军事，随同叶前往犒师。

十月下旬，完颜亮麾军攻取了和州（今安徽和县），直趋采石矶（今安徽马鞍山市长江东岸），欲从该地杨林渡渡过天险长江后进取南宋都城。

十一月初，高宗罢免了王权，改用冯时行前不久上疏推荐，为金人惧惮的猛将李显忠负责建康一带长江防务，抵御金军不准其渡过长江南下，确保江南临安京城的安全。但此时李显忠尚在芜湖，采石宋军没有统帅，形势万分危急，若金大军乘虚从采石杨林渡口过长江，南宋军队必将一败涂地，金军会势如破竹乘胜而取临安。

这时已到建康城的叶义问派虞允文去采石犒师，并前往芜湖催促李显忠来建康上任。

虞允文从健康赴采石，只见王权逃到江南的部下群龙无首，将士三五成群地坐在道边，士气非常低落。他的随从见此状况，都劝速回建康，认为"事势至此，皆为他人坏之。且督府直委公犒师耳，非委督战也，奈何代人任责！"（《续资治通鉴》卷135）

的确，此时虞允文的职责是到采石慰问宋军，没有督师拒敌的任务和责任。如果他只求明哲保身不承担风险，是可以马上奔回建康的，但他却认为放弃了采石就等于放弃了长江天堑，等金大军渡江后，战局更难收拾，南宋危也。虞允文毅然决定留在采石，组织混乱的宋兵担负起御敌卫国的责任。

虞允文以参谋的身份召集采石一线诸溃将开会，对大家说："敌万一得济，汝辈走亦何之？今前控大江，地利在我，孰若死中求生！且朝廷养汝辈三十年，顾不能一战报国？"众将说不惧为国死战，惟无统帅。虞允文道："今显忠未至而敌已过江，我当身先进死，与诸军戮力决一战！"并拿出朝廷劳军金银，言杀敌有功者即赏之。诸将热血沸腾，云："今既有主，请为舍人一战！"（《续资治通鉴》卷135）

就在虞允文指挥南宋将兵御敌时，正号令金军造船渡长江的完颜亮得到金国朝中突发宫廷政变，拥立完颜雍称帝建立了新朝廷的坏消息。气急败坏的完颜亮陷入了退进无据的境地，他在渡江舟船尚未备齐的情况下，严令诸将帅率部速渡长江，准备灭掉南宋后再回师夺回皇位。

横渡长江的金军遭到虞允文指挥的宋军顽强抵抗。宋水军舟船精良，而金之舟船大多是才拆附近民房梁木赶造拼凑成的，结果在交战中被宋船横冲撞击顿时溃败。当天宋军杀敌达 4000 多人，俘敌 500 余名。次日，虞允文又派兵将出击长江北岸杨林渡口，又大败金水军并烧毁金军渡船 300 艘，使完颜亮过江计划破灭。金军连败士气沮丧，完颜亮遂移师到瓜洲，欲避开采石宋军严密防守，从瓜洲渡江。

采石大战，是南宋绍兴年间唯一一次大败金军主力渡江南侵的战役，在宋金战史上具有重要的意义。这次大战宋军力挫金军主力，取得大胜，打破了完颜亮南侵渡江灭亡宋廷的计划，加速了金国完颜亮统治集团内部分裂和崩溃，挽救了陷入危亡的南宋，基本奠定了后来宋金南北对峙 30 余年的格局。

采石之战结束时，李显忠率军赶到了，虞允文将指挥权移交，向他要了 16000 将兵 100 艘战船，驶往镇江与老将刘锜会合抗敌，严防完颜亮率军由此过江。此时退到瓜洲的完颜亮军进退维谷，众金将恐惧完颜亮的残暴杀戮，于十一月二十七日夜谋议射杀了完颜亮，与宋议和后在十二月初北退。

一月之间，战争形势竟发生了如此之大变，使宋高宗欣喜不已，他令宋军追击，乘机收复两淮地区。与此同时，他采纳了不久前冯时行上疏劝如建炎之初御驾出征"马上从事，以数千骑往来循抚诸军"的建议，在绍兴三十二年（1162）正月亲临建康府激励士气，提升虞允文试兵部尚书，二月又任其为川陕宣谕使。

虞允文赴蜀途中，在湖北襄阳会见了京西制置使吴拱与荆南都统制李道，到凤州河池县会见了四川宣抚使抗金大将吴璘，与他们商讨如何御敌与收复宋朝失地的战略问题。提出"以大军出关辅，因长安之粮以取河南，因河南之粮而会诸军以取汴（京），则兵力全而饷道省，至如两河，可传檄而定"的战略。（《建炎以来系年要录》卷 194 绍兴三十一年十一月丙子条）

虞允文到成都后，冯时行非常高兴，他在彭州写了《与虞宣谕启》文云：

被命中宸，宣几外服，举江淮已试之验，图川陕克复之功。窃观未至之先声，已见必成之后效。士论胥庆，军势益张。凡托庇休，举增抃蹈。

恭惟某官高明忠恕，博大纯深。机权酬酢於无方，德行素仪於当世。覃思奥学，追符近代之贤；茂著英声，上彻九重之听。荐回翔於省户，爰演饰於纶言。立朝则和而不流，遇事则仁必有勇。迎刃自解，谓世无难成之功；抵龟决行，恃己有必胜之道。气吞异类，义动三军。督貔虎以振天威，诛鲸鲵以雪国耻。盖识投机之会，立收唾手之勋。华夷由是知威，天地为之卷褑。肤公既奏，眷意弥隆，委山甫将明之才，授邓禹征讨之略。江之南江之北，共高一战之奇勋；陕以东陕以西，独兼二公之重任。况兹八座之选，实兼两府之阶。委任已专，进拜斯在。日百里以辟国，归司空舆地之图；月三捷而告功，正冢宰代天之任。伫聆归觐，式副具瞻。

某年迫衰颓，日蒙收召。既昧适时之见，难干造物之私。尝进狂瞽之言，愧乏涓埃之补。自知无用，誓决退休。或推之或挽之，恩则甚厚；其进也其止也，耄矣何为？宠尚昌於承宣，恩实惭於大度。兹闻休命，尚远宾筵。陪班谒以未遑，第向风而欣抃。

（《缙云文集》卷3）

长期充满爱国激情的冯时行在给虞允文的信中，对其抗金行为表示敬佩，对"朝廷养兵三十年，大功乃出书生手"（《续资治通鉴》卷135）的川蜀同乡所取得的功绩，给予了热情赞颂。他为虞允文御敌有方，一扫胡尘，"诛鲸鲵以雪国耻"的作为高兴得手舞足蹈，昭示着他期望早日打败敌国，收复宋朝失地的强烈愿望。

冯时行的爱国情怀，至今令人感动。

第五节　贺二帝逊位登极

绍兴三十二年（1162）五月，宋高宗赵构立养子赵玮为皇太子，改名赵昚。一个月后，高宗向太子表示要禅位给他，赵昚"流涕固辞"，高宗勉谕再三，赵昚才不再推辞。

赵昚字元永，是北宋太祖的七世孙，父为秀王子偁，因高宗无子，绍兴二年（1132）选育他于皇宫内。绍兴十二年（1142）封普安郡王，绍兴三十年（1160）立为皇子封建王。为人谦恭好学，十分孝顺。赵构花费心思对他考察历时长达 30 余年，觉得其品德学识值得完全信任，传皇位给他自己是可以放心无忧的。

高宗在绍兴三十二年（1162）正月本欲趁着打败金军，乘势收复了部分州县，金国派使谈和之时向金仍称臣求议和，但遭到朝野军民的强烈反对。在全国一片要求抗战呼声中，做了 36 年皇帝史评其"失德甚多"的赵构对军国大事产生厌倦，感到其统治出现了许多困难与危机，又十分害怕金人再次入侵，加上年纪已是 56 岁精力感觉不支，所以才决定传皇位给太子赵昚。

高宗叫宰相陈康伯等人议，令朝臣洪迈起草了御札云："朕宅帝位三十六载，荷天地之灵，宗庙之福，边事寝宁，国威益振。惟祖宗传序自重，競競焉惧弗克任，忧勤万机，弗遑暇佚，思欲释去重负以介寿臧，蔽自朕心，亟决大计。皇太子贤圣仁孝，闻于天下，周知事故，久系民心，其从东宫付以社稷。惟天所相，朕非敢私。皇太子可即皇帝位，朕称太上皇帝，迁德寿宫，皇后称太上皇后。一应军国事，并听嗣君处分。朕以淡泊为心，颐神养志，岂不乐哉。尚赖文武忠良，同德合谋，永底于治。"（《建炎以来系年要录》卷 200 绍兴三十二年六月乙亥条）

当年六月十一日，高宗召集百官举行了简单的内禅仪式，他宣诏完毕叫内侍侍赵昚就位初不敢就位，经扶请七八次赵昚方落坐。宰相陈康伯率众臣向赵昚祝贺，史称宋孝宗。第二天，赵构起驾由孝宗送往德寿宫养老。

宋高宗赵构内禅退位，皇太子赵昚继位为帝的讯息由飞马驿传到蜀中已是两月之后了。此时在彭州的冯时行正为州中事务忙禄，突然得到高宗与太子一禅位为太上皇一登基为新皇的消息，非常高兴。他企盼新皇帝大有作为，恨自己路途遥远不能亲赴朝廷恭拜孝宗，只能面向东南方向的京城跳跃、鼓掌、起舞。他连夜写好两封贺表文书，第二天天刚亮就叫属吏快马送往成都再转送进京城。

其一书《贺光尧皇帝逊位表》说：

为天下得人，睿谋素定，与万方更始，皇统亲传，意合祖宗，道同尧舜。中贺。

恭惟太上皇帝，英明独运，慈俭躬行。励精三纪之余，恭己万民之心。启冒运于中兴之日，朝诸侯於复会之时。已安神器于覆盂，真视天下如敝屣。委无伦之富贵，与造物游；处太上之崇高，为天子父。功成不有，道大难名。

臣谬领州麾，欣承诏旨，考百工而未见叹美，斯勤祝万寿之无疆，倾输至切。

（南宋《五百家播芳大全文粹》卷 1 上）

其二书《贺皇帝登极表》说：

大宝正位，重离继明，廓天下以光昭，踵勋华而授受，庆流海宇，恩浃华夏，夷中同贺。臣闻大业不难一时之盛，而难万世之传；天子不贵一己之尊，而贵万方之讬，丕图再造，上圣笃生，人望所归，天意有在。

恭惟今上皇帝，智勇天锡，诚明生知，以帝王之英姿，躬曾闵之至行，方真龙之潜养，繄神器以奠安。历数在躬，应灵图而受瑞；冕旒御极，传正统以当阳。初更始於万方，将一新于庶政。举允恭揖逊之美，当凶残篡逆之余，眼见雪消风行草偃，大号初颁於吴蜀，先声已播于幽燕。一日归仁，千载难遇。

臣方縻郡职，莫辍朝端，徒望阙以倾驰，阻趋庭而忭舞。

（南宋《五百家播芳大全文粹》卷 1 上）

冯时行送贺表后思绪万千，他心知自己一直企盼着高宗皇帝能更改其主和国策，对敌强硬抗战复大宋失土的希望已经不可实现了。但他仍怀着美好的理想，期望新继位且正年富力强的孝宗皇帝能锐意恢复中原，报仇雪国耻，不再向金屈膝称臣。

第二十章　升成都提刑赴嘉州

第一节　谢五府任成都宪

绍兴三十二年（1162）六月赵构内禅退位后，迁出皇宫搬进刚落成建筑金碧辉煌的德寿宫中，享受清福。德寿宫址处原是宰相秦桧的府第，因相地术士皆说该地有"王气"是风水宝地，所以秦桧做为居宅。他死后赵构下旨收回该区，然后大兴土木用了几年时间为自己建造了养老的新宫殿。时人将此宫与皇宫并称名"南北大内"。

赵构当太上皇入住德寿宫后生活更加穷奢极欲，每一年的生活用费数目惊人，国库要支付近百万缗钱供其挥霍。每逢寿辰节庆，还要另外追加。在当时，一名平常百姓一年的生活费用一般为200到300缗。一缗钱为1000文。赵构一年的用费，相当于普通百姓3000多人的费用。

赵构住德寿宫生活了25年，直至孝宗淳熙十四年（1187）十月81岁才死去。

于绍兴三十二年（1162）六月十一日登上帝位的宋孝宗，历史评价他是南宋最有作为的皇帝。他在当皇子时就倾向于抗金复失地，当金完颜亮带领大军南侵攻宋时，他也上书反对对金退守求和，要求高宗派他为前锋参加抗金。所以当他即帝位后，立即开始进行人事调整。

孝宗即位后十余天，就手写召令此时担任建康府判官的抗战派首领，昔任宰相的张浚入朝面谈。他亲切地对张浚说："久闻公名，今朝廷所恃惟公。"（《建炎以来系年要录》卷200绍兴三十二年六月）张浚力说和议之非，劝孝宗坚意抗金以图事功。孝宗以张浚所言极对，符合自己的主张和心意，特授他为少傅，进封魏国公，除任江淮宣抚使，节制屯驻军马，全面负责江淮防务。不久后，孝宗又任命张浚为枢密使，负责国家军事主持北伐。

当年七月十三日，孝宗顺应民心，为因坚持抗金反对和议而被害死的名将英雄岳飞平反，"追复岳飞元官，以礼改葬。访求其后，特与录用。"（《建炎以来系年要录》卷200绍兴三十二年七月）紧接着，陆续起用了一批因力主抗金被贬任地方官的名士入朝，如辛次膺、王十朋、胡铨、张孝祥、陆游等。朝野上下为之一振，如此大大鼓舞了抗金士气，开始改变高宗时期由主和派笼罩下朝野万马齐暗的气氛。

八月孝宗下诏要各部使者，诸路帅臣监司，用心考察各地州守官吏，举荐有德政的干员，弹劾在任贪暴以及疏怠不称职的官员，限期在两月内上报朝廷以用于选择升黜。

孝宗对蜀地成都、夔州、潼川等路尤为关注，希望择用蜀中人才。他在给成都王刚中的《赐王刚中敕》书中说："朕数年前与卿相从，虽不甚久，而意之所属，殊异稠人。今卿镇抚四川，日底安妥，使国家无西顾之忧，厥功甚茂。朕嗣膺宝位，立政之初，收召四方耆老。而卿独以委寄之重，邈在万里，注想之意，朝夕不忘。惟卿宿学全才，无施不可。尚几勉成功绩，绥御军民，使遐方远俗如朕临之，则系卿是赖。异时敌国向风，边垂罢警，策勋之后，趣卿来朝。卿之功名，已在竹帛，则朕之所以求旧报功者，当何如耶！卿其勉之，副此眷瞩。绍兴三十二年七月。"（同治《乐平县志》卷首）

九月初，孝宗又下诏说蜀去京城太远，"人才豫当储蓄，以备缓急。"（《建炎以来系年要录》卷200绍兴三十二年九月）远在蜀中的王刚中非常理解新任皇帝重视选用人才的心情，他与各署、监司主管官员们商议，挑选了一批在府州军县和其它任上政绩突出的职官上报，其中又特别推荐数月前已荐报朝廷可出任蜀西路宪即成都府路提点刑狱公事的冯时行。而朝廷清理积压的荐报官员文书，已于六月下旬组织盐铁、度支、户部三司对冯时行业绩等考评，一致肯定他良好的政绩，孝宗下旨委任为成都路提点刑狱公事。冯时行作有《谢师帅列荐启》文致谢：

右某启：伏承三司照牒，列荐考察，擢用清要，不次任使者。小垒素餐，深虞谴斥；诸台过听，反被荐扬。合众论以为公，舍余人而见录。濯尘垢以江河之润，上姓名於云汉之间。顾侪辈以厚颜，感恩知而刻骨。

伏念某迂愚禀质，阔略居怀。粗业缞绖，滥尘簪绂。自冒收於末第，遽窃剖於左符。阅世故以居多，守初心而若一。视听言动，凡事揆以幽明；进退升沈，一切付之造化。是特操修之末节，殊非经济之大猷。施於己以寡尤，及乎人而奚补？矧时屯之正剧，亦民瘼之未瘳。方力济於诛求，岂暇论於抚字？每见循良於简册，满腹生惭；欲逃旷散於丘园，频年有梦。敢之忘其平素，或妄起於觊觎，轻以积衅之身，辄冒逾涯之宠。

岂谓某官谒恶扬善，藏疾匿瑕。谓举一而反三，固往圣择人之道；然拔十而得五，亦前贤恕物之方。惟务兼收，益期富有。虽至精至明之藻鉴，难罔纤微；而可上可下之品流，亦垂听采。某敢不以贤圣为法，非仁义不行？遽辱褒嘉，不敢为荣以为惧；已经题品，宁忍自弃惟自新。庶有可称，於焉图报。

（《缙云文集》卷3）

冯时行说：恭敬三司按照蜀中地方长官、统帅等分别推荐文书，对自己进行考察，不依寻常次序破格超升为朝廷使者，提拔委用为清要职官。对于大家的公正荐扬，自己当感恩铭记。

冯时行自谦道：自己秉性阔略不太讲究，任宦知州末等，但自己做事有一贯的准则；对于任职的升沉进退，"一切付之造化"，随其自然运气；常读史书，自己与那些为国为民大有作为的"循良"官吏相比，明显存有不足，内心充满了惭愧。自己不敢忘记平时所为，决不会超越界限以求宠。

绍兴三十二年（1162）十月初，南宋朝廷委任冯时行升任成都府路提点刑狱公事的文书到达了，此时在彭州忙于州事的冯时行撰写了《除西路宪谢五府启》，上呈朝廷。文云：

伏以素学阔迂，每惭及物；壮怀衰谢，已分归田。既窃分於郡符，复就将於使指。爰念生成之赐，曷胜衔戴之情！伏念某一介单微，半生流落。志虽勤而事弗偶，誉未至而毁已随。时正逢於清明，年已薄於迟暮。退守固陋，欲自放於散闲；时激精衷，实未息於感愤。

曩膺召旨，即觐明廷。初为万里之行，实幸一言之窹。适有负薪之疾，伏枕为虞；不遑择木而安，投林甚急。亟上挂冠之请，径为击壤之游。羞既去而复留，若以退而为进。素丝良马，反玷专城之恩；华节绣衣，更叨将命之宠。非据而受，何德以堪？

此盖伏遇某官鼎道吉亨，坤元静顺。道大而取不竭，才全而应无方。屹当安危之机，中立不倚；默观成败之数，外侮自销。推稷契之忠嘉，成唐虞之揖逊。始终一德，协辅两朝。以嘘枯吹生之权，行拔茅连茹之志。无一介之或失，兼孤踪而不遗。

某虽穷途之可怜，顾初心而犹在。奉三尺以从事，诚无取於皂衣；明大义以决疑，益深稽於黄卷。庶收微效，仰报洪恩。过此以还，未知所措。

（《缙云文集》卷3）

今人著《冯时行及其〈缙云文集〉研究》书 196 页注释说："除西路宪：冯时行受任提点成都府路刑狱公事，事在绍兴三十一年（1161）。"此注释误。因为绍兴三十一年春冯时行离开成都奉诏入京，当年八月被任命知彭州，《建炎以来系年要录》卷 192 绍兴三十一年八月甲辰条明载"左朝请郎冯时行知彭州"。他九月由京返蜀，于绍兴三十二年（1162）春赴任彭州，升任成都府路提刑是知彭州后。

冯时行所任实职彭州知州官为从五品，其文散官阶是 29 个阶中的第 18 阶正七品上阶左朝请郎。他"疏奏，改知彭州。旋升右（此误，应为左）朝请大夫、提点成都府路刑狱。"（清陆心源《宋史翼·冯时行传》）左朝请大夫是文散官 13 阶从五品下阶，连升了 5 级；提点成都府路刑狱公事为实职，官四品，连升了 3 级。冯时行由从五品彭州知州"出常调"任正四品提点刑狱公事，是宋代提拔官员对知州军有政绩或有大臣等举荐，名实相符特升转运使、转运副使、

420

转运判官或提点刑狱、省府推判官的制度规定。他自绍兴二十九年（1159）出知黎州后仕途较顺，一方面是因为王刚中等人的推荐，另一方面是他实有治理地方的才能，治一县则一县安，守一州则一州宁。

绍兴三十二年（1162）十月，从奉旨知彭州一年零两个月，实际到彭州履职仅6个月的冯时行办理交接手续，在父老乡亲的欢送下前往成都。他道过青城前山时再次游览了香积佛寺，作了《题香积寺》诗：

拨草詹风日，招提重访寻。雪如将路断，云实助山深。密印传初祖，英风嗣少林。我来聊借榻，静夜听龙吟。

（《缙云文集》卷2）

冯时行在绍兴三至五年（1133—1135）间出任崇庆府江原县丞时，曾到香积寺游览。此次岁末雪天又重游始建于西魏时，内奉菩提达摩像的古寺，想到达摩周游传授禅学，后来去少林寺面壁修行，成为中国禅宗"初祖"。当晚，借宿在环境幽美的寺院，静静地听着寺周围风吹秀竹动，发出的龙吟之声，内心充满了佛光禅影，表现了他对清幽空寂的佛界迷恋之情。

第二节　弹劾污吏荐人才

冯时行升任的成都府路提点刑狱公事，是宋代路级（类似今省级）司法部门提点刑狱司的最高长官，又称"宪使"。是管理成都府路250余万户、740余万人的司法、刑狱、监察为主的官员。

宋代的提刑官分文臣高官低任和低官高授两种情况，一般从朝请大夫（从五品下阶）到朝奉郎（正六品上）为多。他们的官品级虽然不是很高，但地位还是比较高的，因系皇帝的耳目，职责重要。《宋会要》载：职官"四品以上（衣服色）紫，六品以上绯，九品以上绿，……监司者许借紫，任满还朝仍服本品（服）。"朝廷重视提点刑狱官，对低官品任监司者允许穿四品紫色官服。

《宋史·职官志》卷167载记：提点刑狱公事，掌察所部之狱讼而平其曲直，所至审问囚徒，详复案牍。凡禁系淹延而不决，盗贼通窜而不获，皆勃以闻及刺举官吏之事。

提点刑狱创设于北宋太宗景德年间，初设之意是分路级转运使的重权，以后职责由少增多，到北宋后期成为除掌刑狱司法外，还管户籍、治安、打击偷漏税、赈济救灾、访巡边事等等。南宋时期，还担负了又一项非常重要的职责，即征收财政的主要收入之一，由数十种苛捐杂税合称的"总制钱"。

南宋成都府路提点刑狱司是职权繁重，有数十属吏的重要路司机构，主要官吏均由朝廷委派。主要负责按察成都府路所辖 3 府 11 州 2 军 61 县的官吏；总督成都府路杂税总制钱；督管成都府路封桩、无额上供等钱物；征收成都府路税赋，检括偷漏税；劝耕成都府路农桑，督修水利，兼管常平仓；巡检成都府路盗贼公事，督察军器什物、招军事宜以及临时盐业、坑冶等。

冯时行任职时，成都府路提点刑狱司官署设在嘉州（今四川乐山），是北宋仁宗天圣年间从成都迁到嘉州的。比冯时行年长，卒于绍兴初期的邹伯温也任过成都路提刑。他说："余为西蜀宪，其治在嘉州。"（《邵氏闻见录》卷 20）他又在《题名记序》中说宪司"自（北宋）天圣至今……在府城（嘉州）之北街，亦曰'小市'。"清代《乐山县志·建置》也记提点刑狱司"在府城之北街，亦曰'小市'。"

一到嘉州，冯时行立即进行巡察工作。

《宋会要》职官 45 之 24 载：提刑出巡时要带人防护，"合带吏人二名，客司、书表一名，当直兵级十五名。"每过一州，当地官员要差派人保护，这样虽是体面风光但却劳民伤财。冯时行不搞排场，仅带两名文员随行察视本路府州军县。所到之地，秋毫不犯，让随员付给食宿缗钱，凡馈赠的奇异物品和土特产一概不受。他所到之州县，均停留办公，鞫堪不法去弊，为百姓减轻负担，罢除不合理的科役摊派，严惩不法害民的贪官苛吏。

绍兴三十二年（1162）十月，冯时行首先巡察邻近嘉州的仙井监。该监设置于北宋熙宁五年（1072），当时名陵井监，以地有盐井相传为东汉末期道家张道陵所开而得名。到北宋末期政和四年

（1113）改名仙井监，治所在今四川仁寿县，辖境为今仁寿、井研等地。南宋隆兴元年（1163）仙井监改名为隆州。仙井监为同下州级，下辖仁寿、井研两县。绍兴末年任知仙井监的是自称系皇族宗亲的赵不矫。

仙井监西邻眉州、西北近崇庆府。冯时行绍兴初期在崇庆江原县任县丞和在眉州丹棱县任知县期间，常与任职仙井监的朋友们往来，当地士绅知晓他的为人。当他二十多年后再次走进仙井监时，乡绅父老纷纷前来向他诉苦，控告贪官赵不矫倚势在州的各种不法行为。

仙井监的井盐业发达，《文献通考》记全监有盐井28口，"岁煮一百十四万五千余斤。"盐井是四川著名的大口井，井口深广，产盐量大。陆游《老学庵笔记》说："蜀食井盐，如仙井……犹是大穴。"《建炎以来朝野杂记》亦载，岁产盐二百万斤，在诸多盐井中，产量最高。自北宋以来，为了国家税收，各盐井由官府经营，私人不得创开，但仙井监知监赵不矫却深知经营盐业有很大的利益，就暗中支助不法盐商违法开办卓筒小井，利用权力谋利坐地分赃。

保护耕牛以利生产是朝廷的一贯规定。《宋会要辑稿》刑法二载，南宋建炎与绍兴年间，朝廷曾多次下达严禁宰杀耕牛令。高宗发《禁宰杀耕牛诏》说：对犯者许"诸色人告捉，赏钱三百贯；犯人依军法"。又下《禁杀耕牛告赏条约诏》："知情买肉与贩者，徒二年，许人告，赏钱五十贯。"绍兴年间屡下诏令反复重申不准以任何借口杀耕牛，对杀耕牛、知情买牛肉之人判刑二年，发配千里。而仙井监的不法之徒却不管朝廷法令，与贪官赵不矫勾结，日以屠牛谋利。

蜀锦是川蜀特产，自古著名，早在唐代有"扬一蜀二"之称。北宋以来，由于制锦劳民，长时间约束民间织锦，织造多由政府组织，朝廷也多次罢贡。绍兴二十七年（1157），宋高宗在与宰执沈该议事时曾问，"蜀中制造锦绣帷幕，以充岁贡，闻十岁女子皆拘在官刺绣。自朕在位以来，不欲土木被文绣，首为罢去，蜀人便之。兼后来节次科敷，多所蠲减。想今民力稍宽矣。"但由于蜀锦为贵族王公喜爱，禁减后物稀更为贵，赵不蔲就巧立名目，瞒上欺下，授意属下蒙骗、网罗了一批织女，拘居专室，不分日夜艰苦编织，残酷盘剥这些贫苦女工。他将华丽蜀锦据为己有，不时将这些华丽物品分送给权臣，贿赂大臣以图升迁。

冯时行认为，盐税乃川蜀和国家的要事之一，赵不蔲倚权巧取豪夺，削国利饱私囊。他支助不法之民宰杀耕牛渔利，因屠牛取肉斤价之益远超过售猪肉，故不顾禁令而行。蜀中水牛为百姓犁田之本，为生民之本，应严禁屠宰否则将严重影响川蜀农耕生产，使稼禾减产，民欲食足必不可得。国家法令唯太牢祀天与祭祖方用牛，祭神也不敢用，而赵不蔲与贪民狂妄大胆，将健牛充作病牛或充衰老自毙的牛宰剥，谋取暴利。且倚系贵亲，不畏官司，常肉积集市，四方推销，不惧法令。蜀中织锦，朝廷已令约束民间勿随意纺造，而赵氏却巧作名目，私拘贫苦少女造作以媚权贵获利。凡此数事，当应按律定罪，以绝后患。

掌握了仙井监存在的诸多问题后，冯时行不管赵不蔲的软媚和威胁，毅然将他拿下入狱，星夜上书快马驶报朝廷向孝宗皇帝弹劾其罪行。

数月后，贪吏赵不蔲被罢官。《宋会要辑稿·职官》卷71记载：孝宗隆兴元年"二月四日，诏知仙井监赵不蔲放罢。以本路宪臣冯时行弹劾其在任不法故也。"

川蜀原依规制，每年官办织造坊必须上交户部贡品有夔州绢、开州绢、涪州绢、恭州绢、南平军绢、昌州常贡绢、永康军绢、达州鉴绸、怀安军绸、简州锦绸、巴州线绸、梁山军锦、潼川府盘雕熟白绫与涛头水波纹绫、遂宁府土贡樗蒲绫、果州生白绫、渠州生白大绫、绵州绫与萱布、阆州蓬绫、蓬州黄纻绫与绵绸及白绫、蜀州军丝罗、彭州罗、成都府花罗与绶带锦、汉州苎布、邛州苎布与丝布、叙州葛布、泸州金、万州麸金、忠州麸金、昌州麸金与银、嘉州麸金、雅州麸金、眉州麸金、简州麸金、龙州麸金等。办理这些贡品，给蜀中百姓带来很大的困苦。冯时行奏请孝宗皇帝减免，经下诏赦有减有免，一时万民欢呼，称颂感激不已。

冯时行处处以国家和百姓为重，在提刑任中还不遗余力荐举贤才。他认为人才是国家兴盛的元气，用贤人听其言为立国之要事，贤人的进退关系国家和百姓的安危。他推荐人才不分亲疏，如不避嫌疑举荐何熙志等。

何熙志，字忠远，号东山，嘉州龙游县（今属四川乐山）人。绍兴八年（1138）状元黄公度科中进士。清代《嘉定州志》记何熙志"有文名"。其作"一山九顶灯常规；六月三峨雪未消"诗联长久流传，刻挂在乐山凌云寺山门。该联描写凌云九峰佛灯常明与三峨山白雪盛夏不融的美景遥相衬映，十四字中蕴涵着历史的讯息和典故。另有诗"拓开天外无穷景，望尽坤维到处山。"（成都《题锦江院》）"剑戟翩翩铁骑攒，前军飞渡润州湾；烽连淮陆胡尘远，月照金山汉垒寒。"（《送赵南仲出视江淮》）"欲说寶城好，先夸方物妍。金糵收稻后，红腊落梅前。照座梨偏紫，堆盘荔更鲜。雪滕尤异产，应不数花笺。"（四川渠县《咏寶城景物之胜》）从何作诗联可窥知他很有才气。

何熙志品行端正，颇有才华的他中进士后因不媚秦桧故长久不得升用。他为人遇事常替别人着想。北宋哲宗元祐年间名宰相吕汲公吕大防（1027—1097）的远祖与冯时行远祖皆"以德行冠冕一乡。"何、冯、吕三家在北宋末期交往仍密切，吕大防年老被贬亡后，"而吕氏之后流落不偶……赏延一官，衰落不振"，长时作幕府于成都，"得五斗禄以怡媚亲"。而此时冯氏之冯时行升任提刑，"以才猷结主知，朱幡玉节，荣耀当世，门户益大。"何熙志以自己父亲和冯时行的父亲"冯中大"与吕氏家族老少子弟相友善之故，就给冯时行上书希望能引进吕氏衰落仅任幕职之子弟。书文说："今阁下肃持绣斧，观风右蜀，好贤乐善，容接后进。而某得以先世之契贽见阁下，则收功借誉，方有一成，兹其时也哉！伏惟阁下鑑孔（融）、李（膺）通家之旧，念伯祖一日之契，引而进之，使汲公（吕大防）之业不坠於地。"何熙志借给冯时行上书谈引进吕氏衰落子弟之事，也希望自己能得到考察荐举。他在书中说："则某虽不肖，尚当激昂云路，以报知遇，决不在众人下。"（南宋《国朝二百

　　冯时行是否引进了吕汲公的后人，未见到明确史记。他考察何熙志确有真才实学，系主张抗金的正直人士，就与好友晁公武积极向朝廷推荐他入朝，被命任御史台检法官。到孝宗乾道七年（1171），何熙志出任潼川府路转运判官，继任潼川府路提点刑狱公事，为国家和蜀中百姓做了不少有益之事，实现了他向冯时行说的"以报知遇，决不在众人下"的诺言。

第三节　减赋民生忧骄将

　　冯时行在成都提点刑狱公事任上不长，但他时时都以百姓为重，从百姓的根本利益出发。他巡察到边地雅州后，发现州属严道、名山、卢山、百丈、荣经五县的汉民和夷人生活特别困苦，就想办法要给以帮助。经过调查得知，主要是因为朝廷实行经界法，年久经官吏、富豪徇私作假而造成的，被人们怒称是"经界之祸"。

　　经界，指划分土地地块疆界。南宋建立后，由于受多方面因素的影响，朝廷财政拮据，入不敷出，就在田产占有不多的广大百姓头上增加赋税。南宋初期普通百姓交纳的赋税非常繁重，远远超过了北宋。但众多占有许多田产的豪绅贵族，仗势作假，设法逃避赋税。天长时久，因纳税导致的社会矛盾变得越来越尖锐。为了缓和社会矛盾，绍兴十二年（1142）宋高宗、秦桧采纳了两浙转运副使李椿年的建议，任用他在农村推行经界法，丈量土地，按地亩的多与少重新定纳税额，意图均平赋役，以此增加朝廷的财政税收。

　　由于经界的推行未与吏治整顿同步进行，致使推行法令不能正确执行。许多地方仍旧是贪官污吏在执法，他们与豪强富绅相互勾结，鱼肉贫苦百姓。少量比较廉洁的官员在邪恶势力盛行下也畏惧得罪权贵，采取了明哲保身方法。最终的结果是，经界改革惠民无几。在此种情况下，一度秦桧还密令"暗增民税（十分之）七八，故民力重困，饿死者众。"（《建炎以来系年要录》卷169绍兴二十五年秋七月丙申条）这样就造成很多贫民下户因新增暴敛而家破人亡。

推行经界法后，弊病多见，各地怨声载道。绍兴二十年（1150）三月，宋高宗曾下《改正经界诏》说："昨李椿年乞行经界，初欲去民十害，遂从其请，今闻寝失本意。可令户部逐路选委监司一员逐一看详，应便於民者，依已经界施行；其乖谬反为民害事目，并日下改正，具申省部，日后以当否取旨黜陟，间遣御史前去访察。"（《建炎以来系年要录》卷161绍兴二十年三月戊戌条）

川蜀的经界之祸本应自此纠正改错，无奈秦桧执政及其死后一段时间，蜀中重要官吏多系其党羽，故仍坚持推行。雅州各县占有众多土地者为了保护自己的既得利益，长时期使用各种手段逃避赋税，官府往往就将过重的税赋摊加到农民身上，使百姓陷入水深火热的绝境，严重影响到全州及附近地区社会的发展与稳定。孝宗初期任雅州知州的蹇驹评论说："经界之祸，此邦实烈"。（《缙云文集》附录《古城冯侯庙碑》）雅州的经界人祸，直到绍兴三十二年底冯时行不施行"经界法"，他给朝廷上疏奏请罢去，才减轻了雅州百姓的赋税，挽救了众多贫农贫民的生命。

冯时行为雅州革除了经界之祸，全州百姓欢呼鼓舞，"民欢迎曰：'吾今更生矣！'"他的德政，稍后由潼川府盐亭（今四川盐亭）人，绍兴十八年进士蹇驹知雅州时撰写《古城冯侯庙碑》进行了叙述。文云：

左朝请大夫、提点成都府刑狱公事冯侯讳时行，字当可，隆兴元年死其官。侯有功业於时，死凡四季，名山进士喻大中合邦人之思，筑宫于县之古城，以俎豆侯。又三年，驹来守雅州，考侯事之终始刻之石。

先是经界之祸，此邦实烈。方经界之令甫颁，民恐惧奔走，徇朝廷之法，不敢轻售其奸。法既行久且坑，奸民始生心，争为侥倖之囊，取前日之令纷更之，而弊始错出。跬步之田而受倍蓰之税，连阡陌者以巧倖入轻租。破业析产，瘠沟中者枕籍，几蹈汤火之酷，将且十年。而侯持节而来，问民疾苦，首得此，戚然为之寝食不遑。毒於民者莫烈此，即闭阁书奏报天子，乞仍其故。既画可行，民欢迎曰："吾今更生矣。"

及侯死，民聚哭曰："我有室庐，侯畀我，使获弛然安居其下，有田以耕以饱，皆侯赐。"虽一饭必祝。大众斥七十万钱，缚屋二十五楹，中为堂塑侯像，挟以两庑，民岁时歌舞其下。水旱厉疾必祷，侯亦能出为祸福，以恐动其民而食其土。自侯为部使者，经画边事尤缜密，此邦著之令甲世守焉。

侯恭南人，明果敢断，足以当大事。文尤高古，人不敢斥其字，目为缙云先生。绍兴初，宰通义之丹棱，以政最召行在所。时权臣柄朝挠节，徇女真之和，侯斥其非是，对天子言剀切。出守万州，部使者迎附权臣，侯退居里社凡十年。权臣死，复出为州守蓬、黎及天彭，遂持节以死。侯所在政卓异多，去思民必祠之。夫考风俗著其微恶，太守事也，是故为之记，而系之以声诗，使邦民歌以妥侯灵。诗曰：

洁樽罍兮酒冽清，笾豆静嘉兮，肥腯其牲。坎坎击鼓兮，式和且平，携持父子兮进侯庭。维庙孔严兮，有觉其楹，寝簟孔安兮，维侯相民兮，式临尔诚，雨我田兮，澹澹其盈。欲旸而旸兮，荦犖肆耕，厉鬼驱左兮，风不暴盲。维侯是安兮，侯无遽征。

朝奉郎、权发遣雅州军州事、主管学事、沿边都巡检使蹇驹撰。（《缙云文集》附录）

清代光绪时，著名藏书家浙江归安人陆心源为冯时行作传记，叙谈云"改知彭州。旋擢右（应为左）朝请大夫、提点成都府路刑狱。经划边事，井井有条，后以为法。经界法行雅州，奸弊最甚，跬步之田受蓓莛之税。连阡陌者，以巧幸免，民如蹈水火。时行按部奏革之，民庆更生。"（陆心源《宋史翼》卷 10 列传第 10 冯时行）

冯时行在巡察各地社会经济情况的同时，特意对金军侵攻川陕和宋军负责防守宋西部战区的总指挥、大将军吴璘的情况进行了较详细的察考。

吴璘（1102—1167），字唐卿，德顺军陇干县（今甘肃静宁）人。青年时随兄长吴玠参加抵御西夏，后来参加川陕宋金战争，以战功而迅速崛起，协助其兄在南宋初期捍卫了川陕疆域的安全，有力支持了其他战区的防御，成为保障东南安全的重要支柱。绍兴九年（1139）吴玠逝世后，吴璘先后任秦凤经略使、阶成岷凤四州经略使。到绍兴三十一年（1161）金帝完颜亮派兵攻川陕时，任四川宣抚使兼陕西、河东招讨使，全权负责川陕防线的军务。

随着军功增多权力增长，吴璘已开始自傲，"在朝臣看来有跋扈之嫌"了。（何玉红《南宋川陕边防行政运行体制研究》115页）当金军绍兴三十二年（1162）底侵入川陕时，吴璘已是63岁高龄了，而且身患疾病。冯时行十分忧虑吴璘的身体，尤其是担心他的骄傲会影响抵御强敌进犯。当时对吴璘有担心的不仅是冯时行，如虞允文在《论差东路兵帅疏》中曾对孝宗皇帝说：以前与士大夫们曾论蜀中将帅，吴璘之所以知名是因为它勇猛。但他中年后因官高富贵而失去了勇猛之名气。

为了国家利益着想，冯时行不畏惧吴璘位高权重，将自己的忧虑书信告诉时在江淮前线任都督府属官的好友唐立夫，要他转告复出重新掌军任南宋都督的张浚，以引起朝廷对蜀中主帅的重视。对于冯时行的这一做法，时人给予了好评。高宗、孝宗时期的著名经学家、诗人、文学家、郓州（今山东东平）人王质于隆兴元年（1163）春在张浚都督府任幕僚，他在所写《与张都督书》中评论说："近见冯时行移书唐立夫，深病（吴）璘而危蜀……冯子犹不失忧时爱国之贤者，冯子之论是……冯子非欺人者也。"（王质《雪山集》卷8）

冯时行的担忧其实是很有道理的，且有卓识远见。因为在绍兴三十二年（1162）十二月，南宋朝廷诏令指挥德顺大战金兵的吴璘班师，但他疏于戒备，撤军时竟遭到金军掩击而大败，损失士卒多达3.3万人、部将几十名，并使秦凤、熙河、永兴三路新收复的秦、陇、环、原、熙、河、兰、会、洮、商、虢、陕、华13个州和积石、镇戎、德顺3军复被金军占有。宋朝该战役最终遭到惨败，致使川陕国防军力大损，此后宋军原在川陕战场抗金的优势荡然不存，只能退守蜀道，在西线坚壁自守。

第二十一章　奉诏三入京再上疏

第一节　冯提刑奉召赴京

绍兴三十二年（1162）六月孝宗登帝位，次年春正月下诏改年号为"隆兴元年"（1163）。接着下诏命官员向朝廷举荐人才，"观察使以上各举所知之士三人……（凡）通习典章可掌朝仪、练达民事可任郡守、谙晓财计可裕民力、持身廉洁可律贪鄙、词辩不屈可备奉使，已上五等"均可荐举。并规定"如被举之人成立功效，其举官取旨推赏；如或败事，亦加责罚。"（《宋史全文》卷24上宋孝宗1）同月孝宗重用主张对金敌采取守的守派代表人物史浩，"以史浩为尚书右仆射、平章事兼枢密使；"同时起用抗金主战派"张浚进枢密使、都督江淮东西路军马，开府建康。浚荐陈俊卿为江淮宣抚判官。"（《续资治通鉴》卷138隆兴元年）

张浚升用后即向朝廷推荐了一批可予重用的抗金主战官员。南宋杨万里撰《张魏公传》说："至隆兴初，首荐论事切直、挫折不挠者数十人。"（《诚斋集》卷115）这些被荐人中有冯时行的朋友，时任四川安抚制置使司干办公事的宇文德济，迁任简州知州。（张栻《南轩集》卷41《宇文史君墓表》）时任成都提刑的冯时行也在首荐人中，南宋名史学家王象之在所著《舆地纪胜·重庆府人物》下叙："皇朝冯时行……坐废十余年，张魏公浚荐之，召赴行在。"

冯时行因张浚举荐，孝宗下旨召他赴京城临安殿见。这是他第三次被召入临安，赴京出蜀时间在隆兴元年（1163）春季。朋友们都来相送，作诗相赠。近邻嘉州的隆州官吏员兴宗诗曰："语我冯公有味哉，巨灵恰续断鼇回；从今东道君公贵，免唤西州市令来。"（《九华集》卷4《隆州》）

由于史料缺乏，从明清至现代研究冯时行的众学者谈其南宋应诏入京城，是两次或一次。两次说是绍兴八年（1138）与绍兴三十二年（1131）；一次说是绍兴八年，谈绍兴三十一年冯时行因路途患病至建康（南京）未入京城临安。众学者均未提及冯时行绍兴三十二年（1162）秋升任成都府路提刑后又一次应诏入京城，即他第三次入京。经笔者考查，冯时行确实是三次奉诏进京城。他第三次入京，其忘年交小友李流廉于隆兴元年（1163）七月在回蜀长江旅途中与冯相遇于无为县（今安徽无为），同游后写有《送冯提刑赴召序》足可为证。

隆兴元年（1163）初夏时，身着紫袍、腰系金带、佩金鱼袋、执象笏的正四品提刑官冯时行来到淮南西路安庆府池州（今安徽贵池），游览了位于长江北岸贵池县枞阳镇胜景云岩，写了《云岩》诗：

枞阳之阳羌庐峰，千岩万壑云濛濛。仙人往往游其中，安期羡门乔与松。天或使之为扃封，咫尺象处不可通。我昔杖履秋将穷，洞宫萧森还遽匆。至今魂梦江南东，闻君劚石苍崖穹。下燕众客幽襟同，君真庶几羌俗翁。作诗疾驱勤仆僮，斩薙荟蔚烦祝融。木章竹个群巅空，要使恢廊无蔽蒙。指麾八极呼云风，坐与九江争俊雄。当有骑鹤来遄冲，与君论道如崆峒。去之无疑求大功，慎勿顾此杉楠枫。

（明《永乐大典》卷9763）

云岩，今又称白云岩。是现安徽省枞阳县浮山国家4A级景区、国家地质公园、国家森林公园的组成部分，具有峰奇、石怪、岩巉、洞幽特点。人称"云烟满画幅，云岩人未识"，是为神仙境地。

目睹云岩美景，冯时行想起昔年入京曾游位于枞阳南面的"羌庐峰"，该峰位处今江西省星子县庐山南麓。比冯时行略早的诗人祖无择（1011—1084）在《右军墨池》诗中说："羌庐峰下归宗寺，曾是当年内史居。"右军、内史系东晋著名书法家王羲之曾任之职。归宗寺是庐山五大丛林之首，原系王羲之建的别墅。王之昔居处对喜游山水的冯时行具有吸引力。

冯时行说庐山南麓之羌庐峰山中多游仙，有被道家称住海上，秦始皇东游与之语三日夜的仙人安期生；《史记》载秦始皇遣方士卢生入深山寻找的仙人羡门子高；至今被人们常用成语"乔松之寿"中的仙人王乔与赤松子。他回忆自己曾于秋末杖履入山似入尘世之外，山中洞宫阴森不及细看，就匆忙地回还了，至今仍不忘怀。

诗中歌咏道家逍遥隐逸，运用了不少神仙意象，说明时年近63岁的冯时行对道教已有比较深入的了解，表现出他对仙道有一定的崇尚与向往。

当冯时行行至与池州相邻的无为军无为县（今安徽无为市）时，与忘年交李流谦相遇。李流谦是绍兴三十二年（1162）在任成都府灵泉县（今成都是龙泉驿区）县尉时，被荐入京参加隆兴元年（1163）举行的进士考试，惜"当之宫廷对，不果。"（《澹斋集》附录《李澹斋行状》）当他四月下第由临安返蜀，七月中在归途中竟与入京的提刑冯时行不期而遇。

在当地官员和朋友安排下，冯时行、李流谦一行游览了无为山水胜迹。他们以唐代杜甫作《奉先刘少府新画山水障歌》诗之"吾独胡为在泥滓"句分韵唱酬。冯时行所写的分韵诗，年久已散失。李流谦作《同冯缙云游无为以吾独胡为在泥滓分韵赋诗得泥字》云：

人言耀马妨杖藜，世士不可污丹梯。人言解牛非割鸡，岂信截玉如截泥。山林朝士弧矢睽，一物异用鹄之栖。妄生涛澜分畛畦，我自局狭谁排挤。先生大千一手提，使握鼎铉如扶犁。岂于喧寂心生翳，朝驱两轮鹿护麑。暮阅千纸发变鬑，痛者手摩挛者携。蚊虻肤挠夕梦迷，馋蛟仄目初生羝。血牙未洗遭燖刲，天公付公为旱霓。作三日雨徵可稽，（自注：久旱公至，连日得雨。）诘朝栈路讼涧溪。篮舆轧轧劳攀跻，束缚绣斧挥金鎚。吏奉杖履从小奚，指点上水穷坤倪。夜谈隐具窥缃缔，旷然冥蒙彻甕醯。转变前境尘却犀，我自叹骇失径蹊。公如大像头小低，嗟乎太仓此一稊。不从公来噬其脐，是山冠冕川东西。二大老文光璇题，公不一语意惨悽。是从稽首拜马蹄，欣然倾倒珠玻璃。飞天宝焰昭棋枰，梦中爟唱惊凫鷖。挽衣不留恨空斋，悲愿苦切哀黔黎。早缚浑厥臣羌氏，快读大颂崖天齐。把茅归谢黄金闺，收拾伊傅从阮嵇，为公再歌归来兮。（李流谦《澹

斋集》卷4）

大家游乐无为"冠鳖亭"，也分韵作诗。时李流谦因殿试进士落第心情不愉，冯时行就不断安慰小友。李在《登无为冠鳖亭分韵得山字》诗中说："故人劝我勉自宽"。对忘年老友冯时行表示感谢。

大家道别互说珍重。李流谦写了送别冯提刑诗与序，今存《送冯提刑赴召序》云：

绍兴八年（1138），敌来议和。上皇厌兵，意向之，而大臣力主其议，异说者不罪则逐。当是时，冠剑塞庭，迎风靡然，无一妄咳者。独公起下国，以孤臣昌言黼座之前，谓敌不可信，和必不久，徒屈帝尊、削国威，非策之便。质难究诘，凛凛如兵在颈不小挫，陛卫震焉。已而和议成，不言兵者几二十年。天下若向安，皆曰和是，于公言益疑之，甚者诋之。未几，敌果无故弃盟，首建兵端，上皇始思公言，促召公，天下亦始大服。是时敌衅方萌，昧者习久安，苟幸无事，犹冀敌意之还也。公亟上笺，以敌为必来，兵为必不可不用。且言："国家谦损过中，浸成卑弱，弱形著见，故疆敌生心，今当赫然发奋，移跸建康，示天下有为以著其疆形。"嗟乎！此探端揣本之言，贾少傅、陆宣公议论学术者也。其后边患复发，卒如公言。

某尝论天下事不难于知之，而难于知其微；不难于知其微，而难于言之而必用。夫历世之治忽众矣，然方其根蘖，未尝不有其形，亦未尝无一人焉。先事而言，幸而用，故治安；不幸忽焉，而败亡颠跻至矣。当公初召对，其言亟用，则必不与敌和，不与敌和则无前日卑损凌蔑之辱。以赂戎之力足以养兵，以事戎之勤足以治国，天下庶可为也。当公再上笺，使其言又亟用，及敌未噬，使者骄悖十庭，斩其首悬诸国门，正敌罪，明告而显绝之，然后图回吾所以备御控捍之术，则敌气必挫，国威必少张。失是不为，流祸至于今日，国家几于寒而索裘，公徒有曲突徙薪之叹也。虽然，病者之求医，必于其尝验者，盖知之察而信之笃也。公医验矣，宜病者之亟求。是役也，公不得辞矣。

某故人子，可无一言？自昔国于江东者，莫弱于晋，而尤甚于孝武。是时苻秦举天下之大而有其八，既取蜀，又取襄、汉，晋仅有江表一丸土，然淮肥之战，秦以回山倒海之力，而困于白面少年数人，秦卒以亡而晋存，何哉？有谢安、桓冲为之臣也。夫安、冲之贤非特晋人倚之，秦之大举也，其心膂惟幄之臣，亦未尝不变色以为言。夫有臣焉，而使国人倚之，使敌人变色以为言，则无怪乎晋之失蜀失襄汉，而能以一丸之土，久立而不亡也。

厥今形势，大抵晋若也。然蜀我有，襄汉亦我有，比晋有余矣。然自用兵再踰寒暑，尺地寸疆，既得复失，敌纵横自如无少惮畏，臂之两力相角，弱者先仆，而吾赀力易殚，策画未定，反有可虞之形。凡此，岂吾之所恃与敌人之所畏，未有若谢安、桓冲者乎？夫安、冲固一时伟人，然予窃料之，使当往者议和之初，及日者之将叛，其绝识悬鉴，未必能如公之逆知其徵，瑰言宏论，切中事机，彼所以成名者，特用耳。今公亦用也，吾人所恃，敌人所畏，不在是乎？安、冲何足道？

夫医一也，善诊者不必善用药；人才一也，善谈者不必善集事。马谡与孔明论兵，孔明心服之，用之街亭，衄焉。夫孔明之心服，必其说之过人也，而成败乃尔，则谡善诊而不善于用药也。惟卢扁能具是二者。故公前日之言，其于医盖诊者。今用药焉，刀圭未下，咽病随去矣。天下之卢扁，非公尚谁属之！（李流谦《澹斋集》卷14）

李流谦文中回忆冯时行在绍兴八年（1138）和绍兴三十一年（1131）上疏力主抗敌，反对与金议和，言金和议不可信必败盟，最终证明他的论断是正确无误的。遗憾的是朝廷未听逆耳之忠言，导致了国家饱受金敌的凌辱和割地纳款。以后国防减弱，当金敌再次南侵时"国家几于寒而索裘。"他举史事强秦与弱晋淝水之战，晋以8万兵击溃秦苻坚80万骄军，有效遏制了北方少数民族南下侵扰，其原因是晋能用有雅量有胆识的政治家、名宰相谢安和讲大义、一心为国的名将桓冲等贤臣。他认为南宋目前的形势，"比晋有余矣"，若用"瑰言宏论"之冯时行，敌必害怕，则过谢安、桓冲也。还把冯时行喻为善诊病、善用药的名医卢扁即扁鹊，称其是为国家治病的良医，是"天下之卢扁"。

在无为县，冯时行与李流谦分别后，李流谦沿着长江西上还蜀，在次年即孝宗隆兴二年（1164）调任雅州教授，后卒于孝宗淳熙三年（1176），享年 54 岁。冯时行则顺长江东下，去扬州城拜见去年六月被孝宗加封为魏国公的张浚。

第二节　拜见魏国公张浚

冯时行顺长江而下，过太平州、建康府到镇江府，悉知张浚在扬州，他立即赶往扬州，去见自五月中宋军北伐先胜后败，在该地待朝廷罚处的魏国公张浚。

朱熹《张忠献公浚行状》、杨万里《张魏公传》、《宋史·张浚传》、《续资治通鉴·隆兴元年》记载：

孝宗隆兴元年（1163）春，金人声称要取南宋两淮，三月派人向宋索要海州、泗州、唐州、邓州、商州等地以及交纳岁币，威胁如不照办就出兵南下攻宋。以右丞相史浩为首的南宋投降妥协派主张对金退让，将数州割让给金国并交纳巨额钱物以求和。而抗战派首领枢密使张浚却坚持请朝廷加强前线军事防御，严守淮河以南、长江以北的盱眙、泗州、濠州、庐州等要地，防止金军渡河南侵。张浚与此时锐意恢复失地的孝宗皇帝商议，要乘金军尚未南下前先发制敌，出师渡过淮河北伐敌军收复宋朝失土。

这时，曾被冯时行推荐的将军李显忠等也向朝廷献策，建言出兵先取虹县、灵壁二城。孝宗同意张浚立即出兵渡淮北伐的主张，下令先攻虹县与灵壁。五月上旬，张浚渡淮视师，指挥宋军进行北伐。

李显忠受令渡淮河出濠州与灵壁城金军大战，很快就打败金将萧琦，收复了该城，然后帮助大将邵宏渊夺取了虹县城。紧接着，他率兵又攻克了宿州，威慑中原。胜利消息四传，朝野欢腾。孝宗为五月中仅数日就连取三城高兴不已，手书祝贺张浚说："近日边报，中外鼓舞，十年来无此捷。"同时下诏赏升李显忠等将领，奖励征战士卒。

正当南宋朝野主战抗金情绪高涨，宋廷以期北伐节节胜利时，未料到战事情况却突然发生了大变化。此期间金军精兵万人自睢阳来夺宿州，被李显忠击退。但接着又有 10 万金步骑来攻，李显忠与邹宏渊分兵欲夹击，最终由于二将矛盾不和邹临阵按兵不前，又散布时值烈日难于苦战金国大军等畏战言论，致使其子与几位将领各率属部兵马逃遁。李显忠虽竭力抵御，斩杀攻城金兵 2000 余人，但孤军难敌金大军，无奈之下只能撤退出宿州，结果遭到金兵追击直到符离。宋军大溃败，"赴水死者不可胜计，金人乘胜，斩首四千余级，获甲三万。于是宋之军资殆尽。"

宋军"符离兵败"，"时张浚在盱眙，显忠往见浚，纳印待罪。"浚"乃渡淮，入泗州，抚将士，遂还扬州，上疏自劾。"

六月中，朝廷投降妥协主和官员乘机大肆攻击张浚，横议蜂起，"士大夫主和者皆议浚之非"。(《宋史·张浚传》) 此时退位的宋高宗也出面为主和派撑腰，"太上皇深劝上，令从和"。(《中兴御侮录》卷下) 形势急转直下不利于抗金主战派。孝宗皇帝在一片发难声中对抗金北伐也产生了犹豫动摇，内心的天平开始偏向于不与金国征战。他罢免了张浚的枢密使、都督江淮东西路军马职，降授为江淮东西路宣抚使；严厉处惩了李显忠、邵宏渊等将领。朝中支助张浚北伐的辛次膺、汪澈、张焘、王十朋等人也受到降职处理，先后解职归乡或出任地方官员。孝宗还下罪己之诏。七月初，孝宗起用了闲居的秦桧余党汤思退任右仆射兼枢密使，主持与金国交涉缔订和约。

八月初，在张浚主持北伐受挫内心苦闷之时，冯时行来到扬州他寓居之所，对他进行了尽情安慰。二人谈古论今，共话卫国复宋河山，十分投缘，有相见恨晚之感。冯时行写有《见张魏公二首》颂诗：

危机易蹈退难安，进退如公地最宽。忧国忧家双鬓白，通天通地一心丹。久虚海宇苍生望，专结庭帏綵绶欢。终始哀荣情罔极，谁云忠孝两全难？

四海于今望治安，当头退避也应难。是非历历开新听，变化纷纷入静观。孰把后图歌寝枕，再将前事倚危栏。重拈今古看奇特，幸记尘冠久不弹。

（《缙云文集》卷3）

张浚是坚定的抗金主战派大臣，青年出仕曾在冯时行故里之州恭州任州佐吏司录，于南宋绍兴五年（1135）官任宰相，都督总统南宋前线战区各路军马，先后重用吴玠、吴璘、岳飞、韩世忠、刘锜、杨政、田晟、王宗尹、王彦俊等名将抗金，为秦桧等权奸所忌，被排挤谪居近二十年未予大用。

绍兴十六年（1146），张浚上疏向高宗皇帝极论权奸误国，但又担心上疏后必招来的灾祸会牵连老母亲。其母深明大义，鼓励儿子为国为民仗义执言。张浚遂将疏奏递入朝，秦桧读后果然大怒，令言官御史弹劾张浚，贬任闲职提举宫观，移居连州又徙永州，不准入京。

朱熹对此记叙颇详，绍兴"十六年，公念（秦）桧欺君误国，使灾异数见。彗出西方，欲力论时事以悟上意。又念太夫人年高，言之必被祸，恐不能堪。太夫人觉公形瘠，问故？公具言所以。太夫人诵先雍公（张浚父亲张咸封雍国公）绍圣初对方正策（张咸元丰二年进士、元祐三年举贤良方正特科擢第一名）之词曰：'臣宁言而死于斧钺，不忍不言而负陛下。'至再至三，公意乃决。乃言曰：'当今事势，譬若养大疽于头目、心腹之间，不决不止，决迟则祸大而难测，决速则祸轻而易治。惟陛下谋之于心，断之以独谨，察情伪豫备仓猝。（秦）桧大怒。时公以天申节，手书《尚书·无逸篇》具札子为贺。七月，桧命台谏论公，章四五。上以特进，提举江州太平兴国宫，连州居住……二十年九月移永州。盖公去国几二十年，退然若无能者。而天下士无贤不肖莫不倾心，武夫健将言公者必咨嗟叹息。至小儿、妇女亦知天下有张都督也。每使至北，北主（金帝）必问公安在。方和议初定时，国书中有不得辄更易大臣之语。盖惮公复用也。'"（《名臣碑传琬琰集》中卷55《张忠献公浚行状》）

秦桧视张浚为眼中针、肉中刺，欲兴大狱诬陷张浚"谋大逆"，但他不久即病亡，使张浚等53名已列入黑名单的贤士免遭诛戮。

张浚"事母至孝,及出身为国,离母七年,为宣抚日始迎养于阆中。暨在相应,始遣人迎于蜀。……母丧,浚踰六十,哀毁不自胜……"(《诚斋集》卷115)运母灵柩归葬川蜀故里绵竹县。

冯时行了解张浚经历所为,对志同道合的张魏公久怀敬仰,对其爱国精神以及心底无私天地宽的情操给予高度赞颂。他赞夸张浚爱国爱家,正确地处理好了国家与家事,做到了古往今来许多人都做不到的忠孝两全。

对于时事,冯时行劝慰张魏公不必在意投降主和派人对他的闲言攻击,可静观审查时事的变化。抗金北伐现虽失利,但相信孝宗皇帝应该是信任他的。凭他的能力与声望,可待以后再与图谋。

《见张魏公二首》是最能体现冯时行爱国思想的诗篇之一。张浚是南宋朝廷有"争议"的名臣,歌颂他为国抗敌的官员并非只有冯时行而是有不少人,但其他官员多是在绍兴年间主战抗金呼声高涨、张浚受高宗重用之时,而冯时行写该赞诗却是正值张浚北伐失败身陷"危机",朝廷官员多忌言之时。冯时行不怕投降主和权臣的非议,无所畏惧地如实颂扬支持张浚,完全是出于公心,由此可见他高尚的品德。

今人著《冯时行及其〈缙云文集〉研究》书第355页说《见张魏公二首》诗写于绍兴三十二年;第146页注释说冯时行当时在成都提刑任上,不可能见张魏公,二首诗当为寄赠之作,诗应为"寄张魏公"。两说均误。著书者不了解冯时行任提刑后又奉诏入京,途中与张魏公相见。

第三节　请孝宗立德行事

冯时行在扬州见张浚后,沿大运河南下,于隆兴元年（1163）八月到达京城临安。他用了几天时间会见了京城任官的王刚中、唐文若、周执羔、刘仪凤、王大节等朋友。

王刚中是金军侵犯两淮时奉召从成都回京的。孝宗任他"除礼部尚书、直学士院兼给事中,"又"除端明殿学士、签书枢密院事,进同知院事。"他入京后向孝宗进言主战,认为"战守者实事,和议

者虚名，不可恃虚名害实事。"（《宋史·王刚中传》卷145）

唐文若在张浚主持北伐时，任江淮都督府重要属官参赞军事。五月下旬宋军符离兵败后，他受到投降主和派官吏的激烈攻击，由左朝议大夫（文散官11阶五品下）、充敷文阁待制降为左承议郎（15阶正六品下），改任江淮安抚司（江淮都督府更名）参赞军事。

刘仪凤此时以礼部员外郎兼任国史院编修官、权秘书少监。

周执羔是由知饶州应召入朝的，任敷文阁待制。

王大节仍在阁门司任清要之职。

冯时行与老友们相见，大家把酒欢谈，但言及国家时事皆心情沉重，愤慨不已。

王刚中等还告诫冯时行，时局变化太大，待上殿面见孝宗皇帝时一定要小心谨慎才好。

当年九月，孝宗召见了冯时行，与他进行了亲切谈话，议论国家时事认为切中时弊。冯时行呈上《请立德行事以古为法疏》说：

臣观自古圣帝明王，未尝无待於学，然帝王之学异於儒生，不在於贪多务得以资博洽之才，含英吐华以为文章之美，在乎参诸既往之迹，揆以当今之政，立政行事，以古为法，如尧舜禹之若稽古，商高宗之鉴成宪是也。

陛下圣性高明，好尚纯古，万机之暇，躬览载籍，该贯总摄，洞见百家。自开辟之事，治乱成败之迹，如指诸掌，其为学可谓至矣。至於立德行事以古为法者，臣愿陛下守其所已至而勉其所未至也。自古戡定多难必由克断，臣愿陛下刚健法天，以为再造之本；自古君论一相，用终其人，臣愿陛下任贤勿贰，以立一定之规；自古任贤使能，不肖者退听，臣愿陛下旌别贤否，以绝滥吹之失；自古强干弱枝，未然者先虑，臣愿陛下封植本根，以戒履霜之渐。

非特此数者，陛下廓开圣鉴，洞照古今，凡古由是而乱者以之为戒，则大业富有，盛德日新，虽自古圣帝明王之学何以加也！昔齐宣王好色好货，孟子犹曰可以为王。陛下好学，帝王之圣德也，臣愿陛下扩而大之，追踪前古，以幸天下。

（明代《历代名臣奏议》卷48）

冯时行谏说孝宗要树立高尚的品德，掌管时下朝政应以古为法。认为帝王应如被华夏人尊奉的圣贤人物尧、舜、禹那样行事，考察古事，明辨事非，总结经验，摒弃错误，有益于今。并列举史称"武丁盛世"的商朝第23任君主武丁在位任用贤才辅政，励精图治，使商政治、经济、军事、文化得到空前发展。他希望孝宗应将尧、舜、禹和商高宗的好行为作镜子对照。

疏文还期望孝宗努力，果断地不动摇地做"抗金"、"未至"之事，不怕干扰，坚强有力地复兴大宋。冯时行借《尚书·大禹》中"任贤勿贰"语，谏劝孝宗任用贤才不能三心二意，寓意任用张浚要坚定不移。如果对被朝野人士普遍颂扬为贤臣的张浚使用有贰心，最终的结果必将使贤人不能真正发挥作用。他建议应该让主和派中的不正派权臣退出朝廷，对滥吹凑数名不符实的投降派大臣应予以驱逐。要警惕秦桧党羽汤思退一伙把持朝政，使中央皇权下落，防止秦桧贻祸之事再生。如果能如此做，则十分有益于南宋大业兴盛。

当冯时行上疏时，在江淮前线任宣抚判官的陈俊卿也为张浚被降秩徙扬州而上疏，说"若浚果不可用，宜别属贤将……议者但知恶浚而欲杀之，不复为宗社计。愿下诏戒中外协济，使得自效。""疏入，帝悟，即复浚都督江淮军马。"（《续资治通鉴》卷138隆兴元年八月）由于冯时行、陈俊卿等正派官吏的不断上疏，孝宗未尽听投降主和派之言，未将张浚罢废而是恢复了他执掌指挥朝廷视重的江淮军马之权。

冯时行此次殿见孝宗奏议还对朝廷整顿内政、革除弊端起了一定的作用。孝宗不时告诫身边大臣："士大夫是风俗的表率，应该修养自己的德行，以教化风俗。"他后来还采取了一系列措施，行严贪赃之法，重官吏考核，裁汰冗官，严格选拔官员，严禁朋党，重视生产，劝课农桑，兴修水利，使家给人足，经济繁荣，成就了一时天下康宁的升平景象。史评孝宗是有成就的皇帝。

今人著《冯时行及其〈缙云文集〉研究》书卷六第231页注释说"此疏当作于绍兴八年。"此说误。"研究"书作者说该疏"出自傅增湘编辑、孙鸿猷校订《宋代蜀文辑存》卷四六辑录（明杨士奇编）《历代名臣奏议》卷四八。”经笔者查，民国傅增湘收此疏时按其编书体例，将明代初期杨士奇书中载录的此疏前面语省略，“研究”书作者未阅读杨编之书，故误。杨编《历代名臣奏议》卷48载冯时行作此疏首句说：“提点成都府路刑狱公事冯当可被召，上奏曰：‘臣观自古圣帝明王……’”。据此可证冯时行不是绍兴八年作此疏而是绍兴三十二年秋任成都提刑后第三次应诏入京即孝宗隆兴元年（1163）写。另以此疏中冯时行议用宰相事也说明此疏非绍兴八年作，因为绍兴八年是秦桧为相正被高宗皇帝宠信重用，不存在冯时行在疏文中劝帝“臣愿陛下任贤勿贰”之事。又此疏中颂帝“好尚纯古……躬览载籍”，“陛下好学”等史载为孝宗所为，非高宗生平行为。

冯时行朝见孝宗，孝宗听了他登帝后亲自选任作为朝廷耳目的四品提刑官的履职情况和梳理朝政、治理国事的奏议后，很满意。他的内心一直倾向抗金强国复失地，所以对几次奉诏入京均坚持上疏反对和议要求朝廷抗战且在所任职中多政绩的冯时行心存好感，待其奏事后即按朝廷规定给予文散官晋级，由原13阶从五品下左朝请大夫升一级为12阶从五品上左朝散大夫。

不久，孝宗委左朝奉郎冯忠嘉出任成都府路转运使。他赴蜀时众友人与之饮于船中分韵作诗，冯时行写了《送冯献道运使得岸字》云：

蜀江滟新肥，送客上霄汉。别怀老易感，醉帻狂更岸。春暄鼓气全，风软帆力半。青云随步履，紫气郁几案。清明销积阴，当阳盛熙旦。群奸付严科，四海归睿断。君行此其时，国光炳大观。况乃济时须，礧砢真巨干。举杯酬舵尾，为赋《鹿鸣》乱。云从动岩穴，起我病痯痯。沟壑未填委，胡为甘屏窜？日边多故人，为我致此段。

（《缙云文集》卷1）

冯忠嘉，字献道，汝州梁县（今河南临汝）人。中绍兴十八年（1148）进士，时年38岁。初任万州武宁县县尉。绍兴二十一年（1151）新武宁县学，时人晁公遡撰《武宁县学记》给以好评。

冯时行在诗中祝愿比自己小 10 岁的冯忠嘉能青云直上，国家正须要济时之才。高宗退位孝宗即位后顺应民心，惩治了不少污吏，将"群奸付严科"，如此就极大的鼓舞了抗敌士气，一时竟改变了以前在主和权臣笼罩下万马齐喑的情况。他还想到自己虽然劳累体病，但只要活在世间未野死埋于山涧，内心是不甘愿归藏隐于山林的。希望京城尤其是在朝廷"日边"的朋友向孝宗皇帝谈他的近况，他想多为国家做出奉献。

半年后，冯忠嘉从蜀中回京，《永乐大典》残卷 15948 记载：孝宗"隆兴二年二月八日，敕左朝奉郎冯忠嘉、右奉议郎许牧，管押成都府路提刑司银绢纲，赴内藏库交纳。"冯忠嘉以后由漕臣权知荆门军、除直秘阁、任淮南转运司运判。

冯时行在京还写了《题王与善隐轩》诗：

苦节风尘际，甘心季孟间。禄微几饮水，冷眼只看山。江绿鸥千点，檐疏半月环。饱谙清静趣，浑未觉天艰。

（《缙云文集》卷 2）

王与善，绍兴末期在京任小官，与太尉邝仲询、董德之、平江吏赵安国等交游唱和，与三茅高道张达道等谈诗论道。冯时行在诗中称他甘心官场不因官小俸少极清贫而感觉困苦，赞他在乱世间坚守节操，喜好道家清静为乐。

隆兴元年（1163）九月，冯时行与才从福州知州任上调回京城的汪应辰相会，汪于当年七月被孝宗授任敷文阁待制（从四品），与冯时行同期到京。

当年秋冬时节，绍兴三十二年（1162）在蜀南泸州任知州的晁公武"由于金安节的推荐，孝宗隆兴初年，晁公武入朝为吏部郎中，继而又任监察御史。"（今人郝润华著《晁公武评传》第 35 页）吏部郎中官正六品，监察御史从七品。晁公武与冯时行在京相见，畅叙家国事与友情，分外亲切。

第二十二章　逝京归里各地纪念

第一节　临安病故葬璧山

南宋孝宗隆兴元年（1163）七月汤思退上台后，在九月中派使赴金国商谈议和。当使臣卢仲贤出朝时，孝宗告诫说其它条件可以，唯不能答应割让海、泗、唐、邓四州与金。而汤思退却授意卢可以割让四州给金以成议和。在金人恐吓威胁下，卢仲贤按汤思退之意，竟向金朝表示愿意割让四州和向金纳币如旧、归叛亡俘掠之人等要求。金国仅在两国称谓名分上有所让步，说"若宋人归疆，岁币如昔，可免奉表称臣，许世为侄国"。（《金史·仆散忠义传》卷87）卢持金国文书回宋后，孝宗十分愤怒，将他革职下狱编管。汤思退立即又派人再出使金重谈条件，但遭到主战派大臣的激烈反对，对金国议和条件苛刻不满的孝宗就旨令使臣在边境待命；特派遣大臣胡昉为非正式使臣赴金交涉，向金提出不割让四州。此举遭到金的蛮横非礼，声称宋必须让给金四州，否则不可议和。原本违心被迫进行和议的孝宗愤然难忍，决定中止与金人和谈，并下诏江淮、川陕等地区对金严加防备，意欲以武力图谋恢复宋失地，以雪不久前北伐失利的耻辱。

在右仆射汤思退为首的主和派和朝廷主守派主持和议期间，主战派大臣群起愤然反对与故和议，有愤而辞职的，有上疏直言的，他们在不利的情况下为了国家和百姓的利益进行了顽强的抗争。冯时行就是这个群体中的一员干将。他在京耳闻目睹朝廷中的和战之争，心中充满了忧虑。这时他的顽疾风痹病又严重了，竟卧床不起，只能调养休息。

就在冯时行病重休养时，在当年十一月孝宗下诏命张浚入朝商议和战事宜。张浚入朝后又"复谋大举",使孝宗对北伐的信心日渐恢复。张浚悉知冯时行患病,即委儿子张栻前去探望问候,冯时行与其交谈,表达了支持抗金反对议和的意愿和政治、军事强国主张。

隆兴元年(1163)十二月,左仆射陈康伯辞职,由汤思退接任其职。十二月二十二日,孝宗任用张浚为尚书右仆射,同中书门下平章事兼枢密使,仍都督江淮军马,再商抗敌大计。

朱熹在所撰《张忠献公浚行状》中记载了张浚再次任丞相的时间和他上任第一件事即力荐重用冯时行等朝廷重臣。说"公讳浚,字德远……隆兴元年十二月二十二日制拜公尚书右仆射,都督如故。而思退亦转左仆射。上谕当直学士钱周材以注意公,故思退虽为左仆射而公恩遇独隆。每奏事,上辄留公与语。……赐公御书'圣主得贤臣'颂。思退等素忌公,至是益甚。公既如辅,首奏当旁招仁贤,共济国事。上令公条具。公奏虞允文、陈俊卿、汪应辰、王十朋、张阐可备执政,刘珙、王大宝、杜莘老宜即召还,胡铨可备风宪,张孝祥可付事任,冯时行、任尽言、冯方皆可备近臣,朝士中林栗、王拒、莫冲、张唐卿议论据正可任台谏,皆一时选也。"(《晦庵先生朱文公文集》卷95)

张浚此次推荐冯时行和成都府路眉山县人任尽言、梓州路普州(今四川安岳县)人冯方可担任孝宗身边的亲近近臣,因为他们为国忠心,为人刚正不阿,论事慷慨直言,不畏权奸,且善为文和研究军事赞助抗金北伐。特别是他知晓冯时行的高尚品德和不凡才华,若用在孝宗左右参与朝政,谋划国家大事,将会对朝廷十分有益。

宋代的"近臣"即皇帝身边的亲近"侍从"。"侍从,宋称殿阁学士、直学士、待制与翰林学士、给事中、六部尚书、侍郎为侍从。"(《中国历史大辞典·宋史》第294页)这些侍从官殿阁学士中观文殿大学士为从二品或正三品,资政殿大学士与端明殿学士、龙图、天章、宝文等阁学士为正三品,天章阁、显谟阁等阁直学士为从三品,宝文、敷文等阁待制为从四品,翰林学士为正三品,给事中为正三品,吏部、户部、礼部、兵部、刑部、工部六部尚书为从二品，六部侍郎为从三品。众"近臣"侍从中，"学士之职，资望极峻，无吏守，无职掌，惟出入侍从备顾问。大学士须宰相方得除授。"（《历代官制·兵制·科举制表释》第103页宋官制表）

右丞相张浚力荐冯时行可为近臣时冯的前任实职官是正四品成都府路提刑。南宋李心传在《建炎杂记》甲集卷8杂事《张魏公荐士》文中说："隆兴初张忠献公再入为右相，上注意其厚，使公条奏人才可用者。公奏虞雍公［允文］、陈魏公［俊卿］、汪端明［应辰］、王詹事［十朋］、张尚书［阐］可备执政；刘观文［珙］、王阁学［大宝］、杜殿院［起莘］宜即召还；胡资政［铨］可备风宪；张舍人［孝祥］可付事任；冯提刑［时行］、冯少卿［方］可备近臣；朝士中林侍郎［栗］、王侍郎［拒］、莫少卿［冲］可任台谏；皆一时选也。时刘、王、杜三人皆以论事去国，故公请之，其后悉为名臣，终孝宗朝不显用者数人而已。"

南宋杨万里撰文叙亦云：张浚再任相后所荐"皆一时名士，其后多至执政侍从。"（《全宋文》卷5356《张魏公传》）

今人也有论说："孝宗即位后，着力打击投降主和派势力……随着张浚入朝执政，一批受张浚推荐的主战派人士如虞允文、陈俊卿、汪应辰、王十朋、张阐、刘珙、王大宝、胡铨、张孝祥、冯时行、冯方、林栗等人，也纷纷进入政府，充任要职。"（2004年崔英超《南宋孝宗朝宰相群体研究》论文）

但痛惜的是，隆兴元年（1163）十二月底孝宗皇帝按制当任冯时行为三品近臣侍从学士时，他却病逝了，终年63岁。冯时行逝后半年，在蜀任职的杜莘老也去世，诏"命下不及拜"。而其他被张浚力荐之人绝大多数都被孝宗重用，成为一代名臣。

冯时行病逝讣闻，丞相张浚、学士汪应辰和王刚中、周执羔、刘仪凤、王大节、晁公武、张栻以及时行的其他友人深感悲痛，出涕相吊，参与助丧。孝宗闻讯也痛惜感叹，深为嗟悼，下旨按朝廷一向优待士大夫的贯例出内府银"赙赠"以助冯时行之丧。

宋代对去世官员给予经济抚恤即"赙赠"主要分四种情况而行，

一是家庭贫穷、丧葬困难者；二是工作勤勉，成绩显著，死于工作任上的；三是官员去世，有大臣奏请的；四是朝廷重臣，皇帝给以特别恩赐的。

朝廷给冯时行的赙赠虽未见史籍明记，但以与其同时期也是张浚推荐之人张阐的赙赠可知其大概。

周必大《文忠集》卷61在《龙图阁学士左通奉大夫致仕赠少师谥忠简张公阐神道碑》记：张阐系冯时行同年进士，绍兴十二年因主战得罪秦桧，"坐是报罢，间废十有五年"。绍兴二十九年复入朝任比正字还低的小官。孝宗即位于隆兴元年任张阐为从三品工部侍郎，权从二品工部尚书兼侍读。隆兴二年（1164）春以正三品龙图阁学士、正四品下左通奉大夫退休，当年七月去世。"讣闻，特赠（正三品端明殿学士，恩数视从二品）签书枢密院。赙银绢二百匹两。享年七十有四……累赠（正一品）少师。"张阐实职略高于冯时行，赙银是二百两、绢给二百匹。冯时行的赙赠或略低于二百两匹。

宋代中高级官员去世后朝廷要对本人进行赠予官阶，冯时行的赠官进阶因未见其墓志、墓碑文等，但可以先于他和后于他去世且官职级大致相同的同时期朋友们的赠官情况推断。

冯时行的好友李良臣曾三任知州，系从五品官，文散官是13阶从五品下左朝请大夫。他奉祠里居卒于绍兴二十四年（1154），年72岁。据其子李流谦《澹斋集》附录兄李益谦撰《行状》文说："父良臣，故，任朝请大夫，累赠宣奉大夫。"宣奉大夫是文散官6阶正四品上。李良臣卒后由生前13阶从五品下左朝请大夫赠为宣奉大夫，共赠进了7级。

丹棱人唐文若在冯时行病逝后两年，于孝宗乾道元年（1165）也离世。孝宗隆兴元年（1163）他在张浚主持的江淮都督府参赞军事坚决抗金，不久因宋军符离兵败而遭受朝廷主和派攻击，使其文散官11阶正五品下左朝议大夫被降为15阶正六品下左承议郎。稍后知鼎州、江州又升为14阶正六品上朝奉郎。他60岁卒后被"赠左通奉大夫。"（《宋史·唐文若传》）唐文若由生前 14 阶正六品上朝奉郎赠为正四品下阶左通奉大夫，共赠进了 7 级。

绵竹县人张桅任官履历与冯时行一样四任知州，而后他两任提刑。张浚之子张栻《南轩集》卷 39 载其为张桅作《夔州路提点刑狱张君墓志铭》记：张桅知荣州、蜀州、隆州、洋州，除利州路和夔州路提点刑狱。孝宗淳熙元年（1174）卒，年 74 岁。张桅"积官至朝请大夫"，为 13 阶从五品下；卒后"累赠正奉大夫，"为 6 阶正四品上，共赠进了 7 级。

通过早于冯时行去世 9 年的李良臣，晚于冯时行去世两年的唐文若和晚于冯时行去世 11 年的张桅的赠官情况，可知高宗绍兴后期到孝宗初期朝廷对时为中级官员卒后的赠官常是进赠 7 级（阶）。按此，冯时行应是第三次进京殿见孝宗后所进文散官 12 阶从五品上左朝散大夫，赠升进 7 级为 5 阶从三品银青光禄大夫，属于高级官吏。这与冯时行逝后 4 年被封为"古城侯"也吻合。宋代爵号分为 12 等，侯是 9 等其对应官阶为正三品。

南宋孝宗隆兴二年（1164）初，由冯时行长子冯相与赴蜀漕官护丧，将冯时行的灵柩沿运河行入长江西上，经半年运行于当年夏季抵达恭州璧山县城，择吉下葬于城东秀丽的"状元峰"山腰祖师观北侧冯氏祖茔。据 20 世纪文革中出土冯时行弟"金堂县主簿冯丹□□墓志铭"载："左行吉壤葬公之先祖，右三十弓乃兄当可之茔。"（璧山张席儒、邓文麟等 1968 年抄录本）考察"冯状元墓系采用大条石构建，与宋代建墓规制相合。"（2016 年出版邓启云著《秀美璧山》书第 249 页）

冯时行去世后，友朋们纷纷予以赞颂怀念。与冯时行交游，其子师从冯时行的晁公遹在冯下葬年之晚秋赴成都知眉州时，到璧山拜谒冯时行墓后，于次年即孝宗乾道元年（1165）给璧山人白宋瑞说自己儿子之"其师缙云老，墓木已三霜；有怀不及展，往听鸾声央。子能偿彼恨，下泉端不忘。"（《嵩山集》卷 12《白宋端自益州和予池上诗来因用韵奉简》）晁公遹感慨冯时行墓周树木晚秋时已有白霜，斯人已逝其才华未及全展，昔日在金殿上朗朗抗疏反对与金议和之声已终止了，幸白宋端能继承其师冯时行之才，可略抵补冯不及展现之才华。

隆兴二年（1164）春，孝宗欲又督师北伐，但遭到了主和派的疯狂阻挠与破坏。"汤思退令（其党王）之望盛毁守备以为不可恃，又令（尹）穑论罢督府官属冯方，又论（张）浚费国用不赀，又论乞罢浚都督，浚亦请解督府，诏入其请，言者诋浚愈力。"（《四朝名臣言行别录》卷3《张浚·魏国忠献公》）太上皇赵构也出面向孝宗施压。在各种压力下，孝宗抗金又心生疑虑，于四月下旨撤消宋江淮一线对金的军防守备。八月，张浚薨。主战派力量衰落，朝廷又开始议和。金乘宋急欲议和之机，复出兵犯宋境，以增加对宋之勒索条件。孝宗命汤思退都督江淮军马，汤惧怕不授命。由于他上台后自毁宋边备，使金军得以长驱进入宋地。十一月，朝野舆论皆怒斥汤思退撤毁边防之大罪，太学生张观等72人上书论汤思退、王之望、尹穑等奸邪误国，请斩其人头。汤思退被罢相，去位忧悸而死。十二月，孝宗再次派使赴金，正式签定了南宋地位较高宗时的"绍兴和议"有所改善，名分上实现了平等，但仍然是一个屈辱的不平等，由南宋割地、赔款给金国的和约，史称"隆兴和议"。

孝宗赵昚是南宋最有作为的皇帝。他不甘心于偏安，力图恢复中原，同时改革内政，希望重振国势，使高宗时期弥漫朝野的妥协求和之风一度有所扭转。然而，面对太上皇赵构的处处牵制、主和派朝臣的极力阻挠、主战派大臣人才凋零等不利因素，他感到力不从心，致中兴大业最终不得不付之东流。

第二节　故乡最多纪念物

冯时行逝世后距今已850多年，其故乡璧山对这位一生充满爱国精神与行为，任官多惠民业绩的状元乡贤充满了敬仰，以他为荣，为他修建了许多纪念物，留下不少与其有关联的纪念名称。古往今来，四川、重庆纪念冯时行的府州县区中，璧山纪念他的纪念物和纪念名称数量是最多的，现排列叙述如下。

1、冯时行祖宅

位于璧山城凤凰山前璧山文庙右侧，系冯时行高祖辈修建。冯时行撰《三家兄报荐起楼屋喜而有诗》说："临街楼观百余年，司马辛勤五世传。"冯时行与三个哥哥两个弟弟出生和青少年均居此。

2、冯时行祖墓

位于璧山县城东面状元峰山腰。南宋璧山进士高若霖撰文说：北宋"璧山邓坤，以相地术名闻川陕。大观初，尝对里人言：'金剑山多吉地，蒲、王数穴主出科举甲第。'又云状元峰乃双狮上岭、金龙下坡之势，祖师观中丘乾山冯氏先穴当出大魁。……又谣云：'乾山前，水流前，乾山中丘出状元。'"（乾隆《重修邓氏族谱》载《邓坤异言吉地科第》）20 世纪文革间乡民在状元峰采石灰石挖出冯时行弟冯丹墓志铭，残碑文载冯丹墓"左行吉壤葬公之先祖"。民间俗称道冯氏先祖墓是出状元冯时行的发坟。

3、冯时行母亲墓

璧山民相传云墓在县城北龙梭山中，俗称"长奶夫人坟"。

4、冯状元府

即"冯时行在璧山县城五峰山处的祖宅，因他中了状元就被人们称名'状元府'。"（2016 年邓启云著《秀美璧山》245 页）明代万历初年《新修璧山县学宫记》说："忽躡足，宋状元缙云先生遗址。"清代嘉庆《璧山县志》卷 1 古迹载："宋状元冯时行故址，在学宫右侧五十步。"同治《璧山县志》卷 1 古迹记："宋冯缙云故宅，在县治后，学宫右五十步。"

5、冯时行读书处

即璧山县文庙学宫，位于今璧山文庙大成殿南墙外原璧山县委小院处。冯时行在《白昭度墓志铭》中叙："某与昭度同乡……长学乡校……徜徉里闬"。明代万历《新修璧山县学宫记》载："缙云先生读书於此，大魁天下。"

6、冯状元书阁

位于璧山城五峰山麓即凤凰山前昔江西会馆万寿宫后，今璧城北街幼儿园近璧山烈士陵园东面围墙边。系冯时行青少年时居家学习的书房。南宋绍兴前期，冯时行三兄冯正臣从京城去官归里在此建楼屋，冯时行表示支持，回信诗中请兄将他的书阁保留，待"他日举杯相属处，为留书阁井东偏。"（冯时行撰《三家兄报荐起楼屋喜而有诗》）后世将此书阁又称为"冯状元书屋"。直到清代末期，璧城陈远峰和河边场举人吴暄在万寿宫教后任民国四川省首届参议会副议长的朱大镛、曾任省参议会秘书长的李成基和出任四川崇宁县长的何延龄等人，陈对诸生说："我们是在冯状元故宅他的书屋处读书哟，这里是地灵人杰宜学的好地方。"（邓启云 1982 年 7 月《录音草稿集本·第一集本》39 页载璧城东关医疗站老翁高相儒回忆祖师陈远峰）

7、冯状元读书台

位于璧山县文庙后凤凰山半面东的一排大"麻疙瘩"呈方或圆等形状石头处，原是冯时行家花园，今为璧山烈士陵园地。园门处石墙壁有图标"状元石"。"冯状元少时在府侧文庙县学读书，常到庙学后山梅林台状巨石处诵习功课。该处人称'冯状元读书台'，即今陵园游览示意图中所标明的'状元石'"（2009 年《璧山文史资料》总 22 辑第 225 页）1983 年巴蜀著名书画家，合川县人周北溪应邓启云之请书"大宋璧山爱国状元冯时行少时读书台"。2011 年璧山县"书魁"车光度草篆题"状元石"并记云"按：状元石，时行小时常到此处，游玩读书，名'读书台'，今尚存陵园东北角路边。"（2011 年璧山状元冯时行研究会编《状元冯时行》第 11 页）今人刘远森撰《状元街》诗云："城中昔有状元街，今剩冯公习字台。方石光平墨犹在，是期好学后生来。"

8、状元井

位于璧山文庙北边凤凰山麓今璧城北街幼儿园内。该井原是冯时行的家庭生活用水井，他曾撰记立碑。明代成化年间璧山知县万祖福重立《冯时行〈祭家井二神文〉碑》文记：冯时行自叙他于

"宣和辛丑（1121、宣和三年）春月……尚待释褐，以丁祖忧而归里。夏六月，伏以祖宗以来，每五载大祭家神、井神……祭井神，惟求泉甘汲愈出……"冯时行在支持三兄修楼屋时请兄将其书阁留着，又谈到家井，"为留书阁井东偏"。相传冯时行出生前该井常发出声响，有紫气冒出。他高中上舍状元后，县人遂称该井名"状元井"。到20世纪末期，状元井水仍清冽甘甜，为附近居民饮用。后搬迁居民扩建北街幼儿园时，将井用板盖封闭于烈士陵园堡坎围墙处的幼儿园家属楼楼梯口处。

9、冯时行祭家井二神文碑

北宋宣和三年（1121），冯时行考中上舍状元后因祖父去世而回璧山城守孝。他在宣和五年（1123）夏按县俗在府中祭神作《祭家井二神文》，刻石立在宅后花园凤凰山腰。明代时，璧山知县万祖福重立《冯时行〈祭家井二神文〉碑》以纪念前贤。（民国八年张席儒《闲居录》）

10、才子泉

位于璧山城东金剑山凉亭关北侧通往天池的古石板道旁翠竹林边。传"因蒲国宝、冯时行少年时到此喜欢吸饮，先后大魁天下考中状元，故名。"（《秀美璧山》书第8页）

11、金剑山濯锦潭何麒和冯时行诗石刻

南宋绍兴三年（1133）元宵节时，冯时行送同县好友王来镇（今来凤）人武状元王大节赴岳飞处就职，写作了《送邑人武魁王大节羽赴江州谒岳帅》诗，而后将诗寄给青城友人何子应麒。何麒回《和璧山冯当可〈送邑人武魁王大节羽赴江州谒岳帅〉》诗，由璧山人将该诗刻在金剑山腰汉唐古石道右边"濯锦潭"岩石上。乾隆璧山举人刘厚庵《果善堂集》引元末璧山陈万山德荣撰《金山名胜记》说："'濯锦潭，即龙泉。故老云薛校书、状元冯公琦妇濯巾处。'唯陈公所云'潭左岩，里人镌何子应《和璧山冯当可〈送邑人武魁王大节羽赴江州谒岳帅〉》诗'，岁久磨灭。"

12、二状元坊

原坊位于璧山县城冯状元府前街上，即今文庙广场北侧璧泉卫生院（原璧山城关医院）大门口，东西跨街南北向立，高10余米。石坊始建于南宋初期，系冯时行、蒲国宝中上舍第状元后，璧山官方按宋代"文武状元注授毕，各归乡里，本州、县则立状元坊，额牌所居之侧，以为荣耀"的规定修建的。（南宋《梦粱录》卷3《士人赴殿试唱名》条）宋建坊年久到明代成化年间已坏坼。里人侍读学士江朝宗在成化二十三年（1487）撰《重建双状元石坊记》说："宋坊年久坼，诸公择日于状元坊前街重建。"（清光绪璧城"状元石印社"印吴暄《自好斋稿》卷上《双状元坊》条）但该次第二次建坊因故未完成。又历经45年后到嘉靖十二年（1533）由璧山县令孙奇组织复建成。嘉靖十二年冬，浙江缙云县人时任重庆府推官李玺撰《序〈缙云先生文集〉后》说："迨悴渝过璧山，适孙君奇树宋冯、蒲二状元坊。"上额"状元及第"与赞联多幅。该第三次建立的"二状元坊"清代3套《璧山县志》均有记载。乾隆《璧山县志》古迹下记："二状元坊，在县城南，为宋状元冯时行、蒲国宝立。"同治璧山县令江怀廷撰《宾兴之日为诸生送行》诗云："两状元坊仰大名，笔山依旧共峥嵘。"明代建二状元坊于民国二十九年（1940）因县城建设拓宽街道时被拆除，面南左侧石坊边柱残存1950年后始毁。

13、历山寺题词

绍兴十三年（1143），冯时行应同县进士陈舜弼之邀游历山，他为古寺题书"佛祠清明"。（民国八年张席儒《闲居录》）

14、甘宁庙与三生祠

历山寺近邻有祀三国东吴猛将甘宁的庙。冯时行崇敬甘宁，游该庙后写有赞诗《甘宁庙》。他与友人陈舜弼还在此修了祀唐代僧人圆观以"三生"酬报朋友李源友谊的小庙"三生寺"留下了一段佳话。民国三十二年（1943），里民钟宴琼陪璧山赵县长一行游寺，在此留碑刻文云："甘兴霸庙，状元冯公与历山陈舜弼立三生寺处。"（钟宴琼《牧笛杂记》）

15、黄裳记冯状元文风楼碑

在明代璧山八景第二景"天池皓月"北面 4 华里处山上，有唐代建南宋初期复修的"文风楼"。该楼是扼镇县城北面水口和登高揽胜的风水景观。南宋孝宗淳熙年间任璧山县尉后官至礼部尚书的四川剑阁人黄裳撰立《登金剑山文风楼记》碑说："皇朝绍兴癸亥（1143、绍兴十三年）复建，时状元冯公罢归，游登榜曰'文风'。斯楼地杰，聚邑闻人……一时称极盛矣。"（清吴暄《自好斋稿》载县尉黄裳记文风楼条）

16、璧城状元桥

桥原名"璧玉"，南宋庆贺冯时行等高中状元更名状元桥。昔为平桥，清代末期改建成五孔石拱桥。石桥南北面各刻"状元桥"，每字大 1 米见方。民国年间渝州刊物载有状元桥景。1940 年，日本轰炸机将桥炸垮，1943 年县府动工重建。1950 年后该桥更名"东风桥"，俗称小东门桥。1978 年又改建成空腹式弧形主洞 1 孔副洞 4 孔式石拱桥。民间至今称名状元桥。刘远森《状元桥》诗："状元门外状元桥，车马行人急如潮。或问冯公知晓未，千年璧水总滔滔。"

17、状元门

系旧时出入璧山县城的 5 道城门之一，原名璧玉门，南宋为纪念冯时行等人考取状元更称状元门。1943 年县府重建门外被日军机炸垮的状元桥时，居民罗海清、钟洪顺等七八人在桥东"状元街"挖桥基时，掘出南宋残碑记："大宋淳熙元年"和"邑城复砌石墙，拱券四门，东名璧玉，今称状元；西曰白鹿，为昔名……"淳熙元年（1174）是南宋孝宗年号，此时冯时行已去世 11 年。状元门到明末时期别称小东门，1950 年后又称东风门，但璧山文人和乡耆仍称状元门。1982 年《四川省璧山县地名录》载："街至城墙处新开一门，取名状元门，门外有状元碑及状元桥。"20 世纪"文革"间，状元门被拆毁。

18、状元街

昔璧山状元门内至二状元坊北侧，即今小东门桥西桥头沿文庙广场北边至璧泉医院、璧山工人俱乐部街段。1982 年《四川省璧山县地名录》载:"县城内学宫后右五十步是冯状元故宅,宅前街道取名状元街,街至城墙处新开一门,取名状元门。"

19、状元桥街

名始于南宋,即状元桥东今通至金三角段街道。1940 年日机炸毁此街,1942 年重建,县府有《关于修建状元桥街的问题》存档。

20、宋冯状元碑

始立于南宋,明代重立于状元门处。乾隆《璧山县志·古迹》记:"宋冯状元碑,在小东门内。"嘉庆《璧山县志·古迹志》载:"宋冯状元碑,在小东门内,字磨灭。"明代立碑石毁于 20 世纪 70 年代。

21、茅莱山宋元双亭

绍兴十九年(1149),冯时行申请奉祠后曾主管璧山县璧山普泽庙,后人在宋代和元代建双亭中竖立有冯时行诗文碑,用作纪念。

22、璧山县乡贤祠祀冯时行

从南宋至民国,璧山县将冯时行列入县乡贤祠供祀。各本《璧山县志》记"宋状元左朝奉郎冯时行"。

23、状元峰

系南宋璧山为纪念冯时行等人中状元而取名,位于璧山城东郊。与文天祥同年进士璧山高若霖引县人论该峰风水环境说:"又云状元峰乃双狮上岭、金龙下坡之势。"(乾隆《重修邓氏族谱》载邓坤异言)明代万历初璧山县令成宗跃"引诸生登崇岗数龙跻……状元峰……昭示其美。"(乾隆《璧山县志·艺文》载《新修璧山县学宫记》)乾隆《璧山县志·山川》记:"状元峰,泽宫对山之右二峰,秀峻特出。"清代璧山连俊撰《璧邑怀古》诗:"江绕状元峰下城,玩观山水动人情";"状元峰耸白云里,文笔塔高青霭间。"

24、冯时行墓

位于璧山城东状元峰山腰祖师观侧。据冯时行弟弟冯丹墓志记:冯丹墓"右三十弓乃兄当可之茔。"清乾隆《璧山县志》记:"冯时行墓……相传在县东十五里祖师庙大山前。"1959年《璧山新县志》稿记:"迤北祖师观,状元坟在其西,山势回环,展峰相抱。""从古至今流传璧山的民谣曰'乾山乾,乾山前,水流前,乾上一峰埋状元。'"(邓启云著《秀美璧山》248页)冯时行下葬之年秋,其友人晁公遡曾到墓前拜谒作诗叙谈。20世纪80年代初期邓启云《游状元坟》云:"冯公何佼佼,文采冲云表;千载吊忠魂,青山永不老。"又《冯时行状元》:"宣和三年上舍元,不师权臣骨傲然;贬历云夔崇丹任,惠政异绩人赞叹!绍兴八年诏殿见,痛斥秦桧卖河山。支助岳飞复失地,犯颜直谏论抗战。出知万州归璧山,罢废故里十七年。起终成都提刑任,爱国惠民世代传。"90年代初作《七上状元峰拜谒冯时行墓》云:"西湖歌息八百年,松涛声悲水潺湲;似诉绍兴不平事,永怀岳飞冯状元。"2010年刘远森作《谒宋状元冯时行墓》:"冯公高卧璧城东,借枕三山势独雄。翠柏排天生紫气,苍松跨岭引长风。"2010年秋,璧山冯氏族人重新培修了冯时行墓,竖立了"抗金英才,爱国楷模,宋朝状元冯公时行墓"石碑和"新树状元坟碑记"碑。

25、冯时行弟冯丹与妻黄氏墓

位于状元峰祖师观侧。冯丹墓志载:"璧邑东十里双山半腰,□□□故金堂簿冯公讳丹与妻□人黄□□墓地……公以乾道丁亥□桂月卒,明年卜葬□□"。

26、唐宋璧邑进士题名碑

元代初期进士,璧山县城后祠坡进士屋基人杨鹤鸣撰立《唐宋璧邑进士题名碑》,竖立在璧山城状元门外千米处古道边,该碑上刻有冯时行等进士之名。

27、状元乡

为纪念冯时行,璧山县在县北冯时行村居地一带设有"状元乡"。清代璧山人郭正筊《澄江纪胜》诗句:"君不见山川灵秀应文昌,宋有冯蒲明有江;状元乡接学士里,前哲后贤遥相望。"

28、缙云乡

为纪念冯时行，明清代璧山县曾将县北近八塘镇的石板场一带命名"缙云乡"。清道光八年（1829）璧山重修《江氏谱牒》记：明成化年间，八世中字派"秉住缙云乡石盘上。"石盘即石板场。该谱还载清初期康熙三十七年（1698）"菊月九日江公序"文说："若渝之江家场、缙云乡是同始祖而来者也。"

29、状元溪

位于璧城状元桥东南侧。《璧山文史资料》24辑12页载："状元溪，发源于城东'二状元峰'水口和玉河沟、流水岩等处，"注入璧南河。

30、江学士碑记赞冯状元

明代大学士江朝宗在成化十九年（1483）复置璧山县后撰《新建璧山县记》碑，碑文叙"县治建自秦汉时，"赞"宋之时人文崛起，其间若冯当可、蒲国宝联登状元……谚云'状元双及第，进士屡登科'，此固地灵人杰之验也。"该碑明清代竖立在璧山县衙内。

31、颂冯时行倡修璧山县文昌宫碑

始建于唐代的璧山县文昌宫位于县城南门外，冯时行曾倡议维修。民国七年（1918）在该宫地下挖出明代成化年间《培修文昌宫碑记》，残文记颂"宣和中，璧城冯公时行魁天下……绍兴初，卸任南浦……与诸乡老议……复培修唐建文昌宫三主殿。"（民国八年张席儒《闲居录》）清代璧山举人吴暄《自好斋稿》南门二山条记："虎卧山，拱秀门外……宋状元冯时行倡建文昌宫于上。"

32、明新修璧山学宫碑赞冯状元

明代万历四年（1576）撰学宫碑记竖立在璧山文庙，碑文论及"状元峰"与"宋状元缙云先生遗址"，叹赞"缙云先生读书於此，大魁天下"，乃于此灵地复建县文庙学宫。

33、二相公石

璧山东与西南有多处山岭出"空心石"。同治《璧山县志·食货》记石"中有水可治固疾"。20世纪80、90年代《重庆晚报》、《中国农民报》、《风景名胜》杂志曾刊文说冯时行在绍兴初期，曾委托妻琦姑取该石水送往湖北给岳飞洗眼驱毒，使岳飞眼疾痊愈挥师北伐取得胜利。璧山乡老至今称石别名为"二相公石"。

34、璧山湿地公园状元桥

为纪念冯时行、蒲国宝，2010 年璧山扩城区修建观音塘湿地公园时，在原高洞小河注入璧南河处跨高洞河南北向建筑了雕梁画栋的"状元桥"。桥长 120 米，廊楼高 10 米余。桥内彩绘有冯、蒲状元荣归璧山等图。县人张德福《昼锦堂·状元桥》词句云："翘角飞檐，重重叠叠，画栋穿榫雕梁。更是一泓清水，倒映琼廊。冯蒲二公灵有知……精忠报效朝堂。"

35、秀湖公园冯蒲双状元坊

2013 年，璧山县第 4 次为冯时行、蒲国宝修建了状元坊。重建之坊位于秀湖公园西南方，坊高近 13 米，正反面分刻"状元及第"、"大魁天下"。立柱 4 赞联："神州十万英才千魁首；璧邑百余俊士二殿元。"（邓启云撰）"太息通经蒲国宝；常怀抗疏冯时行。"（清末连俊撰）"阙庭召对建业上疏一身正气；缙云文集雅州侯庙千古风流。"（傅应明撰）"匡扶大义披肝沥胆；锦绣华章树绩宣猷。"（胡正好撰）坊上另刻"叟妪访冯公"、"蒲国宝撰著"等 26 幅图。

36、秀湖公园《六魁图》

2013 年璧山县在秀湖公园龙隐阁（一名凤凰阁）东面平台建浮雕《六魁图》。由邓启云画唐"吴师道撰第一策"、"陈讽自荐换高职"；宋"饱饫六艺蒲国宝"、"爱国上疏冯时行"、"抗金潜齐王大节"；明初重庆大夏国"不事二朝董重璧"6 幅图并撰"金马六魁震天下，玉堂十翰兴璧山"联。又题赞云：凤凰阁前万人游，图绘豪杰石壁留；翁妪童如敬英杰，纷纷仰读赞点头。美景有幸伟人扶，璧山名士入画图；三代六魁甲川渝，万千游人重秀湖。

37、璧山唱词《冯状元》

清代道光年间璧山人撰《冯状元》唱词，清末民初在璧山城乡传唱。

38、璧山状元石印社

清代末期存，社址在璧山县城内状元街

39、状元岩、晒书石

北宋宣和三年（1121）冯时行祖父下葬璧山县城东双山（后名状元峰）后，他按规制丁忧守孝山中，常坐一岩石读书不倦，石因此被乡人称为"状元岩"。山中湿润，冯时行曾多次晒书石上，该石又名"晒书石"。

40、竹溜

状元峰祖师观南北山涧茂竹林中有竹蛙，乡人俗称"竹溜"。相传该地竹蛙原喜鸣叫，影响冯时行读书，他就抓来一只大蛙，用朱砂点其头后放入涧丛，自此后山涧竹林中的竹蛙就不鸣叫了。

41、状元糕

俗名三元红。唐代璧山县南历山寺莲花坝人吴师道、陈讽中状元后，乡民蒸制黄白双色米糕上点三点红以示庆贺。宋代冯时行母亲又精选璧山优质米加拌糖、桂花、香料等，用木模具压制成一面印出"状元及第"另一面有三点红的"状元糕"。该糕自唐宋传承到新中国建立后，20世纪90年代璧山农家还留有圆形把长10余公分的制状元糕模具。

42、肉馅馒头

本系宋代京城太学创制专供太学诸生食用的"太学馒头"，相传由冯时行将制作方法带回璧山，一直传承到20世纪抗战间璧山仍有店铺售此物。

43、响锣状元果

系宋代璧山民间的一种油炸果子，因冯状元喜欢吃而得名"状元果"。到清末民国年间，璧山城中小贩沿街巷敲铜锣叫卖该食品，人称"响锣状元果"。

44、状元鲤跃龙门

璧山鲜鱼美食享誉全国与海外。璧山鱼美食源于东汉，至当代由璧山大江龙餐饮文化有限公司发扬光大，使用16种烹饪技艺制出刀工精湛、火候适度、色彩艳丽、香气浓郁、滋味鲜美、形状精美、营养丰富，适合各类人美食的 8 类风味 100 多种鱼肴。尤以其在中国第五届国际美食节中荣获金奖的"璧山来凤全鱼宴"为人们青睐。该宴中的名菜"状元鲤跃龙门"是因冯时行等中状元而创制的。"中状元似鲤鱼跃过龙门变成龙，菜名含庆贺与纪念之意。"（《璧山来凤鱼文化》书第 342 页）

45、六状元酒

璧山区土特产品之一，系用优质高粱土法酿制的纯粮酒，因与璧山唐代吴师道、陈讽，宋代蒲国宝、冯时行、王大节，元末明初董重璧等 5 文 1 武 6 名状元有紧密关联而名。

46、璧山状元蜜

系璧山区丁家黄氏蜂场产制。招贴云："璧山是状元之乡，唐宋明文武六状元少年时吃山野蜂蜜启智，中年吃壮体，老年吃健身，以吃璧山洋槐蜜与黄金枇杷蜜为最佳。"《璧山状元蜜》云："璧山生态千年优，灵蜂采蜜点滴收；花精酿成金玉液，矿物沉香紫气留。强身健体赛百药，滋肤养颜似美妞。状元蜜纯佳土产，放心食后回头购。"

47、状元红酒楼与金马酒楼

位于璧山城区的状元红酒楼系因冯时行而取名，金马酒楼是以冯时行在咏诗中说自己曾是皇帝的"金马客"而得名。两处酒楼善烹饪各种美食，尤以冯时行自幼喜欢吃的璧山鱼、璧山兔等系列菜肴为人们青睐。

48、状元府小区

位于璧山古南门外李家祠堂处，因冯时行而取名"状元府小区"。

49、读书台

位于秀湖公园唐城正南门楼左侧。因冯时行少年时常在璧山县文庙后凤凰山读书台读书，后考取上舍状元，修建公园时为传承状元文化，就把 10 个错落有致的平台取名"读书台"。是一处幽雅、清静适宜人读书的场所。

第三节　重庆建祠坊碑桥

1、巴县纪念冯时行

元代初期世祖忽必烈至元二十二年（1285），因宋末战乱导致地广人稀的璧山县被撤并入巴县，此后至民国时巴县也长期纪念冯时行，将他列入乡贤祠祀。明代在巴县学宫竖立有"双状元碑"，在重庆城内修建了"状元桥"，以桥命名有"状元桥街"，并将缙云山下梁滩坝冯时行村居地一带命名"状元乡"并镌石立碑。

①巴县乡贤祠祀冯时行

清乾隆《巴县志》卷4记：县乡贤祠中有"提点成都刑狱、状元冯时行"。民国《巴县志》卷7学宫、学校类载：县文庙"灵星门毗左为乡贤祠，祀周巴蔓子、蜀汉董和、宋冯时行、蒲国宝……"该乡贤祠解放后毁。

②巴县儒学立双状元碑

清雍正《四川通志》卷26古迹重庆府巴县："双状元碑，在儒学内"。乾隆《巴县志》卷1古迹："双状元碑，系明嘉靖郡守黄凤翔为绍兴状元冯时行、开禧状元蒲国宝立。"道光《重庆府志》卷2祠祀志巴县下记："双状元碑，在县学。明嘉靖中，郡守黄凤翔为宋绍兴状元冯时行、开禧状元蒲国宝立。"民国《巴县志》卷7学宫、学校类："崇圣祠灵星门居中，东养正门，西连茹门，右有双状元碑，明知府黄凤翔为宋冯时行、蒲国宝立。"该志卷20金石记：民国二十八年（1939）修巴县志时"今碑已无存。"

③巴县在梁滩坝立状元乡碑

明代万历年间，巴县进士胥从化敬仰冯时行，在元代初期以前地属璧山县辖，稍后璧山县撤并入巴县，到1942年3月地又划给北碚辖管的梁滩坝镌刻了"状元乡"碑。

清乾隆《巴县志》卷1古迹记："状元乡碑，在北碚缙云山下五里梁滩坝内。万历十八年，赐进士出身、观吏部政、癸酉解元胥从化为绍兴状元冯时行立。梁滩坝系冯公故里，碑镌'状元乡'

三字。"

道光《重庆府志》卷之1《舆地志山川·巴县》记："状元乡碑，在缙云山下五里梁滩坝内，冯时行故里也。"

民国《巴县志》卷3古迹叙："状元乡，在缙云山下五里，冯时行故里也，有碑载《金石》。"民国时状元乡又称"双状元碑"。民国《巴县志》古迹记"其地今又名'双状元碑'，盖并及蒲国宝也。"

明代万历刻纪念冯时行的"状元乡"碑存世170年，到清乾隆二十五年（1760）时碑字仍存。民国《巴县志》卷20金石载："状元乡碑，王志（乾隆王尔鉴修《巴县志》）：在北碚缙云山下五里梁滩坝内。万历十八年，赐进士出身、观吏部政、癸酉解元胥从化为绍兴状元冯时行立。梁滩坝系冯公故里，碑镌'状元乡'三字。是乾隆时碑字犹存也。"

状元乡碑乾隆后又保存了177年，到民国二十六年（1937）修公路因岩壁石刻状元乡碑挡道故才被凿毁。抗战胜利后，人们又重书镌刻，直至20世纪60年代"文革"间被毁掉。1959年《璧山县新县志》（稿本）地理东山山脉载："过此为婆箕寨，地势峭削，其东为蒲巴山，有双状元碑，为巴县与冯时行立。"1989年版《重庆市北碚区志》第三章名胜古迹"状元碑"条记："状元乡石刻被1937年修青北公路（青木关至北碚）时凿毁。抗战时期，国民党中央公务员惩戒委员会迁居于此，胜利复员时，委员长王用宾，书写'状元乡'三个正楷，赠送乡里。当地又反赠王'肃正泽民'四字，同时刻于状元碑岩石上。'文革'中字被铲毁。"

纪念冯时行的"状元乡"碑刻，从明代万历十八年（1590）镌刻到"文革"中被铲毁，先后存世计370年。

④重庆城内的状元桥

民国《巴县志》卷10人物上冯时行条记："考治城有状元桥……皆为时行建立。"桥在昔之状元桥街处。

⑤重庆城内的状元桥街

"状元桥街在城东下半城干路的两折处……桥已不存。此街在抗

461

日战争初期并入林森路，解放后林森路改为解放东路、解放西路，原状元桥街为解放东路的起点。"（1981 年邓少琴编著《重庆简史和沿革》170 页）

2、今重庆历史名人馆塑冯时行像

重庆市是国务院 1986 年批准的"中国文化历史名城"，2007 年在朝天门广场处修建了"重庆历史名人馆"。馆内陈列展现对重庆、中国乃至世界社会发展、文明进步具有突出贡献的重庆主、客籍历史名人 200 名，其中塑有冯时行像及其生平事迹简介。

3、北碚区纪念冯时行

北碚系 1955 年 10 月定名为重庆市北碚区。区属嘉陵江南地在汉唐、五代、两宋至元代初 20 余年间均是璧山县辖地，元至元二十二年（1285）璧山县撤并入巴县该区域归巴县辖管，"公元 17 世纪初（清康熙年间），北碚系巴县之白碚场。"（1989 年版《重庆市北碚区志》总述）因该区内有冯时行遗址，今北碚区为冯状元建有纪念性建筑物和取有纪念性名称。

①缙云山状元井、洗墨池、洛阳桥

自明代末期曹学佺《蜀中广记》卷 99 误说冯时行"读书缙云山中"和王应熊撰《冯缙云先生传》错认为冯"少读书邑之缙云山寺故号缙云"后，到民国修《缙云山志》始，开始称山中"八角井"为"状元井"、"洗墨池"；去缙云寺路上的"洛阳桥"，也被附会为是冯时行读书时迎着朝阳洛诵诗文的地方。据冯时行自叙，他青少年时从未上缙云山读书写作。考察明代中期和之前也没有史料记八角井、洗墨池、状元井、洛阳桥与冯时行有关联。但从明末后人们编撰虽不是史实的文与故事，说明大家对冯状元十分崇敬。

②北碚区纪念冯时行的道路

为了纪念冯时行，北碚区于 2005 年初将冯时行被罢废后回璧山县到县北村居地点附近的一条公路命名为"冯时行路"，还有与其有关的"缙云大道"、"双元大道"。

③北碚区缙云文化广场塑冯时行像

2009 年，北碚区在位于状元碑的缙云文化广场建了 13 座名人雕塑，冯时行为其中之一。

④北碚区嘉陵风情步行街冯时行坐像

2009 年，北碚开发嘉陵风情步行街时，在街心花园内塑了一座冯时行老年侧作坐像。

⑤北碚区缙云山上冯时行像

2011 年，西南大学美术学院根据传说冯时行曾在缙云山寺读书，留有八角井、洗墨池，设计了他的塑像立在八角井旁。

⑥状元碑车站与状元校区

北碚区设有状元碑公交车站与重庆地铁状元碑站。2014 年北碚朝阳小学设有状元校区。

⑦建筑小区状元府第

由开发商修建的小区为纪念冯时行而取名"状元府第"。

4、沙坪坝区纪念冯时行

沙坪坝现管辖的梁滩坝一带地区宋代属于璧山县辖，梁滩坝中的飞雪岩是冯时行罢官回璧山乡居时闲游处。乾隆《巴县志》卷 1 古迹载："飞雪岩，在梁滩坝高滩桥下，石洞断截河水陡泻数十丈，望若飞雪。右壁崩岩直削如城堞，昔有九层楼。左壁楼真洞悬石嵌空。宋淳熙八年状元冯时行纪游。里人李沂为之刻壁，日久残蚀。"又记"流杯池，在正里九甲飞雪岩上。溪中有平石丈余，宋淳熙间状元冯时行修层阁於岩畔，复於溪石上凿九曲池引水流觞以资胜览……今阁圮，池犹存。"该地的九曲流觞池现仍存留。

5、渝北区纪念冯时行

自明代末期巴县乐碛青溪里（今重庆市渝北区洛碛镇）人，官至兵部尚书兼文渊阁大学士的王应熊撰《冯缙云先生传》错误地认为冯时行是巴县乐碛人后，乐碛一带从清代中后期始也出现了纪念冯时行的建筑物和 20 世纪 80 年代以来因附会而新出现的相关名称。

①地方志讹记有冯时行墓

乾隆年间从巴县划出乐碛等地设置江北厅后，道光二十四年

（1844）《江北厅志》卷1舆地祠墓沿用乾隆《巴县志》的不肯定"相传"说法，说冯时行墓在江北厅东鱼嘴附近。

②清代同治年间始建"缙云故里"砖坊

1983年9月6日第三期《江北县史志资料》说"洛碛镇老十字街有'缙云故里'牌坊。"查该坊系砖坊，建于同治四年（1865），比璧山县城南宋初修建的大型石"二状元坊"晚700多年，比璧山县城明代嘉靖十二年（1533）第三次修建的"二状元坊"晚300多年，是附会冯时行洛碛人的产物。

③20世纪末期洛碛镇出现冯状元府、汲饮井、读书处、状元桥等名称

1983年《江北县史志资料》第三期载江北县政协文史组、县志办公室组织考察组称"冯状元时行府第，在洛碛镇侧廖家湾，现西南制药厂厂址处，侧有八角井（原注：现已改修，井壁有重修八角井等石刻）为冯状元汲饮井，药厂后有迎祥观为冯读书处，曾于观前掘出碎石碑，有'冯公时'等字，下半段埋土内，赵子虬曾亲眼见到。洛碛镇侧曾掘得状元桥遗迹。"自该文出后，1987年5期《重庆地方志》载《冯时行籍贯刍议》文、1989年3期《重庆地方志》载《冯状元与洛碛》文将其引用又扩展说成是"今洛碛镇还有保存较好的'缙云故里'、'状元府'、'状元井'、'状元桥'等纪念建筑"。而后不少人不明真相竟误信相传。

④杜撰照母山公园与冯时行有关

2001年在渝北境修建"照母山森林公园"时，"如何给公园命名成了一个难题"。后由当时的大竹林街道办事处找人"编撰"了一本小册子《竹林故事》，杜撰了将照母山与状元冯时行硬扯在一起的假故事，用此来扩大公园文化与知名度。小册子载："南宋时期，与岳飞同朝为官的状元冯时行，因遭奸臣秦桧陷害，贬至黎州做地方官。途径大竹林，冯母染病，病重三月无好转，无奈，冯妻劝冯赴任，自己留下照顾冯母。不久冯母去世，冯妻墓地守护三年。公元一一五九年，宋高宗恩准冯时行回乡守孝。冯时行回乡守孝三年，

日夜照墓守孝，期间著书立说，表述他忧国忧民，不忘老母养育深恩。后人根据这个故事，将此山叫为照墓山。"据当时北部新区森林工程办的杨波说："于是，我们就取其含义将照墓山改为照母山。"（2013 年华龙网记者撰《照母山原叫照墓山，与南宋状元有关》文）但杜撰故事的人不十分了解冯时行的家世和他的履历，更不了解南宋官员的守孝规制，致使编撰与史不符。历史事实是高宗绍兴二十五年（1155）秦桧死后，冯时行因四川制置使王刚中推荐，于绍兴二十九年（1159）从璧山县属缙云山下梁滩坝村居出发，沿嘉陵江北上经合州（今合川）辗转成都，再经嘉州（今乐山）赴黎州上任的，这是冯时行自撰诗文中的叙述。他不可能从璧山"途径大竹林"一带人迹罕见不当官路的山林。又冯时行母亲在绍兴二十年（1150）前已去世。据南宋《国朝二百家名贤文粹》卷 84 冯时行撰《上宰相书》和明《永乐大典》卷 12072 载冯写《答于守论备员介僎》文考，冯母去世冯时行是被废罢间在璧山梁滩坝村居守孝，根本无宋高宗在绍兴二十九年（1159）恩准他回乡守孝之事实。

今人杜撰云与冯时行有关的"照母山"，据清道光《江北厅志》记名"照磨山"，民国三十三年（1944）出版的《重庆市附近交通图》中则清楚地标名是"赵母山"，20 世纪 80 年代版《四川省江北县地名录》称"赵墓山"，所以该处名称事实是与冯时行毫无关系。今商家为了开发房地产的需要，渝北为了加深公园文化，一些网站、纸媒不分真假，竟讹传欲以伪作真。

前叙乐碛（洛碛）清后期建缙云故里坊是误以冯时行是乐碛人后才修的，时间不长。状元府、井、桥和照母山是当代渝北人的讹传与杜撰，明代以前根本没有记录。虽然江北、渝北的有关建筑、纪念名称经不起史实考，但以此可见人们对冯时行这位名人的敬仰。

6、云阳县纪念冯时行

冯时行任云安县尉时与郡守游龙脊石后所撰书的石刻，历代云阳人对其都进行保护，三峡水库淹没政府组织了复制。在张飞庙等处还刻冯时行的有关诗文以示纪念。

7、奉节县纪念冯时行

奉节县除历代在地方志中记赞冯时行外，还将一乡场取名"冯坪乡"。该乡"位于长江南岸，扼九天龙凤度假区要冲，因宋代巴渝第一状元冯时行任奉节县尉时，曾在此劝课农桑而得名。"（2019 年11 月腾讯网载"晒中赛·屏中评"乡镇亮点推介）

8、万州从南宋到民国祠祀冯时行

绍兴初，冯时行任万州南浦县令，绍兴八年（1138）秋至十一年（1141）十月任万州知州，在任颇有政绩，历代万州都把他列为"名宦"入祀祠宇。

南宋王象之《舆地纪胜》卷 177 夔州路万州官吏下载："冯时行，绍兴年间为守，号缙云先生，郡学有祠。"《大明一统志》与嘉靖《四川总志》夔州府名宦："冯时行，绍兴中知万州，有操略，治甚有声，百姓爱之，郡学立祠。"正德《夔州府志》名宦万县下叙："冯时行……百姓爱之，立祠以祀。"万历《四川总志》、清康熙《四川总志》、雍正《四川通志》名宦记："冯时行……与朱松、曾开等极言和议之非……升知知州，公平严谨，治甚有声，百姓爱之，立祠以祀。"光绪《奉节县志》政绩记："冯时行……为奉节县尉，升知万州，公平廉谨，百姓立祠以祀。"民国《万县志》记县中名宦祠中设位，有"宋冯时行，万州刺史。"

9、合川保存南宋人刻冯时行诗文

绍兴二十九年（1159）秋，冯时行游合州龙多山，与州属赤水县三官吏唱酬。诸吏将众人作诗和冯时行撰诗与序以及他下山赠里人二何诗刻在山崖壁上，供人观览。三年后，冯时行写了《龙多山鹫台院记》赠给山寺，众僧择吉焚香，镌刻上石。历代合川人对冯时行诗文镌刻均予保护，并录入明、清、民国合州志、合川县志。冯之镌文诗至今多数尚存。

第四节　四川敬重立祠像

冯时行在四川多地任官均有为国利民的政绩，尤其是在任成都府路提点刑狱公事时上书减免了加在百姓头上的苛捐杂税，崇州、金堂等地至今遗留有颂扬他的故事，不少市、区、县的官民都敬重怀念他，为他立祠塑像建坊竖碑。

1、雅州名山县建冯侯庙祀冯时行

南宋高宗绍兴年间，雅州地区饱受"经界"之祸，冯时行负责成都府路提点刑狱司巡察后立即上报朝廷废止了伤民的"经界法"，或全免或减少税赋使民得以"更生"。孝宗隆兴元年（1163）底，冯时行在京城临安病逝次年归葬璧山后，雅州百姓十分思念，由名山籍进士喻大中带领百姓申报，在冯生前友人汪应辰（于隆兴二年即 1163 年夏至乾道三年即 1167 年五月任四川安抚制置使）和晁公武（接汪应辰任至乾道六年即 1170 年四月）帮助下，于乾道三年（1167）在名山县古城（今雅安市名山区新店镇古城村内）修建了纪念性庙宇，并奏请朝廷封冯时行为"古城侯"。

乾道六年（1170），四川盐亭县进士蹇驹任雅州知州，他考察冯时行事迹后，怀着景仰之情撰写了《古城冯侯庙碑》，竖立在庙内，热情地颂扬冯时行。

碑记"左朝大夫、提点成都府刑狱公事冯侯，讳时行，字当可，隆兴元年死其官。侯有功业於时，死凡四季，名山进士喻大中合邦人之思，筑宫于县之古城，以俎豆侯。又三年，驹来守雅州，考侯事之始终，刻之石。"

碑文载修冯侯庙由百姓捐资，"大众斥七十万钱，缚屋二十五楹，中为堂，塑侯像，挟以两庑，民岁时歌舞其下，水旱厉疾，必祷。侯亦能出为祸福，以恐动其民而食其土。"

又说旧时年节庆会，百姓们都要到庙祭祀冯时行，载歌载舞地唱歌：

洁净的樽中装上清冽的醇酒，盆筐内放满了肥腴的祭牲。

击起鼓哟咚咚和谐闹热，百姓们携老持幼走进冯侯的庙堂庭上，

这庙堂哟柱子高大结实十分庄严，冯侯的英灵在这里长眠。

冯侯你帮助民众的一片赤诚，滋润着我们的田园慢慢地更加

丰盈，

阳光照射在耕地嬉戏的牛犊身上，驱走了邪魔的父母官却看不到了。

希望冯侯你再也不会遇到惊惧和变乱，好好地安息吧！

2、丹棱县名宦祠祀冯时行

绍兴五、六年冯时行任丹棱县令，在任中多德政，丹棱人将他列入县"名宦祠"享受香火供奉。清代光绪《丹棱县志》卷 3 祠祀载："名宦祠，在戟门外，中祀……冯时行，璧山人，宋宣和进士。彭志（清乾隆彭遵泗修《丹棱县志》）以德政闻。"

3、邛崃县明代以来建"回澜文风塔"塑冯时行像与碑刻

邛崃是冯时行壮年、老年时期活动过的地方，该区域的官民非常敬仰他，自南宋以来，采用了多种形式纪念他，其中的一种就是明清代建塔塑像刻碑文，把他当神灵一样供奉。

在今邛崃城东南郊位于宝林镇南河生态湿地带北岸沙洲上，至今矗立着一座坐东面西的楼阁式砖塔。该塔为六边形十三层，经 1990 年邛崃县水电测量队测量塔总高 78.7 米，是四川省第一高塔，全国第三高砖塔。塔名"回澜文风塔"，又名"镇江塔"，1980 年定为四川省文物保护单位，是成都地区唯一对外开放可攀登到顶的古塔，列入《成都之最》。登楼四眺，临邛古城秀丽风光一览无余。

回澜文风塔各层塔心均有龛窟，窟中供奉着川西民间推崇景仰的历史人物塑像，各层有石匾题刻与所祀人物匹配。第六层供奉的冯时行，文字特别说明他是四川第一位状元，是天之骄子。配匾题名"科甲绵延"，寓意蜀中英才辈出，不绝于斯。冯时行像的上一层即第七层供奉的岳飞，匾刻"孝友精忠"。冯像下一层即第五层供奉三苏父子，匾刻"三元鼎峙"。一至四层分别供奉镇江王伍子胥、文财神范蠡、武圣人关羽、川主李冰父子，匾分别配"镇江塔、福禄来崇、江汉朝宗、德被全川"。第八层塑"魁星点斗"，九层以上全空置木梯上下。全塔集"祛患、致业、守成、崇贤、尚哲"为主题，体现了"振一代文风，法古今完人"的宗旨。

《邛崃县志》记载，回澜塔建于明代万历四十四年（1616），到明末毁于兵焚。清代乾隆二年（1736）重建，道光间又修，前后历经170余年到光绪三年（1908）才完工落成。20世纪50年代中，塔心室供奉的人物像遭毁损，1999年又重塑冯时行等人物像，并配画图和解释文字。至今塔门外有1999年2月由邛崃市文物保护管理所立的《回澜塔重塑民族精英造像记》石碑，碑文叙述了塔内供奉璧山籍状元冯时行等人的情况。

史料载邛崃回澜塔是地方县州向四川布政司省衙申报经省级主管官审批后才修建的。塔内各层大青砖上镌刻着"徐记官砖"、"杨家官砖"、"代元顺官砖"、"同治六年官砖张记"等多家不同时期的官办砖厂是为证。由官府主持修建的塔，塔中供奉的冯时行等人物，肯定是要经过官方"政审"和百姓士绅评议后才定的。

四川历史上的文化名流非常多，川西地区的状元不少，如唐代成都李余、简阳王归璞、五代后蜀简阳王归、双流费黄裳、宋代成都杨寘、简阳许将、仁寿何栗、青城何涣、资阳赵逵、简阳许奕、元代成都文允中等。明代有被李贽将其与李白、苏轼相提并论的大才子新都状元杨慎。为什么这么多的川西状元未被列入多次建塔官民的法眼而选择了川东重庆璧山人冯时行呢？居住在回澜塔周边的老人们回忆道：相传冯时行精易学风水、文才出众。他爱国忧民，在川西为官德政施一方，所以挑来选去才供奉这位状元以利文风。老百姓和官员，其实心中都有一杆秤，知道冯状元的重量。

现邛崃回澜塔已成为成都地区的知名旅游景点，不少游人撰文谈塔中人物文化，多要赞扬状元冯时行。据百度载2016年7月成都莎莎撰《你所不知道的回澜塔》说：塔之"第六层'科甲绵延'殿，供奉四川历史第一名状元北宋宣和六年状元冯时行，增添了不少文墨气息。据当地老百姓讲……大小考试，职位升迁，都来拜一拜，据说心诚则灵。"

2018年12月6日，邛崃市老科协综合组、社会事业发展组、城乡统筹发展组集体研究，2019年开篇建言文《回澜塔景区现状的调研及保护开发建议》说:"发掘回澜塔文脉传承内涵,增强景区文化气息。""回澜塔作为邛崃文风塔,加上邛崃曾有文昌宫的缘故,建议在(塔近处)的大悲庵殿中一侧竖文昌星像和北宋宣和六年(1124)四川第一位状元冯时行像,供读书人崇拜。"

4、彭县明代建缅怀冯时行的"冯梁古迹"坊

在彭县(今彭州市),有缅怀冯时行的"游息洞"和石牌坊。

绍兴末期,冯时行在彭州任知州,认识了天彭山麓古刹真相寺的主持"梁僧",这是一位饱学之出家人,与冯一见如故。两人谈易论道,互相敬重。

当时的州署设在九陇县城,由冯时行兼管县事,不少人就误把他当成是县令了。公余闲时,冯常去真相寺与梁僧在寺侧的一个石洞饮茶煮酒,畅谈甚欢,后来人们就称该洞名"游息洞"。

冯时行逝世后,老百姓说他是仙逝了。而梁僧在冯时行故后不久也不见了,人们就说他是追随好友冯公成仙走了。

明代万历年间,彭州人还在真相寺山门前新修了一座"冯梁古迹坊"用来缅怀冯时行和梁僧。

清代嘉庆《彭县志》卷14古迹记此云:"冯梁古迹坊,在县西真相寺中。寺侧有'游息洞',系九陇县尹冯公日与梁僧游息之所,深邃莫漠,后俱白日飞升。"该志卷19寺观下记:"真相寺,在县西三十里天彭山麓,地势盘曲,有茂林修竹之胜。元大德间(1297至1307)建山门。百步外石梯三百余级,下有石坊,明万历四十二年(1614)建,铭'真相禅林、冯梁古迹'八字。"

冯梁古迹大石坊历经300多年后毁圮,至今当地人仍能叙其由来,描述坊上龙飞凤舞的书法题刻。

5、峨眉山的冯时行诗联诗碑

明清以来,四川峨眉山洗象池殿门挂有冯时行诗联"翠削山山玉,光摇树树琼。"20世纪90年代初期,峨眉山管理部门请四川省文史馆员、女诗书画家黄稚荃书写冯时行作《峨眉山》诗碑,镶嵌在清音阁去一线天林荫道旁岩壁以示纪念。诗系冯时行《游峨眉》

十一首组诗中的第 8 首。

第五节　古今推崇多褒赞

冯时行在世时，蜀中百姓拥戴他，朝野许多士大夫敬重他，下列众官员、名流对他褒赞不已。

1、北宋末期上舍进士、官浙西提刑，曾为陆游师，江西诗派后期代表人曾几称赞冯时行："胸中自无俗之韵"。（《茶山集》卷 3《冯县丞墨花》）

2、北宋徽宗政和五年进士，历知县州的郭印说冯时行："平生知识多，斯人罕其伦。"（《云溪集》卷 2《次杨拱辰兼简冯当可刘诏美》）

3、绍兴五年（1135）赐同进士，二十六年（1156）充夔州路安抚司参议官的程敦厚云："比者当可冯兄对语剀切，畏事者笑之。要如当可乃无负於清议，诚足为蜀士之光华也。"（南宋《国朝二百家名贤文粹》卷 171《送唐立夫赴召序》）

4、绍兴五年（1135）状元，孝宗隆兴二年官任四川制置使兼知成都府，后任吏部尚书、故端殿学士汪应辰十分推重冯时行，对他赞赏有加。（朱熹《晦庵集》卷 71《偶读漫记》）

5、绍兴八年（1138）进士，后任潼川府路提刑的嘉州龙游县（今属四川乐山）人何熙志绍兴末期评冯时行："以文章取科第，以才猷结主知，朱幡玉节，荣耀当世，门户益大……今阁下肃持绣斧，观风右蜀，好贤乐善，容接后进。"（南宋《国朝二百家名贤文粹》卷 92《代上冯宪书》）

6、绍兴二十七年（1157）进士，以文学知名的史尧弼赞冯时行是"老摩诘"，为人纯净无垢尘无污染。（《莲峰集》卷 1《同冯蓬州当可游中岩分韵得林字》）

7、绍兴二十七年（1157）进士，黎州州学教授员兴宗认为冯时行"其文高以宏，其气浩以洁，世愈相浊而公愈相违"。（《九华集》卷 12《与黎守冯缙云当可书》）

8、绍兴二十九年（1159），冯时行过合州游龙多山题诗。合州赤水县主簿樊汉炳说："知学以来，尝於文字中敬识先生矣。"他赞冯时行"道德伏一世，文章妙天下，等闲吟咏，足以增重江山。"巴川县主簿权赤水县尉夏世雄赞冯时行云："恭览新诗徹骨，挥毫落处耀名山。"（民国《合川县志》金石）

9、绍兴三十年（1160），成都官吏、诗人杨凯赞冯时行胸怀天下，忧国忧民，"四海冯黎州，未妨铁石心。"（南宋《成都文类》卷11《梅林韵得今字》）

10、诗人吕及之评冯时行是为国做事的栋梁之才。（成都文类）卷11《梅林分韵得爱字》

11、成都府吏、诗人杜谨言认为冯时行才干可作宰相。（明《全蜀艺文志》卷19《梅林分韵得旧字》）

12、绍兴年间进士，成都官吏张积赞冯时行胸中装着百姓，是光明如镜般的太守，是可助天子具有宰相才能的栋梁。（《成都文类》卷11《冯先生访梅……》）

13、绍兴年间进士，累官知简州、通判绵州吕宜之说冯时行是国家栋梁，多才善辩，如汉魏时出身士族名门的战略家、政治家、文学家羊祜。（《成都文类》卷11《梅林分韵得诗字》）

14、出任蜀州教授，入朝任宗正寺丞的吕商隐赞喻冯时行如商代曾隐居的贤士傅岩，被殷王武丁起用任宰相。（《成都文类》卷11《梅林分韵得作字》）

15、官吏杨大光说：冯时行是可操国炳之人，若得朝廷大用，会像商代伊尹、舜时皋陶一样成为贤良宰相。（《成都文类》卷11《梅林分韵得陶字》）

16、陆游友人，著名高僧宝印说冯时行具有担当宰辅的才能，是诗坛宗伯领袖。（《成都文类》卷11《梅林分韵的泽字》）

17、潼川人于格说：当代的文章簿籍，数缙云冯时行主齐盟。（《成都文类》卷11《梅林分韵得彭字》）

18、成都转运司主管文字，知简、绵、阆三州的宇文师献称冯时行内心清虚纯洁，为世人钦仰，使学者仰之如泰山、北斗，其名声美好，"修名当不朽"。(《成都文类》卷11《梅林分韵得酒字》)

19、成都府灵泉县尉，知名诗人李流谦赞冯时行为"百代师"，品德、学问可长久做表率。(《成都文类》卷11《梅林分韵得时字》)说冯是才智道德杰出之人，见解高明，使人深受启发，如西蜀的蔷薇花散发出芬香。(《澹斋集》卷1《用山谷上东坡韵与冯黎州，黎州时将赴召》)认为冯卫国抗敌言论如"破山雷"，震惊主和投降人的心灵。(《澹斋集》卷4《用黎州梅字韵作诗送之》)称冯是"天下之卢扁，非公尚谁属之?"认为古卢国名医扁鹊为百姓治病，冯时行则能为国家治疾。(《澹斋集》卷14《送冯提刑赴召序》)评冯时行具宰相才，"先生大千一手提，使握鼎铉如扶犁。"(《澹斋集》卷4《同冯缙云游无为……》)

20、绍兴年间进士施晋卿说才华横溢的冯时行未来声誉满华夏。(《成都文类》卷11《梅林分韵得下字》)

21、绍兴三十二年（1161），除秘阁、成都府路转运副使王之望评赞冯时行："文傅正气，识造大方。议论纵横，达今昔安危之变；声名赫奕，推西南人物之英。"(《汉滨集》卷12《回彭州冯守启》)

22、孝宗隆兴元年（1163）春，枢密使张浚都督江淮，其幕僚王质上书评论冯时行："冯子犹不失忧时爱国之贤者。"(《雪山集》卷8《与张都督书》)

23、隆兴元年（1163），张浚重新任宰相，他认为冯时行应予大用，向孝宗上奏云："冯提刑［时行］……可备近臣。"(李心传《建炎杂记》甲集卷8《张魏公荐士》)

冯时行逝世后，蜀中百姓纪念他，士大夫们仍崇敬他，下列史料足可证明。

1、南宋孝宗乾道三年（1167）即冯时行逝世后四年，为纪念冯时行，四川雅州"名山进士喻大中合邦人之思，筑宫于县之古城，以俎豆侯。"庙塑侯像，民岁时歌舞，其水旱疫必以祷侯，亦能为民祸福。(《缙云文集》附录《古城冯侯庙碑》)

2、绍兴十八年（1148）进士，乾道六年（1170）知雅州蹇驹撰立《古城冯侯庙碑》，颂扬冯时行德政事迹，赞其"明果敢断，足以当大事，文尤高古，人不敢斥其字，目为缙云先生。"

3、南宋理学大家朱熹非常崇敬冯时行，他在宁宗庆元二年（1196）撰文说："冯当可……博学能文。"（《晦庵集》卷72《皇极辩》）在《偶读漫记》中说："蜀人冯当可之文号《缙云集》，集中有封事，末云：'臣前所言，望陛下移跸建康，选将练卒，用张浚、刘锜总统诸军，节用损己以充军费，皆事也非事之本也，惟陛下远便佞，疏近习，清心寡欲，以临事变，此兴事造业之根本。洪范所谓皇建其有极者也。'此绍兴庚辰、辛巳之间所上。其谋画议论，皆奇伟得当，而所论皇建有极，又深明治本，而略识经意，古今论洪范者少能及也。余尝作《皇极辩》，与之暗合，因笔其语，以证余说。旧见汪端明尝称其人，甚敬重之，今果不谬云。"（《晦庵集》卷71）又撰写《跋张敬夫与冯公帖》说："此张敬夫与缙云冯当可书也。味其词意，知其一时家庭之间，定省从容，未尝食息不在中原之复，令人感慨不已。冯公独不及识，然尝见故端殿汪公甚推重之。近得其文集读之，议论伟然，而所论人主正心亲贤，为所谓建极者。明禹箕之传，破诸儒之陋，乃适与鄙意合，尤恨不得一见其面目而听其话言也。庆元丁巳七月二十五日新安朱熹书於建安坤峡之野店。"（《晦庵集》卷83）

4、南宋著名史学家李心传说："时行为人廉正，而用法颇严。（在黎州）前是夷人入州互市者，率肆横难制，至是慑服。"（《建炎以来系年要录》卷187）

5、南宋理宗淳祐元年（1241）进士、历官礼部尚书，著名学者王应麟评：冯时行"其道光明。"（《困学纪闻》卷1）

6、南宋进士、学者程迥赞评冯时行精易学，云其学授予李舜臣。（清代《经义考》卷25）

南宋中后期至元代，不少史志对冯时行进行了记叙，南宋史学王象之撰《舆地纪胜》、祝穆撰《方舆胜览》、庆元间人撰《国朝二百家名贤文粹》、元代刘应李《大元混一方舆胜览》、脱脱等撰《宋史·秦桧传》和《大元一统志》合州下均给予赞评。

明清至民国时期，更多的国家和地方史志等对冯时行进行了记载褒赞。

1、明代初期纂修《大明一统志》卷70夔州府名宦记："冯时行……有操略，治甚有声，百姓爱之，郡学立祠。"

2、明成化中侍读学士江朝宗撰《新建璧山县志》碑云："宋之时人文崛起，其间若冯当可、蒲国宝联登状元……此固地灵人杰之验也。"（乾隆《璧山县志》卷下艺文）

3、明正德《夔州府志》卷8名宦："冯时行……有操略，治声籍籍，百姓爱之，立祠以祀。"

4、明代《璧山志》赞扬冯时行璧山人，进士。（转引自万里《重庆府志》卷32选举4璧山县）

5、明正德十三年（1518）纂修《四川总志》卷13重庆府璧山县载："宋冯当可……与曾开、朱松等文章极言秦桧和议之非。"

6、明嘉靖《四川总志》卷10名宦："冯时行……有操略，治甚有声，百姓爱之，郡学立祠。"

7、明嘉靖十二年（1533），重庆府推官李玺撰《序〈缙云先生文集〉后》："玺自童习读缙云冯先生语录……按庙记先生经明行修……退居缙云山，筑书院受徒讲学，著书明道，因别号缙云。有重名……至今书院尚存……《缙云文集》典雅简明，而非剽窃突鹊以为文，……呜呼！直言忤奸，明道翊教，则先生之隐德阴功，衣被海内……"

8、明嘉靖十二年（1533），四川按察司副使张俭撰《刻〈缙云先生文集〉叙》：

圣人之文，明天地之心；贤人之文，明圣人之心；儒者之文，明贤人之心。甚矣，文不可以伪为也。未至圣人而言天地，未至贤人而言圣人，未至儒者而言贤人，述焉可也？创而为之，如深山穷谷之氓，谵雄都巨邑之壮丽，饭藜衣褐之士，论玉食锦衣之华美，非疑似则影响矣。文可以伪为乎哉！由其文考其人，斯昭昭矣。

　　璧山缙云冯先生，宋之儒者也，葆学累行，乐道安贫，为世所推仰。绍熙间以状元及第，受丹棱令，政成誉美，召行在，极论和议之非，遂忤权奸。万州部使者至承风旨，附会先生，由是退居里社者十余年。权奸死，复起蓬、黎州守，皆著卓异之政，遗去后之思。以左朝请大夫提点成都刑狱终焉。先生居里社时，尝筑室缙云山中，受徒讲学。所为诗文五十五卷，肆口所成，撼发素蕴而止乎礼义，其典雅中旷，愿款幽玄之思，忧时悯俗，不激不随之体，使人讽而读之，有超世尘之想，不问可知其为高古博雅君子矣。视世之浮言诵语，剽袭俳谐，艰险怪以自文，其浅近之识者，恶可同年语耶？

　　呜呼！先生之道不大用於时，而其集不盛传於世者，数也。道者，先生所能尽；文者，先生所能工，而数非先生所能必也。然则斯集之不传也，奚足为先生病；而其传也，亦奚足为先生喜哉！俭生也晚，急於学而闇於闻道，执先生之集，求先生之心，慨然思尚友而不可得，且以重两崖朱公之慕右，有裨於政，而乐节推李玺、邑令孙奇之所趣也，於是乎言。

　　嘉靖十有二年岁次甲午秋八月哉生明赐进士出身中宪大夫四川按察司副使奉敕抚治夔重施瞿等地方仙居圭山张俭叙。

　　9、明万历七年(1579)《四川总志》卷9人物载："冯时行……与朱松、曾开等极言和议之非，秦桧忌之。"

　　10、明万历三十四年（1606）《重庆府志》卷44往哲1冯时行传："时行召对，与曾开等力言和议不可信。至引高祖分羹事为喻……风使者摭其罪，遂废家居，以诗酒自娱"。

　　11、明万历四十二年（1614）《蜀中广记》卷99著作记第9集部："冯时行……以沮和议被废。"

　　12、清代康熙间龙为霖撰《双状元碑》诗颂及冯时行，"有宋多才子，比肩两鼎元。"

　　13、清代康熙《四川总志》卷13名宦下："冯时行……公平严谨，治甚有声，百姓爱之，立祠以祀。"

14、康熙年间，巴县周开丰作《双状元碑》诗云："巴国当南宋，冯蒲两状元；遗徽存石碣，可复继高骞。"

15、清代雍正《四川通志》卷7名宦："冯时行……与朱松、曾开等极言和议之非，出为奉节县尉，升知万州，公平廉谨，治甚有声，百姓爱之，立祠以祀。"

16、乾隆年间，纪昀等撰钦定四库全书《缙云文集》提要："时行《宋史》无传。《四川通志》称其与曾开、朱松等共斥和议，忤秦桧坐贬。今读其诗文，忠义之气隐然，可见志所载当不诬。"

17、乾隆时，永瑢等编著《四库全书简明目录》，卷16《缙云文集》说："时行与朱松、曾开等以争论和议，忤秦桧坐贬。故其诗文，往往含忠愤之气。"

18、乾隆《巴县志》卷13载《冯缙云先生传》，叙冯生平事予以颂扬。

19、乾隆《璧山县志》叙赞县人冯状元。

20、清《一统志》重庆府："冯时行……知丹棱县有惠政……雅人思其德，祠祀之。"

21、嘉庆《四川通志》卷7："冯时行……百姓爱之，立祠以祀。"

22、嘉庆《眉山属志》卷3："冯时行……以德政闻。"

23、嘉庆《璧山县志》记赞县人冯状元。人物志云"缙云先生潜心六经，最精於易，著《易解》发明前人之旨为多。"

24、道光《重庆府志》卷8人物志作冯时行传称颂不已。

25、同治四年（1865）璧山知县寇用平在《璧山县志》序中评："冯当可先生不附和议，直谏忤桧，风骨凛然，其心之忠如此。"

26、光绪时陆心源著《宋史翼》在卷10为冯时行作传，载集冯在各县州和提刑任之政绩，评价甚高。

27、光绪《丹棱县志》卷3祠祀："冯时行，璧山人……（乾隆）彭志：'以德政闻'……"

28、光绪浙江《诸暨县志》将璧山状元字当可的冯时行误为字幼学的诸暨人冯时行，在其县志中将冯状元事迹予以赞扬。

29、清末璧山县文人连俊作《璧山县赋》："冯殿撰之才全，贬当可於万州，不同和议。"《璧邑怀古诗》云："江绕状元峰下城……太息通经蒲国宝，长怀抗疏冯时行。"（璧山《连氏族谱》）

30、民国《续修璧山县志稿》对冯时行予以赞叙。

31、民国十年（1921）《中国人名大辞典》冯时行条记："忤秦桧，出知万州……时行学於谯定，精易学。"

32、民国教育总长傅增湘在《蜀文辑存》中对冯时行给予良好评价。

33、民国二十三年（1934）《中国文学家大辞典》冯时行条说："精易学……力言和议不可信，忤秦桧，出知万州，寻罢职。"

34、民国《巴县志》卷 10 人物列传冯时行："所为文议论伟然……祀乡贤。"

新中国建立后，1959 年《璧山县新县志》（初稿）高度赞评冯时行生平所为。又称"其易论发明前人未发之旨，崇祀乡贤。"

20 世纪 80 年代始，人们更加关注、考察、研究冯时行，对他进行评论，给予高度赞扬。

1、1981 年出版彭伯通《古城重庆》77 页："冯时行抗金报国大志，坚定不移，不愧豪杰之士。"

2、1983 年《璧山文艺》载邓启云《四川爱国状元冯时行》：冯氏一生主抗战，助岳飞忤权臣屡遭罢官，其忧国忧民为世人称颂，是人之楷模。

3、1983 年《北碚志》资料 2 辑载李萱华《爱国状元冯时行》文评冯时行，"他一生为人廉正，用法严明，关心民众疾苦，憎恨奸弊邪恶……时刻不忘为国效忠。"

4、1985 年彭伯通著《重庆题咏录》第 30 页："冯时行字当可，乡贤"。

5、1987 年四川省文化厅编《天府书画名人录》初稿载邓启云撰璧山冯时行："爱国状元，英名长存。"

6、1987 年《重庆地方志》一、二期合刊载张永信等写《冯时行籍贯考》文说：不少地方为冯时行建纪念性建筑，"表明后人对冯状元的尊敬和缅怀。"

7、1987 年《重庆地方志》五期刊《冯时行籍贯刍议》云："冯氏德高望重，人民怀念至今。"

8、1989 年《重庆地方志》第 3 期载《冯状元与洛碛》文云："冯时行为人正直，刚正不阿，素以'清正廉明，惠政异绩'著称，所到作官之地，百姓无不称赞，被誉为'冯青天'。"

9、1989 年版《重庆市北碚区志》立冯时行传，颂扬其一生爱国清廉。

10、1992 年出版《锦绣璧山》书载邓启云撰《爱国状元冯时行》文云："他才华横溢……存诗词三百余首，文近百篇。"

11、1992 年李谊辑《历代蜀词全辑》冯时行条云："恭州璧山（今四川省璧山县）人。……以斥和议免勘勒停。"

12、1992 年《重庆名人辞典》冯时行条评："痛斥和议，主张与金人宜战不宜和，……'经画边事，井井有条，后以为法'。"

13、1996 年版《璧山县志》人物传略载邓启云撰《冯时行》："知丹棱县。在任期间，惠农劝学，兴学修院，建文庙，政绩突出……冯赴万州上任后，采取措施兴利除弊，促进了生产发展，很快使万州成为'六畜兴旺'，州有积储的富裕州……冯时行由四川制置使王刚中推荐到黎州（今四川汉源）任职，到任后即削减租税，降低米价，实行夷汉互市，禁止官吏勒索，政绩卓著。……提点成都府路刑狱，'经画边事，井井有条，后以为法'。"

14、1996 年《江北县志》赞颂冯时行爱国为民。

15、1997 年出版胡昭羲、刘复生、粟品孝著《宋代蜀学研究》84 页评冯时行："说明其学术造诣有相当水准。著有《缙云文集》四十三卷（今存四卷）、《易论》三卷（今佚）……门人有李舜臣等，对蜀学发展有较大影响。"书 330 页云："谯定门人张行成、冯时行、张浚、刘逸之、胡宪，再传李舜臣、张栻、杨万里、朱熹、吕祖谦等，对易学都甚有研究，是宋学中少有的易学大宗。"

16、1988 年出版《全宋诗》卷 1936 冯时行条："高宗绍兴八年（一一三八），以政优召对。"

17、2000 年版《宋代蜀诗辑存》538 页璧山县下记："冯时行……力言和议不可信，忤秦桧。……精易学。"

18、2002 年版《重庆市文化事业发展研究》14 页熊笃评说：冯时行任职"所到皆忧国爱民，革弊减负，深得民众爱戴，'虽一饭必祝'。"

19、2003 年《周易研究》4 期李良品评："谯氏门人多为主张抗金之名将，其中，尤以冯时行、张浚为最……但冯氏忠义报国之情时人称羡！"

20、2004 年出版熊宪光、王广福、宁登国著《巴渝诗词歌赋》记"巴渝本土诗人"云："冯时行生活在两宋之际，亲眼目睹了'靖康之变'。北宋灭亡对其震撼很大，作为一个正直的文人和士大夫，他反对南宋朝廷奉行苟且偷安、妥协投降政策，始终站在主战派的立场，主张收复失地，重整河山。他的诗歌充满慷慨激昂、奋发向上的爱国激情，与南宋爱国主义诗歌的主旋律一致。冯时行有巴渝人尚武的传统精神，生性耿直，感情激越……即使归隐山居，冯时行依然不忘国事，总是关心战局，心系时政……可见其爱国感情之深。"同书"巴渝词人词作却自有异彩齐辉闪烁……南宋的冯时行堪称创作数量较多，风格独特的领头人。"又评说"在巴渝词坛上，冯时行是创作数量较多且质量较高的领头词人。"

21、2004 年胡问涛、罗琴著《冯时行及其〈缙云文集〉研究》书前言说："他是一个对人民'有惠政'的地方官"，"他是一个蔑视功名富贵的学者兼诗人"，"他是重庆市最有影响的历史文化名人。"

22、2004 年出版《宋集珍本丛刊》载《缙云先生文集》4 卷，今人刘琳撰提要评价"时行精易学，文尤高古。"

23、2005 年张志全撰文评说："冯时行生活在南宋高宗一朝，是一位坚决的主战人士，爱国思想十分突出。爱国思想与儒家的民本思想、孝悌思想构成了诗人遵奉的理学精神。他的上书言事，为民请命等都是这一精神的具体表现。"在"家国轮废危难之时，他敢于挺身而出，奔走于朝野之间，甚至被迫落迹于山水泉林，也不改初衷。同时，他关心民生疾苦，除暴安良，为人民做了很多好事。""在宋代，或者更确切一点，在整个重庆历史中，冯时行都称得上是本土一流作家。""就算立之于与他同时而稍后的放翁（陆游）面前，又何曾稍逊风骚。"（2005 年重庆师范大学硕士学位论文《冯时行及其诗歌艺术风格研究》摘要、结语、绪论与爱国精神）

25、2006 年《宦海廉诗戒官道：中国历代廉吏诗联自励警世史话》书评："冯时行爱国爱民"。

26、2006 年《全宋文》卷 4265 冯时行小传评说："政以最闻……时行精易学，文尤高古。"

27、2007 年祝尚书著作评论："敢于歌颂朝廷有'争议'的抗金英雄，还有诗人冯时行。……他曾作《见张魏公二首》，对这位'中兴贤相'进行了热情的歌颂"。"歌颂张浚抗金的不止冯时行一人，如吕颐浩作有《送张德远宣抚川陕二首》，但那是在主战呼声高涨、张浚受重用之时，而冯氏此诗作于张浚已蹈'危机'之后，则为他人所忌言。"（《宋代文学探讨集》载《论南宋文学的东西部差异》文）

28、2007 年李联聪说："张浚为相，曾推荐虞允文、杜莘老、冯时行等蜀士"。"南宋蜀士中，吏才杰出者不少，如冯时行、樊汝霖、孙道夫、杜莘老、张行成、张栻、张构、张默、宇文绍彭、李植等等。"（2007 年四川师范大学硕士学位论文《论南宋蜀士群体的政治境遇与政治人格》）

29、2009 年出版《宋登科记考》在宣和六年冯时行条说："重庆府璧山县人……历知万、蓬、黎、彭州，仕至左朝请大夫、提点成都府路刑狱公事。"

30、2010 年张文进撰文评论："冯时行是两宋之交巴蜀地区的理学家、地方官，颇负诗名。……他期望统治者'以古为法'，以礼乐治国，知仁义之道，晓民为国之本；他期望统治者能励志图强、改革弊政、居安思危，从而上行下效，以御外侮。对于自身，他于达时，能胸怀天下，忠勇直谏；他于穷时，能退守山林，栖息佛道，不怨不嗟，其胸怀可叹，其志向可观。"（2010年重庆工商大学硕士学位论文《冯时行散文研究》摘要）

31、2013年胡昌健著书说："冯时行……两宋之际著名爱国诗人。"（2013年出版《巴蜀史地与文物研究》第346页）

32、2015年6月璧山人刘运勇出版小说《大宋状元冯时行》，对冯时行给予热情颂扬。

33、2015年汤棋夷撰文说：冯时行是重庆的骄傲。他是本土一流文学家。其作词中意象体现巴渝文化色彩；情感则体现了巴渝人民刚烈耿直的性格。（2015年6期《重庆三峡学院学报》刊《论冯时行词中的巴渝文化色彩》文）

34、2016年出版邓启云著《秀美璧山》书，在《宋代爱国惠民上舍状元冯时行》文中评述：冯时行"北宋元符三年（1100年）出生在璧山县城五峰山祖宅。少时随师游学川东，读书璧山县学宫，年长'游郡庠'。北宋宣和元年（1119年）入京应进士举，宣和二年（1120年）21岁时考中上舍状元。（今注：误，应为宣和三年（1121年）21岁中上舍状元）他中状元时正处于北宋阶级矛盾和民族矛盾极其尖锐的时期。当时，我国北方新兴的金国攻临宋都汴京城下，强逼宋朝割地纳款。自幼受家庭教育具有强烈爱国思想的冯时行支持李纲、宗泽等抗金卫国，上疏论责蔡京、童贯、高俅等权奸误国，作诗怒斥'方今宰相真儒生，议割三关厌勍敌'。"其"未尝食息不在中原之复"。在丹棱县"冯时行修书院建文庙，惠民益农，以德政闻于朝野。"在万州兴利除弊，"受到万州百姓的赞颂。"绍兴十年，他向北伐的岳飞献策出奇兵复失地。岳飞军"所到处攻战皆捷。冯时行为之欢歌不已。"由于受权臣陷害，冯时行被罢官回故里璧山，由于璧山城中其宅"状元府被官府查收充公……他到璧山县北县辖缙云山麓梁滩坝中构筑了乡居。被罢废后，他撰写了许多充满浩然正气、忧国忧民的诗词和文章。……痛愤投降主和派杀害岳飞，以诗尖锐地讽刺朝政和秦桧，寄托自己怀念爱国名将岳飞和抒发其怀才不遇的感情。迁居县北乡居后，冯时行创办了著名的'缙云书院'，'筑书院授徒讲学'，为国家和川渝地方培育了一大批有用于时的俊才杰士。"

"冯时行生活在民族矛盾、统治阶级内部矛盾和阶级矛盾尖锐复杂的宋金对抗时期，他坚持反对投降路线和卖国政策，由于行止与动静都不和时宜，故使其仕途坎坷。他未能完全实施政治抱负与充分展现其文武才能；但他忧国忧民的崇高思想和勤学苦读的高尚品格，使其除在政治上有一定作为外，更成为如李白、杜甫类蔑视功名富贵的学者兼诗人。……他的诗词多通俗质朴，直抒胸臆，具有现实性真实感。其七言古诗境界开阔，气势宏大，想象丰富，具有特色。……冯时行是宋代川蜀 57 名儒学名士之一，……其开放性的学术造诣具有相当水准，当代学者评论'他是重庆市最有影响的历史文化名人'。其思想'对蜀学有较大影响'。"

"冯时行病卒后被宋孝宗追赐'古城侯'。他是中国众多文科状元中仅被封侯的两人之一。……其灵柩归葬璧山县城东郊'状元峰'腰祖师观侧冯氏祖茔。其祖茔地为吉壤，早在北宋时已为风水大师论道。""川渝与冯时行有关的 20 多个府州县区为他建修了各式纪念性祠、庙、坊、碑。璧山建的纪念物最多，有从南宋始建的冯状元府、状元坊、状元桥、状元碑、状元井和历代命名的状元乡、状元街、状元峰、冯状元读书台等等。100 多部典籍记载冯时行，赞颂他的品德、学术宦绩。其惠民业绩与爱国精神至今为人们崇敬传扬。"

35、2016 年《宋代文化研究》23 辑载张文、李娟娟撰《谯定门人冯时行易学佚文简论》评："冯时行在政治上同张浚立场一致，双方学术亦有相通之处。""冯时行由於支持张浚、岳飞等力主抗金，多番遭受秦桧等主和派的打击，乃至被罢官归家，但拳拳报效之心依旧坚定，有'归挽天河洗乾坤，愿见从来中国尊'的志向。"

36、2017 年安徽大学苏甜甜撰论文《南宋李流廉诗词研究》

说:"冯时行……是巴蜀文化名人。"

37、2018 年《重庆日报》刊胡耘《古镇怀忆冯时行》说:他"推崇爱国、民本、孝悌的理学思想,又遗意于李舜臣乃至朱熹,在理学的大鼎中占据了自己的一席之地。"

38、2018 年 6 月出版《巴蜀历代文化名人辞典》冯时行条说:"平生通经博古,尤精于《周易》。……观其中诗文,其忠义爱国之心,忧时伤世之情,尚隐然可见。"

39、2018 年 8 月《重庆历史政德人物》评冯时行,"一生政绩突出,嫉恶如仇,清正廉洁。"

第二十三章　家事字号求学科考

第一节　冯时行祖籍家事

从南宋蹇驹撰《古城冯侯庙碑》始，现存世的宋、元、明代人记叙冯时行的各种史书和文，以及清代以来的各种《璧山县志》、《巴县志》、《江北厅志》、《江北县志》、《重庆市北碚区志》，1981年版《古城重庆》，1985年版《重庆题咏录》，1991年版《北碚诗词》，1992年版《重庆名人辞典》与《锦绣璧山》，1998年版《全宋诗》，2001年版《重庆与名人》，2004年版《巴渝英杰名流》与《巴渝诗词歌赋》，2005年版《重庆历史名人典》，2006年版《全宋文》，2007年版《璧山古诗鉴赏》，2009年版《璧山楹联鉴赏》，2013年版《巴蜀史地与文物研究》，2018年《巴蜀历代文化名人辞典》，还有各种报刊论文，在为冯时行撰传或写简介时，对他的祖籍家事都避而未谈，罕见有提叙其祖籍家事的。

2002年出版胡问涛、罗琴两先生著《冯时行及其〈缙云文集〉研究》，这是1949年以后专门研究冯时行的一部著作，但作者也认为"冯时行的家世，也无材料可考。"（见该书第272页）

其实，考察研究冯时行的祖籍家事是很有必要的，有助于了解研究冯时行的人生。虽然其家世资料匮乏，目前尚未见到冯时行的墓志铭、神道碑文和记叙详细的家谱等，但对于他的祖籍家世情况还是有迹叫寻，有零星史料可助查考的。

1、冯时行的祖籍祖辈

宋代"冯姓第一大省是四川"，（《华西都市报》2014年12月12日载《宋朝的冯姓人四川最多》）以遂州（今遂宁）、普州（今安岳）冯氏最多。据冯时行绍兴三十二年（1162）升任提刑后，绍兴八年进士、嘉州人何熙志代吕氏写给冯的《代上冯宪书》说：冯时行早在东汉时期的祖辈家在河南。后搬到秦地。绍兴末期与冯时行交游，曾任总领四川财赋军马钱粮、川陕宣谕使的王之望说："冯氏之先避唐末之乱，自秦入蜀，兄弟三人，散居遂、普、绵三州间，皆为著姓，而遂州之冯多隐君子。"（王之望《汉滨集》卷15《遂宁冯君墓志铭》）南宋王象之《舆地纪胜》记：冯氏在普州有南宗、北宗之分，北宗代表人物为冯山、冯澥，还有进士冯正熙等；遂州名流则有进士冯正雅、冯正卿、冯正符等。

璧山冯时行家族源出河南，到唐末"自秦入蜀"居于遂、普州，其中一支在五代时期由遂普居地迁到璧山县。冯时行一家与遂普州联系紧密，如其三兄冯正臣年近老时搬往族兄冯正卿、冯正符居地遂州；冯时行年老复出曾申请调任知遂州，目的是"昨陈乞遂州，亦为去兄相近，朝夕相闻。"（《永乐大典》卷14051冯时行《祭三家兄正臣文》）当冯正臣病重，时知黎州的冯时行立即委托妻不惧途远暑热赴遂州探望。冯时行卒后多年，其次子冯㑤从知州任免后回璧山，后来长时间搬往普州寓居。冯时行的部分诗文散佚后，学者曾误将其诗文收入普州族中前辈冯山集中。

冯时行撰写《三家兄报荐起楼屋喜而有诗》说："临街楼观百余年，司马辛勤五世传。"（《安岳集》卷11）以此可知他的五世祖曾官任"司马"，时间在北宋初期宋太宗时。冯司马在北宋初置业建大宅"楼观"于璧山县城五峰山前县文庙侧，冯时行在诗中予以称颂其"辛勤"。冯时行在《祭家井二神文》中说："余高祖以来世居山前"。该高祖即他曾为官司马的五世祖。冯时行祖父生平不详，仅知其卒于北宋宣和三年辛丑（1121）。冯时行在《祭家井二神文》中说："宣和辛丑春月……尚待释褐，以丁祖忧而归里……"又说祖"翁翁六十四岁。"以此往前推，知其祖生于北宋仁宗嘉祐二年（1057）。

冯时行的祖辈卒后葬金剑山状元峰祖师观附近。南宋璧山进士高若霖撰《邓坤异言吉地科第》说：名闻川陕的堪舆师邓坤在北宋"大观初……尝对人言：'金剑山多吉地……祖师观中丘乾山冯氏先穴当出大魁。'"（清乾隆《重修邓氏族谱》）冯时行弟弟"金堂县主簿冯丹□□墓志铭"载："璧邑东十里双山半腰……左行吉壤葬公之先祖。"（20世纪"文革"间状元峰采石出土残碑记文）邓坤所说和冯丹墓志文云，可知冯时行的先祖卒后葬所是在北宋与南宋前期称名"双山"，即南宋中后期至今称名的"状元峰"。冯时行的祖辈墓，被民间称为是出状元的好风水吉穴发坟。

2、冯时行的父母

冯时行的父亲名与字不详，以史料考他约生于北宋神宗元丰三年（1080），卒于南宋绍兴十四年（1144），终年65岁。他曾知县州，官五品，以政绩能力俱佳被荐为京官候选人"中大"。冯时行母亲约生于元丰四年（1081），逝于绍兴十六年（1146），年约66岁，以子冯时行贵赠封郡夫人中的三品淑人。

南宋绍兴三十年（1160），冯时行的三兄冯正臣病逝。时行在《祭三家兄正臣文》中说三兄卒时63岁，从绍兴三十年（1160）前推63年为北宋哲宗绍圣四年（1097），冯正臣生于该年。按宋代实行早婚，冯正臣在6弟兄中排行第三，其父当在哲宗元祐九年（1094）年15岁成婚，16岁得长子，17岁得次子，哲宗绍圣四年（1097）18岁得三子冯正臣。从正臣生年前推18年为北宋神宗元丰三年（1080），即冯时行、冯正臣父亲之出生年。

绍兴三十二年（1162），冯时行升任"宪司"提刑，四川嘉州龙游县进士何熙志向冯送上《代上冯宪书》，文中说到"时侧冯氏、吕氏，以德行冠冕一乡。惟先尊府君、尊君中大与某之伯祖实相友善，迨今才三世耳。……今阁下肃持绣斧，观风右蜀，好贤乐善……"该文对冯时行说"尊君中大"即指时行之父。"中大"是宋代京官候选人，须是由任过县州并有能力与政绩的官吏才能备选。由此可知，冯时行的父亲为人和善，具有才干，是出任过县州且有政绩的五品官员，曾被推荐为京官候选"中大"。

冯时行进士及第任官后，冯中大已休官还璧山城。南宋建炎三年（1129），冯时行在奉节任中思其父母时说"二老白头多"。（《缙云文集》卷2《至日二首》）绍兴六年（1136），冯中大与妻随子到丹棱县，与子闲时同游山水寺庙。冯时行写诗说曾"侍亲合朋"，

"侍老人杖履"游。(《缙云文集》卷 4《天华寺欲作山亭因题其壁》)

绍兴十三年（1143），冯中大夫妇家人已将家从璧山县城搬到县北缙云山下村居。冯时行在《舍弟生子》诗中说："堂前有双亲，各已皓鬓须。抱弄想慰意，颜色朝愉愉。"（《缙云文集》卷 1）冯中大夫妇此时还快乐地嬉弄孙辈，享受天伦之乐。

冯时行在绍兴十四年（1144）十二月一日写诗说《策师南游过三峡见予，求施以诗。会余忧悲苦恼，无意赋咏……》（《缙云文集》卷 1）他两年前在万州被权奸陷害罢了官，与朋友交游均未有过度之忧伤，为什么被罢官两年之后反而在诗中表露说自己"忧悲苦恼，无意赋咏"呢？自当是其父亲这年去世了所以才如此伤悲。因为从冯中大出生于北宋神宗元丰三年（1080）到南宋高宗绍兴十四年（1144）卒，其年 65 岁，该年龄与冯家人年龄如其祖父即冯时行称"翁翁六十四岁"、三家兄冯正臣 63 岁、冯时行 63 岁、时行弟冯丹 65 岁大致相符合。

记叙冯时行母亲的史料不多。冯时行在绍兴十九年（1149）作《上宰相书》文说此时自己"屯遭狼狈，再丁家难……"（南宋《国朝二百家名贤文粹》卷 84）冯时行之父冯"中大"已于绍兴十四年（1144）去世了，那么此时冯时行所说"再丁家难"就是指其母了。绍兴二十年冯时行写有《叙复谢宰执启》，文中说自己"十年罪废……伏草依岩……而祸衅相仍……两缠风木之悲"，也指出其父母已双双亡故了。那么，他的母亲是在绍兴十九年（1149）之前哪一年去世的呢？考冯时行在绍兴十九年（1149）所写《答于守论备员介僎书》中说："某年未五十……某比方除丧"。（《永乐大典》卷 12072）按礼制"除丧"是父母亡后子女要守孝三年。绍兴十四年（1144）冯"中大"卒，冯时行兄弟除丧期是绍兴十六年（1146）。那么绍兴十九年（1149）冯时行所说"方除丧"应是为其母，前推三年是绍兴十六年（1146）即冯母逝于此年。推估冯母比冯"中大"小 1 岁，生于北宋神宗元丰四年（1081），其逝于绍兴十六年（1146），约为 66 岁。

　　璧山民间俗称冯时行母亲为"长奶夫人"，相传他是善于生育与教子的"奇女"。她与丈夫冯中大逝后按礼制应葬在状元峰腰冯氏家族墓地，但璧山城乡长期流传说她未与冯中大葬在状元峰，她的坟地是选在县城北郊龙梭山中。20世纪80年代中，熟知璧山掌故的居民江兴伯、孙辉有、黄学林、陈永辉（女）、学者刘宾若、乡医吴炳全、教师邓文麟、龚正良等叙：祖辈相传，龙梭山有上乘吉地。某日，一青乌家为主家看阴地，月夜迫至龙山中，择地后躺在穴位处朦胧睡去，突遭地脉龙神鞭抽道："此地乃长奶夫人之终归吉穴，非他人可葬也，快走，快走。"青乌家被鞭抽打得满山乱跑，待清醒过来已不知其原躺之穴地在何处了。后来冯状元母亲去世了，就葬在吉穴处。因宋朝至今时间太久，具体地点就不好找寻了。

　　3、冯时行之妻冯琦姑

　　冯时行爱妻本姓陈字爱兰，约生于北宋崇宁二年（1103），出嫁后人称冯琦姑，南宋绍兴末期尚在世。

　　冯琦姑是璧山书香官绅之女。她次子冯俅说："陈大监季习，余表兄。"（道光《蓬溪县志》卷6金石《宋冯俅诗石刻》）陈季习是冯琦姑娘家陈氏侄儿，是被状元王十朋盛赞"一代奇男子"、"天下士也，负有用之才，怀许国之忠"的四川安岳冯方门人。他在绍兴后期中进士后于绍兴三十二年（1162）入虞允文宣谕川陕任幕，孝宗时任涪城令，召入京任从六品吏部郎中，后出知广安州、夔州，升正四品夔州路提刑。因文才出众，曾为尚书、端明殿学士章谊文集作序。（南宋《读书附志》载《忠恪章公文集》）传世文有《广安秀屏山题刻》、《重熙桥记》。（《全宋文》卷6442陈季习条、雍正《四川通志》卷24梁山县化龙渊条、《章氏会谱》德庆初编卷28文献录）以陈季习的生平可看出冯琦姑娘家也不凡。

　　冯琦姑能文善诗且美貌惊人，其传世诗《璧山油溪芙蓉》云："芙蓉花发满江红，尽道芙蓉胜妾容；昨日妾从堤上过，如何人不看芙蓉？"从该诗可以想见其才华与美丽容颜。明代侍读学士江朝宗评论说："两宋璧邑名女多能文，冯琦姑为首。"（光绪吴煊《自好斋稿》载《江学士论宋代璧邑八名女》条）

《缙云文集》诗文中不时提及冯琦姑。她随夫荣辱进退。绍兴九年（1139）携长子冯相到万州助夫为民谋利。绍兴十一年（1141）冯时行被陷害捕押于开州狱中时，她竭力参与申辩丈夫冤屈。回到璧山曾随夫暂住璧南历山友人处，而后搬住缙云山下新筑茅舍陇耕，种禾养蚕，饲养禽畜贴补家用。她孝敬双亲，与兄弟家庭友爱，还大力支助丈夫兴办缙云书院培育人才。

绍兴二十七年（1157），冯时行知蓬州又被罢官，作诗说"尚欲携妻子，终焉老西岷。"（《缙云文集》卷1《和杨拱辰见惠》）此时期冯琦姑仍在故乡璧山生活。冯时行又重出升职直至病卒，在璧山的冯琦姑因夫贵被授封郡夫人中的三品淑人。

4、冯时行的三个兄长两个弟弟

冯时行有3兄2弟兄弟6人。

冯时行从万州被罢官回到璧山村居写诗说："苦怀茅屋底，夜归船轧轧，酒榼对鱼篮，照路燃稿秸。及门呼弟昆，长少常七八。"（《缙云文集》卷1《友人惠酒殊佳用清光滑辣四字为韵以谢》）在绍兴末期曾作《祭三家兄正臣文》（《永乐大典》卷14051）和《三家兄墓志铭》（《安岳集》中卷18目录），祭三家兄正臣文中说"哥哥大夫六十三岁，今兄亦止于此。"又在《舍弟生子》诗中说："我固喜二仲，辈出三丈夫。"冯时行称冯正臣为三家兄，且前有官至"大夫"的哥哥，按兄弟排行他就是第四。他有"二仲"二弟，那么他后面就有两位弟弟。

冯时行三家兄之前的两个哥哥，一位生平不详，另一位出仕文官散阶至少为从五品"大夫"，去世时63岁。

冯正臣号退翁，曾出任京官，与朱熹之父朱松等交游。朱松写有《用绰中韵送正臣，正臣欲归隐而无资，故广其意以告识者云尔》诗："花裙锦领乌纱帻，气盖当年五陵侠。胸中魄磊不可平，拂衣归来抱长铗。"（朱松《韦斋集》卷2）又写《酬冯退翁见示之什》诗："独欣得吾子，万虑一笑空。时时出秀句，醒我如风松。"（《韦斋集》卷1）可知冯正臣是饱学豪迈之士，为友人所赞赏。

朱松在绍兴七八年间以主战言事忤秦桧，免官主管台州崇道观，其送冯正臣"归隐"当在此前。冯正臣回蜀后曾整修璧山县冯家宅院即人们所说的"冯状元府"，冯时行写有《三家兄报荐起楼屋喜而有诗》。冯正臣在冯时行被罢官，璧山县城故居被查封后，就搬家去遂州冯氏族聚地住，直到绍兴三十年（1160）七月去世，终年63 年。

冯时行的弟弟冯丹，在冯氏大家族同辈排行中列"二十二"。冯丹系南宋绍兴五年（1135）己卯科进士，（乾隆《重修邓氏族谱》载《邓坤异言吉地科第》）曾出任四川金堂县主簿。冯时行作有《送二十二舍弟赴金堂簿丹》诗，又在《祭三家兄正臣文》中说："某与二十二主簿固可忧者"。2001 年出版邓子勉著《宋人行第考录》268 至 269 页说："其中二十二主簿亦即冯丹。"冯丹卒葬璧山城东状元峰腰祖茔。20 世纪 60 年代"文革"时期，乡民采石出土了沙石碑，几年后山民杨裁缝、璧城居民张席儒抄录了已残"金堂县主簿冯丹□□墓志铭"，正文载："璧邑东十里双山半腰，□□□故金堂簿冯公讳丹与妻□人黄□□墓地。左行吉壤葬公之先祖，右三十弓乃兄当可之茔。公以乾道丁亥岁桂月卒，明年卜葬……"该残碑文中"乾道丁亥"岁是南宋孝宗乾道三年（1167）。按冯丹比冯时行小 2 岁推估，其约生于北宋徽宗崇宁元年（1102），到乾道三年"桂月"即农历八月去世年约 65 岁。冯丹妻黄氏，当逝于冯丹之前。

冯时行作《舍弟生子》诗谈到的二弟，生平不详。仅知其有 3子，长园郎，次闰郎。3 子新生儿。

5、冯时行的儿子

现知冯时行有子冯相、冯俟。

①冯时行长子冯相

冯相，字号不详。据与冯时行同时期人洪迈撰《夷坚丙志》卷2《舞阳侯庙》文叙：冯时行赴任万州，将邪恶人装神弄鬼骗民财的舞阳侯庙拆毁后，偶神人"然日扰其家。冯之子年七八岁，屡执缚于大木之杪。"冯时行是绍兴九年（1139）初到万州上任的，其儿子已"七八岁"，前推八年是绍兴元年（1131）即冯相出生之年。

绍兴二十九年（1159），冯时行复出知黎州，由儿子冯相陪伴经合州游云顶、龙多等山。他作游云顶山《留题云顶》诗序说："绍兴二十九年，岁在己卯，缙云冯当可登此山……男相侍行。"该年冯相28岁。

孝宗隆兴元年（1163）诏冯时行入京，时患病的他由儿子冯相护理，他病逝后由冯相等送灵柩归璧山故里葬状元峰。史书罕见记载冯相，不知其是否参加科举入仕，但至少应是受其父恩荫的品官。

②冯时行次子冯伏

冯伏，字叔靖，绍兴三年（1133）生于璧山县城"状元府"，宁宗嘉定八年（1215）82岁仍在世。

冯伏少学于璧山缙云书院，清末民初，北碚梁滩坝桅子湾出土了《璧邑缙云书院科举题名碑》，残石载"进士石照庞守、丹棱周富邦、丹徒张处厚、璧山冯伏、井研李舜臣……"史记张处厚是绍兴二十一年（1151）进士，李舜臣是孝宗乾道二年（1166）进士，冯伏名列张、李姓名之间，及第时间也应在二人及第间。从绍兴二十一年到乾道二年间还有绍兴二十四年（1154）、二十七年（1157）、三十年（1160）、孝宗隆兴元年（1163）4次进士科考。绍兴二十四年秦桧及其党羽把持朝政和科考，二十七年初冯时行正值第二次被罢官，所以绍兴二十七年前冯伏参加科考并考中进士不可能。另外从冯时行的高足李舜臣是在孝宗继位开始重用抗战派人士后，才参加科考并及第可作证明。冯伏考取进士应是绍兴三十年，此时冯时行已复出开始受到朝野关注。他不会是在冯时行第三次入临安病逝之年，也不会是乾道二年，因冯时行逝后子女要守孝三年。

冯伏中进士后辗转县州，到孝宗淳熙末年，官任四川蓬州知州。光宗绍熙二年（1190）五月，冯伏遭诬陷被罢官回璧山。他以山水为乐，诗书为娱，后寓居普慈冯氏族聚地。

南宋宁宗庆元四年（1198），冯伏游合州龙多山，观览其父冯时行等人的题刻后也作诗一首刻于岩壁。清代道光《蓬溪县志》卷2山川龙多山下收录该石刻文说："宋冯伏庆元戊午正月二十一日独游龙多。族子兢之尧道自青石载酒来访，因作古风。"诗云：

龙多崔嵬昔所闻，重峦叠嶂如峻奔。是为东州第一景，春风整翻来飞翻。先子曩持漕使节，泪湿磨崖揩墨痕。皇宋鸶台唐圣集，李冯信记龟跌蹲。陈监冯卿两君子，粹然留像春之温。职方四言观堂句，无路可弔诗人魂。我今烟霞成痼疾，欲卷地轴肩天门。蓬莱阆风此恐是，大夫老柏龙蜿蜿。黄钟万木动清唱，碧玉一水流灵源。石囷无储丹灶冷，初平片月磋瑶琨。三峡共垂缙云荫，百濮高峙巴岳尊。眼底得穷宇宙阔，面前洗尽烟雨昏。永嘉盖罗我之族，刀圭吃养天一元。芝草黄精世应有，茯苓且食婴儿根。

冯伋在诗中所说"先子曩持漕使节，泪湿磨崖揩墨痕。"句是指其父冯时行事。《四川文物》1992 年 3 期刊重庆博物馆"文博专才"董其祥撰《龙多山石刻文字小记》说："冯伋称冯时行为先君子，当为缙云山人的后裔。可补史志之缺。"冯伋在诗中说自己是首次登龙多山，以此可判定他不是绍兴二十九年（1159）随侍冯时行攀龙多山的冯相。

冯伋游龙多山撰刻诗时已到普慈（今四川安岳）寓居。道光《蓬溪县志》卷 6 金石记："宋冯伋诗石刻，县东南二百里龙多山……行书七言古体诗一首。字径一二寸。原题普慈冯叔靖伋，以戊午庆元正月二十一日，独游龙多……"冯伋寓住普慈时，与前左相虞允文之孙虞方简等交游，曾大力支持知县虞方简复修普州文庙祀周濂溪、二程和张载的四贤堂。时名士官江西安抚使兼知隆庆府曹彦约在作《普州四贤堂记》中说：四贤堂建"则自今嘉定乙亥（嘉定八年、1215），贡士黄盈进之请，寓公冯伋之助，使君虞方简之力也。"（《昌谷集》卷 15）此时的冯伋已高龄 82 岁，仍热心于公益事。

冯伋游四川利州时写有《登乌龙山》诗，遗句云："黑龙之精钟女武，祸胎于周易唐王。"

南宋《舆地纪胜》记铜梁"县东里许，丘曰罗堠，名东岳。"冯伋曾应巴川县（今属铜梁）人杨之问请，撰写了《罗堠东岩记》，其文云："岁星位于泰，荧惑位于衡，太白位于华，辰星位于常，镇星位于嵩，而罗堠、计都二星位于巴岳之旁，昭然可考也。"（《蜀中名胜记》铜梁县条）该记全文收载入嘉庆《四川通志》卷 11、

《宋代蜀文辑存》卷100、《全宋文》卷6403中。据该文，冯傃得其父学也知易学。

6、冯时行的孙与五代孙

①冯时行孙冯兴祖

冯兴祖是冯时行的男孙之一，字号不详，南宋绍兴二十五年（1155）前后出生。他得其家传《易》学，成人后搜辑祖父冯时行的易学见解，编为《缙云易解》6卷刊行于世。该书为江西名儒冯椅在宁宗嘉定年间撰《厚斋易学》时予以引用，保存了冯时行的不少语录。《厚斋易学》附录二记："《缙云易解》，易解六卷。题'缙云先生孙男兴祖编'。按冯时行字当可，蜀人。《易论》三卷，著于篇首，止六十四卦。常言：'易之象在画，易之道在用。'其学传仙井李舜臣。"

宋末元初学者、吴郡（今苏州）人俞琰在所著《读易举要》卷4记："蜀人冯时行当可撰《缙云易解》，传仙井李舜臣。其书题云'孙男兴祖编'。"元代胡一桂撰《周易启蒙翼传》亦记冯时行孙男冯兴祖编该书。

冯兴祖颇有才干，在孝宗淳熙十四年（1187）前后30余岁时担任成都通判，受到宗室名臣时任制置四川兼任成都知府的赵汝愚器重。该期间成都、潼川、利州三路因前一年秋雨过多，导致涝灾庄稼无收，不少县州饥民成群，尤以绵竹、什邡饥民最多。面对大灾民饥，赵汝愚作为四川的最高长官，十分忧虑，虽然采取了对灾民进行赈济的措施，但仍担心各地饥民多了会发生10多年前即"戊子年（乾道四年、1168）数郡饥民同日俱起，不约而同"致社会不稳定的混乱局面。他立即挑选了冯兴祖去什邡县，另一干吏郭德祖去绵竹县，采取措施大力赈灾，防止出现异乱。

赵汝愚给孝宗的奏议中报告了蜀中灾情和处置情况，在《绵竹、什邡二县饥民赈济疏》中说："近闻得汉州绵竹县自正月末间先行赈济，……四远之人扶老携幼皆来就食，旬日之间至万余人。本县却忧无米可继，逐乞於附近州县同行赈济，贵得稍分其众。旬日之间什邡一县所聚又二万人。臣恐其聚集不已别致生事，已选委成都通判冯兴祖、汉州通判郭德祖，逐急权借本府常平钱一万贯，分诣两县措置。各逐乡分差官置场，务要分散其众，勿令群聚生事……"（明杨士奇《历代名臣奏议》卷247《荒政》）

最终，冯兴祖调运了大量粮食和衣物到什邡，将灾民分流散布，使他们免除了饥饿，避免了铤而走险致蜀中不得安宁的情况再次发生。

②冯如祖

在长江流经宋代巴县今巴南区麻柳镇段江水中的"迎春石"上，有南宋宁宗嘉定十五年（1222）冯如祖题刻，其内容与冯时行绍兴十八年（1148）游此题刻一样，言及江南道士矶。今学者胡昌健认为："冯如祖，或为时行后辈。"（2013年出版《巴蜀史地与文物研究》350页）但此人是否是冯时行后嗣或是其兄、弟之后嗣，尚待其它资料佐证。

③冯时行五代孙冯平桥

冯时行的曾孙、元孙未见记载。南宋末期，蒙哥汗发动三路大军攻宋，他亲带主力军入侵四川。理宗开庆元年（1259），蒙古军队攻至合州、重庆城外，璧山一带曾为蒙军驻地。在此期间，冯时行家族后嗣先后向外地搬迁避战乱，其中冯时行的一支嫡五代孙冯平桥迁到了重庆城东面的丰都县居住。据清代嘉庆十八年（1813）丰都《重修冯氏族谱》序说："先祖平桥公，盖缙云公五代孙，避禄迁丰都，买田青牛山下，耕读传家，世有隐德……"青牛山在丰都城郊，冯时行的五代孙冯平桥迁居丰都时已是宋末元初，因其先祖数辈皆为力主抗敌爱国为民的官吏，故低调隐居，以耕读为业。以后冯氏又迁徙重庆附近县州繁衍。

7、资料书《状元冯时行》载说的冯时行父、母名与字错

璧山籍状元冯时行父母的名字至今未见史书记载。2011年璧山冯先生在内部印刷的资料书《状元冯时行》中刊《冯姓族系源流》文说出冯时行父母名字，称唐末湖南湘水冯氏落业贵州遵义，五代后周时已是72世，到"八十三（庆字辈）、八十四（杰字辈）、八十五（朝字辈）、八十六（天字辈）等陆续迁四川大竹、蓬安、长寿等地

散居。其八十六世天祥、天凤有子时明、时选迁巴县，天寿有子时行迁璧山定居。八十七世冯时行，字当可，璧山县人。"

但在发给璧山机关单位、部分领导的该资料书，冯先生则用打字纸打字粘贴了《冯姓族系源流》文换成《璧山茅莱冯氏族系字派源流推考》，前面各代大部分文字未变，后面将"天寿有子时行迁璧山定居"句粘贴，变为"天凤有子时明、时选迁巴县定居。冯天禄，字乾元，妻张、郑氏有子时行迁璧山县城定居。"推考将冯天寿之名变成了冯天禄，且有其字"乾元"及两位妻之姓。

笔者存未粘贴与粘贴的两本《状元冯时行》，几次联系冯先生了解他写冯时行父母名字的史料出处，他最终告诉说好像是录自民国二十八年（1939）手写本巴县冯氏族谱《始平记》。几经周折，在璧山谭女士处找来冯先生曾借用的《始平记》（复印本）查阅，该抄谱载有 10 篇从康熙至清末的谱序与祠记，叙述了该支冯氏一世鼻祖及后代迁遵义、大竹、长寿、巴县等情况，未说璧山。谱文只记有"八世冯天禄，字乾元，郑、张氏，生一子"，并未说该子是谁。遍查谱中记了冯氏各房时字辈有冯时明、时选、时英、时见、时志、时勋、时璟、时瑞、时美、时聚、时泰 11 人，并没有冯时行之名。而且这些时字辈的是明代人非南宋人。以此可知冯先生文中所说冯时行之父名冯天寿或冯天禄，母亲张氏、郑氏误，不可信。

第二节　名字号与求学地

冯时行，字当可，号缙云。少时读书璧山县学，曾随师游学合州一带。青年时入恭州州学。他的名时行与字当可的出处出于《周易》，"时止则止，时行则行，动静不失其时，其道光明。"名与字意为择时而行，遵从自然；顺势而为，当可有为。他的号缙云，是绍兴十二年（1142）脱狱罢官回璧山县，迁至县北名山缙云山下村居才取的，以"退居缙云山，筑书院受徒讲学，著书明道，因别号缙云。"（李玺《序〈缙云先生文集〉后》）因"文尤高古，人不敢斥其字，目为缙云先生。"（《古城冯侯庙碑》）

其名、字、号与青少年时期的读书地在冯时行生前本无误，但其逝世后则出现了一些歧说。虽然歧说不占主流，但仍有必要考察辩误，有助于对冯时行的研究。

1、冯时行名与字考

南宋绍兴十八年（1148），时任恭州知州晁公武、后任合州知州的冯檝与冯时行等人游观恭州城外嘉陵江中因大旱而出露的晋、唐代石刻，然后题记将诸人的籍贯、姓名书刻于石上并浇铸铁汁于字划中使之传世不朽。题记刻有"昭德晁公武"、"璧山冯时行"、"普慈冯檝"等。（乾隆《巴县志》卷1古迹《丰年碑》）晁氏名公武，字子止，出生于汴京昭德坊；冯檝字茂恭，普慈县（今安岳）人。题记之"璧山冯时行"按行文规则是与晁氏、冯檝一样写的籍贯与姓名，是冯状元自记其籍贯与姓名的最可信史料，据此知"时行"是名。

绍兴三十年（1160），冯时行与众友游成都梅林写《梅林分韵诗序》："缙云冯时行从诸旧朋凡十有五人……成都杨仲约、施子一、吕周辅、义父、智父、泽父、宇文德济、吕默夫、杜少纳、房仕成、杨舜举、绵竹李无变、潼川于伯永、正法宝印老、缙云冯当可。"（《蜀中广记》卷63梅）考查杨仲约名大光，施子一名晋卿，吕周辅名商隐，吕义父名宜之、吕智父名及之、吕泽父名凝之，宇文德济名师献，吕默夫名未详，杜少纳名谨言，房仕成名未详，杨舜举名凯，李无变名流谦，于伯永名格，宝印僧为嘉州李氏子。诗序还说到"樊允南"补一诗，查樊允南名汉广。冯时行所写诗序文中统一写的众友人的"字"，按行文规制文中"缙云冯当可"的当可也是字不是名，而序文前面的"缙云冯时行"中的时行就是名。

继冯时行知黎州的四川资州人李石撰文说"如提刑冯时行当可，侍讲程敦厚子山皆其素交"。（《方舟集》卷10《与景浚卿辨德行堂铭》）经查子山是程敦厚的字，当可自然就是冯时行的字。

冯时行弟子李舜臣之子李心传在所著《建炎以来系年要录》96、106、120、142、176、178、182、187、192等卷中记了冯时行事迹，其行文均按文体规制称冯姓名为"冯时行"。他在所著《建炎杂记》甲集卷8《张魏公荐士》条写道："……胡资政铨可备风宪；张舍人孝祥可付事任；冯提刑时行、冯少卿方可备近臣……”文中胡铨、张孝祥、冯方皆姓名，冯时行应一样是姓名。

冯时行病逝后 7 年，四川雅州知州蹇驹撰《古城冯侯庙碑》记："左朝请大夫、提点成都府路刑狱公事冯侯讳时行，字当可。"（《缙云文集》附录）

晚于冯时行 10 年卒的名学者程迥著《周易章句外编》书记："蜀人冯时行，字当可。"

据前面史料，清楚地记叙冯时行名时行字当可。

到宋末元初，朱熹易学传人胡一桂（徽州婺源人、1247—？）在《周易启蒙翼传》书中说："时行字当可，号缙云先生，蜀人"。但他又记道："朱文公曰：'冯当可，字时行。'名字未知孰是？"

稍后，胡一桂的易学弟子、鄱阳人董真卿著《周易会通》在姓氏下记："冯氏当可时行缙云，蜀人。……朱子曰：'冯当可字时行。'名字见於跋语。成氏书解：名时行，字当可。今从朱子。"

明代湖北应城进士陈士元（1516—1597）根据胡一桂《周易启蒙翼传》，在著《名疑》卷 3 中说："冯时行，字当可，号缙云先生，乃蜀人也，见《周易翼传》。朱子乃云冯当可字时行。未审孰是。"陈士元对冯时行的名、字也产生了疑问。

清代浙江秀水学者朱彝尊（1629—1709）沿袭胡一桂、董真卿之疑，在《经义考》卷 25 引"董真卿曰：'当可字时行，蜀人。……朱子曰：'冯当可字时行。'名字见於跋语。《陈氏书解》名时行，字当可。今从朱子。"以后，偶尔也有人引用此说云冯时行名当可字时行。

胡一桂、董真卿、陈士元、朱彝尊等人疑冯时行之名、字的理由其源出于南宋名儒朱熹。笔者检读朱熹《晦庵集》各卷，在卷 71《偶读漫记》记："蜀人冯当可之文号《缙云集》"；在卷 72《皇极辨》下则记说"冯当可，字时行，蜀人，博学能文。……庆元丙辰（1196）腊月甲寅东斋南窗记"；在卷 83《跋张敬夫与冯公帖》记"此张敬夫与缙云冯当可书也。"

朱熹（1130—1200）写《皇极辨》文的时间距冯时行去世仅 33

年，此期间他阅读了冯时行的《缙云文集》后，评说"近得其文集读之，议论伟然。"（《跋张敬夫与冯公帖》）他在撰记冯时行事的三篇文中，高度赞扬冯氏爱国抗战思想和横溢的才华，佩服冯"皇建有极"论观点，认为"奇伟得当"，与他的"皇极辨"观点相合。《缙云文集》标有作者冯时行的名字，崇敬冯的朱熹读后自当是知晓的，而他在《皇极辨》文中所写"冯当可，字时行"当为冯当可，名时行之笔误。

考察南宋人行文称谓是严格遵守礼节规制的，如郭印《云溪集》卷3《冯当可以日暮碧云合……》、卷6《当可以邑士将赴类试……》、卷7《寄冯当可》、卷11《中秋佳月怀杜安行冯当可二首》、《十七日夜当可同去非观月，而子仪、进道与仆皆不在焉，当可有诗辄次韵》等10首诗中写冯当可、杜安行、韦去非、于子仪均是称其字不呼其名。冯时行出守黎州的同僚时任州学教授的员兴宗写《与黎州冯缙云当可书》，为避名讳只称冯时行的号与字。状元王十朋作《书渝州冯当可富家翁遗事后》也写字不书冯之名。而冯时行在《缙云文集》中也是尽遵礼制写友人之字。

朱熹谈论冯时行几卷书中，除了对无操行，早年附奸臣汪伯彦、黄潜善，先诋毁爱国名相李纲后谤诬岳飞的孙觌直呼其名外，（《记孙觌事》）对所尊重的人皆按行文礼制不直书其名而是写其字、号或谥号。他记林栗写林黄中，张九成写张无垢，尹焞写尹和靖，北宋欧阳修写欧阳文忠公，唐人韩愈写韩文公等等。饱学遵礼制的朱熹撰文若直写冯状元名"冯当可，字时行"是不合礼制，应是写冯当可，名时行才合符行文规制，所以他文中的"冯当可，字时行"中"字"应是名。"字时行"是名时行之笔误。

再查与朱熹同时期的名士，元明清以来的史志等对冯时行的名、字书写。

冯时行去世后约30年，魏齐贤等人辑《圣宋名贤五百家播芳大全文粹》在名贤总目下记"冯当可时行"，同书目记刘韶美仪凤、晁子止公武、冯圆仲方、汪圣锡应辰、张钦夫栻、张子韶九成、朱元晦熹、王时亨刚中、李尧愈良臣、张德远浚、陆务观游、虞彬甫允文、王龟龄十朋等，这些人均是字列前名排后，从此可知当可是冯时行之字时行是冯氏之名。

比朱熹小 10 余岁的南宋学者、教育家冯椅（1144—1232）著《厚斋易学》按文体记："冯时行，字当可，蜀人"。冯椅曾授业与朱熹，但他未沿用其师写"冯当可，字时行"之误。

王应麟（1223—1296）著《困学纪闻》按文体也是记当可为冯时行的字。

成书于宋元之际的《宋史全文》卷 23，元代前期大德七年（1303）编成的《大元一统志》卷 730、731，大德年间成书的《大元混一方舆胜览》卷中万州，元代末修撰的《宋史》艺文志与谯定传、秦桧传，明正统六年（1441）编《文渊阁书目》，天顺五年（1461）成书的《大明一统志》卷 67 宫室、人物、卷 70 名宦、卷 71 书院，正德《夔州府志》卷 8 名宦，正德《四川总志》卷 13 重庆府，嘉靖《四川总志》卷 9 重庆人物，《全蜀艺文志》卷 9、13、19、29、36，万历中凌迪知（1529—1600）著《万姓统谱》，万历三十年（1605）编《内阁书目》，《明史艺文志·补编·附编》卷 1 经类，清代乾隆《四库全书简明目录》卷 16 别集类 3，道光《重庆府志》卷巴县山川等，均按史志规制以冯时行为姓名。

明代嘉靖年间，重庆府推官李玺刊刻《缙云先生文集》时说："本府知府崔允访得所属璧山县宋有冯缙云先生，名时行，字当可"。（《缙云先生文集》后附李玺刊刻文集呈文）

明代万历《重庆府志》卷 44、万历《四川总志》卷 9、《蜀中广记》卷 91、清代康熙《四川总志》卷 13、雍正《四川通志》卷 7、乾隆《钦定续文献通考》15、历鹗《宋诗纪事》卷 52、乾隆四库全书《缙云文集》提要、嘉庆《四川通志》卷 7、8、光绪陆心源《宋史翼》冯时行传、民国傅增湘《宋代蜀文辑存作者考》、民国《中国人名大辞典》第 1221 页、《中国文学家大辞典》第 674 页、今人编著《历代蜀词全辑》第 200 页、《宋代蜀人著作存佚录》第 235 页、《全宋诗》卷 1936、《全宋文》卷 4266、《宋登科记考》第 646 页、《宋代蜀诗辑存》第 538 页、《巴蜀历代文化名人辞典》154 页等均记载冯时行字当可。

从清乾隆年间至今编修的各种《璧山县志》（含未刊稿本）、《巴县志》、《丹棱县志》、《万县志》、《奉节县志》、《江北厅志》、《江北县志》、《北碚志》等记均以冯时行为姓名，当可为字，未见有说时行是字。

另外，能佐证朱熹《皇极辨》文中写"冯当可，字时行"是冯当可，名时行之笔误的就是朱熹在宰相张浚逝世后为其撰行状文。他写张浚"公奏虞允文、陈俊卿、汪应辰、王十朋、张阐可备执政，刘珙、王大宝、杜莘老宜即召还，胡铨可备风宪，张孝祥可付事任，冯时行、任尽言、冯方皆可备近臣，朝中士林栗、王拒、莫冲、张唐卿议论据正可任台谏，皆一时选也。"（《晦庵先生朱文公文集》卷95《张忠献公行状》）朱熹写张浚行状按文体规制就其生前荐人事写了17名大臣的姓名未提他们的字，写冯时行是姓名未将其写成冯当可。

综前所叙，朱熹文中的"冯当可，字时行"实是笔误。冯状元名时行字当可无误。

2、冯时行自称缙云子、别号缙云与人尊称他为缙云先生的由来

冯时行青年、壮年和盛年时期即45岁前是没有取号的。他在南宋高宗绍兴十八年（1148）年近50岁曾短时间自称"缙云子"，年过半百近60花甲时始取"缙云"为号。他近60岁时，朋友和晚辈又尊称他"缙云先生"。

考查冯时行传世的诗词文章和其友朋们与他交往撰记中的称呼，他在南宋绍兴十二年（1142）于万州被罢官之前以及罢归璧山居县北缙云山西麓的最初几年，未见他用别号，使用的都是名与字。

建炎二年（1128），28岁的冯时行任云安县尉时写《龙脊石题名》刻于长江中石上，自称"县尉冯当可"、"冯当可题"，（《全宋文》卷4268）又在《龙脊滩留题》文中记"冯当可书"。（明《全蜀艺文志》卷64）该时冯时行使用的是其字。

绍兴三年（1133），何麒写《和璧山冯当可送邑人武魁王大节羽赴江州谒岳帅》诗，（清吴暄《自好斋稿》引元人陈万三《金山名

胜记》）也用的是冯时行之字当可。

绍兴六年（1136），36 岁的冯时行任丹棱县令，与郭印唱和，郭氏诗云《冯当可游龙鹤山有诗赠安道人用韵二首》，以后多年他写了 10 余首诗皆用时行之字当可。

绍兴十年（1140），40 岁的冯时行在万州任知州，州邻梁山县县尉晁公遡作《冯万州当可以洞庭春色遗王子载……》诗，（《嵩山集》卷 7）也是称时行之号。

绍兴十二年（1142）六月，42 岁的冯时行从开州脱狱，年底回璧山过忠州，时权宜派遣假守忠州的郭印与冯唱酬写诗云《和冯当可》，（《云溪集》卷 12）仍称时行之字当可。

绍兴十三年（1143）秋十月，冯时行撰《张吉甫墓志铭》说："丐铭於其友冯某甚力。"（《缙云文集》卷 4）该年 43 岁的冯时行仍无别号，自称"冯某"。

绍兴十八年（1148）春二月，年 48 岁的冯时行与恭州知州晁公武等友人游观朝天门嘉陵江水下因天大旱露出的晋唐代石刻后，也在该处题刻，留下籍贯与姓名。冯留的"璧山冯时行"。（乾隆《巴县志》卷 1 古迹《丰年碑》）同年冯时行又留题："绍兴十八年戊辰三月十二日，冯时行当可……于道行士达同游"巴县乐碛段长江中露出的"迎春石"。（南宋《宝刻丛编》）该年冯时行两次题刻都是用其姓名与字。

也是在绍兴十八年（1148），冯时行因村居于璧山缙云山麓而自称"缙云子"。查其传世约三分之一的 430 余首（篇）诗词文中，仅见有两次用"缙云子"之称。一是绍兴十八年春游在恭州城作《广安朱义从为渝上霜台之客，母夫人年八十余，极其孝养，一日有三白鹭翔集中庭不去，义从作翔鹭亭识其事，缙云子为赋此诗》；（《缙云文集》卷 2）二是不久写《跋垫江廖持正二记》说廖氏："不远数百里，驰以示缙云子，以求印可。……然在缙云门下，别当下一转语。"（《缙云文集》卷 4）

冯时行在绍兴十八年虽然自称"缙云子"，行文中出现"缙云门下"，但他并未正式将"缙云子"、"缙云"作为其别号。此时期前后几年，朝野文士和朋友们仍是称其名与字。如绍兴十九年（1149）前杜安行出任合州知州，常与冯时行、郭印唱酬，郭作诗云《中秋佳月怀杜安行冯当可二首》；（《云溪集》卷 11）绍兴二十年（1150），王十朋写《书渝州冯当可〈富家翁逸事〉后》；（《梅溪先生文集》卷 19）绍兴二十七年（1157），郭印写《次杨拱辰韵兼简冯当可、刘韶美》；（《云溪集》卷 2）绍兴二十七年春，冯时行到任蓬州仅 20 天又被诬陷罢官，青年朋友史尧弼等陪他游青神县中岩，史氏作《同冯蓬州当可游中岩分韵得林字》。（《莲峰集》卷 1）

绍兴二十七年（1157）三月，57 岁的冯时行第二次被罢官回到璧山缙云山西麓村居，继续办缙云书院讲学并整理其著作编为"缙云集"。此时年近 60 岁，他开始用"缙云"为别号，并从绍兴二十九年（1159）59 岁始频繁地将其号写入文中。例如：

①冯时行绍兴二十九年（1159）作《留题云顶并序》："绍兴二十九年，岁在己卯，缙云冯当可登此山。"（《永乐大典》卷 11951）

②绍兴二十九年九月二十二日，冯时行登游合州龙多山写诗序说："缙云冯当可登此山，是时云稍稍开……"（民国新修《合川县志》卷 36 金石）

③绍兴二十九年九月二十三日，冯时行作"《何信叔长卿伯仲遮道饮，临别赠拙诗见意》，缙云冯时行。"（民国新修《合川县志》卷 36 金石）

④绍兴二十九年十一月，冯时行撰《修城都府学记》碑文，说王刚中"公以命其属部沈黎守吏缙云冯某。"（《成都文类》卷 30）

⑤绍兴三十年（1160）三月，冯时行撰《资治通鉴释文序》，落款识为"左朝散郎、权发遣黎州军州、主管学事、缙云冯时行序。"（《资治通鉴释文》卷首）

⑥绍兴三十年，冯时行在黎州撰《刘尚之墓志铭》说："丹棱刘尚之为布衣诸生……其子庭实刻苦力学，……求其父故人缙云冯某志其父。"（《缙云文集》卷 4）

⑦绍兴三十年底，冯时行作《梅林分韵诗序》说："绍兴庚辰十二月既望，缙云冯时行从诸旧朋凡十有五人，携酒具出西梅林。

……缙云冯当可。"(《蜀中广记》卷 63 方物记·梅)

⑧绍兴三十二年(1162),冯时行撰《龙多山鹭台院记》,落款为"绍兴三十二年十一月缙云冯时行记。"(南宋王象之撰《舆地碑记目》卷 4 合州碑记)

冯时行用"缙云"为号后,其同事、朋友也用其号称呼他,如:

①绍兴三十年(1160),冯时行在黎州的同事,州学教授员兴宗撰有,《与黎州冯缙云当可书》、《再答缙云书》。(《九华集》卷 12)

②绍兴三十年底,三台人于格作《梅林分韵得彭字》说:"今代文章篆,缙云主齐盟。"(《成都文类》卷 11)

③绍兴三十年底,成都吕商隐在《梅林分韵得作字》诗中尊称:"持问缙云老,一尊笑相酢。"(《成都文类》卷 11)

④孝宗隆兴元年(1163),冯时行的忘年交友李流谦作《同冯缙云游无为……》诗。(《澹斋集》卷 4)

冯时行年近 60 岁始以"缙云"为号。该号的由来,明代嘉靖十二年(1533)重庆推官李玺在《序〈缙云先生文集〉后》文中清楚地叙说:"按庙记,先生经明行修……坐贬逐,退居缙云山,筑书院受徒讲学,著书明道,因别号缙云。"(《宋集珍本丛刊》第 041 册第 6 本《缙云先生文集》附录)

到明代末期,巴县大学士王应熊撰《冯缙云先生传》却说冯时行:"少读书邑之缙云山寺,故号缙云。"(乾隆《巴县志》卷 13)王应熊此说实误。据《缙云文集》卷 4《李时用墓志铭》、《白昭度墓志铭》记,冯时行自叙其少时是在璧山县学"乡校"读书和随师到东州合州等地游学,未在缙云山寺读书。

冯时行取用缙云为号后,仕人、后学也尊称他为"缙云先生"。如绍兴二十九年(1159),冯时行道过合州赤水县,游龙多山为何氏兄弟题诗后,赤水知县将该诗刻在龙多山石壁上,并作跋文记:"缙云先生遗二何诗……且命刻之名山示,不敢有私云。"(民国新修《合川县志》卷 36 金石)

冯时行病逝后 34 年,四川眉山人在宁宗庆元三年(1197)辑《新刊国朝二百家名贤文粹》,该书卷 84《上宰相书》、卷 148《资治通鉴文序》题作者名时均用"缙云先生"以示尊敬。

但南宋同时又出现"缙云先生"是冯时行的别号的记载，而后为元明清少数学者抄录。

①孝宗隆兴元年（1163）进士，河南宁陵人程迥著《周易章句外编》记："蜀人冯时行，字当可。尝言'易之象在画，易之道在用。'号缙云先生。其学传李舜臣，仙井人，字子思，亦有易传。"

②宁宗嘉定十四年（1221），王象之编修《舆地纪胜》卷177夔州路·万州官吏记："冯时行，绍兴年间为守，号缙云先生，郡学有祠。"

③理宗嘉熙三年（1239），祝穆编成《方舆胜览》，在卷59万州名宦下记："冯时行，绍兴间为守，号缙云先生。"

④宋末元初，胡一桂（1247—？）撰《周易启蒙翼传》说："时行字当可，号缙云先生，蜀人。"

⑤《大元混一方舆胜览》中卷四川等处行中书省·万州·名宦记："冯时行，号缙云先生，绍兴中太守。"

⑥明代陈士元（1516—1597）据《周易启蒙翼传》，在所著《名疑》书卷3记："冯时行，字当可，号缙云先生，乃蜀人也，见《周易翼传》。"

⑦明代万历四十二年（1614）成书的曹学佺撰《蜀中广记》卷91经部记：冯时行"号缙云先生。其学传于李舜臣。"

⑧清代朱彝尊《经义考》卷25记："程迥曰：蜀人冯时行，字当可。……号缙云先生。其学传之李舜臣。"

笔者考察程迥、王象之所说"缙云先生"是冯时行号实误，后之学者沿用其说亦误。原因是古代通常是某人得到社会的认可，由众人对其尊称"先生"，一般不会自己称自己为某某先生。"缙云先生"称呼的由来，早在孝宗乾道六年（1170）四川雅州知州蹇驹撰《古城冯侯庙碑》文中已有准确答案。该碑文说：冯时行"文尤高古，人不敢斥其字，目为'缙云先生'。"（《缙云文集》附录）到明代嘉靖十二年，重庆府推官李玺重编《缙云文集》时作序说："玺自童习读缙云冯先生语录……忤权奸，坐贬逐，退居缙云山，筑书

院受徒讲学，著书明道，因别号缙云。有重名，人亦以缙云先生称之。"（《缙云先生文集》附录《序〈缙云先生文集〉后》）

3、冯时行少年、青年学习地考

冯时行少时在璧山县文庙县学"乡校"读书，14 岁曾随老师游东州到合州，青年时入恭州州学"郡庠"学习，在宋代、元代及明代早中期均无异议，但自明代晚期万历三十四年（1606）始，却出现了冯时行少时读书缙云山、缙云寺的歧说。如下列：

①万历三十四年（1606），张文耀修《重庆府志》卷 44 往哲 1 记："冯时行，字当可，巴县人。少读书缙云山中。自号缙云。……有《缙云文集》行于世。今其里析璧山，一曰璧山人。"

②万历四十二年（1614），曹学佺《蜀中广记》卷 99 著作记第 9 集部记："《缙云集》四十三卷，冯时行著。字当可，巴县人。读书缙云山中。绍兴状元。历官奉礼郎，以沮和议被废。"

③曾师事曹学佺的万历四十一年（1613）进士，巴县人王应熊在明代末撰《冯缙云先生传》说："冯时行，字当可，别号缙云。重庆在宋崇宁为恭州，公恭州之南乐碛人。少读书邑之缙云山寺，故号缙云。嘉熙间状元及第……"（清乾隆《巴县志》卷 13）

前叙张、曹、王所说出后，清代以来编修的《巴县志》、《江北厅志》、《江北县志》多沿用之。

清同治《璧山县志》卷 1 山川也记："缙云山，县北一百里，东接巴县界……宋状元冯时行、明大学士王应熊俱读书於此。"

到现代也有部分学者用张、曹、王之说，如：

①2002 年出版《冯时行及其〈缙云文集〉研究》书前言说："冯时行，字当可，宋恭州巴县洛碛（重庆市渝北区洛碛镇）人。因早年曾往居缙云山读书……"该书附录《冯时行年谱》记："少时曾往居缙云山读书，自号缙云、缙云子。人称缙云先生。"

②2004 年出版"巴渝文化丛书"之《巴渝英杰名流》书第 130 页《爱国"状元"冯时行》文记："冯时行（1100—1163），字当可，号缙云，重庆洛碛人，少年时读书缙云寺。"

③2004 年出版"巴渝文化丛书"之《巴渝山水名胜》书第 62

页记："北宋宣和六年（1124）中进士第一的巴渝学子冯时行，少年时在缙云寺读书。"

④2018年重庆市地方志办公室编著出版《重庆历史政德人物》冯时行条说："宋政和四年至宣和四年（1114—1122），冯时行在缙云山读书，故自号缙云。"

考查南宋王象之在《舆地纪胜》卷175重庆府下记叙缙云山、狮子峰、温汤峡和多条记冯时行事迹的史料，均未说他少时曾在缙云山或缙云寺读过书。

南宋祝穆撰《方舆胜览》记缙云山（一称巴山），未载冯时行在山中、寺中读书。

《大元一统志》辑本卷3重庆路下记缙云山以及其它卷中谈冯时行，没有记他在缙云山与山寺读书。

明代初期依据宋元史书于景泰七年（1456）编成的地理总志《寰宇通志》和天顺五年（1461）编成的《大明一统志》，记叙了缙云山事并记录了多条冯时行事迹，但两书都未说冯时行曾在缙云山中或缙云寺读书。两部书重庆府山川下记有"蹲猊山，在缙云山，势如蹲猊因名。昔有陆氏读书岩下，贤良张公佐为记。"蹲猊山，即今狮子峰。张公佐，书画家，年龄略小于冯时行，以制举登第，他在冯逝后游缙云山撰记。冯时行是重庆、是璧山、巴县知名人物，若他少时真在缙云山或缙云寺读过书，张氏在缙云山撰记和两部志书不会都失记，因为不如冯时行知名的陆氏在山中读书都被记录了。曾参加编修《寰宇通志》四川、重庆部分的翰林江朝宗，其故居和他青年时的读书地都在璧山县境近距冯时行村居地，而他对乡贤冯时行有研究，但也未记说冯曾在缙云山寺读书。

又查明代正德《四川总志》、嘉靖《四川总志》、《万历四川总志》、清代康熙《四川总志》、嘉庆《大清一统志》等均记了缙云山，在记叙冯时行行状时都没有说他少年时曾在缙云山读书。嘉靖《四川总志》、康熙《四川总志》也仅是记叙了陆氏曾在缙云山读书。雍正《四川通志》除了记陆氏在缙云山读书外，还写了"明大学士王应熊曾读书于此"，但也没有片言只字说冯时行少时在山中、寺内读书。说明明清代编修的四川省志没有采信万历《重庆府志》、《蜀中广记》和王应熊撰的《冯缙云先生传》，说冯时行"少读书缙云山中"、"读书缙云山中"、"少读书邑之缙云山寺"。

那么，冯时行是怎样记叙他少时、青年时的读书地的呢？

据绍兴十三年（1143）43 岁的冯时行撰《李时用墓志铭》回忆说："自余少时，从事先生游学东州，见合阳李时用。"（《缙云文集》卷 4）以该志铭中的年号前推，冯时行游学东州到合阳（今合川区）时年 14 岁。绍兴三十一年（1161），61 岁的冯时行撰《白昭度墓志铭》说："某与昭度生同乡，年齿相若，幼遨嬉，长学乡校、游郡庠，徜徉里闬无十日不同者"，根据冯时行的自叙，他青年时是在"乡校"即位于其祖宅边的璧山县文庙县学读书，年长后即青年时考入恭州州学"郡庠"学习。他说自己与同学"徜徉里闬"，说明他不是在缙云深山老林古寺读书。他少时游学东州曾到过合州，但未去过缙云山。冯时行在璧山文庙县学读书是可信的，且有明代碑文佐证其自叙不误。明代万历初《新修璧山县学宫记》碑载："缙云先生读书于此，大魁天下。"（清乾隆《璧山县志·艺文》）

依据前列的史书记和冯时行自叙可知，凡记说冯时行少时或青年时读书缙云山、缙云寺皆错。史实是冯时行少时是在璧山县文庙学宫即县乡校读书，也曾随老师游学东州合州一带，青年时入州学郡庠学习。

到清代中期始，出现了缙云山八角井是冯时行洗墨池之说；20世纪 80 年代又有冯时行在缙云山洛阳桥诵诗文的传说；主要记载如下：

①清代嘉庆《璧山县志》古迹志记："洗墨池，在缙云寺，宋冯状元读书於此。"

②同治《璧山县志》古迹载："洗墨池，在缙云山右，相传宋冯时行读书於此。"

③民国二十八年（1939）汉藏教理院本《缙云山志》古迹："八角井，在寺西南菜圃中，石地凿成，深数丈，石罅进水。宋时冯状元名时行常於中洗砚，故又称洗墨池。（巴）县志引（乾隆）王

（尔鉴）志云：'八角池，在缙云山上，相传有龙甚灵，又名龙王塘。明万历封龙为康济侯，土人遇旱祷雨辄应。其上常有云气荫之。'此又一说也。不知是一是二。"

④1987年缙云山管理处编印《重庆缙云山志》名胜记："相思岩：位于香炉峰山……据传宋冯状元于宋宣和年间在寺中读书时，常流连于相思岩。""八角井：在缙云寺西北100余米处……井上石栏系1953年用青石砌成八角形。传说当年冯时行在此读书时，常到池中洗墨，故称'洗墨池'。""洛阳桥：在缙云寺山门前，有一座小石拱桥，横跨溪涧，不知创建于何时。相传冯状元常到桥上迎着朝阳洛诵诗文，故名洛阳桥……"

⑤1989年出版《重庆市北碚区志》人物志冯时行条记：冯"1114至1122年（政和后期至宣和初）读书缙云山，留有七律《缙云寺》"。同书八角井条记："传说当年冯时行在此读书时，常到池中洗笔砚，故又称洗墨池。"

⑥2002年出版《冯时行及其〈缙云文集〉研究》前言："缙云山腰的洗墨池传说是他早年读书时洗墨的处所，缙云山下的洛阳桥传说是他迎着朝阳读书的地方。"该书下编《冯时行评传》："缙云寺左侧的花园里，有一口八角井，凿石而成，井水洁净晶莹。冯时行每天在写字练笔之后，就来井边洗砚，墨香四溢，似乎把相思竹也染上一层层绿云。后人为了纪念冯时行，就称这口井为洗砚池。"

⑦2004年出版巴渝文化丛书之《巴渝山水名胜》第62页记："北宋宣和六年（1124）中进士第一的巴渝学子冯时行，少年时在缙云寺读书，传说他常到寺外石拱桥上，面朝洛阳咏诵诗文，因而此桥被命名为洛阳桥；寺西北的洗墨池，传说也是他当年洗墨之处。"

根据冯时行自叙和南宋至明代中期的史书记，冯时行少时与青年时根本没有在缙云山读书，那么清代嘉庆年间开始记叙的缙云山八角池系冯状元洗墨池，以及1987年才出现的冯状元在洛阳桥诵诗文自然不是史实，与冯时行无关系，纯系人们怀念他编的传说。

《重庆市北碚区志》人物志冯时行条说他在政和后期至宣和初（1114至1122）读书缙云山，留有七律《缙云寺》。该说错。因为

1114 年冯时行 14 岁，他随师游学到合州。宣和初冯时行自叙云：
"宣和初，仆应进士举"，（《缙云文集》卷 4《白子安墓志铭》）该
年他从璧山县城经过县东函谷场而后入京，他怎么能分身于宣和初
在缙云山读书呢？《缙云寺》诗是冯时行被罢官居于缙云山西麓村中
游山时才写的。以诗之末句"我来游览便归去，不必吟成《证道
歌》"析，是冯中年村居对佛道教产生兴趣后才如此写，决非他青年
仕进得意时期的诗作。

第三节　上舍状元与进士

从宋代至今，记载冯时行科考及第的史料、资料很多，有说他
是北宋末期进士科状元、北宋末期上舍试状元、北宋末期恩科状元
的，有说他是南宋状元的，有说他是北宋末期进士、进士第一人的，
有说他是南宋进士、进士第一人的，还有说他不是状元的。

冯时行究竟是状元、进士，是何时期何年的状元、进士，史料
众说纷纭。笔者现将古今记叙冯时行科举及第的史料、资料排列于
后，然后进行考叙，从而得出冯时行参加科举考试的科目、考中的
等次与具体时间。

一、说冯时行是状元的记叙

1、记冯时行是北宋徽宗宣和元年（1119）状元

①2002 年出版熊笃主编《重庆市文化事业发展研究》第 14 页
记："宋朝重庆两位状元冯时行、蒲国宝"条说："冯时行字当可，
号缙云……宣和元年状元。"

2、记冯时行是北宋徽宗宣和二年（1120）进士第一、上舍状元

①1982 年第 4 辑《龙门阵》第 49 页胡汉生撰文说：四川"早
在八百年前就出过状元了。这就是北宋徽宗宣和二年（1120）的恭
州人冯时行。"

②1996 年出版《璧山县志》人物："冯时行……徽宗宣和二年
（1120）中进士第一。"

③2003 年出版肖平著《人文成都》记冯时行是北宋徽宗宣和二
年（1120）考中状元。

④2003 年《璧山文史资料》总 17 辑载《璧山咏鞋诗辑》文说："冯时行……"宣和二年（公元 1120 年）年 20 岁考中上舍状元。

⑤2007 年出版《璧山古诗鉴赏》33 页："冯时行（1100—1163）……北宋徽宗宣和二年（1120）举进士第一，即上舍状元。"

⑥2009 年出版《璧山楹联鉴赏》29 页："冯时行（1100—1163）……北宋徽宗宣和二年（1120）举进士第一，即状元。"

⑦2009 年《璧山文史资料》第 22 辑载《凤山埋忠骨黄梅浮暗香》文说：璧山县城"凤山东面山脚曾有北宋末期上舍状元冯时行的'状元府'……"该文中"末期"应为"前期"，系校稿时误。

⑧2012 年《璧山文史》第 24 辑载《璧山县城建筑与风水缺陷补》文记："北宋宣和二年（公元 1120 年）大魁天下，宅居璧山城五峰山麓的上舍状元冯时行赞夸说……"

⑨2012 年出版修订《璧山楹联鉴赏》31 页："冯时行……北宋徽宗宣和二年（1120）举进士第一，即状元。"

⑩2016 年传《秀美璧山》242 页："宋代爱国惠民上舍状元冯时行"，"宣和二年（1120）21 岁时考中上舍状元。"

3、记冯时行是北宋徽宗宣和六年（1124）状元

①始建于明代万历四十四年（1616），多次修建的四川邛崃回澜塔第 6 层供奉"宣和六年状元冯时行"像。

②1984 年出版《重庆古今谈》262 页载李萱华撰《冯状元与缙云山》文："北宋宣和六年（公元 1124 年），冯时行考中状元后……"

③1985 年《四川师大学报》刊胡问涛等撰《略论冯时行及其作品》说：冯时行"宣和六年（一一二四）状元及第。"

④1987 年《重庆地方志》第 5 期载吴提方等撰《冯时行籍贯刍议》说："冯时行……北宋宣和六年（1124）中进士及第后，廷试钦点状元。"

⑤1989 年《重庆地方志》第 3 期载唐荣国等撰《冯状元与洛碛》文："冯时行……北宋徽宗宣和 6 年(1124)进士，钦点状元后……"

⑥2001 年出版傅德岷等著《重庆与名人》43 页："冯时行……

于徽宗宣和元年（1124）举进士第一（状元）。"该段文中"宣和元年"应是"宣和六年"，因作者在括号中写的1124年是宣和六年。

⑦2005年王群生主编《重庆历史名人典》5页小标题："冯时行（1100—1163）爱国名臣、北宋状元"。正文云冯"北宋徽宗宣和六年（1124）进士。"

4、记冯时行是北宋徽宗宣和六年（1124）恩科状元

①2016年《宋代文化研究》第23辑载陈德述撰《谯定象数易学之承传脉络》文说：冯时行"宋徽宗宣和六年恩科状元。"

②百度百科等网载部分东拼西凑之文说：冯时行"得中北宋徽宗宣和六年（1124）恩科状元。"

5、记冯时行是北宋徽宗宣和六年（1124）进士第一人

①1981年出版彭伯通《古城重庆》"状元桥、榜眼坊"条记："冯时行当可。宋徽宗宣和六（一一二四）年进士第一人。"

②1981年重庆地方史资料丛刊之《重庆简史和沿革》第170页："冯时行当可，宋徽宗宣和六年（公元1124年）进士第一人。"

③1985年出版彭伯通《重庆题咏录》第30页记：冯时行是"徽宗宣和六年进士第一人。"

④1991年出版李萱华《北碚诗词》第17页简介冯时行："宣和六年中进士第一。"

⑤2002年王玉才著《璧山风物》内部发行资料书229页："冯时行，北宋末进士第一。"

⑥2004年出版熊宪光等著《巴渝诗词歌赋》书150页：冯时行"宋徽宗宣和六年（1124）进士第一。"

6、记冯时行是北宋徽宗时状元未说何年

①1984年出版《巴山丰姿蜀水情·古诗咏天府》书192页记："宋徽宗在位时，冯时行中了状元。"

②1987年《重庆地方志》1、2期合刊载张永信等撰《冯时行籍贯考》："冯时行……北宋宣和间状元。"

7、记冯时行或为一甲第二、三人，皆可称状元

①清代道光十年（1830）唱词《冯状元》说：宣和六年汴京城

群童先谣云："冯元周二王三，八百士子朝天。"后又改谣云："晦元羔二行三，八百进士尽欢。"先说冯时行要中状元，后沈晦为第一名状元，周执羔第二名、冯时行第三名。当时习俗一甲前三名均可称为状元。（1982 年北碚温泉寺 70 余岁园艺师张文华收藏唱词本与 1983 年璧山状元峰居民杨裁缝等口述）

②民国《巴县志》卷 10 人物："县学有双状元碑，则为时行与蒲国宝二人竝建。此旧志所据定为状元，若无可疑。"该文引清代钱大昕考释宋代淳安县有两座状元坊，一为殿试第一人方逢辰建，一为殿试第二人黄蜕建。"是第二、三人皆可称状元也。以钱说推之，则时行固为进士高第，其状元碑等正与淳安之状元坊同，亦昭然矣。"

③2004 年出版傅德岷等著《巴渝英杰名流》第 130 页"爱国'状元'冯时行"条载："一说宋徽宗宣和六年（1124）举进士第一（状元）。一说冯时行只进士及第，未中状元，之所以称他为'冯状元'，是家乡人民对他的尊敬和爱戴。但据宋制，殿试一甲第一名为状元，有时一甲前三名均称状元。冯时行虽非殿试第一名（沈晦），但进入前三名亦未可知，故我们仍采'状元'之说。"

8、记冯时行是南宋高宗绍兴（1131—1162）状元

①明代正德十三年（1518）《四川总志》卷 13 重庆府人物："璧山，宋冯当可，绍兴初登状元。"

②明嘉靖二十年（1541）《四川总志》卷 9 重庆府人物："冯时行，即当可……绍兴状元。"

③明万历三十四年（1606）《重庆府志》卷 44 往哲："冯时行……绍兴中状元及第，历官奉礼郎。"

④明万历四十二年（1614）成书的《蜀中广记》卷 99 著作第 9 集部："冯时行……绍兴状元。"

⑤明万历四十三年（1615）《万姓统谱》卷 2："冯时行……绍兴状元。"

⑥清代康熙十二年（1673）本《四川总志》卷 15 人物："宋冯时行……绍兴中状元。"

⑦清康熙三十四年至三十八年（1695—1699）朱彝尊著《经义考》卷25引明代《姓谱》说："时行字当可……绍兴状元。"

⑧清雍正十一年（1733）《四川通志》卷7夔州："冯时行……绍兴状元。"卷8人物重庆府："冯时行……绍兴状元。"

⑨清乾隆七年（1742）《璧山县志》卷上科贡："冯时行，绍兴状元。"

⑩清乾隆二十六年（1844）《巴县志》卷2陵墓：冯时行"绍兴时状元"。

⑪清嘉庆十七年（1812）《璧山县志》卷3选举志："冯时行，绍兴状元。"

⑫清嘉庆二十年（1815）《四川通志》卷7："冯时行……绍兴状元。"卷8："冯时行……绍兴间状元。"

⑬清道光二十四年（1844）《江北厅志》卷1舆地、卷5选举进士、卷7艺文，均记冯时行"绍兴状元"。

⑭清同治四年（1865）《璧山县志》卷7选举志："冯时行，绍兴状元。"卷8人物志："冯时行……绍兴间状元及第。"

⑮清同治五年（1866）《万县志》卷22职官志："宋冯时行……绍兴间以状元出为县尉。"

⑯清光绪十九年（1893）《奉节县志》卷25政绩："冯时行……绍兴状元。"

⑰清光绪末《江北县志》丘墓志：冯时行"宋绍兴状元"。

⑱民国六年（1917）《续修璧山县志稿》人物："宋冯时行……绍兴间状元及第。"

⑲民国十一年（1922）《新修合川县志》卷36金石："冯公时行字当可，璧山人，绍兴中状元。"

⑳1959年《璧山新县志》（初稿）文化志人物："冯时行……绍兴间状元及第。"

㉑1988年第三辑《江北县文史资料》194页："冯时行（约1103—1163）字当可，号缙云，恭州洛碛人。南宋绍兴间状元。"

㉒1990年《重庆南岸文史资料》第6辑156页："冯时行……

宋高宗绍兴年间被取为四川省第一位著名状元。"

9、记冯时行是南宋宁宗开禧（1205—1209）状元

①南宋王象之于宁宗嘉定十四年（1221）前撰《蜀碑记》，在卷2重庆府巴县下记："双状元碑，在儒学内，为宋守绍兴状元黄凤翔、开禧状元冯时行立。"（清李调元编10卷本《蜀碑记》）

10、记冯时行是南宋理宗嘉熙（1237—1240）状元

①明代嘉靖十二年（1533），重庆府推官李玺撰《呈为刊刻书籍事》说：冯时行"嘉熙间登状元第。"（《宋集珍本丛刊》第41册载影印《缙云先生文集》附录）

②嘉靖十二年（1533）张俭撰《刻缙云冯先生文集》说：冯时行"嘉熙间以状元及第。"（仙居丛书第一集载张俭《圭山近稿》卷1）

③明末巴县王应熊撰《冯时行传》说：冯时行"嘉熙间状元及第。"（清乾隆《巴县志》卷13）

④清代嘉庆二十年（1815）《四川通志》卷146重庆府人物："明王应熊撰时行传……嘉熙间状元及第。"

11、记冯时行是状元未谈何年

①南宋孝宗淳熙六年（1179）璧山县尉黄裳撰《登金剑山文风楼记》说："皇朝绍兴癸亥（绍兴十三年、1143）复建。时状元冯公罢归，游登榜曰'文风'。斯楼地杰。"

②元末明初陈万三《金山名胜记》："濯锦潭，即龙泉。故老云，薛校书、状元冯公琦妇濯巾处。"

③明代成化十九年（1483）翰林侍读学士江朝宗撰《新建璧山县记》：璧山"宋之时人文崛起，其间若冯当可、蒲国宝联登状元。"

④明万历四年（1576）《新修璧山县学宫记》："忽蹶足，宋状元缙云先生遗址。又兴叹曰：'缙云先生读书於此，大魁天下。'"

⑤明末清初，巴县人周开丰撰《双状元碑》诗："巴国当南宋，冯蒲两状元。"

⑥清代康熙中期龙为霖撰《双状元碑》诗："有宋多才子，比肩两鼎元。"

⑦清乾隆二十六年（1761）《巴县志》卷 1 古迹流杯池："宋淳熙间，状元冯时行修层阁于崖畔。"飞雪岩条记："宋淳熙八年（1181），状元冯时行纪游。"

⑧清道光九年（1829），璧山县人郭正笏撰《智福上人碑记》：缙云山"地志所载，自皇帝烧丹后，率为伟人回翔之所。即有宋冯状元辈……"（民国《缙云山志》）

⑨民国八年（1919）璧山张席儒《闲居录》抄诗："御题两试墨尤鲜，连科甲第冯状元。"

⑩民国二十八年（1939）汉藏教理院刻本《缙云山志》："相思岩下，冯状元昔所徘徊。"

⑪民国二十八年（1939）《巴县志》卷 3 流杯池："宋淳熙间，状元冯时行修层阁于崖畔。"

⑫1987 年重庆缙云山自然保护管理处编印《重庆缙云山志》记"冯状元"。

⑬1992 年出版《锦绣璧山》第 26 页："爱国状元冯时行"。

⑭2009 年出版《重庆读本》第三编"英雄雕像"记："两宋状元冯时行、蒲国宝"。

二、说冯时行是进士的记叙

1、记冯时行是北宋徽宗宣和六年（1124）进士

①清代光绪三十二年（1906）陆心源著《宋史翼》冯时行传："冯时行字当可……宣和六年进士。"

②民国二十八年（1939）《巴县志》卷 8 进士题名："宋冯时行，宣和六年。"卷 10 人物："冯时行……宣和六年进士。"

③民国三十二年（1943）傅增湘著《宋代蜀文辑存·作者考》："冯时行……宣和六年进士。"

④1984 年 5 期《史学月刊》载胡汉生、唐唯目撰《冯时行考》文说：冯时行是"北宋宣和六年进士。"

⑤1986 年出版许肇鼎著《宋代蜀人著作存佚录》"璧山县"下记："冯时行……宣和六年进士。"

⑥1989 年出版《重庆市北碚区志》人物志："冯时行……1124

（宣和六年）举进士。"

⑦1991 年 3 期《华东师范大学学报》刊刘毅强《〈江湖集〉丛刊所收诗人补考》文说："冯时行……宣和六年（1124）进士。"

⑧1992 年出版《重庆名人辞典》冯时行条："北宋宣和六年（1124）举进士。"

⑨1994 年出版《巴渝文化》第三辑载《灵石考》文云："冯时行……宣和六年进士。"

⑩1995 年出版张宏生著《江湖诗派研究》载："冯时行……宣和六年进士。"

⑪1997 年出版胡昭曦等著《宋代蜀学研究》第 84 页："冯时行……宣和六年（1124）进士高第。"

⑫1998 年出版《全宋诗》卷 1936 冯时行小传："冯时行……徽宗宣和六年（一一二四）进士。"

⑬1999 年出版祝尚书著《宋人别集叙录》："冯时行……宣和六年（1124）进士。"

⑭2000 年出版许吟雪等编著《宋代蜀诗辑存》538 页："冯时行……徽宗宣和六年（一一二四）进士。"

⑮2000 年出版刘豫川著《历史考古与博物馆研究》灵石考文说："冯时行……宣和六年进士。"

⑯2002 年巴蜀书社出版胡问涛、罗琴著《冯时行及其〈缙云文集〉研究》前言记：冯时行"他于宣和六年（1124）进士及第。"

⑰2004 年《凉山大学学报》3 期刊张志全撰《冯时行的佛道思想》云："冯时行……1124 年进士及第。"

⑱2004 年出版《宋集珍本丛刊》提要："冯时行……宣和六年登进士第。"

⑲2005 年四川《文史杂志》1 期刊萧源锦撰《冯时行是状元吗》文，引清末《宋史翼》冯时行传云：冯是"宣和六年（1124）进士。"

⑳2006 年出版《全宋文》卷 4265 冯时行小传："冯时行（1101—1163）……宣和六年登进士第。"

㉑2009 年出版傅璇琮主编《宋登科记考》卷 8 第 646 页冯时行条："宣和六年登进士第。"

㉒2010 重庆工商大学张文进撰论文《冯时行散文研究》说："冯时行……时行于宣和六年中进士。"

㉓2013 年出版胡昌健著《巴蜀史地与文物研究》，书载《冯时行行年事迹再考》说："宣和六年（1124），冯时行中进士。"

㉔2018 年出版《巴蜀历代文化名人辞典》154 页："冯时行……宋徽宗宣和六年（1124）进士。"

2、记冯时行是宣和进士未谈何年

①清代道光《重庆府志》卷 7 选举志进士："附宣和中进士年份无考者……冯时行。"

②清光绪十八年（1892）《丹棱县志》卷 3 祠祀："冯时行……宋宣和进士。"

③民国二十三年（1934）《中国文学家大辞典》冯时行条："宣和中进士。"

④1988 年四川《文史杂志》2 期刊钟利戡撰《四川第一个状员究竟是谁》文说：冯时行北宋宣和年间中进士第。该文中"状员"应是"状元"。

3、记冯时行是南宋绍兴（1131—1162）进士第一

①民国十年（1921）商务书馆出版《中国人名大辞典》第 1221 页记："冯时行……绍兴间进士第一。"

②2003 年云阳县政协主编《历代名人云阳留题诗选》118 页，冯时行作《自云安尉出戍至夔州》诗注释："冯时行……绍兴间进士第一。"

③2005 年出版董其祥《历史与考古文集》255 页记："冯时行……绍兴间进士第一。"

4、记冯时行是南宋绍兴（1131—1162）进士

①明代万历《四川总志》卷 9 重庆府人物："冯时行……绍兴中及第。"

②清代康熙十二年（1673）《四川总志》卷 13 名宦下："冯时

行……绍兴进士。"

③清嘉庆《大清一统志》重庆府 3 人物:"冯时行……绍兴进士。"

三、说冯时行不是状元的记叙

①明代万历《四川总志》凡例说:"宋之设科及省元、状元姓氏,则载之《文献通考》为详。而詹邈、冯时行,皆非状元。"

②清代乾隆四十六年(1781)纪昀等人撰《四库全书·缙云文集提要》说:冯时行"《宋状元录》亦无其名,《志》殆流传之误也。"

③清嘉庆《四川通志》卷 122 选举进士:冯时行"宋状元录亦无其名,殆流传之误也。附识于此。"

④清道光《重庆府志》卷 7 选举志进士"冯时行……宋状元录亦无其名,殆流传之误也。附识于此。"

⑤1984 年 5 期河南《史学月刊》载胡汉生、唐惟目撰《冯时行考》文说:宋代没有"状元"之称名,冯时行不是状元。

⑥1988 年 2 期四川《文史杂志》载钟利戡撰《四川第一个状员(员应为元)究竟是谁》文说:"冯时行在明版通志、雍正版通志中均称其为'嘉熙间状元及第'。但此人在《宋史》无传,《宋状元录》无名,认定其为状元,资料尚不足据。"

⑦1992 年萧源锦著《状元史话》41 页说,宋《状元录》无冯时行名,故不将其列入状元名录。

⑧2005 年 1 期四川《文史杂志》载萧源锦撰《冯时行是状元吗》文说:"冯时行并非状元。……查《文献通考》卷三十二《宋登科记总目》、《宋历科状元录》,宣和二年并未举行会试、殿试,宣和三年(1121)辛丑科状元为何焕,金华永康(今浙江永康)人。《宋史》无冯时行传,《宋登科记总目》、《宋历科状元录》均无冯时行之名,冯的《缙云文集》中亦未提及他自己大魁天下的事,可见冯时行并非状元。据《宋史翼》等书载,冯时行为宣和六年(1124)甲辰科进士,并未独占鳌头。"

前面排列出了三个方面 115 条 16 种有关冯时行科举及第的不同

说法，下面进行考查。

宋代的科举考试基本是沿袭唐代之制，分贡举（常举）和制举。国家级的科考由礼部主持即贡举省试和最高级别由皇帝主持的廷试亦称殿试。科考除制举、武举外以常举为主。常举考试科目有进士、九经、五经、三史、三礼、三传、学究、明经、明法等，其中以进士科为主。进士科最为人看重。考中省试进士科第一人名称"省元"，即进士第一；考中殿试第一名即"状元"。

北宋中期始，进士科一般每三年开科一次。北宋后期到南宋，人们常将进士科殿试第二、三名也称为"状元"。殿试唱名次后，"状元一出，都人争看如麻。第二、第三名亦呼状元。"（元刘一清《钱塘遗事》卷10《置状元局》条）绍兴状元王十朋在《梅溪文集》中、宰相周必大在《省斋文集》中，魏了翁在《鹤山集》中、杨万里在《诚斋集》中，均将进士科殿试第一、二、三名称名"状元"或"殿元"。

科举还设具有照顾性质的特奏名科考亦称"恩科"。《宋史·选举制》记："凡士贡于乡而屡绌于礼部，或廷试所不录者，积前后数举，参其年而差等之，遇亲策士则别籍其名以奏，经许附试，故曰特奏名。"特奏名就是地方解试合格参加礼部省试或参加殿试未考中而落第的士人，当积累到一定的举次数和大龄后，不再参加解试、省试，经申请由礼部特予奏名直接参加殿试，分别出考试等第后特赐予科举出身与官衔。宋代各时期的特奏名要求不一，北宋后期一般须参考"进士九举、诸科十举曾经御试下，进士六举、诸科七举省试下，年五十以上；进士七举、诸科八举曾经御试下，进士九举、诸科十举省试下，年四十以上"的考生，特许奏名。（《宋会要辑稿·选举》）

特奏名恩科殿试考试第一名也称状元，如南宋初吕祖谦作《答特奏赵状元启》，（《东莱吕太史文集》卷中）刘一止作《答特奏名状元启》。（《全宋文》卷3275卷）绍兴二十一年四川资州赵逵中殿试第一后，葛立方作《答赵逵状元启》，同时对特恩第一名宣州泾县人昌永作《答特奏状元昌先辈启》。（《归愚集》卷10）

北宋王安石变法后，神宗继位于熙宁四年（1071）诏令太学实行三舍法取士。到徽宗崇宁三年（1104），将"三舍法"推广到全国，诏天下"将来科场取士，悉由学校升贡……"（元《文献通考》选举考4）三舍取士是每三年一试的进士科外增加的一种考试新法。该法实行时间不长，到徽宗宣和三年（1121），诏"罢天下三舍法，开封府及诸路并以科举取士，惟太学仍存三舍……遇科举仍自发解。"（《宋史》卷155《选举志》1）

三舍法中太学最高级考试为上舍试。"上舍试中优等者释褐，以分数多者为状元，其名望重於科举状元。"（南宋《朝野类要》卷2释褐条）上舍考试"而优者谓之状元。"考中上舍第一名"若以优中优，则谓之两优状元。"（南宋《癸辛杂识后集》成均旧规条）

前面排列的20世纪80年代以来，有人说冯时行是北宋徽宗宣和元年（1119）状元，不少人又说他是宣和二年（1120）进士第一、上舍状元。这些说法正确么？

查《宋史》卷22徽宗四记：宣和元年"辛未，赐上舍生五十四人及第。"宣和二年"三月壬寅，此赐上舍生二十一人及第。"宣和三年"三月丁未，御集英殿策进士。庚申，赐礼部奏名进士及第、出身六百三十一人。"宣和六年三月"庚子，御集英殿策进士，夏四月癸丑，赐礼部奏名进士及第、出身八百五人。"今人傅璇琮等编撰著《宋登科记考》卷8载：宣和元年、二年、三年、四年、七年有上舍试，三年、六年开进士科考试。并记泰州如皋县人王俊义于"宣和元年以太学上舍选奏，徽宗擢为第一。""祖秀实，字去华。建州浦城县人、祖洽子。宣和二年上舍及第第一人。"

依据《宋史》、《宋登科记考》记载，宣和元年（1119）、宣和二年（1120）未开进士科。宣和元年的上舍状元是王俊义，宣和二年的上舍状元是祖秀实。因此，说冯时行是宣和元年状元、宣和二年进士第一及该年上舍状元皆误。

元马瑞临《文献通考》卷32选举五载："宣和三年进士六百三十人，上舍魁宋齐愈，状元何涣。"但《宋登科记考》根据宋人彭百川《太平治迹统类》卷28、《宋会要·选举》15之30、李心传

《建炎以来系年要录》卷7等祥考后，否认了宋齐愈是宣和三年上舍状元即"上舍魁"的说法。《宋登科记考》卷8记："宣和三年三月丁未，御集英殿策试，遂赐何涣（四川青城人）、宋齐愈（四川邛崃人）……等以下六百三十人及第、出身。"又记宋齐愈"宣和三年省元，进士及第。"据此知宋氏实为礼部试考中进士第一即"省元"。但《宋登科记考》等书缺载宣和三年上舍状元之姓名。

其实，该年的上舍状元是冯时行，主要依据有下列三条：

1、冯时行宣和五年（1123）在璧山县城家中撰写《祭家井二神文》说：璧山"邑宰厅后之山曰五峰，余高祖以来世居山前。宣和辛丑春月，仆试上舍，愧列群贤之首。尚待释褐，以丁祖忧而归里。夏六月，伏以祖宗以来，每五载大祭家神、井神……"该短文原刻碑立在璧城冯时行居宅后山，明代成化年间璧山知县万祖福重立《冯时行〈祭家井二神文〉碑》。该繁体隶书碑于民国初期修璧山文庙公园时出土。残碑文载民国张席儒《闲居录》。民国任璧山县立图书馆长的刘冰若等人有抄文。碑文中"宣和辛丑"即宣和三年（1121），"仆试上舍，愧列群贤之首"即考中上舍试第一名上舍状元。

2、冯时行绍兴十二年（1142）从万州被罢官回归璧山县后，迁到县北缙云山下村后，在此开办缙云书院，书院落成时璧山隐士何山人作贺上梁文说："儿郎伟！抛梁西，舍魁忠心与天齐。上疏直言驱丑虏，东西县州歌贤尹……"（清道光《璧北何氏宗谱》艺文《璧邑何山人助兴缙云书院上梁》）文中说的"舍魁"即上舍第一状元。

3、南宋宝祐四年（1256）与文天祥同科进士，璧山王来镇（今来凤）人高若霖撰文说："璧山邓坤，以相地术名闻川陕。大观初，尝对里人言：'金剑山多吉地，蒲、王数穴主出科举甲第。'又云'今状元峰乃双狮上岭、金龙下坡之势。祖师观中丘乾山冯氏先穴当出大魁。'吾先君也尝言：'大观间，邑民谣云：蒲仕第，癸巳丙申岁，释褐高及第。'又谣云：'乾山前，水流前，乾山中丘出状元。'未数年，政和壬辰，李攽、蔡云叟、蔡兴宗高第。癸巳，蒲仕第国

522

宝释褐擢魁。……宣和己亥，王羽大节武试中魁。辛丑岁，冯当可时行继登上舍状元。陈舜弼正、韩昱俊、王子善翔擢第。……一时登科者几三十人，名进士十余。坤之言不妄也，异哉！"（清乾隆《重修邓氏族谱》载《邓坤异言吉地科第》）

文中说蒲国宝于政和三年（1113）癸巳年考中上舍状元，冯时行于宣和三年（1121）即辛丑年考中上舍状元。所以到了明代成化年间，侍读学士江朝宗在撰《新建璧山县记》碑文中说："宋之时人文崛起，其间若冯当可、蒲国宝联登状元。"

冯时行既然是北宋徽宗宣和三年（1121）上舍状元，为何明清至现代不少人却记说他是宣和六年（1124）状元、宣和六年进士第一人、宣和六年恩科状元、宣和六年进士呢？

一是许多学者未读到记叙冯时行是宣和三年（1121）上舍状元的史料，其次是说冯时行是宣和六年（1124）进士、宣和六年状元并非空穴来风，而是有其原因的，且是有史书记载的。但说冯时行是宣和六年进士第一人和宣和六年恩科状元却误。理由如下：

宣和三年（1121）冯时行参加上舍试中魁还未释褐授官，因其祖父去世他遂尊礼赶回璧山县城家中丁忧守孝27个月。他在《祭家井二神文》中说："宣和辛丑（1121）春月，仆试上舍，愧列群贤之首。尚待释褐，以丁祖忧而归里。"冯时行守孝期满已是宣和五年（1123），他复入汴京参加宣和六年（1124）的进士科考，取得了殿试第三名进士，时人亦称状元。

明清代至今谈冯时行科第的学者多未提谈他宣和六年进士及第的可信理由，也未指出早期的具体史料载叙。其实，通过冯时行写的文章就可考知他是参加了宣和六年（1124）进士科考并及第的。

《永乐大典》卷1405载冯时行撰《刘云安祭文》说："惟灵士夫之贤，如吾禹川（刘云安之号），交游之中，一二数焉。宣和之末，雁塔名联，披识英姿，殆十五年。……迄于丁巳，我来日边，蹭蹬之迹，踰岁而还。始入瞿塘，君至云安，邂逅相遇……仆未之官，公没已先……"该祭文中的"丁巳"是南宋绍兴七年（1137），冯时行该年应诏进京到临安皇帝"日边"。"踰岁"即次年也就是绍兴八年（1138），他上疏后被任命为万州知州。该年他回蜀在山峡突遇其进士同年刘云安，惜刘氏该年逝去。文中冯时行说他宣和末与刘云安"雁塔名联"，即二人均中进士时间是"宣和之末"。史载宣和末期也是北宋最后一次进士科考是宣和六年（1124）。祭文是绍兴八年（1138）底撰写的，由该年前推至宣和六年是 14 年，与冯时行文中所说"殆十五年"相吻合。据此可知冯时行的确考中宣和六年（1124）进士不诬。

又据南宋庆元三年（1197）佚名著《国朝二百家名贤文粹》书，明确地记载了冯时行考取了宣和六年（1124）进士。该书中《二百家名贤世次》记："丞相范公宗尹，宣和三年第；灌园先生计有功敏夫，同年第；苕溪先生刘一止行简，同年第。曲肱先生熊彦诗叔雅，六年第；芸室先生杨椿元老，同年第；缙云先生冯时行当可，同年第。横浦先生张九成子韶，绍兴二年状元；编修赵公雍子然，同年第……"

史书记宣和六年（1124）礼部试进士第一是冯时行好友杨椿，殿试第一状元是沈晦。冯时行也不是恩科状元，因为参加恩科的士子必须有多次参加省试、殿试未考中的经历，年龄在 40 岁、50 岁以上。宣和六年冯时行正年轻仅 24 岁，他是不能参加恩科试的自然不会是恩科状元。

元《文献通考》选举五记宣和"六年，进士八百五人，是年复省试，省元杨椿，状元沈晦。"南宋人陈良佑撰《杨文安公椿墓志铭》云："宣和六年……试于有司（礼部）者万七千人，而公为第一。"（南宋杜大圭《名臣碑传琬琰集》中集卷 33）《宋登科记考》卷 8 记杨椿"宣和六年省元"，"沈晦……宣和六年擢进士第一"，"周执羔……宣和六年进士第二人"。《宋史》卷 378 沈晦传"廷对第一"；卷 388 周执羔传"宣和六年举进士，廷试，徽宗擢为第二。"

早期的史书缺记宣和六年（1124）殿试第三人姓名，惟清代道光年间在璧山县和巴县北碚场一带流传的唱词《冯状元》记叙：宣和六年初考时是列冯时行为第一名，周执羔为第二名，礼部试第二名王洋为第三名。但到祥定官处时因动了手脚，将原名列在前 10 名之后的沈晦定排为第一名，周执羔仍为第二名，冯时行被换成第三名。（1982 年北碚温泉寺张文华收藏清道光十年（1830）无名氏编唱词本）另外 1983 年田野调查，璧山县城东状元峰居民杨裁缝等口述大致与《冯状元》唱词同。

民国八年（1919）璧山张席儒《闲居录》引史料说，冯时行宣和六年（1124）进士及第归乡省亲，县民夹道欢迎时有人题云："御题两试墨尤鲜，……连科甲第冯状元。"可看出冯时行不是一般的进士，他考中殿试第三名时人称为状元当是有根据的，所以早在南宋时璧山县官府就按朝廷规定为他修建了状元牌坊。

以上考叙已知冯时行先考中北宋徽宗宣和三年（1121）上舍试状元，再参加宣和六年（1124）进士科考为殿试第三名时人也称状元。那么，古人和今人记叙他是南宋状元、南宋绍兴进士、绍兴进士第一和说他不是状元的皆误。

第二十四章　籍贯荐任逝葬地考

第一节　冯时行是璧山人

冯时行的籍贯，依据他所写的诗文，考其祖宅与其出生地、青少年时的居宅是在璧山县城五峰山前，祖墓位于县城东郊双山（南宋始名状元峰），可证他是璧山人。冯时行的好友何麒、晁公武和合州赤水县的官吏们撰记刻石，以及冯逝后17年璧山县尉黄裳撰文均说他是璧山县人。南宋璧山官府还按朝廷规定为冯时行修建了大型纪念性建筑状元坊，立了状元碑等。

隆兴元年（1163）冯时行逝世。20年后，因璧山、巴县地调整，位于缙云山下的冯时行村居地划入了巴县，李心传撰著就将冯记为巴县人。而后为王象之、祝穆沿用。

南宋末至元代初，璧山进士高若霖、杨鹤鸣撰文仍说冯时行是璧山县人。

元代初期至元二十二年（1285），璧山县因地广人稀撤并入巴县。此后四川、重庆官府将冯时行的籍贯或记为璧山或记为巴县，一些地方则记为两县。

到明代末期，巴县人王应熊撰《冯缙云先生传》，错认为冯时行是巴县所辖的乐碛镇人。清代道光年间乐碛从巴县划出归江北厅（后厅改县），今乐碛属渝北区辖，从而出现多县区纷争冯时行籍贯。

根据北宋末期和南宋前期的史料和元明等代可信文献考查，冯时行的籍贯确为宋代恭州璧山县不误。主要依据列下：

1、冯时行祖宅、故居在璧山县城，祖墓在城东郊，可证他是璧山人。

冯时行的远祖于唐末"自秦入蜀"，其中一支在五代时期由遂普居地迁至璧山县。其五世祖在北宋太宗时期官任司马。南宋绍兴初期，冯时行任京官与朱松交游的三哥冯正臣去官"归隐"，（见朱松《韦斋集》卷2《用绰中韵送正臣……》）回到璧山县城整修祖宅。绍兴六年（1136）他给弟弟捎信征求意见，时行回复写了《三家兄书报荐起楼屋喜而有诗》："临街楼观百余年，司马辛勤五世传。凡在子孙俱肯构，敢忧门户或先颠。……他日举杯相属处，为留书阁井东偏。"（《安岳冯公太师文集》卷11）冯时行在诗中说冯家司马祖临街修建的祖宅已传了五代，三家兄现承头修整冯氏后人都会支持。同时建议可把自己以前的书房保留。该祖宅是冯时行与众兄弟自幼出生、居住之宅，他中状元后被县人称为"冯状元府"，位于璧山县文庙侧。明万历初《新修璧山县学宫记》载："忽蹑足，宋状元缙云先生遗址。"清代嘉庆《璧山县志》卷1古迹记："宋状元冯时行故宅，在学宫右侧五十步。"

璧山县城东郊状元峰山腰有冯时行的祖墓。20世纪60年代中乡民采石灰石掘出冯时行弟弟冯丹墓志铭碑，残文云"璧邑东十里双山半腰……左行吉壤葬公之先祖。"民间称冯氏先祖墓是冯状元的发坟。

2、据北宋宣和五年（1123）冯时行撰《祭家井二神文》，知他是璧山人。

北宋宣和三年春，冯时行在汴京城太学考取了上舍试第一名即"上舍状元"，正待释褐授官时其祖父去世了，按朝廷规定他立即赶回璧山丁祖忧守孝27个月。到宣和五年守孝期满，他申报再次入京参加次年的进士科考。当年六月夏至时，冯家按旧俗祭神祈福去灾求祥。冯时行写了《祭家井二神文》刻碑立在居宅后五峰山腰。文云："邑宰厅后之山曰'五峰'，余高祖以来世居山前。宣和辛丑春月，仆试上舍，愧列群贤之首。尚待释褐，以丁祖忧而归里。夏六月，伏以祖宗以来，每五载大祭家神、井神。祭家神祈神祐；祭神井，惟求泉甘汲愈出。依古礼洁家园，伏惟家、井尊神，降享敬食。"（民国璧山张席儒《闲居录》）

该碑年久磨损，明代成化年间璧山知县万祖福又重立纪念邑之前贤。

冯时行祭神文中的"五峰"即璧山文庙后和左右的五座山峦。清乾隆《璧山县志》山川载:"五峰山,治后山也。中一山建学宫,左右二山侍立,后伏二山,相聚为五,故名。"冯时行在文中说"余高祖以来世居山前",是说他家从五代祖即官任司马之祖起一直居住在璧山县城五峰山前面街边。他的祖父逝后,时行与家人就在此宅丁忧守孝。以此碑记证明冯时行确是璧山人。

3、南宋绍兴三年(1133)冯时行好友何麒记时行是璧山人。

绍兴二年(1132)底,冯时行由万州南浦县令平调成都任江原县丞。次年春节期间他回璧山省亲时送同邑友人赴任,写了《送邑人武魁王大节赴江州谒岳帅》诗,然后把诗寄给在川东任职的何麒,何氏回复诗云《和璧山冯当可〈送邑人武魁王大节赴江州谒岳帅〉》。

何麒,字子应,四川青城人。外祖父张商英是北宋末期名宰相。颇有才华的何麒也是力主卫国抗金的志士,与冯时行相互了解,志同道合成为挚友。他在诗中说"璧山冯当可"是冯时行为璧山县人的又一可信证据。

冯、何二人唱酬诗中的王羽字大节,宋代璧山县王来镇龙隐山下金盘坝人(今属青杠街道)。自幼与冯时行交识为友。他与冯时行别后到岳飞部任谋士,受委托打入敌穴刺探敌情,为南宋败金齐作出了优异业绩。王大节是北宋宣和元年(1119)武状元,(乾隆《重修邓氏族谱》载南宋高若霖《邓坤异言吉地科第》)南宋时,在其故宅立有"武状元石桅杆"。当代璧山政府又在城市中心的秀湖公园内建立了高大宏伟的"武状元坊"。

王大节是史无争议的璧山县人。冯时行在诗中说"送邑人武魁王大节羽"说明冯就是璧山人。

何麒写的诗被璧山人刻在璧山城东金剑山龙泉岩下濯锦潭石上,到明代初已磨灭。清乾隆年间,璧山举人刘厚庵《果善堂集》引元末陈万三作《金山名胜记》说:"濯锦潭,即龙泉。故老云薛校书、状元冯公琦妇濯巾处。惟陈公所云'潭左岩,里人镌何子应《和璧山冯当可〈送邑人武魁王大节羽赴江州谒岳帅〉》诗,'岁久磨灭。"

4、绍兴十八年（1148）恭州知州《晁公武丰年石题记》刻冯时行璧山人。

在宋代恭州今重庆朝天门长江与嘉陵江交汇处左面有长 200 米的石梁伸往江心，分隔两江之水。该地江水下有汉、晋、唐石刻名"灵石"，到宋代又称"丰年石"、"丰年碑"、"雍熙碑"。石刻是各代人在天大旱时镌刻，具有标志长江"枯水文"等科学研究价值。

南宋高宗绍兴十七年（1147）冬至绍兴十八年春，恭州一带又遇大旱，朝天门嘉陵江水下的石刻又露了出来。文人和居民都争相去游览。

绍兴十八年（1148）春二月，时任恭州知州晁公武邀约冯时行等人游观从江水中出露的古石刻，然后用八分书题刻《丰年石题记》说："昭德晁公武休沐日，率单父张存诚、璧山冯时行、通泉李尚书、普慈冯樽，同观晋唐金石刻。惟唐张孟所称'光武时题识'不可复见矣。惜哉！绍兴戊辰二月戊戌。"（清乾隆《巴县志》卷 1 古迹《丰年碑》）

该题记石刻明确记载冯时行的籍贯为璧山。

考查晁公武是著名学者，出生地在汴京昭德坊，故题记用昭德。张存诚籍贯山东单父县。李尚书是四川通泉县人。冯樽是宋普州古名普慈人。晁氏与冯时行交往甚密，其他人也是在恭州附近任官，他们对冯时行籍贯自当了解。冯时行与诸友同游，在石上题记对自己的籍贯自不会弄错。当时巴县是恭州第一大县，冯时行出生居址所在的璧山只是州属小县，若其是巴县人他肯定不会舍去大县而换写小邑的。此外在众多人游观刻石之下，若乱写自己的籍贯是要受到士大夫和百姓们责笑的，一贯遵守礼制的冯时行是不会违礼制错写自己的籍贯的。

晁公武、冯时行一行人为了使他们的题记留存千古，事前作了充分的准备，除了带石工刻字外还叫了铁匠同行，待字刻好后就在字划印中浇铸了铁汁使题字更加存久。

清代乾隆五年（1740）二月，江水又极涸，重庆进士龙为霖与人前去游观古碑石刻，发现晁、冯等题记完好，仅浇冒之铁汁剥落。

龙为霖撰诗说:"渝城西峙江水东,其北磐石卧水中……江水涸极始一见,百谷穰穰兆年丰。……乾隆庚申岁二月,忽传碑见适感风。……小愈极命肩与往,由来八分半朦胧。汲水湔刷泥沙净,甫识绍兴铁画工。深镌更冒以铁汁,依稀剥落如蛙虫。……明朝挈伴试学晁、冯辈,莫畏江风吹蓬蓬。"(民国《巴县志》卷 23 文征《丰年碑》)

通过龙为霖的诗叙,不难看出晁公武、冯时行等人为使题记石刻传之不朽是颇费了一番心血的,诸人对自己和同游友人的籍贯自当关注,是不会写错的。

5、绍兴二十九年（1159）合州赤水县官吏在龙多山刻石记冯时行璧山人。

南宋高宗绍兴二十九年（1159）秋九月,冯时行道过合州赤水县,在知县白丙、主簿樊汉炳、县尉夏世熊陪同下,冒雨登游龙多山,作诗赠答唱和。而后由樊汉炳作跋,将跋与冯时行写的 3 首诗与序合刻在龙多山岩壁,并加上《璧山冯公留题》。这些诗和诗题历经元明代到清代仍存。民国八年（1919）璧山张席儒《闲居录》记:清代同治末,璧山知县江怀廷调署合州,曾眼见"璧山冯公留题"诗拓片。

到民国十一年（1922）,合川名学者张森楷编修《新修合川县志》在金石考下记:冯时行游龙多山诗、序、诗题字已残,诗题"璧山"已缺,仅余"冯公留题"。但张森楷在所修县志卷 36 金石考冯时行等唱和诗文后评说:"今据（龙多）山志及鹭台院记考之,冯公时行字当可,璧山人。……绍兴二十九年己卯被命守沈黎,道出兹山,题诗于此,邑守白丙等和之。"

以南宋绍兴间合州赤水县诸官吏说"璧山冯公"和民国张森楷考说冯时行是"璧山人"为依据,冯时行确实是宋恭州璧山县人。

6、南宋淳熙七年（1180）前后,璧山县尉黄裳撰文说冯时行璧山人。

南宋辅佐孝宗、光宗、宁宗三皇,历任侍读、侍讲、礼部尚书的四川隆庆府普成县（今四川剑阁）人黄裳,于孝宗淳熙六年

530

（1179）从汉中幕职转任璧山县尉，八年（1181）冬转任富顺监。（2008年《璧山文史资料》21辑载《南宋……黄裳与璧山相墨堂》）

黄裳曾上璧山城东金剑山，为始建于唐代的"文风楼"题额，并撰立《登金剑山文风楼记》碑。碑文说："唐文宗时，李公德裕倡造层楼于金山巅，年久圮废。皇朝绍兴癸亥（1143、绍兴十三年）复建。时状元冯公罢归，游登榜曰'文风'。斯楼地吉，聚邑闻人……一时称极盛矣。"（清代吴暄《自好斋稿》载《县尉黄裳记文风楼条》）

到明代，侍读学士江朝宗撰文说：金剑"山中多古迹，岁久多没……山聚闻人，若李文饶（名德裕）、黄兼山（名裳）、冯缙云、蒲仕第辈……"（吴暄《自好斋稿》载《学士江朝宗重游金剑山记》）

7、南宋后期宝祐五年（1257）璧山进士高若霖记冯时行是璧山人。

理宗宝祐五年（1257）与文天祥同年的璧山进士高若霖撰文说："璧山邓坤，以相地术名闻川陕。大观初，尝对里人言：'金剑山多吉地，蒲、王数穴主出科举甲第。'又云今状元峰乃双狮上岭、金龙下坡之势。祖师观中丘乾山冯氏先穴当出大魁。……癸巳，蒲仕第国宝释褐擢魁。……宣和己亥，王大节羽武试中魁。辛丑岁，冯当可时行继登上舍状元。……一时登科者几三十人，名进士十余。坤之言不妄也，异哉。"（清乾隆《重修邓氏族谱》载《邓坤异言吉地科第》）

高若霖是璧山王来镇高家冲（今属青杠街道）人，其家近距璧山县城冯时行家。他在文中排列出了璧山北宋末期到南宋初期的18名进士名称，冯时行为其中之一。这些进士多有文献资料佐证是璧山人，故其说冯时行为璧山人可信不误。

8、南宋《璧邑缙云书院科举题名碑》刻有"璧山冯俵"，他是冯时行之子，可证时行确为璧山县人。

清末民初，在北碚桤子湾原冯时行村居处出土了一块南宋刻《璧邑缙云书院科举题名碑》，残沙石惟存碑题和"进士石照庞守、

丹棱周富邦、丹徒张处厚、璧山冯俫、□□李舜臣"等字。（民国璧山张席儒《闲居录》）

　　史载今合川人庞守是绍兴十八年（1148）进士，镇江丹徒区人张处厚是绍兴二十一年（1151）进士，井研县人李舜臣为冯时行高足，孝宗乾道二年（1166）进士。而"璧山冯俫"约在绍兴三十年（1160）进士及第，累官任知州。他在庆元四年（1198）正月游合州龙多山观冯时行与赤水诸官吏的唱酬题刻，而后也赋诗刻于壁。他在古风诗中称冯时行"先子曩持漕使节"，（清道光《蓬溪县志》卷2山川龙多山）据此知其是时行之子。缙云书院科举题名碑载冯俫璧山人，那么冯俫之父时行之籍贯自当是璧山。

　　9、南宋以来璧山县官府按朝廷规制屡建状元牌坊纪念冯时行，证明他是璧山人。

　　宋代人敬重状元，称"状元登第，虽将兵数十万，恢复幽蓟，凯歌劳还，献捷太庙，其荣亦不可及矣。"（宋代田况《儒林公议》）南宋吴自牧记宋时习俗"文武状元注授毕，各归乡里，本州县则立状元坊，额牌所居之侧，以为荣耀。"（《梦粱录》卷3《士人赴殿试唱名》条）

　　据北宋程颐《家世旧闻》、南宋叶绍翁《四朝闻见录》戊集、淳祐《临安志》、咸淳《临安志》、清钱大昕《十驾斋养新录》状元榜眼条记：宋代青州、平江、临安、淳安等州县因其州县人考中状元后都建立有状元坊。四川内江、资州、简州、阆中因乡人中状元为其修了状元楼、阁等建筑。

　　冯时行考中状元后不久，璧山县府按规定、习俗在县城内文庙东北侧为他和蒲国宝建造了高大的纪念性石坊"二状元坊"，还陆续立了状元碑，命名了状元桥、状元街、状元坊（类似今居民委员会）、状元峰。

　　到明代成化二十三年（1487），璧山县又复建"二状元坊"。时侍读学士江朝宗撰《重建双状元石坊记》云："宋坊年久圮，诸公择日於状元坊前街重建，因故未成"。（清吴暄《自好斋稿》双状元坊条）又历45年后至嘉靖十二年（1533），璧山知县孙奇主持又建二状元坊始成。嘉靖十二年冬，重庆府推官李玺撰《序〈缙云先生文集〉后》记载："追倅渝过璧山，适孙尹奇树宋冯、蒲二状元坊。"（《宋集珍本丛刊》载《缙云先生文集》附）

孙奇主持第三次建立的"二状元坊"乾隆《璧山县志》古迹记："二状元坊，在县城南，为宋状元冯时行、蒲国宝立。"该次所建之坊到民国二十九年（1940）因拓宽璧山县城街道时被拆除大部分，残存边柱于1950年后毁。2013年，璧山县在城区秀湖公园内为纪念冯蒲二状元第四次修建了近13米高的宏伟"冯蒲双状元坊"。

查清代乾隆等《巴县志》，南宋巴县从未在治城和乐碛为冯时行建立过石牌坊。明清代巴县城内修建了"榜眼坊"、"进士坊"、"举人坊"等几十座纪念性石坊，惟独未建"状元坊"，而璧山县则不断地建、复建、再建冯蒲二状元坊，说明冯时行的确是璧山人不是巴县人。

10、元代杨鹤鸣撰立《唐宋璧邑进士题名碑》。

立在状元门（今璧城小东门）外今金三角北150米璧渝公路民房边。据民国间曾任璧山县立图书馆长的刘冰若先生记："文革初，县城关粮站建设，掘土出碑石三块。其一为《璧邑唐宋进士题名碑》，沙质碑断残风化严重，经同行友刘先厚、邓文麟等力辩，唯识'吴师道……刘湾、孙莹、苏涣、陈讽、任畹……董淳……蒲震……吕廷评、胡虎峰……李攸、蔡云叟、蔡兴宗、蒲仕第、蒲大受、邓安、黄大舆、冯晋、张仁甫、冯时行、韩昱、王子善、白约、冯丹、赵彦迈、张守约、张元鼎、张……蒲谦……杨楢……'落款'大元延祐戊午岁进士及第杨鹤鸣……吉旦立'等字。碑中各行各排列残缺七八处，其间距约可列十余人。题文中冯时行是宋代状元，其余进士不知古县志载否？现系动荡时期，不便考查。古碑虽宝物，必为破四旧所不容，故不能宣扬，仅短言作记。"20世纪80年代中，老教师刘先厚、小学校长邓文麟也出示文字大致相同的进士题名录抄件。同时对笔者说该元代残碑出土在县粮食局粮站外公路边民房处。璧城张席儒、黄学林、高相儒、孙辉有、江兴伯等10余位乡老也叙：早在民国时期，在元代碑发掘处还有宋明时期的残坊，坊上有隐约显见的"状元及第"。另有百年以上的科举功名和德政碑,字迹模糊难辨。

考查杨鹤鸣撰立之碑上记载的不少进士与其它史书、资料记叙吻合,可信。该碑载有冯时行,可佐证冯之籍贯是璧山。

11、明代成化年间侍读学士江朝宗撰《新建璧山县记》说冯时行是璧山人。

宋末战乱后,璧山县人口稀少,元世祖忽必烈建国15年时,即元至元二十二年(1285),璧山县被撤并入巴县。明代成化十九年(1483),又重立璧山县。侍读学士江朝宗应请撰《新建璧山县记》碑立于县衙前。该碑记说璧山县"宋之时人文崛起,其间若冯当可、蒲国宝联登状元,若进士则蒲谦、王大龄辈。谚云:'状元双及地,进士屡登科。'此固地灵人杰之验也。"

12、明成化年间璧山《培修文昌宫碑记》载冯时行璧山县城人。

民国七年(1918),在始建于唐朝的璧山县文昌宫内挖出明代成化《培修文昌宫碑记》,残文记"宣和中,璧城冯公时行魁天下……绍兴初,卸任南浦……与诸乡老议……复培修唐建文昌宫三主殿……"(民国八年张席儒《闲居录》)

清代举人吴暄《自好斋稿》南门二山条记:"虎卧山,拱秀门(旧璧山南城门)外,……宋状元冯时行倡建文昌宫于上。"

13、明嘉靖初期修《璧山志》记冯时行璧山人。

明代前期,朝廷多次下诏各地编修地方志上送。嘉靖二十年(1541)成书的《四川总志》卷9重庆府风俗引用有《璧山志》记文"俗尚节俭,民勤本业。"早于嘉靖于正德末期编成的《四川总志》未见有《璧山志》,据此知《璧山志》系嘉靖初期编修的。《璧山志》已佚,原书记载冯时行为县人。据万历三十四年(1606)《重庆府志》卷32选举4璧山县下记:"又冯时行、蒲国宝,《璧山志》一曰璧山人。"

14、嘉靖十二年(1533)编刻《缙云先生文集》,重庆官府肯定冯时行是璧山人。

明嘉靖十二年(1533)时,朱廷立巡按四川,倡导各地访求古今遗文，出而表章之。重庆府知府崔允与时任重庆府推官、浙江人李玺对此十分重视，在璧山县人处寻得《缙云文集》55卷400余版，而后由李玺主持编辑，璧山知县孙奇负责翻刻成《缙云先生文集》。

李玺在《序〈缙云先生文集〉后》文中说："嘉靖癸巳（1533），两厓先生按蜀，倡道访古今遗文而表章之。乡衮刘培庵因示以《缙云文集》。"又说："奉此，本府知府崔允访得所属璧山县宋有冯缙云先生，名时行，字当可，经明行修……又有《缙云文集》行於世……卑职又访乡少参刘培庵，抄录旧本伍拾伍卷，共计四百余板……"（《宋集珍本丛刊》载《缙云先生文集》附《重庆府推官李玺呈为刊刻书籍事》）同一年，四川按察司副司浙江仙居县人张俭撰《刻〈缙云先生文集〉叙》说："璧山缙云冯先生，宋之儒者也……退居里社十余年。"（《圭山近稿》）

此时期，重庆官府肯定冯时行是璧山人。

第二节　误说时行巴县人

冯时行的籍贯是璧山在他生前并无异说，但其逝后几十年开始出现他是巴县人的说法。

最早记冯时行是巴县人的文献是他逝后39年，由四川隆州井研县人李心传于宁宗嘉泰二年（1202）编著成的《建炎以来系年要录》，该书卷96"绍兴五年十有二月乙亥朔"条载："时行，巴县人。"

稍晚于李心传约10年左右，由成都华阳县人范子长在宁宗嘉定九年（1216）前编著今已佚的《皇州郡县志》（亦名《皇朝郡县志》），沿用李氏之说也记冯时行巴县人。

宁宗嘉定十四年（1221），婺州金华（今浙江金华）人王象之撰成《舆地纪胜》，书卷175重庆府人物引范子长书说："皇朝冯时行，《皇朝郡县志》云：时行，巴县人。……有文集，名曰《缙云先生集》。"

继王象之后18年，今安徽建阳人祝穆于理宗嘉熙三年（1239）

编成《方舆胜览》。他参考王象之等著书在卷 60 夔州路重庆府人物下记："皇朝冯时行。巴县人……"

考冯时行于孝宗隆兴元年（1163）逝世 20 年后，璧山县曾短时更名称"璧江"。据佚名氏撰于孝宗淳熙十五年（1188）的《锦绣万花谷》续集卷 12 重庆府辖县载："巴县、江津、璧江。"元代初期大德十一年（1307）编修的《大元混一方舆胜览》重庆路县名："巴县、璧江、江津。"明代万历二十八年（1600）云间人陆应阳辑《广舆记》卷 16 重庆府："今州三、县十七"，"璧山宋璧江"。

称璧江县时期，璧山的行政区曾进行过调整，其中原璧山县辖管的冯时行村居地缙云山区域划给了巴县。王象之在《舆地纪胜》卷 175 重庆府下记："狮子峰，在巴县缙云山。"

冯时行在缙云山下村居时间 10 多年，并在此办书院授学，影响很大。其地划给巴县后，李心传撰书就将冯时行误为巴县人。而后一些文献作者不知冯时行祖宅和其出生地是在璧山县城，仅按前人之记转录记为巴县人。宋末战乱后，璧山县因人口稀少于元至元二十二年（1285）省并入巴县，（《元史·地理志》）之后的一些文献自然地就将冯时行记入了巴县，如《大元混一方舆胜览》重庆路人物："冯时行，宋巴县人。"《大明一统志》卷 69 重庆府人物记："冯时行，巴县人。"

明代成化十九年（1483），"为便民计……仍立璧山县。"（乾隆《璧山县志》载《新建璧山县记》）《明史·地理志》记："璧山，成化十九年三月析巴县地置。大江（即长江）在南。涪江（即嘉陵江）在北。"璧山复立县后侍读学士江朝宗撰《新建璧山县记》肯定宋代冯时行是璧山县人。江朝宗的远祖在南宋迁居璧山县，后代世居璧山八塘镇江兴村，到他出生时璧山县已并入巴县他是璧山籍巴县人。重建璧山县后，江氏祖居和出生地一带重属璧山县辖故他又为璧山人。江朝宗的家和他青年时期的学习地璧山宝峰山温泉寺（位于今青木关），都近距冯时行在缙云山下村居地，他博学曾参加修编国史、撰著《重庆郡志》、《蜀中人物志》，其说冯时行是璧山人自不诬。

　　而后编修正德《四川总志》、嘉靖《四川总志》、万历九年《四川总志》、万历《重庆府志》则对冯时行的籍贯持巴县、璧山二县说。

　　正德十三年（1518）《四川总志》卷 13 重庆府人物："巴县，宋冯时行"、"璧山，宋冯当可。"

　　嘉靖二十年（1541）《四川总志》卷 9 重庆府人物："冯时行即当可，巴县人，绍兴状元……其里拆为璧山县，或以为璧山人。"

　　万历九年（1581）《四川总志》卷 9 重庆府人物："冯时行，字当可，巴县人。绍兴中及第……今其里析为璧山县，或以为璧山人。"

　　万历三十四年（1606）《重庆府志》卷 44 往哲："冯时行，字当可，巴县人。少读书缙云山中，自号缙云。……今其里析璧山，一曰璧山人。"

　　万历四十二年（1614），曹学佺《蜀中广记》卷 91 著作 1 则记："冯时行易传，渝州人，字当可"。该书卷 99 著作 9 记："《缙云集》四十三卷，冯时行著，字当可，巴县人。读书缙云山中，绍兴状元。历官奉礼郎，以沮和议被废。"

　　万历四十三年（1615），凌迪知《万姓统谱》卷 2 记："冯时行，字当可，巴县人，绍兴状元。"

　　从清代到现代，虽有学者对冯时行籍贯持巴县或巴、璧两县说，但主要的文献和重要的历史文化学术研究者撰著多认为冯时行是宋代璧山县人。例如以下记叙：

　　1、清代雍正《四川通志》卷 8 重庆府人物："宋冯时行，璧山人，字当可。"

　　2、清乾隆《四库全书总目》："《缙云文集》四卷，宋冯时行撰。时行字当可，璧山人。"

　　3、乾隆《丹棱县志》、光绪《丹棱县志》名宦："冯时行，璧山人。"

　　4、清嘉庆《大清一统志》卷 295 重庆府 2："冯时行，璧山人，绍兴进士。"

5、清道光《重庆府志》卷 7 选举进士："冯时行，璧山人。"

6、清光绪归安人陆心源参考诸多史料，在编著《宋史翼·冯时行传》中说："冯时行字当可，四川璧山县人。居县北缙云山，因别号缙云。"

7、民国《新修合川县志》卷 36 金石载张森楷考查："冯时行字当可，璧山人。"

8、民国谭正璧编《中国文学家大辞典》674 页记："冯时行字当可，恭州璧山人。"

9、民国大学者四川江安人傅增湘编辑《宋代蜀文辑存》在作者考中记："冯时行字当可，四川璧山县人，宣和六年进士。居县北缙云山中，因别号缙云。"

10、1998 年出版《全宋诗》卷 1936 记："冯时行（？—1163），字当可，号缙云，璧山（今四川璧山）人。"

11、2000 年出版前重庆市博物馆长、研究馆员刘豫川著《历史考古与博物馆研究》，第 255 页记："重庆朝天门'灵石'《晁公武题记》中有'璧山冯时行'留名。……以往，诸多文献谓冯时行为'巴县人'，今据宋代石刻确知冯氏为璧山人。"

12、2004 年四川大学名教授刘琳在《宋集珍本丛刊》收《缙云先生文集》序中说："冯时行（一一〇一——一一六三）字当可，号缙云，恭州璧山（今属重庆）人。"

13、2006 年出版曾枣庄等主编巨著《全宋文》卷 4265 记："冯时行(1101—1163)，字当可，号缙云，恭州璧山(今四川璧山）人。"

14、2009 年出版傅璇琮等主编《宋登科记考》，参阅南宋李心传《系年要录》、清《嘉庆四川通志》、《宋史翼》、《道光重庆府志》等书后，未相信《系年要录》和嘉庆《四川通志》记冯时行是巴县人之误说，而是说"冯时行，字当可，号缙云，重庆府璧山县人。"（《登科记考》卷 8 第 646 页）

第三节 错说时行乐碛人

南宋绍兴十二年，冯时行在万州脱狱后回到璧山县，因县城他出生和青少年时期的居宅即冯家祖宅被抄没官，全家就搬到县北依来乡缙云山麓村居。他在该地居住了10多年，在村中办缙云书院培育出了不少举人、进士。不少人就将此地也作为冯时行故里，官方还名为"状元乡"。明代万历年间，巴县进士胥从化曾在此地立碑以记。清乾隆《巴县志》卷1古迹记："状元乡碑，在北碚缙云山下五里梁滩坝内。万历十八年（1590）赐进士出身，观吏部政，癸酉（1573即万历元年）解元胥从化为绍兴状元冯时行立。梁滩坝系冯公故里。碑镌'状元乡'三字。"

明代天启、万历及以前记冯时行为巴县人皆因他长期家居璧山县北依来乡缙云山麓而致，从未有文献说他是巴县其它镇乡的人。但到了明代末期崇祯年间，巴县大学士王应熊归乡期间撰写了一篇《冯缙云先生传》，错误地说冯时行是巴县乐碛镇人。

王应熊撰"《冯缙云先生传》：冯时行，字当可，别号缙云。重庆在宋崇宁为恭州，公恭州之南乐碛人。少读书邑之缙云山寺，故号缙云。嘉熙间状元及第。宰通义之丹棱，有惠政异绩。以奉礼郎赴行在所。时奉桧主和议，忤之者立见贬逐。公召对，力主和议不可信。至引汉高帝分羹事为喻，帝曰'朕不忍闻，'翠蹙而起。桧乃谪时行知万州。部使者至承风旨，附会抵罪。由是居里社十余年。权奸死，起守蓬、黎，今蓬溪、天彭，而以提点成都刑狱终焉。《夷坚志》载……"

考察王应熊撰《冯缙云先生传》中错误颇多：

一是说乐碛在恭州之南。据《华阳国志》、《元和郡县志》、《益州记》、《太平寰宇记》、《元丰九域志》、《缙云文集·跋会景堂记》、余玠《黄桷晚渡》诗、贾元《涂山禹庙碑记》、万历《重庆府志》、《蜀中名胜记》、《读史方舆纪要》、乾隆《巴县志》等书记，与巴县乐碛以及与其同方向的朝天门、涂山、铜锣峡、长寿、涪陵的地理方位都是位于古巴郡、渝州、恭州、重庆府的东面或东北面。

二说冯时行"少读书邑之缙云山寺"。笔者在前面章节中己叙冯时行自己和明代璧山碑记说他少时是在县学读书，不是在深山老林古寺学习，在万州罢归村居缙云山麓以前从未去过缙云山寺。

三说冯时行"嘉熙间状元及第。"嘉熙（1237—1240）是南宋理宗年号。冯时行逝于孝宗隆兴元年（1163），到嘉熙时他已去世70多年了，怎能此时期状元及第呢？

四说冯时行从丹棱以"奉礼郎"入京。考奉礼郎是京城太常寺中"职掌币帛"等事务的低级九品官，而冯时行入京时实是六品"奉议郎"，比奉礼郎高5级。李心传《建炎以来系年要录》卷120绍兴八年六月下记："左奉议郎冯时行特转一官"是为证。

五说"桧乃谪时行知万州。"史实是冯时行由丹棱县令入京上疏答对后知万州是升职不是"谪"。据冯时行自叙："当时自丹棱令而得万州，超资躐等。"（南宋《国朝二百家名贤文粹》卷84载冯时行《上宰相书》）李心传在《建炎以来系年要录》中也说："擢时行知万州。"

六说"权奸死，起守蓬、黎，今蓬溪、天彭。"查宋代蓬州治设蓬池县，黎州即今汉源，天彭宋为彭州今彭州市。蓬溪南宋属潼川路遂宁府辖县，明代曾属潼川州，今属遂宁市。冯时行从未在蓬溪任过职。

王应熊当未读过《缙云文集》，因文集中冯时行少时读书、知万州、知蓬州和集序中记其籍贯都有记叙。王撰冯传仅是抄录它人的零星记载和道听途说之事，并未认真了解研究冯的生平，故在记冯时行事迹生平的不长文字中错误竟多达6处。所以他说冯时行是恭州之南乐碛人于文献无徵，与史实不符，不可信。

从清代至今，嘉庆《四川通志》、乾隆与民国《巴县志》、清《江北厅志》、民国《江北县志》、今《渝北区志》、《冯时行及其〈缙云文集〉研究》等沿用王应熊之说以为冯时行是乐碛人，皆误。

现代沿用王应熊之错说又加扩展但经不起考察的典型文有，1987年第五期《重庆地方志》刊"江北县志办公室冯时行籍贯考证小组"4人撰《冯时行籍贯刍议》。该文说有六条根据证明"冯时行应为宋恭州巴县乐碛人。"现列后予以考察。

1、"蹇驹的碑文是最早的可靠文献"。

2、王应熊"出生在巴县乐碛青溪里（今巴县麻柳乡），……权等宰相，南明时尚辩川、湖、云、贵军务的王应熊（《明史》有传），与冯时行同生一乡，两家仅一江之隔，举目可见。王撰《冯缙云先生传》称冯时行为'恭州之南乐碛人，少读书巴县之缙云寺'，对蹇驹古城冯侯碑文中'恭南人'作了具体的注解'地近则易核'，学识渊博，异代同生一乡的王应熊，肯定冯时行为'恭州之南乐碛人'这个结论是可靠的，毋庸置疑。同时，明代曹学全写《蜀中广记》称'冯时行，巴县籍'，必有所本，也是三百多年前就作了定论的。因此，可以说冯'籍'在巴县早已入户。"

3、"古城旧葬迁故里，史实毕真可信。"

"冯时行于孝宗隆兴元年（1163）在雅州病故后，曾葬古城，乾道五年（1169）有蹇驹碑文可考。"《巴县志》、《大清一统志》、《江北厅志》记冯时行墓在巴县境，"是则时行之居宅葬所，均在县境。"

4、"诗文情真意深，难忘乐碛故里。"

文说"写乐碛家乡之处甚多"，如《张吉甫墓铭》、"僧有悟策者，再于珞碛江上"、《任全一墓志铭》、《白子安墓志铭》、《游乐碛江中石州》、《宿石洞峡》。"若说冯时行是璧山人，从现存《缙云文集》267首诗中，仅《代简寄璧山诸友慈洞砚》七言诗一首，直接与璧山有关。冯氏是个深受儒学洗礼的人，讲究'入则孝梯，出则忠信'，少时读书，谪后办学都在离璧山很近的缙云山，但未见'省亲''祭墓'之作，确是情理难解。如果说缙云诗文散失颇多，不能为据的话，又有谁证其必有呢？""冯时行在雅州逝世后，'由古城归葬故里'（紧靠乐碛镇五宝山的鱼嘴沱冯家岗），家乡人民对他怀念，明王应熊在冯氏读过书的乐碛横街建一文庙祀孔。以冯氏为陪祀，文庙前有泮水，两廊有'缙云故里''枳邑旧址'的石刻横额各一，至清同治年间才移于场口砖坊上，'缙云故里'至今尚存，……乐碛有'状元府'（今廖家大院），系冯氏遗址，故人们以'状元府'称之，距此不远有'八角井'，……是冯氏及水处，人们呼为'状元井'。"

5、"冯氏贬除状元录，愤将乐碛改'落碛'有文献可考"。

"当代知名历史学家胡汉生撰《四川第一个状元》一文说：冯

时行是今江北县洛碛人，少时在巴县缙云寺读书（《龙门阵》1982年第四辑），高中后，不附权臣蔡京，因遭贬谪，又被从《大宋状元录》除名后，愤而将其'原籍乐碛，改名落碛。'这个历史典故，江北县洛碛镇禹王宫清嘉庆年间所铸钟磬铭有'落碛'字样，必然言之有据，有文献可依，文物可证。"

6、"《冯氏族谱》有序，五代世居乐碛"。

"元初……冯缙云公五代为了'避祸'而迁徙丰都，清嘉庆十八年（1813）冯氏家族在丰都撰了《重修冯氏族谱》，在其序言中有'先祖平桥（住址：今洛碛镇平桥村），盖缙云（冯时行）公五代孙，避禄迁丰都，买田青牛山（今丰都城附近）下，耕读传家，世有隐德……'的记载。而今冯缙云先生的后裔，繁衍于江北县洛碛、鱼嘴、龙兴、石船、统景等地区，人丁兴旺。系本县大姓之一。"

笔者考《冯时行籍贯刍议》文说的第1条根据：

经查《缙云文集》附录蹇驹撰《古城冯侯庙碑》，记冯时行"字当可，隆兴元年死其官。"该碑文并没有冯逝于雅州的记叙。考冯时行实是隆兴元年以提刑身份第3次应诏入京当年底病逝于临安城的。所以《刍议》第1条根据说"当冯时行孝宗隆兴元年（1163）在雅州病故"不实。蹇驹碑云冯"侯，恭南人"。但他并未说恭南是乐碛。查乐碛在古人记载中是位于恭州之东或东北，不少南宋人撰诗文将南川一带称为"恭南"，但不能以此也说冯时行是南川一带人吧。蹇驹说的冯"侯，恭南人"应为泛指。

考《刍议》文说的第2条根据：

明末王应熊虽为高官，但所撰《冯缙云先生传》错误实多，其说冯时行是恭南乐碛人并无早期文献佐证，但记载冯时行是璧山人的宋代史料却不少，最重要的是冯与友人游记的几处石刻全记他是璧山人，故王氏之说谬误不实。曹学佺撰著说冯时行是巴县人，但他又说是渝州人，可见他对冯之籍贯是有疑问的，而且曹记冯是巴县人叙其事是说其在缙云山并未提乐碛，故他的说法并不能佐证王应熊之说。

考《刍议》文说的第 3 条根据：

《刍议》作者不了解冯时行在隆兴元年（1163）第三次以提刑身份奉诏进京，当年底复任宰相的张浚举荐他任朝廷要职时他在京逝世。次年初其子冯相护灵柩回璧山葬于"状元峰"山腰冯氏祖茔，有其弟弟冯丹墓志记"左行吉壤葬公之先祖，右三十弓乃兄当可之茔"为佐证。（参见本书第二十二章第一节临安病故葬璧山）所以《刍议》说冯时行由"古城旧葬迁故里，史实毕真可信"，以及"冯时行于孝宗隆兴元年（1163）在雅州病故后，曾葬古城，乾道五年（1169）有塞驹碑文可考"是不正确的说法。考查塞驹撰碑文并无冯时行逝于雅州和曾葬古城的记载。而明末以来各书似事而非地记叙冯时行葬于巴县境或水葬，也无宋元时及明早期文献记载与出土文物佐证，更不可信。

考《刍议》文说的第 4 条根据：

冯时行游乐碛的确写了多首（篇）诗文，但他多是给朋友们写的墓志铭等，所作诗文并未言及自己是乐碛人或家在乐碛。乐碛不是他的故里。他在写近距乐碛的《宿石洞峡》诗中说，该地是他"五十七年来往处"，若乐碛是其家他是不会如此说的。本书前面有关章节已记叙冯时行祖宅和他的出生地是在璧山县城五峰山前璧山文庙侧，冯自己写有诗文数代居住于此，而且他残存的许多诗文就是在璧山写的，并与不少璧山同乡友人唱和，只是《刍议》的作者未深研究冯的诗文，对冯生平不了解罢。《刍议》说乐碛有"缙云故里"坊。考察乾隆《巴县志》、道光《重庆府志》、道光《江北厅志》记辖区的古迹很多，但未见记"缙云故里"坊，说明该坊修建时间不会早于道光年间，是清代人因王应熊撰《冯缙云先生传》后的附会产物。反观璧山县城在南宋、明代多次为冯时行建立了宏伟的"状元坊"。《刍议》文又说乐碛有状元府、状元井等，经查民国前的江北县志、厅志均无记载，此说实出于 1983 年江北县政协文史资料组、县志办公室考察资料。据 1983 年 9 月 6 日油印《江北县志资料》第三期载："我们此次前往考察，冯状元时行府第，在洛碛镇侧廖家湾，现西南制药厂厂址处，侧有八角井（现已改修，井壁有重修八角井等石刻）为冯状元汲饮井，药厂后有迎祥观为冯读书处，曾于观前掘出碎石碑，有'冯公时'等字，下半段埋土内，此碑字，赵子虬曾亲眼见到。洛碛镇侧且曾掘得状元桥遗迹。"该资料中的冯时行府第、汲饮井、读书处、状元桥未见民国以前史书记叙，实是今人附会之说，非史实不能信。

考《刍议》文说的第 5 条根据：

该条说"冯氏贬除状元录，愤将乐碛改'落碛'，有文献可考。"并说冯时行愤将原籍乐碛，改名落碛，这个历史典故必然言之有据，有文献可依。该条根据所指的文献是《龙门阵》1982 年第四辑载胡汉生撰《四川第一个状元冯时行》。其实这并不是历史典故，冯时行也没有愤改乐碛名"落碛"，这是胡先生自己杜撰的。依据是 1982 年笔者在璧山县科协工作时，读了所订《龙门阵》刊《四川第一个状元冯时行》文，就给《龙门阵》编辑部去信咨询有关冯时行愤改乐碛等事。当时县科协、县科委合署办公，去信盖的是县科委公章。编辑部将信转给胡汉生先生，他于 1982 年 9 月 27 日写回信说："《龙门阵》编辑部并转璧山县科委：……龙门阵是讲历史故事。历史故事自然不等于历史事实。……洛（落）碛是否因被贬黜才被冯时行一怒之下改的？没有历史记载。但查历史地名，洛碛却是乐碛。我只不过顺手借用了一下这个历史的巧合。"（回信今存笔者处）查《缙云文集》，冯时行撰诗文是将洛碛、乐碛并用，未写落碛，如卷 1《僧有悟策者，见予于洛碛江上……》、卷 2《游乐碛江中石州》等。前叙可证《刍议》作者所言误也。

考《刍议》文说的第 6 条根据：

该条说据清代嘉庆年间丰都县《重修冯氏族谱》记：冯时行五代孙在宋末元初战乱间为避祸迁居丰都县。又说现乐碛一带多冯时行后人。笔者认为冯时行有后人迁居乐碛一带并不能证明冯本人是乐碛人。就如冯时行的五代孙迁居丰都你不能以此就说冯时行是丰都人吧？史料载冯时行的次子冯俟生于璧山县城五峰山前冯状元府，南宋《璧邑缙云书院科举题名碑》上刻有"璧山冯俟"。他后来从知州卸任回归璧山，而后长时间迁寓普慈县，但你不能因他住居普慈而认为其父冯时行是普慈县人。

第四节 冯籍贯诸暨之讹

1997 年重庆成为直辖市后，不少浙江省诸暨人到此投资。2002年底，重庆海宇置业有限公司副董事长徐泓率队入北碚区，经过几年建设，打造了公司入渝后的首个精品楼盘"状元府第"，在小区内雕塑了冯时行像，镌刻文字说："冯时行（1100 年—1163 年）恭州人，祖籍浙江诸暨，为北宋状元……"

2006 年，建修"状元府第"的浙商说："冯状元其实是浙江诸暨市人，应属浙江状元！"该公司旗下公司李劲松经理说：据《国朝三修诸暨县志》（清代）记载，"冯时行是诸暨紫岩乡祝家坞人"。又说"'重庆的历史记载要改改！'李经理说，《冯氏家谱》清楚记载冯时行状元的家族及生平，他从诸暨进京考取状元后，曾向皇帝上书支持岳飞抗金被秦桧陷害，被贬官后才来到重庆。"（2006 年 4月 21 日重庆商报刊记者聂飞写《浙江与重庆争抢"巴渝第一状元"冯时行》文）

聂飞采访："浙江诸暨市政府志办谢主任称，他翻阅《国朝三修诸暨县志》，确实记载有冯时行，今店口镇人，但冯时行并非为状元，而是北宋 1136 年进士，曾官至礼部尚书，后到现在的重庆做官。""西南大学历史系教授博士生导师南勇称，根据重庆现有的古志记载，冯却是恭州人。冯时行是 1124 年中的进士，比浙江记载的早 12 年。南同时称，流传至今的清代史志本就混乱，也是人为修订，浙江冯时行与重庆冯时行是否是同一人不好定论。"北碚区志办修志专家"李萱华看到在北碚新立的'冯状元'像后认为，硬将重庆本土状元改成浙江诸暨人，是强拉名人搞商业炒作。"（《浙江与重庆争抢"巴渝第一状元"冯时行》）

稍后，浙商又在网媒等进行商业炒作，宣扬重庆状元冯时行祖籍是浙江诸暨他是浙江状元，致使不少不明究里的网媒如 360 百科、取名网、古诗文网、古诗词网、晓爱诗词网、中国诗词网及重庆晨报上游新闻等均转载或摘录，以讹传讹地也说冯时行祖籍是浙江诸暨。

经笔者考查，南宋绍兴年间浙江诸暨县的确有一位年龄比重庆璧山冯状元小的冯时行，但这位冯时行不是进士，《诸暨县志》也没有记载他任过"礼部尚书"，其祖籍、兄弟数、字号、任职官等与重庆状元冯时行完全不同。是清末光绪三十四年（1908）编修《诸暨县志》（即《国朝三修诸暨县志》）时，编者不识错误地将重庆璧山冯时行混淆为浙江诸暨冯时行，并将重庆状元冯时行的生平事迹移写到不是进士的诸暨冯时行身上，导致浙商们不辩真伪就在北碚塑冯状元像刻字说冯状元祖籍是诸暨并宣传他是浙江状元，而后一些网媒也炒作讹传。现将考察诸暨冯时行非重庆璧山冯时行的理由列下：

1、依据诸暨冯时行字"幼学"，证明他不是重庆璧山字"当可"的冯时行。

始修于光绪二十一年（1895），刊刻印于宣统二年（1910），由陈遹声等修编的《诸暨县志》卷24科第表上记："冯时行，字幼学"。而重庆璧山县状元冯时行，字当可，号缙云。从两县冯时行的字不同，说明浙江诸暨冯时行非重庆璧山冯时行。

2、诸暨冯时行3兄弟，重庆璧山冯时行6兄弟，两县冯非一家人。

宣统本《诸暨县志》卷24科第表上记载冯时行幼学的长兄"冯时敏，字逊学，官兵部郎中，尚郡主。以本官兼右武大夫。己卯（1135、绍兴五年）进士羽仪子。"又在绍兴三年（1133）下记次兄"冯时可，字与学，举贤良方正科，官秘书省校理，监修史馆。己卯进士羽仪子。"冯时行字幼学是3弟。他们兄弟共3人。

重庆璧山县冯时行则有3个哥哥和两个弟弟，长兄生平不详；次兄任从五品"大夫"；三兄冯正臣号退翁，绍兴三十年（1160）七月逝世，终年63岁，冯时行撰作《祭三家兄正臣文》、《三家兄墓志铭》；弟冯丹，官四川金堂县主簿，冯时行写有《送二十二弟赴金堂簿丹》诗，冯丹卒于孝宗乾道三年（1167），葬璧山县城东郊状元山腰冯氏祖茔；二弟生平不详，据冯时行撰《舍弟生子》诗知其有

3 个儿子。

以浙江诸暨冯时行幼学只有弟兄 3 人，而重庆璧山冯时行当可兄弟为 6 人，证明两县冯时行各是一家人。

3、以诸暨冯时行幼学一生未中进士，证明他不是重庆状元冯时行。

宣统本《诸暨县志》卷 24 科第表上记：绍兴六年丙辰（1136）"冯时行，字幼学，上舍释褐，官太常寺奉礼郎，知彭州。羽仪子。据《宋史》及《冯氏宗谱》补，有传。"

据《宋登科记考》第 721 页记高宗绍兴六年（1136）并未开上舍试，查绍兴六年前后几十年的上舍进士均无冯时行幼学。在南宋《宝庆会稽续志》卷 6 进士、雍正《浙江通志》（光绪刻本）记录了冯幼学的祖父冯谷考中北宋元祐六年（1091）进士；《宝庆会稽续志》卷 6 进士、光绪《浙江通志》卷 125 记录了冯幼学的父亲冯羽仪（名鸿渐）考中南宋绍兴五年（1135）进士，长兄冯时敏逊学中绍兴三十年（1160）进士，孙子冯喜孙字文碧考中端平二年（1235）进士，这些文献均未记录冯时行幼学是进士。1997 年出版的《绍兴市志》卷 44 "历代进士名录"依据《浙江通志》、《绍兴府志》、《会稽志》等 14 种明"清、民国时期编纂的府、县志统计，参考部分家谱和《绍兴县志资料》第一、二辑有关记载，剔除前后重复、记载有误和籍贯已不属于目前市境范围的人数，自唐至清登文进士科者 1965 人，其中唐 12 人，五代 7 人，宋 618 人。"在宋代 618 名进士中，也没有字幼学的冯时行和字与学的冯时可，但记录有冯谷、冯羽仪、冯时敏等冯家人。据前列史料记，冯时行幼学根本就未考中上舍进士，这是清末《诸暨县志》引《冯氏宗谱》说其是上舍进士而误。

重庆璧山冯时行当可则是有北宋与南宋文献记载，他自己也撰诗文记其考中进士与上舍状元，所以诸暨冯时行幼学非重庆璧山状元冯时行当可。

4、依据诸暨冯时行幼学仅官"主簿"，证明他非重庆冯时行。

宣统本《诸暨县志》卷 27 人物志列传"冯时敏（附）弟时可、

时行"记:"时行,字幼学,太学上舍生,除德兴主簿,迁太常寺奉礼郎,金遗乌陵思谋等来议和,与王伦偕至秦桧阴主之。群臣多言和议不便。时行以奉礼郎为丹棱令,以杨晨荐得召对,言金人议和何足深信……绍兴八年出知万州……后起知黎州……蜀人立庙祀之,蹇驹为撰碑文。著《缙云文集》五十卷。"

从该传中可知字幼学的冯时行仅官任江西德兴县(今德兴市)从九品主簿,他也未任过今浙江诸暨市志办谢主任所说"曾官至礼部尚书"。史实是重庆璧山冯时行一直在四川作官,任至四品提刑。该传记"迁太常寺奉礼郎",以后任丹棱令、反对和议、知万州、黎州、著《缙云文集》等实为重庆状元冯时行当可之事,被修《诸暨县志》者张冠李戴地移到了诸暨冯时行幼学身上。云"迁太常寺奉礼郎"是沿用《宋史·秦桧传》中之误记,冯时行当可未任过"奉礼郎"是任的奉议郎(文散官16阶从六品上)。

以两地冯时行所任官职,可证重庆冯时行不是浙江人。

5、依据文献记载诸暨冯时行幼学的祖籍与家居地,证明他与重庆璧山冯时行当可无关联。

据今浙江绍兴王坛镇南岸村村民冯香花家藏清光绪二十七年(1901)木刻本6册《冯氏宗谱》,日本东洋文库收藏清光绪《会稽王顾冯氏宗谱》6卷纸本和美国犹他州图书馆藏《会稽王顾冯氏宗谱》拷贝件记载,诸暨冯时敏逊学、冯时可与学、冯时行幼学三兄弟的鼻祖是北宋真宗大中祥符元年(1008)进士冯元。冯元《宋史》有传,该传记其高祖冯禧在唐末任官广州,传三代为冯元父亲冯励,入宋朝任官。冯元由进士出任临江县尉,官至户部侍郎,卒谥"章靖"。《冯氏宗谱》记:冯氏传7代均居汴京,北宋亡后朝廷南迁,冯幼学3兄弟随祖父冯谷等迁徙浙江,居住于诸暨紫岩乡祝家坞。光绪《诸暨县志》卷42坊宅记:"世进士第,在六十三都祝家坞玉屏山麓,宋元祐辛未进士冯谷故宅。寝堂有'祖孙父子伯祖兄弟甲科'额,今废。"又记"郡马第,在世进士第侧。宋绍兴庚辰进士、兵部郎中、尚郡主冯时敏居第,今废。"

重庆璧山县冯时行当可的祖籍与他6兄弟的出生居宅地在本书

第一章与第二十三章已叙，其远祖源出河南，唐末因避战乱由秦入蜀散居遂、普州，五代时迁到璧山。北宋太宗时，官任司马的五代祖在璧山县城内五峰山前置业，以后冯时行 6 兄弟均生长居此。冯当可在所写《三家兄报荐起楼屋喜而有诗》中说："临街楼观百余年，司马辛勤五世传。"又在《祭家井二神文》中说："邑宰厅后之山曰'五峰'，余高祖以来世居山前。"（民国《闲居录》载明成化璧山知县万祖福立《冯时行〈祭家井二神文〉碑》）

以上文献记浙江诸暨冯时行 3 兄弟的唐末祖官广州，北宋初期祖官京师居汴京，北宋末南宋初期祖父冯谷携家南迁居诸暨县紫岩乡。而重庆冯时行当可的唐代祖居秦地，唐末祖避乱迁徙入蜀，五代祖迁璧山县，北宋初期五世祖司马官择璧山县城置业，冯时行与 3 兄 2 弟均生长于璧山城内五峰山前冯氏居宅。重庆璧山冯时行与浙江冯时行实无关联。所以光绪《诸暨县志》和当今记说重庆冯时行祖籍是诸暨和谈他是浙江诸暨状元者皆错误。

第五节　任职时间与荐人

冯时行著作大部分轶失，也未见其墓志铭文，南宋文献载其生平事迹多简略，明清代的记叙多错误。今人著《冯时行及其〈缙云文集〉研究》载《冯时行年谱》记其出仕任官履历有错漏，任职时间多处不正确，对推荐其任官的人多缺。因此有必要对冯时行历任职官、任职时间和推荐之人等进行考查补正。

1、冯时行进士及第后初任职官、时间考。

南宋较早记冯时行事迹的《古城冯侯庙碑》、清代光绪间陆心源撰《宋史翼·冯时行传》均未说冯时行中进士后的初任职官与任职时间等。明代嘉靖十二年（1533）重庆府推官李玺误说冯时行"嘉熙间及第，初宰丹棱"。（《缙云先生文集》附《序〈缙云先生文集〉后》文）同时期四川按察司副使张俭亦误说冯时行"嘉熙间以状元及第，受丹棱令。"（《圭山近稿》载《刻〈缙云先生文集〉叙》文）而后有学者沿袭李、张之误。今人于 2002 年出版专著《冯时行及其〈缙云文集〉研究》第 278 页《冯时行评传》中则说："冯时行高中进士后，被任命为奉节（重庆奉节）县尉。"此说也误。

查冯时行在宣和六年（1124）殿试进士考中第三名（时人俗称前三名均为状元）后，由朝廷按惯例授予首任职官为四川云安县从九品县尉，文散官是从九品上左文林郎。今人何忠礼著《南宋科举制度史》"新进士授官"节说："每榜授官大小虽无确切规定，却存在着一种贯例，"进士第三名一般授官为从九品上左文林郎。王凯旋《中国科举制度史》第三章二节说："南宋在科举授官的职能和等级上也基本与北宋科举授官是大致相同的。"宣和六年殿试第一名状元沈晦授官高于冯时行，首任是从八品"校书郎"，文散官为正九品上阶儒林郎；（《宋史·沈晦传》）第二名周执羔略高于冯时行，首任正九品下"授湖州司士曹事"，文散官为正九品登仕郎。（《宋史·周执羔传》）该年礼部省试第一名杨椿与冯时行一样授职县尉，文散官从九品上文林郎。（《全宋文》卷500《杨文安公椿墓志铭》）

宣和六年（1124）四月六日殿试赐众进士后，当月二十六日赐进士琼林宴，稍后进行礼制活动，当年夏开始陆续授官，而后还乡省亲后上任。冯时行当年回璧山省亲后，即赴云安县上任。

《缙云文集》卷2载有冯时行《自云安尉出戍至夔州》诗，为他出任云安县尉的可信证据。

明代杨升庵《全蜀艺文志》卷64、民国《云阳县志》卷22记载冯时行撰《龙脊滩留题》："建炎戊申正月上巳日，判官李造道、司户赵执权、知县母丘元望、县尉冯当可陪郡侯谒武烈公祠，遂泛江而下，散布此碛。"建炎戊申即建炎二年（1128），为南宋高宗称帝第一年。冯时行从北宋宣和六年（1124）夏秋间被授官，至建炎二年正月已3年零5个月了。该年夏七月，被调任夔州府奉节县县尉。他到云安后，实际任职为3年零6个月。

2、任奉节县尉的时间与荐人。

清代同治《璧山县志》人物载冯时行"建炎中为奉节县尉。"光绪间陆心源《宋史翼·冯时行传》和民国《巴县志·冯时行传》说"建炎中，调奉节尉。"诸书均未细说冯在奉节任中的具体时间和任职推荐人。

明代万历九年（1581）《四川总志》卷 14 名宦记："冯时行……绍兴进士，与朱松、曾开等极言和议之非，出为奉节县尉，升知州万州。"此说误，因朱松、曾开等是在绍兴七八年时论和议的，冯时行任奉节尉则是建炎年间。

清道光《江北厅志》卷 5 进士："冯时行……绍兴状元，左朝奉郎，斥秦桧和议，谪奉节尉，迁知万州。"该记也误。据《宋史·秦桧传》、李心传《建炎以来系年要录》等书记，冯时行是绍兴八年（1138）在京斥和议，未谪任奉节尉而是升迁任万州知州的。

1983 年 2 期《北碚志资料》载李萱华（用笔名材力）撰《爱国状元冯时行》文说冯是"高宗称帝后，建炎元年（公元 1127）才被放任奉节县尉。"1989 年版《重庆市北碚区志·冯时行传》同《北碚志资料》说。2002 年出版《冯时行及其〈缙云文集〉研究》中"冯时行年谱"记："建炎初年（1127）调任奉节尉。"四书刊所说冯是建炎元年、建炎初年任奉节尉皆错，因为冯时行建炎二年正月还在云安县尉任上，曾陪夔州守张上行游云安龙脊滩并作题记可证。

史载建炎初为避免蜀中遭涂炭，朝廷派蜀中有军政才能的张上行知夔州，守卫东蜀要隘。朝廷在建炎二年（1128）特发《禁诸将引溃兵入蜀诏》，（《系年要录》卷 12 建炎二年正月条）该年七月张上行以夔州军务需要向蜀中大吏推荐，将具有才于的冯时行调任从九品奉节县尉，其文散官升为 26 阶正九品上儒林郎。当时夔州署治白帝城，冯时行写有《自云安尉出戍至夔州》诗云："戍鼓黄云外，征夫白帝东。"该年秋他巡边到巫山县，作《就得胜寨遣人入巫山买酒》："闻道巫山县，秋深好白醪。"

建炎三年（1129）金军南侵攻京城临安，不少宋军叛将乘乱据地自立山头。次年（1130）七月，宋后军将王辟等率叛兵占湖北归州，欲攻夔州入蜀。冯时行向张上行荐同僚奉节主簿夏正卿请其友思州土司将田祐恭率土兵讨叛贼，结果"贼大败，收归州……自是群贼不敢有志於蜀矣。"（冯时行撰《夏总干墓志》载王象之《舆地碑纪目》卷 4）

建炎四年（1130），张上行领导打败叛贼后升直龙图阁，他以冯时行献策功和任职考满，举荐他升任南浦县令。冯时行于建炎二年（1128）七月到建炎四年（1130）底任奉节县尉，时间两年零5个月。

3、任万州南浦县令考。

古代文献如明《四川总志》、清《四川通志》、明清《重庆府志》、清《璧山县志》、《巴县志》等谈论冯时行均失记他曾任四川万州南浦县令。今人著《冯时行及其〈缙云文集〉研究》书附《冯时行年谱》则错记冯于建炎元年（1127）"为万州南浦（今重庆万州）令"，建炎四年（1130）在"南浦任上。"该书第279页又说："建炎三年（1129）正月，金兵南下，二月，宋高宗南逃至临安（浙江杭州）。当这国家危急的时候，冯时行正在万州南浦（重庆万州）县令任上。"

查冯时行因夔州知州升直龙图阁（正三品）张上行荐，升任从八品南浦县令，文散官升为23阶正八品承事郎。他从绍兴元年（1131）初到南浦任至绍兴二年（1132）冬。

据绍兴二十九年（1159）冯时行撰《上太守札子》说："某往者备员万州南浦县令……（至今）殆三十年矣。"（《五百家播芳大全文粹》卷55）从绍兴二十九年前推至绍兴元年（1131）隔29年，与"殆三十年矣"相合，说明冯时行绍兴元年（1131）已到南浦任县令。

绍兴二年（1132）冬，在外的南浦县人骗子李勃因前一年假冒皇家赵氏徐王，时任夔州知州韩迪因失察报送假徐王入宫而被降官三级，李氏生地万州的一些官员也受到牵连。不知情的冯时行虽无过错，但也被四川制置司平调到川西成都府路任崇庆府江原县县丞。冯时行于绍兴二年底回璧山再赴川西，他过彭水县写有题《黄氏所居》诗"我来风雪晓，倚仗看梅花。"（《缙云文集》卷2）过涪州作《涪州北岩》云"晴著春江镜样光，扁舟来炷佛前香。"

冯时行任万州南浦由张上行荐，任南浦县令两年。

4、冯时行任江原县丞考。

清光绪年间陆心源撰《宋史翼·冯时行传》、民国《巴县志·

冯时行传》、傅增湘辑《宋代蜀文辑存·作者考》说冯"绍兴中，官江原丞。"1983 年 2 期《北碚志资料》刊"爱国状元冯时行"说冯"绍兴元年（公元 1131）调任江原县丞。"1989 年版《重庆市北碚区志·冯时行传》说冯是建炎四年至绍兴四年任江原县丞。2013 年出版胡昌健著《巴蜀史地与文物研究》载"冯时行行年事迹再考"文说："查民国十五年《崇庆县志》'历代秩官表'……无冯时行名，诸文献亦未言及官江源事，'官江源丞'或误记也。"2018 年出版重庆市地方志办公室编著《重庆历史政德人物》第 105 页"冯时行"条说："建炎四年至绍兴四年（1130—1134 年）任江原县丞。"

史实是，绍兴二年（1132）底，冯时行因受"假徐王案"的影响，由四川制置司将他从川东万州小县南浦县令平调到川西大县江原任县丞。他当年底经彭水、涪州回璧山县城看望父母妻儿，绍兴三年（1133）春节期间在县城倡导培修南城门外文昌宫。明成化《培修文昌宫碑记》载："宣和中，璧城冯公时行魁天下。……绍兴初，卸任南浦……与诸乡老议……复培修唐建文昌宫三主殿。"（民国八年张席儒《闲居录》）春节期间，冯时行送同县好友王大节去岳飞处任职，写了《送邑人武魁王大节羽赴江州谒岳帅》诗。该诗送给时为六品右通直郎的青城友人何麒子应后，何子应回复撰了《和璧山冯当可〈送邑人武魁王大节羽赴江州谒岳帅〉》，该诗曾镌刻在璧山城东郊金剑山龙泉岩下。（清乾隆刘厚庵《果善堂集》引元末明初陈万三《金山名胜记》）王大节到江州后，当年底岳飞"就派幕僚四川人王大节去伪齐作谍报工作"，获取了重大军情使南宋打败了金齐南侵之敌。（王曾瑜《岳飞新传》第 129 页）

绍兴三年（1133）春节间冯时行送别王大节后，就赴江原任从八品县丞，文散官阶升为 21 阶从七品宣奉郎。因缺县令，由他代行主持全县事务。绍兴四年（1134）冬十月，四川达州人杨晨受朝廷委派抚谕川陕，考察蜀中官员。绍兴五年（1135）冬十月杨"晨自川陕使还"京，举荐了冯时行等 5 人。当年底"诏果州团练推官王利用、知阴平县丁则、江原县丞冯时行、知苍溪县常明、左迪功郎曹彦时并召赴都堂审察。如未能远来，令宣抚司与陞擢差遣。"
（《建炎以来系年要录》卷 96）丁则、常明等人应诏于绍兴六年
（1136）春入京经审察后授京官，冯时行则在绍兴五年（1135）十
二月被四川宣抚司先差遣到眉州丹棱县任知县。

冯时行任江原县丞系朝廷调派，从绍兴二年（1132）底到绍兴
五年（1135）底，时间三年。

5、调任眉州丹棱知县考。

古今文献资料对冯时行何年任丹棱知县，举荐人是谁，任丹棱
知县有多长时间等有不同的记叙。南宋蹇驹《古城冯侯庙碑》、明嘉
靖李玺《序〈缙云先生文集〉后》、明嘉靖张俭《刻〈缙云先生文
集〉叙》、清乾隆与民国《巴县志》载明末王应熊撰《冯缙云先生
传》、清嘉庆《璧山县志》、1991 年版《全宋诗》卷 1936 冯时行条
等仅记"宰丹棱"未详说具体时间。另外有以下说法：

①绍兴元年与绍兴五、六年间（1135—1136）任丹棱知县。

清光绪《丹棱县志》卷 5 官师："冯时行，璧山人，绍兴元年
令。"乾隆《丹棱县志》行文推冯于绍兴五、六年时任丹棱令。乾
隆《四库全书总目》："绍兴己卯、丙辰间，为丹棱令。"民国二十
三年（1934）谭正璧编《中国文学家大辞典》第 674 页记："冯时
行字当可，恭州璧山人……绍兴五、六年间，为丹棱令。"

②绍兴五年时知丹棱、苍溪。

2013 年出版胡昌健著《巴蜀史地与文物研究》书载"冯时行行
年事迹再考"文说冯"绍兴五年（1135）知丹棱、苍溪（35 岁）。"
并引"《建炎以来系年要录》卷九十六，绍兴五年'冯时行，知苍
溪县。'"

③绍兴十六年又出任丹棱知县。

清同治《璧山县志·人物志》："部使者承（秦）桧意旨，附会
抵罪，由是家居，以山水自娱。绍兴十六年起用，宰通义之丹棱，
有惠政。"今人著《冯时行及其〈缙云文集〉研究》认为冯是绍兴
五、六年和十六年两任丹棱知县。该书《冯时行评传》说："绍兴
十六年（1146），冯时行四十六岁，又出任丹棱县令。他写的《丹棱

夫子庙记》说:'古渝冯时行,绍兴丙寅尝令是邑。'(嘉庆《四川通志》卷三十七)丙寅为一一四六年,这与《璧山县志》所说:'绍兴十六年起用,宰通义之丹棱'是吻合的。他在《杨隐父墓表》中说:'绍兴己卯、丙辰间,其尝令丹棱。'那是事实;后来又说:'绍兴丙寅尝令是邑。'这也没差错,而中间他又在洛碛躬耕过几年,可知他是两次出任丹棱。"

④说冯时行任丹棱知县是杨愿推荐的。

清光绪间陆心源《宋史翼·冯时行传》记:"绍兴中官江原丞。五年,川陕抚谕杨愿荐其才行,诏赴都堂审察。旋擢左奉议郎,知丹棱县。"民国《巴县志·冯时行传》、傅增湘编《宋代蜀文辑存·作者考》和 1983 年 2 期《北碚志资料》"爱国状元冯时行"文、2004 年《巴渝英杰名流》书"爱国状元冯时行"条、2018 年《重庆历史政德人物》冯时行条等沿用陆氏记,说是杨愿荐冯时行任丹棱知县。

⑤说冯时行任丹棱知县时间两年与三年。

1983 年 2 期《北碚志资料》载"爱国状元冯时行"文说:冯"被川陕抚谕杨愿看中,荐其才华,诏赴都堂考核后,随即擢升为左奉议郎。调任丹棱知县两年。"1989 年版《重庆是北碚区志》冯时行传说冯"在丹棱任知县三年。"2018 年出版《重庆历史政德人物》记冯时行说:"被川陕抚谕杨愿看中,荐其才华,诏赴都堂,提升为左奉议郎,调知丹棱。在丹棱任知县三年。"

笔者考查:冯时行知丹棱县是四川达州人杨晨推荐的而不是杨愿,他是绍兴五年(1135)十二月由江原县丞调到丹棱任从八品知县,文散官阶升为 19 阶正七品宣教郎,于绍兴六年(1136)十二月离任。他任丹棱知县时间一年,不是两年或三年。他未任过苍溪知县,也没有再次出任丹棱知县。理由与依据如下:

《宋登科记考》623 页载:"杨晨,达州人,宣和三年登进士第。"《建炎以来系年要录》卷 81 绍兴四年冬十月:"左迪功郎秘书省正字杨晨特改京官。晨为都督府干办公事,持诏书往四川抚谕。上召对而命之。后二日,以晨守尚书工部员外郎……"同书卷 96 绍兴五年十二月初："诏果州团练推官王利用、知阴平县丁则、江原县丞冯时行、知苍溪县常明、左迪功郎曹彦时并召赴都堂审查。如未能远来，令宣抚司与陞擢差遣……先是祠部员外郎杨晨抚谕川、陕还，荐利用等才行於朝，故有是命。"

查南宋叶适著《水心集》为山阳人杨愿作的墓志铭、陈骙《南宋馆阁录》、《宋史·杨愿传》，他绍兴二年进士及第后直到绍兴十年，仅任秘书丞八品小官，是无权向朝廷推荐多名县级官吏的。此时期他也未奉诏承担过抚谕川陕的重任，而且史载他是秦桧党羽，当时的政治观点决定其是不会支持冯时行的。杨愿的愿字与真正推荐冯时行的达州杨晨的晨字形相似，应是清末陆心源撰冯时行传时将杨晨误写为杨愿的。

按《建炎以来系年要录》记绍兴五年十二月初诏王利用、丁则、冯时行等人赴京城尚书省"都堂"审查后授职，如因故未去令宣抚司与升任职。该诏书由京送蜀最快也需 3 月。冯时行绍兴六年送阴平知县丁则（字利用）时撰《和丁利用韵》诗云："末路初倾盖，春风一系身……徒劳是州县，东去勿迟留。"以此诗看，丁则是在绍兴六年（1136）春朝廷诏令到蜀后赴京的。"知苍溪县常明"等也是此时。唯冯时行、王利用（字宾王）以丹棱、阆州需补能吏，由四川宣抚司按惯例先陞擢差遣赴任。冯时行是绍兴五年十二月由江原到丹棱上任的，其撰文说"绍兴己卯（即绍兴五年、1135）、丙辰（绍兴六年、1136）间，某尝令丹棱"（《缙云文集》卷 4 载《杨隐父墓表》）可证。

由于冯时行在丹棱多政绩，绍兴六年（1136）十月，"资政殿学士、四川制置大使席益荐尝任知县人十三员政绩，乞已任通判者与大郡，见任县道者与小郡，并俟终更日赴任，仍从本司随才选差，内选人俟改官，丁忧人俟服阙日依此，从之。时益所荐士颇众，而左宣教郎冯时行、左通直郎樊汝霖为之最，后皆知名。"（《建炎以来系年要录》卷 106 绍兴六年冬十月上旬辛丑条）

冯时行任丹棱知县时间只有一年。据南宋《国朝二百家名贤文粹》载《丹棱夫子庙记》说："古渝冯时行，绍兴丙辰（即绍兴六年、1136）尝令是邑。"绍兴六年底，冯时行被调到成都安抚制置司任幕职，其文散官阶升了3阶，由19阶正七品宣教郎上升为16阶从六品奉议郎。

绍兴七年（1137），冯时行在成都撰《石孝立挽词》说"杨侯宅畔蜀江边，霜立梅花醉哀酒"，霜冻梅花开时他已在成都，可佐证他在绍兴六年底已离开了丹棱，如此与他自己所说"绍兴丙辰（六年）尝令是邑"吻合。

考说冯时行曾知四川苍溪县实为误。原因是将《建炎以来系年要录》卷96"诏果州团练推官王利用、知阴平县丁则、江原县丞冯时行、知苍溪县常明、左迪功郎曹彦时并诏赴都堂审察"这段话，断句标点时错断为"冯时行，知苍溪县"。

认为冯时行绍兴十六年（丙寅年、1146）又任丹棱，是以嘉庆《四川通志》载冯时行撰《丹棱夫子庙记》文中"古渝冯时行，绍兴丙寅尝令是邑"而来。考查该句"绍兴丙寅"冯时行原作是"丙辰"即绍兴六年，是清代《四川通志》抄录刊刻时误将丙辰写成丙寅即绍兴十六年的，依据是南宋《国朝二百家名贤文粹》卷121收载的未少句错字的《丹棱夫子庙记》，记的就是"绍兴丙辰"。

6、冯时行成都任幕官。

四川制置大使席益北宋末在汴京读书时就与冯时行交识，绍兴六年（1136）十月他推荐颇有政绩的丹棱县官冯时行等13人，并于该年底将冯调到成都四川制置司为幕，等待朝廷下诏宣其入京审察。

冯时行绍兴七年初已到成都，在幕中清闲，游访附近"望妃楼"、"信相院"、"支机石"、"杨雄宅"等胜迹，作诗记叙自己任幕"冷官"无事做常打"瞌睡"的无聊心情。（《缙云文集》卷1《责睡魔》）当年夏末，他等来了要其赴京审察和殿见高宗的诏命。他赴京道过眉州丹棱与友朋游宝莲寺作有"秋风古兰若……身脱簿领谴……明日复命驾，便道过龙鹤"（《缙云文集》卷1《隐甫、圣可、子仪同游宝莲分韵得郭字》）和《客丹棱天庆观夜坐》云"家山千里秋风客"等诗句，可知他是接到诏命后在初秋九月离开成都的。由此和该年初他在成都判断，冯时行绍兴七年（1137）在成都任幕职时间为 9 个月。

7、冯时行任万州知州考。

冯时行奉诏第一次赴京城临安殿见高宗后被任知万州，不少文献记叙含糊不清或误记。如今人著《冯时行及其〈缙云文集〉研究》第 285 页说："绍兴八年（1138），冯时行又因为杨晨推荐，奉命去南宋王朝的临时首都（行在）临安（浙江杭州），朝见皇帝。"查该说有两点失误，一是冯时行不是"绍兴八年"而是绍兴七年秋离蜀赴京的；二是冯时行该年赴京是由席益举荐不是杨晨推荐的。

据《永乐大典》14054 卷载冯时行撰《刘云安祭文》说："迄于丁巳，我来日边，蹭蹬之踪，逾岁而还。"丁巳是绍兴七年（1137），"逾岁而还"即绍兴八年（1138）由京返蜀。此说与冯绍兴七年秋离开成都过眉州、丹棱作诗写"秋"，绍兴八年九月送友人《和李尧俞郎中西归有感》、《自行在解维……微臣去国……》等诗作时间及归途行迹吻合。《建炎以来系年要录》卷 96 记川陕抚谕使杨晨荐冯时行是绍兴五年（1135）冬十月，同时被荐人有王利用等共 5 人；而冯绍兴七年秋赴京《系年要录》卷 106 记是四川制置大使席益举荐的，同时被荐知县等为 13 名。

绍兴八年冯时行到达京城后接受"都堂"审察后，由"奉议郎"加一级为"承议郎"，当年六月殿见高宗皇帝，力言抗金，被升知万州。但元代脱脱等编《宋史·秦桧传》却写成是"奉礼郎冯时行召对，……（秦）桧乃谪时行知万州，寻亦抵罪。"此后明正德《四川总志》卷 13、嘉靖《四川总志》卷 9、万历《四川总志》卷 9、万历《重庆府志》卷 44、明末王应熊撰《冯缙云先生传》、明末清初黄宗羲《宋元学案》卷 30、清嘉庆《四川通志》卷 146、1989 年出版《重庆市北碚区志·冯时行传》等引用，皆以为冯时行召对时的文散官阶是"奉礼郎"，出任万州知州是被"谪"。

另外，民国版《中国人名大辞典》第 1221 页冯时行条、《中国文学家大辞典》第 674 页冯时行条、2000 年版《宋代蜀诗辑存》538 页璧山县冯时行条、2004 年版《巴渝诗词歌赋》第 150 页冯时行、2006 年版《全宋文》卷 4265 冯时行小传等也说冯召对时是

"奉礼郎"。清乾隆《璧山县志·人物》、同治《璧山县志·人物》、1983 年 2 期《北碚志资料》刊"爱国状元冯时行"文等说冯是被"谪"知万州。

诸多文献中，清雍正《四川通志》卷 8、乾隆《璧山县志·人物》、嘉庆《一统志·重庆府》则记说冯时行召对时是"左朝奉郎"。说冯召对后知万州是升的有清光绪间陆心源著《宋史翼·冯时行传》、民国《巴县志·人物·冯时行》、傅增湘《宋代蜀文·作者考》等书。

笔者考查，早于《宋史·秦桧传》的南宋李心传《建炎以来系年要录》卷 120 绍兴八年六月记："左奉议郎冯时行特转一官，……时行见上，言金人议和，何足深信。……上喻以'为亲屈己'之意。时行引汉祖故事言之。上惨然曰：'杯羹之语，朕不忍闻'。颦蹙而起，乃命进秩，擢时行知万州。"

"左奉议郎"是文散官 16 阶从六品上，比《宋史·秦桧传》中说的"奉礼郎"（系太常寺职掌币帛的正九品官）阶高 10 级。李心传记冯时行特转一官而后见宋高宗，就是由从六品上阶"左奉议郎"升一级为 15 阶正六品下"左承议郎"，他是以文散官左承议郎身份去面见高宗的。出任的万州知州是从五品。冯上一任实职是任丹棱知县，知县与知州间还有一级"州判"，任成都制司幕职之奉议郎是从六品上，入京升一级是正六品下，正六品下升为从五品知州也间隔两级，所以冯召对后知万州不是"谪"而是升了两级。可佐证李心传记冯时行知万州是升不是谪的最可信史料，是冯时行自己撰文说的"当时自丹棱令而得万州，超资躐等。"（南宋《国朝二百家名贤文粹》卷 84《上宰相书》）

以冯时行自叙和李心传记为依据，从《宋史·秦桧传》始，凡说冯时行召对时是"奉礼郎"和召对后出任万州知州是"谪"均误。说冯时行召对时是"左朝奉郎"，查左朝奉郎是文散官 14 阶正六品上，比承议郎还高 1 级，绍兴二十七年冯出知蓬州时才是该阶品，（《建炎以来系年要录》卷 176 绍兴二十七年三月）故说他召对争和议间是"朝奉郎"也误。

冯时行被任命知万州的时间，据《建炎以来系年要录》卷 120 绍兴八年六月记："时行除郡，在八月己卯。"他在九月离京返蜀，于绍兴九年（1139）春节期间到达万州，直至被罢官去职。

光绪间陆心源《宋史翼·冯时行传》、民国《巴县志·冯时行传》1989 年 3 期《重庆地方志》"冯状元与洛碛"文、1998 年版《全宋诗》、2002 年出版《冯时行及其〈缙云文集〉研究》"冯时行年谱"、2018 年版《巴蜀历代文化名人辞典》冯时行条皆记他是绍兴十一年被勒停免官罢职的。1983 年 2 期《北碚志资料》"爱国状元冯时行"文说："冯时行宰万州三年"。

据《建炎以来系年要录》卷 142 记："左承议郎万州冯时行罢，仍疾速取勘"，时间是绍兴十一年（1141）十月七日。《宋会要辑稿·职官》70 下记：绍兴十一年"十月七日，知万州冯时行先放罢，仍取勘。其后十二年（1142）六月十八日特勒停"，脱狱为民归里。

以前面考叙确证，冯时行奉诏在绍兴七年（1137）秋出蜀赴京，是四川制置使席益于绍兴六年（1136）十月举荐的。绍兴八年（1138）六月，他以入京接受审察后刚升 1 级为"承议郎"的身份面见高宗皇帝，当年八月中旬己卯被升任为万州知州，九月他离京返蜀，在绍兴九年（1139）春节时到万州任，直至绍兴十一年（1141）十月七日被秦桧党羽李坰陷害被罢官并入狱。他在绍兴十二年（1142）六月十八日始脱狱，其被任命知州的时间为 3 年零两个月，实到万州上任至被罢官止时间是两年零 10 个月，被捕入狱至脱狱时间 8 个月。

8、冯时行罢官回璧山奉祠考。

冯时行从万州被罢官回到璧山县村居后，从绍兴十九年（1149）起，曾申请获得"奉祠"7 年，但记叙和研究冯时行的诸多文献对此均未谈及。宋代"奉祠"，是安置老年与朝廷意见不合或被贬去实任官职后，以虚掌某宫观寺庙为名享受全俸禄或半俸禄的名义官职。南宋时，官员奉祠虽仍属贬黜，但又略含优待之礼，比完全被罢职为庶民要好许多，除不做实事而享受俸禄待遇，且有望重新复起任实职。

罢归璧山村居后，冯时行父母陆续去世，家庭变得十分困苦。绍兴十九年（1149），他向宰相秦桧上书要求复出任实职或"奉祠"，如此在为国家与百姓做事的同时也领到俸禄可解决家中 20 多口人的生活困难。

据绍兴十九年（1149）冯时行写《上宰相书》说："某家本穷空，方幸得禄仕时，仅糊其口，失禄以来，重以患难，亏贷闾里，以活朝夕。及其久也，朋友殆至疏弃，亲戚寻亦厌倦，敖敖待哺二百余指，……切见某官阙员已久，……若蒙陶铸此阙，则今日拜命，明日得禄，拯其饥寒，无便於此。设此阙已有所授，止得宫祠，粗沾微廪，亦足以助其旦暮之急。使因此济赡，得不遂填沟壑……"（南宋《国朝二百家名贤文粹》卷 84）该年经朝廷审批，冯时行得以"奉祠"，他曾作文记："切以宫祠之典，允谓优恩。""锡尔优闲之禄"，"及今仰蒙大恩，赐以无事之禄，杜门却扫，优游卒岁。"（南宋《五百家播芳大全文粹》卷 56 载《谢秦丞相小简》三、四、五）他名义主管位于璧山县重璧山（亦名茅莱山）上最大的祀唐代经略安抚使赵延之的"普泽庙"。"重璧山有冯当可主管普泽庙碑。"（清代吴煊《自好斋稿·普泽庙碑》条）该庙"主管"，系"奉祠"官员四级中的第三级。

冯时行撰《答于守论备员介僎书》说："某年未五十，……某已尝再命於朝，非处士也。"（《永乐大典》卷 12072）该自叙可证他是在绍兴二十年（1150）未满 50 岁前"奉祠"的，因为此前他已被再命非处士庶民了。以其《上宰相书》说他绍兴十一年（1141）被劾捕后"某踪迹蹭蹬，殆将十年"，后推为绍兴十九年（1149），即向朝廷申请"奉祠"之年。

从绍兴十九年（1149）冯时行自己申请得到"奉祠"之闲职，直到绍兴二十六年底被起用知蓬州，他"奉祠"时间为 7 年余。

9、冯时行起任蓬州知州又被罢官考。

古今谈冯时行生平事迹的诸多文献资料均未载记是何人举荐他复出任蓬州知州的。

查绍兴二十六年（1156）十二月冬至冯时行撰《贺夔帅冬节

启》文说："某虽贻罪戾，益荷恩怜。身系简书，心驰门仞。"他感谢夔帅不嫌他以前在万州被陷害脱狱后遗留的所谓"罪戾"，予以格外同情垂怜，表达了自己退居乡村办学撰文度日其实心中渴望回归官府为国为民做事。他又在《代谢荐章启》中说："深戴涵容之德，敢希收录之恩？特被荐论，……某敢不益励操修，以酬知遇？"他对夔帅向朝廷推荐重新启用自己深表谢意，表示要益加奋励，坚持道德修养。

那么，这位推荐冯时行的夔州知州是谁呢？

《贺夔帅冬节启》文说："恭惟某官英杰自天，精忠许国……政若龚、黄，定乱无闻於远略；勋如李、郭，治民不载於嘉称。"龚、黄指两汉开仓放粮赈救饥民的太守龚遂与"循吏"代表人物黄霸；李、郭指唐代李靖与郭子仪。查绍兴中后期历任夔州知州的官员生平德政与龚黄、李郭类似的唯有周执羔。《建炎以来系年要录》卷169记：绍兴二十五年（1155）八月"左朝请郎、新知阆州周执羔改知夔州"。同时周执羔"兼夔路安抚使"。（《全宋文》卷4067周执羔小传）据此可知举荐冯时行复出任官的夔州知州是周执羔。周氏是冯时行同年进士好友，且政治主张相同，他在机会成熟时举荐冯时行是情理中事。

冯时行是绍兴二十七年初离开璧山村居赴任蓬州的，其诏命自当是在前一年即绍兴二十六年（1156）底到蜀，再前推半年即五六月间为周执羔向朝廷举荐冯时行的时间。

知蓬州时冯时行文散官为14阶正六品上左朝奉郎，比他昔知万州时高1阶。李心传《建炎以来系年要录》卷176绍兴二十七年（1157）三月丙子条记："左朝奉郎冯时行知蓬州。"

冯时行到任不久就被罢了官。《建炎以来系年要录》卷176记其被罢的原因和任蓬州的时间说："左朝奉郎冯时行知蓬州。……既而殿中侍御史王珪论其万州招军事，又罢之。时行至官才五日也。"清陆心源《宋史翼·冯时行传》与民国《巴县志·人物·冯时行传》记："桧死，二十七年起知蓬州。王珪复论招军事，到任七月而罢。"1989年版《重庆市北碚区志》冯时行传说："1158年（绍兴二十八年）春，秦桧死后两年，冯时行被起用知蓬州（今蓬安）。二月到任，三月又被尚书王珪'以复论招军事'罢去，实际到职20天。"2004年版《巴渝英杰名流》"爱国状元冯时行"条说："绍兴二十七年（1157），秦桧死了两年后，冯时行才被起用，知蓬州。二月到任，三月又被尚书王珪'以复论招军事'罢去，实际任职20天。他再一次回到缙云山。"2018年版《重庆历史政德人物》冯时行条说："绍兴二十八年（1158年）春，秦桧死后三年，冯时行被起用知蓬州（今四川蓬安）。二月到任，三月又被尚书王珪'以复论招军事'罢去，实际到职二十天。"2018年版《巴蜀历代文化名人辞典》冯时行条说"二十七年（1157）起知蓬州，数月复罢。"

考察南宋权相秦桧病死于绍兴二十五年（1155）十月二十二日，朝廷召复冯时行知蓬州是绍兴二十六年（1156）秋，诏书送达蜀中在当年底，故冯自万州被罢后复出知蓬州是秦桧亡后一年，而非"秦桧死两年后"，也不是"绍兴二十八年（1158）春，秦桧死后三年，冯时行被起用知蓬州。"

上奏论罢冯时行的是朝廷正七品官"殿中侍御史王珪，"他从未任过正二品尚书，到绍兴二十八年（1158）任福建路提刑，绍兴三十年因系秦桧党羽被罢"奉祠"。

据李心传《建炎以来系年要录》卷178叙冯时行知蓬州被罢原因是，"殿中侍御史王珪言，……左朝散郎（此处误，按李氏该书卷176记是"左朝奉郎"）新知蓬州冯时行倾在万州之日，积羡余之钱，以万数计，并无赤历（即无上级财政机构稽核州县官府钱粮的册籍）不可稽考。又以州之良百姓皆刺为虎军。人情惶骇，几欲生变。……蜀人尝被其害，今岂可令遗患一方，乃并罢之。"

诏命冯时行知蓬州到又下诏罢其官时间仅隔3个月。冯实际任蓬州不是李心传误言的"五日"，也不是陆心源说的"七月"，而是20天。冯时行自己说："或除蓬州。二月到官，三月罢归"，"《假守蓬州视事二十日，以台章罢黜……》"。（《缙云文集》卷4、卷2）

10、冯时行复出任黎州知州。

绍兴二十九年（1159）六月，知蓬州被罢两年零两个月的冯时行由成都知府兼四川制置使王刚中推荐，被朝廷任命以文散官从七品上"左朝散郎"出任从五品黎州知州，到任整整一年。

冯时行撰《龙多山鹫台院记》说：绍兴"己卯，行年五十九，被命守沈黎。"（乾隆《合州志》卷 12）"己卯"即绍兴二十九年（1159）。"沈黎"，汉代设沈黎郡，后改称黎州。

南宋李心传《建炎以来系年要录》卷 182 绍兴二十九年六月下旬甲戌条记："左朝散郎冯时行知黎州。因王刚中荐也。"清光绪《宋史翼·冯时行传》：绍兴"二十九年以王刚中荐知黎州。"

冯时行绍兴二十九年秋九月接到朝廷诏令立即赴任。以民国新修《合川县志》卷 36 金石记，冯过合川龙多山写《何信叔长卿伯仲遮道饮别赠拙诗见意》落款"绍兴己卯九月二十三日"前推，他是九月十九日从璧山出发的，当年冬十一月到任黎州。

绍兴三十年（1160）七月，宋高宗下诏宣冯时行入京。他在绍兴三十一年（1161）撰《上皇帝论北虏败盟书》说："臣奉去年七月圣旨，召臣赴阙。臣於十一月拜命。"（南宋《国朝二百家名贤文粹》卷 76）冯时行在绍兴三十年十一月下旬仍在黎州，《宋会要辑稿》食货 38 之 38 记当年"十一月二十一日，权发遣黎州军州事冯时行言到任便民事"可证。由于冯在黎州的成绩，绍兴三十年十一月中旬，其文散官阶升了两级，为 18 阶正七品上"左朝请郎"。（《建炎以来系年要录》卷 187）该年底，冯时行离开黎州任，他实到任黎州时间为一年。

11、冯时行改知彭州。

绍兴三十年七月，"时行守黎州，上记其名，召赴行在"临安。（《建炎以来系年要录》卷 192）当年底冯离黎州到成都办好入京手续，于"十二月既望"与友朋计 15 人游城西郊王建梅苑后即东下第二次进京。绍兴三十一年（1161）五月，冯时行行至建康（今南京）抱病《上皇帝论北虏败盟书》，坚持要求抗金，启"用张浚、刘锜总统诸军"卫国和请朝廷肃整朝纲等。六月入京七月又上疏直谏革政弊用良吏，但他仍不为高宗赏识，八月朝廷对其平调知四川彭州。《建炎以来系年要录》卷 192、《宋史全文》卷 23 皆记该年八月"左朝请郎冯时行知彭州。……疏奏，乃有是命。"九月中，冯时行离京还蜀沿途作诗叙事记时，绍兴三十二年（1162）晚春时抵达彭州。

绍兴三十二年（1162）六月赵构退位孝宗登帝位，立即启用张浚等一批抗战派官员。冯时行在七月初因数月前王刚中等蜀中大吏推荐，经盐铁、度支、户部三司考评后，被任为成都府路提点刑狱公事，在该年十月卸任彭州赴新任。他从绍兴三十一年（1161）八月被诏任知彭州，到绍兴三十二年（1162）十月离彭州任，时间为一年零两月余；从他于绍兴三十二年四月到彭州，至当年十月离任，实际在彭州任仅6个月。

12、冯时行升任成都府路提点刑狱公事考。

多数文献资料记冯时行任成都提刑是他任彭州知州之后，但均未说具体的时间和推荐人。2004年版《巴渝诗词歌赋》150页冯时行条说：冯是绍兴"三十年擢成都府路提点刑狱公事。"此说误，因绍兴三十年冯时行是任黎州知州。

史载绍兴三十二年（1162）六月十一日高宗皇帝禅位给孝宗，讯息经官邮快船快马历3个月传到蜀中已是当年九月中旬。冯时行按规定曾写《贺光尧皇帝逊位表》与《贺皇帝登极表》，这两文中分别写有"臣谬领州麾"、"臣方縻郡职……徒望阙以倾驰，阻趋庭而忭舞。"（南宋《五百家播芳大全文粹》卷1上）以此可知该年九月冯时行仍知彭州还未升任成都提刑。

《宋会要辑稿·职官》卷71记：孝宗隆兴元年（1163）"二月四日，诏知仙井盐赵不蒍放罢。以本路宪臣冯时行劾其在任不法故也。"仙井盐属成都府路，知监赵不蒍被"宪臣"即提刑冯时行奏劾诏下罢官时间是隆兴元年二月四日，那么冯向朝廷上奏书的时间前推当是绍兴三十二年（1162）十月，因为从蜀到京的官邮快马快船需要3个月。以该条史料推之，冯时行在绍兴三十二年十月已任成都提刑。因冯九月还在彭州任上，故知他是十月由彭州知州升任为提刑的。由十月前推3个月余为六月底，即朝廷下任命诏之时。史记高宗皇帝是不重用力主抗金的冯时行的，而孝宗于六月十一日登上帝位后立即重用抗战派人士，冯时行正值此时。再前推 3 个月即绍兴三十二年（1162）三月，是冯被推荐任提刑的时间。该年五月成都府路转运副使，总领全蜀财赋的王之望在《回彭州冯守启》文中说：冯时行在彭州治民系暂时的，已被荐将成为清贵之臣。（王之望《汉宾集》卷 12）蜀中达官看重冯时行的是制置使王刚中，是他荐冯任清贵之职提刑的。

冯时行任彭州时是从五品知州，文散官为 18 阶正七品上阶"左朝请郎"。（《建炎以来系年要录》卷 192 绍兴三十一年八月甲辰条）他由从五品知州升任成都府路正四品提刑是连升 3 级，其文散官由"左朝请郎"升为 13 阶从五品下"左朝请大夫"是连升了 5 级。

冯时行升任的文散官"左朝请大夫"，被不少书刊误记成"右朝请大夫"，如清末《宋史翼·冯时行传》、民国《巴县志·冯时行传》、1981 年版《古城重庆》71 页、1981 年《重庆简史和沿革》载《重庆的街道》文、1983 年 2 期《北碚志资料》"爱国状元冯时行"文、1985 年版《重庆题咏录》30 页冯时行条、1985 年 4 期《四川师大学报》刊《略论冯时行及其作品》文、1989 年版《重庆市北碚区志·冯时行传》、1989 年 3 期《重庆地方志》刊《冯状元与洛碛》文、2002 年版《冯时行及其〈缙云文集〉研究》中《冯时行评传》、2005 年论文《冯时行及其诗歌艺术风格研究》、2018 年版《重庆历史政德人物》冯时行条、2018 年版《巴蜀历代文化名人辞典》冯时行条等。

考察宋朝规定，凡是进士出身者授文散官加"左"，非进士出身的人授文散官才加"右"。冯时行是进士出身，故用"左"不是用"右"。南宋蹇驹《古城冯侯庙碑》载"左朝请大夫、提点成都府刑狱公事冯侯，讳时行"。明代嘉靖十二年（1533）张俭《刻〈缙云先生文集〉叙》也记"以左朝请大夫、提点成都刑狱终焉"。两碑、文都是早于清、民国时期和今人记叙的清楚记载，足证说冯时行是"右朝请大夫"是错。

又 2018 年重庆地方办公室编著《重庆历史政德人物》记冯时行生平有不少错误，其中之一说："绍兴三十二年（1162），冯时行任雅州知州。"此说谬。冯时行自叙和早期的文献均无冯知雅州的记载，绍兴三十二年冯的履历是知彭州和成都府路提刑，任提刑时仅是短时巡视到过雅州一带。

冯时行从绍兴三十二年（1162）十月升任提刑，到孝宗隆兴元年（1163）春四月第三次应诏赴京出蜀止，实任成都府路提刑官为6个月。他此次进京是由张浚在隆兴元年初推荐的。南宋杨万里撰《张魏公传》说："至隆兴初，首荐论事切直、挫折不挠者数十人。"（《诚斋集》卷115）王象之在《舆地纪胜·重庆府人物》下记："皇朝冯时行，……张魏公浚荐之，召赴行在。"又以冯时行忘年交小友李流濂于隆兴元年春在京城临安考进士落榜后返蜀，与冯相遇游安徽无为县时间是7月，前推冯由蜀到无为的行程时间两月余，故知其离提刑任与出蜀是该年四月中下旬。

以上所述，冯时行任成都府路提点刑狱公事是王刚中等蜀中大吏推荐的。他实任提刑官时间为半年，从绍兴三十二年（1162）十月到隆兴元年（1163）春四月应诏第三次出蜀赴京。

综前1至12条考叙，冯时行是北宋末期宣和六年（1124）24岁进士高第后开始任官的，从首任四川云安县尉，历奉节尉、南浦县令、江源县丞、丹棱知县、四川安抚制置司幕官、万州知州，罢官回璧山故里后奉祠，秦桧亡后起知蓬州、黎州、彭州，升任成都府路提点刑狱公事等12个职位，并先后授文散官29阶（级）中的文林郎（28阶、从九品上）、登仕郎（27阶、正九品）、儒林郎（26阶、正九品上）、承务郎（25阶、从八品）、承奉郎（24阶、从八品上）、宣奉郎（21阶、从七品）、宣教郎（19阶、正七品）、左朝议郎（16阶、从六品上）、左承议郎（15阶、正六品下）、左朝奉郎（14阶、止六品上）、左朝散郎（20阶、从七品上）、左朝请郎（18阶、正七品上）左朝请大夫（13阶、从五品下）、左朝散大夫（12阶、从五品上）。隆兴元年（1163）底逝后赠从三品银青光禄大夫、封正三品古城侯。冯时行任县州、幕职、提刑的时间计21年零5个月（含绍兴七年、三十一年、隆兴元年3次奉诏入京时间），实到各官任时间为17年零4个月，被罢官时间是17年零11个月（含奉祠时间 7 年）。

第六节　冯时行逝葬地考

一、隆兴元年（1163）十二月底冯时行在京城临安病逝。

冯时行逝世后至今未见其墓志铭，早期文献记其逝世情况的是南宋孝宗乾道六年（1170）知雅州蹇驹（四川盐亭人）撰写的《古城冯侯庙碑》，该碑文记"左朝请大夫、提点成都府刑狱公事冯侯讳时行，字当可，隆兴元年死其官。"又记"权臣死，复出为州守蓬、黎及天彭，遂持节以死。"明代嘉靖十二年（1533），重庆府推官李玺撰《序〈缙云先生文集〉后》文说："及权奸诛，复出守蓬、黎，竟死节於官"。同年四川安察司副使张俭写《刻〈缙云先生文集〉叙》说"以左朝请大夫提点成都刑狱终焉。"清《嘉庆一统志》记："冯时行……起守蓬、黎，终成都路提点刑狱。"光绪年间陆心源《宋史翼·冯时行传》说："隆兴元年卒於任，民立祠祀之。"但各碑记文都未详细说冯时行逝世的具体地点。

到了民国年间修《巴县志》，在冯时行传中出现了"又《古城冯侯庙碑》云：'时行隆兴元年卒於古城'。"2013 年胡昌健著《巴蜀史地与文物研究》书中《冯时行行年事迹再考》文也信《巴县志·冯时行传》之说并加引录。但笔者查蹇驹《古城冯侯庙碑》记是"隆兴元年死其官"，并没有说"时行以隆兴元年卒于古城"。说冯时行"卒於古城"是《巴县志》作冯传时添加的，不是史实不可信。

"古城"在四川雅州名山县，自民国《巴县志·冯时行传》错说冯时行卒于此地后，现代一些学者也沿用该说意撰文说冯逝世于雅州。如下列书刊载：

1、1984 年 5 期《史学月刊》载胡汉生、唐唯目撰《冯时行考》文说：冯时行于南宋隆兴元年（1163），卒于雅州知州、成都路提点刑狱任内。

2、1989 年版《重庆市北碚区志·冯时行传》说："1163 年（隆兴元年），冯时行在雅州任上逝世，享年 63 岁。"

3、1989 年 3 期《重庆地方志》刊唐荣国、梅瑞冰撰《冯状元与洛碛》文说："隆兴元年（1163）病逝于雅州（今四川雅安）住所，终年 63 岁，追封为'古城侯'。"

4、2016 年版《宋代文化研究》载陈德述撰《谯定象数易学之承传脉络》说：冯时行"官至成都府路提刑，逝世于四川雅安。"

5、2018 年版《重庆历史政德人物》冯时行条记："隆兴元年（1163），冯时行在雅州任上逝世，享年六十三岁，死后被追为'古城侯'。"

据南宋《澹斋集》附录《李澹斋行状》和《同冯缙云游无为……》、《登无为冠鳌亭分韵得山字》等叙，冯时行的忘年交友李流廉参加隆兴元年（1163）进士科考，当年四月十二日放榜落第后返蜀，七月中与奉诏第三次入京的冯时行相遇于安徽无为县，以此时间前推可知冯是四月离提刑任出川的。两人游数景地后分手，李氏写有《送冯提刑赴诏序》文和诗。八月中，冯时行到扬州拜见本年六月被孝宗加封为魏国公的张浚，写了《见张魏公二首》赞诗。当年九月，殿见孝宗皇帝上《请立德行事以古为法疏》。明代初期杨士奇编《历代名人奏议》对该次上疏有记，卷48 收疏文说："提点成都府路刑狱公事冯当可被召，上奏曰……"该年秋季即上疏后冯时行旧病复发只好调养，他在《送冯献道运使得岸字》诗中说："云从动岩穴，起我病瘝瘝。"（《缙云文集》卷 1）到十二月二十二日，孝宗用张浚为尚书右仆射，他上任即推荐 17 人可予重用，其中"冯时行、任尽言、冯方皆可备近臣。"（朱熹《晦庵先生朱文公文集》卷 95《张忠献公浚行状》）李心传《建炎杂记·张魏公荐士》也记"冯提刑［时行］、冯少卿［方］可备近臣"。稍晚于朱熹、李心传的杨万里记，张浚该次所荐"皆一时名士，其后多至执政侍从。"（《全宋文》卷 5356《张魏公传》）可惜十二月底孝宗按制任冯时行为从三品近臣侍从学士时，他在京城病逝了，终年 63 岁。南宋王象之记道："皇朝冯时行……张魏公荐之。召赴行在，以疾卒。"（《舆地纪胜》卷 175 重庆府人物）

二、冯时行埋葬地点是璧山城东郊状元峰。

南宋孝宗隆兴二年（1164）夏，冯时行的灵柩经半年运行回归故里璧山县，在其妻琦姑和长子冯相、次子冯俅和亲友操持下，下葬在县城东面"状元峰（一名双山）"山腰祖师观北侧。该处本是冯氏祖茔地。南宋文天祥科进士璧山人高若霖撰《邓坤异言吉地科第》说："璧山邓坤，以相地术名闻川陕。大观初（1107、大观元年），尝对里人言：'金剑山多吉地，蒲、王数穴主出科举甲第。'又云状元峰乃双狮上岭、金龙下坡之势，祖师观中丘乾山冯氏先穴当出大魁。……又谣云：'乾山前，水流前，乾山中丘出状元。'"（乾隆《重修邓氏族谱》）

20世纪"文革"期间，乡民在状元峰采石灰时挖出冯时行大弟弟《金堂县主簿冯丹□□墓志铭》，残碑文云："璧邑东十里双山半腰，□□□故金堂簿冯公讳丹与妻□人黄□□墓地。左行吉壤葬公之先祖。右三十弓乃兄当可之茔。公以乾道丁亥岁桂月卒，明年卜葬……"据冯丹墓志铭记载，冯时行墓在双山即状元峰山腰其先祖墓的左面，距冯丹与妻黄氏墓仅三十弓即49.5米处。冯时行葬后四年，孝宗乾道三年（丁亥、1167）冯丹也葬在先祖墓和兄长墓侧。

璧山冯时行墓处风景秀丽，墓周多松杉竹，冯的好友晁公遡在时行下葬当年晚秋时曾去谒墓，次年（乾道元年、1165）他对冯时行的学生璧山人白宋瑞说："其师缙云老，墓木已三霜；有怀不及展，往听銮声央。子能偿彼恨，下泉端不忘。"（《嵩山集》卷12《白宋瑞自益州和予池上诗来因用韵奉简》）晁氏之子也是冯的学生，他在诗中说到璧山见冯时行墓周林立的树木已有白霜。他感叹友人早逝未能全展其才华实现其抱负，往昔在金殿上朗朗直言上疏反对与金敌议和之声已停止了，所幸有白宋瑞还能继承其师之才，可略补冯时行未能展现的才华。

据以上南宋时的史料，冯时行逝后是葬在璧山县城东郊状元峰（双山）冯氏祖茔地内。

到了明代末期，随着冯时行籍贯是巴县落碛（洛碛）异说的出现，陆续产生了冯时行墓在巴县铜锣峡、巴县鱼嘴沱、或水葬、曾葬雅州古城于元末明初由雅州移柩回乡等多种错误说法。

铜锣峡说出于万历四十二年（1614）曹学佺《蜀中名胜记》，该书卷17重庆府巴县记："有铜锣峡……峡有关，冯当可葬其上"。曹说常被后人引录，如清代雍正《四川通志》卷29陵墓记："冯时行墓，在巴县铜锣峡。"嘉庆《大清一统志》卷296重庆府陵墓载："冯当可墓［在巴县东铜锣峡］。"乾隆初年璧山知县黄在中修《璧山县志》与嘉庆间璧山知县汤贻眉修《璧山县志》则记："冯时行墓，《通志》：'在巴县东铜锣峡。'又，相传在县东十五里祖师庙大山前。"文中之《通志》指雍正《四川通志》。为什么两套《璧山县志》要记载两说呢？其原因是由于明末战乱使璧山县人口稀少，清"康熙初年併入永川县，雍正六年复设"，乾隆初全县仅有"实在人丁二千三百四十四丁"，（乾隆《璧山县志》卷下田赋）且多为填川之民。此时文献无徵，修县志时一是抄录雍正《四川通志》，二是依当地居民代传之说。黄在中作《璧山县志·序》道："雍正十三年冬，予奉命宰兹邑，下车之始，求邑乘不可得。信邑之复设未几，百度草创，民皆四集，故旧罕存，往事几湮，適明年，乾隆改元，运会维新，而《蜀志》告成，予购得一部。窃自喜，谓：欲新《璧志》，此其徵矣！於是，访之绅士，询及耆老，傍搜广揽，或断碑残碣……得即备录，政事之暇，参考互订"而成县志。乾隆《璧山县志》编后，嘉庆县志写冯时行墓时就抄录全文。

晚于乾隆《璧山县志》20余年，由巴县县令王尔鉴主持编修的乾隆《巴县志》，对冯时行墓则提出了两种异说。该志卷2陵墓记："状元冯时行墓，绍兴时状元。县东鱼嘴沱石崖上有南平老人墓，去则五十步，相传即状元墓，或云水葬，无考。"道光二十三年（1843）本《重庆府志》、道光二十四年《江北厅志》未采信曹学佺说和乾隆《巴县志》水葬说，采用了该时期巴县分地置江北厅后地属江北厅辖的鱼嘴石崖说，并增加了后人附会的镌刻。厅志卷1祠墓记："宋状元冯时行墓，绍兴时状元。厅东鱼嘴沱上游石崖上镌有隶书云：'宋缙云先生冯公墓去此九百五步。'"此后辖管鱼嘴地的江北县、江北区、渝北区修志均采引《江北厅志》之说。

同治初期修《璧山县志》，卷1名墓下记："宋冯时行墓，在县东十五里祖师庙大山下（或云系时行祖墓《通志》云在巴县铜锣峡，又云水葬，无考，恐误。）"该志肯定冯时行墓在状元峰腰祖师庙大山，又加括号注云有说是冯祖墓，同时对雍正《四川通志》引曹学佺之铜锣峡说和乾隆《巴县志》或云水葬说提出质疑，认为"恐误"。

民国修《巴县志》时又增添了冯时行卒于雅州古城，由古城归葬鱼嘴沱石崖上。该志卷3古迹记："宋冯时行墓，《一统志》云在巴县铜锣峡。王志（即王尔鉴修乾隆《巴县志》）云：'绍兴时状元。县东鱼嘴沱石崖上有南平老人墓，去此五十步，相传即状元墓，或云水葬，无考。'按《蜀中名胜记》云：'铜锣关，冯当可葬其上。'则水葬之说误矣。"该志卷10人物记："古城庙碑云：时行以隆兴元年卒于古城。王志载时行墓在县东鱼嘴沱石崖上，盖由古城归葬故里，是则时行之居宅葬所均在县境，确然不移，故王（即王应熊）传著其籍为恭南乐碛。盖应熊亦乐碛人，知之审也。"

现代江北县（区）、渝北区人多沿用《巴县志》之说。1987年第五期《重庆地方志》载吴提方、赵子虬、唐荣国、陈尚洁合撰《冯时行籍贯刍议》文说：冯由"古城旧葬迁故里，史实毕真可信。冯时行于孝宗隆兴元年（1163）在雅州病故后，曾葬古城，乾道五年（1169）有塞驹碑文可考。《巴县志》记载了移葬老家：'时行墓在县东鱼嘴沱石岩上，盖古城归葬故里，是则时行之居宅葬所，均在县境。……'《江北厅志·舆地》载：'鱼嘴沱上游石岩上，镌有棣书云。宋缙云先生冯公之墓去此九百五步。'"2015年网载《江北区文史资料》刊彭君洋写《冯时行墓地觅踪》文说：冯时行"号缙云先生，恭州之南乐碛人（重庆乐碛人），宋徽宗宣和六年进士第一……仕终右朝请大夫……知雅州等职。公元1163年冯氏病故在雅州任上。""大约元末明初，冯公灵柩由雅州移回故里。"该文又说鱼嘴南沱子存道光年间《修路碑记》，上游"自我同人喜新王者路，在他君子安履状元乡"。作者彭君洋称"这'状元乡'指鱼嘴指洛碛都说得过去，前者有冯公墓地，后者有冯公故里。"彭氏又引万历年间张稽古撰《漫录》说，近距鱼嘴的"龙通岩"，"壁间有石板书，旁勒旧铭，隐磷余字，‘当可凡骨，穷年谢意……’云云。始知绍兴进士冯公葬此矣。"2018年版《重庆历史政德人物》冯时行条记："隆兴元年（1163），冯时行在雅州任上逝世……初葬古城，后移葬巴县鱼嘴沱（今江北鱼嘴）。"

笔者考察明代末期曹学佺虽是名学者，但他在《蜀中广记》卷91著作记1、卷99著作9中说冯时行"号缙云先生"、"巴县人"、"读书缙云山中"、"绍兴状元"、"历官奉礼郎"皆误（参见前面有关章节叙）。他所记冯时行墓在巴县铜锣峡，未见有早期的文献记载，也无其它资料或出土文物可佐证，与冯时行葬璧山状元峰的南宋史料相比较，自当不足为凭，应与其记冯时行生平履历一样是失误。《江北区文史资料》刊彭乡《冯时行墓地觅踪》引明万历《漫录》说也无明中期及以前的史料佐证，且误说冯公是绍兴进士，明显是附会曹学佺之说。彭氏撰文错多，如说冯号缙云先生、是乐碛人、终右朝请大夫、知雅州、病故在雅州任上、大约元末明初由雅州移枢回乡以及状元乡等，都与明代初期以前的古文献记载不符，系作者未严谨考察仅抄录清代、民国诸志拼凑撰文，不可信。

始于乾隆《巴县志》说冯时行墓"相传"在巴县鱼嘴沱，至今未见有更早的可信史料记叙，且修志时的依据是"相传"显得牵强不能完全肯定。道光《江北厅志》载记鱼嘴有楷书铭刻，但修乾隆《巴县志》时并无此记叙，可见是乾隆之后的人的推演而成。民国《巴县志》卷10记和今人说冯时行在雅州病故后曾葬古城，笔者已在前面章节中考察，冯实是任成都府路提刑后第3次奉诏于隆兴元年（1163）入京，当年底病逝京城的，根本不是知雅州病故于任曾葬古城，更不是由古城移葬鱼嘴的。说冯时行墓在鱼嘴系谬误，完全不可信。

至于乾隆《巴县志》说冯时行逝后"或云水葬"之说更是大误，此说连民国《巴县志》也予以否定认为是误矣。考察宋代人葬先人必依照儒教礼仪，冯时行有儿孙为官且家族人丁兴旺，自当是不会违背儒家道德礼数而将先人弃尸入水进行所谓"水葬"的。当世冯时行的弟子四川井研人"李舜臣……宗正寺主簿。淳熙八年

（1181）冬，在杭州卒于任所，在西蜀同乡及楼钥帮助下，其三子李心传（15岁）、李道传（12岁）、李性传（8岁）扶其枢回乡，安息在井研县西陵山之阳四股树老家。"（2018年井研县正研室刘建华等撰《四李，井研文化之真实表达》文）李心传的幼子们尚能扶枢由京返蜀，随冯时行入京时已30多岁的长子冯相自当是有能力扶其父之枢回璧山安葬的，何况冯时行归葬璧山状元峰有其弟弟冯丹墓志碑文记载，又有时行好朋友晁公遡曾去谒墓，可证明代末期以来才出现的冯时行墓在铜锣峡、或水葬、墓在鱼嘴沱石崖等说完全错误。

璧山状元峰山腰的冯时行墓至今仍存。1959年《璧山新县志》稿记："迤北祖师观，状元坟在其西。""从古至今流传璧山的民谣曰：'乾山乾，乾山前，水流前，乾上一峰埋状元。'"（2016年版《秀美璧山》第248页）20世纪80年代初县人写有《游状元坟》，90年代有《七上状元峰拜谒冯时行墓》，2010年有《谒宋状元冯时行墓》诗。2010年秋，璧山冯氏族人百余人上状元峰祭拜上飨，重新培修了状元墓，并竖立"抗金英才，爱国楷模，宋朝状元冯公时行墓"碑和《新树状元坟碑记》。

第二十五章 冯时行一生著作考

第一节 冯时行著书考叙

冯时行生平著书自南宋以来多次编印，但他究竟撰写有哪些书，历代的编印情况，现传世的书籍还有哪些？至今尚无人进行完整的研究，故本节特作考述，用以补缺。

一、冯时行文集考述

冯时行文集从南宋至今有《缙云集》、《缙云先生集》、《冯缙云先生集》、《缙云先生文集》、《缙云冯先生文集》、《缙云文集》、《缙云集钞》等名称，文集有昔为 43 卷、45 卷、55 卷和今存 4 卷、5 卷、1 卷等说。

（一）称《缙云集》与卷数的：

1、南宋朱熹《晦庵集》卷 71《偶读漫记》云：“蜀人冯当可之文，号《缙云集》。”

2、元代脱脱等编《宋史·艺文志》七载：“冯时行《缙云集》四十三卷。”

3、明代初期李贤等纂修《大明一统志》卷 69 重庆府人物：“冯时行……所著有《缙云集》。”

4、明代正德《四川总志》卷 13 重庆府人物：“冯时行……有《缙云集》行於世。”

5、明万历间曹学佺著《蜀中广记》卷 99 著作记第 9 集部：“《缙云集》四十三卷，冯时行著。”

6、明末王应熊撰《冯时行传》：“著有《缙云集》。”（清嘉庆《四川通志》卷 146 重庆府 7 人物）

7、明末清初黄宗羲《宋元学案》卷 30 天授门人条 4 “知州冯缙云先生时行"记:"先生文号《缙云集》。"

8、清代康熙《四川总志》卷 15 人物上:"冯时行,字当可……有《缙云集》行于世。"

9、清雍正《四川通志》卷 8 重庆府人物:"冯时行……有《缙云集》行於世。"

10、清乾隆初期《璧山县志》卷下人物:"冯时行……有《缙云集》行於世。"

11、清乾隆前期历鹗《宋诗纪事》:"冯时行……有《缙云集》。"

12、清嘉庆《璧山县志》卷 3 人物志宦业:"冯时行……有《缙云集》。"

13、清嘉庆《四川通志》卷 8 记:"冯时行……有《缙云集》传於世。"

14、清嘉庆《大清一统志》重庆府 3 人物:"冯时行……著有《缙云集》。"

15、清同治《璧山县志》卷 8 人物志文苑:"冯时行……《缙云集》四十三卷行世。"

16、清光绪《奉节县志》卷 25 政绩:"冯时行……有《缙云集》行世。"

17、民国十年(1921)《中国人名大辞典》第 1221 页:"冯时行……有《缙云集》。"

18、民国二十九年(1940)唐圭璋《全宋词》载:"冯时行……有《缙云集》。"

19、1959 年编《璧山县新县志》初稿篇目 8 人物:冯时行有"《缙云集》四十三卷行世。"

20、1984 年 5 期《史学月刊》载《冯时行考》文:"著《缙云集》四十五卷。"

21、1991 年《华东师范大学学报》3 期刊刘自强《〈江湖集〉丛刊所收诗人补考》文引《宋史·艺文志》七说:冯时行"有《缙云集》四十三卷。"

576

22、1992 年版《历代蜀词全辑》200 页记："冯时行……著有《缙云集》。"

23、1998 年版《全宋诗》卷 1936 冯时行传："有《缙云集》四十三卷（《宋史·艺文志》），已散佚。明嘉靖李玺刊为《缙云先生文集》四卷。"

24、2004 年出版《宋集珍本丛刊》收《缙云先生文集》刘琳撰前言："时行……《缙云集》原本四十三卷，久佚……（明嘉靖中）编为《缙云文集》四卷。"

25、2006 年出版《全宋文》卷 4265 冯时行小传：有"《缙云集》等"，"《缙云集》本四十三卷，到明世仅残存四卷。"

26、2000 年出版《宋代蜀诗辑存·璧山县》冯时行条："《缙云集》部分传世。"

（二）称《缙云先生集》的：

1、南宋王象之《舆地纪胜》卷 175 重庆府人物："皇朝冯时行……有文集曰《缙云先生集》。"

（三）称《冯缙云先生集》的：

1、明《永乐大典》卷 8414 兵字"《冯缙云先生集》《上岳相公书》"、卷 5839 载《冯缙云先生集》《落花十绝》等。

（四）称《缙云先生文集》与卷数的：

1、明代嘉靖十二年（1533）重庆府推官李玺撰《序〈缙云先生文集〉后》。（《宋集珍本丛刊》）

2、清初期杭州赵氏小山堂刻印"《缙云先生文集》，四卷，冯时行撰。"

3、1998 年版《全宋诗》卷 1936 冯时行："明嘉靖中李玺刊为《缙云先生文集》四卷，卷一至三为诗。"

4、1999 年版祝尚书著《宋人别集叙录》："《缙云先生文集》四卷，冯时行撰。"

5、2004 年版《宋集珍本丛刊》收"《缙云先生文集》四卷，冯时行撰，清赵氏小山堂钞本。"

6、2004 年版《巴渝诗词歌赋》150 页："冯时行……明嘉靖中李玺刊为《缙云先生文集》四卷，收入《四库全书·缙云文集》中。"

（五）称《缙云冯先生文集》的：

1、明代嘉靖十二年（1533）张俭"《刻〈缙云冯先生文集〉叙》"。（张俭《圭山近稿》卷 1）

（六）称《缙云文集》与卷数的：

1、明代嘉靖十二年（1533）李玺《序〈缙云先生文集〉后》文：璧山"乡衮刘培庵因示以《缙云文集》"。

2、明嘉靖十二年李玺撰《重庆府推官李玺呈为刊刻书籍事》说冯时行"又有《缙云文集》行於世……卑职又访乡少参刘培庵，抄录旧本伍拾伍卷，共计四百余板……命官校选，凡得诗文之有关系而精且粹者壹拾捌卷，计壹佰肆板。"

3、明嘉靖《四川总志》卷 9 重庆府人物："冯时行……有《缙云文集》行於世。"

4、明万历《四川总志》卷 9 重庆府人物："冯时行……有《缙云文集》行於世。"

5、明万历《重庆府志》卷 44 冯时行传："所著有《缙云文集》行於世。"

6、清代乾隆年间纪昀等撰《四库全书总目·缙云文集提要》："《缙云文集》四卷，宋志载其文集四十三卷，岁久散佚。明嘉靖中，重庆推官李玺始访得旧抄残本，编为四卷授梓，此本即从玺刻传写者也。"

7、清乾隆钦定《续文献通考》15 载："冯时行《缙云文集》四卷"。

8、清乾隆五十七年（1792）嵇璜等撰《钦定续通志》卷 162 艺文载："《缙云文集》四卷，宋冯时行撰。"

9、清乾隆年间永瑢等编著《四库全书简明目录》卷 16 别集类载："《缙云文集》四卷，宋冯时行撰。原本四十三卷，岁久散佚。

此本乃明嘉靖中，李玺以残本重编也。"

10、清道光《重庆府志》卷9艺文志："《缙云文集》四卷，冯时行撰。原本四十三卷，岁久散佚。"

11、清光绪陆心源编著《宋史翼·冯时行传》："著有《缙云文集》四十五卷。"

12、清末邵懿辰撰、邵章续录《增订四库简明目录标注》："《缙云文集》四卷，宋冯时行撰，原本四十三卷，岁久散佚，此本乃明嘉靖中李玺以残本重编也。"

13、民国傅增湘《蜀文辑存作者考》："冯时行……《缙云文集》四十五卷。"

14、民国六年（1917）《续修璧山县志稿》人物："冯时行……《缙云文集》四十三卷行世。"

15、民国二十三年（1934）版《中国文学大辞典》674页："时行有文集五十五卷，（《宋史·艺文志》）岁久散佚，今仅存四卷。（《四库总目》）"

16、民国《巴县志》卷10人物："冯时行……著有《缙云文集》四十五卷，今存四卷。"

17、民国二十九年（1940）版《全宋词》："《缙云文集》四卷，宋冯时行撰。"

18、1981年版彭伯通《古城重庆》书77页："冯时行当可……《缙云文集》四十五卷。"

19、1981年重庆地方史资料丛刊之《重庆简史和沿革》170页："冯时行字当可……《缙云文集》四十五卷。"

20、1989年版《重庆市北碚区志》人物志："冯时行……还著有《缙云文集》43卷……今尚存明版本《缙云文集》4卷，被列入钦定四库全书。"

21、1992年版《重庆名人辞典》第5页："冯时行……著有《缙云文集》43卷。"

22、1992年版《锦绣璧山》30页：冯时行"著有《缙云文集》

四十三卷……今传世《缛云文集》四卷。"

23、1996 年版《璧山县志》人物："冯一生著有《缛云文集》43 卷……现存《缛云文集》4 卷。"

24、1997 年版《宋代蜀学研究》84 页："冯时行……著有《缛云文集》四十三卷（今存四卷）。"

25、1998 年版《全宋诗》卷 1936 冯时行："有《缛云文集》四十三卷，已散佚，明嘉靖中李玺刊为《缛云先生文集》四卷，卷一至三为诗。"

26、2000 年版刘豫川著《历史考古与博物馆研究》载《灵石考》文："冯时行……有《缛云文集》存世。"

27、2002 年版胡问涛、罗琴著《冯时行及其〈缛云文集〉研究》附录《冯时行年谱》："著有《缛云文集》"。书前言："清编《四库全书·缛云文集》仅存四卷，已难窥其全貌，难以代表他创作的全部成就。"

28、2003 年《璧山文史资料》第 17 辑邓启云《璧山咏鞋诗辑》："冯时行……现存世《缛云文集》4 卷，传世诗词文章 400 余首（篇）。"

29、2004 年《凉山大学学报》3 期刊张志全《冯时行的佛道思想》："冯时行……有《缛云文集》四卷传世，经胡问涛、罗琴老师辑校，现有诗文共五卷。"

30、2005 年出版王群生主编《重庆历史名人典》6 页：冯时行"有著作《缛云文集》四十五卷，今存四卷。"

31、2005 年出版《董其祥历史与考古文集》255 页："冯时行……有《缛云文集》传世。"

32、2007 年版《璧山古诗鉴赏》33 页："冯时行……著有《缛云文集》43 卷，现存 4 卷。"

33、2009 年版《璧山楹联鉴赏》29 页："冯时行……著有《缛云文集》43 卷。"

34、2013 年版胡昌健著《巴蜀史地与文物研究》353 页："冯时行有《缙云文集》四十三卷，今仅存四卷。"

35、2016年出版邓启云撰《秀美璧山》书247页："冯时行现存《缙云文集》4卷，有关方志、类书载存诗词300多首、文近100篇。"

36、2017年出版邓启云著《璧山来凤鱼文化》103—104页："冯时行……其著《缙云文集》43卷……今存明人重编《缙云文集》4卷。"

37、2018年出版《巴蜀历代文化名人辞典》冯时行条："又有《缙云文集》四十三卷，今仅存四卷，收入《四库全书》。"

38、2018年出版《重庆历史政德人物》冯时行："还著有《缙云文集》43卷，被钦定列入《四库全书》。"

（七）称《缙云集钞》的：

1、民国四年（1915）商务书馆印《缙云集钞》1卷。

经考察，冯时行撰文使用"缙云"时间是在绍兴二十九年（1159）他复出被任命知黎州始。其作《留题云顶》诗说："绍兴二十九年，岁在己卯，缙云冯当可登此山。"（《永乐大典》卷11951）同年九月二十二他与合州赤水县吏登龙多山写诗序："缙云冯当可登此山"，二十三日下山作《何信叔长卿伯仲遮道饮，临别赠拙诗见意》题云"缙云冯时行"。（民国《合川县志》卷36金石）绍兴三十年（1160）三月撰写《资治通鉴释文序》落款"主管学事缙云冯时行序。"（南宋《国朝二百家名贤文粹》卷148）同年作《刘尚之墓志铭》云"求其父故人缙云冯某志其父"。（《缙云文集》卷4）又在《修成都府府学记》中说："公以命其属部沈黎守吏缙云冯某。"（南宋《成都文类》卷30）绍兴三十年底在《梅林分韵诗序》中记："缙云冯时行从诸旧朋凡十有五人。"（名《蜀中广记》卷63方物梅）同时友人杨大光分韵诗云："缙云主齐盟"，吕商隐分韵诗云："持问缙云老"。（南宋《成都文类》卷11）绍兴三十二年（1162）十一月在提刑任撰《龙多山鹭台院记》说："缙云冯时行记。"（乾隆《合州志》卷12）

冯时行的文章早在绍兴二十年（1150）前后已流传各地，但直到绍兴二十八年（1158）时未见行文用"缙云"（偶用"缙云子"不计），他的文集用"缙云"之名当是在其频繁使用"缙云"为文期间。刻印成书当是在绍兴三十二年任成都提刑时，因成都一带印刷业发达，此时期他经济较以前宽裕，具备刻印文集的条件。

最早刻印的冯时行文集名《缙云集》，该集在其隆兴元年（1163）逝世后33年已传往四方。朱熹在宁宗庆元二年（1196）说："蜀人冯当可之文，号《缙云集》"，"近得其文集读之，议论伟然。"（《晦庵集》卷71《偶读漫记》、卷83《跋张敬夫与冯公帖》）

《缙云集》传历174年至元代末期至正三年（1343）被编录入《宋史·艺文志》。该志记："冯时行《缙云集》四十三卷。"以该志记，可知朱熹读过，冯时行逝前刻印的《缙云集》是43卷。

明代洪武元年（1368），朱元璋大将徐达攻占元朝都城后，将元朝内阁保存的图籍运回南京，《缙云集》也在其中。稍后，书坊又刻印了《缙云文集》。以嘉靖十二年（1533）重庆府推官李玺所撰文考，明初刻印的《缙云文集》是55卷、400余版800多页。嘉靖初期，曾任四川布政使司从四品参议（即少参），职掌分道督粮、册、分守的璧山县人刘培庵就保存有一部。李玺说："嘉靖癸巳（1533），两厓先生（巡按四川监察御史朱廷立）按蜀倡道，访古今遗文而表章之。乡衮刘培庵因示以《缙云文集》，"（《序〈缙云先生文集〉后》）"卑职又访乡少参刘培庵，抄录旧本伍拾伍卷，共计四百余版，已经呈送本院亲览，……命官校选，凡得诗文之有关系而精且粹者壹拾捌卷，计壹佰肆版，理合遵奉翻刻，以传永久。"（《重庆府推官李玺呈为刊刻书籍事》）不久，由璧山知县孙奇用官银组织"刊匠"在璧山刻印出了4卷本文集，名称《缙云先生文集》。该次经挑选后刊印的作品仅为刘培庵保存的《缙云文集》即底本为南宋《缙云集》载文的约四分之一，仅收作品313首（篇），内含诗257首、词12首、散文44篇。查该集中有误收他人诗1首、同题文增3篇，故实载诗应为256首、词12首、文47篇，合计315首（篇），考证见后面本章第二节冯时行诗词文考。

明代初期刻印的《缙云文集》数量应不多，朝廷收存的《缙云文集》到宣德年间（1426 至 1435）已残缺。史载明成祖朱棣迁都北京，"各书自永乐十九年（1421）南京取来，……移贮文渊阁"，（《四库全书总目提要》卷 85 吏部 41 目录类 1）杨士奇等于宣德四年（1429）编成《文渊阁书目》在正统六年（1441）刻印，该书目卷 9 记："冯时行《缙云文集》一部九册（残阙）。"清代傅维麟编《明书经籍志》（商务书馆印明史艺文志、补编、附编本）时亦记《缙云文集》九册，是指明代残阙之本。

早在南宋《缙云集》刻印约 60 年，书坊又刻印了《缙云先生集》，王象之在嘉定十四年（1221）著《舆地纪胜》记："皇朝冯时行，……有文集曰《缙云先生集》。"该版本经历 182 年，到明代前期永乐元年（1403）编《永乐大典》时称名《冯缙云先生集》。今学者王兆鹏研究说："《永乐大典》卷三零零四、卷五八三九等均录存有《冯缙云先生集》，是明初尚《缙云先生集》传世。"（《湖北大学学报》2011 年 5 期刊《两宋所传词集续考》）南宋刻本《缙云先生集》传到明万历三十三年（1605），孙能传、张萱等编《内阁书目》（适园丛书本）收载说："《缙云先生文集》六册，巴郡冯时行著。"再后至明末，浙江山阴（今绍兴）人祁承爜著《澹生堂藏书目》卷 13 记："《缙云先生集》四册二卷"。

明嘉靖十二年（1533）李玺编在璧山刻印的《缙云先生文集》，被朱元璋 7 世孙朱睦挈在嘉靖间录入《万卷堂书目》称"《缙云集》四卷"。今人祝尚书撰《宋人别集》说："《万卷堂书目》著录'《缙云集》四卷'……当是明本"。此"明本"四卷即李玺编本。

到清代康熙年间，浙江海宁人马思赞《红药山房》抄嘉靖李玺本《缙云先生文集》4 卷，现台北"中央图书馆"有藏。康熙末至乾隆初期，仁和（属今杭州）人赵昱小山堂也钞有李玺刻本。民国时傅增湘藏园钞本称《缙云集》，底本用的赵氏小山堂钞本。小山堂钞本《缙云先生文集》于 2004 年又被收入《宋集珍本丛刊》第 041

册，该集卷首有嘉靖四川按察司副使张俭序，正文之末附录宋知州蹇驹撰《古城冯公庙碑》，后为李玺刊刻《缙云先生文集》呈文及跋。

稍晚于赵氏小山堂，乾隆三十八年（1773）至四十六年（1781）编《四库全书》，海内征书，编修汪如藻将家藏的李玺本《缙云先生文集》进献朝廷，被收录入《四库全书》刊印称名《缙云文集》。

道光间钱塘汪氏振绮堂，晚清钱塘丁氏八千卷楼，仁和（杭州）邵懿辰批注与其孙邵章续录付刻的《增订四库简明目录标注》，以及秋声馆均先后抄钞李玺刻本且著录为 4 卷。

清代末，浙江海宁人管廷芬等编《宋诗钞补》，收录《缙云集钞》1 卷，民国四年（1915）铅印为 1 册，仅收诗 6 首。

前叙冯时行文集各种刻印本、抄钞本收录诗词文今见较多的是四库全书《缙云文集》，还有稍早于四库本的赵氏小山堂钞本《缙云先生文集》。2002 年巴蜀书社出版胡问涛、罗琴著《冯时行及其〈缙云先生文集〉》，所载冯氏诗词文比四库本《缙云文集》、赵氏小山堂钞《缙云先生文集》所收还多，但该书写冯时行生平事迹和对其作诗文注释错误很多，笔者已在前面各章节中分别考证指出。

二、冯时行著《易论》叙考

（一）记叙冯时行《易论》是三卷的：

1、南宋冯椅《厚斋易学》附录二说："冯时行，字当可，蜀人，《易论》三卷。"

2、元代胡一桂《周易启蒙翼传》："冯时行《易论》三卷。"

3、元代董真卿《周易会通》姓氏："冯氏当可时行缙云，蜀人，《易论》三卷。"

4、明代万历年间朱睦㮮《授经图义例》卷4："《易论》三卷，冯时行。"

5、清初朱彝尊《经义考》卷 25 易："冯时行［当可］《易论》三卷，佚。"

6、清道光《重庆府志》卷 9 艺文志："《易论》三卷，冯时行撰。"

7、清同治《璧山县志》卷 8 人物志文苑："冯时行……深於易学，……所著有《易论》三卷，……其《易论》发明前人未发之旨，《御纂周易折衷》多采其义。"

8、民国六年（1917）《续修璧山县志稿》人物："宋冯时行……时行深於易学，……所著有《易论》三卷。"

9、1959 年《璧山县新县志》（初稿）文化志人物："冯时行……所著有《易论》三卷。"

10、1997 年版胡昭羲等著《宋代蜀学研究》84 页："冯时行……《易论》三卷（今佚）。"

11、2004 年版熊宪光等著《巴渝诗词歌赋》150 页："冯时行……著有《易论》三卷，已佚。"

12、2016 年出版邓启云撰著《秀美璧山》247 页：冯时行"著有《易论》3 卷已佚。"

（二）记叙冯时行《易论》是二卷的：

1、清代光绪年间陆心源《宋史翼》冯时行传："有《易论》二卷。"

2、民国《巴县志》卷 10 人物："冯时行……著有《易论》二卷。"

3、民国傅增湘著《宋代蜀文辑存·作者考》："冯时行……著有《易论》二卷。"

4、1981 年版《古城重庆》77 页："冯时行当可……有《易论》二卷。"

5、1981 年重庆地方史资料丛刊之《重庆简史和沿革》170 页："冯时行字当叮……有《易论》二卷。"

6、1984 年 5 期《史学月刊》载《冯时行考》文，说冯时行"著《易论》二卷。"

7、1985 年 4 期《四川师大学报》载《略论冯时行及其作品》："《宋史翼·冯时行》称冯时行著有《易论》二卷。"

8、1989 年出版《重庆市北碚区》人物志："冯时行……《易论》

2卷。"

9、1992年出版《重庆名人辞典》5页："冯时行……《易论》2卷。"

10、1992年出版《锦绣璧山》30页：冯时行著"《易论》二卷。"

11、1996年出版《璧山县志》21篇人物冯时行："《易论》2卷。"

12、2002年出版《冯时行及其〈缙云文集〉研究》前言："著有《易论》二卷（已佚）"。该书附录——《冯时行年谱》："并作《易论》二卷。"

13、2007年出版《璧山古诗鉴赏》33页："冯时行……《易论》2卷已失。"

14、2009年出版《璧山楹联鉴赏》29页："冯时行……《易论》2卷。"

15、2013年出版《巴蜀史地与文物研究》353页：冯时行"又有《易论》二卷，今佚。"

16、2018年出版《巴蜀历代文化名人辞典》冯时行条："著有《易论》二卷（今佚）。"

17、2018年出版《重庆历史政德人物》冯时行："他还著有《易论》2卷。"

（三）记冯时行著《易论》未言卷数的：

1、2000年出版刘豫川《历史考古与博物馆研究》255页：冯时行"有《易论》"。

2、2006年出版《全宋文》卷4256冯时行小传："著有《易论》"。

3、2016年出版《宋代文化研究》23辑282页：冯时行"《易论》佚失，难窥其易学思想全貌。"

以上罗列古今学者记叙冯时行著《易论》书有三卷、二卷两说，那么哪一说是准确的呢？

笔者考查，早期记载冯时行著《易论》二卷的是清末光绪三十二年（1906）刊印陆心源所著《宋史翼》；最早记载冯时行著《易论》三卷的，是南宋嘉定十年（1217）冯椅自己作序的《厚斋易学》。《厚斋易学》比《宋史翼》早出 689 年，以后元代和清初的易学者均是记冯时行《易论》三卷，所以应以三卷说为对。二卷之说当系清末陆心源的笔误，后之学者有未予细辨而转抄也误。

三、现代学者极少提到的《缙云易解》

冯时行逝世后，他曾任成都府推官的孙子冯兴祖将祖父的易解辑编成六卷本《缙云易解》刊刻出版，时间大致在孝宗淳熙末期。宁宗嘉定十年（1217），冯椅撰编《厚斋易学》在附录二对该书记："《缙云易解》，易解六卷，题'缙云先生孙男兴组编'。"宋末元初该书仍流传，时人俞琰撰《读易举要》卷 4 说："蜀人冯时行当可撰《缙云集解》……其书题'孙男兴祖编'。"

到元代末期，脱脱等编《宋史·艺文志》收录冯时行《易论》三卷，但未记《缙云集解》六卷，当是该书此时已散佚。在编《宋史·艺文志》之前，胡一桂在《周易启蒙翼传》、董真卿在《周易会通》中已记冯时行《易论》为三卷，是用南宋冯椅之说本。

清代民国中，学者谈冯时行多说作有《易论》三卷，忽略了南宋刊刻的《缙云易解》六卷。该书是冯时行著作之一，应补入其生平事迹中。

四、现代学者失记冯时行著《周礼别说》

现代学者研究冯时行时，均未谈他还著有《周礼别说》书。今人许肇鼎搜编《宋代蜀人著作存佚录》，在璧山县下冯时行所列著作中也未记录。

笔者查《明史》志第七十二艺文一记："冯时行，《周礼别说》一卷。"清乾隆间进士秦蕙田撰《五礼通考》亦记："冯时行，《周礼别说》一卷。"该书今未见传，但《五礼通考》中记有冯氏零星论周礼语，如"言著"下记："……无非周礼辨出巷，冯时行《周礼》则说出巷。施天麟《周礼》贵于周。"

以《明史·艺文志》、《五礼通考》记载为据，冯时行的确著有今已佚的《周礼别说》，应补入其生平著作中。

综前所叙考，冯时行实著印《缙云集》43 卷，南宋中期又被编印称名《缙云先生集》，明代初期则编印有 55 卷本《缙云文集》，明嘉靖间李玺以 55 卷本《缙云文集》为底本选编成 4 卷本《缙云先生文集》，到清代乾隆时以李玺本为蓝本刊印了正文、卷数不变的四库本《缙云文集》，另有多种以李玺本为底本的钞本、抄本。今见多为四库全书本《缙云文集》4 卷与清赵氏小山堂钞本《缙云先生文集》4 卷。冯时行还著有《易论》3 卷，《缙云易解》6 卷，《周礼别说》1 卷，均散佚，部份文散载于宋、元、明、清学者所撰易学书中。

第二节　冯时行诗词文考

对于冯时行的诗词文章，南宋绍兴间进士员兴宗说"其文高以宏"。合州赤水官吏樊汉炳赞"文章妙天下"。于格称"当代的文章簿籍，数缙云冯时行主齐盟。"成都转运副使王之望评冯时行"文傅正气"。他逝世后，进士塞驹说其"文尤高古"。朱熹评其"博学能文"，"其谋画议论，皆奇伟得当"。冯时行的诗词文，《宋史·艺文志》载有《缙云集》四十三卷，但其诗、词、散文各有多少未见有古文献记叙。

到当代，学者胡问涛、罗琴 2002 年著《冯时行及其〈缙云文集〉研究》书 334 页记，冯氏所著"年代久远，诗文散佚太多，无法窥其全貌……《缙云文集》计有：五言古诗四十八首，七言诗三十五首，五言律诗七十五首，七言律诗九十九首，词一十二首。另从总集、类书、地方志中尚可辑佚诗词三十八首。诗词总计三百零七首。"该书还说冯时行现仍存"文章共计七十一篇。"

2004 年熊宪光等著《巴渝诗词歌赋》150 页《巴渝本土诗人》条评价冯时行"诗词兼长，"今四卷《缙云文集》中"卷一至卷三为诗，存诗近 300 首。"

2005 年张志全撰论文《冯时行及其诗歌艺术风格研究》说："据《宋史·艺文志》记载，冯时行《缙云集》有四十三卷，由于散佚过多，现仅存诗 294 首，词 13 首。"

2010 年张文进撰论文《冯时行散文研究》统计说:"《四库全书》收录《缙云文集》四卷,其中文章四十四篇。今人胡问涛、罗琴以《四库全书·缙云文集》为底本,校以清赵氏小山堂钞本,并增收其佚诗、佚词、佚文……因此又辑佚文二十六篇,加上《梅林分韵得梅字有序》这篇序言,现存冯时行散文共 71 篇。"

2015 年 6 期《重庆三峡学院学报》载汤棋夷撰《论冯时行词中的巴渝文化色彩》说:"他的词现存 13 首。"

以前面多位研究者说和据《缙云文集》四卷载及从总集、类书、地方志中搜集,冯时行存诗为 294 首,词 13 首,散文 71 篇,总计为 378 首(篇)。

那么,这些数据是否属实可信呢?冯时行一生到底写作了多少诗、词、散文,至今的真实存在数量如何呢?现考叙如下:

四库全书《缙云文集》提要说:"《缙云文集》四卷,宋冯时行撰……宋志载其文集四十三卷,岁久散佚。明嘉靖中,重庆推官李玺始访得旧抄残本,编为四卷授梓。此本即从玺刻传写者也。"今学者刘琳在《宋集珍本丛刊》收影印赵氏小山堂钞本《缙云先生集》四卷本提要中也说:赵氏小山堂本《缙云先生文集》系明嘉靖刻本。以两种提要所说为据,可知从明嘉靖李玺访编四卷冯时行文集开始至今,收载入文集中的诗有 257 首、词 12 首、散文 44 篇,合计作品 313 首(篇)。那么,明嘉靖以前冯时行的诗、词、文又有多少呢?

小山堂本《缙云先生集》附录嘉靖十二年八月《重庆府推官李玺呈为刊刻书籍事》文记:冯时行"又有《缙云文集》行於世,迨后胤嗣落英,世代兵焚,而此集竟失其传。……卑职又访乡少参刘培庵,抄录旧本伍拾伍卷,共计四百余板,已经呈送本院亲览,求为首序,但其原未删正,多散逸不全,又复呈蒙钦差抚治重夔兵备副使张(俭)、四川按察司分巡东道佥事李、命官校选,凡得诗文之有关系而精且粹者壹拾捌卷,计壹佰肆板",重编为《缙云先生文集》四卷,属璧山县令孙奇刻之。由此可知嘉靖重编《缙云先生文集》四卷本，是从璧山县人刘培庵收藏的原55卷、400余板、800多页的《缙云文集》中选编的，选了18卷、104板、200多页，占原55卷、400余板、800多页的四分之一，仅收诗257首、词12首、散文44篇，合计诗词文313首（篇）。笔者据此以选编后18卷、104板、200余页收313首（篇）按比例推论，原55卷、400余板、800多页的《缙云文集》约有诗词文1250余首（篇）。

今存《缙云文集》卷2有《游宝莲寺分韵得尘字》诗，郭印《云溪集》卷7有《中秋日与诸公同游宝莲院分韵得尘字》，两诗标题稍有不同正文仅有1字不同。考察这是冯时行与郭印绍兴七年（1137）时同游眉州宝莲院分韵作诗。因《缙云文集》卷1已载有冯时行作《隐甫、圣可、子仪同游宝莲，分韵得郭字》诗，他不会又分韵作"得尘字"诗，《游宝莲寺分韵得尘字》诗应是郭印写作的，当是明嘉靖时误收入冯时行文集中，参见笔者在本书第八章第四节已谈该诗。

《缙云文集》卷2有冯时行绍兴六年（1136）正月在丹棱知县任中写的《游云泉寺》诗，郭印《云溪集》卷9则有《游灵泉寺》诗，句中仅有1个"一"字与冯时行《游云泉寺》诗不同。考这是清代编《云溪集》时误将冯时行诗收入郭印文集中，笔者已在本书第七章第四节叙明。又在《缙云文集》卷1有冯时行作《题苏庆嗣睡乐轩》诗，郭印《云溪集》卷3也有《题苏庆嗣睡乐轩》诗，两集相同标题之诗仅正文有3个字不同。笔者在第十二章第四节已考叙该诗实系冯时行写，是误录入郭印集中。

《缙云文集》卷2《石漕生辰》诗又见收载于北宋唐庚《唐先生文集》，不知是否是清代重编唐庚文集时误将冯时行之作录入唐庚集中，还待进一步考察。

上叙《缙云文集》四卷中应删除非冯时行作《游宝莲寺分韵得尘字》诗1首，保留待进一步考察的《石漕生辰》诗，冯时行文集诗应为256首。

1998年出版的《全宋诗》卷1939收辑了南宋《舆地纪胜》载

冯时行《万州》诗和"题龙多山"与"妾身在代不如意，汉中胡中俱断肠"2首残句，《方舆胜览》载《题三峰》（同治《璧山县志》名《中岩石笋》），《成都文类》载《梅林分韵得梅字》有序，明《永乐大典》载《乌栖曲》、《寄题庞宫使提举山斋二绝》、《铃斋》、《赠何山人》、《落花十绝》、《题綦母氏孝友堂诗》、《稽古堂诗为曹应祥题》、《学古堂为毛应叔题》、《云岩》、《中岩》、《题汉初东岩》、《涪州北岩》、《留题云顶·并序》、《茶岭》，《全蜀艺文志》载《出郊题瀼东人家屋壁》，清嘉庆《四川通志》载《双飞桥》、同治《璧山县志》载《甘宁庙》、《伏虎寺》，计22题33首诗和2残句。

2002年胡问涛、罗琴著《冯时行及其〈缙云文集〉研究》书，将《全宋诗》收辑的冯时行33首诗和2残句以及同治《璧山县志》载《观音寺》、民国《江北县志稿》载《早朝应制》、《大祀》、《和费比度杂诗》等4首诗收编入书之"卷四"，说"辑佚诗三十七首……残句二"。（见该书11页目录）该书16页目录下说冯时行《缙云文集》加上37首佚诗"总计诗二九四首"。

笔者考同治四年《璧山县志》载《观音寺》诗，实际就是《缙云文集》卷2中的《游云泉寺》。云泉寺在丹棱县，清代改称观音寺。本书第七章第四节对《观音寺》诗已作考证。该寺系重出，删除后胡、罗著书所说冯时行佚诗37首应更为36首。这36首佚诗加《缙云文集》载的256首诗，冯时行诗为292首非"二九四首"。

经笔者搜集考查，冯时行散见于史书的佚诗还有7题9首和1残句，列叙如下：

1、《送二十二舍弟赴金堂簿丹》（宋·冯山《安岳集》卷5）。

2、《三家兄报荐起楼屋喜而有诗》（宋·冯山《安岳集》卷11）。

3、《宝华寺》（明曹学佺《蜀中名胜记》卷19重庆府忠州）。

4、《万卷堂》（《大明一统志》卷69宫室）。

5、《游蟠龙山》（清康熙《四川总志》卷3金堂县）。

6、《龙多山留题三绝》（民国璧山张席儒《闲居录》说，冯时行游合川龙多山留题三绝，赤水县吏加"璧山冯公留题"标题刻于岩壁。多数诗与序文今仍存）。

7、《何信叔长卿伯仲遮道饮，临别赠拙诗见意》（民国《合川县志》卷 36 金石）。

1 残句为"留得甘泉作霖雨，白云往来自无心。"（南宋《舆地纪胜》卷 177 万州诗）

文献另载残诗题目 5 首：

1、《送邑人武魁王大节羽赴江州谒岳帅》（清《果善堂集》引元末陈万山《金山名胜记》）。

2、《日暮碧月合佳人殊未来郊建除体作诗招之》（南宋郭印《云溪集》卷 3）。

3、《邑士将赴类试作诗饯之》（南宋郭印《云溪集》卷 6）。

4、《观雪》（南宋郭印《云溪集》卷 12）。

5、《宿云岩》（《大元一统志》卷 73 合州）。

以上经考四库本《缙云文集》4 卷实载诗 256 首，今人著《冯时行及其〈缙云文集〉研究》辑冯佚诗 36 首和 1 残句（该书 178 页载"题龙多山"，在民国《合川县志》中有完整诗即《龙多山留题三绝》之一），笔者新搜辑佚诗 7 题 9 首和 1 残句、5 首诗题目，3 方面相加现知冯时行传世计有诗 301 首和 2 残句、5 首诗题目，合计为 308 首。

冯时行的词，《缙云文集》4 卷载有 12 首，《永乐大典》载 1 首（其中有与《缙云文集》相同的不计），合计有词 13 首。查《全宋词》、《历代蜀词全辑》等书也是载词 13 首。

今学者说《缙云文集》4 卷载冯时行撰散文 44 篇。笔者考查该文集卷 3《答田廷杰秀才帖》实系 4 次写作的，是同一题目的 4 篇文章，应按《全宋文》卷 4226 那样将该文还原分为 4 篇，如此则《缙云文集》载文应是 47 篇。

《冯时行及其〈缙云文集〉研究》作者说其辑录的冯时行佚文 26 篇（《缙云文集》均未载），但笔者查这 26 篇文应是 34 篇。据《全宋文》收载的《谢秦丞相小简》（民国《蜀文辑存》称名《上丞相小简》）文按古文献记是同题目的 6 篇文章，《上程侍讲小简》也是同题目的 2 篇文章，《上太守劄子》则是同题目的 3 篇文章。

冯时行散见于史书、摩崖石刻的佚文，笔者搜集新增下列 25 篇：

1、《祭家井二神文》（民国璧山出土明成化璧山知县万祖福立《冯时行〈祭家井二神文〉碑》）。

2、《龙脊石题名》（重庆博物馆藏冯时行撰文刻石拓片、《全宋文》卷 426831 引台湾新文丰出版公司石刻史料新编本记）。

3、《江原劝农文》（民国璧山张席儒《闲居录》稿）。

4、《刘云安祭文》（《永乐大典》卷 14054）。

5、《上岳相公书》（《永乐大典》卷 8414）。

6、《富家翁逸事》（南宋《能改斋漫录》卷 12）。

7、《答唐希德书》（南宋《国朝二百家名贤文粹》卷 112）。

8、《景俊卿学易堂记》（南宋《国朝二百家名贤文粹》卷 140）。

9、《报白执礼论易书》（南宋《国朝二百家名贤文粹》卷 112）。

10、《答晁子止论易书》（南宋《国朝二百家名贤文粹》卷 112）。

11、《游乐碛题石》（南宋陈思《宝刻丛编》，原文无标题）。

12、《贺恭州知通启》（《永乐大典》卷 10540）。

13、《上宰相书》（南宋《国朝二百家名贤文粹》卷 84）。

14、《答于守论备员介僎书》（《永乐大典》卷 12072）。

15、《和州通判陈公墓志铭》（《永乐大典》卷 3148）。

16、《夏总干墓志》（南宋《舆地碑记目》卷 4《思州碑记》）。

17、《合州茶与玉蕊花》（南宋《方舆纪胜》卷 64 合州山川，原文无标题）。

18、《留题云顶并序》（《永乐大典》卷 11951）。

19、《龙多山留题三绝序》（民国璧山张席儒《闲居录》稿记石刻题名"璧山冯公留题"。民国修《合川县志》金石载时已佚 2 字存"冯公留题"4 字，文今存大部分）。

20、《黎州到任便民事奏》（《宋会要辑稿》食货 38 之 38）。

21、《黎州官吏求索红桑木等致土丁逃亡事奏》（《宋会要辑稿》刑法 2 禁约 4）。

22、《乞减定黎州秋锐米估钱价奏》（《宋会要辑稿》食货 70 之 49）。

23、《贺杜起莘殿院除遂宁启》（《永乐大典》卷 10540）。

24、《飞雪崖石壁文》（民国《巴县志》卷 20 金石、郭沫若《洪波曲》291 页"补记"）。

25、《历山寺题词》（民国璧山张席儒《闲居录》稿）。

还有 5 篇残文为：

1、《云安县杜鹃亭记》（南宋《舆地纪胜》卷 182 夔州路云安军）。

2、《谯楼记》（南宋《舆地纪胜》卷 175 夔州路重庆府）。

3、《三家兄墓志铭》（宋·冯山《安岳集》卷 18 目录）。

4、《张武烈公益德》（民国璧山张席儒《闲居录》稿）。

5、《邛州费义墓志》（南宋李心传《旧闻证误》卷 3。原文无标题）。

上叙冯时行四库本《缙云文集》收散文按《全宋文》分应为 47 篇，《冯时行及其〈缙云文集〉研究》辑文说的 26 篇按《全宋文》分应是 34 篇，笔者又增辑佚文 25 篇、残文 5 篇，合计冯时行传世散文现知为 106 篇、残文 5 篇。

综前所考叙，可知冯时行现存诗 308 首，其中全诗 301 首、残句 2 首、残题目 5 首；存词为 13 首、存散文 111 篇，其中全文 106 篇、残文 5 篇；合计已知冯时行存诗、词、文 432 首（篇），内含残诗 2 首、残诗题 5 首、残文 5 篇。现知冯时行存世的 432 首（篇）诗、词、文，约为明代嘉靖十二年（1533）前的冯时行文集收载的 1300 首（篇）诗、词、文的三分之一。

第三节　冯时行易学文辑

冯时行对内容博大精深、神妙玄奥，具有世界影响的《周易》颇有研究。他的学术思想对中国易学发展和宋代蜀学发展有较大的影响。南宋朱熹盛赞其"议论伟然"，"尤恨不得一见其面目，而听其话言也。"他的易学专著因年久散佚，但在南宋冯椅《厚斋易学》、王应麟《困学纪闻》，元代董真卿《周易会通》，明代胡广《周易傅义大全》、张次仲《周易玩辞困学记》，清代李光地等《御纂周易折中》、朱彝尊《经义考》、沈起元《周易孔义集说》、王又朴《易翼述信》等书中存有佚文 177 条（各书相同条不重复计），加上笔者在本书十三章介绍南宋《国朝二百家名贤文粹》收录冯撰散文中的易学论语，实存有 180 多条。为了方便学者对冯时行易学的研究，特将他的佚文辑列于后。

乾卦：

易象画。冯当可曰：

观易于画，可见一阴一阳之道。易之画不过奇耦，奇耦进退而四时成八卦，备而六十四卦，备天人事物之理。变化消息之道尽于此。

易之象在画，易之道在用。知所用，则画不徒设。

元亨利贞。冯当可曰：

三百八十四爻，非一时毕陈也。方一爻用事，则易在此爻，而余爻俱废。卦犹岁也，爻则犹月，卦犹月也，爻则犹日。卦犹日也，爻则犹时，方有是月日时也。余月日时之在前者则既往矣，后乎此则未至也。

初九，潜龙勿用。冯当可曰：

居下位而欲为上，祸斯及之矣。时方潜藏，而欲发泄，所谓反时为灾也。

九二，见龙在田，利见大人。冯当可曰：

中犹皇极也，用于五事则皇极在五事，用于八政则皇极在八政。

二五，中之位，非中也，所以机括初上三四而成一卦，亦犹皇极上总下贯而成九畴者也。当潜而潜，则初得中矣。知亢无首则上得中矣，中见於事为，而用中者在君子之心。

（以上《厚斋易学》卷5）

坤卦：

《象》曰：地势坤。君子以厚德载物。冯当可曰：

法坤以厚德，法重坤以载物。天地民物之责，圣贤道学之传，非德之厚，孰能载之？

（《周易孔义集说》卷17）

六三，含章可贞。或从王事。无成有终。冯当可曰：

乾成之坤从而终之，犹乾始之坤从而生之。

六四，括囊。无咎无誉。冯当可曰：

坤宜在下而反居上，非括囊谨密其能免於祸哉。圣人首乾坤以定君臣之分，使乾常不失在上，而坤常不失在下，则君臣之分定而祸乱不作矣。

六五，黄裳。元吉。冯当可曰：

天下之变无常，社稷有缀旒之危，莫不赖腹心大臣，从权制变而社稷以安。君薨，百官总己以听于冢宰，三代之常制。然则人臣而行君事，无世无之。坤之六爻于初戒之，四戒之上又申戒之。而五复为戒惧之辞世，不幸而至大变，则为臣者不敢犯难。而任事为君者，终疑其臣于下。谁与寄社稷之计不可之大者也，亦唯忠诚纯至临大节而不可夺，如黄裳者是赖焉，而后成社稷之功矣。

（以上《厚斋易学》卷5）

又执百官总己以听冢宰之义，谓以人臣而行君事，如伊周、霍光所为。

（《易翼述信》卷2）

用六，利永贞。冯当可曰：

乾极矣，九将变而为六，能用九则不失其为君之道。坤极矣，六将变而为九。能用六则不失其为臣之节，用九在无首，用六在永贞，永贞所以用六者也。

（《厚斋易学》卷5）

屯卦：

屯，元亨利贞。勿用有攸往利建侯。冯当可曰：

唯多助乃可济屯，勿用有攸往者，不可独往。唯建侯求助有可济之理。

六二，屯如邅如。乘马班如。匪寇婚媾。女子贞不字。十年乃字。冯当可曰：

初寇二，二欲应五，而不得应屯之象也。自己行藏，他人得而制之者，阴柔故也。

十年而后，从亦已晚矣，是亦屯也。

人君欲平治天下，得如此人材安得有成，虽乃心国家无益於缓急也。

六三，即鹿无虞。唯入于林中。君子几不如舍。往吝。冯当可曰：

若小人无深谋远虑，有以裨补于时，徒欲遂起躁妄之志，其终也不误国家，即自误其身者多矣。

六四，乘马班如，求婚媾。往吉。无不利。冯当可曰：

天下方屯，已为大臣任天下之责，而柔弱不足以济，方且求在下之贤以助之，宜有补于事功。

人主观此爻象，必欲经时济物。大臣有可任者专任之，不可者速退之，使初四两易其位则尤屯矣。然则所以至屯，亦由五也。

九五，屯其膏。小贞吉。大贞凶。冯当可曰：

屯至於五，犹可以为也。五者阳也，犹曰贤君欲有为而未得臣也。至於上，则无可为矣！

九五阳也，而陷於群阴之中，必得刚明之才如九五之类者为助，则可以解屯。初九其人也，然非正应，又蔽於三阴磐桓而不得进，岂得不屯邪？使初九进而为九四，则不成屯矣。

（以上《厚斋易学》卷6）

蒙卦：

初六，发蒙。利用刑人。用说桎梏。以往吝。冯当可曰：

蒙特取初终二爻，著用兵刑之理以为训。

六五，童蒙。吉。冯当可曰：

屯为物生之始，继始生之后，即为童蒙也。

（以上《厚斋易学》卷6）

需卦：

六四，需于血。出自穴。冯当可曰：

坎陷也，犹穴也。二阴包一阳，犹物陷于穴中。在坎之前，有出穴之象，不能度德量力以战，必待伤而后听从。小人之事，多如此。

九五，需于酒食。贞吉。冯当可曰：

刚明中正位乎？天位三阳，进而见助，夫何为哉！需于酒食而已，然三阳尚隔一阴，改为需象。

上六，入于穴。有不速之客三人来。敬之终吉。冯当可曰：

在坎之终，犹在穴之后，入穴之象也。三阳决四以进，以阳决阴，夬之义也。六四变亦为夬，至五则得类六处，最后无蔽阳之条。九五，需于酒食以待。三阳之至，三阳于五则为速客也。上六无意于三阳，则为不速之客。

（以上《厚斋易学》卷7）

讼卦：

讼，有孚。窒惕。中吉。终凶。冯当可曰：

有孚而窒焉，故讼。讼而未明，则惕。

以二刚来而得中，故中吉。中止则吉，终之则凶也。

（《厚斋易学》卷7）

师卦：

六四，师左次。无咎。冯当可曰：

用兵之法要在观时乘势，岂可一於进而不知退，一於胜而不谋败。时可矣则为九二，时未可则为六四。

六五，田有禽。利执言。无咎。长子帅师。弟子舆尸。贞凶。
冯当可曰：

易言用兵必於阴爻，得非以肃杀之气乎。

（以上《厚斋易学》卷 8）

比卦：

《象》曰：地上有水，比。先王以建万国，亲诸侯。冯当可曰：
地上之水异源同流，畎浍相比，以比於川。九川相比，以比於
海。如万国诸侯大小相比，而方伯连帅率之比，比於天子也。

（《御纂周易折中》卷 11）

初六，有孚比之。无咎。有孚盈缶。终来有它吉。冯当可曰：
卦分内外。六二之比已为自内，初又在二内，则由衷之诚发于
其心，犹酒醴盈于缶中，非外也。虽无正应，五必应之，正应者非
它也，非正应为有它。

（《厚斋易学》卷 8）

小畜卦：

九三，舆说辐。夫妻反目。冯当可曰：
居健之极切比畜主。使得进则四无全理，五方从四委任之专，
三岂能排者。

（《厚斋易学》卷 9）

履卦：

履。冯当可曰：
先儒谓履物为籍，似未然也。此卦不以上下言，以内外言也。
凡人之行，履莫不由内以及外。兑，内卦也，以柔履外卦之乾。

履虎尾。不咥人。亨。冯当可曰：
内兑以柔履外卦之乾，犹虎在前，人履之于后也。

上九，视履考祥。其旋元吉。冯当可曰：
步履以视地为安，不视地为危。履卑者易安，高者易危。初二
在下而卑者也，无应於上，无他瞻视则鲜有颠踬之虞，故曰无咎，
曰吉。四五在上，而高者也无应於下，下视不专则终有危惧之理，

故曰塑，塑曰厉。三应于上方且仰而视之，而不知所履，故有眇跛之象，而凶。上应于三反而观其所履之祥，故有俯视而履下之象，而吉。

（以上《厚斋易学》卷9）

泰卦：

初九，拔茅茹。以其汇。征吉。冯当可曰：

三阳在下，而上有其应，其进而征莫之能御。进而征者阳之性，有其应者君子之时，盖时者上之所为也。为人上而欲致泰者无他，应君子而已。

九二，包荒。用冯河。不遐遗。朋亡。得尚于中行。冯当可曰：

初比二为未用，犹贤者之在菟远。三比二则材过于刚，二独居中，后则引初以进，前则用三以行位。在内而志应于外为不遐，遗已应五而初应四三，应上同类各从其应为朋亡。

九三，无平不陂。无往不复。艰贞无咎。勿恤其孚。于食有福。冯当可曰：

乾之极不久位于三，将进而为四矣。三一进，则二初亦进，而阴则下生矣。此一爻，乃天地将交际变革之会，傥非泰则三当凶矣。无咎者，艰贞而免于咎也。

六五，帝乙归妹。以祉元吉。冯当可曰：

他卦多以阳居，五为君德，此以阴居，阳为君德，何也？九二之才之德，可以致泰诀矣。有臣如此，君何为哉，推诚屈己，专其好合。如帝妹下嫁于人，所以致泰者一任之而已。人属惟男女相亲出于天性，不可间也。

（以上《厚斋易学》卷10）

同人卦：

同人于野，亨。利涉大川。利君子贞。冯当可曰：

以卦体言之则有大同之义，以卦爻言之则示阿党之戒野外也。二之从五离之丽乾，皆自内而外理契。至公则虽胡越之殊为一心。私狗於巳，则虽室家之壸有异志。

（《厚斋易学》卷11）

大有卦：

大有。冯当可曰：

上下五阳皆为己有，所以谓之大有也。

九二，大车以载。有攸往。无咎。冯当可曰：

二应於五是不居，其有以奉上，故为大车以载，有攸往之象。

九三，公用亨于天子。小人弗克。冯当可曰：

上九既不应已，五居尊位，众阳宗之，是其道可应而应之之象。

六五，厥孚交如。威如。吉。冯当可曰：

当大有之世，爻爻皆有五，为大有之主，下当以有归於上，故诸爻皆以不自有为义，唯五则言处大有之道，倘下或有不归於上，则乌得为大有之时哉。

上九，自天祐之吉无不利。冯当可曰：

众阳宗于六五不宗上九，是处有之极，不有其有也。

（以上《厚斋易学》卷11）

谦卦：

初六，谦谦君子。用涉大川。吉。冯当可曰：

以阴柔处一卦之下，尽谦之义，他爻之所不及。

六五，不富以其邻。利用侵伐。无不利。冯当可曰：

三以孤阳处众阴之中，有强梗不服之象。

（以上《厚斋易学》卷12）

蛊卦：

初六，干父之蛊。有子。考无咎。厉。终吉。冯当可曰：

乾为父，坤为母，乾刚升而上，乾不成，乾则父之蛊也。坤柔降而下，坤不成，坤则母之蛊也。

九二，干母之蛊。不可贞。得中道也。冯当可曰：

治父蛊易，治母蛊难。妇人处事疑阻不明，易致忿怨。二居巽之中，不刚不柔，六爻中治蛊惟九二最善，故能干母之蛊而不坚执也。

六四，裕父之蛊。往见吝。冯当可曰：

下三爻巽体故可以干蛊，以六居四比九三为和柔，反不能干徒，能裕蛊，盖艮止而不巽，非下三爻比也，宜其往必见吝。

六五，干父之蛊。用誉。冯当可曰：

艮巽，风山相触而声生焉。用誉，取有声之象。

（以上《厚斋易学》卷12）

临卦：

初九，咸临，贞吉。冯当可曰：

凡临之道，上下相感，说为善初之应四，非中也。贞固审慎则吉，躁动则凶。

（《厚斋易学》卷13）

观卦：

初六，童观。小人无咎。君子吝。冯当可曰：

观以近为明，初最远，故为童稚之观。

六三，观我生进退。冯当可曰：

他卦三不中多不善，二居中多善，而观以远近取义，故如此。

六四，观国之光。利用宾于王。冯当可曰：

宾之为言去其家，以客於人而有所托也。

上九，观其生。君子无咎。冯当可曰：

读《易》至观，读观至上九，则知为君子信乎其难也！上九在傍，窃观九五之所生有间可乘，则上九与五同，类四阴，亦皆向之。惟五当位而有其权，上九在外而无其位，故四阴向五为五所有也。五有失，则四阴移以向上九矣，故在九五为观。我生在上九，为观其生。孔子识之曰：志未平也。我与五同德，何五之独有，四阴已独无有之之谓也。

（以上《厚斋易学》卷13）

噬嗑卦：

六二，噬肤灭鼻。无咎。冯当可曰：

阴柔必不能刚断如此，然以中而乘刚其遇昭然，之恶宜亦不恤。

口口且震体也、膚柔也、浅也、易噬也。奸恶虽著，然尚未至于盘错结连而难治也，然止在下者一身之表皆为膚，比止为浸盛。

（《厚斋易学》卷 13）

上九，何校灭耳。凶。

卦有四无咎，一吉一凶。治天下至於用狱，皆出於不获已。不获已而为之，得粗免於过，咎可也。九四之吉以对上九之凶，使四不艰贞，则其凶如上矣。

（《周易会通》卷 5）

灭趾则惩艾而不行，灭耳则顽悍而不听矣。凶，孰甚焉。

卦有四，无咎一吉一凶。治天下至於用狱皆出於不获已，不获已而为之得粗免於过，咎可也。九四之吉以对上九之凶，使四不艰贞，则其凶如上九，是其言吉与它卦不同。

六三，噬腊肉遇毒。小吝。无咎。冯当可曰：

刑狱，非用兵之比。兵人而反受其毒则危亡矣，刑人而遇毒不过一大之怨，故为小吝。狱之当治如腊在口，虽遇毒必噬之，而后可。奸人妨国，贼人妨化，必诛之，而后可治。虽大狱一起不无骚动，不得惧此而不诛也，谨之而已矣。

（以上《厚斋易学》卷 14）

贲卦：

九三，贲如濡如。永贞吉。冯当可曰：

刚过之阳二阴夾辅之，其贲饰之道显矣。以阴阳相贲而言，则九三待二四而贲，然一阳陷二阴之中几如濡溺，非三能永久贞固自守，以义则丧已矣。

六四，贲如皤如。白马翰如。匪寇婚媾。冯当可曰：

四应初，理也，以隔三故。贲，初未成。自昔先达在上之君子，欲引其类以自显，而为非类所隔不获，在下之用者亦多矣。

上九，白贲。无咎。冯当可曰：

六爻皆取阴阳相杂以为质。初比四，二比三，二四夾三以为贲。五比上，上终之之，事皆无吉。缶者文饰之事华也，非实也、末也，非本也，其得失有间矣。

（以上《厚斋易学》卷14）

剥卦：

六五，贯鱼。以宫人宠。无不利。冯当可曰：

五阴剥阳，意极不善，至是乃肯为宫人之宠，何也？以五也，阴本柔顺，而五得中，以率其下，必能不为剥灭之道夫。时非自剥，人事使然也。乾，亢矣，用九乃吉。坤，战矣，用六乃吉。顾在人者如何耳。时剥矣，而下有为善之道，上有取吉之理，下可为善，本爻是也。上可取吉，上九是也。

上九，硕果不食。君子得车。小人剥庐。冯当可曰：

观此一爻，得车、剥庐之异象，则剥与不剥岂不在圣人明言。君子、小人於一爻之中，其义著矣。

（以上《厚斋易学》卷15）

复卦：

六四，中行独复。冯当可曰：

犹夬之九三，於众阳中独应上六，为独行遇雨。

上六，迷复。凶。有灾眚。用行师。终有大败。以其国君凶，至于十年不克征。冯当可曰：

至是而不复，可谓迷矣。

（以上《厚斋易学》卷15）

大畜卦：

大畜。冯当可曰：

艮止乾健，健在下，安肯止而不升。艮自是止体二阴，下应初二两爻，阴阳感而自止，所以为畜。

不家食。吉。冯当可曰：

君能以至尊屈体下士，（阴柔应刚）贤者不当食於家。

利涉大川。冯当可曰：

乾健有为而五应之，故有利涉大川者。九非遇乾即巽，盖乾健行而巽以木也。

六四，童牛之牿。元吉。冯当可曰：

以弱畜刚苟不有以制之，将不免触啮之祸。君相畜才虽天下之健者，亦俯伏奔走而为我之用，此二阴所以能成其畜之功也。

（以上《厚斋易学》卷16）

颐卦：

颐。冯当可曰：

凡人之颐，上曰辅下曰车，辅不动艮也，车转动震六二，颠颐。拂经于丘。颐征凶。冯当可曰：

应五而五不应，反而求初，所以为颠颐。李季辨曰：反随下体以动也。

六五，拂经。居贞吉。不可涉大川。冯当可曰：

在五之经当下应二，如辅之应车也。五下无应遂不复颠颐，乃仰而应上九亦为拂经，是辅愈上而车愈下，其将何以养，故二与五俯仰不同，而同於拂经也。然以象取之，五傅於颐而当中，如人之前齿虽无功於噬啮但不动摇缺折斯足矣，故曰居贞吉。傅谓顺以从上者五，虽柔顺能傅於刚彊以自立，如前齿虽不致用，能傅於骨以自坚斯亦可久。

上九，由颐。厉吉。利涉大川。冯当可曰：

颐之所以成颐，由此一爻。

颐者，养也，养人亦所以自养也。六爻之中，动而从人以求养者皆凶，静而受人之养者皆吉。

（以上《厚斋易学》卷16）

大过卦：

大过。冯当可曰：

此卦人皆谓为非常之事，误矣。赞明言大者过也，是阳过阴也。天下之事唯两两相当，则易为力。苟有过，圣人尚欲出力思有以救之，安得谓非常之事。

栋桡。利有攸往。亨。冯当可曰：

栋已桡屋将压矣，圣人欲挈屋下之人而出之於外，以避摧压之祸，而尚有安於栋桡之下而不肯出者，将奈何哉！圣人唯以刚过之才，以巽说行之为出之之术，得其从则利有攸往，即有亨理也。

九二，枯杨生稊。老夫得其女妻。无不利。冯当可曰：

女嫁士夫相遇也，不得已而遇老夫。自古君臣过以相与者多矣，吁可叹也。

（以上《厚斋易学》卷16）

坎卦：

习坎。冯当可曰：

六纯卦，独於坎言习。君子之用坎，最不比诸卦坎险也。人之险，患难死生也。君子卒然蹈患难，死生之际居之恬然，无变於心，非积习之力有所不能。

有孚。维心亨。行有尚。冯当可曰：

行亦险，不行亦险。行也有可以出险之道，不行则坐受其困矣。

六三，来之坎坎。险且枕。入于坎窞。勿用。冯当可曰：

用与勿用在人，则知处险者时处乎险，而吉凶者在我而已。居六三之时而能勿用六三之道，则免乎险，此圣人以《易》垂训之意也。

上六，系用徽纆。寘于丛棘。三岁不得。凶。冯当可曰：

恋五而不去故用徽纆，寘于丛棘。四攀五以上，出上顾五而复入险，何由而济也。

（以上《厚斋易学》卷17）

离卦：

初九，履错然。敬之。无咎。冯当可曰：

日方出人夙兴之辰也，自寝而兴。以足及履，错然有声，是动之始也。於其始，加敬而终必吉。祸福几微，每萌於初动之时。离性炎上躁，急戒於其初。

上九，王用出征。有嘉。折首。获匪其丑。无咎。冯当可曰：

有嘉者赏。折首、获醜之功也。

圣人作《易》，一卦之中备著兴亡之义。自九三已著，日佰则代谢之。戒已明，至上九则别言出征。

（以上《厚斋易学》卷 17）

咸卦：

《彖》曰：咸，感也。柔上而刚下，二气感应以相与，止而说，男下女，是以"亨，利贞，取女吉"也。冯当可曰：

柔上刚下，感应相与，所以为亨。止面说，所以利贞。男下女，所以取女吉也，是以二字总结上文之意。

（《周易会通》卷 7）

初六，咸其拇。冯当可曰：

占卜言吉凶，盖未涉于幼，谨则吉，不谨则凶。吉凶未定，不言者存乎人也。

（《厚斋易学》卷 18）

恒卦：

上六，振恒，凶。冯当可曰：

恒之道深不可常动，不可常弱，不可常非，其位不可常，惟中，故常。故子思谓之中庸。

（《厚斋易学》卷 18）

遁卦：

九三，系遁。有疾厉。畜臣妾吉。冯当可曰：

阳说於阴系之而不能解，当遁之时有所顾恋而不能遁。

（《厚斋易学》卷 19）

大壮卦：

初九，壮于趾。征凶有孚。冯氏当可曰：

人行趾先动，古人之始事必踌躇进退，孙以出之，期于成事。今壮於趾，是始事而用壮，进锐如此，何为不凶？

九三，小人用壮。君子用罔。贞厉。羝羊触藩。羸其角。冯氏当可曰：

易取象变通不一方。言大壮，则四阳为一类。以三言之，则九四当前，别为震体。三之壮则以四为敌也。

（以上《周易会通》卷7）

明夷卦：

六二，明夷。夷于左股。用拯马壮吉。冯当可曰：

壮马，九三也。阳体为马。

上六，不明晦。初登于天。后入于地。冯当可曰：

上已在地，上反应於三，为出而复入于地。

（以上《厚斋易学》卷19）

家人卦：

利女贞。冯当可曰：

以内外二体言之，巽离皆女也。《周南》占，南本乎后妃夫，人以位乎，内者为主也。

（《厚斋易学》卷20）

六四，富家大吉。冯氏当可曰：

富家，道兴隆之象。

上九，有孚，威如，终吉。冯氏当可曰：

为人父者躬行之有素，则家人无不孚之者矣。其所谓躬行者，岂饬厉以为威哉，正其衣冠，尊其瞻视，俨然人望而畏之，非心闳念已潜消而默化矣。此威如之谓也，反身之谓也。夫六爻自初至五，刚柔各得其位，家道贵整肃也。此爻宜以柔居之，乃反柔为刚，何也？家道整肃，不可有始而无终也。故曰威如，终吉。

（以上《周易会通》卷7）

解卦：

利西南。无所往。其来复吉。有攸往。夙吉。冯当可曰：

自子至已阳方也，自午至亥阴方也。震坎，东北之卦动而之西南，以阳遇阴，乃为得众则难可解。

六三，负且乘。致寇至。贞吝。冯当可曰：

夫人方在蹇难之中，必凡事有所弃损以求出，然后可以解难，若恋眷胶固则愈陷溺矣。此爻暗弱不明，上一步则可出坎，方且下乘。二上负四，固结于二阳之间，自惑溺而不肯解去，致寇固宜。

608

坎为盗，故至寇。此爻无正应险难，无援之者，外无其应，内惑於欲，何由而可解邪。

六五，君子维有解。吉。有孚于小人。冯当可曰：

阴阳相陵夺君子，小人相挽而后有难，难既解，则君子小人各解，释以散，君子自解而出乎险矣，不为小人所困，其道得行，吉孰大焉。

（以上《厚斋易学》卷20）

夬卦：

九三，壮于頄。有凶。君子夬夬独行。遇雨若濡有愠。无咎。冯当可曰：

夬，决之壮，见于外貌，而中不能无应之之心。阴阳之情，不能无私。九三不勇，决者牵于欲也。

九四，牵羊悔亡。闻言不信。冯当可曰：

暗弱之人，利害之际，中既无主，谋亦不从，盖常态也。

九五，苋陆夬夬。中行无咎。冯当可曰：

九五，率众阳以决一阴，乃不能去，岂非如苋陆之浸润而失其刚决者邪？犹刚明之人久与小人处不能无惑者。唯其居得中道，故勉为夬决之事。决之又决而决不足也。五刚明之主也，四阳同德比义，决去一阴而犹若是下于此者何如哉！呜呼，使小人得用而在上位据要势，虽当时士君子所守不固亦或助之。虽人主刚明乐其说已，亦或安之，其去之之难。观夬之象可为太息。

决，阴者阳也。卦，三阳位。初九，远而在下位不能决者也。然则居阳位者，下卦惟三，上卦惟五，二爻当合力决之。故于二爻言，夬夬而三有相应之情。上有相比之说，故一阴之夬至於扬于王庭乎，号有厉也。

上六，无号。终有凶。冯当可曰：

初有志也，下而无力，惟二犯难而无恤。三已牵于应四则暗于事，五为阴所惑，当夬之时五阳盛长，以去一阴。其中伦类，尚有不可倚仗，如此去小人何其难哉。

（以上《厚斋易学》卷22）

姤卦：

初六，系于金柅。贞吉。有攸往。见凶。羸豕孚蹢躅。

此卦不相应，何也，曰：相应者素也适出，而相当者遇也非素也。初遇二则为二所得，岂复有应四之理。

九三，臀无肤。其行次且。厉。无大咎。冯当可曰：

与二有竟理故也，三次且不前有顾恋之意，而初终不与。

（以上《厚斋易学》卷22）

萃卦：

萃。冯当可曰：

非有扰攘倾覆之变，安得舍彼而取此。三代之时，历世载德以有天下，非一时萃於我者，之所谓萃也。

六三，萃如嗟如。无攸利。往无咎。小吝。冯当可曰：

物方萃已安得散，但萃道不足故有小吝。咎则无也。三阴皆萃于九四，是萃如耶，然四非已应，又非君位，於心不安嗟如也。九四，权臣也，而萃之上六本应也，而不应之故无攸利，然九五在上往而聚之，斯无咎矣。若必欲踰五而求上六之应，则终吝也。小谓六之阴也。

九五，萃有位。无咎匪孚。元永贞。悔亡。冯当可曰：

圣人於萃卦虽二五中正无大兴之辞者，四在侧，以争萃为五者不可不勉，其所以为萃之道矣，元永贞，则四必为大吉，无咎。

（以上《厚斋易学》卷23）

卦二阳爻，所以聚众阴也。九四臣位，九五之位则君也。故九五之萃为有位，以四之位不当之也。匪孚，有悔也。必尽君道，元永贞，然后匪孚之悔可亡。

上六，赍咨涕洟。无咎。缙云冯氏曰：

萃极而散，穷无所归之象。赍咨。嗟也。涕洟，悲泣也。

（以上《周易傅义大全》卷16）

升卦：

九二，孚乃利用禴。无咎。冯当可曰：

二中也，五亦中也。中诚相应，虽五升而不来，以二之诚而格之，不能不守贞以待。二而为之升阶也，二能感五，五能待二，乃成升道，故赞二为有喜，五为大得志。

上六，冥升。利于不息之贞。冯当可曰：

萃，聚而升，不来阴阳。当此时俱升而不降，六爻之象，如人相逐而行。

（以上《厚斋易学》卷23）

困卦：

彖曰，困，刚掩也。缉云冯氏曰：

下卦阳也，阳寡而陷於二阴之中，上卦阴也，阳虽众而在一阴之下，阴为之主，此阳刚之困，君子穷之象也。

（《周易傅义大全》卷17）

《象》曰：泽无水，困。君子以致命遂志。冯氏当可曰：

君子之处困也，命在天而致之，志在我则遂之。困而安於困者，命之致也。困而有不困者，志之遂也。若小人处之，则凡可以求倖免者，无不为也，而卒不得免焉，则亦徒丧其所守而已矣。体坎险以致命，体兑说而遂志。

（《御纂周易折中》卷12）

初六，臀困于株木。入于幽谷。三岁不觌。冯当可曰：

以至柔居一卦之下，处坎陷之深，上有九四之援，而为九二所隔，跬步莫前坐以待之，其困尤甚。株木者九二也，为九二所镇压而坐困也。郑少梅曰："困因坎兑相重而成也。"兑正秋而坎正冬，兑之一阴象乎始得秋，而蔓草木杀故为葛藟之困。六三，秋冬之交，蔓草之叶皆已脱而刺存焉，故为疾藜之困。若初六在坎之下大冬之时也，蔓草为霜雪所杀而靡有了遗所存者，株木而已。三阴爻，故系以草木之象。

九二，困于酒食。朱绂方来。利用享祀。征凶无咎。冯当可曰：

当困时，君臣未即相亲，唯专诚一意以相感，如以事神明之心。

感接于五，然后於患难之中必有来援之。理曰利亨祀者以凡交神明之心，当如困九二处险求济之诚，乃能感会幽神明也。

九五，劓刖。困于赤绂。乃徐有说。利用祭祀。冯当可曰：

为解困之主，视君子为小人所困，岂化诲怀服之所可解，必用刑焉。如去稂莠则嘉谷蕃，上劓、上六、下刖、六三，三阴既服其辜君子之类，乃不困矣。

上六，困于葛藟，于臲卼。曰动悔。有悔。征吉。冯当可曰：

葛之傅木，最出木杪，上六之象也。

（以上《厚斋易学》卷24）

革卦：

九四，悔亡，有孚改命，吉。

佐五为革之大，臣得位合志无有疑悔，故能於人主之命可从则从，不可从则改之，而人主不以为逆非改君命。革，非以从是也。革之用於九四者，然也。

九五，大人虎变。未占有孚。冯当可曰：

虎，西方肃杀金行之正气，其德配龙，盖神兽也。长林一啸，万谷风生，乳孽幽谷，太阴成晕，居之九五，不亦宜乎。

（以上《厚斋易学》卷25）

兑应西方白虎之宿。又曰：虎，西方肃杀英灵之正气，其德配龙，盖神兽也。

（《周易会通》卷9）

上六，君子豹变。小人革面。征凶。居贞吉。冯当可曰：

上六之位，君子处之则为豹变，小人处之则为革面。牛、虎、豹毕革，当革卦，而取皮革之义。《易》，之所以为通者也。牛革取其用，虎豹取其文。

（《厚斋易学》卷25）

鼎卦：

《彖》曰：鼎，象也。缙云冯氏曰：

六十四卦皆象，而鼎独言象。

初六，鼎颠趾。利出否。得妾以其子。无咎。冯当可曰：

初止则足颠则耳也。

九二，鼎有实。我仇有疾。不我能即。吉。冯当可曰：

物之初入定，未可食也。故五虽不我即，而吉。

九三，鼎耳革。其行塞。稚膏不食。方雨亏悔。终吉。冯当可曰：

鼎之亨饪未可食而出，则是君子之道，未充于己而欲施之於人不可也。如其可以食矣，而不能出以济人亦无取矣。方雨而亏，不为雨矣。上虽应而不应之象也悔，终吉者，时未可则卷而怀之，以有待何凶之有，不量可否一意於进者，凶何疑焉。

六五，鼎黄耳金铉。利贞。冯当可曰：

承刚为金铉。

上九，鼎玉铉。大吉。无不利。冯当可曰：

刚阳在上及物之功，全系此爻，如举鼎寔以养人者全在于铉。阳刚无应，无所回挠如玉，不变於火，故为玉铉。

（以上《厚斋易学》卷25）

震卦：

震来虩虩。食言哑哑。震惊百里。不丧匕鬯。冯当可曰：

不丧匕鬯，扰攘之际，不至错乱。

阳刚之体，方自乾来，为笑言哑哑之象者。内卦本兑，为口舌二之四，笑言也。又初至四有颐象，颐口辅亦为笑言，谓九四也。赞曰后有则则是后，遇九四之震而笑言，自若也。震惊百里雷出地，奋谓九四也。七载鼎，实自下而上，六五之象也。鬯灌地降神，自上而下，上六之象也。此象专以遇震言之，震来虩虩，此雷之初动皆恐惧也。笑言哑哑，此雷之习，闻乃自若也。震惊百里，犹迅雷不及掩耳之意也。赞言惊远惧迩，则合全体言也。不丧匕鬯，犹不失匕著之意也。临祭祀而匕鬯之荐，无失节也。

六三，震苏苏。震行无眚。冯当可曰：

苏苏，失中也，四在前有相得之理。以震而得则遇四，故无眚。

六五，震往来厉。亿无丧有事。冯当可曰：

震，象雷者也。凡雷之作，不虞其来而忽震焉。虽壮夫不免有失匕鬯之恐，震而至於再，则童子皆习而不惧矣。一阳震於初，故二不能无丧，再震於四，则五虽震不至於如二之不测矣，此其所以不同也。

上六，震索索。视矍矍。征凶。震不于其躬。于其邻。无咎。婚媾有言。冯当可曰：

六爻皆无凶者，恐惧则为福泰，佚逸豫则为祸也。

（以上《厚斋易学》卷 26）

艮卦：

六五，艮其辅。言有序。悔亡。冯当可曰：

凡人之口上不动而下动，不动者辅也，动者车也，虽止而不动。然非辅不能以言止，而不废动者，亦止之善之。

上九，敦艮吉。冯当可曰：

止而终，止有久而不渝之象，自非其人敦厚重静，安能确然如山之不移哉。是道也，以之临患难、立事功、处富贵、甘贫贱、交朋友、应仓卒无不可者，圣人於艮之上九独立此象，读之未尝不掩卷叹息也。

（以上《厚斋易学》卷 26）

渐卦：

女归吉。冯当可曰：

六四之阴，进而居九三之上，男下女之义也。

（《厚斋易学》卷 27）

《象》曰：山上有木，渐。君子以居贤德善俗。冯氏当可曰：

居，积也。德以渐面积，俗以渐而善。内卦艮止，居德者止诸内也。外卦巽入，善俗者入于外也。体艮以居德，体巽以善俗。

（《御纂周易折中》卷 12）

六四，鸿渐于木。或得其桷。无咎。冯当可曰：

以六居四而乘九三，在巽之木故粗安耳。

（《厚斋易学》卷 27）

归妹卦：

征凶。无攸利。冯当可曰：

归妹，反渐，故吉凶亦相反。

（《厚斋易学》卷 27）

丰卦：

丰。冯当可曰：

上震下离，日方生于东，光明咸大，太平至治之世也。

初九，遇其配主。虽旬无咎。往有尚。冯当可曰：

爻处最下，其丰未丰，非志满意，得者未为丰所蔽，故爻不言丰。

六二，丰其蔀。日中见斗。往得疑疾。有孚发若。吉。冯当可曰：

爻位正中，又居两阳之中，有中心，孚信之象。

六二遇初，则已丰矣，故象言丰。

（以上《厚斋易学》卷 28）

六五，来章有庆誉，吉。冯氏当可曰：

六二言往，六五言来，二五往来交合，章明之象。

（《周易会通》卷 10）

旅卦：

初六，旅琐琐。斯其所取灾。冯当可曰：

所处最下，道途负贩之民也。

六二，旅即次。怀其资。得童仆贞。冯当可曰：

上无应，故怀其资而不售。

九三，旅焚其次。丧其童仆。贞厉。冯当可曰：

以九居三，全反旅道，以此为旅，虽贞亦厉。

六五，射稚。一矢亡。终以誉命。冯当可曰：

六自三而升，直入于二阳之中，犹射稚而贯其中也。离为稚，明六五自三来也。

（以上《厚斋易学》卷28）

诸家以旅不取君象，非也。卦六爻无理不备，厉王居彘，平王居郑，黎侯寓卫，卫侯处曹邑，此类每每见之。不幸至此，苟能以中正之道自处，所依得人，能反其国邑，复其世祚。於此见《易》为后世作，圣人之忧可谓至矣。

（《周易会通》卷10）

上九，鸟焚其巢。旅人先笑后号咷。丧牛于易。凶。冯当可曰：

牛在易野，为旅者当随其资畜共处，则无丧矣。置牛於平田易野，而自居於高险之上，与牛相远，丧牛于易，终莫之闻也。

（《厚斋易学》卷28）

巽卦：

初六，进退。利武人之贞。冯当可曰：

以阴柔卑，巽处最下，唯武将居功名之盛，则宜用此爻。痛自贬乃可粗安，士君子用之则失中矣。

九五，贞吉悔亡。无不利。无初有终。先庚三日。后庚三日。吉。冯当可曰：

巽则易于失贞。贞，德近刚者也。巽而贞，犹曰柔而立，悔亡，无不利宜矣。

蛊者事无小大皆当穷知其始末，故于象言之。巽者，人主所操天下之大权，盖安危祸福之机不可忽也，故独于九五言之，义甚著明。

（以上《厚斋易学》卷29）

兑卦：

初九，和兑吉。冯当可曰：

阴阳，必相说二、说於三者也，惟初远於三，与二相比，不为二所疑，和同无间。

（《厚斋易学》卷29）

与二相比，和同无间，故曰和兑。心怀疑阻而面相说者，诚小人也。初以阳德处下，无欲於三，无嫌於二，是乐易君子谦退温恭以待物之象也。

（《周易会通》卷11）

九二，孚兑吉。悔亡。冯当可曰：

比三而说之，说而信，必其诚可信也，故有说之吉无说之悔，以中正刚明故也。

（《厚斋易学》卷29）

涣卦：

涣。冯当可曰：

否体升降而为涣，亦忧患消释之时。

（《厚斋易学》卷30）

继兑之后，人情说豫，则开舒放肆而乱所由生，涣所以为散也。

（《周易孔义集说》卷15）

亨。王假有庙。利涉大川。利贞。冯当可曰：

涣，未变则否矣。四降为二，得中正之位。乾体虽散而不失中，二升为四有顺长之德，坤体虽散而不失顺，此涣之所以有亨理。

（《厚斋易说》卷30）

涣所以为散者，继兑之后，人情说豫，则开舒放肆而乱所由生。

（《周易会通》卷11）

六四，涣其群元吉。涣有丘。匪夷所思。冯当可曰：

四以初三两爻为群，同类故也。然五方得位正中，最近于巳二又不应之，是贤明之君，未有其物以成济涣之功。四则涣，其群以傅之故元吉，五在四上高丘之象。

（《厚斋易说》卷30）

节卦：

节。冯当可曰：

当乾之九三未升，坤之六五未降，其卦泰也。物泰则当节，卑者升之，高者降之，已有节之义。

（《厚斋易学》卷30）

节字所该甚广，在事为节义，在礼为节文，在乐为节奏，在财为节俭。

（《周易玩辞困学记》卷12）

初九，不出户庭。无咎。冯当可曰：

初则二蔽之，二则无蔽之者，二犹户，三犹门，四犹路也。

居一卦之内，四虽其应，初不应之，为不出户庭不为物引也。物交物则失矣。

九二，不出门庭。凶。冯当可曰：

自初至二，犹自户而至门。

六四，安节亨。冯当可曰：

初之应也，初户庭不出，四为失应，然上有阳刚中正之主，我实近之，得所托而安，故为安节。以柔居阴，初关於二而不我应，安於所节者也。安节云者，各当其分之谓也。然上比九五之君亦无正应，故得通於五而道亨，或曰五自往上亦不我顾，何以能亨。曰兑泽，其道上行水节於泽，亦以上行为事，犹井之用也。下卦初二，两爻不上行，故有凶咎。上卦四五，两爻上行，故得吉亨。

（以上《厚斋易学》卷30）

节，中其节之义，在学为不陵节，在礼为节文，在财为撙节，在物为符节，在臣为名节，在君师为节制，唯其时物耳。

（《周易傅义大全》卷20）

九五，甘节吉。往有尚。冯当可曰：

五节之主节，度一世者也，不强人以所难，然后天下甘之。五居中，为甘。自三而往为有尚。

（《厚斋易学》卷30）

上六，苦节贞凶。悔亡。冯氏当可曰：

爻各相比而相反。初与二比，初无咎，二凶。三与四比，三不节，四安节。五与上比，五节甘，上节苦。

（《周易会通》卷11）

说卦：

乾为天，为圜，为君，为父，为玉，为金，为寒，为冰，为大赤，为良马，为老马，为瘠马，为驳马，为木果。缙云冯氏曰：

乾居西北，卦气为立冬之节，水始冰之时，故为寒为冰。

（《周易傅义大全》卷24）

易学观点二条。冯时行说：

趾所以行，辅所以言。"艮其趾"，虽行犹不行也；"艮其辅"，虽言犹不言也。故能时行时止，动静不失其时，其道光明。

王辅嗣蔽于虚无而易与人事疏，伊川专于治乱而易与天道远。又谓近有伊川，然后易与世故通，而王氏之说为可废。然伊川往往舍画求易，故时有不合，又不会通一卦之体以观其全，每求之爻辞离散之间，故其误十犹五六。晁子止为《易广传》，当可《答书》曰：判浑全之体，使后学无以致其思，非传远之道。

（《困学纪闻》卷1易）

冯时行年谱

冯时行，字当可，号缙云。宋代渝州（后改名恭州）璧山县（今重庆市璧山区）人。先世汉代时源出河南，后徙秦地，唐末由秦入蜀居遂、普州，五代时迁往璧山县。北宋太宗时，曾任司马的高祖置业居璧山县城五峰山前县文庙旁。父官县、州，曾为京官候选，人称"冯中大"，终年约65岁（1080—1144）。母终年约66岁（1081—1146），以时行贵赠封三品淑人。3兄2弟中，二兄官至从五品大夫，年63岁。三兄冯正臣号退翁，出仕京官，年63岁（1098—1160）。大弟冯丹，进士高第，官金堂县主薄。妻陈琦姑，字爱兰（约1103—？），以夫赠封三品淑人。长子冯相。次子冯俟，绍兴三十年（1160）进士，光宗绍熙二年（1190）任蓬州知州，宁宗嘉定八年（1215）年82岁仍在世。长孙冯兴祖，孝宗淳熙十四年（1187）任成都通判。五代孙冯平桥，宋末战乱间由璧山迁居丰都县，耕读传家。

北宋哲宗元符三年庚辰（1100）阴历十二月（腊月）十六日（阳历次年一月中旬），兄弟排行第四的冯时行诞生于渝州璧山县县城五峰山前县文庙旁临街冯家宅院。父择《周易》中"时行"为其名，又以"当可"为字喻意成人后当可为国家大有作为。

·北宋徽宗建中靖国元年辛巳（1101），1岁。

在璧山县城冯宅。三家兄冯正臣3岁。

·崇宁元年壬午（1102），2岁。

在璧山县城冯宅。喜听祖父教3个兄长读书。大弟冯丹出生。渝州因州人赵谂图谋反对宋王朝被诛而改名称"恭州"。

·崇宁二年癸未（1103），3岁。

在璧山县城冯宅。祖父、父教其启蒙诗文，与兄长们背诵唐诗。璧城士绅女陈琦姑出生。

本年阴历二月十五日，岳飞生于河南汤阴县。

· 崇宁三年甲申（1104），4岁。

在璧山县城冯宅。父教习四书五经，祖父教《劝学诗》，母选授勤学以获锦绣前程诗文。

· 崇宁四年乙酉（1105），5岁。

在璧山县城冯宅。接受家庭关于报国为民、修身、齐家、治国、平天下思想教育。

· 崇宁五年丙戌（1106），6岁。

在璧山县城冯宅。出口成章能作诗句。随母曾到金剑、玉池、观竹、东林、老君等寺庙道观拜佛礼道。

· 大观元年丁亥（1107），7岁。

在璧山县城。入璧山"乡校"县学宫读书，结识同县学友白昭度、黄大舆、张仁甫、王子善、张守约、王大节、蒲国宝等。

· 大观二年戊子（1108），8岁。

在璧山县城学宫读书。与学友嬉耍扯谎坝、荒货市，看关圣、城隍、文昌、麻神庙会，观春鞭土牛、夏览驱邪净街、秋看社火、冬耍土主巡游等地方民俗活动，眼见社会风情与底层百姓生活。

· 大观三年巳丑（1109），9岁。

在璧山县城学宫读书。

· 大观四年庚寅（1110），10岁。

在璧山县城学宫读书。读解《孔子家语》，喜欢在居宅后梅花林巨石处诵习功课。

· 政和元年辛卯（1111），11岁。

在璧山县城学宫读书。

· 政和二年壬辰（1112），12岁。

在璧山县城学宫读书。县人"李攸、蔡玉叟、蔡兴宗（进士）高第。"

· 政和三年癸巳（1113），13岁。

在璧山县城学宫读书。同县蒲坎坝人蒲国宝考中太学上舍试状元。

本年北方女真族完颜阿骨打任首领。

·政和四年甲午（1114），14岁。

"从事先生游学东州"，曾到近邻的合州（今合川区）游学。

·政和五年乙未（1115），15岁。

以优异成绩考入恭州郡学，成为王安石变法后科举增加从学校"三舍法取士"后，学校分外、内、上三舍中的外舍生员，与同县学友白昭度"游郡庠……无十日不同者。"同县人"乙未岁，蒲赢廷试亚元（榜眼）；邓安，省试第一。"

本年女真在北方兴起，完颜阿骨打称皇帝，国号大金。阿骨打以2万人大破辽天祚帝率攻金之数十万大军。

·政和六年丙申（1116），16岁。

在恭州郡学读书。

·政和七年丁酉（1117），17岁。

在恭州郡学读书。

政和八年、重和元年戊戌（1118），18岁。

由恭州外舍生经内舍生升为上舍生，深得教授、州判器重。知州林宋卿建议时行由太学科举可早入仕。与璧山县城士绅女年16的陈琦姑（字爱兰）结婚。琦姑貌美多才，待字闺中时写有璧城《油溪芙蓉》诗传世。璧山"戊戌岁，黄载万大舆、冯粹甫晋、张仁甫毅及第。"

本年宋金开始通好，金遣使与辽议和。

·重和二年、宣和元年乙亥（1119），19岁。

考取州学第一，"鹿鸣宴"后告别家人取道县5大镇之一的函谷（今重庆九龙坡区含谷），沿长江再陆行赴汴京。途中写表达爱国情感和豪情壮志的《关山月》等诗。璧山王来镇（今来凤）金盘坝（属今青杠）友人王大节考中武状元。泰州如皋王俊义考中上舍状元。宋大军攻辽欲复昔汉地，结果大败。

·宣和二年庚子（1120），20岁。

考进太学，与蜀中眉山杨椿、潼川王利用、遂宁任钺、达州杨晨以及蒲城陈九龄、洛阳席益等交友。建州浦城人祖秀实考中"宣和二年上舍第第一人"即上舍状元。

本年宋与金约定联合攻辽，破辽后宋收回燕京一带原汉地，宋将昔向辽纳的岁币每年交给金。

· 宣和三年辛丑（1121），21 岁。

考中上舍状元。太学友人王利用、任钺等上舍及第。撰《祭家井二神文》："宣和辛丑春月，仆试上舍，愧列群贤之首。"南宋宝祐四年（1256）璧山进士高若霖撰《邓坤异言吉地科第》说："辛丑岁，冯当可时行继登上舍状元；陈舜弼正、韩昱俊、王子善翔擢第。"未释褐委职，因祖父去世赶回璧山县城冯宅丁忧。该年礼部进士第一名为临邛县人宋齐愈，殿试进士第一名状元为成都永康军人何焕，友人杨晨、席益考中进士科进士。

· 宣和四年壬寅（1122），22 岁。

在璧山县城丁祖忧。祖父下葬城东郊双山（后名状元峰）祖师观侧冯氏祖茔地。居山寺丁忧时钻研进士科考知识。

本年金军败辽，金责宋联合出兵失期，矛盾重重。

· 宣和五年癸卯（1123），23 岁。

丁祖忧 27 个月期满，按规定申报参加宣和六年进士科考。6 月夏至作《祭家井二神文》立碑于宅后园林。节后再次赴汴京备考。

本年宋以重金换得金败辽后夺得的昔汉地燕京和六州地。8 月，金太祖死。9 月，其弟吴乞买继位为太宗。

· 宣和六年甲辰（1124），24 岁。

考中殿试进士第三名。本年 1.5 万人参加科考录取了 805 人为进士，状元为钱塘人沈晦（1084—1149），第二名是信州弋阳人周执羔，省元杨椿与时行新交朋友刘禹川、王葆进士及第，主考官是成都广都（今双流）人宇文粹中。作《诗呈监试》，琼林宴后衣锦还乡，璧山城百姓夹道迎接，赠词"御题两试墨尤鲜……连科甲第冯状元。"年底出任夔州路云安县县尉，文散官授 29 阶中第 28 阶从九品上"文林郎"。时行父休官还璧城。

· 宣和七年乙巳（1125），25 岁。

在云安任县尉，除奸安民。本年金灭辽国后，10 月开始分兵两路南下侵宋，宋派使臣向金求和。12月，徽宗禅位给太子赵桓，为钦宗。李纲任兵部尚书。

·北宋钦宗靖康元年丙午（1126），26岁。

在云安任县尉。本年东路侵宋金军包围宋汴京城，要宋割让军事要地太原、中山、河间三镇和交纳巨额金银与牛、马、缎。时行忧愤，作《谢素师惠二石》怒斥宰相李邦彦、张邦昌等国贼："方今宰相真儒生，议割三关厌夷狄。……天畿要险壮中华，一日捐之良足惜。"11月，钦宗任康王赵构为河北兵马大元帅。京城被金军攻占。

·靖康二年、南宋高宗建炎元年丁未（1127），27岁。

在云安任县尉。本年岳飞第3次从军在张所部任统制，参与抗金。2月，金军掳押徽宗、钦宗和宗室3千多人到北方金地囚禁，北宋国亡。5月，畏敌苟安，实无心抗金复失地，无心迎还被俘父母兄弟的赵构侥幸登基，建立南宋。

·建炎二年戊申（1128），28岁。

在云安、奉节任县尉。上半年在云安带头捐俸金建纪念杜甫的"杜鹃亭"，作《云安县杜鹃亭记》，为张飞庙题"武烈公祠"匾额，作《张武烈公益德》文，游龙脊石书刻《龙脊石题名》，撰《龙脊滩留题》文。7月调任奉节县尉，写《自云安尉出戍至夔州》、《就得胜寨遣人入巫山买酒》、《苦雨》、《出郊题瀼东人家屋壁二绝》、《和蔡伯世韵二首》等诗。

·建炎三年己酉（1129），29岁。

在奉节任县尉。悲痛北宋国亡，忧国忧家作《至日三首》："今朝愁奈何。两宫黄屋远，二老白头多。圣主今尝胆，皇天忍荐瘥。乾坤为回首，慷慨一悲歌。"

本年金军南侵入扬州，12月金兀术率军攻陷临安，高宗从海上逃往温州。

·建炎四年庚戌（1130），30岁。

在奉节任县尉。拜武侯祠，凭吊水、旱八阵图。献策州守张上行重用乡兵守隘和借调邻郡思州土司猛将田祐恭率土军充先锋，不久打败欲"图入蜀"乱蜀的叛军王辟，撰《夏总干墓志》叙此事。与少年游学间所拜易学老师谯定探讨易学与国事。年底因功升调任万州南浦县令。

本年岳飞率兵袭金军，收复建康（今南京）。10月，秦桧被从金营放回，向高宗进言与金讲和。

·绍兴元年辛亥（1131），31岁。

在万州南浦县任从八品县令，文散官为23阶正八品"承事郎"。在县建草市，禁淫祭、溺婴、骗赌、冥婚。与川陕抗金名将杨政等书信往来。作《偶成》、《和杨团练元韵》、《万州》、《书郭秦公事实后》等诗文。长子冯相出生于璧山城冯状元府。

本年8月，秦桧任宰相兼枢密院事。

·绍兴二年壬子（1132），32岁。

在南浦县任县令。年底平调成都府路任崇庆府大县江原县从八品县丞，文散官升为21阶从七品"宣奉郎"。应冯忠恕、李良臣等邀，经忠州、彭水、涪州回璧山。途中作《宝华寺》、《题黄氏所居》、《万卷堂》、《雪中用黄太史韵》、《涪州北岩》、《溪上望居人有感》等诗。

本年8月，秦桧罢相。

·绍兴三年癸丑（1133），33岁。

春节间在璧山县城，与家人上城东双山祭祖墓，倡议募资培修璧山文昌宫（到绍兴五年完成），饯送王大节到岳飞部任幕作《送邑人武魁王大节羽赴江州谒岳帅》诗。次子冯俊出生在璧山城冯状元府。璧山官民按朝廷规制修建了"冯蒲二状元坊"。节后到江原，代行县令职。勉励农耕，引种璧山特色黄花传承，作《江原劝农文》，离任后县民为之建"劝农亭"，立"冯公劝农碑"。为储备粮食维修官仓。

本年高宗赐岳飞锦旗称"精忠岳飞"。岳飞派王大节潜入金立大齐国太子府任官，刺探敌情。

·绍兴四年甲寅（1134），34岁。

在江原县任县丞，代行县令职。择署衙院为江原史学名家晋代常璩立纪念碑作赞诗，修缮杜工部祠，写《邑士将赴类试作诗饯之》诗激励县中学子积极参加科举应试。作《寄越州张子文待制二首》、《上知己》、《清明》、《十七日夜月色尤佳，与韦去非东亭小酌》、《游白鹤山》、《重阳登翠围亭……》等诗和《邛州费义墓志》。常绘墨梅，曾几作有赞《冯县丞墨花》。

本年负责川陕战事的宋大将吴玠在仙人关一带打败金兀术统帅号称10万之金军。王大节潜归上报敌情。5月，岳飞北伐，大破伪齐、金联军，收复襄汉六郡等重要失地。

·绍兴五年己卯（1135），35岁。

在江原县任县丞，代行县令职。因县春夏干旱秋暴雨水灾，遂组织吏员分片救灾和出官仓储粮济民，并修桥渠确保农业和交通需要。经川陕抚谕使杨晨推荐，12月时行由四川宣抚司升调任眉州丹棱县知县，同时被荐还有王利用、丁则、常明、曹彦时。9月廷试，信州玉山县人汪应辰中进士状元，璧山人"冯丹、白约、赵彦迈、张守约皆中甲第。"年底冯丹授金堂主簿，时行送大弟作《送二十二舍弟赴金堂簿丹》诗。

·绍兴六年丙辰（1136），36岁。

任从八品丹棱知县，文散官升为19阶正七品"宣教郎"。到任采取多种措施赈济遭旱、水、疫三灾之民，用公费修文庙，捐1月俸禄建栅头书院。与杨隐父、郭印、姚毂、唐文若、张明远、李焘、史尧弼、程敦厚、王道亨、员兴宗、李时雨、杨养源、任道夫、孙彦和、刘尚之等交游。先后作《和丁利用韵》、《龙鹤祷雨》、《游云泉寺》、《游石龙偶成……》、《天华寺亭二首》、《九日邀郭信可登龙鹤山》、《赠安道人》、《张明远自持其所居萃胜亭记来求诗，为赋三篇》、《登洪雅明月楼……》、《题郭信可琴中趣轩》、《李彦泽紫云洞》、《天华寺欲作山亭因题其壁》、《题王逸民小景》、《题墨梅花》、《跋老苏书帖》、《跋东坡画论》、《跋山谷〈木假山记〉》等诗文。10月，四川制置大使席益荐尝任知县13人政绩，晋升时行3阶，文散官升为16阶从六品"奉议郎"。12月，调成都四川安抚制置司任幕官，待诏入京。

本年，岳飞进行第二次、第三次北伐，取得胜利。右宰相张浚主张乘胜收复中原，左宰相赵鼎反对，不久鼎罢相。

·绍兴七年丁巳（1137），37岁。

春夏在成都任幕官。春写《石孝立挽词》、《寒食夜坐》、《西北有高楼》、《责睡魔》、《送召客》、《和郭信可〈苦寒曲〉一首》。三家兄冯正臣从京官退归故里，修整璧城冯宅，时行接信作《三家兄报荐起楼屋喜而有诗》。初夏游金堂县想到吴玠、岳飞以及儿时伙伴王大节为国建功，自己却未为国为民创立伟绩而心感羞愧，写作充满爱国激情的《游蟠龙山》："功名未立羞重到，抚剑长歌夜不眠。"希望能投笔从戎上阵杀敌，作慷慨激越的《安清洞夜坐有怀》："浩歌慷慨拟投笔……愿学北地傅介子，一节出斩楼兰王！"夏末，接诏书赴尚书省审察和见高宗。秋出成都过眉州，作《隐甫、圣可、子仪同游宝莲分韵得郭字》、《客丹棱天庆观夜坐》，经青神作《中岩石笋》，过泸州作《将之泸南》，沿长江东下作《乌栖曲》、《登岳阳楼》、《见雪》、《观雪》、《阻雪》诗。

本年高宗重用秦桧任枢密使。宋悉知徽宗死于北国。张浚罢相，谪居永州（今湖南零陵）。李纲解职，从此未复出。冬，金废刘豫，取消伪齐政权。

·绍兴八年戊午（1138），38岁。

正月，赴京途中作《元日二首》。晚春第一次到达南宋京城临安（今杭州），与国子监丞王利用、大理寺丞丁则、秘书正字常明、秘书省丞王迎、工部员外郎李良臣和王大节、杨椿等欢见，讨论反对与金议和。在3月，高宗第二次任用秦桧为右宰相兼枢密使，独揽朝廷军政大权，主持向金乞和议。6月，经诸司审察后文散官升1级为15阶正六品卜"左承议郎"的时行殿见高宗，作《早朝应制》诗与呈《请分重兵以镇荆襄疏》。不顾个人安危，义正词严与帝争论反对与金敌和议，认为金敌阴谋不可信，应重用岳飞、吴玠等大将抗敌。又引汉高祖分羹事为喻，劝帝不能因亲情而误国家大事，致高宗怒"'朕不忍闻'霎蹙而起。乃命进秩，擢时行知万州。"时秦桧力劝高宗屈己与金议和，遭到王庶、曾开、张焘、晏敦复、许忻、李弥逊、方庭实、胡珵、朱松、张扩、凌景夏、常同、范如圭、常明等官吏的强烈反对。10月，张浚、韩世忠、岳飞、李纲均上书反对议和。赵鼎罢相。11月，编修胡铨上疏反对议和，请斩秦桧，被谪昭州（今广西乐平）监管。时行在京作抒发爱国情感的《登西楼二首》和《大祀》、《索友人赓和》、《和李工部月夜》、《和李尧俞郎中西归有感》等诗。9月底，离京返蜀，作《自行在解维……微臣去国，抚事感伤因成此诗》、《鄂州南楼其下为黄鹤楼故基》、《题岳阳楼》、《舟中观雪呈李尧俞二首》、《岁暮舟次荆州呈李尧俞》等诗与《刘云安祭文》。

·绍兴九年己未（1139），39岁。

在万州任从五品知州。年初回璧山县城探望父母后，携妻琦姑与长子冯相赴万州任。到任拆毁恶徒骗民以供祀生财的樊哙庙；大力发展农桑使全州五谷丰登，六畜兴旺；奖励生育，禁弃女婴、病儿，允养遗孤；利用万州资源发展手工业与商业，增加税收；为减少百姓负担，精减本州乡兵，组建精壮保境安民可上阵御金敌的500名"刺虎军"（即飞虎军）。写《铃斋》、《代简寄璧山诸友磁洞砚》和《白子安墓志铭》。

本年正月宋金和议成，南宋对金称臣，年贡岁币银25万两、绢25万匹，金归还部分宋地。7、8月份间金国内乱，主战派兀术等诛杀主和派大臣后执掌金军政大权。

·绍兴十年庚申（1140），40岁。

在万州任知州。针对四川长期赡军"民力困敝"，百姓负担极重的情况，向朝廷委派到成都的四川制置使张焘呈《张尚书除四川制置启》，请清除川蜀败群奸吏，革弊惠民。给丁利用《与新宪大卿启》，望好友在成都提刑任中施惠一方。5月，金国执掌实权的兀术与侄子熙宗帝撕毁宋金和议，金军分四路南下侵宋。时行《和王祖文》诗："河东河北塞烟长……忧国忧家连梦寐，端知不复有他肠"，尽显忧国忧民思想。面对金败盟后疯狂的南侵，宋高宗慌忙令宋军抵抗，驻守战略要地的岳飞、刘锜迎头痛击金军。时行写《上岳相公书》赞其是国家柱石，并给岳飞献策建议北伐反攻时可出偏师万兵击敌后要冲，重视保卫南宋上流要地，得到岳飞采用。当岳飞第四次北伐败敌后，作《送同年朱元直监税三首》赞："新报王师复洛阳。"还写《寄魏相之》、《送开守解印》、《夔帅范太尉生日》、《西山一首》、《和何子应夜读书》、《和何子应游西山》、《又和子应万州岑公洞》、《和何子应记所见》、《和鲜于晋伯游卧龙》、《与郭帅启》、《与运使启》等诗文，尽情歌颂抗金战将，表达对国家安危和百姓苦难的忧虑。

· 绍兴十一年辛酉（1141），41岁。

10月前知万州，而后被权奸陷害捕押于开州狱中。宋高宗担心若打败金国，若金人将其兄钦宗送回，自己的皇位就难保了。他还顾忌岳飞等抗金将领拥兵自重威胁到自己的皇位，故在宋军大败金后反而与秦桧谋议向金乞和。此期间，金兀术密信送秦桧，告之宋欲与金议和就必须除掉岳飞。4月，高宗、秦桧召韩世忠、张俊、岳飞等到京城，解去兵权。10月，以"莫须有"罪将岳飞下狱。11月，宋金和议成，东划淮水为界，西以大散关为界，京西割让唐、邓二州，陕西割让商、秦二州之半给金；宋向金称臣；宋向金岁纳币、银、绢各25万两。12月29日，冤杀岳飞、岳云、张宪。当南宋自毁长城杀害抗金良将时，奸佞也制造冤狱陷害爱国主战志士。岳飞被捕当月，时行也被夔州路转运判官李垌诬陷，捕押入开州（今重庆开州区）监狱，牵连被押多达200人。所罗织的4条罪名为：招500刺虎军是属跋扈；私自"募兵"；万州积钱上万但无帐可查；是北宋崇宁元年（1102）谋反被诛的渝州南平僚人赵谂的遗腹子。璧山县城"冯状元府"被查封，冯家老幼被逐出县城，在时任县令时行同年进士蓬州人何焕帮助下，20余人搬到县北依来里属缙云山麓梁滩坝村居。一兄长迁到巴县乐碛附近居，三家兄冯正臣搬居遂州。

· 绍兴十二年壬辰（1142），42岁。

5月前关押在开州狱中。到6月案审查已8个月查无实据，时行拒不画押认罪，李垌以权促审案官员奉节人谭俣编假文书定案，遭到反对。冤案因牵连被捕人超过岳飞案，朝野激愤，连审岳飞案的秦桧党羽御史中丞万俟卨也认为"时行既非主兵之官，恐无跋扈之状。……干系者众，其伤实多"，就向高宗提议"免勘"不再押京审查。高宗旨令放时行出狱，仍被罢官。李"坰犹不肯己，提点刑狱公事何麒劾罢之。狱遂散。"李坰因何子应弹劾其不法，也被罢官。时行出狱后在开州作《梅台》、《茶岭》、《和何子应盛山一首》，9月作《送何子应二首》，归乡时和途中作《谢冯贯道惠小舟》、《和郭信可秋夜有怀》、《题涪陵杨彦广薰风亭》、《稽古堂诗为曹应祥题》、《宴林简州桃园》、《到垫江先作诗寄郝令君蒙老》、《过铁山驿》、《题报恩方丈宋子展所作墨竹》、《题友人南北江山图》、《题杨毅肃十马图》、《稽古堂记》等诗文。

本年9月，秦桧进太师、魏国公。

· 绍兴十三年癸亥（1143），43岁。

回居故里璧山县。应县南历山陈家沟进士陈舜弼之邀游，作《寓栖隐僧舍读书》、《清富轩》、《答郭师圣》、《请岩老茶榜》等诗文，为历山寺题"佛祠清明"额。在祭相邻的甘兴霸庙作《甘宁庙》诗，颂甘宁豪杰不群，隐喻自己不得志，期望它日得到重用施展才能利国益民。与陈进士立"三生寺"小庙，了却知万州崇赏唐代僧园观以"三生"酬报朋友李源友谊，欲为两人建祠的心愿。在县北缙云山麓建村居，作《山神祭文》、《自开江归依山结茅以居偶成长句》、《新居凿井饮之味殊清胜因成一首》、《斩鸡栖木》、《纸帐》、《布被》、《蒲团》、《瓦炉》、《竹枕》、《和李尧俞韵》、《和杨伟明韵》、《东方有一士》、《知县》、《刘守生日》、《恭州杨倅生日》、《谢益仲惠黄鸡……》、《送王子善移江津酒官》等诗和《贺恭州知通启》、《李时用墓志铭》及金剑山文风楼题额。与父母、妻商定在村舍出资建"缙云书院"，为国家和地方培养人才。该书院直到明代中期仍在办。秋10月，曾到巴县明月山、乐碛场探亲友，应南平军老友武进士张宿请为其父撰《张吉甫墓志铭》。

· 绍兴十四年甲子（1144），44岁。

年初在璧山村居，作《舍弟生子》说父母嬉弄3孙子享天伦之乐。夏，曾任县州、侯选京官的父亲冯中大逝世，约65岁，葬双山祖茔。年底作《僧有悟策者……》、《任全一墓志铭》等诗文。

·绍兴十五年乙丑（1145），45 岁。

在璧山县村居。作《谢景俊卿，东州名士……》、《江月亭》、《和张仲山寄酒》、《寄题何子应金华书院》。

·绍兴十六年丙寅（1146），46 岁。

在璧山县村居。母亲逝世，年约 66 岁，传葬璧城西北郊龙梭山中。

·绍兴十七年丁卯（1147），47 岁。

在璧山县村居。丁母忧。县、州冬旱。

·绍兴十八年戊辰（1148），48 岁。

恭州一带春旱江水枯。2 月与时任知州晁公武和稍后知合州的普慈人冯樽等游朝天门外嘉陵江水下出露的古石刻后，留题《丰年石题记》表明自己是"璧山"县人。3 月，与王兴善、刘仲廉等游长江迎春石题刻，作《游乐碛江中石洲》。在恭州城作《谯楼记》、《广安朱义从为渝上霜台之客……》、《送冯贯道赴行在二首》、《送涪守何常卿十六韵》、《谢杜合州送酒》等诗文。缙云书院所教学生合州石照县人庞守、眉州丹棱县人周富邦考中进士。

本年抗金将李显忠上恢复失地策被革去军职。金国兀术死，完颜亮为尚书右丞相掌实权。

·绍兴十九年己巳（1149），49 岁。

在璧山县村居。相继丁父母忧后，与弟同居的大家庭 20 多人生活饥寒，"敖敖待哺二百余指"，被迫作《上宰相书》申请出任县州但仅得朝廷任命"奉祠"，主管璧山重璧山"普泽庙"，以闲职领享俸禄。应恭州学官之邀参与行乡饮酒礼，给知州于观《答于守论备员介傔书》云："某年未五十……某已尝再命於朝，非处士也。"又作《叙复谢宰执启》、《上太师诗文札子》、《谢秦丞相小简》三。

本年底秦桧 60 岁。金完颜亮谋杀金熙宗自立为帝。

·绍兴二十年庚午（1150），50 岁。

在璧山村居，奉祠。成都府路井研县李发将其 14 岁子李舜臣送到缙云书院，拜时行为师，后中进士成为蜀中易学名家。

·绍兴二十一年辛未（1151），51岁。

在璧山村居，奉祠。缙云书院学生镇江丹徒人张处厚考中进士。

·绍兴二十二年壬申（1152），52岁。

在璧山村居，奉祠。作《与程侍讲小简》一、二。

·绍兴二十三年癸酉（1153），53岁。

在璧山村居，奉祠。善教合州后辈作《答田廷杰秀才帖》一至三、《送同年杨元直持宪节湖南二首》。

·绍兴二十四年甲戌（1154），54岁。

在璧山村居，奉祠。秋到合州城与知州冯樯等游濮岩，写《舟中见月》；游铜梁山赞水茶、玉蕊花，撰《宿云岩》诗；攀钓鱼山作《钓鱼山回禅师语录叙》。写《郭信可索云溪诗……》、《答田廷杰秀才帖》三、《谢秦丞相小简》四至六。

·绍兴二十五年乙亥（1155），55岁。

在璧山村居，奉祠。到合州城与知州晁公武等游。撰《答晁子止论易书》、《送杨元老召赴阙》、《赠李西台》、《和州通判陈公墓志铭》。

本年10月，秦桧死。

·绍兴二十六年丙子（1156），56岁。

在璧山村居，奉祠。5月，夔州知州周执羔向朝廷推荐冯时行。秋，时行作《代谢荐章启》、《答田廷杰秀才帖》四。冬，作《贺夔帅冬节启》、《送张卿赴西路宪》。年底接诏命出任蓬州知州，文散官为14阶正六品"左朝奉郎"。

本年宋钦宗病死在金五国城。汤思退任宋枢密院事。

时行自罢回故里在绍兴十四年至绍兴二十六年间，还写了许多忧国忧民、豪情壮志不改的诗文，如有《雨中书事》、《感事咏菊》、《题村居》、《与诸友同坐梅下》、《梅花》、《落梅》、《题杨氏清福亭》、《和杨伟明韵》、《冬方有一士》、《村居》、《题蔡云叟山居》、《寓兴》、《和杨良卿韵新自兴元归见贻二首》、《春久不雨》、《行遇小雨》、《山中宿小民家夜闻虎因有感》、《邻郡武臣启》、《盘庚迁都》等。作尊崇儒经提倡仁义的诗文《题张粹夫万卷楼》、《题綦母氏孝友堂诗》、《舜命夔典乐教胄子》、《尧典谓之虞书》、《书〈孟子指要〉后》、《济水入于河》、《学古堂为毛应叔题》、《富家翁逸事》、《跋垫江廖持正二记》。写研习易学诗文《和费比度杂诗》、《答唐希德书》、《答晁子止论易书》、《报白执礼论易书》、《景浚卿学易堂记》等。撰村居乐趣诗《咏雪》、《出郊以江路野梅香为韵得路字》、《游东郊以园林无俗情为韵得情字二首》、《忆渊明二首》、《山居》、《谢韩秀才送松栽四首》、《题苏庆嗣睡乐轩》、《酴醾》等。时行热爱家乡风物，对璧山山水多情，用平淡白描写了不少素朴典雅的诗文，如《落花十绝》、《二月将半雨过花盛开二首》、《张仁甫李花韵》、《李花已尽再用前韵，末章专属蒙景明资一笑也》、《友人惠酒殊佳用清光滑辣四字为韵以谢》、《缙云寺》、《春日题相思寺》、《题毛祖房屋壁》、《月夜》、《飞雪崖石壁文》等。咏岁时节日土产诗有《和列帅新年春望二首》、《清明》、《中秋饮张仁甫探韵得玉字》、《中秋探韵坤字》、《冬至有感》、《腊月二十八日》、《食笋》、《和食笋二首》、《卢秀才家食梨》、《有感》、《杜如篪屡督烹茶仍作诗次其韵》、《谢陈舜弼送丹荔》等。又写感怀伤时词传世 10 多首。另作《题作轩坚师纸扇》、《日望冉雄飞之来……》、《春和谭曦晋仲见意之什……》、《和史济川见赠》、《眉僧晓岑……》、《寄题庞宫使提举山斋二绝》、《和向文叔见寄》、《送友人兄弟赴省》、《石漕生辰》、《张公升挽诗》、《牟元礼挽章》、《常君挽词》、《贺韩安抚起复果州启》、《跋〈会景堂记〉》《冯隐君墓志铭》、《僖润甫墓志铭》等。

　　·绍兴二十七年丁丑（1157），57 岁。

　　年初只身赴任蓬州，过汉初县作《题汉初东岩》。知蓬州仅 20 日，因秦桧余党殿中侍御史王珪弹劾昔在万州事又被罢官。离任写《闲居十七年或除蓬州，二月到官三月罢归，同官置酒为赋〈点绛唇〉作别》词。归途过果州写《和杨拱辰见惠》、《再和》，去青神途写《彭山道中》、《晓行得江字》，游青神写《中岩》。又写《旅兴寄张惠之》，泸州途中写《思归》、《题泸南石州滩》，再写《宿石洞峡》，到达缙云山下北温泉作《假守蓬州视事二十日，以台章罢黜，行至温汤，作此以寄同僚二十韵》。回璧山村中作《遣夔门故旧》、

《赠故人二首》、《同郭师圣、司空仲容探韵得江字》、《至日读庄子》、《张廷臣墓志铭》、《杨隐父墓表》。

本年6月，汤思退任尚书右仆射同平章事。

· 绍兴二十八年戊寅（1158），58岁。

在璧山县村居。9月诏令王刚中以龙图阁待制出任成都知府兼四川制置使。

· 绍兴二十九年己卯（1159），59岁。

4月，王刚中到成都，推荐时行出任历称难治的黎州知州，官从五品，文散官为20阶从七品上"左朝散郎"。为恭州知州作《复郭爱义知郡启》。秋9月19日与长子冯相离璧山赴任，过合州登云顶山写《留题云顶》诗与序，开始号称"缙云"。21日与赤水知县白炳、主簿樊汉炳、县尉夏世雄攀龙多山，作《龙多山三绝》、《何信叔长卿伯仲遮道饮，临别赠拙诗见意》。樊主簿将三绝和和诗刻壁题曰《璧山冯公留题》。9月底，抵成都作《上太守札子》一、二、三。10月过嘉州作《请九顶长老茶榜》、《和嘉州通判贾元升见赠》。

· 绍兴三十年庚辰（1160），60岁。

在黎州任知州。上《黎州到任便民事奏》，革除官吏凭权倒卖土产方物中饱私囊；为解决土丁百姓生活困苦和有益边防，上《黎州官吏索红桑等致土丁逃亡事奏》、《乞减定黎州秋税米估钱价奏》；要求减免伐松烧墨定量，减轻环境破坏；申请"乞卖度牒"，售款购储粮食以备军需民食；各项均得诏令施行。李心传赞许评说"时行为人廉正，而用法颇严。"夷人慑服。撰《修成都府学记》颂王刚中德政和表示关爱情谊的《上王帅札子》。写《资治通鑑释文序》、《刘尚之墓志铭》、《答新任通判启》、《游峨眉十一首》、《伏虎寺》、《双飞桥》。夏7月，三家兄冯正臣病故，作《祭三家兄正臣文》、《三家兄墓志铭》，表述痛切、哀惋、悲伤之情。本月高宗下诏时行入京殿见，11月底接命别黎州写留恋该地的《题梵音水野亭》。文散官调升两级为18阶正七品上"左朝请郎"。年底在成都写《罗城记》。值60寿，与友人14人游王建梅苑，作《梅林分韵得梅字》诗、《梅林分韵诗序》。众友朋褒赞其胸怀天下，忧国忧民，是明如镜的太守，是有宰相才的栋梁，是诗坛宗伯领袖，学人仰如泰山、北斗，声名美好"修名当不朽"。梅林诗社活动社会影响深远，为稍后之陆游等效仿。清代四川宜宾诗人邱晋成《论蜀诗绝句》评："一时分韵多名作，压倒诗人陆剑南"。

本年次子冯俟进士及第，年27岁。

· 绍兴三十一年辛巳（1161），61岁。

元月离成都，回璧山撰《白昭度墓志铭》，对同城学友沉痛哀悼，深切怀念。出蜀写《江行书事》，第3次上岳阳楼作《再登岳阳楼》。沿途抱病调查宋军江防，对荆南李道、汉阳王彦、鄂州田师中、江州戚方、池州李显忠等部进行重点了解，研判金国将再次败盟南下侵宋。5月，因风痹病严重难步息于建康（今南京），坚持整理沿途闻见写了《上皇帝论北虏败盟书》长奏，指出"北虏决意败盟"。提醒宋廷不能长久对金敌示弱，要励志强国北向抗金复失地。建言选用忠勇健壮的李显中、李宏取代老病且安守富贵畏敌的田师中，重用朝野有威望的抗金首领张浚和名将刘锜总统各处兵马，做好抵御金军的准备。6月，与长子冯相二人临安，见王大节、杨椿、唐文若、刘仪凤、杜莘老等蜀友和分别20多年的时任尚书侍郎汪应辰。7月，高宗欲在大庆殿召见时行，突因为钦宗办丧和金将攻宋而改，仅传旨朝臣带转所写用良吏为监司以利"革弊恤民"的《论守令铨选疏》和建言。8月，因坚持反对和议、诤言责时弊仍不为高宗重用，平调"左朝请郎冯时行知彭州"。9月还蜀写《与夔路蒋提刑启》。撰《题虎丘》抒发了为抗金、为百姓呐喊之情，恨不能用长江水洗涤入侵之兵马。作《游君山值冰合不得进》、《楚甸江头望雪晴二首》。

本年8月金主完颜亮败盟大举攻宋。10月金东京留守完颜雍政变自立为帝，废完颜亮改元是为金世宗。11月，张浚任判建康府。完颜亮率金大军欲渡长江南侵，在瓜州渡内部兵变被杀，金军北退。

· 绍兴三十二年壬午（1162），62岁。

正月初一受友朋之邀登楚塞楼，在《峡州楚塞楼》诗中叙获知完颜亮被杀敌军被打败讯息感慨不已，表达自己强烈愿望宋早日恢复失地，国家获得尊严，"愿见从来中国尊，老夫日试双瞳昏。"抵夔州，州守李师颜、州判鲜于侃、老友陈行之盛情款待，作《夔州抚属陈行之座上作》。过云安县再游下岩写《云安下岩二首》。春回璧山逢县令卸任，作《常德翁知县》诗。晚春时到彭州，作《回彭州属吏启》。与汉州守王葆唱和作《同王公佩和老杜韵二首》、《送王公佩之泸》。6月，为高宗禅位给养子赵眘作《贺光尧皇帝逊位表》。同时在《贺皇帝登极表》中胸怀报国理想，期望继位正年富力强的孝宗帝能锐意恢复中原，不再向金屈膝。月底，张浚被启用，封魏国公，负责江淮军事，主持北伐。因王刚中等举荐时行经三司考评，旨令任成都路正四品提点刑狱公事，文散官上升5阶，为13阶从五品"左朝请大夫"。作《谢师帅列荐启》、《除西路宪谢五府启》。10月，去成都再过青城作《题香积寺》。赴嘉州提刑司署，巡察仙井监时弹劾贪官皇族宗亲赵不蒭。到雅州，奏罢怨声载道的"经界法"，拯救万民于水火，民庆更生。

本年还作《送张仁甫见何少卿续郎中二首》、《送孙履道》、《和陈舜弼中秋有感三首》、《秋夜书事》、《独有堂记》、《贺杜起莘殿院除遂宁启》、《与虞宣谕启》。在成都刻印《缙云集》43卷。

·南宋孝宗隆兴元年（1163），63岁。

年初，"皇朝冯时行……张魏公浚荐之，召赴行在。"此为第3次应诏赴南宋京城，过池州作《云岩》，与忘年友李流谦等游无为县，李作《送冯提刑赴诏序》以别。8月初到扬州，见因5月主持北伐先胜后败被孝宗降职正苦闷的张浚，写《见张魏公二首》，尽情安慰颂扬，等待再起。时行出于公心，在张浚身陷危机朝野人士多忌言之时，无所畏惧地颂扬抗战派首领，足见其高尚品德。本月入京与王刚中、唐文若、周执羔、刘仪凤、王大节等友人欢言。9月，殿见孝宗，上《请立德行事以古为法疏》，望帝以尧、舜、禹和商高宗的好行为为镜对照，力言排出干扰，不动摇地做"抗金"事以复兴大宋，极谏用贤才张浚，要警惕秦桧党羽汤思退一伙防止贻祸再生。孝宗给时行晋级，文散官由13阶升为12阶从五品上"左朝散大夫"。作《送冯献道运使得岸字》、《题王与善隐轩》诗。与汪应辰和调京任职的晁公武等游。12 月 22 日，孝宗用张浚任右宰相都督江淮军马抗敌。张浚入朝即荐主战名臣 17 人，冯时行可任帝之顾问为三品侍从。但孝宗按制任时行为侍从学士时，他在此时因病逝于京城了。讣闻，张浚、汪应辰、王刚中、周执羔、刘仪凤、王大节、晁公武、张轼等友人悲痛哀悼，孝宗下旨出内府银"赙赠"助丧。

隆兴二年（1164）初，长子冯相与漕官护灵枢还蜀，半年后葬时行于璧山县城东郊双山（后名状元峰）祖茔。次年（1165），晁公遡到时行墓拜谒后对缙云书院学生说："其师缙云老，墓木已三霜；有怀不及展，往听銮声央。"20 世纪 60 年代，在状元峰腰出土了卒于孝宗乾道三年（1167）的金堂县主簿冯丹墓志铭载："左行吉壤葬公之先祖，右三十弓乃兄当可之茔。"

时行逝后，按朝廷规制由 12 阶从五品"左朝散大夫"赠 7 阶，为 5 阶从三品"银青光禄大夫"。因川人敬重，雅州名山进士喻大中带百姓申报，四川安抚制置使汪应辰、晁公武上奏，孝宗下旨封时行为正三品"古城侯"，乾道三年（1167）在名山古城建庙造像祭祀。璧山县、巴县、北碚区、沙坪坝区、渝北区、云阳县、奉节县、万州、合川县、丹棱县、邛崃县、彭县等也先后为其修建了纪念物。汪应辰、王十朋、李心传、朱熹等名士对其十分推崇。

时行一生撰著《缙云集》43 卷（今存明嘉靖李塈选编《缙云文集》4 卷）、《易论》3 卷（已散佚）、《缙云易解》6 卷（已散佚）、《周礼别说》1 卷（已散佚）。

经笔者搜辑，时行现存诗 309 首（含残句 2 首、残题 6 首），词 13 首，散文 112 篇（含残文 5 篇），合计诗词文 434 首（篇），约为原《缙云集》载诗词文 1300 首（篇）的三分之一。另存易学论语 180 多条。

参考文献

1、蜀本记　汉·杨雄　壁经堂丛书刻本

2、汉书　汉·班固　中华书局 1962 年点校本

3、三国志　晋·陈寿　中华书局 1965 年点校本

4、益部耆旧传　晋·陈寿

5、华阳国志　晋·常璩　巴蜀书社 1984 年校注本

6、益州记　梁·李膺

7、水经注　北魏·郦道元　文渊阁四库全书影印本

8、荆楚岁时记　南朝·宗懔　山西人民出版社 1987 年本

9、王烛宝典　北齐·杜台卿　文渊阁四库全书影印本

10、晋书　唐·房玄龄等　中华书局 1974 年点校本

11、元和郡县图志　唐·李吉甫　中华书局 1983 年点校本

12、昌谷集　唐·李贺　四库全书本

13、刘宾客嘉话录　唐·韦绚　唐五代笔记小说大观 2000 年本

14、唐摭言　五代·王定保　四库全书

15、旧唐书　后晋·刘昫等　中华书局 1997 年点校本

16、唐会要　宋·王溥　上海古籍出版社 1991 年本

17、太平御览　宋·李昉等　四库全书本

18、太平广记　宋·李昉等　上海古籍出版社 1987 年本

19、宋高僧传　宋·赞宁　中华书局 1993 年点校本

20、太平寰宇记　宋·乐史　金陵书局光绪八年本

21、洞天清录　宋·赵希鹄　四库全书本

22、儒林公议　宋·田况　四库全书本

23、新唐书　宋·欧阳修　中华书局 1975 年点校本

24、丹渊集　宋·文同　四部丛刊初编本

25、元丰九域志　宋·王存　中华书局 1984 年点校本

26、安岳集　宋·冯山　四库全书本

27、安岳冯公太师文集　宋·冯山　宋集珍本丛刊

28、二程文集　宋·程颢、程颐　四库全书本

29、东坡续集　宋·苏轼　清光绪重刻明成化本

30、龙川略志　宋·苏辙　四库全书本

31、栾城集　宋·苏辙　四部丛刊初编本

32、山谷集·外集　宋·黄庭坚　商务印书馆民国万有文库本

33、砚石　宋·米芾　四库全书本

34、地理玉髓经　宋·张子微　中州古籍出版社1996年本

35、北湖集　宋·吴则礼　四库全书本

36、邵氏闻见录　宋·邵伯温　中华书局1983年点校本

37、陵阳集　宋·韩驹　四库全书本

38、梁溪全集　宋·李纲　四库全书本

39、唐诗纪事　宋·计有功　上海古籍出版社1987年本

40、韦斋集　宋·朱松　四部丛刊续编本

41、毗陵集　宋·张守　商务印书馆1935年本

42、东京梦华录　宋·孟元老　商务印书馆1961年本

43、醉翁谈录　宋·罗烨　续修四库全书本

44、绍兴十八年同年小录　宋·无名氏　四库全书本

45、太仓稊米集　宋·周紫芝　四库全书本

46、杉溪居士集　宋·刘才邵　四库全书本

47、碧鸡漫志　宋·王灼　四库全书本

48、能改斋漫录　宋·吴曾　中华书局1960年本

49、莲峰集　宋·史尧弼　四库全书本

50、东牟集　宋·王洋　四库全书本

51、缙云文集　宋·冯时行　四库全书本

52、缙云先生文集　宋·冯时行　宋集珍本丛刊2004年本

53、云林石谱　宋·杜绾　四库全书本

54、茶山集　宋·曾几　四库全书本

55、相山集　宋·王之道　四库全书本

56、汉宾集　宋·王之望　丛书集成续编本

57、鸿庆居士集　宋·孙觌　四库全书本

58、松隐集　宋·曹勋　四库全书本

59、九华集　宋·员兴宗　四库全书本

60、独醒杂志　宋·曾敏行　知不足斋丛书本

61、梅溪先生文溪　宋·王十朋　四部丛刊初编本

62、方舟集　宋·李石　四库全书本

63、澹斋集　宋·李流濂　四库全书本

64、嵩山集　宋·晁公遡　四库全书本

65、画继　宋·邓椿　四库全书本

66、续宋编年资治通鉴　宋·刘时举　四库全书本

67、云溪集　宋·郭印　四库全书本

68、周易章句外编　宋·程迥　四库全书本

69、南轩集　宋·张栻　四库全书本

70、竹州集　宋·吴儆　四库全书本

71、雪山集　宋·王质　四库全书本

72、续资治通鉴长编　宋·李焘　中华书局 1979 年本

73、五百家播芳大全文粹　宋·魏齐贤等　四库全书本

74、诚斋集　宋·杨万里　四库全书本

75、陈文恭公集　宋·陈康伯　四库全书本

76、太平治迹统类　宋·彭伯川　四库全书本

77、国朝二百家名贤文粹　宋·无名氏　续修四库全书本

78、名臣碑传琬琰集　宋·杜大珪　四库全书本

79、夷坚丙志　宋·洪迈　续修四库全书本

80、晦庵集　宋·朱熹　四库全书本

81、名臣言行录　宋·朱熹　清道光刻本

82、晦庵先生朱文公文集　宋·朱熹　商务印书馆民国本

83、平斋文集　宋·洪咨夔　四部丛刊续编本

84、南宋馆阁录　宋·陈骙　四库全书本

85、锦绣万花谷续集　宋·无名氏　上海古籍出版社 1991 年本

86、挥尘后录　宋·王明清　学海类编本

87、投辖录　宋·王明清　清钞本

88、玉照新志　宋·王明清　四库全书本

89、成都文类　宋·袁说友　四库全书本

90、文忠集　宋·周必大　四库全书本

91、渭南文集　宋·陆游　四部丛刊本

92、老学庵笔记　宋·陆游　中华书局 1979 年点校本

93、剑南诗稿校注　宋·陆游　上海古籍出版社 1985 年本

94、剑南诗稿　宋·陆游　上海古籍出版社 2005 年本

95、三朝北盟会编　宋·徐梦莘　清光绪刻本

96、水心集　宋·叶适　四库全书本

97、舆地纪胜　宋·王象之　四库全书本

98、舆地碑目记　宋·王象之　四库全书本

99、絜斋集　宋·袁燮　商务印书馆民国本

100、皇朝十朝纲要　宋·李埴　民国东方学会印本

101、厚斋易学　宋·冯椅　中国书店出版社 1992 年本

102、朝野类要　宋·赵升　知不足斋丛书本

103、方舆胜览　宋·祝穆　四库全书影印本

104、西山先生真文忠文集　宋·真德秀　商务书馆民国万有文库本

105、鹤林玉露　宋·罗大经　中华书局 1983 年本

106、建炎以来系年要录　宋·李心传　中华书局 1988 年本

107、旧闻证误　宋·李心传　中华书局 1981 年本

108、建炎以来朝野杂记　宋·李心传　四库全书影印本

109、砚笺　宋·高拟孙　四库全书本

110、九朝编年备要　宋·陈均　四库全书本

111、鄂国金佗粹编续编　宋·岳珂　中华书局 1989 年校注本

112、桯史　宋·岳坷　中华书局 1981 年本

113、梅野集　宋·徐元杰　四库全书本

114、宝庆《会稽续志》　宋·张淏　四库全书本

115、沧州尘缶编　宋·程公许　四库全书本

116、皇宋通鉴长编纪事本末　宋·杨仲良　黑龙江人民出版社2006年本

117、四朝名臣言行别录　宋·李幼武　四部丛刊本

118、宝刻丛编　宋·陈思　清末十万卷楼丛书本

119、字溪集　宋·阳枋　四库全书本

120、咸淳《重修毗陵志》　宋·史能之　嘉庆赵怀玉刻本

121、朱熹语类　宋·黎靖德　中华书局1986年注解本

122、砚谱　宋·李之彦　百川学海本

123、黄氏日抄　宋·黄震　四库全书本

124、困学纪闻　宋·王应麟　四部丛刊三编本

125、癸辛杂识后集　宋·周密　中华书局1997年点校本

126、宋史全文续资治通鉴　宋·无名氏　四库全书本

127、梦梁录　宋·吴自牧　知不足斋丛书本

128、文献通考　宋·马端临　商务印书馆"十通"本

129、钱塘遗事　元·刘一清　四库全书本

130、墨史　元·陆友　四库全书本

131、读易举要　元·俞琰　四库全书本

132、周易启蒙翼传　元·胡一桂　四库全书本

133、周易会通　元·董真卿　四库全书本

134、瀛奎律髓　元·方回　四库全书本

135、大元一统志　元·岳铉　清代刻本

136、大元混一方舆胜览　元·刘应李　四川大学出版社2003年本

137、宋史全文　元·无名氏　四库全书本

138、宋史　元·脱脱等　中华书局1977年点校本

139、金史　元·脱脱等　中华书局1975年点校本

140、至正《昆山郡志》　元·杨譓　宣统汇刻太仓旧志五种本

141、至顺《镇江志》　元·俞希鲁　凤凰出版社1999年点校本

142、元史　明·宋濂　中华书局 1976 年本

143、墓铭举例　明·王行　四库全书本

144、说郛　明·陶宗仪　上海古籍出版社 1990 年本

145、历代名臣奏议　明·杨士奇等　上海古籍出版社 1989 年本

146、周易傅义大全　明·胡广等　四库全书本

147、续传灯录　明·居项　佛教大藏经本

148、永乐大典　明·解缙等　四库全书本

149、大明一统志　明·李贤等　四库全书本

150、成化《八闽通志》　明·黄仲昭　福建人民出版社 2006 年本

151、正德《四川总志》　明·熊相　四川省图书馆藏 1961 年抄本

152、正德《夔州府志》　明·吴潜等　上海古籍书店 1961 年影印正德本

153、正德《蓬州志》　明·吴德器等　天一阁藏明代方志选刊续编本

154、嘉靖《四川总志》　明·刘大谟等　四库全书本

155、全蜀艺文志　明·杨慎等　光绪三十一年刻本

156、嘉靖《思南府志》　明·钟添　上海古籍书店 1962 年影印本

157、圭山近稿　明·张俭　仙居丛书第一集

158、宋史新编　明·柯维骐　四库全书本

159、汴京遗迹志　明·李濂　嘉靖二十五年刻本

160、万历《四川总志》　明·虞怀忠　北京图书馆藏万历刻本

161、万历《重庆府志》　明·张文燿等　万历三十四年刻本

162、名疑　明·陈士元　四库全书影印本

163、郡县释名　明　郭了章　万历四十一年刻本

164、阳宅十书　明·王君荣　华龄出版社 2009 年本

165、蜀中广记　明·曹学佺　四库全书本

166、蜀中名胜记　明·曹学佺　四库全书本

167、蜀藻幽胜录　明·傅振商　巴蜀书社 1985 年影印本

168、万姓统谱　明·凌迪知　四库全书本

169、燕闲清赏笺　明·高濂　巴蜀书社 1985 年本

170、广舆记　明·陆应阳　康熙吴郡宝翰楼刻本

171、宋史纪事本末　明·陈邦瞻　中华书局 1977 年本

172、周易玩辞困学记　明·张次仲　四库全书本

173、宋元学案　清·黄宗羲　清光绪长沙刻本

174、宋论　清·王夫之　中华书局 2003 年本

175、读史方舆纪要　清·顾祖禹　中华书局 2005 年本

176、经义考　清·朱彝尊　吉林出版社 2005 年本

177、坚瓠集　清·褚人获　上海进步书局民国本

178、全唐诗　清·彭定求等　中华书局 1960 年本

179、御纂周易折中　清·李光地等　中央编译出版社 2011 年本

180、康熙《四川总志》　清·蔡毓荣　康熙十二年刻本

181、康熙《成都府志》　清·佟世雍等　民国钞本

182、西湖佳话　清·古吴墨浪子　上海古籍出版社 1980 年本

183、易翼述信　清·王又朴　四库全书本

184、读杜心解　清·浦起龙　中华书局 1961 年本

185、周易孔义集说　清·沈起元　四库全书本

186、明史　清·张廷玉等　中华书局 1974 年点校本

187、佩文韵府　清·张廷玉等　上海古籍出版社 1983 年本

188、宋诗纪事　清·历鹗　上海古籍出版社 1983 年本

189、续通典　清·嵇璜等　四库全书本

190、十驾斋养新录　清·钱大昕　上海书店出版 1983 年本

191、雍正《四川通志》　清·查郎阿等　乾隆元年刻本

192、雍正《浙江通志》　清·李卫等　光绪二十五年本

193、续资治通鉴　清·毕沅　上海古籍出版社 1987 年本

194、全唐文　清·董诰等　中华书局 1983 年本

195、历朝史案　清·洪亮吉等　巴蜀书社 1992 年本

196、杜诗镜铨　清·杨伦　上海古籍出版社 1980 年本

197、四库全书简明目录　清·永瑢等　上海古籍出版社 1985 年本

198、乾隆《江南通志》　清·黄之隽等　江苏广陵书社公司 2010 年本

199、乾隆《璧山县志》　清·黄在中　乾隆元年刻木活字印本

200、乾隆《重修邓氏族谱》　清·无名氏　璧山咸丰刻本

201、乾隆《巴县志》　清·王尔鑑等　嘉庆二十五年重刻本

202、乾隆《丹棱县志》　清·彭遵泗等　乾隆二十六年刻本

203、乾隆《合川志》　清·张乃孚等　乾隆刻本 1962 年传钞

204、苏轼诗集　清·王文浩　中华书局 1982 年本

205、南宋文范　清·庄仲古　江苏书局光绪刊本

206、宋会要辑稿　清·徐松　中华书局 1957 年影印本

207、嘉庆《四川通志》　清·常明等　民国钞本

208、嘉庆《大清一统志》　清·穆彰阿等　四部丛刊本

209、嘉庆《璧山县志》　清·汤贻眉等　石家庄图书馆存嘉庆抄本

210、嘉庆《彭县志》　清·彭以懋等　嘉庆十八年刻本

211、嘉庆《眉州属志》　清·涂长发等　嘉庆五年刻本

212、嘉庆《华阳县志》　清·董淳等　光绪十八年补刻本

213、嘉庆《井研县志》　清·张宁阳等　嘉庆元年刻本

214、嘉庆《洪雅县志》　清·王好音等　嘉庆刻光绪印本

215、嘉庆丰都《重修冯氏族谱》

216、锦江书院记略　清·李承熙　咸丰八年成都刻本

217、道光璧山《璧北何氏宗谱》　同治刻本

218、道光璧山《江氏谱牒》　道光刻本

219、道光璧山《冯状元》唱词　清·无名氏　北碚区张文华藏道光十年抄本

220、道光《重庆府志》　清·王梦赓等　道光二十三年刻本

221、道光《江北厅志》　清·宋煊等　民国九年排印本

222、道光《蓬溪县志》　清·吴章祁等　道光二十五年刻本

223、同治《璧山县志》　清·寇用平等　同治四年刻本

224、同治《重修成都县志》　清·李玉宣等　同治十二年刻本

225、同治《万县志》　清·王玉鲸等　民国万县公立图书馆补刻本

226、同治《乐平县志》　清·董萼荣等　同治九年翥山书院刻本

227、光绪《奉节县志》　清·杨德坤等　光绪十九年刻本

228、光绪《丹棱县志》　清·顾汝蕚等　光绪三十一年补刻本

229、光绪《诸暨县志》　清·陈遹声等　宣统二年刻本

230、光绪璧山《连氏族谱》　清·连俊　民国刻本

231、光绪《会稽王顾冯氏宗谱》　日本东洋文库藏本

232、光绪绍兴《冯氏宗谱》　光绪二十七年刻本

233、八琼室金石补正　清·陆增祥　文物出版社 1985 年本

234、宋史翼　清·陆心源　光绪三十二年刻本

235、自好斋稿　清·吴煊　璧山县城状元石印社光绪本

236、蜀秀集　清·谭宗浚　光绪五年成都试院刻本

237、绘图解人颐　清·无名氏　上洋海左书局民国三年石印本

238、民国《续修璧山县志稿》　曹瀛焕等　璧山档案馆藏民国六年未刊本

239、闲居录　张席儒　民国八年璧山未刊本

240、始平记　无名氏　璧山存巴县《冯氏族谱》手抄本

241、民国《缙云山志》　释法尊　汉藏教理院民国二十八年刻本

242、民国《巴县志》　向楚等　民国二十八年刻本

243、民国《江北县志稿》　无名氏　重庆图书馆藏稿本

244、民国《万县志》　熊特生　民国二十五年稿本

245、民国《合川县志》　张森楷等　民国十一年刻本

246、民国《云阳县志》　朱世镛等　民国二十五年排印本

247、民国《丹棱县志》 罗春霖等 民国十二年石印本

248、民国《眉山县志》 王铭新等 民国十二年石印本

249、宋代蜀文辑存 傅增湘 民国三十二年铅印本

250、今县释名 吕式斌等 北平·骡马市民国元年本

251、大元大一统志（辑本） 金毓黻等 辽海丛书本

252、骨董续记 邓之诚 中国书堂 1968 年本

253、中国人名大辞典 臧励和等 上海书店 1984 年本

254、中国文学家大辞典 谭正璧 上海书店 1981 年本

255、全宋词 唐圭璋 中华书局 1965 年本

256、1959《璧山新县志》（初稿） 县各届学委会 璧山档案馆藏未刊本

257、牧笛杂记 钟宴琼 璧山手抄未刊本

258、古城重庆 彭伯通 重庆出版社 1981 年本

259、重庆简史与沿革 邓少琴等 重庆地方史资料丛刊 1981 年内刊

260、四川省璧山县地名录 县地名领导小组 四川省地名录丛书 1982 年内刊

261、岳飞新传 王曾瑜 上海人民出版社 1983 年本

262、中国历史大辞典·宋史 邓广铭等 上海辞书出版社 1984 年本

263、南宋京城杭州 周勋 杭州市政协办印内刊 1985 年

264、宋代蜀人著作存佚录 许肇鼎 巴蜀书社 1986 年本

265、成都城坊古碛考 四川省文史研究馆 四川人民出版社 1987 年本

266、重庆缙云山志 缙云山管理处 内部印本 1987 年

267、重庆市北碚区志 周顺之等 科技文献出版社重庆分社 1989 年

268、全宋诗 傅旋琮等 北京大学出版社 1991 年本

269、锦绣璧山 曹汉青等 四川大学出版社 1992 年本

270、重庆名人辞典 罗传勗等 四川大学出版社 1992 年本

271、四川历史辞典　贾大泉　四川教育出版社 1993 年本

272、历代蜀词全辑　李谊　重庆出版社 1997 年本

273、宋代官制辞典　龚延明　中华书局 1997 年本

274、宋代蜀学研究　胡昭曦等　巴蜀书社 1997 年本

275、大足县志　李传授等　方志出版社 1996 年本

276、细说宋高宗　李忠琴　春风文艺出版社 1997 年本

277、历代官制·兵制·科举制表释　臧云浦等　江苏古籍出版社 1997 年本

278、绍兴市志　任桂全等　浙江人民出版社 1997 年本

279、宋代状元奇谈·宋代状元谱　周腊生　紫禁城出版社 1999 年本

280、中国历代宰相录　杨剑宇　上海文化出版社 1999 年本

281、历史考古与博物馆研究　刘豫川　重庆出版社 2000 年本

282、宋人行第考录　邓子勉　中华书局 2001 年本

283、宋川陕大郡守臣易替考　李之亮　巴蜀书社 2001 年本

284、古代重庆经济研究　卢华语　重庆出版社 2002 年本

285、重庆通史　周勇　重庆出版社 2002 年本

286、宋代蜀诗辑存　许吟雪等　四川大学出版社 2000 年本

287、重庆市文化事业发展研究　熊笃等　重庆出版社 2002 年本

288、冯时行及其《缙云文集》研究　胡问涛、罗琴　巴蜀书社 2004 年本

289、巴渝诗词歌赋　熊宪光等　重庆出版社 2004 年本

290、巴渝英杰名流　傅德眠等　重庆出版社 2004 年本

291、全宋文　曾枣庄等　巴蜀书社、上海辞书出版社本

292、南宋科举制度史　何忠礼　人民出版社 2009 年本

293、宋登科记考　傅璇琮　江苏教育出版社 2009 年本

294、璧山文史资料　邓启云等　总第 17、21、22、23、24 集内刊

295、状元冯时行　冯治中等　璧山县 2011 年内刊本

296、晁公武评传　郝润华　南京大学出版社 2011 年本

297、中国科举制度使　王凯旋　万卷出版公司 2012 年本

298、南宋川陕边防行政运行体制研究　何玉红　上海古籍出版社 2012 年本

299、巴蜀史地与文物研究　胡昌健　光明日报社 2013 年本

300、宋代文化研究 23 辑　郭齐等　四川大学出版社 2016 年本

301、秀美璧山　邓启云　重庆出版社 2016 年本

302、璧山来凤鱼文化　邓启云　吉林人民出版社 2017 年本

303、巴蜀历代文化名人辞典　辞典编委会　四川人民出版社 2018 年木

304、重庆历史政德人物　重庆市志办　西南师范大学出版社 2018 年本

305、金堂县主簿冯丹□□墓志铭，宋·佚名氏撰，璧山张席儒、邓文麟 1968 年抄本。

306、唐宋璧邑进士题名碑，元·杨鹤鸣撰，璧山刘冰若、刘存厚等"文革"间抄本。

307、四川第一个状元冯时行，胡汉生撰，《龙门阵》1982 年四辑。

308、四川爱国状元冯时行，邓启云撰，《璧山文艺》报 1983 年刊。

309、江北县史志资料 1983 年三期，江北县志办、政协文史资料组编。

310、冯时行籍贯考，张永信、刘祖乾撰，《重庆地方志》1987 年 1—2 合期。

311、冯时行籍贯刍议，吴提方等撰，《重庆地方志》1987 年 5 期。

312、冯状元与洛碛，唐荣国等，《重庆地方志》1989 年 3 期。

313、龙多山石刻文字小记，董其祥撰，《四川文物》1992 年 3 期。

314、冯时行的《峨眉诗》，马立鞭撰，《重庆日报·文化专刊》

1994 年 9 月 26 日刊。

315、冯时行的佛道思想，张志全撰，《凉山大学学报》2004 年 3 期。

316、冯时行及其诗歌艺术风格研究，张志全撰，重庆师范大学 2005 年论文。

317、浙江与重庆争抢"巴渝第一状元"冯时行，聂飞撰，《重庆商报》2006 年 4 月 21 日刊。

318、论南宋文学的东西部差异，祝尚书撰，2007 年《宋代文学探讨集》载。

319、甘宁籍贯及墓址小考，蔡东洲撰，《西华师范大学学报》2009 年 6 期。

320、冯时行散文研究，张文进撰，重庆工商大学 2010 年论文。

321、宋朝请大夫林宋卿，黄祖绪撰，《莆田侨报》2013 年 4 月刊。

322、宋《开州守廊题名记》石刻研究，刘业沄等撰，《文物》2013 年 6 期。

323、宋代巴蜀诗社略论，陈小辉撰，《成都师范学院学报》2013 年 12 期。

324、丹棱宋代栅头书院，万玉忠撰，2017 年《丹棱故事》。

后　记

　　璧山作为古代重庆主要属县之一，历史绵亘久远，文化积淀深厚，"江山代有才人出"。在历史长河中，冯时行长期被故乡重庆璧山内外的无数人敬仰，不单因为他是站在科举金字塔顶头上充满光环的状元，更因他心系家国，清正为官，情关百姓，潜心学问，诗文言志，淡泊一生。他在内忧外患、风雨飘摇的北宋末南宋初，始终高举爱国主义旗帜，力主抗敌收复失地，勇于为国家、为民族大义屡屡上疏直谏，与奸臣作抗争。他历任12处职官，在任中清正廉洁，勤政恤民，为民请命，劝课农桑，兴修水利，救灾放赈，储粮备战，扫除污吏，建书院修文庙，通经研易，著作丰硕。

　　笔者满怀激情，不敢虚度光阴，不敢淡化作为爱国为民状元故乡后世学人应该承担的社会责任感与事业心，"学人当自重，稻粱虽不可不谋，但须靠对社会的实在贡献。"三年来，日夜心无旁骛地埋头写作，将冯时行评传写完划上了一个句号。

　　本书撰写中，多次与戴克学、张名源、罗昭培等先生论学，令笔者受益匪浅，特予致谢！书的出版，得到璧山大江龙餐饮文化公司龙大江、璧山历山生态农业开发有限公司叶小金等友朋的无私支助，并切磋交流，乃人生幸事也，对此表示深深的感谢！

　　还要感谢我的家人。近几年中，儿子邓高峰、儿媳张学渊关心本书的撰写，帮助购买有关书籍资料，减少了查阅资料的奔波之苦累。在重庆已读初二的孙子邓第于 2018 年出版他写的《古树牌坊的故事》书后，也关心冯时行评传希望早日完成，给了笔者莫大的鼓舞。妻黄代芳始终如一的支持这没有经济效益但颇有社会作用的撰著工作，使笔者得以全身心地投入啃书本、爬格子之中，为之乐趣无穷。

书中不尽如人意之处在所难免。敬请广大读者不吝赐教。

邓启云

2020 年秋 10 月写于璧山城区南关公园侧邓氏万卷书屋